DOKUMENTATION

16. Deutscher Verwaltungsgerichtstag
Freiburg 2010

DOKUMENTATION

16. Deutscher Verwaltungsgerichtstag
Freiburg 2010

Herausgegeben
vom Verein Deutscher
Verwaltungsgerichtstag e.V.

RICHARD BOORBERG VERLAG
STUTTGART · MÜNCHEN
HANNOVER · BERLIN · WEIMAR · DRESDEN

Bibliografische Information der Deutschen Nationalbibliothek

Die Deutsche Nationalbibliothek verzeichnet diese Publikation in der Deutschen Nationalbibliografie; detaillierte bibliografische Daten sind im Internet über **http://dnb.d-nb.de** abrufbar.

ISBN 978-3-415-04628-3

© Richard Boorberg Verlag GmbH & Co KG, 2011
Scharrstr. 2
70563 Stuttgart
www.boorberg.de

Das Werk einschließlich aller seiner Teile ist urheberrechtlich geschützt. Jede Verwertung, die nicht ausdrücklich vom Urheberrechtsgesetz zugelassen ist, bedarf der vorherigen Zustimmung des Verlages. Dies gilt insbesondere für Vervielfältigungen, Bearbeitungen, Übersetzungen, Mikroverfilmungen und die Einspeicherung und Verarbeitung in elektronischen Systemen.

Gesamtherstellung:
Laupp & Göbel GmbH
Talstr. 14, 72147 Nehren

Vorwort

Schwindende Klageeingänge, rückläufige Richterzahlen – was gemäß der amtlichen Statistik seit Jahren für die deutschen Verwaltungsgerichte gilt, trifft auf die Verwaltungsgerichtstage offenbar nicht zu. Im Gegenteil konnte der 16. Deutsche Verwaltungsgerichtstag in Freiburg im Breisgau gegenüber den Vorgängern in Weimar 2007 und Bremen 2004 nochmals etwas mehr Zulauf erleben. Annähernd 1.200 Teilnehmer versammelten sich im multifunktionalen „Konzerthaus Freiburg" und erlebten einen rundum gelungenen Kongress. Der besondere Akzent der Veranstaltung galt der Reform der Juristenausbildung. Neben verwaltungsrechtlichen Dauerthemen wurden weitere rechtspolitische Themen wie die Selbstverwaltung der Justiz debattiert und Fragen behandelt von zum Teil brisanter Aktualität. So musste die Podiumsdiskussion über „die Wirtschaftskrise – Rückkehr des starken Staates?" ohne Bundesfinanzminister Dr. Wolfgang Schäuble stattfinden, weil am selben Tag im Deutschen Bundestag über die Finanzhilfen für Griechenland abgestimmt wurde.

Unser Dank gebührt dem Land Baden-Württemberg für eine großzügige Zuwendung zu der Tagung, auch dem Bundesjustizministerium für einen finanziellen Beitrag. Zu danken ist den zahlreichen ehrenamtlichen Helferinnen und Helfern vom Verwaltungsgericht Freiburg. Etwas unzufrieden waren wir nur mit Petrus, der seine schützende Hand nicht zwischen die Stadt und die Regenwolken schob. Dank schulden wir nicht zuletzt den vielen Besucherinnen und Besuchern, die uns ihre Aufmerksamkeit und Zeit geschenkt haben. Der vorliegende Dokumentationsband soll Ihnen, die Sie in Freiburg sein konnten oder aber verhindert waren, zum vertieften Studium dienen, sei es bei Regen oder Sonnenschein. Auf Wiedersehen in Münster in Westfalen im Juni 2013!

Berlin, im Dezember 2010

Dr. Christoph Heydemann
Vorsitzender des Vereins Deutscher Verwaltungsgerichtstag e. V.
und
Vorsitzender des Bundes Deutscher Verwaltungsrichter
und Verwaltungsrichterinnen

Inhalt

Programm 9

Eröffnungsansprache
Dr. Christoph Heydemann
Vorsitzender des Vereins Deutscher Verwaltungsgerichtstag e.V. und des
Bundes Deutscher Verwaltungsrichter und Verwaltungsrichterinnen 15

Festvortrag
Der europäische Jurist – Gedanken zur Juristenausbildung in Deutschland
Prof. Dr. Andreas Voßkuhle
Präsident des Bundesverfassungsgerichts 23

Arbeitskreis 1: *Das Verhältnis zwischen Bundesverfassungsgericht, Europäischem Gerichtshof und Europäischem Gerichtshof für Menschenrechte* 43

Arbeitskreis 2: *Anwendungsprobleme, Defizite und Reformbedarf der Baunutzungsverordnung* 67

Arbeitskreis 3: *Selbstverwaltung der Justiz?* 97

Arbeitskreis 4: *Die Entwicklung der Juristenausbildung und der Bologna-Prozess* 121

Arbeitskreis 5: *Die Wechselwirkung zwischen Rechtsprechung und Dogmatik* 143

Arbeitskreis 6: *Aktionspläne des Luftreinhalte- und Lärmschutzrechts im Spannungsfeld zwischen deutschem und europäischem Recht* 167

Arbeitskreis 7: *Privatisierung kommunaler Aufgaben – Ansatzpunkte und Umfang verwaltungsgerichtlicher Kontrolle* 197

Arbeitskreis 8: *Das Informationsfreiheitsrecht in der gerichtlichen Praxis* .. 231

Arbeitskreis 9: *Europa und der deutsche Verwaltungsprozess – Schlaglichter auf eine unendliche Geschichte* 263

Arbeitskreis 10: *Europarecht und deutsches Aufenthaltsrecht* 283

Inhalt

Arbeitskreis 11: *Staatliche Schutzpflichten und Eingriffe in die Freiheitsrechte – Gestaltungsfreiheit des Staates und richterliche Kontrolle* 301

Arbeitskreis 12: *Die Dresdner Waldschlösschenbrücke – rechtlich rundum beleuchtet* 327

Arbeitskreis 13: *Independence and Remuneration / Unabhängigkeit und Gehälter* 345

Programm

Mittwoch, 5. Mai 2010

10:00 Uhr   Eröffnungsveranstaltung

Begrüßung und Eröffnung
Dr. Christoph Heydemann
Vorsitzender des Vereins Deutscher Verwaltungsgerichtstag e. V. und des Bundes Deutscher Verwaltungsrichter und Verwaltungsrichterinnen

Grußworte
Marie Luise Graf-Schlicker
Ministerialdirektorin, Bundesministerium der Justiz
Michael Steindorfner
Ministerialdirektor, Justizministerium Baden-Württemberg
Otto Neideck
Erster Bürgermeister der Stadt Freiburg
Dr. Heinrich Zens
Präsident der Vereinigung der Europäischen Verwaltungsrichter

Festvortrag
Der europäische Jurist –
Gedanken zur Juristenausbildung in Deutschland
Prof. Dr. Andreas Voßkuhle
Präsident des Bundesverfassungsgerichts

15:00 Uhr   ARBEITSKREIS 1

Das Verhältnis zwischen Bundesverfassungsgericht, Europäischem Gerichtshof und Europäischem Gerichtshof für Menschenrechte

Referenten: Richter am EuGH *Sir Konrad Schiemann*, Luxemburg
              Richter des Bundesverfassungsgerichts
              Dr. Michael Gerhardt, Karlsruhe
Moderator: *Prof. Dr. Stefan Kadelbach*, Frankfurt am Main
Schriftführer: Richter am VGH *Prof. Dr. Jan Bergmann*, Mannheim

ARBEITSKREIS 2

Anwendungsprobleme, Defizite und Reformbedarf der Baunutzungsverordnung

Referenten:	Vorsitzender Richter am VGH *Helmut König*, München
	Rechtsanwalt *Prof. Dr. Christian Kirchberg*, Karlsruhe
Moderator:	Richter am VG *Dr. Klaus Löffelbein*, Ansbach
Schriftführer:	Richter *Philip Hahn*, Ansbach

ARBEITSKREIS 3

Selbstverwaltung der Justiz?

Referenten:	Staatsrätin bei der Justizbehörde Hamburg *Carola von Paczensky*
	Vorsitzender des Deutschen Richterbundes Oberstaatsanwalt *Christoph Frank*, Freiburg i. Br.
Moderator:	Ministerialdirektor *Michael Steindorfner*, Justizministerium Baden-Württemberg, Stuttgart
Schriftführer:	Richter am OVG *Dirk Maresch*, Berlin

ARBEITSKREIS 4

Die Entwicklung der Juristenausbildung und der Bologna-Prozess

Referenten:	Justizministerin *Roswitha Müller-Piepenkötter*, Nordrhein-Westfalen
	Thüringer Innenminister *Prof. Dr. Peter Michael Huber*, Erfurt
Moderator:	*Prof. Dr. Christian Baldus*, Heidelberg
Schriftführer:	Richter am VG *Stefan Fitzke*, z. Zt. Justizministerium Thüringen, Erfurt

Donnerstag, 6. Mai 2010

9:00 Uhr ARBEITSKREIS 5

Die Wechselwirkung zwischen Rechtsprechung und Dogmatik

Referent:	Prof. Dr. Christian Bumke, Hamburg
Moderator:	Vorsitzender Richter am OVG Prof. Dr. Ulrich Ramsauer, Hamburg
Schriftführer:	Richter Dr. Sebastian Lenz, Hannover

ARBEITSKREIS 6

Aktionspläne des Luftreinhalte- und Lärmschutzrechts im Spannungsfeld zwischen deutschem und europäischem Recht

Referenten:	Rechtsanwalt Prof. Dr. Reinhard Sparwasser, Freiburg i. Br.
	Stadtrechtsdirektor Dr. Rüdiger Engel, Freiburg i. Br.
Moderator:	Vorsitzender Richter am VGH Karlheinz Schenk, Mannheim
Schriftführer:	Richter Dr. Wolfgang Schenk, Karlsruhe

ARBEITSKREIS 7

Privatisierung kommunaler Aufgaben – Ansatzpunkte und Umfang verwaltungsgerichtlicher Kontrolle

Referent:	Rechtsanwalt Prof. Dr. Wolfgang Ewer, Präsident des Deutschen Anwaltvereins, Kiel
Moderator:	Vorsitzender Richter am VG Dr. Hartwig Martensen, Schleswig
Schriftführerin:	Vizepräsidentin des VG Maren Petersen, Schleswig

ARBEITSKREIS 8

Das Informationsfreiheitsrecht in der gerichtlichen Praxis

Referent:	Prof. Dr. Friedrich Schoch, Freiburg i. Br.
Moderator:	Richter am VGH Werner Bodenbender, Kassel
Schriftführer:	Vorsitzender Richter am VG Dr. Bertold Huber, Frankfurt a. M.

WORKSHOP DES UNHCR

Neue Entwicklungen in der Rechtsprechung zum deutschen und europäischen Flüchtlingsrecht

Referent: Dr. *Roland Bank*, UNHCR, Berlin

14:00 Uhr **ARBEITSKREIS 9**

Europa und der deutsche Verwaltungsprozess – Schlaglichter auf eine unendliche Geschichte

Referent: Univ.-Prof. Dr. *Jan Ziekow, Speyer*
Moderator: Vors. Richter am OVG Dr. *Jürgen Held*, Koblenz
Schriftführer: Richter am OVG *Hartmut Müller-Rentschler*, Koblenz

ARBEITSKREIS 10

Europarecht und deutsches Aufenthaltsrecht

Referent: Richter am BVerwG Prof. Dr. *Harald Dörig*, Leipzig
Moderator: Vizepräsident des VG *Gert Armin Neuhäuser*, Osnabrück
Schriftführerin: Richterin am VG *Sabine Müller*, Osnabrück

ARBEITSKREIS 11

Staatliche Schutzpflichten und Eingriffe in die Freiheitsrechte – Gestaltungsfreiheit des Staates und richterliche Kontrolle

Referent: Prof. Dr. *Uwe Volkmann*, Mainz
Moderator: Präsident des VG Dr. *Andreas Heusch*, Düsseldorf
Schriftführer: Richter am OVG Dr. *Martin Stuttmann*, Münster

ARBEITSKREIS 12

Die Dresdner Waldschlösschenbrücke – rechtlich rundum beleuchtet

Referent:	*Prof. Dr. Markus Kotzur*, Leipzig
Moderatorin:	Ministerialdirigentin *Andrea Franke*, Sächsisches Staatsministerium der Justiz, Dresden
Schriftführerin:	Richterin am VG *Julia Gellner*, z. Zt. Bundesministerium der Justiz, Berlin

ARBEITSKREIS 13 (in englischer Sprache)

Independence and Remuneration/Unabhängigkeit und Gehälter

Speaker/Referent:	The Honourable Mr. Justice *Bernard Mc Closkey*, Supreme Court of Northern Ireland
Facilitator/ Moderatorin:	*Annika Sandström*, Judge at the Administrative Court of Stockholm and Vice-President of the AEAJ (= VEV)
Secretary/ Schriftführer:	High Court Judge *Holger Böhmann*, at present Federal Ministry of Justice, Berlin

13:00 Uhr   Sonderveranstaltung
Moderne Abfallbehandlung
Besichtigung der mechanisch-biologischen Abfallbehandlungsanlage Kahlenberg, Ringsheim

Sonderveranstaltung
Erneuerbare Energien
Besuch der Energiegemeinde Freiamt, Besichtigung von Windenergie-, Wasserkraft-, Biogas- und Photovoltaikanlagen
Führung: *Hannelore Reinbold-Mench*, Juristin und Bürgermeisterin der Gemeinde Freiamt

Programm

Freitag, 7. Mai 2010

10:00 Uhr	**Abschlussveranstaltung**
	Die Wirtschaftskrise – Rückkehr des starken Staates?

   Podiumsdiskussion
   Moderator:		*Dr. Wolfgang Janisch*, Süddeutsche Zeitung und
				Vorsitzender der Justizpressekonferenz, Karlsruhe
   Teilnehmer:		Richter des Bundesverfassungsgerichts
				Prof. Dr. Brun-Otto Bryde, Karlsruhe
				ver.di-Vorsitzender *Frank Bsirske*, Berlin
				S. E. *Dr. Robert Zollitsch*, Erzbischof von Freiburg
				und Vorsitzender der Deutschen Bischofskonferenz
				Prof. Dr. Viktor Vanberg, Leiter des Walter Eucken
				Instituts, Freiburg i. Br.

Eröffnungsansprache

Dr. Christoph Heydemann

Vorsitzender des Vereins Deutscher Verwaltungsgerichtstag e. V.
und des Bundes Deutscher Verwaltungsrichter und Verwaltungsrichterinnen

Sehr geehrte Damen und Herren, liebe Kolleginnen und Kollegen!

I.

Seien Sie herzlich begrüßt auf dem 16. Deutschen Verwaltungsgerichtstag. Bereits fünfzehn Mal haben wir uns der Fortbildung von Verwaltungsjuristen und -juristinnen angenommen. Hier in Freiburg befassen wir uns erstmals mit der juristischen Ausbildung junger Menschen. In meinem Studium lernte ich eine Einteilung der Juristen in drei Gruppen kennen. Die erste Gruppe hat in Freiburg studiert. Die zweite Gruppe hätte gerne in Freiburg studiert. Zu dieser Gruppe gehöre ich. Die dritte Gruppe, nun, für die dritte Gruppe kann ich kaum Verständnis aufbringen. Wer sich für öffentliches Recht interessiert, muss die hiesige Albert-Ludwigs-Universität seit jeher als eine Hoch- und Gralsburg ansehen. Große Namen sind mit ihr verbunden und verheißen eine ganz besondere akademische Atmosphäre. Humboldt'scher Geist weht durch das Juridicum. Diesem Geist wird nun der Bologna-Prozess gemacht, wie Kritiker fürchten. Die Justizministerinnen und -minister haben sich die jetzt zehn Jahre alten Bologna-Beschlüsse vorgenommen, die Berliner Koalitionsvereinbarung äußert sich skeptisch wohlwollend zu dieser Reform der Juristenausbildung, die Kanzlerin hat sich auf die Seite der Befürworter geschlagen. Eine juristische Grundbildung für viele und Meisterkurse für die wenigen zukünftigen Spitzen ihrer Disziplin soll es geben. Holt nicht die Politik mit der Einführung des Bachelor und des Master genau das nach, wofür sich die angehenden Juristen seit Jahrzehnten entschieden haben? Ein Großteil von ihnen zieht sich doch vorzeitig aus der Universität zurück und geht zum Repetitor, um dort eine solide Fachhochschulausbildung zu erhalten. Angesichts der Zahlenverhältnisse von Studierenden und Professoren haben nur einige das Privileg eines engen und anregenden Austausches mit einem Hochschullehrer. Man will sich auch gar nicht so sehr verzetteln, sondern zügig das Examensrelevante pauken. Was immer sich *Humboldt* angeblich über die Universität gedacht haben mag, das war es jedenfalls nicht. Und die Repetitoren arbeiten in Freiburg, Münster und Berlin mit den gleichen Skripten. Möglicherweise geht also der besondere Zauber, den Freiburg auf zwei von drei Juristengruppen ausübt, weniger vom juristischen Fachbereich, vielmehr von Stadt, Land und Kneipenlandschaft aus. Vielleicht gehen Sie, *Herr Präsident Voßkuhle,* in Ihrem Festvortrag in einer Nebenbemerkung auch auf die Bedeutung außerjuristischer Reize auf das Fakultätenranking ein. Sie können die Kneipen beurteilen, Sie sind ja hier zuhause. Ich will Ihnen an dieser Stelle nicht verschweigen, sehr geehrter *Herr Professor Voßkuhle,* dass der letzte Verfassungsgerichtspräsident, der auf einem Verwaltungsrichtertag eine Rede halten durfte, wenig später zum Bundespräsidenten gewählt wurde, bin mir allerdings über die Kausalzusammenhänge nicht ganz im Klaren. Ich begrüße ebenfalls *Herrn Innenminister Professor Huber* aus Thüringen. Er und die noch anreisende Justizministerin *Müller-Piepenkötter* aus Nordrhein-Westfalen werden heute Nachmittag in einem Arbeitskreis als Ankläger und Verteidigerin der geplanten Reform der Juristenausbildung auftreten.

Für uns Juristen müsste das Reformprojekt eigentlich Bologna II heißen. Denn der erste Bologna-Prozess ist längst abgelaufen. Er begann im 12. Jahrhundert, als von der Rechtsschule in Bologna das römische Recht seinen Siegeszug in Europa antrat. Eine relevante Spur führt auch in diese Stadt und verbindet sich mit dem Namen des *Ulrich Zasius'*, der mit seiner Freiburger Stadtrechtsreformation von 1520 einen „Markstein für die Romanisierung der gewachsenen Rechtskultur" setzte *(Alfons Bürge)*. Im Zuge der in Bologna begonnenen Entwicklung professionalisierte sich der juristische Stand, wurde eine rechtswissenschaftliche Ausbildung an Universitäten notwendig, weil die intuitive Rechtsprechung unter der Gerichtslinde nicht mehr die Streitfragen der neuen Zeit zu entscheiden verstand. Man kann sagen: Bologna I brachte die Verwissenschaftlichung zur vollen Blüte und Bologna II soll die wieder zurückstutzen. Das scheint ein dialektischer Vorgang im Hegel'schen Sinne zu sein, wobei darüber gestritten werden kann, ob der aktuelle Bologna-Prozess erst noch die Antithese oder schon die Synthese hervorbringt. Der Erfolg der Romanisierung der kontinentaleuropäischen Rechtsordnung ergab sich aus der Verbindung zwischen dem römischen und dem kanonischen Recht; dabei diente Latein als die über Sprach- und Landesgrenzen hinausgehende lingua franca. Heute lässt die europäische Einigung den Wunsch nach unkomplizierter gegenseitiger Anerkennung der Studienabschlüsse aufkommen. Der Stifterverband für die Deutsche Wissenschaft, der die Reform der Juristenausbildung fordert, macht mit dem von ihm jetzt vorgeschlagenen Titel eines Bachelor of Law (LL.B.) anscheinend auch einen Vorschlag zur gemeinsamen Sprache. Schön und gut, wenn Studenten aus England oder Spanien zu uns kommen; die werden sich aber mit auf Deutsch abgefassten deutschen Gesetzen beschäftigen müssen, wenn sie einen Bachelor of Law machen wollen. Die umstrittenen Projekte in Hamburg und Nordrhein-Westfalen, englischsprachige Gerichtsverhandlungen zu ermöglichen, sind jedenfalls kein Einstieg in den Ausstieg aus der deutschen Sprache. Mehr noch: die deutschen Gesetze mögen von einer europäischen Warte aus betrachtet Partikularrecht sein, sie gelten nichtsdestotrotz, und die jungen Menschen müssen sie sorgsam studieren. Die Gesetze der Mathematik und Naturwissenschaften sind universell, die Einsichten der Philosophie kennen keine Grenzen, die deutschen Gesetze sind aber nun einmal anders als die griechischen. Das ist die Besonderheit der Juristenausbildung, das markiert die Problematik ihrer Internationalisierung. Die Bundeskanzlerin greift deshalb zu kurz mit ihrem Reformargument, wir Juristen seien „nicht so besonders". Es geht in der Diskussion nicht um Standesdünkel. Das bemühte Vorurteil trifft im Übrigen nicht zu. Viele Juristen haben sich für das Jurastudium entschieden, weil ihnen nichts Besseres eingefallen ist. Auf dieser Basis entwickelt sich eher Bescheidenheit als Überheblichkeit. In puncto internationalem Austausch lassen wir uns allerdings

Eröffnungsansprache

nichts nachsagen, und so begrüße ich heute zahlreiche Kolleginnen und Kollegen aus dem europäischen Ausland, allen voran Sir Schiemann vom Europäischen Gerichtshof, den Richter *Professor Villiger* vom Europäischen Gerichtshof für Menschenrechte und *Dr. Zens* aus Wien. Am Programm des Freiburger Verwaltungsgerichtstages können Sie erkennen, dass die Europäisierung der Fortbildung weiter voranschreitet. Daran wirkt auch Bundesverfassungsrichter *Dr. Gerhardt* mit, den wir hier mit seinen Kollegen *Professor Eichberger* und *Professor Masing* begrüßen.

II.

Ich hoffe sehr, dass der von der Vereinigung der Europäischen Verwaltungsrichter gewünschte internationale Arbeitskreis über Unabhängigkeit und Richterbesoldung positive Effekte zeitigt, die sich auch in Deutschland bezahlt machen. Wir wollen nicht gezwungen werden, auf den Verwaltungsgerichtstagen in drei oder sechs Jahren einen eigenen Arbeitskreis zur deutschen Misere abhalten zu müssen. Die finanzielle Situation für Richterinnen und Richter ist aber bereits heute in Deutschland nicht gerade erfreulich. Die Einkommensschere ist über 600 Euro monatlich auseinandergegangen je nachdem, in welchem Bundesland ein Richter arbeitet. In Berlin, dem Schlusslicht, stagniert das Gehalt seit dem Jahr 2004. Der Bund Deutscher Verwaltungsrichter und Verwaltungsrichterinnen wendet sich wie auch der Deutsche Richterbund gegen jeden föderalen Sparwettlauf. Die Richterbesoldung muss wieder einheitlich durch Bundesgesetz geregelt werden! Bereits im August 2008 haben der BDVR und der DRB auf der Grundlage von zwei unabhängig voneinander vorgenommenen Untersuchungen und in Auswertung der höchstrichterlichen Rechtsprechung vor allem des Bundesverfassungsgerichts festgestellt, dass die Richterbesoldung inzwischen verfassungswidrig zu niedrig geworden ist. Zu Ihrer Erinnerung: Im Sommer 2008 war die aufkommende Wirtschaftskrise auch denen noch nicht aufgefallen, die hinterher behaupteten, schon vorher davor gewarnt zu haben. Die Zeitungen berichteten alle paar Monate von den üppigen Gehaltszuwächsen der sogenannten Leistungsträger in der Privatwirtschaft, oft genug Juristen, die ein Vielfaches von unseren Richtergehältern verdienen. Wie war das Echo auf die gemeinsame Besoldungskampagne des BDVR und des DRB im Sommer 2008? Anders gefragt: Haben Sie damals ein Echo gehört? Die meisten Justizminister und Rechtspolitiker handelten nach dem Motto: So etwas ignoriere ich noch nicht einmal. Drei der wenigen rühmlichen Ausnahmen will ich erwähnen: Der niedersächsische Landtag ließ sich ein Gutachten seines wissenschaftlichen Dienstes erstellen. Die Wissenschaftler kamen mit der vorsichtigen Zurückhaltung, die der Wissenschaft zur Zierde gereicht, zum Ergebnis, dass die Rügen von BDVR und DRB im Ansatz überwiegend zuträfen. Die frühere Bundesjustizministerin *Zypries* machte sich die Forderung nach bundeseinheitlich hoher Richterbesoldung zu eigen. Und besonders bin ich dem Bundespräsidenten dankbar, der Anfang 2009 das Folgende sagte: „Die Justiz muss auch hier in Deutschland attraktiv bleiben für die besten Köpfe. Das gesellschaftliche Ansehen der Richter und Staatsanwälte ist erfreulich hoch; die Bürger wissen zu schätzen, was da geleistet wird. Aber die Menschen, die diese Leistung erbringen, wollen begreiflicherweise auch materiell angemessen honoriert werden. Ich finde diesen Wunsch ganz ohne Wörterbuch sehr verständlich." Diese Worte unseres Bundespräsidenten sollten doch gerade denjenigen Politikern zu denken geben, die sich immer wieder dafür stark machen, dass die Leistungsträger nicht zu kurz kommen. Nachdem wir in den letzten zwei Jahren einiges über die Systemrelevanz gewisser Banken gelernt haben, die den meisten noch nicht einmal vom Namen her bekannt waren und die mit ihren Boni für die dortigen Akteure und Jongleure inzwischen wieder an alte Zeiten anknüpfen, danach von den finanziellen Nöten der Hoteliers erfuhren, auch jüngst erleben durften, wie der Bundeswirtschaftsminister schon nach zwei Tagen ohne Flugverkehr den Luftfahrtunternehmen ungefragt Staatshilfen feilbot, darf ich in Erinnerung rufen: Auch die Justiz ist systemrelevant! Das lernen schon die Kinder in der Schule. Wir Richterinnen und Richter fordern überhaupt nicht Millionenboni, sondern lediglich eine verfassungsrechtlich angemessene und leistungsgerechte Alimentation. Die Wirtschaftskrise hat gezeigt, dass nicht vorhandene Geldmengen in gewaltiger Höhe mobilisiert werden können, wenn jemand die gelbe Karte „Systemrelevanz" zieht. Wir Richterinnen und Richter haben im Sommer 2008 die rote Karte „Verfassungswidrigkeit" gezeigt, und diesem Missstand ist mit vergleichsweise lächerlichen Beträgen beizukommen.

Das Schweigen der meisten Justizminister zu unseren berechtigten Forderungen war und bleibt ein Ärgernis. Es erstaunt umso mehr, als dieselben Justizminister die Forderungen nach einer Selbstverwaltung der Justiz mit der Behauptung abtun, sie selbst könnten die Belange der Justiz stark und selbstbewusst gegenüber den Interessen anderer Ressorts vertreten. Ich hätte sehr gerne im Sommer 2008 den Justizministern gedankt mit den Worten: Gut gebrüllt, Löwe! Tatsächlich haben wir Löwen nur im Zoo gehört. Bei solchen Erfahrungen habe ich mehr und mehr Sympathie für die Forderung des Deutschen Richterbundes und der Neuen Richtervereinigung. Beide Verbände verlangen unter Hinweis auf europäische Vorbilder die Abkoppelung der dritten Gewalt von der zweiten Gewalt, was bei uns bislang nur für das Bundesverfassungsgericht verwirklicht ist. Ich grüße meinen geschätzten Kollegen, den DRB-Vorsitzenden *Frank*, und die Sprecherin der Neuen Richtervereinigung Frau *Nordmann* unter uns. Außerdem danke ich Ihnen, Frau Staatsrätin *von Paczensky*, dass Sie uns das aktuelle hamburgische Selbstverwaltungsmodell erläutern werden. Ob die Bundesjustizministerin die Forderungen nach Selbstverwaltung oder nach erneuter Zuständigkeit des Bundesgesetzgebers für die Richterbesoldung unterstützt, kann Sie uns heute nicht sagen, da die Griechenlandkrise sie in Berlin festhält. So begrüße ich an ihrer Stelle Frau Ministerialdirektorin *Graf-Schlicker*, die Leiterin der Abteilung Rechtspflege im Bundesjustizministerium. Wo ich gerade vom Geld rede, möchte ich Ihnen für Geld danken: für einen Zuschuss des Bundesjustizministeriums zu dieser Tagung. Dank gebührt auch den Verlagen Richard Boorberg, C. H. Beck und Nomos für ihre finanzielle Hilfe, ferner weiteren Partnern, die wir auf der Homepage nennen. Und ich hätte Herrn Justizminister *Professor Goll* wegen des erheblichen Umfangs der Unterstützung durch das Land Baden-Württemberg gut und gerne schon zu Beginn meiner Rede danken können. Nun hat er heute Morgen nicht den Weg nach Freiburg auf sich genommen, und ich reiche den Dank an den Amtschef des Justizministeriums, *Herrn Ministerialdirektor Steindorfner,* weiter. Allen Nordlichtern hier im Saal kann ich versichern: die Baden-Württemberger können nicht nur Hochdeutsch, sondern auch sehr großzügig sein!

III.

Das baden-württembergische Justizministerium hat sich schon seit Jahren für die Zusammenlegung der Verwaltungs- mit der Sozialgerichtsbarkeit als Option für jedes Bundesland ausgesprochen. Im Koalitionsvertrag der die Regierung tragenden Fraktionen im Deutschen Bundestag steht dasselbe. Die Brisanz dieser Frage wird deutlich, wenn wir an die Auflösung des Verwaltungsgerichts Dessau denken. In diesen Wochen lässt der hessische Justizminister *Hahn,* ebenfalls ein Befürworter der Zusammenlegung, in seinem Hause prüfen, ob eines der südhessischen Verwaltungsgerichte geschlossen wird. Nach dem in Frankfurt ist derzeit das in Darmstadt ins Visier genommen. Das Ganze ist eine Spätfolge der unbedachten Verlagerung der Sozialhilfefälle von der Verwaltungsgerichtsbarkeit auf die ohnehin schon belastete Sozialgerichtsbarkeit. Die zur Lösung des Problems geforderte Zusammenlegung ist im Kreise der Kolleginnen und Kollegen umstritten wie kaum ein anderes Thema. Ich will die verschiedenen Argumente, auf die wir mehrfach eingegangen sind, hier nicht erneut ausbreiten. Denn es gibt einhellig befürwortete Abhilfemöglichkeiten, die bei der Abfassung des Koalitionsvertrags offenbar vergessen wurden und die in den allermeisten Fällen ohne Verfassungsänderung zu verwirklichen sind. Der Gesetzgeber hat selbst den Ausgangspunkt gesetzt mit seiner Grundentscheidung in § 40 der Verwaltungsgerichtsordnung. Danach sind öffentlich-rechtliche Streitigkeiten nichtverfassungsrechtlicher Art den Verwaltungsgerichten zugewiesen. Diese Grundnorm ist in den vergangenen Jahrzehnten durchlöchert worden, sie gleicht heute einem Emmentaler Käse. Schlagen Sie einen Kommentar dieses Gesetzes auf und lesen Sie die lange Liste der abdrängenden Sonderzuweisungen, zumeist auf den Rechtsweg zu den ordentlichen Gerichten. Solche Sonderzuweisungen sind Käse! Die Gesetze einfach streichen! – und die Menschen im Umland von Dessau hätten noch ihr bürgernahes Verwaltungsgericht, den Bürgern in Südhessen bleiben die kurzen Wege zum Gericht erhalten. Wieso hat die Durchlöcherung der Grundzuständigkeit der Verwaltungsgerichtsbarkeit für Verwaltungsrechtsfälle in den vergangenen Jahrzehnten zugenommen? Der Freiburger Hochschullehrer *Schoch* beklagt in einem im vergangenen Jahr erschienenen rechtswissenschaftlichen Beitrag die „schleichende Auszehrung" der Verwaltungsgerichtsbarkeit. Dem Gebot der Rechtswegklarheit werde immer weniger entsprochen, der Gesetzgeber schalte und walte nach Belieben; der Wissenschaftler schreibt von einer „Krise der Verwaltungsgerichtsbarkeit" (Gerichtliche Verwaltungskontrollen, in: *Hoffmann-Riem/Schmidt-Aßmann/Voßkuhle,* GVwR III, § 50 Rn. 98 ff.). Die Rechtswissenschaft und der BDVR halten seit langem gegen diese Entwicklung. Aber die einleuchtenden Argumente tun sich schwer gegen dunkles Geraune. Die Verwaltungsgerichtsbarkeit entscheidet an den sensiblen Schnittstellen

Eröffnungsansprache

des Staat-Bürger-Verhältnisses entlang und kann mehr bei Mächtigen anecken, als es Urteile über die Streitereien von Meier, Müller, Lehmann untereinander täten. Jeder Baustopp mutiert zu einem Anschlag auf den Investitionsstandort Deutschland. Als der Hessische Verwaltungsgerichtshof auf eine Nachtflugeinschränkung für die neue Startbahn des Frankfurter Flughafens erkannte, wollte das Fernsehen den BDVR für eine Sendung über Richterschelte durch Politiker gewinnen. Viel Protest musste das Verwaltungsgericht Berlin einstecken, als es einem muslimischen Schüler das Gebet in der Pause erlaubte. Der Hinweis auf die anzuwendenden Gesetze und Grundrechte, aus denen sich der Schutz der Nachbarn, der Nachtruhe, der Religionsausübung ergibt, verfängt nicht, Schuld haben im Zweifel die Verwaltungsrichter. Das Strickmuster der Kritik ähnelt sich, es sind zumeist die Entscheidungen für die Kleinen, die Ärger bereiten. Ein Teil der Rechtswegzuweisungen an die ordentliche Gerichtsbarkeit wird von der brüchigen Hoffnung getragen, die nähmen es nicht so genau.

Der Ansehensschwund der Verwaltungsgerichtsbarkeit ist auch in einem größeren Zusammenhang zu sehen. Die seit Jahrzehnten geforderte Privatisierung der staatlichen Aufgabenerfüllung wird gefördert mit der Behauptung, der Staat könne es eben einfach nicht so gut. Exemplarisch steht die Schmähung des FDP-Generalsekretärs *Lindner*, der Staat sei ein teurer Schwächling. Empathie hört sich anders an. Wer undifferenziert die gesamte Verwaltung mies macht, spart die Verwaltungsgerichtsbarkeit kaum aus. Wir haben in weiten Bereichen der Daseinsvorsorge Privatisierungen erlebt und erleben sie weiterhin, die dem Staat die Restaufgabe belässt, das Verhältnis der privaten Akteure untereinander zu regulieren und gewisse Mindeststandards im öffentlichen Interesse zu gewährleisten. Diese zum Teil zwangsläufige, zum Teil zu begrüßende Veränderung der Staatsaufgaben verlangt nach einer Neubesinnung über die Staatszwecke. Die Staatsrechtslehre hat hierzu gute Arbeit geleistet, während die Politik noch auf der Suche zu sein scheint mit Schlagworten wie „schlanker Staat" und „aktivierender Staat" oder eben „teurer Schwächling". Die Desorientierung geht bei manchen Politikern so weit, dass sie die Besonderheit hoheitlichen Handelns verkennen. Der Staat hat im Unterschied zu Privaten einzigartige Eingriffsbefugnisse. Er unterliegt als einziger der vollen Grundrechtsbindung. Er ist der Garant des Gemeinwohls. Er bietet dem Volk den Weg zur Artikulation und Partizipation. Die Eigenarten des Staates in den Blick zu nehmen, gehört zur täglichen Arbeit der Verwaltungsrichter, Sozialrichter, Finanzrichter. Was mir an dem Käse der vielen Ausnahmen zu § 40 der Verwaltungsgerichtsordnung am meisten stinkt, ist die darin zum Ausdruck kommende geringe Selbstachtung des Staates. Das Grundgesetz unterscheidet die ordentliche Gerichtsbarkeit von den Verwaltungsgerichtsbarkeiten. Warum wird das nicht ernst genommen? Die Podiumsdiskussion am Freitag wird sich mit dem notwendigen Selbstverständnis des Staates befassen, und ich bin sicher, dass auch über Griechenland gesprochen wird. Am folgenden Montag sollte dann die Arbeit zur Rechtswegbereinigung im Verwaltungsrecht aufgenommen werden. Der Bundesrat hat dazu Vorschläge gemacht. Der BDVR hat sich geäußert, auch die Präsidentenkonferenz der Verwaltungsgerichtsbarkeit, aus deren Runde ich stellvertretend für alle heute Anwesenden die Präsidentin des Bundesverwaltungsgerichts *Eckertz-Höfer* begrüße.

Eröffnungsansprache

Der Koalitionsvertrag berührt mit einem Projekt immerhin die Frage der notwendigen Rechtswegbereinigung, mit der Reform des Staatshaftungsrechts. Geht es um Amtspflichtverletzungen, sollte die Kontrolle derjenigen allgemeinen oder besonderen Verwaltungsgerichtsbarkeit anvertraut werden, die schon im Primärrechtsschutz über die Pflichterfüllung der Amtswalter wacht. Wir meinen, dass der Gesetzgeber bei der Reform auch einen alten Zopf abschneiden sollte, der mit modernem Staatsverständnis rein gar nichts zu tun hat. Das Bürgerliche Gesetzbuch des Jahres 1900 schrieb die alte Vorstellung fort, der Staat könne keinen Fehler machen. Deswegen haftet nicht der Staat selbst, sondern nur der Beamte. Das Grundgesetz leitete im Jahr 1949 die Amtshaftung des Beamten auf den Staat als Schuldner über, ohne sie weiter zu reformieren. Das hat weitreichende Konsequenzen. Nur der Staat darf Verwaltungsakte erlassen, nicht ein gleichsam privat handelnder Beamter. Der das Schadensersatzrecht prägende Grundsatz der Naturalrestitution (§ 249 Absatz 1 BGB) lautet: Wer zum Schadensersatz verpflichtet ist, hat den Zustand herzustellen, der bestehen würde, wenn der zum Ersatz verpflichtende Umstand nicht eingetreten wäre. In der Amtshaftung wird der Schadensersatz ausnahmslos auf den Geldersatz verengt. Ein modernes, unmittelbares Amtshaftungsrecht kann damit Schluss machen. Wenn der bislang nur im Sozialrecht anerkannte Herstellungsanspruch vom Gesetzgeber in das Staatshaftungsgesetz aufgenommen wird, kann die Behörde bei der Feststellung einer schuldhaften Amtspflichtverletzung soweit wie möglich versuchen, das vorenthaltene, das vereitelte Recht oder ein dem gleichendes Surrogat noch zu gewähren, statt Geld zu zahlen. Davon haben die geschädigten Bürger mehr. Und darüber freuen sich die Steuerzahler.

Ich will zum Schluss meiner Eröffnungsrede – wie schon auf der letzten Tagung in Weimar – auf Schiller zu sprechen kommen, heute allerdings auf Frau *Schiller*. Sie hat mit Herrn Präsidenten *Michaelis*, Frau *Ecker* und weiteren Richterinnen und Richtern aus dem Verwaltungsgericht Freiburg den Verwaltungsgerichtstag wunderbar vorbereitet, sie alle verdienen unseren Applaus! Für das Fachprogramm zeichnet der BDVR-Vorstand verantwortlich. Ob die Tagung gelingt, hängt nicht zuletzt von Ihrer Anteilnahme ab! Ich wünsche uns allen viele Anregungen und neue Erkenntnisse und erkläre hiermit den 16. Deutschen Verwaltungsgerichtstag in Freiburg für eröffnet!

Für das gesamte Verwaltungsrecht – zweimal im Monat.

Der volle Überblick

Die NVwZ informiert umfassend über das gesamte Verwaltungsrecht und schließt weitere Gebiete des öffentlichen Rechts, insbesondere das Staats- und Verfassungsrecht mit ein, z. B.

- Beamtenrecht
- Kommunalrecht
- Gewerberecht
- Ausländer- und Asylrecht
- Bau- und Planungsrecht
- Umweltrecht

Das unentbehrliche Plus an Entscheidungen

Die NVwZ berücksichtigt ausführlich die Rechtsprechung der Oberverwaltungsgerichte und Verwaltungsgerichtshöfe, aber auch der Oberlandesgerichte (etwa der Baulandsenate) sowie wichtige Entscheidungen der ersten Instanz, darunter auch nicht-rechtskräftige Entscheidungen.

Doppelt profitieren mit NVwZ-RR

Wegen der überragenden Bedeutung der Rechtsprechung im Öffentlichen Recht gibt es zusätzlich den »NVwZ-Rechtsprechungsreport«: 2 mal 46 Seiten pro Monat praxiswichtige Rechtsprechung zu allen Bereichen des Öffentlichen Rechts. Beachten Sie das günstige Kombi-Angebot!

Jetzt testen: 3 Monate NVwZ inkl. NVwZ-RR gratis!

Fax-Coupon

☐ Ja, ich will NVwZ mit NVwZ-RR gratis testen.
Schicken Sie mir die nächsten sechs Hefte gratis zu. Wenn ich nicht bis 1 Woche nach Erhalt des letzten Gratis-Heftes abbestelle, will ich NVwZ im Abonnement. 30. Jahrgang. 2011. Erscheint zweimal im Monat.
a) NVwZ mit NVwZ-RR. € 214,– halbjährlich,
Vorzugspreis für NJW-Bezieher, Studenten und Referendare (gegen Nachweis) € 189,– halbjährlich,
jew. inkl. MwSt., zzgl. Vertriebs-/Direktbeorderungsgebühren (€ 10,40/€ 2,80) € 13,20.

b) NVwZ ohne NVwZ-RR. € 130,– halbjährlich,
Vorzugspreis für NJW-Bezieher, Studenten und Referendare (gegen Nachweis) € 117,– halbjährlich,
jew. inkl. MwSt., zzgl. Vertriebs-/Direktbeorderungsgebühren (€ 9,80/€ 2,80) € 12,60.
Die Zeitschrift kann jeweils bis 6 Wochen vor Jahresende gekündigt werden.

Name

Straße

PLZ/Ort

Datum/Unterschrift

Bestellen Sie bei Ihrem Buchhändler oder bei:
beck-shop.de oder Verlag C.H.Beck · 80791 München
Fax: 089/38189-358 · www.beck.de

Festvortrag

Prof. Dr. Andreas Voßkuhle
Präsident des Bundesverfassungsgerichts

Der europäische Jurist[*]
Gedanken zur Juristenausbildung in Deutschland

I. Einleitung: Das Leitbild des Juristen im Wandel

Im Jahr 1905 schrieb der junge Freiburger Privatdozent *Hermann Kantorowicz:*

„Die herrschende Idealvorstellung vom Juristen ist die: Ein höherer Staatsbeamter mit akademischer Ausbildung, sitzt er, bewaffnet bloß mit einer Denkmaschine, freilich einer von der feinsten Art, in seiner Zelle. Ihr einziges Mobiliar ein grüner Tisch, auf dem das staatliche Gesetzbuch vor ihm liegt. Man reicht ihm einen beliebigen Fall, einen wirklichen oder nur erdachten, und entsprechend seiner Pflicht, ist er imstande, mit Hülfe rein logischer Operationen und einer nur ihm verständlichen Geheimtechnik, die vom Gesetzgeber vorherbestimmte Entscheidung im Gesetzbuch mit absoluter Exaktheit nachzuweisen".[1]

Mit diesen Worten beginnt *Kantorowicz* seine provokante Streitschrift mit dem Titel „Der Kampf um die Rechtswissenschaft". Das Bemerkenswerte an ihnen ist dabei nicht nur die darin zum Ausdruck kommende Leidenschaft, mit der schon vor mehr als hundert Jahren über das Leitbild des Juristen gestritten wurde. Interessant ist auch die Tatsache, dass *Kantorowicz* sein berühmtes Pamphlet ausgerechnet während eines Studienaufenthalts in Bologna[2] verfasst hat. Dieser Umstand belegt nicht nur die Mobilität eines „europäischen Juristen" vor mehr als hundert Jahren.[3] Nein, die Erwähnung des Namens „Bologna" weckt darüber hinaus vielfältige Assoziationen. Denn Bologna ist wohl mehr als jede andere Stadt geeignet, die Tradition und Größe der Wurzeln europäischer Juristenausbildung zu versinnbildlichen, die im Bologna des 12. Jahrhunderts begründet wurde:[4] Ohne Bologna wären das moderne europäische System der akademischen Ausbildung an Universitäten und die vom römischen Recht geprägte Rechtskultur nicht denkbar.[5] Zugleich steht der Name im heutigen Kontext stellvertretend für aktuelle Diskussionen über die Reform der Juristenausbildung aus Anlass der sogenannten „Bologna-Erklärung" von 29 europäischen Bildungsministern am 19. Juni 1999, deren Ziel die Harmonisierung von Studienbedingungen und die bessere Vergleichbarkeit von Hochschulabschlüssen ist.[6]

Die Frage, was einen guten Juristen ausmacht, ist in der Tat heute ebenso drängend wie im 12. Jahrhundert (der Glanzzeit Bolognas) oder im Jahr 1905 (dem Jahr, in dem Kantorowicz sein Pamphlet verfasste). Das gleiche gilt für die sich daran anschließende Frage, wie man zu einem „guten Juristen" werden kann,[7] welches Leitbild wir also der

Ausbildung zugrunde legen.[8] Nicht erst seit der Vereinheitlichung der Juristenausbildung im Deutschen Reich mit den Reichsjustizgesetzen von 1877 wird um ihre Inhalte und ihre Form gestritten.[9] Die Diskussion steht augenfällig in einem engen Zusammenhang mit den zentralen wirtschaftlichen, sozialen und technischen Veränderungen innerhalb der Gesellschaft oder jedenfalls mit einem entsprechenden Wahrnehmungswandel.[10] Denn es sind diese Veränderungen, auf die das Rechtssystem reagiert, und die ihrerseits zugleich durch Recht gestaltet oder gar erst erzeugt werden. Die Berufung des Juristen ist es, diese Prozesse des Wandels *des* Rechts und des Wandels *durch* Recht aktiv zu begleiten Das hat auch Auswirkungen auf das Anforderungsprofil juristischer Tätigkeit. Indem wir immer wieder erneut über die Ausbildung des Juristen nachdenken, vergewissern wir uns daher gleichzeitig über seine Aufgabe in der heutigen Zeit und den Zustand des Rechtssystems.

II. Einwirkungskräfte auf das Selbstverständnis und die Tätigkeitsfelder des Juristen

Werfen wir zunächst einen Blick auf einige zentrale gegenwärtige Einwirkungskräfte auf das Selbstverständnis und die Tätigkeitsfelder des Juristen.

1. Europäisierung

An erster Stelle ist hier die allgegenwärtige „Europäisierung" von Recht, Staat und Gesellschaft zu nennen.[11] Im Kaiserreich war der idealtypische Jurist – wie *Kantorowicz* ihn überzeichnet rekonstruiert, um ihn sodann mit spitzer Feder zu bekämpfen[12] – als „Staatsdiener" auf den Nationalstaat und dessen Recht fixiert.[13] In einer Zeit, in der „offene Staatlichkeit" zur „Überlebensvoraussetzung" des Staates geworden ist[14], erweist sich diese Perspektive als entschieden zu eng.

Als Mitgliedstaat der Europäischen Union ist die Bundesrepublik Deutschland fest eingebunden in ein komplexes europäisches Mehrebenensystem. Wir sprechen in diesem Zusammenhang auch vom europäischen „Staatenverbund"[15], vom „Verfassungsverbund"[16] und vom europäischen „Verwaltungs-" und „Verfassungsgerichtsverbund"[17]. Dementsprechend sind die einzelnen Mitgliedstaaten aufgefordert, völlig neue Instrumente, Regelungstypen und Konzepte mit weitreichenden Folgen in die eigene Rechtsordnung zu integrieren.[18] Gleichzeitig greift mittlerweile auf europäischer Ebene eine eigenständige rechtliche und rechtswissenschaftliche Systembildung Platz, die z. B. berechtigt, vom „Europäischen Verwaltungsrecht" zu sprechen, das „mehr ist als die Summe der durch das EU-Recht überformten und in diesem Sinne ‚europäisierten' nationalen Verwaltungsrechtsordnungen".[19]

2. Internationalisierung und globaler Wettbewerb der Rechtssysteme

Auch auf internationaler Ebene können wir seit geraumer Zeit Prozesse beobachten, die das nationale Rechtssystem nachhaltig beeinflussen:[20] Die Ausdehnung wirtschaftlicher Austauschprozesse über nationale Grenzen hinweg, die Entwicklung weltumspannender Kommunikations- und Informationstechnologien, die Entstehung transnationaler Kapitalmärkte (und deren Zusammenbruch), den quantitativen Anstieg und Bedeutungszuwachs transnationaler Institutionen sowie global vernetzter Sozial- und politischer Bewegungen und transnationale Migration.[21] Dieser Prozess der Internationalisierung – vielfach als „Globalisierung" bezeichnet[22] – und die durch ihn produzierten Konflikte und Problemlagen müssen rechtlich verarbeitet werden.

Die damit in Zusammenhang stehenden rechtlichen Veränderungsprozesse lassen sich gut mit dem Stichwort der „Transnationalisierung des Rechts" umschreiben.[23] Dabei richtet sich der Blick nicht nur auf das wachsende internationale (zwischenstaatliche) Vertragsrecht (man denke nur an die Welthandelsorganisation, die Weltbank, den Internationalen Währungsfonds), sondern auch auf halbstaatliche und nichtstaatliche Regelbestände wie transnationale (technische) Standardsetzung oder Standards internationaler Gremien (z. B. Luftverkehrssicherheit).[24] Neben den nationalen Gesetzgebern operieren heute supranationale Gesetzgeber wie die Europäische Union und diverse internationale Organisationen wie die Welthandelsorganisation (WTO), die Weltbank oder der Internationale Währungsfonds (IWF). Daneben können wir halbstaatliche oder private Organisationen wie internationale Nichtregierungsorganisationen (NGOs) beobachten, die in der Grauzone zwischen der gesellschaftlichen Artikulation von Interessen und Ansprüchen und ihrer staatlichen Transformation in allgemein anerkannte Rechte verbindliche Regelungen schaffen.[25]

Das Recht und die rechtsrelevanten Normen als Gegenstände juristischer Tätigkeit entspringen nach alledem – jedenfalls faktisch – den unterschiedlichsten Rechtsquellen[26] und werden erzeugt von Akteuren verschiedener Ebenen.[27] In bestimmten Konstellationen (beispielsweise bei der richtlinienkonformen Auslegung nationaler Gesetze) kann es so zu einer Art rechtlicher „Koproduktion" kommen, bei der zwei autonome Rechtsordnungen im gemeinsam bestimmten Hervorbringen einer Entscheidung vernetzt sind.[28]

Gleichwohl greift die Annahme, der Staat sei im Verlauf dieser Prozesse in eine rein passive Rolle gedrängt, zu kurz.[29] Er trägt nicht nur die Gewährleistungsverantwortung. Vielmehr ist er aktiv dabei, neue Formen staatlichen Handelns und der Steuerung zu entwerfen, indirekte und direkte Steuerungsmechanismen zu kombinieren und neue legislative und exekutive Instrumente auszuprobieren.[30] Neue Instrumente können durch internationale Harmonisierungsprozesse veranlasst sein oder zumindest von Vorbildern in anderen Ländern inspiriert werden. Sie können aber auch ihrerseits als erfolgreiche Modelle in den internationalen „Wettbewerb der rechtlichen Arrangements"[31] eingespeist werden. Wie auch immer man dazu stehen mag, man wird festhalten können, dass die Grenzen nicht nur für Informationen, Ideen, Kapital- und Warenströme durchlässiger geworden sind, sondern auch für Rechtsformen, juristische Argumentationsmuster und Verfahrensmodalitäten.[32]

Auch die Judikative bleibt von dem internationalen Wettbewerb der rechtlichen Konzepte, Ideen und Arrangements nicht unbeeinflusst. Veränderungsprozesse der Justiz, die nicht zuletzt durch erfolgreiche Modelle anderer Länder beeinflusst sind, manifestieren sich beispielsweise in der zunehmenden Etablierung alternativer Konfliktlösungsmechanismen wie der Mediation,[33] aber auch in der Betonung judikativer Transparenz, der nachvollziehbaren, guten Begründung von Entscheidungen und der Bürgerfreundlichkeit der Justiz. Die Justiz wird insoweit auch zunehmend als ein Standortfaktor wahrgenommen.

Als weiterer Beitrag im „Wettbewerb der rechtlichen Arrangements" dürfte auch die Initiative der Länder Nordrhein-Westfalen und Hamburg anzusehen sein, Kammern für internationale Handelssachen einzuführen, vor denen auf Englisch verhandelt werden können soll. Hier wird ausdrücklich argumentiert mit der – ich zitiere – „Bedeutung des globalen Standortwettbewerbs, der auch die Justiz erfasst hat"[34]. Wir können darin den Versuch sehen, globalen Unternehmen ein „klassisches" Konfliktlösungsmodell – nämlich den Prozess vor einem staatlichen Gericht – als Alternative zu internationalen Handelsschiedsverfahren schmackhaft zu machen, die derzeit in der Regel durch private Schiedspersonen entschieden werden.[35] Ohne an dieser Stelle diese Initiative zur Einführung von englischsprachigen Kammern für internationale Handelssachen rechtlich oder rechtspolitisch abschließend bewerten zu wollen: Sie ist jedenfalls ein Beleg dafür, dass die Wahrnehmung eines globalen Wettbewerbs der Rechtssysteme[36] vor der Judikative nicht haltmacht.[37]

3. Wissensgesellschaft: Wissen, Nichtwissen, Digitalisierung

Internationalisierung und Globalisierung werden ihrerseits begleitet von einer weiteren Entwicklung, die gemeinhin unter dem schillernden Schlagwort der „Wissensgesellschaft" diskutiert wird[38]: Bis 2010 wollte die EU nach einer Erklärung des Europäischen Rates im Jahr 2000 zur „wettbewerbsfähigsten Wissensgesellschaft der Welt" geworden sein.[39] Auch in der „Bologna-Erklärung" aus dem Jahr 1999 ist die Rede von dem „Europa des Wissens". Es heißt dort: „Inzwischen ist ein Europa des Wissens weitgehend anerkannt als unerläßliche Voraussetzung für gesellschaftliche und menschliche Entwicklung sowie als unverzichtbare Komponente der Festigung und Bereicherung der europäischen Bürgerschaft..."[40]

Andererseits wächst unser Problembewusstsein für Ungewissheiten: Die Generierung neuen wissenschaftlichen Wissens lässt zugleich auch das scheinbar „unbegrenzte Universum des Nichtwissens" (*Weingart*) deutlicher sichtbar werden.[41] Im Zentrum der Wissensgesellschaft steht aus diesem Blickwinkel die Generierung von Expertise im Umgang mit Nichtwissen.[42] Im Verwaltungsrecht wird diese Entwicklung besonders augenfällig, wenn es beispielsweise um das Planungs-, Umwelt- und Technikrecht geht. Hier erweist sich die Entscheidungssituation aufgrund der zu bewältigenden Zielkonflikte, der Unsicherheit der Zukunft und den in aller Regel bestehenden Wahlmöglichkeiten zwischen verschiedenen Handlungsalternativen häufig als außerordentlich komplex.[43]

Das vorhandene Wissen ist überdies durch seine zunehmende Digitalisierung neu geordnet, anders verknüpft und schier unbegrenzt verfügbar. Auch das rechtliche Wissen ist digitalisiert und wird erst durch die jeweilige Technik des Zugriffs geordnet,

Festvortrag

möglicherweise also – je nach individuellem Bedarf – unsystematisch, nichthierarchisch: Hier entwickelt sich in der Praxis ein ganz neues methodisches oder bisweilen auch nichtmethodisches Vorgehen, dessen Einfluss auf die Rechtserzeugung noch gar nicht abschätzbar ist.[44] Die Veränderungsprozesse, die wir unter dem Schlagwort „Digitalisierung des Staates" zusammenfassen können, greifen aber noch weiter – man denke an Projekte wie die „elektronische Akte", den teilweise bereits praktizierten „elektronischen Rechtsverkehr" und das „e-Government".[45]

III. Folgerungen für die juristische Ausbildung in Deutschland: Das Leitbild des europäischen Juristen

Was folgt aus den hier nur in aller Kürze skizzierten Veränderungsprozessen für das Leitbild des europäischen Juristen und die daran orientierte Ausbildung?

1. Rechtsanwendung und Rechtserzeugung – der europäische Jurist als Akteur in nationalen, europäischen und internationalen Rechtserzeugungsprozessen

Mehr als 130 Jahre nach Vereinheitlichung der Juristenausbildung durch die Reichsjustizgesetze (1877)[46] soll sich der in Deutschland ausgebildete europäische Jurist in internationalen Diskussionszusammenhängen zurechtfinden können, mehr noch, er soll gemeinsame Themen mit europäischen Juristen aus anderen Ländern finden, er soll mit Juristen aus anderen Ländern eine im übertragenen Sinne „gemeinsame Sprache" entwickeln, eigene Errungenschaften in den internationalen Diskussionszusammenhang einspeisen[47] und in Aushandlungsprozessen bestehen und in deren Rahmen Konflikte lösen.[48]

Der Jurist hat sich damit vom gesetzespositivistischen „Diener des Nationalstaates" – wie er von *Hermann Kantorowicz* für das Kaiserreich überzeichnet dargestellt wurde[49] – zum Begleiter und Akteur vielfältiger Rechtsentstehungsprozesse gewandelt, die auf den unterschiedlichsten, miteinander verschränkten inner-, intra- oder interstaatlichen, halbstaatlichen oder nichtstaatlichen Ebenen stattfinden.

Leitbild der Juristenausbildung wird danach nicht mehr der das nationale Recht subsumierende Richter sein. Aber auch der globale „Wall Street Lawyer" nach amerikanischem Muster – der für die große Mehrzahl der in Deutschland tätigen Rechtsanwälte ohnehin nicht paradigmatisch gewesen sein dürfte – scheidet nicht erst seit der Finanzkrise als Leitbild des europäischen Juristen aus.[50] Paradigmatisch und zukunftsweisend ist vielmehr der vielfältig einsetzbare Rechtsgestalter, der über Orientierungs- und Verfügungswissen für soziales Handeln in einer komplexen Welt verfügt und der bei zunehmender europäischer und internationaler Verflechtung der Rechtssysteme im „Wettbewerb rechtlicher Arrangements" selbst Vorschläge zu formulieren und in die Normerzeugungsprozesse auf europäischer und internationaler Ebene bereits im Vorfeld einzuspeisen vermag.[51]

Die juristische Ausbildung muss dieser Vielfalt juristischer Tätigkeit Rechnung tragen: Die Jurisprudenz ist nicht nur Rechtsanwendungs-, sondern auch Rechtssetzungs-,

Rechtsgestaltungs-, Entscheidungs- und Handlungswissenschaft; der Jurist „als solcher" ist nicht mehr nur der Richter, sondern er ist auch Rechtsberater, Rechtsgestalter, Rechtserzeuger. An die Stelle einer national introvertierten Norm- und Rechtsprechungsexegese tritt ein problemorientierter Austausch von rechtlichen Argumenten, Lösungsansätzen und Erfahrungen.[52]

Aus dieser Erweiterung des Tätigkeitsfeldes folgt zugleich, dass das Leitbild der juristischen Ausbildung der europäische Jurist als umfassend ausgebildeter „Einheitsjurist" sein muss: Gerade aufgrund der Vielzahl denkbarer Perspektiven und Rollen muss die Ausbildung gewährleisten, dass jede von ihnen potentiell eingenommen werden kann.

2. Internationalität – der europäische Jurist als juristischer Kosmopolit

So, wie der europäische Jurist sich auf unterschiedliche Perspektiven juristischen Denkens und Handelns einlassen können muss, muss er auch in der Lage sein, die diversen Ebenen des Rechts stets „mitzudenken" und sich auf andere juristische Traditionen und Denkstile einzulassen. Damit bin ich bei meinem nächsten Punkt angelangt, dem europäischen Juristen als „juristischem Kosmopolit".

Bei der europäischen und internationalen Dimension der juristischen Ausbildung, die ich meine, geht es weniger um die formale, strukturelle Harmonisierung des Studienablaufs. Denn mit einer bloß formalen Vereinheitlichung ist noch nichts gewonnen, sondern möglicherweise sogar nur etwas verloren. Es geht vielmehr darum, das juristische Denken und Handeln und damit auch die juristische Ausbildung in Deutschland *inhaltlich* auf Europa und die Welt auszurichten.[53] Gefordert ist in den Worten von *Peter Häberle* (der als erster vom „europäischen Juristen" gesprochen hat[54]) dass

> „jeder Jurist im Alltag national und europäisch arbeitet, d. h.: z. B. als nationaler Richter im Rahmen des Europarates sich auch als EMRK-Richter versteht bzw. im Rahmen der EU auch als „EU-Gemeinschaftsrichter" entscheidet: und zwar in allen Instanzen und auf allen Ebenen der nationalen Rechtsordnungen. Entsprechendes gilt für die Aufgaben des Rechtsanwaltes, des Rechtsberaters und vor allem der Professoren und Studenten an juristischen Fakultäten ..."[55].

Hinzuzufügen wäre die internationale Dimension. In Zeiten, in denen von einer „Konstitutionalisierung des Völkerrechts"[56] und einer „globalisierten Jurisprudenz"[57] ebenso wie von einer „Fragmentierung"[58] und einem „Pluralismus"[59] des (globalen) Rechts gesprochen werden kann, ist Leitbild des europäischen Juristen auch der „juristische Kosmopolit" – der juristische Kosmopolit mit Bewusstsein für die außereuropäischen Rechtsordnungen, mit Bewusstsein für deren Konvergenzen sowie für deren gewachsene Eigenständigkeit und Eigenart sowie einem Gespür für globale Normentwicklungen.[60] Auch in Bezug auf die internationalen Normentstehungsprozesse gilt es deshalb, ein Gefühl der „Mit-Verantwortlichkeit" zu entwickeln, so, wie es

Hans Peter Ipsen bereits im Jahr 1964 auf dem Karlsruher Juristentag für das europäische Gemeinschaftsrecht gefordert hatte.[61]

Voraussetzung für all dies sind Rechtskenntnisse im Europarecht, im internationalen und ausländischen Recht sowie Methodenkompetenz im Bereich der Rechtsvergleichung – für die es mehr bedarf als eines bloßen Textvergleichs, denn die jeweiligen Regelungen müssen historisch und kulturell kontextualisiert werden.[62] Dabei kann es im Rahmen der Ausbildung nicht um verästelte Detailkenntnisse gehen, sondern lediglich darum, dem jungen Juristen einen verlässlichen Zugang zu eröffnen und seine „Mit-Verantwortlichkeit" zu entwickeln.

Als „juristischer Kosmopolit" benötigt der europäische Jurist Sprachkompetenz – vor allem sollte er Englisch beherrschen und daneben möglichst noch eine weitere wichtige Fremdsprache.[63] Man denke nur an die Urteile des zunehmend bedeutsamen Europäischen Gerichtshofs für Menschenrechte (EGMR): Sie werden amtlich nur auf Französisch und Englisch verfasst. Deutsche Übersetzungen sind manchmal mit Glück erhältlich, wenn sich eine Fachzeitschrift zur Veröffentlichung der Entscheidung in deutscher Übersetzung entschließt. Trotzdem müssen die endgültigen Entscheidungen des EGMR bei der Auslegung des nationalen Rechts berücksichtigt werden.[64] In Zukunft werden wir daher bei der juristischen Ausbildung dem Erwerb juristischer Fremdsprachenkenntnisse auch jenseits von Passau und Trier, die hier vorbildlich sind, noch mehr Raum einräumen müssen.

Das Stichwort „Raum einräumen" führt mich hin zu einem weiteren Punkt, nämlich der Frage der Mobilität. Sprachkompetenz und Verständnis für andere Rechtssysteme oder wenigstens Begeisterung und die Bereitschaft, sich diese zu erschließen, erfährt man wahrscheinlich am schönsten im unmittelbaren Erlebnis eines Auslandsaufenthaltes (auch wenn nicht jeder Studienaufenthalt in Bologna uns die spontane Kreativität eines *Hermann Kantorowicz* verleihen mag). Das politische Plädoyer für eine weitere Verkürzung der Studiendauer halte ich auch aus diesem Grunde für verfehlt. Wer während des Studiums ins Ausland gehen soll, benötigt nämlich vor allem eins: Zeit.

3. Juristische Allgemeinbildung und Überblickswissen –
der europäische Jurist als Wissensexperte mit rechtlichem Meta-Wissen

Damit komme ich zu meiner dritten Schlussfolgerung: der europäische Jurist ist als Generalist „Wissensexperte" mit rechtlichem „Meta-Wissen"[65].

Soll der europäische Jurist flexibel mit Veränderungen umgehen können und sich in den konvergierenden Rechtsordnungen – die gleichwohl plural und unterschiedlich bleiben werden – zurechtfinden, kann es schon aus praktischen Erwägungen nicht darum gehen, als Ziel der Ausbildung noch breitere, umfassendere Kenntnisse vom positiven Recht und seinen weitreichenden Verästelungen zu verlangen. Allein das Europarecht ist heutzutage ein Rechtsgebiet, das in zahllose eigenständige Rechtsgebiete untergliedert ist, die ihrerseits eine enorme Komplexität und Ausdifferenzierung erreicht haben. Will man die Ausbildungszeit nicht ins Unendliche verlängern, scheiden die pauschale Erweiterung des Stoffs als Weg der Ausbildung und der „positivistische Stoffhuber" als Leitbild aus. Es kann also nur darum gehen, Methoden zu beherrschen, anhand derer das verfügbare Wissen im Bedarfsfalle abgerufen und erschlossen werden kann.

Das bedeutet auch, dass der „Spezialist" als Leitbild ausscheidet, zumal innerhalb weniger Jahre ganze Rechtsgebiete neu entstehen können (man denke beispielsweise an „IT-Recht"), während andere womöglich in die Bedeutungslosigkeit hinabsinken.[66] Trotzdem widerspricht es der Orientierung am Leitbild des Generalisten und „Wissensexperten" nicht, eine gewisse Schwerpunktsetzung in Studium und Referendariat zu ermöglichen. Eine zu frühe oder zu starke Spezialisierung wird aber stets zu Lasten der Flexibilität des jungen Juristen gehen, und eben diese Flexibilität wird er angesichts der fortschreitenden Geschwindigkeit der Veränderungen im Rechtssystem dringend benötigen.

4. Wissenschaftlichkeit und Grundlagenorientierung – der europäische Jurist als theoretisch und wissenschaftlich fundierter Praktiker

Aus den gleichen Erwägungen heraus sollten Theorie und Praxis der juristischen Ausbildung weiterhin in einem zweistufigen, „dualen" System voneinander grundsätzlich getrennt gehalten werden.[67] Wir brauchen das wissenschaftliche Selbstverständnis[68] des europäischen Juristen ebenso wie die Wissenschaftlichkeit seiner Ausbildung. Die universitäre Juristenausbildung darf – mit anderen Worten – keine reine Berufsqualifikation sein, sondern sie muss dem „Freiheitsgedanken des wissenschaftlichen Erkenntnisprozesses"[69] verbunden bleiben. Die Devise bleibt: „erst die Theorie, dann die Praxis".[70] Denn nirgendwo wird Praxis besser gelernt als eben in der Praxis.[71] Das nötige Fundament, das aus einem schlichten Rechtsanwender einen guten Juristen macht, kann dagegen nur eine grundlagenorientierte, wissenschaftliche Ausbildung an der Universität vermitteln. Nicht von ungefähr vermeiden gerade die besseren Law Schools in den USA eine Annäherung an die Praxis, während die schlechteren hier ihre Chancen wittern.[72]

Damit soll nicht gesagt sein, die wissenschaftliche, grundlagenorientierte Ausbildung an der Universität hätte ihrerseits keinen praktischen Sinnbezug. Im Gegenteil: Die Rechtswissenschaft selbst war immer eine „auf die Praxis bezogene" Wissenschaft: Sie zielt nicht nur auf ein methodisch erarbeitetes, systematisch geordnetes, objektiv gesichertes, lehr- und lernbares rationales Wissen vom Recht[73] mit dem Ziel einer abstrakten Ordnung des rechtlichen Wissens, sondern ihr geht es um rechtliches Wissen zur Orientierung und Anleitung praktischer Handlungen und Entscheidungen. Die Rechtswissenschaft ist insofern Handlungs- und Entscheidungswissenschaft.[74]

Als solche umfasst sie jedenfalls in Deutschland zunächst die Rechtsdogmatik.[75] Rechtsdogmatisches Denken ist unmittelbar verknüpft mit dem römisch-rechtlich inspirierten Anspruch auf Systematik und Systembildung, der den meisten anderen Rechtskreisen fremd ist, und verkoppelt auf ganz eigentümliche Weise die Rechtspraxis mit der Rechtswissenschaft.[76] Rechtsdogmatik ist aber notwendigerweise ein introvertiertes Konzept. Erst wenn man mithilfe des Nachdenkens über die Grundlagen des Rechts die nationalen Bedingtheiten der eigenen Argumentation erkennt, vermag man auch die vermittelbaren Stärken der eigenen Jurisprudenz auszumachen und zu übersetzen.[77] Als praktische Wissenschaft erfasst die Rechtswissenschaft deshalb gerade auch diejenigen Disziplinen, die sich mit den philosophischen, gesellschaftlichen und geschichtlichen Grundlagen des Rechts befassen.[78] Es sind die Grundlagenfächer, die aus der Rechtswissenschaft eine internationale und international anschlussfähige „Gerechtigkeitswissenschaft"[79] machen und ihr zugleich das analytische Werkzeug zur Verfügung stellen, um „zu wissen, was sie tut". Genannt seien hier nur die Rechtsphilosophie und die Rechtsvergleichung. Neu gefragt ist gegenwärtig auch die Rechtssoziologie: Sie erhält im Zuge der Diskussion über das „globale Recht" neuen Auftrieb, weil sie einen staatsunabhängigen Rechtsbegriff bereitstellt.[80] Wichtig und schon immer von besonderer Bedeutung ist auch die Rechtsgeschichte.[81] Insofern halte ich es mit *Gustav Radbruch:*

> „Wer nicht das öde Banausentum eines auf die äußerste praktische Notdurft beschränkten Lernbetriebs wünscht, wird einem weiteren Abbau der geschichtlichen Fächer nicht zustimmen können. Gerade eine moderne ökonomisch-soziale Auffassung des Rechts kann durch die geschichtliche Betrachtung nur gefördert werden, wenn diese sich nicht auf Rechtsantiquitäten beschränkt, sondern die ökonomischen und sozialen Triebkräfte der Rechtsentwicklung herausarbeitet."[82].

Wer die Grundlagenfächer schleift, gräbt sich daher das frische Wasser der Erkenntnis ab, ohne das jedes juristische Meer zu einem Tümpel wird.

5. Nachhaltigkeit und Qualität – der europäische Jurist als „Spitzenjurist"

Damit taucht am Horizont eine weitere Frage auf: Wie lässt sich die Nachhaltigkeit und Qualität der juristischen Ausbildung dauerhaft sichern? Oder anders formuliert: Wie wird der in Deutschland ausgebildete europäische Jurist zum „Spitzenjuristen"?

Bei der Sicherung der Qualität der juristischen Ausbildung in Deutschland geht es nicht nur um das Anliegen, kompetent und professionell im internationalen „Wettbewerb um gute rechtliche Arrangements" vertreten zu sein. Die Qualität der juristischen Ausbildung ist von grundlegender Bedeutung für das Funktionieren des Rechtssystems, also für Demokratie und Rechtsstaatlichkeit an sich. Der Staat hat deshalb – auch und gerade vor dem Hintergrund der beschriebenen Veränderungsprozesse – eine besondere Verantwortung für die juristische Ausbildung. Es erscheint daher angemessen und notwendig, dass er nicht nur für den unmittelbaren „Staatsdiener" Qualitätsstandards in Gestalt staatlich reglementierter und verantworteter Prüfungen setzt. Auch im Hinblick auf die vielgestaltigen sonstigen Tätigkeitsfelder des europäischen Juristen können wir daher festhalten, dass die gleichbleibend hohe Qualität seiner Ausbildung in Deutschland nach wie vor am besten durch eine zentrale Staatsprüfung – das Staatsexamen[83] – sichergestellt werden kann.[84]

Deutsche Juristen sind nicht von ungefähr für ihre herausragenden Fähigkeiten international bekannt – die breite Spitze von 10–20%, die das begehrte „Vollbefriedigend" oder besser erreicht,[85] ist jedenfalls in fachlicher Hinsicht bestens ausgestattet und muss den Vergleich mit den Spitzenabsolventen anderer Ausbildungssysteme keineswegs scheuen. Das ist besonders bemerkenswert, wenn man sich klarmacht, dass jede und jeder die Chance hat, zu diesen besten 10–20% zu gehören: Der Weg zum „Spitzenjuristen" ist nicht wie in den USA an den Zugang zu fast unbezahlbar teuren Elite-Law-Schools gebunden. Er steht jedem offen, der sich der Herausforderung des Staatsexamens stellt. Wir sollten stolz auf diese Errungenschaft des deutschen Sozialstaats sein!

Ich betone die Bedeutung des Staatsexamens für die Sicherung der Qualität der Ausbildung hier aber auch vor dem Hintergrund der aktuellen Diskussion darüber, ob man die juristische Ausbildung aus Anlass der „Bologna-Erklärung" aus dem Jahr 1999 verbessern könnte. Was ist der Gehalt dieser – völkerrechtlich unverbindlichen – Erklärung? Im Wesentlichen geht es um die Strukturierung des Studiums. Dieses soll zwei Phasen erhalten – eine erste Studienphase, die mit dem Bachelor endet, und im Anschluss daran eine zweite Phase im Sinne eines „Aufbaustudiums", das mit dem Master abschließt.[86] Beide Abschlüsse sollen berufsqualifizierend sein, und beide Abschlüsse sind universitäre Abschlüsse.[87] Damit sind auch schon die Hauptprobleme benannt, die eine grundsätzliche Vereinbarkeit des Bologna-Systems mit der juristischen Ausbildung in Deutschland sehr zweifelhaft erscheinen lassen.[88]

Noch eine weitere Strukturierungsvorgabe der Bologna-Erklärung ist mit dem von mir skizzierten Leitbild des europäischen Juristen nur schwer kompatibel, nämlich die mit der „Bachelorisierung" des juristischen Studiums verbundene „Modularisierung". Eine Modularisierung des Studiums würde letztlich auf ständige studienbegleitende Prüfungen hinauslaufen. Das halte ich nicht für empfehlenswert.

Die juristische Ausbildung als wissenschaftliche Ausbildung sollte keine bloße Fortsetzung der Schule mit anderen Inhalten sein. Ziel und Leitbild des europäischen Juristen muss vielmehr ein nachhaltig aufgebautes rechtliches „know how" sein. Ein Know how, das eine Grundlage bietet für das „lebenslange Lernen" des europäischen Juristen – auf dass er nicht nur unmittelbar nach dem Staatsexamen, sondern dauerhaft ein „Spitzenjurist" sein kann.

Der erforderliche Überblick über die Rechtsordnung, Methodenkompetenz und Grundlagenwissen werden durch permanentes Abprüfen kurzfristig erlernten Wissens kaum zu erreichen sein. Die dem Staatsexamen vorausgehende akademische Freiheit des wissenschaftlichen Studiums ist anspruchsvoll, und sie soll anspruchsvoll sein – sie ist Voraussetzung für die Fähigkeit des europäischen Juristen, selbst zu denken und später auf die immer neuen Herausforderungen der Praxis flexibel zu reagieren.

6. Inter- und Transdisziplinarität –
  der europäische Jurist im fächerübergreifenden Diskurs

Das Stichwort „selbst denken" führt mich zu einem weiteren wichtigen Thema, nämlich der Auseinandersetzung mit anderen Denkstilen und Denkweisen – also mit anderen Disziplinen und anderen Fächern. Der europäische Jurist wird sich in Zukunft noch stärker als bisher divergierenden Wissensansprüchen gegenüber sehen, deren Koordinierung auch aus staatlicher Sicht nicht mehr hierarchisch, sondern diskursiv und öffentlich in einem übergreifenden Verhandlungsraum erfolgt, in dem die Akzeptanz von Erklärungen und Lösungen ausgelotet wird.[89] Es geht also darum, an einem fächerübergreifenden Diskurs teilzunehmen und sich darin zurechtzufinden. Der europäische Jurist sollte interdisziplinär[90] oder wenigstens transdisziplinär arbeiten können. Damit ist nicht gemeint, dass der europäische Jurist auch alle anderen Fächer „können" soll. Es geht um „praktizierte Interdisziplinarität im Gespräch, nicht im eigenen Kopf"[91] – es geht um Neugier und darum, sich auf andere Disziplinen einzulassen und sich von ihnen irritieren[92] und inspirieren zu lassen. Ebenso, wie er sich auf andere Rechtsordnungen, fremde Rechtskonzepte und andere Rechtsideen als die gewohnten einlassen können muss, sollte der europäische Jurist imstande sein, mit anderen Disziplinen in Austausch zu treten. Das gilt nicht nur für den Dialog mit Sozial- und Geisteswissenschaften, sondern auch für die innovationsrelevanten naturwissenschaftlich-technischen Fächer.[93] Gefordert ist daher zumindest eine „transdisziplinäre Offenheit" des europäischen Juristen.[94]

7. „Soft Skills" und Sozialkompetenz –
  der europäische Jurist als konflikterfahrener Kommunikator

Wenn der europäische Jurist sich nicht nur auf andere Disziplinen und andere Rechtsordnungen einlassen können soll, sondern wenn er sich darüber hinaus „als Teil einer europäischen Öffentlichkeit" verstehen soll,[95] wenn er sich an diese wendet, sie mitbegründet, auf sie einwirkt, sie informiert, sich aus und mit ihr bildet,[96] dann setzt dies freilich bestimmte kommunikative Fähigkeiten voraus: Der europäische Jurist muss kommunikationsfähig sein und dafür nicht nur – wie bereits dargelegt – Sprachkompetenz besitzen, sondern auch Urteilskraft, Kritikfähigkeit und Meinungsstärke sowie Verantwortungsbewusstsein, dabei zugleich Toleranz, Einfühlungsvermögen, Bescheidenheit, kulturelle Sensibilität und Kreativität; er muss prozedural – in Verfahren – denken und in Aushandlungsprozessen bestehen können.

Diese Aufzählung enthält allerdings teilweise Charaktereigenschaften, die nur begrenzt im juristischen Lehrplan untergebracht werden können und wohl teilweise nicht unmittelbar „gelehrt" werden können. Hier gilt es, an die Verantwortung der Ausbilder in Lehre und Praxis zu erinnern. Ihre Aufgabe bleibt es, als Mensch und Person mit allen Schwächen und Vorzügen das Ideal des „europäischen Juristen" zu vermitteln.

IV. Ausblick

Lassen Sie mich zusammenfassen: Der europäische Jurist ist (1.) Akteur in nationalen, europäischen und internationalen Normerzeugungsprozessen, (2.) Europäer und Kosmopolit, (3.) Generalist und „Wissensexperte", (4.) theoretisch und wissenschaftlich ausgebildeter Praktiker, (5.) „Spitzenjurist", (6.) inter- und vor allem transdisziplinär dialogfähiger sowie (7.) sozialkompetenter Teilnehmer kommunikativer Prozesse.

Diesem Leitbild, dem man sich immer nur annähern kann, das man aber nie ganz erreichen wird, fehlt noch der wichtigste Mosaikstein, den ich zum Schluss hinzufügen möchte: Der europäische Jurist trägt in der sich verändernden, komplexen Welt der Europäisierung, Internationalisierung und Globalisierung entscheidende Verantwortung für Demokratie, Rechtsstaatlichkeit und Menschenrechte – für die Werte also, die Grundlage einer freiheitlichen Gesellschaft und des modernen Verfassungsstaates sind.[97] Der europäische Jurist – wie wir ihn uns wünschen – ist daher kein Technokrat, sondern Träger und Vermittler der Werte, die die „europäische Rechtskultur"[98] ausmachen. Dass zeigt zugleich: Die Aufgabe, ein guter europäischer Jurist zu werden, endet nicht mit dem Zweiten Staatsexamen. Sie ist uns allen aufgegeben, jeden Tag aufs Neue, jeden Tag mehr!

---

* Es handelt sich um die redigierte und mit Fußnoten versehene Fassung meines Festvortrags zur Eröffnung des 16. Deutschen Verwaltungsgerichtstags in Freiburg am 5.5.2010. Für die große Unterstützung bei der Erarbeitung des Beitrags danke ich meiner Wissenschaftlichen Mitarbeiterin am Bundesverfassungsgericht Frau RinVG Dr. Sigrid Emmenegger sehr herzlich.
1 *Gnaeus Flavius* (d. i., Hermann Kantorowicz), Der Kampf um die Rechtswissenschaft, Heidelberg 1906, S. 7.
2 Vgl. *F. Kantorowicz Carter*, Gustav Radbruch and Hermann Kantorowicz: Two Friends and a Book – Reflections on Gnaeus Flavius' Der Kampf um die Rechtswissenschaft (1906), German Law Journal 2007, 657 <670>.
3 K. war in Posen geboren, hatte in Berlin und München studiert, in Heidelberg promoviert und in Freiburg habilitiert. Seine Berufung auf eine Professur in Kiel erfolgte erst 1929; 1933 wurde er als einer der ersten jüdischen Rechtswissenschaftler vertrieben und emigrierte zunächst nach New York, dann Cambridge, vgl. *J. Schröder*, in: G. Kleinheyer/J. Schröder, Deutsche und Europäische Juristen aus neun Jahrhunderten, 5. Aufl. 2008, S. 237 ff.; *G. Brender*, Artikel „Kantorowicz, Hermann Ulrich", in: M. Stolleis (Hrsg.), Juristen: Ein biographisches Lexikon, 2001, S. 347 ff. <348>.
4 *H. Wieling*, Juristenausbildung im Mittelalter, in: C. Baldus/T. Rüfner (Hrsg.), Juristenausbildung in Europa zwischen Tradition und Reform, 2008, S. 47 ff. <52>: Die Glossatoren sind die „Väter der europäischen Rechtswissenschaft". Vgl. in diesem Zusammenhang bereits *R. Böttcher*, Der europäische Jurist, JöR n. F. 49 (2001), S. 1 ff.: „Es gab ihn einmal, den europäischen Juristen. Im 12. und 13. Jahrhundert strömten Studenten aus ganz Europa nach Bologna, um das wieder entdeckte römische Recht zu studieren ... Kehrten die Scholaren in ihre Heimatländer zurück, brachten sie eine neue Art des Denkens mit und in der Folge auch eine neue Identität (...) Es fand ein europäischer Wettbewerb der Rechtsfakultäten statt"; *H. Prütting*, Folgen der Globalisierung für die Juristenausbildung, Vortrag, 2005, abrufbar unter www.tokyo-jura-kongress2005.de/_documents/pruetting_de.pdf (Zugriff vom 22.3.2010), S. 2: „Der mittelalterliche Rechtsunterricht hatte bereits weitgehend globale Tendenzen"; *J. Fried*, Die Entstehung des Juristenstandes im 12. Jahrhundert – zur sozialen Stellung gelehrter Juristen in Bologna und Modena, 1974.
5 *T. Finkenauer/T. Rüfner*, Einleitung, in: dies./C. Baldus (Hrsg.), Juristenausbildung (Fn. 4), S. 1.
6 Der Europäische Hochschulraum. Gemeinsame Erklärung der Europäischen Bildungsminister, 19. Juni 1999, Bologna. Abrufbar unter http://www.bmbf.de/pub/bologna_deu.pdf. (Zugriff vom 1.4.2010). Allgemeine Informationen über den Stand der Umsetzung unter http://www.hrk.de

Festvortrag

(Zugriff vom 6.4.2010). Aus der mittlerweile fast uferlosen Literatur zu den Auswirkungen des „Bologna-Prozesses" auf die Juristenausbildung vgl. nur *T. Pfeiffer*, Probleme alla bolognese: Juristenausbildung und Bologna, in: RW 1 (2010), S. 104 ff.; *H. Konzen*, Bologna-Prozess und Juristenausbildung, JZ 2010, S. 241 ff., sowie die rechtsvergleichenden Beiträge in: *C. Baldus/ T. Finkenauer/T. Rüfner* (Hrsg.), Juristenausbildung (Fn. 4).

7 Zur Frage nach dem „guten Richter" vgl. jüngst *M. Eckertz-Höfer*, „Vom guten Richter" – Ethos, Unabhängigkeit, Professionalität, DÖV 2009, S. 729 ff.

8 Vgl. zum „europäischen Juristen" bereits *P. Häberle*, Der Europäische Jurist, 2002; *ders.*, Der europäische Jurist, JöR n. F. 50 (2002), S. 123 ff.; dazu *I. Pernice*, Peter Häberle: Der Europäische Jurist, in: A. Blankenagel/I. Pernice/H. Schulze-Fielitz (Hrsg.), Verfassung im Diskurs der Welt: Liber Amicorum für Peter Häberle zum siebzigsten Geburtstag, 2004, S. 3 ff.; *R. Böttcher*, Jurist (Fn. 4), S. 1 ff.; zur Frage nach dem Leitbild vgl. auch *M. Stolleis*, Gesucht: Ein Leitbild der Juristenausbildung, NJW 2001, 200 ff.; zum Begriff des Leitbildes *S. Baer*, Schlüsselbegriffe, Typen und Leitbilder als Erkenntnismittel und ihr Verhältnis zur Dogmatik, in: E. Schmidt-Aßmann/ W. Hoffmann-Riem (Hrsg.), Methoden der Verwaltungsrechtswissenschaft, 2004, S. 223 ff. <232 ff.>, auch zur Gefahr von Leitbildern in Bezug auf Akteure ebd., <234>. Nach der Abgrenzung von *S. Baer* <236 ff.> dürfte es sich bei dem im Folgenden entworfenen Konzept des „europäischen Juristen" genau genommen wohl eher um ein Modell, nicht um ein „Leit-*Bild*" handeln.

9 *B. Pieroth*, Literarische Streifzüge durch die Geschichte der Juristenausbildung in Deutschland, in: G. H. Gornig/U. Kramer/U. Volkmann (Hrsg.), Staat – Wirtschaft – Gemeinde: FS W. Frotscher zum 70. Geburtstag, 2007, S. 795 ff. <795>.

10 Vgl. *M. Stolleis*, Leitbild (Fn. 8), S. 200: „Der Alltag der Juristenausbildung deutet auf Kontinuität (...) Aber dieser Eindruck täuscht. Der gesamte Kontext der Juristenausbildung ändert sich (...).

11 Vgl. auch *A. v. Bogdandy*, Beobachtungen zur Wissenschaft vom Europarecht, Der Staat 40 (2001), S. 3 ff. <43> Fn. 208: Europäisierung der Juristenausbildung als Voraussetzung einer Europäisierung der nationalen Rechtssysteme.

12 Vgl. zur Tradition solcher „Rechtskritik" im Sinne einer „Juristenkritik" jüngst *J. Benedict*, Rechtskritik, RTh 40 (2009), S. 337 ff. <345 ff.> (a] „Richterschelte"; b] „Advokatenschelte"); s. für die unterschiedlichen Bedeutungsgehalte des Ausdrucks „Rechtskritik" *S. Emmenegger*, Gesetzgebungskunst, 2006, S. 110.

13 Vgl. – unter Verweis auf *Bleek*, Von der Kameralausbildung zum Juristenprivileg: Studium, Prüfung und Ausbildung der höheren Beamten des allgemeinen Verwaltungsdienstes in Deutschland im 18. und 19. Jahrhundert, 1972 –: *B. Pieroth*, Literarische Streifzüge (Fn. 9), S. 797: Erst im 18. Jahrhundert beginne die Phase, in der die Juristenausbildung zu einem staatlichen Regelungsobjekt werde. Die deutschen Territorialstaaten hätten dabei das Ziel verfolgt, ihre Herrschaft durch eine leistungsfähige Staatsdienerschaft auszubauen; dabei bedienten sie sich vornehmlich juristisch Vorgebildeter und begründeten das so genannte Juristenmonopol.

14 *R. Wahl*, Internationalisierung des Staates, in: ders., Verfassungsstaat, Europäisierung, Internationalisierung, 2003, S. 17 ff. <17> im Anschluss an *A. Hollerbach*, Globale Perspektiven der Rechts- und Staatsentwicklung, Freiburger Universitätsblätter, Heft 111, März 1991, S. 33 <35>.

15 BVerfG, Urteil vom 30. Juni 2009 – Lissabon, Rn. 229: „Der Begriff des Verbundes erfasst eine enge, auf Dauer angelegte Verbindung souverän bleibender Staaten, die auf vertraglicher Grundlage öffentliche Gewalt ausübt, deren Grundordnung jedoch allein der Verfügung der Mitgliedstaaten unterliegt und in der die Völker – das heißt die staatsangehörigen Bürger – der Mitgliedstaaten die Subjekte demokratischer Legitimation bleiben"; s. zum Begriff auch *P. Kirchhof*, Der europäische Staatenverbund, in: v. Bogdandy/Bast [Hrsg], Europäisches Verfassungsrecht, 2. Aufl. 2009, 1009 <1019 f.>.

16 Vgl. *Pernice*, Die Dritte Gewalt im europäischen Verfassungsverbund, EuR 1996, 27 <33>: „Der Begriff des Verfassungsverbunds kennzeichnet ... die materielle Einheit von Gemeinschafts- und innerstaatlichem (Verfassungs-)Recht"; *ders.*, Der Europäische Verfassungsverbund auf dem Wege der Konsolidierung, JöR 48 [1999], 205; *ders.*, VVDStRL 60 (2001), 148 <172 f.>; *P. M. Huber*, VVDStRL 60 (2001), 194 <199>.

17 Vgl. *E. Schmidt-Assmann/B. Schöndorf-Haubold* (Hrsg.), Der Europäische Verwaltungsverbund, 2005, sowie *A. Voßkuhle*, Der europäische Verfassungsgerichtsverbund, NVwZ 2010, S. 1 ff.

18 *A. Voßkuhle*, Methode und Pragmatik im Öffentlichen Recht, in: H. Bauer u. a. (Hrsg.), Umwelt, Wirtschaft, Recht, 2002, S. 171 ff. <177>.

35

19 E. *Schmidt-Aßmann*, Das allgemeine Verwaltungsrecht als Ordnungsidee, 2. Aufl. 2004, S. 377.
20 R. *Poscher*, Das Verfassungsrecht vor den Herausforderungen der Globalisierung, VVDStRL 67, S. 160 ff., unterscheidet insoweit „faktische Globalisierungsphänomene" einerseits und „regulative Globalisierungsphänomene" andererseits.
21 K. *Günther/S. Randeria*, Recht, Kultur und Gesellschaft im Prozess der Globalisierung, 2001, S. 10.
22 K. *Günther/S. Randeria*, Recht (Fn. 21), S. 10. Vom „globalen Recht" spricht z. B. G. *Teubner*, vgl. *ders.*: Societal Contitutionalism: Alternatives to State-Centred Constitutional Theory, in: C. Joerges/I.-J. Sand/G. Teubner (Hrsg.), Transnational Governance and Constituionalism, S. 141 ff.; s. auch bereits *ders.*, Global Law without a State, 1997. Zum „Verfassungsrecht vor den Herausforderungen der Globalisierung" vgl. auch die Beiträge von R. *Poscher* und G. *Nolte*, VVDStRL 67, S. 160 ff. und 129 ff. sowie M. *Ruffert*, Die Globalisierung als Herausforderung an das Öffentliche Recht, 2004.
23 Vgl. K. *Günther/S. Randeria*, Recht (Fn. 21), S. 17: „Zunehmend wird ... das Recht in seiner grundlegenden Bedeutung nicht nur für die Transformation, sondern auch für die Erhaltung des Staates in einer globalisierten Welt wahrgenommen. Es erscheint uns daher sinnvoll, statt von ‚Globalisierung' von ‚Transnationalisierung' des Rechts zu sprechen, um so nicht nur auf den Prozesscharakter des Phänomens aufmerksam zu machen, sondern auch auf die nach wie vor wichtige, wenn auch sich nachhaltig verändernde Rolle nationaler Rechtssysteme und der Nationalstaaten. Während nationale Rechtsbereiche zunehmend transnationalisiert werden, durchdringen gleichzeitig internationale und supranationale Rechtsregime nationale Rechtsordnungen"; grundlegend zur transnationalen Rechtserzeugung vgl. auch H. H. *Koh*, The 1994 Roscoe Pound Lecture: Transnational Legal Process, in: Nebraska Law Review 75 (1996), S. 181 ff.; weitere Nachweise aus der US-amerikanischen Literatur bei F. *Hanschmann*, Theorie transnationaler Rechtsprozesse, in: S. Buckel/R. Christensen/A. Fischer-Lescano (Hrsg.), Neue Theorien des Rechts, 2006, S. 34 ff.; vgl. ferner G. *Brüggemeier* (Hrsg.), Transnationalisierung des Rechts, 2004. Zu neueren Entwicklungen der Theorie des globalen Rechts vgl. nur A. *Fischer-Lescano/ G. Teubner* (Hrsg.), Regime-Kollisionen: Zur Fragmentierung des globalen Rechts, 2006.
24 Vgl. T. *Vesting*, Rechtstheorie, 2007, Rn. 147; zur Standardsetzung H. C. *Röhl*, Internationale Standardsetzung und O. *Lepsius*, Standardsetzung und Legitimation, jeweils in: C. Möllers/A. Voßkuhle/C. Walter (Hrsg.), Internationales Verwaltungsrecht, 2007, S. 319 ff. und S. 345 ff.
25 K. *Günther/S. Randeria*: Recht (Fn. 21), S. 10; näher zu den einzelnen Akteuren der Transnationalisierung des Rechts ebd., S. 52 ff.
26 Der Ausdruck „Rechtsquelle" wird hier untechnisch verwendet – vgl. zur Problematik der herkömmlichen „Rechtsquellenlehre" und der Frage einer Neukonzeption derselben M. *Ruffert*, Rechtsquellen und Rechtsschichten des Verwaltungsrechts, 2006, § 17 Rn. 8 ff.; T. *Vesting*, Rechtstheorie (Fn. 24), Rn. 146 ff.
27 Vgl. R. *Christensen/M. Böhme*, Europas Auslegungsgrenzen: Das Zusammenspiel von Europarecht und nationalem Recht, Rechtstheorie 40 (2009), S. 285 ff. <289>: „... Es geht also um die Vernetzung zweier autonomer Rechtsordnungen beim gemeinsam bestimmten Hervorbringen einer Entscheidung".
28 R. *Christensen/M. Böhme*, Auslegungsgrenzen (Fn. 27), S. 289.
29 Vgl. zum „Wesen des Engagements des Staates im Prozess der Globalisierung" z. B. S. *Sassen*, Paradox des Nationalen: Territorium, Autorität und Rechte im globalen Zeitalter, 2008, insbes. S. 371 ff.
30 S. *Sassen*, Paradox (Fn. 29), S. 371.
31 Vgl. zu diesem Wettbewerb – mit deutlich kritischer Note – S. *Sassen*, Paradox (Fn. 29), S. 371 f.: „Einige Staaten ... produzieren die Entwürfe für diese neuen ‚Rechtlichkeiten' und nötigen diese aufgrund der Interdependenzen, die für das gegenwärtige Stadium der Globalisierung zentral sind, den anderen Staaten auf. Doch auch dann müssen die beteiligten Staaten die spezifischen Instrumente im Hinblick auf ihre jeweiligen politisch-ökonomischen Arrangements entwickeln." Ebd., Fn. 6: „... Frankreich z. B. zählt zu den führenden Anbietern von Dienstleistungen im Bereich der Information und des industriellen Ingenieurswesens und nimmt bei Finanz- und Versicherungsdienstleistungen eine starke, wenn auch nicht herausragende Position ein. Doch sieht sich Frankreich bei rechtlichen Dienstleistungen und solchen im Rechnungswesen zunehmend benachteiligt, da anglo-amerikanisches Recht und anglo-amerikanische Standards bei internationalen Geschäftsabschlüssen dominieren. Anglo-amerikanische Firmen mit Niederlassungen in

Festvortrag

Paris arbeiten den juristischen Bedürfnissen der Formen, die von Frankreich aus operieren, zu – ganz gleich, ob dies französische oder ausländische Formen sind. Ähnlich dominiert das angloamerikanische Recht immer stärker das internationale Handelsschiedswesen, dessen institutionelle Grundlagen auf kontinentalen – vor allem französischen und schweizerischen – Traditionen der Rechtsprechung aufbauen."

32 *R. Voigt*, Globalisierung des Rechts. Entsteht eine „dritte Rechtsordnung"?, in: ders. (Hrsg.), Globalisierung des Rechts, 1999/2000, S. 13 ff. <19>.
33 In diese Richtung auch *I. v. Münch*, Legal Education and the Legal Profession in Germany, 2002, S. 71: „Perhaps a development towards more mediation instead of court decisions will take place"; *D. Strempel*, Neuer Ausbildungsinhalt: Außergerichtliche Konfliktregelung (Mediation), in: ders. (Hrsg.), Juristenausbildung zwischen Internationalität und Individualität – auch ein Problem der Gesetzgebung –, 1998, S. 365 ff.; zur Mediation vgl. aus neuerer Zeit *J. v. Bargen*, Mediation im Verwaltungsprozess, DVBl 2004, S. 468 ff.; *J. M. von Bargen*, Gerichtsinterne Mediation, 2008; *R. Pitschas*, Mediation als Methode und Instrument der Konfliktmittlung im öffentlichen Sektor, NVwZ 2004, S. 396 ff.; *U. Rüssel*, Mediation in komplexen Verwaltungsverfahren, 2004.
34 Pressemitteilung des Justizministeriums Nordrhein-Westfalen vom 12.2.2010 – „Englisch als mögliche Gerichtssprache: Justizministerin Roswitha Müller-Piepenkötter stellt Gesetzentwurf im Bundesrat vor" (abrufbar unter http://www.justiz.nrw.de/Presse/PresseJM/12_02_10/index.php, Zugriff vom 25.3.2010).
35 Vgl. BR-Drucks. 42/10 vom 27.1.2010, S. 2: „Der Gerichtsstandort Deutschland wird durch die Einführung von Englisch als Gerichtssprache in hohem Maße an Attraktivität gewinnen. Deutsche Kammern für internationale Handelssachen werden bedeutende wirtschaftsrechtliche Verfahren anziehen, die bisher entweder vor Schiedsgerichten oder im englischsprachigen Ausland verhandelt werden. Die zunehmende Vereinbarung des Gerichtsstandortes Deutschland wird auch die vermehrte Wahl des deutschen Rechts als auf internationale Vertragsverhältnisse anwendbares Recht nach sich ziehen".
36 Zum „Wettbewerb der Rechtsordnungen" vgl. die Referate von *A. Peters* und *T. Giegerich* auf der Staatsrechtslehrertagung 2009 in Graz, VVDStRL 69 (2010), S. 7 ff. bzw. 57 ff. *L. Michael*, Wettbewerb von Rechtsordnungen, DVBl. 2009, S. 1062 ff.
37 Skeptischer dagegen *I. von Münch*, Legal Education and the Legal Profession in Germany, 2002, S. 71: „With regards to the future of legal professions, the profession of a judge will probably not undergo remarkable changes. Perhaps a development towards more mediation instead of court decisions will take place. Efficient administrative steps, with the use of new technologies, will have to be implemented to alleviate the burden of the courts."
38 Zum Verhältnis von Wissen und Recht vgl. hier nur statt vieler die Beiträge in *I. Spiecker gen. Döhmann/P. Collin* (Hrsg.), Generierung und Transfer staatlichen Wissens im System des Verwaltungsrechts, 2008; *G. F. Schuppert/A. Voßkuhle* (Hrsg.), Governance von und durch Wissen, 2008, sowie *H. C. Röhl* (Hrsg.), Wissen – Zur kognitiven Dimension des Rechts, Beiheft 9 zu Die Verwaltung, 2010. Allgemein zur Problematik auch *B. Faßbender*, Wissen als Grundlage staatlichen Handelns, in: J. Isensee/P. Kirchhof (Hrsg.), HStR, Bd. IV, 3. Aufl. 2006, § 76.
39 Vgl. *A. v. Bogdandy*, Entgrenzung der Wissenschaften und Prämissen des europäischen Wissenschaftsraums: Anregungen zur Gestaltung des Europäischen Forschungsrats, in: HRK (Hrsg.), Beiträge zur Hochschulpolitik 2/2007, 69 <70> mit Verweis auf die Schlussfolgerungen des Vorsitzes, Europäischer Rat (Lissabon), 23. und 24. März 2000 (SN 100/00), Nr. 5: Nach dem ersten Gipfel solle die Europäische Union bis zum Jahr 2010 zur wettbewerbsfähigsten Wissensgesellschaft der Welt werden.
40 Der Europäische Hochschulraum. Gemeinsame Erklärung der Europäischen Bildungsminister, 19. Juni 1999, Bologna, abrufbar unter www.bmbf.de/pub/bologna_deu.pdf (Zugriff vom 1.4.2010): „Inzwischen ist ein Europa des Wissens weitgehend anerkannt als unerläßliche Voraussetzung für gesellschaftliche und menschliche Entwicklung sowie als unverzichtbare Komponente der Festigung und Bereicherung der europäischen Bürgerschaft ..."
41 *A. Voßkuhle*, Expertise und Verwaltung, in: H.-H. Trute u. a. (Hrsg.), Allgemeines Verwaltungsrecht – zur Tragfähigkeit eines Konzepts, 2008, S. 637 ff. <652> m. w. N.; *A. Scherzberg*, Wissen, Nichtwissen und Ungewissheit im Recht, in: C. Engel/J. Halfmann/M. Schulte (Hrsg.), Wissen – Nichtwissen – Unsicheres Wissen, 2002, S. 113 ff.; *I. Apel*, Methodik des Umgangs mit Ungewissheit, in: E. Schmidt-Aßmann/W. Hoffmann-Riem (Hrsg.), Methoden der Verwaltungsrechtswissenschaft, 2004, S. 327 ff. sowie die Beiträge in: *I. Augsberg* (Hrsg.), Unwissen als Chance, 2009.

Festvortrag

42 A. *Voßkuhle*, Expertise (Fn. 41), S. 653.
43 A. *Voßkuhle*, Expertise (Fn. 41), S. 643.
44 Vgl. schon F. *Haft*, Das Internet in der Juristenausbildung, in: D. Strempel (Hrsg.), Juristenausbildung zwischen Internationalität und Individualität – auch ein Problem der Gesetzgebung –, 1998, S. 123 ff. <124>: „Juristisches Wissen ist in geschriebenen und gedruckten Texten gespeichert, die schon längst zu einer gewaltigen Informationslawine angeschlossen sind. Bereits in den sechziger Jahren hat man die Möglichkeit des Computereinsatzes zur Bewältigung dieser Lawine erkannt und seitdem große juristische Datenbanken wie juris und Lexinform geschaffen ... Die verwendeten Suchtechniken über Begriffe und Begriffsverknüpfungen sind freilich durch und durch unjuristisch"; *H.-J. Strauch*, Wandel des Rechts durch juristische Datenbanken?, DVBl 2007, S. 1000 ff.
45 S. dazu den „Aktionsplan Deutschland-Online", Beschluss der Regierungschefs des Bundes und der Länder vom 22. 6. 2006, neu gefasst am 19. 11. 2009 (abrufbar unter www.deutschland-online.de, Zugriff vom 1. 4. 2010). Dazu zuletzt R. F. *Heller/E. Richter*, Das Recht als erfolgskritischer und reformstrategischer Faktor im E-Government – Dargestellt anhand der praktischen Erfahrungen bei der Umsetzung des prioritären Vorhabens „KfZ-Wesen" des Aktionsplans Deutschland-Online, DVBl 2010, S. 345 ff. <346>. Allgemein zum E-Government M. *Eifert*, Electronic Government, 2006; G. *Britz*, Elektronische Verwaltung, in: Hoffmann-Riem/Schmidt-Aßmann/Voßkuhle (Hrsg.), GVwR II, § 26; H. *Hill/U. Schliesky* (Hrsg.), Herausforderungen e-Government, 2009; V. *Böhme-Neßler*: Das Ende des Staates? Zu den Auswirkungen der Digitalisierung auf den Staat, ZÖR 64 (2009), S. 145 ff.; *ders.*, Unscharfes Recht: Überlegungen zur Relativierung des Rechts in der digitalisierten Welt, 2008.
46 B. *Pieroth*, Literarische Streifzüge (Fn. 9), S. 795.
47 C. *Möllers/A. Voßkuhle*, Die deutsche Staatsrechtswissenschaft im Zusammenhang der internationalisierten Wissenschaften, Die Verwaltung 36 (2003), S. 321 <331>.
48 Vgl. z. B. zu Aushandlungsprozessen im Komitologie-Verfahren: J. *Falke*, in: C. Joerges/J. Falke (Hrsg.), Das Ausschusswesen in der EU, 2000, S. 43 ff.; zu Mediation – auch an den Gerichten – vgl. bereits oben Fn. 33; allgemein zur Konfliktlösung durch Verhandlung W. *Hoffmann-Riem*, Konfliktmittler in Verwaltungsverhandlungen, 1989; B. *Holznagel*, Konfliktlösung durch Verhandlungen, 1990; W. *Hoffmann-Riem/E. Schmidt-Aßmann* (Hrsg.), Konfliktbewältigung durch Verhandlungen, Bd. I und II, 1990.
49 Vgl. für eine differenzierte Sicht auf die Praxis im Kaiserreich J. *Schröder*, Zum Gesetzespositivismus in der Rechtsprechung des Reichsgerichts, in: G. Kohl/C. Neschwara/T. Simon (Hrsg.), FS für W. Brauneder zum 65. Geburtstag, 2008, S. 603 ff.; zur Entwicklung einer gesetzespositivistischen, nicht aber „rechtspositivistischen" Methodenbewegung um 1900 vgl. S. *Emmenegger*, Gesetzgebungskunst, 2006.
50 Vgl. zum Niedergang des „Wall Street Lawyers" aus der US-amerikanischen Literatur: L. *Ribstein*, The Death of Big Law, abrufbar unter www.law.georgetown.edu/LegalProfession/documents/Ribstein.pdf (Zugriff vom 1. 4. 2010); T. D. *Morgan*, The Vanishing American Lawyer, 2010 und *ders.*, The Last Days of the American Lawyer, abrufbar unter http://papers.ssrn.com/abstract=1543301 (Zugriff vom 1. 4. 2010); M. C. *Reagan Jr.*, Eat What You Kill: The Fall of a Wall Street Lawyer, 2005; R. *Susskind*, The End of Lawyers? Rethinking the Nature of Legal Services, 2008.
51 Vgl. schon A. *Voßkuhle*, Methode (Fn. 18), S. 178.
52 A. *Voßkuhle*, Methode (Fn. 18), S. 178 f.; *ders.*, Die Renaissance der „Allgemeinen Staatslehre" im Zeitalter der Europäisierung und Internationalisierung, JuS 2004, S. 1 ff. <5> m. w. N.
53 Vgl. R. *Böttcher*, Jurist (Fn. 4), S. 9: „Die vergleichende Betrachtung der Strukturen der Juristenausbildung in Europa ist *eine* Sache, wenn man vom europäischen Juristen spricht. Die inhaltliche Ausrichtung der Juristenausbildung auf Europa ist eine *andere*".
54 Vgl. zur Würdigung I. *Pernice*, Peter Häberle (Fn. 8), S. 9: „Er ist *der* Europäische Jurist, einer, der diese Bezeichnung verdient, wie kaum ein anderer."
55 P. *Häberle*, Der europäische Jurist, 2002; vgl. auch *ders.*, Der europäische Jurist, JöR 50 (2002), S. 123 ff.
56 Vgl. J. *Habermas*, Konstitutionalisierung des Völkerrechts und die Legitimationsprobleme einer verfassten Weltgesellschaft, in: W. Brugger/U. Neumann/S. Kirste (Hrsg.), Rechtsphilosophie im 21. Jahrhundert, 2008, S. 360 ff.; A. L. *Paulus*, Zur Zukunft der Völkerrechtswissenschaft in Deutschland: zwischen Konstitutionalisierung und Fragmentierung des Völkerrechts, ZaöRV

67 (2007), S. 695 ff.; *J. A. Frowein*, Konstitutionalisierung des Völkerrechts, in: ders., Völkerrecht – Menschenrechte – Verfassungsfragen Deutschlands und Europas, 2004, S. 173 ff.; *B.-O. Bryde*, Konstitutionalisierung des Völkerrechts und Internationalisierung des Verfassungsrechts, Der Staat 42 (2003), S. 61 ff.; allgemein *G. F. Schuppert/C. Bumke*, Die Konstitutionalisierung der Rechtsordnung, 2000.
57 *C. Möllers*, Globalisierte Jurisprudenz, ARSP-Beiheft 79 (2001), S. 41 ff.
58 Vgl. nur *A. Fischer-Lescano/G. Teubner*, Regime-Kollisionen (Fn. 23).
59 Vgl. zur Theorie des „legal pluralism" den Überblick bei *R. Cotterrell*, Transnational Communities and the Concept of Law, Ratio Juris vol. 21 March 2008, p. 1 ff. <8 ff.> und <7>: „... In fact, almost all theoretically sophisticated socio-legal writing on globalisation and law adopts a legal pluralist perspective. What is such a perspective? The term ‚legal pluralism' normally refers to ‚a situation in which two or more legal systems coexist in the same field' (Merry, 1988, 870), making independent jurisdictional claims".
60 Vgl. zum „globalisierten geisteswissenschaftlichen Diskurs" *C. Möllers/A. Voßkuhle*, Staatsrechtswissenschaft (Fn. 47), S. 330 f.; *C. Möllers*, Globalisierte Jurisprudenz, ARSP-Beiheft 79 (2001), S. 41 ff.; mit Mahnung zur Selbstkritik und Bescheidenheit *P. Häberle*, Der europäische Jurist, 2002, S. 32 f.: „Die vermeintliche oder wirkliche ‚Universalität' mancher europäischer Rechtsprinzipien darf nicht zum Instrument der Einebnung der Kulturen anderer Völker werden ... was nicht ausschließt, im Sinne I. Kants in ‚weltbürgerlicher Absicht' zu denken und zu handeln ... Aber die Europäisierungsvorgänge sollen taktvoll und sensibel auf Europa beschränkt bleiben und allenfalls als ‚Angebot' unterbreitet werden, nicht als verdeckte Form neuer Kolonialisierung."
61 *H. P. Ipsen*, Der deutsche Jurist und das europäische Gemeinschaftsrecht, Verhandlungen des fünfundvierzigsten deutschen Juristentages, Karlsruhe 1964, Bd. II, 1965, S. L 5 ff. <L 7>: „Anders als gegenüber dem nationalen deutschen Binnenrecht, in dessen Behausung der deutsche Jurist sich aus Erziehung, Erkenntnis und Erfahrung heimisch fühlt, geht ihm gegenüber dem Gemeinschaftsrecht das Gefühl der Mit-Verantwortlichkeit ab. Er sieht diese Rechtsmasse werden und wachsen ohne Fähigkeit und Vermögen, an dem neuen Prozess der Rechtsgestaltung in etwa derart verantwortlich mitzuwirken, wie ihm das – als pragmatischem Juristen auf allen denkbaren beruflichen Standorte, nicht weniger als intellektuell und professionell dazu besonders berufenem Staatsbürger – in der Fortentwicklung der binnendeutschen Rechtsordnung möglich ist."
62 Zur Rechtsvergleichung im Privatrecht vgl. die Werke von *E. Rabel, M. Rheinstein, K. Zweigert*; zur Rechtsvergleichung im Öffentlichen Recht vgl. nur *P. Häberle*, Rechtsvergleichung im Kraftfeld des Verfassungsstaates, 1992; *G. Trantas*, Die Anwendung der Rechtsvergleichung bei der Untersuchung des öffentlichen Rechts, 1998; *R. Wahl*, Verfassungsvergleichung als Kulturvergleichung, in: ders., Verfassungsstaat, Europäisierung, Internationalisierung, 2003, S. 96 ff.
63 Vgl. *A. v. Bogdandy*, Beobachtungen zur Wissenschaft vom Europarecht, Der Staat 40 (2001), S. 3 ff. <42>: „... Die Sprache dieser Metastruktur wird das Englische sein, und die englischen Rechtsbegriffe werden englische Rechtsbegriffe transportieren ... Die Übertragung kontinentaler öffentlich-rechtlicher Konstrukte ... wird der Selbsttransparenz dienen, den Gedanken schärfen, vielleicht sogar – langfristig – auf die tendenziell hermetischen nationalen Argumentationskulturen modifizierend zurück wirken"; *R. Böttcher*, Jurist (Fn. 4), S. 9: „Zur inhaltlichen Ausrichtung der Juristenausbildung auf Europa gehört die Integration von Sprachunterricht (...) Es kann nicht zweifelhaft sein, dass der europäische Jurist in Zukunft Englisch in Wort und Schrift beherrschen sollte, möglichst noch eine weitere europäische Sprache"; *K. Günther/S. Randeria*, Recht (Fn. 21), S. 106: „Von besonderer Bedeutung sind unterschiedliche Arten von ‚Fernkompetenz', also vor allem linguistische Kompetenzen, eine Sensibilität für die kulturellen Unterschiede (und zwar als intellektuelles Vermögen und nicht als Kurztraining in interkultureller Kommunikation), und die Fähigkeit zur Wahrnehmung differenter sozialer wie historischer Kontexte".
64 Vgl. BVerfGE 111, 307 ff.
65 *A. Voßkuhle*, Expertise (Fn. 41), S. 657 f.
66 Vgl. bereits *M. Stolleis*, Leitbild (Fn. 8), S. 200, der von einer „Verschiebung der Schwerpunkte im Inneren der Fakultäten, vornehmlich unter Einfluss des ‚Marktes'" spricht.
67 Zu früheren Versuchen mit der „einstufigen Juristenausbildung" vgl. nur die Beiträge in *W. Hassemer/W. Hoffmann-Riem/J. Limbach* (Hrsg.), Juristenbildung zwischen Experiment und Tradition, 1986.

68 Vgl. zur Wissenschaftlichkeit als Merkmal europäischer Rechtskultur bereits *P. Häberle*, Europäische Rechtskultur, 1997, S. 22 ff.; *ders.*, Der europäische Jurist, 2002, S. 27; *ders.*, Der europäische Jurist vor den Aufgaben unserer gemeinsamen Verfassungs-Zukunft – 17 Entwürfe auf dem Prüfstand, JöR n. F. 53 (2005), S. 457 ff. <473>; *R. Böttcher*, Jurist (Fn. 4), S. 11.
69 *H. Prütting*, Folgen (Fn. 4), S. 10.
70 Zur Trennung von Theorie und Praxis in der Juristenausbildung des 18. und 19. Jahrhunderts vgl. *B. Pieroth*, Literarische (Fn. 9), S. 797 ff.
71 *C. Möllers/A. Voßkuhle*, Staatsrechtswissenschaft (Fn. 41), S. 332.
72 Deutlich *H. Dedek*, Recht an der Universität: „Wissenschaftlichkeit" der Juristenausbildung in Nordamerika, JZ 2009, S. 540 <548>.
73 *A. Hollerbach*, Artikel „Rechtswissenschaft", in: Staatslexikon der Görres-Gesellschaft, Bd. 4, 7. Aufl. 1988, Sp. 751 ff. <751>.
74 Vgl. dazu *A. Voßkuhle*, Methode (Fn. 18), S. 179 ff.
75 Unter „Rechtsdogmatik" kann eine Klasse von Sätzen (Definitionen, Prinzipien etc.) verstanden werden, die auf das positive Recht und die Rechtsprechung bezogen, aber nicht mit ihrer Beschreibung identisch sind, im Rahmen einer institutionell betriebenen Rechtswissenschaft aufgestellt und diskutiert werden und einen normativen Gehalt besitzen, s. *R. Alexy*, Theorie der juristischen Argumentation, 3. Aufl. 1996, S. 326.
76 Näher *C. Möllers*, Methoden, in: W. Hoffmann-Riem/E. Schmidt-Aßmann/A. Voßkuhle (Hrsg.), Grundlagen des Verwaltungsrechts, Bd. I, 2006, § 3, Rn. 35 ff. Allgemein zur Aufgabe der Dogmatik vgl. *F. Wieacker*, Zur praktischen Leistung der Rechtsdogmatik, in: FS Gadamer, Bd. II, 1970, S. 311 ff.; *W. Brohm*, Die Dogmatik des Verwaltungsrechts vor den Gegenwartsaufgaben der Verwaltung, VVDStRL 30 (1972), S. 245 <246 ff.>; *J. Esser*, Dogmatik zwischen Theorie und Praxis, in: FS Raiser, 1974, S. 517 ff.; *N. Luhmann*, Rechtssystem und Rechtsdogmatik, 1974, S. 15 ff.; *J. Harenburg*, Die Rechtsdogmatik zwischen Wissenschaft und Praxis, 1986, S. 42 ff., 363 ff.
77 *C. Möllers/A. Voßkuhle*, Staatsrechtswissenschaft (Fn. 41), S. 331.
78 *A. Hollerbach*, Rechtswissenschaft (Fn. 73), Sp. 752. Zur doppelten Rolle der Rechtsphilosophie als Theorie und als praktische Philosophie des Rechts vgl. zuletzt *J. Saurer*, Das Recht als symbolische Form und Gegenstand der praktischen Philosophie: Zur Rechts- und Staatsphilosophie Ernst Cassirers, ARSP 95 (2009), S. 490 ff.
79 *A. Hollerbach*, Rechtswissenschaft (Fn. 73), Sp. 751 m. Verweis auf *E. Fuchs*.
80 Grundlegend *G. Teubner*, Globale Bukowina. Zur Emergenz eines transnationalen Rechtspluralismus, RJ 15 (1996), S. 255 ff.
81 Vgl. für ein neueres Beispiel einer institutionellen Verbindung von Grundlagenfächern *O. Behrends*, Vom Sinn der institutionellen Verbindung der drei Grundlagenfächer Rechtsgeschichte, Rechtsphilosophie und Rechtsvergleichung, in: ders./D. von der Pfordten/E. Schumann/ C. Wendhorst (Hrsg.), Elementa iuris, 2009, S. 1 ff.
82 *G. Radbruch*, Die Universität und die Ausbildung des Juristen, Nachdruck in: D. Strempel (Hrsg.), Juristenausbildung zwischen Internationalität und Individualität – auch ein Problem der Gesetzgebung –, 1998, S. 263 ff. <265>. Zur Auseinandersetzung über die „Geschichte als Lehrmeisterin" in der Rechtsgeschichtswissenschaft vgl. nur - exemplarisch – *D. Klippel*, Juristische Zeitgeschichte, 1985 und *M. Stolleis*, Aufgaben der Neueren Rechtsgeschichte, oder: hic sunt leones, RJ 4, 251 ff. <253 f.>.
83 Zur Geschichte der Staatsprüfung für Juristen, die – nach dem Vorbild des preußischen Systems – 1877 in ganz Deutschland eingeführt wurde vgl. *G. Dilcher*, Die preußischen Juristen und die Staatsprüfungen: Zur Entwicklung der juristischen Professionalisierung im 18. Jahrhundert, in: K. Kroeschell (Hrsg.), FS Thieme, 1986, S. 295 ff. <298 ff.>; *I. Ebert*, Die Normierung der juristischen Staatsexamina und des juristischen Vorbereitungsdienstes in Preußen (1849–1934), 1995; *B. Pieroth*, Literarische Streifzüge (Fn. 9), S. 801 ff.
84 Für diese Annahme spricht auch die Erfahrung mit der universitären Schwerpunktbereichsprüfung, die seit der letzten Ausbildungsreform gemäß §§ 5–5d des Deutschen Richtergesetzes (in der Fassung des Änderungsgesetzes vom 11.7.2002, BGBl. I S. 2592, mit den entsprechenden Änderungen der Juristenausbildungsgesetze der Länder) möglich ist. Die ersten Studierenden haben mittlerweile das neue System durchlaufen, und schon beobachten wir den Trend, dass die Noten der universitären Schwerpunktbereichsprüfung im Schnitt deutlich besser, manchmal sogar meilenweit entfernt von den Noten in den schriftlichen Klausuren des staatlichen Teils liegen. Damit will ich der Schwerpunktbereichsprüfung nicht jeden Sinn absprechen; immerhin

ermöglicht sie eine stärkere Einbeziehung der Grundlagenfächer in die Examensnote. Gleichwohl ist die Einheitlichkeit und Vergleichbarkeit der Prüfungsstandards nicht in gleicher Weise gegeben wie im staatlich verantworteten Prüfungsteil.

85 Im Jahr 2007 waren es bei der ersten Staatsprüfung im Durchschnitt der Bundesländer 16,3 % (Stand 10. Februar 2009; Statistik abrufbar unter www.bmj.de unter „Statistiken"; Zugriff vom 6.4.2010).

86 Vgl. dazu statt vieler *T. Finkenauer/T. Rüfner*, Einleitung, in: dies./C. Baldus (Hrsg.), Juristenausbildung (Fn. 4).

87 Wörtlich heißt es in der Bologna-Erklärung vom 19. Juni 1999 (vgl. zu dieser bereits Fn. 6): „Der nach dem ersten Zyklus erworbene Abschluß attestiert eine für den europäischen Arbeitsmarkt relevante Qualifikationsebene. Der zweite Zyklus sollte ... mit dem Master und/oder der Promotion abschließen."

88 Zu den verschiedenen derzeit kursierenden Modellen vgl. zuletzt *T. Pfeiffer*, Probleme (Fn. 6), S. 104 ff.

89 *A. Voßkuhle*, Expertise (Fn. 41), S. 655.

90 Zur erforderlichen Interdisziplinarität und für ein „differenziert-integratives Methodenverständnis" *A. Voßkuhle*, Neue Verwaltungsrechtswissenschaft, in: W. Hoffmann-Riem/E. Schmidt-Aßmann/A. Voßkuhle (Hrsg.), Grundlagen des Verwaltungsrechts, Bd. I, 2006, § 1, Rn. 39; allgemein zu den Problemen der Interdisziplinarität *J. Kocka* (Hrsg.), Interdisziplinarität. Praxis – Herausforderung – Ideologie, 1987; *G. W. Hunold*, Grenzbegehungen. Interdisziplinarität als Wissenschaftsethos, 1995; *M. Käbisch*, Interdisziplinarität. Chancen, Grenzen, Konzepte, 2001.

91 *S. Baer*, Schlüsselbegriffe, Typen und Leitbilder als Erkenntnismittel und ihr Verhältnis zur Rechtsdogmatik, in: E. Schmidt-Aßmann/W. Hoffmann-Riem (Hrsg.), Methoden der Verwaltungsrechtswissenschaft, 2004, S. 223 ff. <229>.

92 Zur „produktiven Irritation" im Rahmen eines L. L. M.-Studiums vgl. *A. v. Bogdandy*, The past and promise of doctrinal constructivism: A strategy for responding to the challenges facing constitutional scholarship in Europa, International Journal of Constitutional Law, Vol. 7, Juli 2009, p. 364 ff. <413 f.>.

93 Zum Konzept „rechtswissenschaftlicher Innovationsforschung" vgl. *W. Hoffmann-Riem*, Rechtswissenschaftliche Innovationsforschung – Plädoyer für einen trans- und interdisziplinären Dialog zwischen Rechts- und Technikwissenschaft, in: Technikfolgenabschätzung – Theorie und Praxis, 2003, S. 91 ff.; *ders.*, Innovationsoffenheit und Innovationsverantwortung durch Recht. Aufgabe rechtswissenschaftlicher Innovationsforschung, AöR 131 (2006), S. 255 ff.

94 Vgl. *W. Hoffmann-Riem*, Innovationsoffenheit (Fn. 93), S. 269.

95 Vgl. auch *P. Häberle*, Der europäische Jurist vor den Aufgaben unserer gemeinsamen Verfassungs-Zukunft – 17 Entwürfe auf dem Prüfstand, JöR n. F. 53 (2005), S. 457 ff. <469 f.> m. w. N.: „Ein ... Aspekt für Wirken und Werke des europäischen Juristen ist das Werden und z. T. schon Vorhandensein einer europäischen Öffentlichkeit. Sie lässt sich vor allem aus der Kunst und Kultur darstellen, sie stellt sich mehr als nur punktuell auch schon aus dem europäischen (Verfassungs-)Recht her: Die Öffentlichkeit des Europäischen Parlamentes, der Beratenden Versammlung des Europarats, des Wirkens der beiden europäischen Verfassungsgerichte EuGH und EGMR, der Berichte des Bürgerbeauftragten und des Rechnungshofes – all dies setzt europäische Öffentlichkeit teils voraus, teils schafft sie sie."

96 *I. Pernice*, Peter Häberle (Fn. 8), S. 11.

97 Vgl. auch *Böttcher*, Jurist (Fn. 4), S. 10 f.: „Bei einer solchen Fragestellung [d. i., der nach der europäischen Rechtskultur] gewinnt die Thematik des europäischen Juristen dann eine andere Dimension. Es geht nicht mehr nur um Ausbildungsinhalte und Ausbildungsgänge, um Zugangsschranken und Selektionsmechanismen, sondern um die Essentials, die Wesensmerkmale des europäischen Juristen, um die Frage nach seiner Identität"; *Berka*, Juristenausbildung – Welche Juristen braucht die Gesellschaft?, in: Österreichische Juristenkommission (Hrsg.), Juristenausbildung: Welche Juristen braucht die Gesellschaft, 2007, S. 9 ff. <16>: „Fraglich wird zugleich, ob sich ... überhaupt noch ein verbindliches juristisches Berufsethos finden lässt, wenn dieses mehr sein soll als die hochgradig professionelle, erfolgsorientierte und erfolgshonorierte Wahrnehmung der verschiedenen Interessen, denen der moderne Jurist seine Dienste leiht ..."

98 Grundlegend *P. Häberle*, Europäische Rechtskultur, 1994.

beck-online
DIE DATENBANK

Jetzt alles online:
Stelkens/Bonk/Sachs, VwVfG
BeckOKs VwVfG/VwGO/GG
Schoch/Schmidt-Aßmann/Pietzner, VwGO
Münchener Anwaltshandbuch VerwR
Prozessformularbuch VerwR
Kuhla/Hüttenbrink, VerwR
Engelhardt/App, VwVG/VwZG
Rechtsprechung im Volltext
NVwZ, NVwZ-RR
Sartorius, Verwaltungsgesetze

Verwaltungsrecht PLUS
Umfassende und aktuelle Informationen zum Verwaltungsrecht

beck-online – einfach, komfortabel und sicher
beck-online bietet rund um die Uhr schnelle und sichere Lösungen in Beck'scher Qualität und Aktualität. Das Fachmodul Verwaltungsrecht PLUS beeinhaltet alles, was Sie täglich für die Beratung brauchen:

Maßgebende Kommentare/Handbücher:
- Stelkens/Bonk/Sachs, VwVfG-Kommentar
- Schoch/Schmidt-Aßmann/Pietzner, VwGO-Kommentar
- Münchener Anwaltshandbuch Verwaltungsrecht
- Kuhla/Hüttenbrink, Verwaltungsprozess
- Beck'scher Online-Kommentar VwVfg
- Beck'scher Online-Kommentar VwGO
- Beck'scher Online-Kommentar GG
- Münchener Prozessformularbuch VerwR
- Engelhardt/App, VwVG, VwZG

Umfangreiche und aktuelle Rechtsprechung im Volltext
aus NVwZ, NVwZ-RR, LKV; NJOZ; BeckRS Verwaltungsrecht

Führende Zeitschriften:
NVwZ ab 1982; NVwZ-RR ab 1988; LKV ab 1991

Monatsaktuelle Gesetze/Sartorius I
Fach-News Öffentliches Recht und Staats- und Verfassungsrecht

Ergänzende öffentlich-rechtliche Aufbau-Module:
- **Umweltrecht PLUS**
  Bundes-Immissionsschutzgesetz, Kreislaufwirtschafts- und Abfallgesetz, Bundes-Bodenschutzgesetz, Wasserhaushaltsgesetz, Abwasserabgabengesetz
- **Öffentliches Wirtschaftsrecht PLUS**
  Gewerberecht, Energie- und Telekommunikationsrecht, EU-Wirtschaftsrecht, Vergaberecht
- **Öffentliches Baurecht PLUS**
  Bauplanungs-, Fachplanungs- und Bauordnungsrecht
- **Ausländer- und Asylrecht PLUS**
  Zuwanderungsrecht, Freizügigkeitsrecht, Aufenthaltsgesetz, Staatsangehörigkeitsrecht, Asylrecht

4 Wochen lang testen
www.beck-online.de

nur € 45,– Monatspreis für 3 User
nur € 37,– Vorzugspreis für Bezieher von NVwZ oder LKV
(zzgl. MwSt., 6-Monats-Abo)

Verlag C.H. BECK • Wilhelmstraße 9 • D-80801 München
Tel.: 089/38 189-747 • Fax: 089/38 189-297

ARBEITSKREIS 1

Das Verhältnis zwischen Bundesverfassungsgericht, Europäischem Gerichtshof und Europäischem Gerichtshof für Menschenrechte

a) Referent: Richter am EuGH *Sir Konrad Schiemann*, Luxemburg

Thesen des Referats

I.

Bei der Frage, in welchem Verhältnis der Europäische Gerichtshof zum Bundesverfassungsgericht bzw. zu den anderen 18 Verfassungsgerichten der Mitgliedstaaten der Europäischen Union steht, geht es um das grundsätzliche Problem, ob es die charakteristischen Merkmale und besonderen Zuständigkeiten der nationalen Verfassungsgerichte rechtfertigen, deren Verhältnis zu unserem Gerichtshof anders zu beurteilen als das der übrigen mitgliedstaatlichen Gerichte.

In einem Vorabentscheidungsverfahren stellt ein nationales Gericht, das eine Entscheidung über eine unionsrechtliche Frage zum Erlass seines Urteils für erforderlich hält, uns eine oder mehrere Fragen. Diese Form der Kooperation zwischen dem nationalen Richter und dem EuGH bietet allen Seiten Vorteile, weil sie auf einer klaren Arbeitsteilung beruht. Für die Auslegung und Anwendung des nationalen Rechts ist und bleibt der nationale Richter selbst dann ausschließlich zuständig, wenn dieses einen unionsrechtlichen Ursprung hat. Der EuGH beschränkt sich auf die Interpretation bzw. die Bewertung der Gültigkeit des einschlägigen Unionsrechts und gibt dem vorlegenden Gericht auf, auf der Grundlage dieser Aussage den vor ihm anhängigen Rechtsstreit zu lösen. Das nationale Recht bleibt damit die ureigene Domäne der nationalen Gerichte, während der EuGH sich auf das Unionsrecht konzentriert, damit dieses in allen Mitgliedstaaten einheitlich ausgelegt und angewandt wird.

Das dem Vorabentscheidungsverfahren zugrundeliegende Konzept ist demnach relativ einfach und im Hinblick auf die nationalen Spruchkörper dadurch gekennzeichnet, dass diese, wenn sie der Kontrolle durch höhere Gerichte unterliegen, sich an den EuGH wenden *können*, während sie zur Vorlage *verpflichtet sind*, soweit sie über eine Rechtsstreitigkeit im letzten Rechtszug zu entscheiden haben.

Wendet man das gerade beschriebene Konzept auf die mitgliedstaatlichen Verfassungsgerichte an, so dürfte eigentlich klar sein, dass sie als höchste innerstaatliche Spruchkörper unter die zweite Kategorie fallen und, soweit die Voraussetzungen für eine Vorlage erfüllt sind, sich an den EuGH wenden müssen.

Es kann in zwei Fallgruppen zu Spannungen kommen, wenn und weil vor den mitgliedstaatlichen Verfassungsgerichten Streitigkeiten anhängig sind, bei denen als Prüfungsmaßstab für die rechtliche Beurteilung und Gültigkeit nationaler Rechtsakte sowohl das Europäische Unionsrecht als auch die nationale Verfassung in Betracht kommen. Bei der ersten Fallgruppe geht es um die Überprüfung der Verfassungsmäßigkeit nationaler Rechtsvorschriften, die ganz vorwiegend Richtlinien, aber auch sonstiges Unionsrecht umsetzen, während Fälle der zweiten Kategorie dadurch gekennzeichnet sind, dass Verfassungsgerichte sich mit der Frage der Verfassungsmäßigkeit der nationalen Zustimmungsgesetze zu den Gründungsverträgen einschließlich der Vertragsrevisionen auseinanderzusetzen haben.

Steht ein Verfassungsgericht vor der Frage, ob innerstaatliche Rechtsnormen, die Unionsrecht umsetzen, mit den Grundrechten der nationalen Verfassung in Einklang stehen, so könnte eine negative Entscheidung über die Verfassungsmäßigkeit der angegriffenen Rechtsvorschrift Auswirkungen auf die Gültigkeit und wirkende Kraft der umgesetzten Richtlinie haben, wenn und soweit der nationale Rechtsakt – wie es sehr oft geschieht – sich darauf beschränkt, die unionsrechtliche Vorgabe wortgleich oder sinngemäß zu übernehmen. Ein in den wohl meisten Fällen möglicher Ausweg aus dieser Konfliktsituation liegt in der Einleitung eines Vorabentscheidungsverfahrens. Denn nationale Gerichte können bekanntlich dem EuGH die Frage nach der Gültigkeit sekundären Unionsrechts stellen und tun dies auch tatsächlich, damit der Unionsrichter die strittige Richtlinie auf ihre Vereinbarkeit mit europäischen Grundrechten überprüft und gegebenenfalls für ungültig erklärt. Es leuchtet wohl ein, dass die Rechtswidrigkeit eines europäischen Rechtsakts nur derjenige Spruchkörper aussprechen darf, dem die Rechtmäßigkeitsprüfung der Unionsrechtsakte obliegt.

In der zweiten und schwierigeren Fallkonstellation steht die Verfassungsmäßigkeit des Zustimmungsgesetzes zu einer Vertragsänderung auf dem Prüfstand. Ein Verfassungsgericht kann und darf sich dieser Aufgabe nicht entziehen, wenn und soweit um die Vereinbarkeit eines nationalen Gesetzes mit der nationalen Verfassung gestritten wird. Im Rahmen dieser Normenkontrolle kann es vorkommen, dass das Verfassungsgericht zu dem Ergebnis kommt, dass das Ratifikationsgesetz – und damit letztlich die beabsichtigte Vertragsänderung – mit der Verfassung unvereinbar ist, und auf diese Weise einen Verfassungskonflikt herbeiführt, der nach einer Schlichtung sucht. Soll die Ratifikation gleichwohl erfolgen, kommt als Lösung nur eine Verfassungsänderung in Betracht, damit einerseits ein verfassungskonformer Zustand hergestellt wird und andererseits die gewünschte Vertragsrevision in Kraft treten kann.

Nicht sehr wahrscheinlich, aber auch nicht vollkommen unvorstellbar ist die Situation, dass die beabsichtigte Vertragsänderung mit Verfassungsnormen kollidiert, die zum unantastbaren Kern der Verfassungsordnung gehören und daher nicht dem normalen Verfahren der Verfassungsrevision unterliegen. Der Ausweg muss in diesen Fällen auf der Ebene des jeweiligen Mitgliedstaats gefunden werden. Denn die Mitgliedstaaten tragen die Verantwortung dafür, dass der Vertrag nicht in Kraft treten kann, wenn die Ratifikation endgültig scheitern sollte.

Wenn Verfassungsgerichte für sich in Anspruch nehmen, definitiv über die Auslegung des einschlägigen Primärrechts der Europäischen Union zu entscheiden, dann kommt es zu einer Kollision mit den dem EuGH übertragenen Zuständigkeiten zur Auslegung des Primärrechts. Die Gründungsverträge lassen keinen Zweifel darüber aufkommen, dass für die Auslegung des in den Mitgliedstaaten unmittelbar geltenden Unionsrechts dem EuGH kein Monopol, wohl aber das letzte Wort zusteht. Und wenn dieses letzte Wort besagt, dass die vertragsrechtlich verankerte Übertragung staatlicher Souveränität in der Auslegung durch den Gerichtshof über das hinausgeht, was nach Auffassung eines Verfassungsgerichts die nationale Verfassung noch verträgt, kann dies nicht heißen, dass die Verantwortung für die verbindliche Interpretation des Primärrechts plötzlich auf dieses Verfassungsgericht übergeht. Die Verfassungsgerichte, einbegriffen das Bundesverfassungsgericht, können im Hinblick auf die durch die Gründungsverträge begründete Kooperation zwischen dem EuGH und den nationalen Gerichten keine Sonderstellung einnehmen.

II.

Was das Verhältnis des Europäischen Gerichtshofs zum Europäischen Gerichtshof für Menschenrechte betrifft, wird aus den Bestimmungen des Lissabonner Vertrages – zum Beispiel im achten Protokoll zum Vertrag über die Europäische Union – deutlich, dass die Mitgliedstaaten einerseits den Beitritt der Union zur Konvention anstreben, anderseits aber wünschen, dass so ein Beitritt nichts, oder möglichst wenig, an der Funktionsweise der Union und seiner Organe ändert. Wohl bewusst ist eine Einigung über mehrere Fragen offengelassen worden. Eine Übereinkunft über den Beitritt der Union zur Europäischen Konvention nach Artikel 6 Absatz 2 des Vertrags über die Europäische Union ist vorgesehen. Es wird wohl Zeit brauchen, um Antworten auf mehrere Fragen zu finden, aber man kann hoffen, dass das Verhältnis zwischen dem Europäischen Gerichtshof und dem Europäischen Gerichtshof für Menschenrechte genauso gut bleibt, wie es heute ist.

Referat

I. Einleitung[1]

Die Union hatte vor dem Lissabonner Vertrag keine Kompetenz, der Menschenrechtskonvention beizutreten,[2] aber das Verhältnis zwischen dem EuGH und dem Europäischen Gerichtshof für Menschrechte war und ist gut. In seiner Bosphorus[3]-Rechtsprechung hat der EGMR selbst Grenzen gesetzt, was seine Kontrolle in Fällen angeht, in denen ein Mitgliedstaat Unionsrecht durchgesetzt hat. Dagegen hat der EuGH immer betont, dass die Werte, die in der Menschenrechtskonvention ausgedrückt sind, auch die Union binden. Diese gegenseitige Höflichkeit hat mehr oder weniger ohne Reibungen funktioniert, obwohl mehre Fragen ungeklärt bleiben. Beide Gerichtshöfe haben sich bemüht, Konflikte zu vermeiden. Nach dem Lissabonner Vertrag ist die Zukunft unsicher und hängt von legislativen Bestimmungen ab, die noch nicht entworfen worden sind. Ich werde am Ende noch kurz die Hauptprobleme der Auswirkungen des Lissabonner Vertrags erläutern. Da es keineswegs unmöglich ist, dass recht bald der EuGH zu diesen Problemen angerufen wird, werden Sie Verständnis haben, wenn ich heute nicht persönlich konkret zu diesen Problemen Stellung nehme.

Arbeitskreis 1 (Referat a)

Obwohl im Programmheft, wie öfters in Deutschland, von einem „Dreieck Karlsruhe – Luxemburg – Straßburg" die Rede ist, muss ich, was das Verhältnis des Europäischen Gerichtshofs zum Bundesverfassungsgericht angeht, zunächst natürlich betonen, dass dieses genau dasselbe ist wie das Verhältnis zu den Verfassungsgerichten der vielen anderen Mitgliedstaaten der Europäischen Union, die ein derartiges Gericht haben. Es geht dabei um die grundsätzliche Frage, ob die charakteristischen Merkmale und besonderen Zuständigkeiten der nationalen Verfassungsgerichte es rechtfertigen, deren Verhältnis zu unserem Gerichtshof anders zu beurteilen, als das der übrigen mitgliedstaatlichen Gerichte. Oder anders formuliert: Inwieweit gelten die für die Kooperation zwischen dem Europäischen Gerichtshof und den nationalen Gerichten entwickelten Prinzipien und Kriterien auch für Verfassungsgerichte?

II. Personenbezogene Verflechtungen

Fragt man nach der Art der Beziehungen zwischen dem EuGH und dem Straßburger Gerichtshof sowie den nationalen Verfassungsgerichten, so können diese entweder personeller oder institutioneller Art sein. Personelle Verflechtungen lassen sich dadurch herbeiführen, dass einzelne Richter des Straßburger Gerichtshofs und der mitgliedstaatlichen Verfassungsgerichte nach Luxemburg entsandt werden, oder dass Mitglieder des Europäischen Gerichtshofs nach dem Ende ihres Mandats zu Richtern ihrer jeweiligen Verfassungsgerichte ernannt werden. Diese personelle Seite sollte man nicht unterschätzen, weil ehemalige Straßburger Richter und Verfassungsrichter, die zu uns stoßen, ihre wichtigen in ihrer früheren Funktion gewonnenen Erfahrungen in unsere Entscheidungsfindung einbringen, während ausscheidende Richter bzw. Generalanwälte, die anschließend in ihre Verfassungsgerichte integriert werden, das während ihrer Tätigkeit in Luxemburg erworbene Wissen in ihrer neuen Funktion effektiv verwerten können. Für beide Richtungen dieses personellen Aspekts gab es und gibt es erheblich mehr als ein Dutzend Beispiele.

III. Institutionelle Beziehungen

Wenden wir uns den institutionellen Beziehungen zu, so ist zunächst zu berichten, dass wir den Kontakt zu dem Straßburger Gerichtshof und zu den nationalen Verfassungsgerichten suchen und pflegen, dass wir an den Veranstaltungen, die vom Straßburger Gerichtshof oder von Verfassungsgerichten national, europaweit oder international organisiert werden, regelmäßig teilnehmen, dass wir oft Delegationen des Straßburger Gerichtshofs und von einzelnen Verfassungsgerichten in Luxemburg empfangen und diesen Begegnungen einen hohen Wert beimessen, weil sie uns gestatten, uns mit unseren Kollegen offen auszusprechen und problematische Entwicklungen ungeschminkt anzusprechen. Es fehlt wirklich nicht an Gelegenheiten für bilaterale bzw. multilaterale Zusammenkünfte, die für alle Beteiligten insofern von großem Nutzen sind, als sie ein geeignetes Forum für den Austausch von Informationen, Gedanken, aber auch Bedenken bieten. Wegen dieses regulären Austausches von Auskünften über die uns beschäftigenden Fragen wissen wir alle ganz genau, was wir tun und welches Recht wir sprechen. Der zweite Bereich des institutionellen Verhältnisses zu den mitgliedstaatlichen Verfassungsgerichten ist förmlicher Natur, weil er auf den Verträgen zur Gründung der Europäischen Union beruht und den lebhaften Dialog mit den nationalen Gerichten bei der Auslegung und Anwendung des Unionsrechts in den Mittelpunkt der nachfolgenden Überlegungen stellt. Es handelt sich genauer um die lange erprobte Form der Zusammenarbeit über das einzigartige Institut der Vorlage an den Europäischen Gerichtshof, damit sich dieser aus Anlass von Rechtsstreitigkeiten vor den nationalen Gerichten zum einen über die Auslegung der Verträge und des sekundären Unionsrechts und zum anderen über die Gültigkeit der auf der Grundlage der Gründungsverträge ergangenen Unionsrechtsakte äußert. So etwas gibt es jedenfalls noch nicht mit dem Gerichtshof für Menschenrechte. Darum werde ich nun Beziehungen mit diesem Gerichtshof zunächst beiseite lassen. Ich werde aber darauf zurückkommen.

IV. Das Vorabentscheidungsverfahren

Das sog. Vorabentscheidungsverfahren hat sich im Laufe von fünf Jahrzehnten ganz besonders bewährt und stellt in jeder Beziehung nach wie vor das Hauptinstrument für die Entwicklung, Durchsetzung und Fortbildung des Europäischen Unionsrechts dar. In diesem Verfahren stellt ein nationales Gericht, das eine Entscheidung über eine unionsrechtliche Frage zum Erlass seines Urteils für erforderlich hält, uns eine oder mehrere Fragen. Zahlenmäßig bilden solche Vorabentscheidungsverfahren die wichtigste Gruppe der vom EuGH entschiedenen Rechtssachen und es wäre nicht vermessen zu behaupten, dass diese Form der Kooperation zwischen dem nationalen Richter und dem EuGH beiden Seiten Vorteile bietet, weil sie auf einer klaren Arbeitsteilung beruht. Für die Auslegung und Anwendung des nationalen Rechts, selbst wenn dieses unionsrechtlichen Ursprung hat, ist und bleibt der nationale Richter ausschließlich zuständig. Der EuGH beschränkt sich auf die Interpretation bzw. die Bewertung der Gültigkeit des einschlägigen Unionsrechts und gibt dem vorlegenden Gericht auf, auf der Grundlage dieser Aussage den vor ihm anhängigen Rechtsstreit zu lösen. Das nationale Recht bleibt damit die ureigene Domäne der nationalen Gerichte und der EuGH konzentriert sich auf das Unionsrecht, damit dieses in allen Mitgliedstaaten einheitlich ausgelegt und angewandt wird.

Das dem Vorabentscheidungsverfahren zugrundeliegende Konzept ist demnach relativ einfach und im Hinblick auf die nationalen Spruchkörper dadurch gekennzeichnet, dass diese, wenn sie der Kontrolle durch höhere Gerichte unterliegen, sich an den EuGH wenden *können*, während sie zur Vorlage *verpflichtet sind*, soweit sie über eine Rechtsstreitigkeit im letzten Rechtszug zu entscheiden haben. Die absolute Vorlagepflicht besteht nicht, wenn die Auslegung des einschlägigen Unionsrechts eindeutig ist, d. h. wenn bereits eine gesicherte Rechtsprechung des Gerichtshofs vorliegt, durch welche die betreffende Rechtsfrage geklärt ist, oder wenn die richtige Auslegung des Unionsrechts so offenkundig ist, dass keinerlei Raum für vernünftige Zweifel bleibt.

Arbeitskreis 1 (Referat a)

1. Die Vorlagefähigkeit der Verfassungsgerichte

Wendet man das gerade beschriebene Konzept auf die mitgliedstaatlichen Verfassungsgerichte an, so dürfte eigentlich klar sein, dass sie als höchste innerstaatliche Spruchkörper unter die zweite Kategorie fallen und, soweit die Voraussetzungen für eine Vorlage erfüllt sind, sich an den EuGH wenden müssen. Damit wird keine Hierarchie zwischen dem EuGH und den Verfassungsgerichten eingerichtet, genauso wenig wie das Vorabentscheidungsverfahren ein Über- oder Unterordnungsverhältnis einführt: Es geht vielmehr um eine echte Kooperation, bei der beide Seiten ihre Kompetenzen ausüben und gegenseitig beachten. Tatsächlich funktioniert diese Kooperation auch auf der Ebene der Verfassungsgerichte, weil eine Reihe von ihnen von dem Instrument der Vorlage Gebrauch machen und dem EuGH die Möglichkeit geben, zu wichtigen Fragen des Unionsrechts Stellung zu nehmen. So haben wir Vorlagen des österreichischen Verfassungsgerichtshofs, des belgischen Verfassungsgerichts, des litauischen Verfassungsgerichts sowie des italienischen Verfassungsgerichtshofs zu verzeichnen.

2. Die Häufigkeit der Vorlagen durch Verfassungsgerichte

Trotz der aufgeführten Beispiele bleibt es eine Tatsache, dass die nationalen Verfassungsgerichte eher eine Außenseiterstellung einnehmen, wenn man auf die Häufigkeit ihrer Vorlagen abstellt und diese mit der Gesamtzahl der vom EuGH behandelten Vorabentscheidungsverfahren vergleicht. Wenn wir nach den Ursachen suchen, so lässt sich unschwer erraten, dass, anders als die Fachgerichte, Verfassungsgerichte eher selten mit Fragen aus dem Bereich des Unionsrechts konfrontiert werden. Geht es um Streitigkeiten auf dem Gebiet des Staatsorganisationsrechts, so werden Bezüge zum Unionsrecht kaum vorkommen. Das kann anders sein, wenn Grundrechte auf dem Spiel stehen und ein Verfassungsgericht zu erkennen hat, ob Maßnahmen der staatlichen Organe, die Unionsrecht umsetzen oder ausführen, mit den in der nationalen Verfassung verankerten Grundrechten bzw. mit den Grundwerten der jeweiligen Verfassungsordnung vereinbar sind.

V. Probleme im Verhältnis der Verfassungsgerichte zum Europäischen Gerichtshof

Wirft man einen Blick auf die Praxis, um feststellen zu können, ob und inwieweit Probleme im Verhältnis der Verfassungsgerichte zum EuGH aufgetreten sind, so kann es in zwei Fallgruppen zu Spannungen kommen, wenn und weil vor den mitgliedstaatlichen Verfassungsgerichten Streitigkeiten anhängig sind, bei denen als Prüfungsmaßstab für die rechtliche Beurteilung und Gültigkeit nationaler Rechtsakte sowohl das Europäische Unionsrecht als auch die nationale Verfassung in Betracht kommen. Bei der ersten Fallgruppe geht es um die Überprüfung der Verfassungsmäßigkeit nationaler Rechtsvorschriften, die ganz vorwiegend Richtlinien, aber auch sonstiges Unionsrecht umsetzen, während Fälle der zweiten Kategorie dadurch gekennzeichnet sind, dass Verfassungsgerichte sich mit der Frage der Verfassungsmäßigkeit der nationalen Zustimmungsgesetze zu den Gründungsverträgen einschließlich der Vertragsrevisionen auseinanderzusetzen haben.

1. Nationale Grundrechte als Prüfungsmaßstab für innerstaatliche Rechtsnormen, die Unionsrecht umsetzen

Steht ein Verfassungsgericht vor der Frage, ob innerstaatliche Rechtsnormen, die Unionsrecht umsetzen, mit den Grundrechten der nationalen Verfassung im Einklang stehen, so könnte eine negative Entscheidung über die Verfassungsmäßigkeit der angegriffenen Rechtsvorschrift Auswirkungen auf die Gültigkeit und wirkende Kraft der umgesetzten Richtlinie haben, wenn und soweit der nationale Rechtsakt – wie es sehr oft geschieht – sich darauf beschränkt, die unionsrechtliche Vorgabe wortgleich oder sinngemäß zu übernehmen. Ein Ausweg aus dieser Konfliktsituation, der wohl in den meisten Fällen genügt, liegt in der Einleitung eines Vorabentscheidungsverfahrens, weil nationale Gerichte bekanntlich dem EuGH die Frage nach der Gültigkeit sekundären Unionsrechts stellen können und es tatsächlich tun, damit der Unionsrichter die strittige Richtlinie auf ihre Vereinbarkeit mit europäischen Grundrechten überprüft und gegebenenfalls für ungültig erklärt. Es leuchtet wohl ein, dass die Rechtswidrigkeit eines europäischen Rechtsakts nur derjenige Spruchkörper aussprechen darf, dem sowohl die direkte (über die Nichtigkeitsklage) als auch die indirekte (über das Vorlageverfahren) Rechtmäßigkeitsprüfung der Unionsrechtsakte obliegt. Es ist diese einfache Überlegung, die es rechtfertigt, dass der EuGH zwar kein ausschließliches Prüfungsrecht, wohl aber ein Verwerfungsmonopol für alle Maßnahmen der Unionsorgane beansprucht, damit diese Maßnahmen einheitlich für das gesamte Gebiet der Europäischen Union eben gelten oder nicht gelten.

2. Die Überprüfung der Zustimmungsgesetze zu den europäischen Verträgen auf ihre Verfassungsmäßigkeit

In der zweiten und schwierigeren Fallkonstellation steht die Verfassungsmäßigkeit des Zustimmungsgesetzes zu einer Vertragsänderung auf dem Prüfstand. Ein Verfassungsgericht kann und darf sich dieser Aufgabe nicht entziehen, wenn und soweit um die Vereinbarkeit eines nationalen Gesetzes mit der nationalen Verfassung gestritten wird. Im Rahmen dieser Normenkontrolle kann es vorkommen, dass das Verfassungsgericht auf die Unvereinbarkeit des Ratifikationsgesetzes und damit letztlich der beabsichtigten Vertragsänderung mit der Verfassung schließt und auf diese Weise einen Verfassungskonflikt herbeiführt, der nach einer Schlichtung sucht. Soll die Ratifikation gleichwohl erfolgen, dann kommt als Lösung nur eine Verfassungsänderung in Betracht, damit einerseits ein verfassungskonformer Zustand hergestellt wird und andererseits die gewünschte Vertragsrevision in Kraft treten kann. Dieser Weg ist durchaus bekannt und wird eingesetzt, um Verfassungszweifel zu beseitigen und gleichzeitig die Ratifikation zu ermöglichen. Nicht sehr wahrscheinlich, aber auch nicht vollkommen unvorstellbar ist die Situation, dass die beabsichtigte Vertragsänderung mit Verfassungsnormen kollidiert, die zum unantastbaren Kern der Verfassungsordnung gehören und daher dem normalen Verfahren der Verfassungsrevision nicht unterliegen. Ich bin mir darüber bewusst, dass ich nicht berufen bin, einen Ausweg aus dieser misslichen Lage vorzuschlagen. Sicher scheint mir allerdings zu sein, dass dieser Ausweg auf der Ebene des jeweiligen Mitgliedstaats gefunden werden muss, weil eben die Mitgliedstaaten die Verantwortung für die Ratifikation tragen und tatsächlich übernehmen, wenn diese endgültig scheitern sollte, mit der Folge dass der Vertrag nicht in Kraft treten kann. Diese Entwicklung mag man bedauern oder auch nicht, doch bietet sie zumindest eine politisch wie juristisch saubere Lösung.

3. Verfassungsmäßigkeit der Zustimmungsgesetze unter Vorbehalt

Echte Probleme im Rahmen der Verfassungsmäßigkeitskontrolle der Ratifikationsgesetze zu Vertragsänderungen treten aber auf, wenn die Verfassungsgerichte sich mit sichtlichem Unbehagen zu einer positiven Entscheidung über die Verfassungsmäßigkeit durchringen, dies jedoch mit vielen Absicherungen und Vorbehalten verbinden und damit zum Ausdruck bringen, dass sie bestimmte und von ihnen unerwünschte Entwicklungen in der Europäischen Union beeinflussen oder sogar verhindern wollen. Die dabei eingesetzte Methode ist besonders problematisch, weil die Vereinbarkeit des Zustimmungsgesetzes mit der Verfassung nicht *de lege lata*, sondern im Hinblick auf wirkliche oder vermeintliche Gefahren für allgemeine Verfassungsprinzipien beurteilt wird. Nicht die Schadensbeseitigung steht im Vordergrund, sondern die Sorge um Schadensabwendung. So etwas findet man in dem Lissabon-Urteil des Bundesverfassungsgerichts. Ein Artikel in der European Law Review mit dem Titel „The verdict of the German Federal Consitutional Court on the Lisbon Treaty: Not guilty, but don't do it again" vermittelt uns diesen Beigeschmack.

4. Die vom Bundesverfassungsgericht in Anspruch genommenen Kontrollbefugnisse

Das Bundesverfassungsgericht nimmt *erstens* für sich in Anspruch, Rechtsakte der europäischen Organe und Einrichtungen darauf zu überprüfen, ob sie sich unter Wahrung des unionsrechtlichen Subsidiaritätsprinzips in den Grenzen der ihnen im Weg der begrenzten Einzelermächtigung eingeräumten Hoheitsrechte halten. Dieser vom Bundesverfassungsgericht als ultra-vires-Kontrolle bezeichnete Vorgang, der wohl auch die Rechtsprechung des EuGH als Prüfungsgegenstand mit einbezieht, soll durch eine sog. Identitätskontrolle ergänzt werden, damit festgestellt wird, ob der unantastbare Kerngehalt der Verfassungsidentität des deutschen Grundgesetzes gewahrt ist. Im Klartext heißt dies, dass die von den Unionsorganen erlassenen Maßnahmen und getroffenen Entscheidungen einer doppelten Kontrolle durch das Bundesverfassungsgericht unterliegen können, und zwar einmal auf die Einhaltung der mit der sog. Ewigkeitsgarantie versehenen Gewährleistungen des Grundgesetzes und zum anderen auf die Beachtung des in den Unionsverträgen verankerten Subsidiaritätsgrundsatzes.

Arbeitskreis 1 (Referat a)

Obwohl die Ausübung einer ultra-vires-Kontrolle nicht zum ersten Mal vom Bundesverfassungsgericht angekündigt wird, kann es keinem Zweifel unterliegen, dass die Wahrung der Subsidiarität als Voraussetzung für die Gültigkeit aller Rechtsakte der Europäischen Union in die Prüfungszuständigkeit des EuGH fällt und seinem Verwerfungsmonopol unterliegt, was nicht zuletzt dadurch belegt wird, dass der Vertrag von Lissabon ein besonderes Klageverfahren einführt, damit unter der maßgeblichen Beteiligung der Parlamente der Mitgliedstaaten die Frage der Subsidiarität möglichst frühzeitig dem EuGH unterbreitet werden kann.

Aber auch die ausschließlich auf die eigene Verfassung bezogene Identitätskontrolle bei der konkreten Ausübung der der Europäischen Union übertragenen Zuständigkeiten ist außerordentlich konfliktbeladen, weil sie Rechtsakte der Europäischen Union, die sämtlich der Legalitätskontrolle durch den EuGH unterliegen und nur durch ihn für nichtig bzw. ungültig erklärt werden dürfen, der Prüfungsbefugnis des nationalen Verfassungsgerichts zuleitet, um erkennen zu können, ob die integrationsfeste Verfassungsidentität des betreffenden Mitgliedstaats verletzt werde.

Sowohl die ultra-vires- als auch die Identitätskontrolle bedeuten letztlich, dass Maßnahmen der Unionsorgane in 27 Mitgliedstaaten zur Disposition stehen können, indem sie 27mal auf die Einhaltung des unionsrechtlichen Subsidiaritätsprinzips und 27mal auf die Beachtung der integrationsfesten Identität des jeweiligen Mitgliedstaats überprüft werden können. Präsident *Skouris* sagte dazu „Will man die Konsequenzen mit wenigen Worten beschreiben und dabei die auf einen berühmten deutschstämmigen Physiker zurückgehende Theorie paraphrasieren, so geht es um die Einführung einer absoluten Relativitätstheorie für die Rechtsakte des sekundären Unionsrechts."

Der *zweite* Kritikpunkt betrifft die Inanspruchnahme einer authentischen Interpretation des Primärrechts, wenn und soweit eine Übertragung von Hoheitsrechten auf die Europäische Union in besonders demokratiebedeutsamen Sachbereichen stattfindet. Zu den wesentlichen Bereichen demokratischer Gestaltung gehören nach Auffassung des Bundesverfassungsgerichts u. a. die Staatsbürgerschaft, die Strafrechtspflege, das zivile und militärische Gewaltmonopol, fiskalische Grundentscheidungen über Einnahmen und Ausgaben einschließlich der Kreditaufnahme, die Gestaltung von Familien- und Bildungsverhältnissen, die Ordnung der Meinungs-, Presse- und Versammlungsfreiheit und sogar der Umgang mit dem religiösen oder weltanschaulichen Bekenntnis. Sofern auf allen diesen Gebieten eine Übertragung von Souveränität überhaupt erlaubt sei, sei eine enge Auslegung der entsprechenden Bestimmungen geboten. Dieser Gedanke wird im Hinblick auf die durch den Vertrag von Lissabon neu begründeten oder vertieften Zuständigkeiten in den Bereichen der justiziellen Zusammenarbeit in Straf- und Zivilsachen wiederholt und dabei betont, dass wegen der besonders empfindlichen Berührung der demokratischen Selbstbestimmung durch materielle Strafrechtsnormen bzw. Strafverfahrensnormen die entsprechenden vertraglichen Kompetenzgrundlagen strikt und keinesfalls extensiv auszulegen seien und bei etwaiger Nutzung besonders gerechtfertigt werden müssten. Zur Vermeidung drohender Verfassungswidrigkeit seien die Organe der Europäischen Union verpflichtet, ihre diesbezüglichen Zuständigkeiten in einer Weise auszuüben, dass auf mitgliedstaatlicher Ebene sowohl im Umfang als auch in der Substanz nach Aufgaben von hinreichendem Gewicht bestünden, die rechtlich und praktisch Voraussetzung für eine lebendige Demokratie seien.

5. *Gefahr einer Kollision mit den Zuständigkeiten des Europäischen Gerichtshofs*
Man muss hier zwischen zwei Fragen unterscheiden. Die erste Frage ist, ob die Ratifizierung einer geplanten Vetragsänderung verfassungskonform mit der *Verfassung eines Mitgliedstaates* ist. Dies ist eine Frage, die jeder Mitgliedstaat für sich selbst entscheiden muss. Diese Frage zu beantworten, hat der EuGH keine Kompetenz. Die zweite Frage ist, ob primäre oder sekundäre Bestimmungen des Unionsrechts verfassungskonform mit der *Verfassung der Union* sind, und wie sie auszulegen sind. Diese zweite Frage zu beantworten, ist die Aufgabe des EuGH und nicht die Aufgabe der Gerichte der 27 Mitgliedstaaten.

Wenn Verfassungsgerichte für sich in Anspruch nehmen, definitiv über die Auslegung des einschlägigen Primärrechts der Europäischen Union zu entscheiden, dann kommt es zu einer Kollision mit den dem EuGH übertragenen Zuständigkeiten zur Auslegung des Primärrechts. Die Gründungsverträge lassen keinen Zweifel darüber aufkommen, dass die maßgebliche Interpretation des Primär- und des Sekundärrechts im Sinne einer durchaus nachvollziehbaren Arbeitsteilung zwischen den nationalen Gerichten und den Unionsgerichten letzteren zusteht, indem Art. 220 EG[4] seit jeher vorschreibt, dass die Unionsgerichte „im Rahmen ihrer jeweiligen Zuständigkeiten die Wahrung des Rechts bei der Auslegung und Anwendung dieses Vertrags" sichern. Für die Auslegung des in den Mitgliedstaaten unmittelbar geltenden Unionsrechts steht dem EuGH kein Monopol, wohl aber das letzte Wort zu. Und wenn dieses letzte Wort besagt, dass die vertragsrechtlich verankerte Übertragung staatlicher Souveränität in der Auslegung durch den Gerichtshof über das hinausgeht, was nach Auffassung eines Verfassungsgerichts die nationale Verfassung noch verträgt, kann dies nicht heißen, dass die Verantwortung für die verbindliche Interpretation des Primärrechts plötzlich auf dieses Verfassungsgericht übergeht. Keine auch noch so subtile verfassungstheoretische Konstruktion darf dazu führen, dass die durch Art. 220 EG dem EuGH übertragene Aufgabe der Sicherung der Rechtswahrung bei der Auslegung und Anwendung der Gründungsverträge auf einmal zur Disposition eines oder mehrerer Verfassungsgerichte steht. Die Auslegung des Primär- wie Sekundärrechts für das gesamte Gebiet der Europäischen Union definitiv festzulegen, ist und bleibt die wichtigste Funktion des EuGH.

VI. Ausblick

Die vorausgegangenen Bemerkungen sollten nicht den Eindruck erwecken, als stünden wir vor einer dramatischen Lage mit unübersehbaren Konsequenzen für die europäische Integration. Mir geht es vielmehr darum zu zeigen, wo in unserem Verhältnis zu den mitgliedstaatlichen Verfassungsgerichten Konflikte entstehen können, damit jeder vor seine Verantwortung gestellt wird.

Will man ein Fazit ziehen, so kann es nur lauten, dass die Verfassungsgerichte, einbegriffen das Bundesverfassungsgericht, im Hinblick auf die durch die Gründungsverträge begründete Kooperation zwischen dem EuGH und den nationalen Gerichten keine Sonderstellung einnehmen. Sie mögen in den betreffenden Mitgliedstaaten einen großen Einfluss ausüben und eminent wichtige Aufträge erfüllen. Bezogen auf die Auslegung und Anwendung des Unionsrechts stehen ihnen jedoch nicht mehr und nicht weniger Aufgaben als anderen nationalen Rechtsprechungsorganen zu, sondern sie werden durch die einschlägigen Vertragsbestimmungen aufgerufen, sich an den EuGH zu wenden, wenn sie Zweifel über die Auslegung des Unionsrechts oder über die Gültigkeit der Unionsrechtsakte haben.

Der EuGH legt den allergrößten Wert auf eine reibungslose Zusammenarbeit mit den nationalen Gerichten im Rahmen dieses einmaligen und sehr erfolgreichen Verfahrens der Vorabentscheidung. Wir achten und beachten die ausschließliche Kompetenz und Verantwortung des nationalen Richters zur Auslegung und Anwendung des *innerstaatlichen* Rechts; wir beschränken uns ganz bewusst und gezielt auf Fragen der Auslegung und Anwendung des *Unionsrechts*. Die Konsequenzen aus unseren Entscheidungen im Rahmen des Vorlageverfahrens zu ziehen, obliegt allein den mitgliedstaatlichen Gerichten, womit die Arbeitsteilung klar hervortritt und jede Seite einen eigenen Aufgabenkreis erhält. Niemand kann ein Interesse daran haben, dass Kompetenzkonflikte entstehen, die, selbst wenn sie gelöst werden, Wunden hinterlassen und das nötige Vertrauensverhältnis nachhaltig stören. Wir beim EuGH waren stets und sind immer noch fest dazu entschlossen, Kompetenzstreitigkeiten mit den nationalen Gerichten, und um so mehr mit den Verfassungsgerichten, zu vermeiden. Es dürfte jedoch niemanden überraschen, dass diese umsichtige Haltung dort ihre Grenze finden muss, wo die auf uns übertragenen und von uns seit einem halben Jahrhundert ausgeübten Zuständigkeiten bedroht sind. Die Wahrung des Rechts bei der Auslegung und Anwendung der europäischen Verträge zu sichern, ist und bleibt Aufgabe der Unionsgerichte – und dieser Verantwortung dürfen und werden wir uns nicht entziehen.

VII. Beitritt der Union zur Europäischen Menschenrechtskonvention

Man sieht aus den Bestimmungen des Lissabonner Vertrages, dass die Mitgliedstaaten einerseits wollen, dass die Union der Konvention beitritt, aber anderseits wünschen, dass so ein Beitritt nichts, oder möglichst wenig, an der Funktionsweise der Union und seiner Organe ändert. Wohl bewusst ist eine Einigung über mehrere Fragen offen gelassen worden.

Unter den nicht ausdrücklich gelösten Fragen treten wohl die folgenden auf. Da die EU kein Staat ist, in welcher Form sollen Individualbeschwerden behandelt werden? Wenn, wie im Fall Bosphorus, ein angeklagter Mitgliedstaat sagt „wir sind von der Union rechtlich gezwungen, dieses oder jenes zu machen", wird es genügen dass laut EuGH das sekundäre Unionsrecht, oder eine Handlung, unionsrechtskonform war (einschließlich der Achtung der Menschenrechte), oder wird der EGMR in der Lage sein, wieder zu prüfen ob die Normen oder die Handlung gegen die Menschenrechte verstoßen haben? Wenn Letzteres der Fall ist, in welcher Form wird die Union am Prozess teilnehmen? Mit einem eigenen Richter in Straßburg wie die Mitgliedstaaten der Konvention? Oder wird ein besonderes Gremium von Straßburger und Luxemburger Richtern geschaffen werden? Was geschieht, wenn der EGMR eine Bestimmung der Unionsverträge oder des Sekundärrechts, über die sich der EuGH noch nicht geäußert hat, für nicht konventionskonform erklärt? Was kann der EGMR von der Union verlangen im Falle solch einer Verletzung der Menschenrechte?

Wie solche Fragen gelöst werden, ist von den folgenden Bestimmungen geregelt.

Aus Artikel 6 des Vertrags über die Europäische Union ist ersichtlich, dass:

„(2) Die Union tritt der Europäischen Konvention zum Schutz der Menschenrechte und Grundfreiheiten bei. Dieser Beitritt ändert nicht die in den Verträgen festgelegten Zuständigkeiten der Union."

Diese Bestimmung hat die Regierungskonferenz, die den Lissabonner Vertrag angenommen hat, mit den folgenden Worten begleitet:

„Die Konferenz kommt überein, dass der Beitritt der Union zur Europäischen Konvention zum Schutz der Menschenrechte und Grundfreiheiten unter Bedingungen erfolgen sollte, die es gestatten, die Besonderheiten der Rechtsordnung der Union zu wahren."

Im achten Protokoll zum Vertrag über die Europäische Union findet man folgendes:

„Artikel 1
In der Übereinkunft über den Beitritt der Union zur Europäischen Konvention ... nach Artikel 6 Absatz 2 des Vertrags über die Europäische Union wird dafür Sorge getragen, *dass die besonderen Merkmale der Union und des Unionsrechts erhalten bleiben, insbesondere in Bezug auf a) die besondere Regelung für eine etwaige Beteiligung der Union an den Kontrollgremien der Europäischen Konvention; b) die nötigen Mechanismen, um sicherzustellen, dass Beschwerden von Nichtmitgliedstaaten und Individualbeschwerden den Mitgliedstaaten und/oder gegebenenfalls der Union ordnungsgemäß übermittelt werden.*
Artikel 2
In der Übereinkunft nach Artikel 1 wird sichergestellt, dass der Beitritt der Union die Zuständigkeiten der Union *und die Befugnisse ihrer Organe* unberührt läßt.
Artikel 3
Keine der Bestimmungen der Übereinkunft nach Artikel 1 berührt Artikel 344 des Vertrags über die Arbeitsweise der Europäischen Union."

Letzterer Artikel liest sich wie folgt:

„Die Mitgliedstaaten verpflichten sich, Streitigkeiten über die Auslegung oder Anwendung der Verträge nicht anders als hierin vorgesehen zu regeln."

Wir werden sehen, was nun geschieht. Es wird wohl Zeit brauchen, um Antworten auf mehrere Fragen zu finden, aber man kann hoffen, dass das Verhältnis zwischen dem

Arbeitskreis 1 (Thesen b)

Europäischen Gerichtshof und dem Europäischen Gerichtshof für Menschenrechte genauso gut bleibt, wie es heute ist.

1 Ein großer Teil dieses Aufsatzes ist einem Vortrag des Präsidenten des Gerichtshofs der Europäischen Union, *Prof. Dr. Vasilios Skouris,* am Verfassungstag 2009 in Wien entnommen. Trotzdem muss ich betonen, dass ich allein für den Inhalt verantwortlich bin. *http://pollux.bsz-bw.de/ DB=2.1/PPNSET?PPN=314782125.*
2 Gutachten 2/94 des EuGH.
3 30. 6. 2005 N° 45036/98 insbesondere § 155 – 166.
4 Artikel 19 FEU und Artikel 263 FAEU.

b) Referent: Richter des Bundesverfassungsgerichts *Dr. Michael Gerhardt,* Karlsruhe

Thesen des Referats

I.

Eine isolierte Betrachtung des Themas läuft Gefahr, seine Bedeutung zu überschätzen. Es ist in erster Linie Sache guter Politik und guter Gesetzgebung, dafür zu sorgen, dass die Ziele der Konvention, der Unionsverträge und des Grundgesetzes verwirklicht werden.

II.

1. Juristische Stringenzerwartungen werden angesichts der ungleichartigen Legitimation der europäischen Akteure unerfüllt bleiben.
2. Das in Art. 4 Abs. 2 EUV enthaltene Gebot der Achtung der nationalen Identität der Mitgliedstaaten und der Grundsatz der loyalen Zusammenarbeit (Art. 4 Abs. 3 EUV) sind Grundmaximen für die Bewältigung möglicher Diskrepanzen im Sinne der Herstellung praktischer Konkordanz.
3. Die dafür in der Rechtsprechung des BVerfG bereitgestellten, weiterer Entfaltung zugänglichen Strategien (Grundsatz der Völker- bzw. Europarechtsfreundlichkeit <III>, Zurücknahme der Kontrolle bei parallelen Prüfungsmaßstäben <IV>; Gebot kompetenzwahrender Kontrolle <V>) sind von der Erwartung interinstitutionellen Konsenses getragen.

III.

1. Der Grundsatz der Völkerrechtsfreundlichkeit des Grundgesetzes leitet die Rezeption der Rechtsprechung des EGMR. Angesichts der Gemeinsamkeiten europäischer und nationaler Grundrechtsgewährleistung sind unüberbrückbare Divergenzen zwischen BVerfG und EGMR auf längerer Sicht kaum vorstellbar. Dass der EGMR die EMRK unter Vernachlässigung der durch die allgemeinen Grundsätze

des Völkervertragsrechts gesetzten Grenzen auslegt, kann ausgeschlossen werden. Mit einer gewissen Rechtsunsicherheit verbundene „Findungsphasen" sind hinzunehmen.
2. Der Grundsatz der Europarechtsfreundlichkeit erlaubt und gebietet eine konfliktvermeidende Auslegung und Anwendung nationalen Rechts. Die Absicherung des Vorabentscheidungsverfahrens nach Art. 267 AEUV durch das BVerfG vermittels Art. 19 Abs. 4 und Art. 101 Abs. 1 Satz 2 GG wirkt im Sinne transnationaler Kooperation.

IV.

1. Das BVerfG übt seine Gerichtsbarkeit über die Anwendbarkeit abgeleiteten Unionsrechts im deutschen Hoheitsbereich angesichts des generell gleichwertigen Grundrechtsschutzes durch den EuGH nicht aus (BVerfGE 73, 339 „Solange II"; 102, 147 „Bananenmarktordnung"; vgl. für das Verhältnis EGMR/EuGH EGMR vom 30. Juni 2006, NJW 2006, 197 „Bosphorus").
2. Es besteht kein Anlass, das in dieser Doktrin manifestierte Vertrauen in die Jurisdiktion des EuGH infrage zu stellen, ebenso wenig allerdings, die – aktuell bedeutungslose – Reservefunktion des BVerfG im Bereich der Grundrechtskontrolle aufzugeben.
3. Soweit Unionsrecht den gemäß Art. 79 Abs. 3 GG unverfügbaren Bereich deutscher Verfassungsidentität berührt, kann eine Zurücknahme der Kontrolle durch das BVerfG nicht gerechtfertigt werden (vgl. Art. 23 Abs. 1 Satz 3 GG). An die Zulässigkeit auf derartige Rügen gestützter Verfassungsrechtsbehelfe sind strenge Anforderungen zu stellen.

V.

1. Das die Europäische Union konstituierende Prinzip der begrenzten Einzelermächtigung gehört sowohl dem Unionsrecht (Art. 5 EUV) als auch dem nationalen Verfassungsrecht an (Art. 23 Abs. 1 GG) und unterfällt damit sowohl der Jurisdiktion des EuGH wie der des BVerfG.
2. Die Aktivierung der gesetzgebenden Körperschaften mithilfe des Konzepts der Integrationsverantwortung ist u. a. darauf angelegt, die Fälle möglicher verfassungsgerichtlicher Zuständigkeitsklärung zu reduzieren.
3. Für die Beachtung der Grundsätze der Subsidiarität und der Verhältnismäßigkeit (Art. 5 Abs. 1 Satz 2 EUV) bestehen komplexe Vorkehrungen auf Unionsebene, denen sich der nationale Gesetzgeber gemäß Art. 23 Abs. 1 GG einordnen durfte. Jedenfalls eine isolierte Supervision durch das BVerfG findet nicht statt.
4. Gleiches gilt für die Beachtung der unionsrechtlichen Verfahrensbestimmungen, auch wenn sie – wie etwa Vorschriften über die Gesetzgebung – als interne Zuständigkeitsbegrenzungen verstanden werden können.

5. Die Befugnis des BVerfG, über die Reichweite der Übertragung von Kompetenzen auf die Union durch den deutschen Gesetzgeber zu urteilen, kann nicht mit dem Hinweis auf die Autonomie der Union und die Anerkennung der Jurisdiktionsgewalt des EuGH gemäß Art. 23 Abs. 1 Satz 1 GG infrage gestellt werden. Die Funktionsfähigkeit der Union ist kein Titel für Zuständigkeitserweiterungen (vgl. Art. 5 Abs. 2 EUV; s. u. a. Art. 352 AEUV).
6. Bereits aus dem Gebot unionsfreundlichen Verhaltens folgt, dass das BVerfG in einem Zuständigkeitsstreit nicht ohne Kenntnis der Auffassung des EuGH entscheidet, die in aller Regel in einem – nicht notwendig vom BVerfG initiierten – Vorabentscheidungsverfahren einzuholen ist.
7. Bei der gebotenen Berücksichtigung der Eigengesetzlichkeiten und Komplexität europäischer Entscheidungsfindung kommt die Feststellung einer Zuständigkeitsüberschreitung durch Organe der Union nur bei Offensichtlichkeit („Ersichtlichkeit") in Betracht.
8. Entsprechendes gilt für Entscheidungen des EuGH, die eine Ausdehnung der Zuständigkeiten der Union bewirken. Dabei sind die Besonderheiten richterlicher Rechtsfindung zu beachten. Das BVerfG hat Entscheidungen des EuGH nicht auf ihre Richtigkeit in sachlicher oder methodischer Hinsicht zu überprüfen. Insbesondere erstreckt sich die Anerkennung einer Unionsgerichtsbarkeit gemäß Art. 23 Abs. 1 GG auf deren Befugnis zur Rechtsfortbildung. Wann bei der danach gebotenen eingehenden Würdigung der jeweiligen Regelungsstrukturen und Sachzusammenhänge Grenzüberschreitungen festzustellen sein könnten, dürfte sich nicht abstrakt-begrifflich fixieren lassen.
9. Die Grundsätze, die für die auf die äußeren Grenzen von Hoheitsübertragungen bezogene sog. Ultra-vires-Kontrolle skizziert wurden, gelten entsprechend für die sog. Identitätskontrolle, die auf die Einhaltung der durch Art. 79 Abs. 3 GG gezogenen Grenzen der Supranationalisierung gerichtet ist.

VI.

Sollte das BVerfG Bestimmungen des Unionsrechts, die aus Sicht des EuGH nicht zu beanstanden sind, nach Maßgabe des Grundgesetzes für Deutschland unanwendbar erklären, ist der Konflikt mit den Mitteln der Politik zu lösen. Die Union ist zu einseitigen Maßnahmen, namentlich Vertragsverletzungsverfahren, nicht legitimiert.

Referat

I.

Das rechtliche Verhältnis der nationalen Gerichtsbarkeit zum EGMR erscheint im Wesentlichen geklärt. Das rechtfertigt, ihm etwas weniger Raum als demjenigen des BVerfG zum EuGH zu widmen. Zu betonen ist allerdings, dass die praktische Relevanz der Straßburger Rechtsprechung für das deutsche Verfassungsrecht gegenwärtig wohl deutlich größer ist als die derjenigen aus Luxemburg. Auf Veränderungen, die sich mit dem Beitritt der Union zur EMRK ergeben können, einzugehen, wäre verfrüht.

Der Einfluss der EMRK und damit der Rechtsprechung des EGMR auf das deutsche Recht sei anhand einer Verfassungsbeschwerde skizziert, die jüngst Gegenstand einer Kammerentscheidung war.[1] Beschwerdeführerin war die Mutter eines 22jährigen Briten, der sich auf einer Bundesstraße überfahren ließ und verstarb; die Mutter ist der Überzeugung, der Tod stehe in Verbindung mit einer rechtsextremistischen Politsekte. Das Klageerzwingungsverfahren blieb ohne Erfolg. Die Beschwerdeführerin machte u. a. geltend, aus der aufgrund Art. 2 Abs. 2 GG bestehenden Schutzpflicht für das Leben ergebe sich eine staatliche Ermittlungspflicht bei ungeklärten Todesfällen; die Rechtsprechung des EGMR zu Art. 2 EMRK könne insoweit übertragen werden. Während nach der Rechtsprechung des BVerfG grundsätzlich kein grundrechtlicher Anspruch auf Strafverfolgung besteht und Ausnahmen nur unter engen Voraussetzungen anerkannt sind, folgt nach dem EGMR – etwas vereinfacht – aus der Verpflichtung des Art. 2 EMRK, das Recht auf Leben zu schützen, die Pflicht, wirksame amtliche Ermittlungen anzustellen, wenn ein Mensch zu Tode gekommen ist. Die Kammer verschloss sich der Argumentation der Beschwerdeführerin nicht und interpretierte die grundrechtlich fundierte Schutzpflicht im Sinne des EGMR. Die Verfassungsbeschwerde hatte keinen Erfolg, weil dieser Maßstab beachtet war.

Die Entscheidung stützt sich zum einen auf den Rang der EMRK als ein Bundesgesetz, das deutsche Gerichte wie anderes Gesetzesrecht im Rahmen methodisch vertretbarer Auslegung zu beachten und anzuwenden haben.[2] Eine Verfassungsbeschwerde kann zwar nicht unmittelbar auf die Rüge einer Verletzung der EMRK gestützt werden, die Missachtung der Beachtenspflicht kann aber als Verstoß gegen die Gesetzesbindung und damit das konkret betroffene Grundrecht gerügt werden. Zum andern geht das BVerfG in ständiger Rechtsprechung, letztlich gestützt auf ein im Grundgesetz enthaltenes Gebot der Völkerrechtsfreundlichkeit, davon aus, dass der Konventionstext und die Rechtsprechung des EGMR auf der Ebene des Verfassungsrechts als Auslegungshilfen für die Bestimmung von Inhalt und Reichweite von Grundrechten und rechtsstaatlichen Grundsätzen dienen. Was den Anspruch auf effektive Untersuchung von Todesfällen anlangt, hatte die Kammer keine Schwierigkeiten, die Rechtsprechung des EGMR als Auslegungshilfe des Art. 2 Abs. 2 GG heranzuziehen und damit den nationalen Grundrechtsschutz um diesen Aspekt zu erweitern.

Für unsere Fragestellung ist entscheidend, dass die Judikate des EGMR für das Konventionsrecht als Völkervertragsrecht besondere Bedeutung haben, weil sich in ihnen der aktuelle Entwicklungsstand der Konvention und ihrer Protokolle widerspiegelt. Allerdings beschränkt sich die Bindungswirkung der EGMR-Entscheidungen (im engeren Sinn) auf den Streitgegenstand. Sie greifen nicht unmittelbar in die staatliche Rechtsordnung ein, sind dort aber kraft völkervertragsrechtlicher Verpflichtung von allen staatlichen Organen im Rahmen ihrer Zuständigkeiten wirksam zu machen, und darüber wacht das BVerfG. Dass die Übertragung der EGMR-Erkenntnisse je nach Aussagegehalt und Sachmaterie in das deutsche Recht auf Schwierigkeiten stoßen kann, kommt in der Formulierung, sie seien bei der Gesetzesauslegung zu „berücksichtigen" zum Ausdruck, was indes nichts an der grundsätzlichen Beachtenspflicht ändert.

Was aber gilt bei unterschiedlichem Verständnis übereinstimmender Grundrechtsgewährleistungen? Eine Frage, die sich dann umso drängender zu stellen scheint, wenn der EuGH als Grundrechtsinterpret hinzutritt und eine weitere Lesart ins Spiel bringt oder wenn etwa der Unionsgesetzgeber in der Konvention verankerte Verfahrensrechte positiviert.[3] Ernsthafte Konfliktfälle sind, soweit ich das überblicken kann, nicht in Sicht. Vor allem aber muss bedacht werden, dass die Grundrechte aus historischen Erfahrungen heraus geformt, aber doch entwicklungsoffen konzipiert sind. Eine ziselierte Dogmatik hat selbstverständlich beträchtlichen Nutzen im Sinne rechtsstaatlicher Berechenbarkeit, birgt aber doch die Gefahr der Erstarrung einerseits, andererseits droht eine sich selbst lähmende Zunahme an Komplexität. Ich halte es daher nicht für ein Problem, sollte das Bundesverfassungsgericht an dem einen oder anderen Punkt veranlasst werden, seine Sicht zu überdenken und ggf. zu modifizieren (wie bei der Klageerzwingung geschehen). Insofern erweist sich die in der Regel fallorientierte Herangehensweise des EGMR geradezu als Vorteil, weil vor der Formulierung einer generellen Regel die Erfahrung weiterer Einzelfälle und deren Aufarbeitung im Dialog von Wissenschaft und Gerichten stehen, an dem auch das BVerfG teilhaben wird.

Dass der Fortentwicklung der Konventionsgewährleistungen durch den EGMR völkervertraglich Grenzen gesetzt sind, ist trivial. Ob als Folge einer etwaigen Grenzüberschreitung die Unbeachtlichkeit kraft ultra-vires-Doktrin als ebenso selbstverständlich anzunehmen ist, sei dahingestellt. Denn ich sehe gegenwärtig keine Hinweise für die Gefahr, dass der EGMR seine Kompetenzen überschreiten könnte.

II.

Auch wenn vom Zweiten Senat des Bundesverfassungsgerichts noch nicht entschieden, bietet sich die häufig angesprochene Verfassungsbeschwerde der Fa. Honeywell als Anschauungsmaterial für das Verhältnis BVerfG/EuGH an[4]. Vereinfacht geht es um Folgendes:

Angegriffen ist ein Urteil des BAG, das im Gefolge der sog. Mangold-Entscheidung des EuGH[5] eine arbeitsmarktpolitisch motivierte und auf vier Jahre befristete Regelung des Teilzeit- und Befristungsgesetzes für unanwendbar erachtete. Es ging um die Ausweitung der Möglichkeit, auch ohne sachlichen Grund befristete Arbeitsverhältnisse abzuschließen, auf Über-52jährige (generell gilt dies für Über-58jährige). Das BAG gab wegen der Unanwendbarkeit der Ausweitungsvorschrift der Klage eines befristet eingestellten Arbeitnehmers auf Entfristung seines Arbeitsverhältnisses statt. Mit der Verfassungsbeschwerde wird, soweit hier von Interesse, sinngemäß geltend gemacht, bei der Mangold-Entscheidung habe es sich um einen sog. ausbrechenden Rechtsakt gehandelt; das BAG hätte daher das deutsche Recht nicht, darauf gestützt, unangewendet lassen dürfen.

Arbeitskreis 1 (Referat b)

Die Mangold-Entscheidung enthält zwei Erwägungen. Der EuGH sieht das Verbot der Altersdiskriminierung als allgemeinen Grundsatz für primärrechtlich verankert an und in der angegriffenen Regelung eine zwar arbeitsmarktpolitisch grundsätzlich gerechtfertigte, aber, da allein auf das Alter abstellende, unverhältnismäßige Regelung. Dem Einwand, dass die einschlägige Antidiskriminierungsrichtlinie, die ein differenziert geregeltes Umsetzungsregime vorsah, bei Erlass der deutschen Regelung noch nicht umzusetzen gewesen sei, hält der EuGH Aspekte der Vorwirkung von Richtlinien und des effet utile entgegen, die er auch aus Details des Umsetzungsregimes abgeleitet hat.

Die Entscheidung des EuGH wirft vor allem folgende Frage auf: Gemäß Art. 13 Abs. 1 EGV (nunmehr Art. 19 Abs. 1 AEUV) konnte der Rat – ich darf etwas verkürzend zitieren – „einstimmig geeignete Vorkehrungen treffen, um Diskriminierungen aus Gründen des Geschlechts, der Rasse, der ethnischen Herkunft, der Religion oder der Weltanschauung, einer Behinderung, des Alters oder der sexuellen Ausrichtung zu bekämpfen". Diese Bestimmung wird durch den Rückgriff des EuGH auf einen allgemeinen, in den Verfassungstraditionen der Mitgliedstaaten zudem kaum auffindbaren, allerdings in Art. 21 der Grundrechtecharta niedergelegten Grundsatz überspielt, und es verwundert nicht, dass darin von einigen ein Übergriff in das durch Art. 13 EGV und die Richtlinie austarierte Kompetenzgefüge für gegeben erachtet wird. Besagt denn Art. 13 EGV nicht, dass das allgemeine Diskriminierungsverbot in Richtung auf die erwähnten speziellen Diskriminierungsverbote nur nach Maßgabe einstimmig verabschiedeten Sekundärrechts aktualisiert werden darf? Wenn ja, hieße das, dass der Rückgriff auf einen allgemeinen Rechtsgrundsatz eine Kompetenzverschiebung weg vom Gemeinschaftsgesetzgeber und damit ein Stück Entdemokratisierung bedeutete (was allerdings grundrechtstypisch ist).

Wie kommt nun das BVerfG dazu, sich dieser Frage überhaupt zu widmen? Aus Sicht der Union scheint dafür kein Raum. Dies folge daraus, so das Kernargument, dass das Unionsrecht eine autonome Rechtsordnung ist, für deren letztverbindliche Auslegung allein der EuGH die Kompetenz hat. Aus dieser Sicht ist das Vorabentscheidungsverfahren nach Art. 267 AEUV (ex Art. 234 EGV) der geeignete, aber auch der ausschließliche Weg zur Korrektur vorangegangener EuGH-Entscheidungen, wenn man von Änderungen des Primär- und Sekundärrechts absieht. Und – so die besorgte Anfrage – wo kämen wir hin, wenn jedes Verfassungsgericht oder sogar jedes andere Gericht der Mitgliedstaaten über die Beachtlichkeit von Entscheidungen des EuGH befinden könnte? Wäre damit nicht die Axt an die Einheitlichkeit der Rechtsordnung der Union gelegt, ja an sie selbst? Würde nicht der Wille zu einem immer engeren Zusammenschluss der europäischen Völker konterkariert?[6]

Dies alles ist ernst zu nehmen. Indes besteht kein Grund für Alarmismus. Zweierlei ist zu zeigen: Erstens, warum die skizzierte Sichtweise die rechtlichen Grundlagen der Union nicht ausreichend reflektiert. Zweitens, dass die Bedenken selbstverständlich vom BVerfG aufgegriffen werden und wie dies ansatzweise die Kontrolle sog. ausbrechender Rechtsakte konturieren kann.

Es ist völlig unbestritten, dass das nationale Recht und das Unionsrecht grundsätzlich voneinander unabhängige, wenn auch ineinander greifende Rechtsordnungen sind und dass der EuGH das Interpretationsmonopol für das Unionsrecht hat.[7] Der immer wieder zu hörende Vorhalt, das BVerfG entziehe sich Vorlagen an den EuGH gemäß Art. 234 EGV (jetzt Art. 267 AEUV), verkennt, dass wegen der Unabhängigkeit der Rechtsordnungen und ihrer Prüfungsmaßstäbe das Unionsrecht im deutschen Verfassungsprozess in aller Regel – und so war es bislang immer – nicht entscheidungserheblich ist. Unmissverständlich hat das BVerfG dieses Grundverständnis in der Entscheidung zum Emissionshandel[8] bekräftigt; danach wird auch eine innerstaatliche Rechtsvorschrift, die eine Richtlinie in deutsches Recht umsetzt, insoweit nicht an den Grundrechten des Grundgesetzes gemessen, als das Gemeinschafts-(Unions-)recht keinen Umsetzungsspielraum lässt, sondern zwingende Vorgaben macht; der gebotene Rechtsschutz wird durch die Vorlagemöglichkeit der Fachgerichte an den EuGH gesichert, dessen effektiver Grundrechtskontrolle das BVerfG vertraut und das deshalb seine Jurisdiktion nicht ausübt.

Die Rechtsordnung der Union ist aber eine von den Mitgliedstaaten völkervertragsrechtlich verliehene.[9] Sie beruht nicht auf eigener Souveränität, sondern ist von der der Mitgliedstaaten abgeleitet. Diese haben der Union auf der Grundlage des Prinzips der begrenzten Einzelermächtigung (Art. 5 EUV) einzelne Hoheitsrechte übertragen, nicht hingegen die Kompetenz, die Kompetenzen der EU auf anderen Wegen als denen zu erweitern, die in den Verträgen vorgesehen sind, und diese Wege führen durchwegs zurück in die nationalen Legitimationsmechanismen. Wenn in diesem Zusammenhang von einer Autonomie der Union die Rede ist, soll damit gerade der Mangel an umfassender Rechtssetzungsgewalt der Union ausgedrückt werden. Herren der Verträge sind die Mitgliedstaaten.

Nun ist dem EuGH in Art. 19 Abs. 1 Satz 2 EUV die Aufgabe übertragen, die Wahrung des Rechts bei der Auslegung und Anwendung der Verträge zu sichern. Dass diese Aufgabe auch bis zu richterlicher Rechtsfortbildung reicht, ist vom BVerfG seit langem anerkannt. Was aber gilt, wenn der EuGH unter Überschreitung der Grenzen sachlich und methodisch vertretbarer Auslegung und Rechtsfortbildung die Kompetenzen der Union zu Lasten der Mitgliedstaaten erweitert? Dann fehlt es insoweit an der demokratisch legitimierten Übertragung dieser Kompetenzen auf die Union, sie handelt – in passender völkerrechtlicher Terminologie – ultra vires, das Handeln der Union bleibt insoweit unbeachtlich. Gäbe es für derartige Fälle keinerlei Kontrolle, hätte der EuGH als Organ eine Kompetenz-Kompetenz, die der Körperschaft, der Union, nicht zukommt. Derartiges kann es bekanntlich nicht geben.

Auch wenn wir die Ziele der Verträge und den Grundsatz der loyalen Zusammenarbeit noch so hochhalten, kommen wir nicht daran vorbei, dass wir es in einem derartigen Fall mit einem nationalen Problem zu tun haben, das nur auf nationaler Ebene bewältigt werden kann. Die Übertragung von Hoheitsrechten auf zwischenstaatliche Einrichtungen bedarf demokratischer Legitimation. Ein Handeln ultra vires ist Ausübung nicht verliehener Hoheitsmacht, ihm fehlt die Rückanbindung an den Souverän. Für den betroffenen Bürger stellt sich dieses Handeln nicht anders dar als ein Handeln der Staatsmacht ohne die von Verfassungs wegen erforderlichen Ermächtigungsgrundlagen. Damit kommen die Gerichte ins Spiel, zu deren Auftrag der Schutz der Bürger vor unlegitimierter Hoheitsmacht gehört.

Die danach im Grundsatz unabweisbare gerichtliche Kontrolle hat das BVerfG in dreifacher Hinsicht eingegrenzt:[10]

Erstens kommt die Feststellung einer Kompetenzüberschreitung seitens der EU nur dem BVerfG zu. Dieser m. E. kühne Akt verfassungsgerichtlicher Rechtsschöpfung findet seinen Grund in der Unionsfreundlichkeit des Grundgesetzes und der Wertung des Art. 100 GG.

Zweitens kommt eine derartige Feststellung nur in Betracht, wenn die Auffassung des EuGH in der kritischen Frage definitiv geklärt ist. Gegebenenfalls wird das BVerfG die Frage dem EuGH gemäß Art. 267 AEUV vorlegen. Dies folgt m. E. zwingend aus dem Unionsrecht, insbesondere aus Art. 4 Abs. 3 EUV – dem Gebot der loyalen Zusammenarbeit –, der von den Zustimmungsgesetzen nach Art. 23 GG getragen ist, und damit auch aus nationalem Verfassungsrecht. Der Erste Senat hat dies in der Entscheidung zur Vorratsdatenspeicherung wohl ebenso gesehen, ohne die Frage durchzujudizieren.[11]

Drittens muss die Kompetenzüberschreitung, wie es in der Lissabon-Entscheidung heißt, „ersichtlich" sein. Die Frage, ob damit ein Evidenzmaßstab formuliert ist, der möglicherweise weniger anspruchsvoll als der der „Offensichtlichkeit" ist, halte ich für unergiebig. Entscheidend ist, dass das BVerfG nicht für sich in Anspruch nimmt, generell die Kompetenzwahrung seitens der Union und namentlich die Entscheidungen des EuGH einer nachvollziehenden Supervision zu unterwerfen. Untersucht wird lediglich, ob ausnahmsweise eine manifeste und gravierende Kompetenzüberschreitung vorliegt. Wann dies der Fall ist, bedarf noch der Entfaltung. Vorbildhaft könnten die Grundsätze sein, die der EuGH für die Haftung der Mitgliedstaaten für judikatives Unrecht entwickelt hat; auch dort bedarf es eines Ausnahmefalls, nämlich eines offenkundigen Verstoßes gegen geltendes Recht, was sich nach einer Reihe von Kriterien bemisst.[12] Was also könnte in die – naturgemäß komplexe – Würdigung einfließen?

Ausgangspunkt ist, dass Kompetenzen zwar grundsätzlich strikt abzugrenzen sind, diesbezügliche Bestimmungen aber – nicht anders als andere Regelungen – auslegungsbedürftig sein können. Das ist in Art. 23 Abs. 1 GG mitgedacht. Dort wird zugleich auf die Entwicklungsoffenheit der Europäischen Union abgestellt, was m. E. das Beharren auf ein historisierend-statisches Verständnis der Zustimmungsgesetze verbietet. Andererseits bedarf es für die Bewältigung vollständig neuer Fragestellungen wohl eines neuen Mandats der Mitgliedstaaten. Ist dieses erteilt, aber an bestimmte Modalitäten geknüpft, engt sich der Auslegungsspielraum ein – ein Topos, der sowohl bei der Vorratsdatenspeicherung als auch bei Mangold relevant sein dürfte, wird doch jeweils das Einstimmigkeitserfordernis ausgehebelt. Mit dem Lissabon-Vertrag dürften sich die Auslegungsspielräume übrigens eingeschränkt haben, weil die Mechanismen der Vertragsentwicklung weiter verfeinert worden sind.

Im Wesentlichen werden die Gegebenheiten der konkreten Materie zu würdigen sein, um die Frage beantworten zu können, ob eine von den Verträgen nicht gedeckte, substantielle Kompetenzverschiebung zu Lasten der Mitgliedstaaten vorliegt. So könnte für die Mangold-Entscheidung sprechen, dass sie, was das Altersdiskriminierungsverbot betrifft, in eine bereits im Gang befindliche Rechtsentwicklung eingebettet ist, die in die Verbindlichkeit des Art. 21 der Grundrechtecharta einmündet. Auch könnte von Bedeutung sein, dass von der Ermächtigung des Art. 13 EGV Gebrauch gemacht worden war, so dass der Wille der Mitgliedstaaten artikuliert war und die vorgenommene Verhältnismäßigkeitsprüfung unabhängig von den Umsetzungsfristen vorgenommen werden konnte. Jedes dieser Argumente ist indes ambivalent, ja geradezu umkehrbar. Ob vor diesem Hintergrund eine eklatante Kompetenzverletzung konstatiert werden wird, bleibt abzuwarten. Offensichtlich ist nur, dass nicht offensichtlich ist, dass es an der Offensichtlichkeit mangelt, also: der Fall ist nicht einfach.

Für die so genannte Identitätskontrolle gilt das Gesagte entsprechend. Worum handelt es sich? Die Identitätskontrolle ergibt sich zwangsläufig aus der Unverfügbarkeit der in Art. 79 Abs. 3 GG genannten Verfassungsgrundsätze. Die verfassungsrechtlich unbedenkliche Zustimmung zu den europäischen Verträgen steht unter dem Vorbehalt, dass bei deren Realisierung diese Verfassungsgrundsätze nicht berührt werden. Es ist Sache der auf europäischer Ebene agierenden deutschen Stellen und gehört in einem weiteren Sinn zu ihrer Integrationsverantwortung, auf diesen Vorbehalt, sobald in konkretem Zusammenhang erforderlich, hinzuweisen; Sache der europäischen Organe ist es, darauf Rücksicht zu nehmen.[13] Gemäß Art. 4 Abs. 2 EUV achtet die Union die jeweilige nationale Identität der Mitgliedstaaten, womit der von den Mitgliedstaaten gewünschte Gleichklang von Verfassungs- und Unionsrecht auch seinen Niederschlag in den Verträgen gefunden hat. Verstöße werden kaum vorkommen, sind aber durchaus im Bereich des Möglichen. So hat der Erste Senat im Urteil zur Vorratsdatenspeicherung mit Blick auf die Addition von Datenspeicherungen darauf hingewiesen, es gehöre zur verfassungsrechtlichen Identität der Bundesrepublik Deutschland, dass die Freiheitswahrnehmung der Bürger nicht total erfasst und registriert werden darf.[14] Auch können etwa unionsrechtliche Vorgaben für Strafrechtsnormen nicht ausgeschlossen werden, die das Schuldprinzip ausblenden.

Zum Schluss möchte ich auf das zurückkommen, was ich meinen Thesen vorangestellt habe. Wir reden über Exzeptionalitäten, und wir sollten die diskutierten Kontrollansätze des BVerfG richtig einordnen, nämlich als Notfallmechanismen. Ich sehe den Schlüsselbegriff der Lissabon-Entscheidung in der Integrationsverantwortung. Mit diesem Begriff sollen die verfassungsrechtlichen Grundlagen für ein demokratisch verankertes Zusammenwirken auf europäischer Ebene plastisch werden. Je aufmerksamer diese Verantwortung wahrgenommen wird, desto weniger kommen Grenzüberschreitungen überhaupt in Betracht. Im Lauf der Zeit wird – ich bin da zuversichtlich – das Ziel guter Rechtsprechung erreicht, nämlich sich selbst überflüssig gemacht zu haben.

---

1 BVerfG, Beschluss der 2. Kammer des Zweiten Senats vom 4.2.2010 – 2 BvR 2307/06 –.
2 Zum Ganzen BVerfGE 111, 307 ff.
3 Vgl. *Polakiewicz*, EuGRZ 2010, S. 11 ff.
4 2 BvR 2661/06.

5 Urteil vom 22.11.2005, Rs. C-144/04, Slg. 2005, S. I-9981.
6 Exemplarisch *Tizzano*, EuGRZ 2010, S. 1 (4 ff.).
7 Vgl. zusammenfassend – auch zum Anwendungsvorrang des Unionsrechts – BVerfGE 123, 267 (396 ff.).
8 BVerfGE 118, 79 (95 ff.).
9 Zum Ganzen BVerfGE 123, 267 (347 ff., 381 ff.).
10 BVerfGE 123, 267 (353 f., 399 f.).
11 BVerfG, Urteil des Ersten Senats vom 2.3.2010 – 1 BvR 256/08 u. a. –, EuGRZ 2010, S. 85 (98 f.)
12 Vgl. EuGH, Urteil vom 30.9.2003, Rs. C-224/01, Slg. 2003, S. I-10239 – Köbler; EuGH, Urteil vom 13.6.2006, Rs. C-173/03, Slg. 2006, S. I-5177 – Traghetti.
13 Vgl. bereits BVerfGE 89, 155 (202).
14 A. a. O. S. 103.

Bericht über den Arbeitskreis 1

von Richter am VGH Prof. Dr. *Jan Bergmann*, Mannheim

Vor vollem Hause diskutierten der in Berlin geborene britische Richter am Europäischen Gerichtshof *Sir Konrad Schiemann* und Bundesverfassungsrichter *Dr. Michael Gerhardt* vor allem über die hochstreitige Frage des Zusammenspiels der nationalen und europäischen obersten Gerichte im europäischen Mehrebenensystem. Unter kundiger Moderation des Frankfurter Professors *Stefan Kadelbach* wurde deutlich, dass zwar durchaus dogmatische Gegenpositionen bestehen, im konkreten Einzelfall hingegen pragmatische Harmonie praktiziert wird.

Sir Konrad kritisierte zunächst die Vorstellung des „Dreiecks" aus Karlsruhe (Bundesverfassungsgericht), Luxemburg (Gerichtshof der Europäischen Union) und Straßburg (Europäischer Gerichtshof für Menschenrechte) als typisch deutsch. Aus Sicht des EuGH-Richters existiere kein Dreieck, sondern vielmehr ein Vieleck mit derzeit immerhin 27 nationalen obersten Gerichten. Gegenüber dem EGMR in Straßburg sei es vergleichsweise leicht, immer höflich zu sein. Anders sei dies gegenüber den nationalen Verfassungsgerichten. Das sei wie mit 27 Freundinnen; stelle man eine zufrieden, seien die anderen unzufrieden. Aus Sicht des EuGH gebe es deshalb eine klare Arbeitsteilung: Die nationalen Verfassungsgerichte seien für alles nationale Recht zuständig, der EuGH hingegen für alles Recht der EU. Hier stehe Luxemburg „das letzte Wort" zu, d. h. nur Luxemburg habe insoweit das Verwerfungsmonopol. Dabei gehe es auch nicht um ein „Subordinationsverhältnis". Gefragt sei vielmehr die echte Kooperation der Gerichte, die primär mithilfe des Vorabentscheidungsverfahrens gelebt werde. Natürlich könne es „ultra-vires"-Fälle geben und im Übrigen auch „schlechte Urteile". Deshalb sei Kritik mitunter durchaus hilfreich, damit man in Luxemburg wisse, wo in den Mitgliedstaaten der Schuh drückt. Wenn aber nationale Verfassungsgerichte anfangen würden, die Gültigkeit von EU-Recht zu beurteilen, führe dies im Europa der 27 zu ganz erheblicher Rechtsunsicherheit. EU-Recht dürfe nicht 27 Mal auf den Prüfstand gestellt werden. Hinsichtlich des Karlsruher Lissabon-Urteils könne man deshalb vielleicht anmerken: „Not guilty – but don't do it again".

Arbeitskreis 1 (Bericht)

Bundesverfassungsrichter *Gerhardt* stellte dem die Karlsruher Position entgegen, wonach die Mitgliedstaaten „Herren der Verträge" sind und bleiben und deshalb auch die mitgliedstaatlichen Verfassungsgerichte nach dem Demokratieprinzip notwendig Kontrolle ausüben müssten über die Frage, ob die EU – und damit eben auch der EuGH – die Kompetenzgrenzen einhalte. Anderenfalls hätte der EuGH die „Kompetenz-Kompetenz", d. h. die Befugnis, sich selbst Kompetenzen zuzusprechen. Und eine solche Befugnis komme nicht einmal der EU selbst zu. Allerdings sei diese Karlsruher Kontrolle im Sinne eines Notfallmechanismus wohl auf „offensichtliche" Extremfälle begrenzt, die derzeit kaum ersichtlich seien. Auch bei dem in Karlsruhe anhängigen und in der Fachöffentlichkeit breit diskutierten Altersdiskriminierungs-Fall Honeywell sei möglicherweise „offensichtlich, dass es an Offensichtlichkeit mangelt". Vielleicht könne hier berücksichtigt werden, dass der EuGH im Referenzfall Mangold zu einem Zeitpunkt geurteilt habe, als das Verbot der Altersdiskriminierung von den Mitgliedstaaten schon in einer Richtlinie und der Grundrechtecharta postuliert worden war. Für jedweden „Alarmismus" gebe es jedenfalls keinen Anlass. Das grundsätzliche Monopol des EuGH für die Verwerfung von EU-Recht werde auch in Karlsruhe respektiert. Wenn dies im Einzelfall erforderlich sei, werde auch das BVerfG Europarechtsfragen in Luxemburg vorlegen. Dies sei aber unabhängig davon, dass vor allem Art. 79 Abs. 3 GG Karlsruhe dazu zwinge, im Einzelfall die ultra-vires- und Identitätskontrolle offenzuhalten.

Die dogmatischen Gegenpositionen hinsichtlich der Frage des „letzten Wortes" konnten in der Diskussion nicht harmonisiert werden. Allerdings bestand Einigkeit darüber, dass man eigentlich „zu 95 %" einig sei. Da bei allen Gerichten die Vernunft vorherrsche, werde „der Riesenkrach" sicher vermieden; zu einem „Krieg der Richter" werde es nicht kommen. Sir Konrad ergänzte mit der Feststellung, dass es ohnehin manchmal gut sei, ungelöste Probleme zu haben und ungelöst zu lassen. Die Frage der Kompetenz des letzten Wortes lasse man ja auch mit seinem Ehegatten lieber ungeklärt; schließlich wolle man weiterhin friedlich zusammenleben. Interessant werde im Übrigen in Zukunft das Zusammenspiel mit dem EGMR nach einem Beitritt der EU zur EMRK, der derzeit vor allem Fragen institutioneller Art aufwerfe. Bislang ungeklärt sei schließlich das Verhältnis der Grundrechtecharta zu der EMRK und den EU-Grundrechten in Form der allgemeinen Rechtsgrundsätze. Der Vertrag von Lissabon sorge mithin im Europäischen Verfassungsgerichtsverbund für spannende Diskussionen. Mit der gegenseitigen Bestätigung von ganz überwiegender Einigkeit wurde auch der Arbeitskreis 1 in pragmatischer Harmonie geschlossen.

SCHAFFLAND · WILTFANG

Bundesdatenschutz-gesetz (BDSG)

Ergänzbarer Kommentar nebst einschlägigen Rechtsvorschriften

Von **Dr. iur. Hans-Jürgen Schaffland**, Rechts-anwalt und Justitiar des Deutschen Genossen-schafts- und Raiffeisenverbandes e. V. i. R., und **Dipl.-Kfm. Noeme Wiltfang**, Abteilungs-leiter Datenverarbeitung im Deutschen Genos-senschafts- und Raiffeisenverband e. V. i. R.

Loseblattwerk, 2.282 Seiten,
ISBN 978 3 503 01518 4
Onlinedatenbank, ISBN 978 3 503 12422 0

Demnächst auch als Datenbank unter
www.BDSGdigital.de

„*Es handelt sich in jeder Hinsicht um einen ‚großen Kommentar'.*"

juralit, Juli/2009

Mehr Informationen unter www.ESV.info/978 3 503 01518 4

Bestellungen bitte an den Buchhandel oder direkt an:
Erich Schmidt Verlag GmbH & Co. KG
Genthiner Straße 30 G · 10785 Berlin
Tel.: (030) 25 00 85 - 229
Fax: (030) 25 00 85 - 275
www.ESV.info · ESV@ESVmedien.de

ESV

ERICH SCHMIDT VERLAG

ARBEITSKREIS 2

Anwendungsprobleme, Defizite und Reformbedarf der Baunutzungsverordnung

Referenten: Rechtsanwalt und Fachanwalt für Verwaltungsrecht
Prof. Dr. Christian Kirchberg, Karlsruhe, und
Vorsitzender Richter am VGH *Helmut König*, München

Thesen des Referats

I. Bedeutung der BauNVO, Gesetzgebungsgeschichte, Reformansätze

1. Von den auf dem BauGB beruhenden Verordnungen hat die BauNVO für die städtebauliche Praxis mit Abstand die größte Bedeutung. Die BauNVO gibt den Gemeinden das rechtliche Instrumentarium vor
   - für eine Darstellung der für eine Bebauung vorgesehenen Flächen im Flächennutzungsplan nach der allgemeinen oder besonderen Nutzungsart (Bauflächen oder Baugebiete) sowie nach dem allgemeinen Nutzungsmaß und
   - für Festsetzungen im Bebauungsplan zur Nutzungsart durch die Ausweisung von Baugebieten, zum Nutzungsmaß, zur überbaubaren Grundstücksfläche und zur Bauweise.
2. Die BauNVO ist am 1. August 1962 in Kraft getreten (= BauNVO 1962) und seitdem nur sechsmal – zuletzt vor 17 Jahren – geändert worden. Die drei umfangreichen Änderungen, die zu Neubekanntmachungen geführt haben (BauNVO 1968, BauNVO 1977, BauNVO 1990), reagierten zwar jeweils auch auf neue städtebauliche Probleme; das Grundkonzept der Verordnung blieb aber unverändert.
3. Die BauNVO war seit der letzten Novelle mehrmals Gegenstand von Reformüberlegungen. Der Gesetzentwurf für das BauROG vom September 1996 sah eine vor allem dem Ziel der Nutzungsmischung verpflichtete punktuelle Änderung vor; vom Bundestag beschlossen wurde jedoch nur ein Auftrag an die Bundesregierung für eine Überprüfung der BauNVO im Hinblick auf eine umfassende Neuregelung. Die hierzu im November 1999 fertiggestellte „Praxisuntersuchung und Expertise" stellt den damaligen Meinungsstand umfassend dar; ein aktueller Novellierungsbedarf wurde aber vor allem wegen des Fehlens eines konsensfähigen Leitbildes und im Hinblick auf das Problem der Schichtenbebauungspläne verneint. Auch ein im April 2002 erstellter Bericht einer Arbeitsgruppe zum Strukturwandel im Lebensmitteleinzelhandel enthält keine Änderungsvorschläge, sondern nur eine Empfehlung für die Anwendung von § 11 Abs. 3 BauNVO. Nachdem der Gesetzgeber durch Änderungen des BauGB auf aktuelle städtebauliche Probleme (Innenentwicklung, Schutz zentraler Versorgungsbereiche) reagiert hat, wird in jüngster Zeit auch wieder erörtert, ob das Instrumentarium der BauNVO für die Lösung dieser Fragen ausreicht. Der Koalitionsvertrag der schwarz-gelben Bundesregierung sieht eine umfassende Prüfung der BauNVO vor.

II. Grundsätzliche und strukturelle Defizite der BauNVO – aus anwaltlicher Sicht

1. „Verfassungsrecht vergeht, Verwaltungsrecht besteht". Dieses – nur aus seinem zeitgeschichtlichen Kontext verständliche – Diktum OTTO MAYERS, des Vaters des deutschen Verwaltungsrechts, lässt sich getrost auch auf das heutige Verhältnis von formalem Gesetzesrecht und nachgeordnetem Verordnungs- und Erlassrecht übertragen. Die BauNVO ist dafür ein gutes Beispiel. Während die gesetzliche Grundlage dieser Verordnung, das BauGB, seit der letzten Novellierung der BauNVO im Jahre 1990 immerhin acht zum Teil weitreichende Änderungen erfahren hat, ragt die 90er Fassung der BauNVO quasi erratisch wie ein Relikt aus früheren (Über-)Regulierungszeiten nach wie vor in die städtebauliche Szenerie unserer Tage hinein. Selbst der zaghafte Versuch des Gesetzgebers des Investitionserleichterungs- und Wohnbaulandgesetzes von 1993, die Vorschriften der BauNVO über die Überschreitung der festgesetzten Geschossfläche durch Dachgeschossausbau und über die Zulässigkeit von Vergnügungsstätten auch auf Altpläne zu erstrecken, ist am Veto des Bundesverwaltungsgerichts gescheitert.
2. Die Unerschütterlichkeit der BauNVO 1990 hängt nicht damit zusammen, dass mit ihr der große Wurf gelungen oder etwa sogar Neuland betreten worden ist. Im Gegenteil: Die Novelle 90 knüpft unmittelbar an das bisherige System der gesetzlichen Regulierung und Idealtypisierung der Bauleitplanung an, trägt dem seinerzeit zutage getretenen Reformbedarf also nur systemimmanent Rechnung, hat zwar da und dort die Fesseln etwas gelockert, an anderer Stelle dafür aber auch wieder angezogen. Die Begriffshuberei der Gebietsabgrenzungen und Gebiets-(un-)verträglichkeiten, das undurchdringliche Geflecht oder gar Labyrinth der städtebaulichen Feinsteuerung nach § 1 Abs. 4–10 BauNVO und der Maßvorschriften nach den §§ 16–21a BauNVO, das gegenläufige Spiel von Verkaufs- und Geschossflächen, von Regel, Ausnahme und Gegenausnahme im Rahmen des § 11 Abs. 3 BauNVO (großflächiger Einzelhandel) und etwa die nicht absehbare Tragweite der „Weichmacher"- bzw. Einzelfallvorschrift des § 15 BauNVO – all das ist immer noch Ausdruck der städtebaulichen Überregulierung der 60er und 70er Jahre, die nach wie vor für die BauNVO charakteristisch ist.
3. Da es sich bei dem Ganzen um Bundesrecht handelt, blieb und bleibt es nicht aus, dass auch und gerade das BVerwG seinen Beitrag zur Versteinerung dieses Systems geleistet hat und leistet. Die BauNVO ist damit im Sinne von NIKLAS LUHMANN zu einem „selbstreferentiellen System" geworden, das sich selbst genügt und Einflüssen von außen, wenn überhaupt, nur zugänglich ist, wenn dadurch seine innere Ordnung nicht gefährdet wird.

III. Aus richterlicher Sicht offenbar gewordener Änderungsbedarf der BauNVO (bzw. des BauGB)
1. Ausdehnung der Ermächtigung des § 9 Abs. 2a BauGB auf andere Schutzzwecke und/oder Einführung einer Ermächtigung, in den im Zusammenhang bebauten Ortsteilen bestimmte Anlagen an einzelnen Standorten mit Ausschlusswirkung für das übrige Gebiet zuzulassen;
2. Einführung einer Ermächtigung zur Festsetzung von hinsichtlich der Schutzwürdigkeit gegenüber Immissionen „eingeschränkten" Wohngebieten spiegelbildlich zum „eingeschränkten" Gewerbegebiet;
3. Einführung eines landwirtschaftlich geprägten besonderen Wohngebiets für bebaute Gebiete, in denen zwar noch landwirtschaftliche Betriebe vorhanden sind, aber nicht mehr die ein Dorfgebiet kennzeichnende Nutzungsstruktur;
4. Normierung der von der Rechtsprechung entwickelten allgemeinen Zulässigkeitsvoraussetzung der „Gebietsverträglichkeit" in § 15 Abs. 1 BauNVO;
5. Überarbeitung der Vorschriften zum Nutzungsmaß, insbesondere der sachlich gerechtfertigten, aber zu komplizierten Anrechnungsvorschrift des § 19 Abs. 4 BauNVO sowie von § 21a BauNVO;
6. Einführung von Mindestgrenzen beim Nutzungsmaß;
7. Vereinfachung der Regelungen über Abweichungen beim Nutzungsmaß und bei der überbaubaren Grundstücksfläche (Nebeneinander der Befugnisse zur Zulassung von Ausnahmen [§ 31 Abs. 1 BauGB] und von anderen Abweichungen [§ 18 Abs. 2, § 23 Abs. 2 Satz 3, Abs. 5 BauNVO]);
8. Verzicht auf Bezugnahmen auf bauordnungsrechtliche Vorschriften (§ 20 Abs. 1, Abs. 4, § 23 Abs. 5 BauNVO);
9. Klarstellung, welche speziellen Nutzungsarten (§ 1 Abs. 5 BauNVO) in den Baugebietskatalogen im Sinne einer abschließenden Regelung aufgeführt sind;
10. Einführung einer Ermächtigung, eine die Grundzüge der Planung nicht berührende Änderung des Bebauungsplans auf der Grundlage der beim Erlass des Bebauungsplans maßgeblichen Fassung der BauNVO durchzuführen.

IV. Strategien für eine Novellierung der BauNVO

Je nachdem, wie man den Novellierungsbedarf – zwischen grundsätzlicher Infragestellung des bisherigen Systems der BauNVO einerseits und systemkonformer Fortentwicklung andererseits – einschätzt, bieten sich folgende Strategien für eine Novellierung der BauNVO an:
1. Eine radikale Vereinfachung der BauNVO, ggf. sogar ihre vollständige Streichung unter gleichzeitiger Ergänzung des Baugesetzbuches um solche Bestimmungen, die der gemeindlichen Planungshoheit zusätzliche Orientierungshilfen bieten, ohne sie, wie bisher, auf das Prokrustes-Bett der Baugebiets- und Maßtypologie der geltenden BauNVO zu spannen.

2. Eine grundlegende Überarbeitung der geltenden BauNVO unter Berücksichtigung der aktuellen Herausforderungen und Tendenzen der modernen Städtebaupolitik und des inzwischen zutage getretenen Reformbedarfs, verbunden mit einer sich an das Planungsschadensrecht des BauGB anlehnenden Geltungserstreckung auch auf ältere Bebauungspläne.
3. Eine Novellierung der BauNVO nach Art und Inhalt wie zuletzt 1990 sowie unter Berücksichtigung der zwischenzeitlichen Entwicklung bei gleichzeitiger Inkaufnahme der Problematik der sog. Schichtenbebauungspläne, ggf. abgeschwächt durch die Einführung gemeindlicher (Erst-)Planungspflichten.

Aus der Sicht eines Richters, der seine Erfahrungen mit der BauNVO vor allem in Normenkontrollverfahren gewinnt und der aus dieser Perspektive die „Komplexität reduzierende" Funktion von die Vorschriften des BauGB ausgestaltenden, bindenden Vorgaben für die Bauleitplanung für sinnvoll hält, erscheint allein die zuletzt genannte Alternative sachgerecht. Dem wird hier die Sicht eines Anwalts entgegengehalten, der Gemeinden auch bei der Aufstellung von Bebauungsplänen berät und der dafür hält, dass bei der ins Auge gefassten Überarbeitung der BauNVO einmal mit den viel beschworenen Prinzipien der Deregulierung und Dezentralisierung sowie der Selbständigkeit und Verantwortlichkeit der Gemeinden ernst gemacht werden sollte.

Referat

I. Ein Blick zurück auf fast 50 Jahre Baunutzungsverordnung

1. Die Entstehungsgeschichte der BauNVO

Die ursprüngliche Fassung der Baunutzungsverordnung[1], mit der die heute geltende Fassung[2] im Aufbau vollständig und inhaltlich noch in wesentlichen Teilen übereinstimmt, trat am 1. August 1962 in Kraft. Das am 29. Juni 1960 im Bundesgesetzblatt verkündete Bundesbaugesetz war damals bereits rund eineinhalb Jahre bzw. etwa ein Jahr in Kraft.[3] Der städtebauliche Geist, von dem diese rund fünfzig Jahre zurückliegende Anfangszeit des Bauplanungsrechts der Bundesrepublik Deutschland bestimmt war, lässt sich sicher nicht mit einem Schlagwort erfassen.[4] Ein wichtiges Leitbild war damals jedoch das Konzept der „gegliederten und aufgelockerten Stadt", das in einer im Jahr 1957 erschienenen programmatischen Schrift[5] entwickelt worden war. Es liegt nahe, dass vor allem das ausdifferenzierte Baugebietssystem der BauNVO von diesem, auch in den Materialien zur ursprünglichen Fassung der Verordnung[6] erwähnten Leitbild beeinflusst wurde.

Die erste Verordnung zur Änderung der BauNVO[7] trat am 1. Januar 1969 in Kraft. Wichtige Änderungen waren
– jeweils noch auf einzelne Baugebiete beschränkte Ermächtigungen zur Gliederung nach der Art der zulässigen Nutzung und zur geschossweisen Gliederung,
– eine Öffnung des Kerngebiets für Wohnungen,

- die erste Sonderregelung für den großflächigen Einzelhandel (noch beschränkt auf der übergemeindlichen Versorgung dienende Einkaufszentren und Verbrauchermärkte) und
- eine teilweise deutliche Heraufsetzung der Höchstwerte für das zulässige Nutzungsmaß, um eine stärkere Verdichtung der Baugebiete zu ermöglichen.

Die am 1. Oktober 1977 in Kraft getretene zweite Änderungsverordnung vom 15. September 1977[8] brachte u. a. folgende Neuerungen:
- zusätzliche Variationsmöglichkeiten bei der Baugebietsfestsetzung,
- die Einführung des besonderen Wohngebiets als neuen Baugebietstyp, um einer Verdrängung der Wohnnutzung aus den Innenstädten und Innenstadtrandbereichen entgegenwirken zu können,
- die Ausdehnung der Sonderregelung für den großflächigen Einzelhandel auf alle Vorhaben, die nicht nur unwesentliche Auswirkungen auf die Verwirklichung der Ziele der Raumordnung und Landesplanung oder auf die städtebauliche Entwicklung und Ordnung haben können,
- die Ergänzung des § 11 Abs. 3[9] um die sogenannte Vermutungsregelung des Satzes 3 (zunächst mit dem Maß von 1.500 m² Geschossfläche) und
- die Einführung der Höhe der baulichen Anlagen als weiteres Kriterium für die Regelung des Maßes der baulichen Nutzung.

Die am 1. Januar 1987 in Kraft getretene dritte Änderungsverordnung[10] enthielt nur zwei Änderungen der Vermutungsregelung des § 11 Abs. 3 Satz 3: Eine Herabsetzung des Regelmaßes von 1.500 m² auf 1.200 m² Geschossfläche und – als neuen Satz 4 – eine Regelung der Voraussetzungen, unter denen die Vermutung gemäß Satz 3 widerlegt wird.

Im Anschluss an das Baugesetzbuch erfolgte mit der am 27. Januar 1990 in Kraft getretenen vierten Änderungsverordnung[11] die bis heute letzte umfangreichere Änderung der BauNVO. Der dominierende städtebauliche Leitgedanke war (auch) damals die Stärkung der Innenentwicklung. Wichtige Änderungen waren:
- Die Verbesserung der Planungsmöglichkeiten in bebauten Bereichen durch die Einführung des § 1 Abs. 10;
- eine Neufassung der Zweckbestimmung des Dorfgebiets, um dessen Funktion als Standort für landwirtschaftliche Betriebe zu sichern und das Gebiet gleichzeitig für das Wohnen, das Handwerk und das Gewerbe zu öffnen;
- die Verschärfung der Vorschriften über die Zulässigkeit von Vergnügungsstätten und Erleichterungen für die Zulässigkeit von Sportanlagen;
- Anrechnung von Garagen, Stellplätzen und Nebenanlagen auf die zulässige Grundfläche – in Umkehrung der bis dahin geltenden Regelung – als Beitrag zur Verringerung der Bodenversiegelung;
- Erleichterungen für den Dachgeschossausbau als Reaktion auf den damals von der Politik konstatierten Wohnungsmangel.

Es folgten noch die Einfügung des § 26a durch den Einigungsvertrag und die Aufhebung der auf der 4. Änderungsverordnung beruhenden Vorschriften des § 25c Abs. 2

und 3 durch das am 1. Mai 1993 in Kraft getretene Investitionserleichterungs- und Wohnbaulandgesetz.[12] Letztere muss in einem kurzen Rückblick auf die Geschichte der BauNVO erwähnt werden, weil der Verordnungsgeber mit diesen Vorschriften (wohl) die Grenzen der Ermächtigungsgrundlage (damals: § 2 Abs. 5 Nr. 1 Buchstabe b BauGB 1987) überschritten hatte. § 25c Abs. 2 hatte den Bauaufsichtsbehörden die Befugnis gegeben, bei Vorhaben im Geltungsbereich von nicht unter der Geltung der BauNVO 1990 erlassenen Bebauungsplänen eine Überschreitung der zulässigen Geschossfläche durch einen Dachgeschossausbau zuzulassen. Mit § 25c Abs. 3 Satz 1 wollte man die Verschärfung der Vorschriften über die Zulässigkeit von Vergnügungsstätten auch in Baugebieten zur Anwendung bringen, die aufgrund früherer Fassungen der Baunutzungsverordnung ausgewiesen worden waren. § 25c Abs. 3 Satz 2 hatte mit der Ermächtigung, die Zulässigkeit von Vergnügungsstätten im Innenbereich durch einen „Negativbebauungsplan" einzuschränken oder auszuschließen, ein Instrument zum Gegenstand gehabt, das – in anderem Zusammenhang – heute wieder im Gespräch ist.[13, 14]

Als Ergebnis dieses Rückblicks ist festzuhalten: In den ersten drei Jahrzehnten der knapp fünfzigjährigen Geschichte der BauNVO sind – jeweils auch als Reaktion auf aktuelle städtebauliche Fragen – im Wesentlichen in drei Novellen nicht unerhebliche Änderungen der BauNVO erfolgt. Das Grundgerüst der Verordnung wurde hiervon aber nicht berührt. Seit rund zwei Jahrzehnten gilt die Verordnung praktisch unverändert. So viel Kontinuität ist ebenso beeindruckend wie ungewöhnlich; in Zeiten, in denen der Gesetzgeber immer kurzfristiger reagiert, hat sie fast schon etwas Irritierendes. Zum Vergleich: Bis dato ist das Baugesetzbuch seit seinem Inkrafttreten am 1. Juli 1987 mehr als dreißig Mal geändert worden.

2. Änderungsüberlegungen der beiden letzten Jahrzehnte

Wer sich mit einer Novellierung der BauNVO befasst, betritt gut untersuchtes Terrain. Als Material liegen (u. a.) ein steckengebliebener Gesetzentwurf, mehrere auch auf Erhebungen in der Praxis beruhende Untersuchungen sowie zahlreiche Aufsätze in Fachzeitschriften vor.

Der Gesetzentwurf der Bundesregierung für das Bau- und Raumordnungsgesetz vom 6. September 1996[15, 16] sah in seinem Artikel 3 die Änderung einiger Vorschriften der Baunutzungsverordnung vor; u. a. sollte bzw. sollten
– entsprechend den Leitbildern der „Nutzungsmischung" und der „Stadt der kurzen Wege" im Kerngebiet Wohnungen grundsätzlich zugelassen werden;
– die Alternative 2 des § 15 Abs. 1 Satz 2 („oder wenn sie solchen Belästigungen oder Störungen ausgesetzt werden") gestrichen werden;[17]
– die Obergrenzen des § 17 für die Festsetzung des Nutzungsmaßes in Orientierungswerte umgewandelt werden.

Die vorgeschlagenen Änderungen wurden vom Bundesrat abgelehnt, u. a. deswegen, weil sie nicht gewichtig genug seien, um mit einer weiteren Änderung der BauNVO –

in den neuen Ländern erstmals – eine weitere „Generation" von Bebauungsplänen entstehen zu lassen und das Problem der „Schichtenbebauungspläne" zu verschärfen bzw. zu schaffen.[18, 19] Vom Bundestag beschlossen wurde ein Auftrag an die Bundesregierung für eine Überprüfung der BauNVO im Hinblick auf eine umfassende neue Regelung.[20] Die hierzu von der *Forschungsgruppe Stadt+Dorf, Prof. Dr. Rudolf Schäfer GmbH* im November 1999 fertig gestellte „Praxisuntersuchung und Expertise"[21]
- stellt den damaligen Meinungsstand in der Literatur enzyklopädisch dar,
- wertet die Ergebnisse von in zwölf Städten unterschiedlicher Größe durchgeführten „Fallstudien" sowie von „Expertenrunden" aus,
- konstatiert als Ergebnis dieser Untersuchungen „ein erhebliches Spektrum an kleinteiligen Novellierungspotentialen",
- verneint aber einen aktuellen Novellierungsbedarf vor allem wegen des Fehlens eines konsensfähigen Leitbildes und im Hinblick auf das Problem der Schichtenbebauungspläne.

Diese Novellierungsüberlegungen wurden erneut von zahlreichen Beiträgen in Fachzeitschriften begleitet.[22] *Fickert* und *Fieseler* sprachen sich entschieden dagegen aus, der BauNVO „ein neues Leitbild der Nutzungsmischung zu verordnen",[23] nachdem sie schon einige Jahre vorher mahnend den Finger gehoben hatten.[24] *Bunzel* und *Löhr* kamen zwar gleichfalls zu dem Ergebnis, dass sich die BauNVO bewährt habe. Obwohl sich die Verordnung im Laufe der Zeit „zu einem flexiblen und für die klassischen Aufgaben der Stadtentwicklung sehr brauchbaren Instrument entwickelt (habe)", hielten diese Autoren eine Novellierung aber nicht für entbehrlich.[25] Deren Aufgabe sahen sie allerdings weniger in punktuellen Verbesserungen als in einer generellen Überprüfung der Kriterien für die Abgrenzung der verschiedenen Nutzungen anhand der „städtebaulichen Wirklichkeit" und in einer Klärung des Verhältnisses des Städtebaurechts zum Immissionsschutzrecht.[26]

Eine vom Bundesministerium für Verkehr, Bau- und Wohnungswesen in Abstimmung mit der Bauministerkonferenz, den kommunalen Spitzenverbänden und den Spitzenverbänden des Einzelhandels eingerichtete Arbeitsgruppe zum Strukturwandel im Lebensmitteleinzelhandel kam (mehrheitlich) zu dem Ergebnis, dass eine Änderung von § 11 Abs. 3 nicht erforderlich sei. Dementsprechend enthält der Bericht der Arbeitsgruppe vom April 2002 nur eine Empfehlung für die Anwendung dieser Vorschrift.[27]

In der gegenwärtigen Diskussion wird die Erforderlichkeit einer Änderung der Verordnung vor allem im Hinblick auf ihre Eignung für eine Lösung von städtebaulichen Fragen erörtert, die mit den (erneut) aktuellen Leitbildern der „Innenentwicklung" und „Nutzungsmischung" zusammenhängen. *Mitschang* hat sich eingehend mit der „Bedeutung der Baunutzungsverordnung für die Innenentwicklung der Städte" befasst.[28] Die aktuellste Ausarbeitung zum Reformbedarf der BauNVO ist derzeit eine Veröffentlichung des Deutschen Instituts für Urbanistik GmbH, welche die Ergebnisse einer Umfrage des Deutschen Instituts für Urbanistik und des Deutschen Städtetages bei den Mitgliedern des Letzteren zum Thema „Novellierungsbedarf bei der BauNVO" zusammenfasst.[29] Die Teilnehmer wurden u. a. danach gefragt, ob sie mit der Aussage „Das Instrumentarium der BauNVO reicht grundsätzlich zur Bewältigung der anstehenden städtebaulichen Aufgaben aus." konform gehen. Diese Bewertung haben 137 der insgesamt 158 Städte, die sich an der Umfrage beteiligt hatten, „überwiegend" und 19 Städte „in vollem Umfang" für zutreffend gehalten.[30, 31]

3. Fazit

Zusammenfassend lässt sich feststellen: Die Frage eines Novellierungsbedarfs bei der BauNVO ist durch Arbeitsgruppen und Erhebungen gut untersucht. Ein gewisser Änderungsbedarf der Verordnung wird allseits konstatiert; den großen Schritt einer umfassenden Novellierung halten bislang aber nur wenige für erforderlich. Der Koalitionsvertrag der schwarz-gelben Bundesregierung[32] hält sich bedeckt; er sieht eine umfassende Prüfung der Baunutzungsverordnung vor.

II. Grundsätzliche und strukturelle Defizite der BauNVO – aus anwaltlicher Sicht

1. Prüfungsankündigungen vs. Beharrungskräfte

Prüfungsankündigungen gibt es nach jeder Wahl und vor allem auch in jeder Koalitionsvereinbarung. Auch ihre Massierung und Intensivierung nach dem Mehrheitswechsel, wie er bei der letzten Bundestagswahl erfolgte, ist eigentlich politische Normalität. Allerdings haben, wie *Leisner* unlängst konstatiert hat,[33] Umfang und Dichte der Prüfungsankündigungen und Änderungsabsichten im aktuellen Koalitionsvertrag der schwarz-gelben Regierungsmehrheit in einem solchen Maße zugenommen, dass eine „rechtliche Prüfung der Prüfungsabsichten" geboten erscheint. Um das Ergebnis vorweg zu nehmen: auch diese Koalitionsvereinbarung und die darin enthaltenen Prüfungsprogramme entfalten weder vertragliche Rechtswirkungen noch können aus ihnen vorgezogene Orientierungselemente für die Gesetzgebung oder Verwaltungs- bzw. Gerichtspraxis abgeleitet werden. Die entsprechenden Wunschvorstellungen, die den reformatorischen Eifer der neuen Regierung belegen sollen, verpflichten also grundsätzlich zu nichts und legitimieren insbesondere auch die – nach erfolgter Prüfung – getroffene Entscheidung, alles beim Alten zu belassen.

Daraus folgt: die Novellierung der BauNVO steht aktuell noch nicht auf der Agenda des Verordnungsgebers. Außerdem ist nicht ausgeschlossen, dass die im Koalitionsvertrag vereinbarte *„umfassende Prüfung"* der BauNVO in gleicher Weise verpufft wie bereits die Bundestagsinitiative von 1997. Denn die seinerzeit, d. h. im Rahmen der Beratungen des BauROG, von der Bundesregierung vorgesehenen Modifizierungen der BauNVO führten zwar zu der vom Bundestag formell an die Bundesregierung gerichteten Bitte ... *„die Baunutzungsverordnung im Hinblick auf eine umfassende Neuregelung zu überprüfen"*[34] – beides im Ergebnis jedoch nur dazu, dass überhaupt nichts geändert wurde.

Damit wird tatsächlich einmal mehr der berühmte Satz *Otto Mayers*, „Verfassungsrecht vergeht, Verwaltungsrecht besteht"[35] in der Weise bestätigt, dass auch fast hundert Jahre nach diesem Diktum des Vaters des deutschen Verwaltungsrechts das Verordnungs- und Erlassrecht immer noch eine größere Beständigkeit aufweist als das formale Gesetzesrecht oder gar das Verfassungsrecht. Die BauNVO ist in ihrer seit 1990 im Wesentlichen unveränderten Fassung hierfür nicht einmal ein besonders markantes Beispiel. Die TA Lärm 1968[36] etwa, sogar nur eine Verwaltungsvorschrift, hat 30 Jahre lang äußerlich unverändert den Maßstab für Genehmigungen, wesentliche Änderungen und nachträgliche Anordnungen bei genehmigungsbedürftigen Anlagen dargestellt,[37] während das Grundgesetz in dieser Zeit 27 mal geändert wurde – was die Gegenposition von *Fritz Werner*: „Verwaltungsrecht ist konkretisiertes Verfassungsrecht"[38] auch nicht unbedingt überzeugender macht.

Die BauNVO 1990 hat immerhin acht, zum Teil weitreichende Änderungen ihrer Ermächtigungsgrundlage, des Baugesetzbuchs,[39] überlebt. Geändert bzw. zurückgenommen wurde 1993, im Rahmen des Investitionserleichterungs- und Wohnbaulandgesetzes, lediglich ein Reformansatz der Novelle 90, mit der die Möglichkeit eröffnet werden sollte, die Überschreitung der festgesetzten Geschossfläche durch Dachgeschossausbau und die Vorschriften über die Zulassung von Vergnügungsstätten auch auf Altpläne zu erstrecken, nachdem das Bundesverwaltungsgericht die entsprechenden Regelungen für nicht vereinbar mit der Ermächtigungsgrundlage im Baugesetzbuch erklärt hatte.[40]

Die Unerschütterlichkeit der aktuellen Fassung der BauNVO, an der bisher alle Änderungsvorhaben abgeprallt sind und deren begrenztes Änderungspotenzial für Alt-Bebauungspläne sich als nicht durchsetzbar erwiesen hat, ist nicht ohne Auswirkungen auf die Auffassung der maßgeblichen Akteure der Bauleitplanung geblieben: die bereits angesprochene Umfrage des Deutschen Instituts für Urbanistik und des Deutschen Städtetages von Ende vergangenen/Anfang diesen Jahres, an der sich 158 Städte beteiligten, führte zu der ganz überwiegenden Bestätigung der Aussage, dass das Instrumentarium der geltenden BauNVO grundsätzlich zur Bewältigung der anstehenden städtebaulichen Aufgaben ausreiche, wenn auch im Detail durchaus Änderungserfordernisse gesehen wurden. Die generelle Zustimmung zur Funktionsfähigkeit der geltenden BauNVO korrespondierte mit der vergleichsweise sehr geringen Zustimmung zu der Aussage, dass die BauNVO insgesamt als Ordnungsrahmen für die Bauleitplanung überflüssig sei.[41]

2. Insbesondere: die Novelle 1990

Angesichts dieses hohen Maßes an Zustimmung zur Ordnungsfunktion der seit 20 Jahren unverändert geltenden BauNVO könnte man geneigt sein anzunehmen, mit der Novelle von 1990 sei der große Wurf gelungen und das Regelwerk der BauNVO gewissermaßen zur Perfektion gereift, weshalb seine Fortentwicklung getrost der Rechtsprechung überlassen werden und sich der Gesetzgeber darauf beschränken könnte, wenn überhaupt, allenfalls ein paar Retuschen anzubringen. Dabei darf allerdings nicht übersehen werden, dass mit der Novelle 90 nicht etwa eine gesetzgeberische Neuschöpfung das Licht der Welt erblickte, deren Langlebigkeit das Ergebnis kluger und perspektivisch angelegter Gesetzgebungsarbeit gewesen ist. Im Gegenteil: die Novelle 90 knüpfte unmittelbar an das bisherige System der gesetzlichen Regulierung und Idealtypisierung der Bauleitplanung an, wie es die BauNVO in ihrer Urfassung von 1962 vorgegeben hatte und wie es in den Novellierungen von 1968, 1977 und 1986 fortgeführt und weiter ausdifferenziert worden war.

Also (auch) 1990 keine grundlegende Überarbeitung oder gar Infragestellung des Systems und der Verbindlichkeit der BauNVO, sondern nur eine Fortschreibung des Bestehenden unter Berücksichtigung des zwischenzeitlich zutage getretenen Reformbedarfs:[42] die Planungsmöglichkeiten in Bestandsgebieten wurden verbessert, die Zulassung von Sportanlagen und Altenpflegeheimen in Wohngebieten erleichtert, auf der anderen Seite das Regime der Vergnügungsstätten restriktiver gefasst und die Gegenseitigkeit der Rücksichtnahme in § 15 eingeführt; die Vorschriften über das Maß der baulichen Nutzung wurden einerseits vereinfacht und liberalisiert, andererseits aber, etwa hinsichtlich der Anrechnung von Nebenanlagen auf die zulässige Grundfläche, restriktiver gefasst. Neu und abweichend vom bisherigen System war lediglich die Erstreckung der Nichtanrechnung von Aufenthaltsräumen in Nichtvollgeschossen und der Neuregelung für Vergnügungsstätten auch auf Bebauungspläne aus der Zeit vor dem Inkrafttreten der neu gefassten BauNVO, wobei dieser Vorstoß jedoch, wie bereits ausgeführt, an der Rechtsprechung gescheitert ist und deshalb vom Verordnungsgeber wieder rückgängig gemacht wurde. Ansonsten ein Geben und Nehmen, ohne einen darüber hinausgehenden oder gar revolutionären Impetus, sondern allenfalls Gesetzgebung im Sinne einer immer weiter differenzierenden Vorwärts- und gleichzeitigen Rückwärtsbewegung, mit anderen Worten: ein Treten auf der Stelle.

3. Der Begriffswirrwarr der BauNVO

Dabei sind die Vorgaben, die die BauNVO in inzwischen höchst ausdifferenzierter Art und Weise der gemeindlichen Bauleitplanung macht, nicht nur höchst beengend und ein unerschöpflicher Quell gemeindlicher Fehlleistungen, die dann von den Verwaltungsgerichten genüsslich aufgespießt werden, sondern vor allem inzwischen auch zum Gegenstand einer Begriffsjurisprudenz geworden, die ans Unübersichtliche und zum Teil ans Komische grenzt.

Wer sich etwa einmal in das Dickicht oder gar Labyrinth der städtebaulichen Feinsteuerung nach § 1 Abs. 4 – 10 hineinbegeben und versucht hat, die dort aufgeführten, auch über Kreuz zulässigen Festsetzungsmöglichkeiten für unterschiedliche Arten der allgemein oder ausnahmsweise zulässigen Arten und Nutzungen oder Anlagen im jeweiligen Bau- oder Bestandsgebiet oder in dessen Teilbereichen oder in bestimmten Geschossen, Ebenen oder sonstigen Teilen baulicher Anlagen unter Berücksichtigung der allgemeinen Zweckbestimmung des Baugebiets und ggf. auch nur bei Vorliegen besonderer städtebaulicher Gründe widerspruchsfrei zu aktivieren, wird deshalb möglicherweise sehr schnell geneigt sein, auf dieses überzüchtete städtebauliche Instrumentarium zu verzichten und statt dessen ein Sondergebiet auszuweisen, in dem die entsprechenden Regularien nicht gelten (§ 1 Abs. 3 S. 2). Aber Vorsicht: auch ein Sondergebiet kann als solches nur festgesetzt werden, wenn es sich von den übrigen nach der BauNVO vorgesehenen Baugebieten wesentlich unterscheidet. Dementsprechend soll etwa ein SO-Gebiet „Infrastruktur", wie unlängst das *BVerwG* entschieden hat, nur dann zulässig sein, wenn mit seiner *individuellen* Zweckbestimmung ein hinreichender Unterschied zu der *allgemeinen* Zweckbestimmung eines Kerngebiets nach § 7 BauNVO, nämlich *„zentrale Funktionen innerhalb des städtebaulichen Ordnungsrahmens zu erfüllen"*, markiert wird, wobei gleichzeitig Größe und Struktur der jeweiligen Gemeinde zu berücksichtigen sind.[43]

Damit ist man bei den Gebietsabgrenzungen sowie bei den Gebietsverträglichkeiten und Gebietsunverträglichkeiten angelangt, bei denen die Begriffsjurisprudenz in nahezu pandektistischem Format zum Tragen kommt. Das wird auch und gerade von der verwaltungsgerichtlichen Rechtsprechung, die ihre besonderen Qualitäten eigentlich bei der Konkretisierung unbestimmter Rechtsbegriffe und bei der Strukturierung von Ermessens-, Abwägungs- oder Beurteilungsspielräumen unter Beweis stellen sollte, mit großer Strenge und Nachhaltigkeit exekutiert. Nur ein paar Beispiele aus neuerer Zeit, die belegen, wie wichtig, sachgerecht und städtebaulich unbedingt erforderlich etwa folgende Vorgaben sind:

– Die Räumlichkeiten eines ambulanten Pflegedienstes sind, jedenfalls wenn die Pflegeleistungen nicht lediglich außer Haus, sondern auch in der Station erbracht werden, keine Anlage für Verwaltungszwecke, die in einem *reinen* Wohngebiet nicht zulässig wäre;[44]
– Kinderspielplätze oder eine Kinderkrippe für Kleinkinder bis zu 3 Jahren sind auch im *reinen* Wohngebiet als sozialadäquate Ergänzung der Wohnbebauung grundsätzlich zulässig,[45] das Halten eines Pferdes oder eines Esels[46] oder etwa die Installierung eines Taubenschlags für 39 Brieftauben[47] allerdings nur in einem *allgemeinen* Wohngebiet und auch nur im Einzelfall;
– Eine Schankwirtschaft dient der Verabreichung von Getränken; dort sind allenfalls gelegentliche Tanzveranstaltungen zulässig. Wird der Gaststättenbetrieb durch die Möglichkeit zum Tanz (mit-)geprägt – eine haarfeine Unterscheidung! –, ist er als Vergnügungsstätte einzuordnen und diese, falls auch noch „kerngebietstypisch", in einem *Mischgebiet* nicht zulässig.[48] Keine Vergnügungsstätte ist überraschenderweise ein Bordell; es gehört vielmehr zu den (ältesten) „Gewerbebetrieben aller Art",[49] wobei solche Gewerbestätten selbst in einem *Gewerbegebiet* nicht zulässig sind, wenn es schon eine Vielzahl weiterer Einrichtungen dieser Art dort gibt,[50] aus dem Gewerbegebiet also ein „Vergnügungsviertel" (eigener Art) wird;
– Die Einrichtung einer Begräbnisstätte für Gemeindepriester mit 10 Grabplätzen innerhalb einer bestehenden syrisch-orthodoxen Kirche in einem *Industriegebiet* ist – anders als das Beten und das Abhalten von Messen oder Gottesdiensten – mit der typischen Zweckbestimmung dieses Baugebiets in der Regel nicht vereinbar und widerspricht regelmäßig auch der konkreten Gebietseigenart.[51]

So weit nur einige wenige aktuelle Beispiele zu den begrifflichen Bemühungen um die Reinheit der Gebietslehre durch die Rechtsprechung.[52] Zu berücksichtigen ist allerdings, dass all diese Bemühungen im Ergebnis auch wieder durch die „Weichmacher"- bzw. Einzelfallvorschrift des § 15 zunichte gemacht werden können. Dazu kommt schließlich der Rucksack der Maßvorschriften, die, kompliziert genug, in ihren unterschiedlichen Fassungen je nachdem anzuwenden sind, unter welcher Fassung der BauNVO das jeweilige Bebauungsplanverfahren durchgeführt wurde.

4. Vorläufiges Fazit

Bei alledem handelt es sich jedoch nicht, wie man fast vermuten möchte, um mittelalterliche Zunftregeln, sondern um den Ausdruck der Planungs- und Regulierungseuphorie der 60er und 70er Jahre. Soweit diese ihren Niederschlag in der BauNVO bzw. in der Anordnung ihrer Verbindlichkeit für die kommunale Bauleitplanung gefunden hat, ist das grundsätzlich nie hinterfragt und statt dessen von der Rechtsprechung bis hin zur Versteinerung perpetuiert worden. In der Systemtheorie von *Niklas Luhmann* spricht man insoweit von einem „selbstreferentiellen System", das sich selbst genügt und Einflüssen von außen, wenn überhaupt, nur zugänglich ist, wenn dadurch seine innere Ordnung nicht gefährdet wird.[53]

Damit stellt sich die Frage, ob es tatsächlich ausreicht, dieses System lediglich fortzuentwickeln, oder ob es nicht statt dessen angezeigt ist, dieses System aufzubrechen, ihm eine neue Bedeutung zu geben und den Gemeinden sowie den Bauherrn gleichzeitig mehr Freiheit bei der Bauleitplanung und bei der Zulassung von Bauvorhaben.

III. Änderungsbedarf der BauNVO (bzw. des BauGB) aus richterlicher Sicht

Für ein Normenkontrollgericht zeigt sich ein Novellierungsbedarf der BauNVO in den Fällen, bei denen sich das geltende Recht als unzulänglich erweist. Hier lassen sich zwei Gruppen unterscheiden. Einerseits Fallgestaltungen, bei denen das geltende rechtliche Instrumentarium zur Umsetzung grundsätzlich legitimer Planungsabsichten nicht ausreicht (1.) und andererseits Vorschriften, die fehleranfällig sind, weil sie sich im Planungsalltag als zu kompliziert erweisen (2.). Hinzu kommen Unklarheiten und Widersprüchlichkeiten des geltenden Rechts, die bei einer Überarbeitung der BauNVO so weit wie möglich vermieden werden sollten (3.).[54]

1. Unzulänglichkeiten des vorhandenen Instrumentariums[55]

a) „Ausschluss-Bebauungsplan"

Die Frage nach der Ermächtigung für einen „Ausschluss-Bebauungsplan", wie sie für Vergnügungsstätten zunächst in § 25c Abs. 3 Satz 2 und dann in § 2a BauGB-Maßnahmengesetz enthalten war[56] und derzeit in § 9 Abs. 2a Satz 1 Halbsatz 1 Alternative 2 BauGB für einen bestimmten Schutzzweck, nämlich die Erhaltung und Entwicklung zentraler Versorgungsbereiche, vorgesehen ist, stellt sich auch in anderen Zusammenhängen. Der VGH München war und ist mit Verfahren befasst, bei denen Gemeinden (mehr oder weniger nachvollziehbaren) Befürchtungen ihrer Bürger im Zusammenhang mit der Errichtung von Mobilfunkanlagen durch Ausarbeitung einer Mobilfunkplanung für ihren Ort entgegengekommen sind, die sowohl eine ausreichende Versorgung der Bevölkerung mit Mobilfunkleistungen als auch eine möglichst weitgehende Freihaltung der Wohngebiete von Mobilfunkanlagen sicherstellen soll.

Die Umsetzung einer solchen „Vorsorgeplanung" mit Mitteln des Bauplanungsrechts stößt auf Schwierigkeiten.[57] Das gilt allerdings nicht für beplante Gebiete. Soweit Mobilfunkanlagen als nicht störende gewerbliche Anlagen eingestuft werden, kann ihre Zulässigkeit in den Baugebieten, in denen solche Anlagen allgemein oder ausnahmsweise zulässig sind, auf der Grundlage von § 1 Abs. 5 und Abs. 9 ausgeschlossen werden. Dasselbe gilt (wohl) bei einer Einstufung als fernmeldetechnische Nebenanlagen gemäß § 14 Abs. 2 Satz 2 BauNVO. Die Ermächtigung des § 1 Abs. 6 Nr. 1, festzusetzen, dass Ausnahmen nicht Bestandteil des Bebauungsplans werden, gilt nach ihrem Wortlaut zwar nicht für die ausnahmsweise Zulässigkeit von Infrastrukturanlagen im Sinn von § 14 Abs. 2 in allen Baugebieten; überwiegend wird jedoch eine Anwendung auf § 14 Abs. 2 bejaht.[58]

Im nicht beplanten Innenbereich stößt die Umsetzung eines solchen „Mobilfunkkonzepts" hingegen an rechtliche Grenzen. Abhilfe – allerdings nicht durch eine Änderung der BauNVO, sondern des BauGB – wäre möglich, wenn die Ermächtigung des § 9 Abs. 2a Satz 1 Halbsatz 1 Alternative 2 BauGB auf andere Regelungszwecke als die Erhaltung und Entwicklung zentraler Versorgungsbereiche ausgedehnt würde. In Betracht käme auch eine § 35 Abs. 3 Satz 3 BauGB nachgebildete Vorschrift, die Standortfestsetzungen für bestimmte Anlagen, wie sie für Mobilfunkanlagen wohl auf der Grundlage von § 9 Abs. 1 Nr. 12 BauGB getroffen werden können, eine Ausschlusswirkung für die übrigen im Geltungsbereich der Regelung liegenden Flächen beimisst.

b) „Akzeptorbezug" bei der Anwendung der DIN 18005

Gemeinden, die innerorts liegende, freie oder frei werdende Flächen für Wohnbebauung nutzen wollen, anstatt an den Ortsrändern weitere Flächen für diesen Zweck zu verbrauchen, geraten häufig in Konflikt mit den Planungsrichtwerten der DIN 18005. Es ist zwar schon seit mehr als zwanzig Jahren durch höchstrichterliche Rechtsprechung geklärt, dass eine Überschreitung des Orientierungswertes für Wohngebiete um 5 dB(A) das Ergebnis einer gerechten Abwägung sein kann.[59] Erfahrungsgemäß scheuen sich die Gemeinden aber, von den damit eröffneten Spielräumen Gebrauch zu machen und ein Wohngebiet auszuweisen, das stärker als in den Orientierungswerten der DIN 18005 vorgesehen mit Geräuschimmissionen belastet sein wird. Um der DIN-Vorschrift zu genügen, werden auf immissionsbelasteten Flächen vielmehr Mischgebietsstreifen als „Pufferzone" ausgewiesen, obwohl Vieles darauf hindeutet, dass sich dort die für diesen Gebietstyp erforderliche Nutzungsmischung nicht einstellen wird. Ein Grund für diese Zurückhaltung bei einem flexiblen Umgang mit der

DIN 18005 liegt im Fehlen einer Möglichkeit, die in der höheren Immissionsbelastung liegende „Einschränkung" des Wohngebiets rechtlich verbindlich zum Ausdruck zu bringen. Die Gemeinden sind zwar – auf dem Umweg über § 1 Abs. 4 Satz 1 Nr. 2 – ermächtigt, Gewerbegebiete nach dem „Emissionsverhalten" der in ihnen zulässigen Betriebe zu gliedern und damit im Ergebnis „eingeschränkte" Gewerbegebiete festzusetzen. Eine spiegelbildliche Ermächtigung zur Gliederung von Wohngebieten hinsichtlich der Belastung mit Immissionen und damit zur Festsetzung eines „eingeschränkten" Wohngebiets fehlt aber.

Abhilfe wäre möglich, indem bei der Zweckbestimmung der Baugebiete, in denen Wohnen zulässig ist, auch auf das Maß, in dem die Gebiete von Störungen frei sein sollen, abgestellt wird.[60] Danach würde das allgemeine Wohngebiet nicht dadurch definiert, dass es „vorwiegend dem Wohnen", sondern dadurch, dass es „vorwiegend einem von Störungen freien Wohnen" dient. Hieran anknüpfend könnte die Gemeinde ermächtigt werden, einzelne Gebiete oder Teile eines Gebiets für ein „nur im Wesentlichen von Störungen freies Wohnen" vorzusehen. Solche „eingeschränkten" Wohngebiete bzw. Gebietsteile müssten hinsichtlich der Richt- oder Grenzwertregelungen der auf dem Bundes-Immissionsschutzgesetz beruhenden Verordnungen und der maßgeblichen technischen Regelwerke wie Mischgebiete behandelt werden.

c) „Dörfliches Wohnen"

Das Dorfgebiet (§ 5) ist als Gebietstyp nur noch bedingt für die Bauleitplanung geeignet. Die Abnahme der Zahl landwirtschaftlicher Betriebe – ein Prozess, der immer noch im Gang ist – hat das langsame Verschwinden dieses Gebietstyps zur Folge. Die Rechtsprechung ist zwar bemüht, die Anforderungen an die unverzichtbare Prägung eines Dorfgebietes durch land- bzw. forstwirtschaftliche Betriebe diesem Strukturwandel anzupassen;[61] trotzdem wird es immer schwieriger, bei der Neuausweisung von Dorfgebieten plausibel darzulegen, dass sich die ein Dorfgebiet kennzeichnende Nutzungsmischung ergeben wird. Der Sache nach geht es vielfach nicht um ein Dorfgebiet, sondern um ein ländliches Wohngebiet; ländlich deswegen, weil noch vereinzelt landwirtschaftliche Betriebe vorhanden sind und die Bebauungsstruktur noch von den – zum Teil leerstehenden, zum Teil bereits für andere Zwecke genutzten – ehemaligen landwirtschaftlichen Gebäuden geprägt wird.

Um hier Abhilfe zu schaffen, wird immer wieder die Einführung eines neuen Gebietstyps („Dörfliches Wohnen") ins Gespräch gebracht.[62] Möglicherweise lässt sich auch ein hinsichtlich seiner Zweckbestimmung anders definiertes besonderes Wohngebiet (§ 4a) für diesen Zweck nutzbar machen. Das besondere Wohngebiet wurde eingeführt, um – vor allem in mit gewerblichen Nutzungen durchsetzten zentrumsnahen Altbauvierteln – einer Verdrängung der Wohnbebauung entgegenwirken zu können. Inzwischen scheint es, diesen Eindruck kann man jedenfalls in München haben, in diesen Bereichen jedoch mehr darum zu gehen, die Reste der herkömmlichen gewerblichen Nutzung vor einer Verdrängung durch die Wohnbebauung zu schützen. Wenn diese Veränderungen zu einer Neuausrichtung des besonderen Wohngebiets führen sollten, könnte eine (neue) zusätzliche Zweckbestimmung dieses Gebietstyps auch „dörfliches Wohnen" sein.

2. Fehleranfällige Vorschriften

a) Anrechnungsregelung des § 19 Abs. 4

Als sehr fehleranfällig erweisen sich nach den Erfahrungen des VGH München – auch noch zwanzig Jahre nach ihrem Inkrafttreten – die Vorschriften über die Ermittlung und Berechnung der zulässigen Grundfläche. Nach § 19 Abs. 4 Satz 1 sind Garagen und Stellplätze mit ihren Zufahrten, Nebenanlagen im Sinn von § 14 sowie unterirdische Anlagen auf die zulässige Grundfläche anzurechnen. Diese Vorschrift wird ergänzt durch die so genannte Überschreitungsregelung des § 19 Abs. 4 Satz 2 sowie die weiteren in § 19 Abs. 4 Satz 3 und 4 normierten, teils unmittelbar geltenden, teils von einer entsprechenden Festsetzung im Bebauungsplan abhängigen Modifikationen zu dieser Anrechnungsregelung. Jedenfalls kleinere Gemeinden kommen mit diesen Vorschriften, die auch als zu wenig anschaulich empfunden werden, schlecht zurecht. Zudem hat ein Teil der Planfertiger offenbar immer noch die Regelungen im Kopf, die bis 1990 gegolten haben. Beides führt dazu, dass man sich bei der Festsetzung der zulässigen Grundfläche nur am Hauptgebäude orientiert und entweder – von vornherein fehlerhaft – die zulässige Grundfläche nur für dieses festsetzt oder sie so bemisst, dass das festgesetzte Maß bei Berücksichtigung der nach § 19 Abs. 4 Satz 1 anzurechnenden Anlagen trotz der Überschreitungsregelung nicht ausreicht.[63] Solche Fehler haben im Hinblick auf § 16 Abs. 3 Nr. 1 weitreichende Folgen; in der Regel führen sie zur Gesamtunwirksamkeit des Bebauungsplans.

Abhilfe wäre möglich, indem die Grundfläche für die Hauptanlagen und für die anzurechnenden Nebenlagen gesondert festgesetzt werden darf und das Maß für letztere bei dem für die Obergrenzen des § 17 maßgeblichen Gesamtmaß nur zur Hälfte berücksichtigt wird.

b) Vielfalt von Abweichungsregelungen

Fehleranfällig ist auch das Nebeneinander von in der BauNVO geregelten Ausnahmetatbeständen (im Sinn von § 31 Abs. 1 BauGB), von Ermächtigungen, im Bebauungsplan (weitere) Ausnahmetatbestände festzusetzen, und von Vorschriften, die der Gemeinde bzw. Bauaufsichtsbehörde als unmittelbare Folge einer Festsetzung die Befugnis geben, für ein Vorhaben unter bestimmten Voraussetzungen eine Abweichung von dieser Festsetzung zuzulassen (z. B. § 18 Abs. 2, § 19 Abs. 4 Satz 2 Halbsatz 2, § 23 Abs. 5).[64]

Den Gemeinden fällt es erfahrungsgemäß schwer, mit dieser „Vielfalt" an Regelungstechniken umzugehen. Eine Beschränkung auf einen „Abweichungstyp" würde eine Vereinfachung bedeuten.[65]

c) „Schichtenbebauungspläne"

Das Problem der „Schichtenbebauungspläne", das, wie bereits erwähnt wurde,[66] als ein Hauptargument gegen weitere Änderungen der BauNVO ins Feld geführt wird, ließe sich durch die Einführung einer Ermächtigung entschärfen, eine die Grundzüge der Planung nicht berührende und auch im Übrigen gemäß § 13 BauGB im vereinfachten Verfahren durchführbare Änderung des Bebauungsplans noch auf der Grundlage der beim Erlass des Bebauungsplans maßgeblichen Fassung der BauNVO vorzunehmen. Die Vorschriften der früheren Fassungen sind noch geltendes Recht, soweit sie den Inhalt der unter ihrer Geltung getroffenen Festsetzungen bestimmen. Eine die Überleitungsvorschriften der §§ 25, 25a, 25b und 25c sowie des Art. 2 der ÄnderungsV 1968 insoweit einschränkende Ermächtigung vorausgesetzt, könnten die Vorschriften der früheren Fassungen deshalb auch noch im Rahmen neuer Festsetzungen Anwendung finden, soweit dies mit einer nachhaltigen städtebaulichen Entwicklung (§ 1 Abs. 3 Satz 1 BauGB) zu vereinbaren ist.

3. Klarstellende und aktualisierende Änderungen

a) Bei einer Überarbeitung der BauNVO sollte klargestellt werden, welche speziellen Nutzungsarten (§ 1 Abs. 5) in den Baugebietskatalogen im Sinn einer abschließenden Regelung aufgeführt sind. Die Frage stellt sich vor allem beim Verhältnis zwischen der allgemeinen Nutzungsart „Gewerbebetriebe aller Art" und den speziellen gewerblichen Nutzungsarten, die sich unter diesen allgemeinen Begriff subsumieren lassen. Das Verhältnis ist nur teilweise – u. a. für Vergnügungsstätten[67] und selbständige Lagerhäuser[68] – geklärt.[69]

b) Die von der Rechtsprechung entwickelte allgemeine Zulässigkeitsvoraussetzung der „Gebietsverträglichkeit"[70] sollte (in § 15 Abs. 1) gesetzlich geregelt werden. Damit einhergehen sollte allerdings eine Überprüfung, ob § 15 in der BauNVO im Abschnitt der Vorschriften über die Art der baulichen Nutzung an der richtigen Stelle steht. Da es sich um eine Regelung über die Zulässigkeit von Vorhaben handelt und bei der Prüfung des Rücksichtnahmegebots an sich eine alle Zulässigkeitskriterien einbeziehende Gesamtbewertung der konkreten Auswirkungen des Vorhabens erfolgt, wäre § 30 BauGB wohl der richtigere Platz.

c) Der Aufbau der §§ 10, 11 sollte überarbeitet werden. Das Voranstellen der Erholungssondergebiete und die Zusammenfassung aller anderen Sondergebiete unter dem Sammelbegriff „sonstige Sondergebiete" entspricht schon seit längerem nicht mehr der praktischen Bedeutung der beiden Gruppen.

d) Bezugnahmen auf bauordnungsrechtliche Vorschriften (§ 20 Abs. 1 und 4, § 23 Abs. 5) sollten gestrichen werden. Das Vollgeschoss als ein Kriterium für die Festsetzung des Nutzungsmaßes muss bundesrechtlich bestimmt werden.

e) Einzelne überholte oder zeitgebundene Begriffe, wie „Laden" und „Schank- und Speisewirtschaft" sollten durch zeitgemäße Begriffe ersetzt werden. Begriffe, die aus von der Rechtsprechung herausgearbeiteten Gründen eine erheblich vom allgemeinen Sprachgebrauch abweichende Bedeutung haben, wie die Begriffe „Einzelhaus", „Doppelhaus" und „Hausgruppe" in § 22,[71] sollten so definiert werden, dass sich ihre spezielle Bedeutung der Vorschrift entnehmen lässt.

IV. Strategien für eine Novellierung der BauNVO

1. Allgemeines

Die Baunutzungsverordnung, so heißt es im Kapitel „Bauplanungsrecht" des Koalitionsvertrages unserer aktuellen Bundesregierung, werde man „umfassend prüfen". Die vorstehend unter I. und II. gemachten Ausführungen sollten den Boden für diese Prüfung bereiten. Es ist, um mit *Fontane* zu sprechen, ein „weites Feld",[72] das es da zu beackern gilt – sowohl dann, wenn man sich auf eine detaillierte Überarbeitung, Modifizierung und Ergänzung der gesetzlichen Regelung beschränkt als auch insbesondere dann, wenn man sich darüber hinaus auf eine vorurteilsfreie, unvoreingenommene und bisherige Denk- und Handlungsweisen in Frage stellende Prüfung einlässt.

Zwar lehrt die Erfahrung, dass sich auch und gerade im Bereich des Rechts und der Gesetzgebung regelmäßig die Beharrungskräfte durchsetzen. Das hat im Sinne der Rechtssicherheit, des Vertrauensschutzes und der Berechenbarkeit Vieles für sich, zumal wenn sich nicht nur die planenden Städte und Gemeinden sowie die einschlägige Verwaltung, sondern auch ein wichtiger Wirtschaftszweig – hier: das Bauwesen – und natürlich auch die Vielzahl privater, gewerblicher und öffentlicher Bauherrn mit einem Regelwerk wie der BauNVO eingerichtet haben und damit mehr oder weniger erfolgreich umgehen. Auch sind horrende Missstände aktuell nicht zu verzeichnen; der Reformdruck hält sich in Grenzen. Gleichwohl bietet der Prüfungsauftrag der aktuellen Koalitionsvereinbarung Gelegenheit, den Gesetzgebungszustand nicht nur im Sinne einer vorsichtigen Fortentwicklung, sondern unter Berücksichtigung des Mainstreams von Deregulierung, Freiheit und Selbstverantwortung auch grundlegend zu überdenken. Darum und um die in Frage kommenden Handlungsalternativen soll es im Folgenden gehen:

2. Brauchen wir eine BauNVO?

2009 hat *Bunzel* vom Deutschen Institut für Urbanistik im Rahmen eines entsprechenden Papiers (erneut) die Frage „Brauchen wir eine neue BauNVO" zur Diskussion gestellt.[73] Hier soll darüber hinausgehend die Frage gestellt werden: „Brauchen wir eine BauNVO?".

Diese grundsätzliche Infragestellung mag zunächst erschrecken oder zumindest irritieren. Es muss allerdings daran erinnert werden, dass die gemeindliche Bauleitplanung bereits jetzt auch ohne Rückgriff auf die BauNVO funktioniert. Am Deutlichsten ausgeprägt ist das beim vorhabenbezogenen Bebauungsplan nach § 12 BauGB. Denn die Gemeinde ist bei der Bestimmung der Zulässigkeit der Vorhaben im Bereich eines Vorhaben- und Erschließungsplans, der Bestandteil des vorhabenbezogenen Bebauungsplans wird, nicht an die Festsetzungen der BauNVO (und im Übrigen nicht einmal an die Festsetzungen nach § 9 BauGB) gebunden, § 12 Abs. 3 S. 2 BauGB. Abweichend von dem sonst geltenden Typenzwang ist ihr in diesem Zusammenhang also ausdrücklich ein Festsetzungserfindungsrecht eingeräumt,[74] was sie – natürlich – nicht davon entbindet, den Grundsätzen der Planklarheit und Planwahrheit im Sinne eindeutiger, widerspruchsfreier Festsetzungen und im Übrigen den Anforderungen an die städtebaurechtliche Abwägung zu entsprechen; wenn die Gemeinde sich dabei der „Sprache" der BauNVO bedient und dementsprechend der Leitlinien- und Orientierungsfunktion dieses Regelwerks Rechnung trägt, ist sie auf der sicheren Seite.[75] Verpflichtet ist sie dazu jedoch nicht und kann deshalb nach Maßgabe der wirtschaftlichen und gestalterischen Vorstellungen des Vorhabenträgers ihre planerische Phantasie walten lassen – wohl gemerkt, in dem soeben skizzierten Rahmen der allgemeinen städtebaulichen Grundsätze.

Es mag sein, dass bei der Freistellung von der BauNVO (und von dem Festsetzungskatalog des § 9 BauGB), was die davon betroffenen Eigentumsrechte des Vorhabenträgers anbetrifft, der Grundsatz „volenti non fit iniuria" eine Rolle gespielt hat.[76] Warum die Schutzfunktion der Eigentumsgarantie jedoch bei der Angebotsplanung, also dann, wenn es nicht um einen vorhabenbezogenen Bebauungsplan geht, nur dann zum Tragen kommen soll, wenn den Festsetzungen eines Bebauungsplans das Enumerationsprinzip speziell der BauNVO zu Grunde liegt, ist eigentlich nicht nachvollziehbar. Eher könnte man im Blick auf die eigentumsbeschränkende Wirkung des Kanons der Baugebiets- und Maßvorschriften das Gegenteil annehmen; und das gilt natürlich auch für die damit verbundene Reglementierung der durch Art. 28 Abs. 2 GG ebenfalls verfassungsrechtlich gewährleisteten gemeindlichen Planungshoheit.

3. Alternativen

a) Abstufung der BauNVO

Es spricht danach tatsächlich einiges dafür, sich die Erfahrungen mit der Öffnungsklausel für vorhabenbezogene Bebauungspläne bzw. für Vorhaben- und Erschließungspläne zunutze zu machen und einer – gegebenenfalls ergänzten und überarbeiteten bzw. periodisch zu aktualisierenden – BauNVO zwar weiterhin eine Leitbildfunktion zuzuweisen, gleichzeitig aber ihre Verbindlichkeit für die Bauleitplanung außer Kraft zu setzen, sie also auf den Rang von städtebaulichen Empfehlungen zurückzustufen. In dieser Form entspräche die BauNVO dann auch am ehesten dem Bild des „Baukastens",[77] allerdings nicht im Sinne eines strikten Regelwerks, sondern im Sinne eines grundsätzlich unverbindlichen, wenn auch bewährten Angebots.

Eine Alternative bestünde darin, die Vorgaben der BauNVO ähnlich wie diejenigen der PlanzeichenVO als Sollvorschriften auszubilden,[78] allerdings mit dem einschränkenden Vorbehalt, dass Abweichungen hiervon grundsätzlich zulässig sind, wenn die allgemeinen städtebaurechtlichen Grundsätze, wie sie auch ansonsten für die Bauleitplanung gelten, gewahrt bleiben.

Soweit im Übrigen die Notwendigkeit gesehen wird, verbindliche Vorgaben für die Bauleitplanung zu fixieren oder aber auch neue Handlungsspielräume für die gemeindliche Bauleitplanung zu eröffnen, könnten und sollten diese Regularien oder Optionen dann zum Gegenstand ergänzender Bestimmungen im Baugesetzbuch gemacht werden, wie das ja bereits etwa mit den Vorschriften über den erwähnten vorhabenbezogenen Bebauungsplan (§ 12 BauGB), mit dem Bebauungsplan der Innenentwicklung (§ 13a BauGB) oder etwa mit der gemeindeweiten Festsetzung zentraler Versorgungsbereiche in 34er Gebieten nach § 9 Abs. 2a BauGB geschehen ist.

b) Grundlegende Überarbeitung und Vereinfachung der BauNVO

Anstelle einer sehr deutlichen Relativierung der Verbindlichkeit der Baunutzungsverordnung käme für den Fall, dass der Prüfungsauftrag der Koalitionsvereinbarung in die Empfehlung einer Novellierung der BauNVO einmünden sollte, ihre grundlegende Überarbeitung und Vereinfachung unter Berücksichtigung der aktuellen Herausforderungen und Tendenzen der modernen Städtebaupolitik und des inzwischen zu Tage getretenen Reformbedarfs in Frage.

In Anlehnung an die erst unlängst vorgetragenen Ergebnisse einer Arbeitsgruppe des *Städtetags Baden-Württemberg* wären beispielsweise folgende Änderungen des bestehenden Systems denkbar, die als solche auch bereits in der *Deutschen Akademie für Städtebau und Landesplanung – Landesgruppe Baden-Württemberg* – diskutiert worden sind:[79]

– Reduktion der Art der baulichen Nutzung auf die 4 Kategorien: Wohnbauflächen, gemischte Bauflächen, gewerbliche Bauflächen und Sonderbauflächen;
– Feinsteuerung und Einzelhandelsplanung in abschließender kommunaler Verantwortung;
– Regulierung des Maßes der baulichen Nutzung ebenfalls im Rahmen selbstverantwortlicher Festsetzung durch die Gemeinden.

Bei Verwirklichung dieser oder vergleichbar radikaler Änderungs- bzw. Vereinfachungsvorschläge bliebe von der BauNVO vermutlich nicht sehr viel übrig. Deshalb würde ein solcher Eingriff in das bisherige System eigentlich noch weitergehendere Wirkungen zeitigen als etwa der Vorschlag, die Vorgaben einer (generalüberholten und periodisch zu überarbeitenden) BauNVO als Sollvorschriften mit umfassenden Abweichungsmöglichkeiten im Rahmen einer ordnungsgemäßen städtebaulichen Abwägung zu fassen.

Vermutlich käme man bei einer Verwirklichung dieses Konzepts auch nicht um seine Erstreckung auf den vorhandenen Bestand herum, weil sich ansonsten ein Problem der Gleichbehandlung stellen würde, das zumindest kommunalpolitisch einen entsprechenden Handlungsbedarf verursachen dürfte. Diesem Problem, also der Geltungserstreckung einer entsprechend vereinfachten, von den bisherigen, vergleichsweise restriktiven Vorgaben deutlich abweichenden BauNVO auch auf ältere Bebauungspläne, könnte man sich, wenn überhaupt, wohl nur vergleichsweise behutsam nähern, weil man dabei nicht nur die Vorgaben des Planungsschadensrechts nach dem BauGB berücksichtigen, sondern insbesondere natürlich auch das Vertrauen der betroffenen Eigentümer in den Fortbestand der bisherigen Festsetzungen ihres Bebauungsplans angemessen in die Abwägung einstellen müsste.

c) Kleinteilige, systemimmanente Änderungen der BauNVO
Nach der bereits angesprochenen, aktuellen Umfrage des Deutschen Instituts für Urbanistik und des Deutschen Städtetages[80] befürwortet die ganz überwiegende Mehrzahl der deutschen Städte grundsätzlich die Beibehaltung des bisherigen Systems der BauNVO als Ergebnis des Prüfungsauftrags der Koalitionsvereinbarung, spricht sich allerdings im Detail auch durchaus für diverse Änderungen aus. Ein Großteil dieses kleinteiligen Änderungsbedarfs ist bereits vorstehend unter II. angesprochen worden.[81]

Ergänzend wäre lediglich anzumerken, dass die Bewältigung des Problems „Einzelhandel", ob großflächig, nicht großflächig oder agglomeriert,[82] ob in Sondergebieten nach § 11 Abs. 3 oder im unbeplanten Innenbereich, und dort namentlich in deren zentralen Versorgungsbereichen (§ 34 Abs. 3 BauGB),[83] nach wie vor im Zentrum durchaus unterschiedlicher Wunschvorstellungen steht, vornehmlich im Sinn einer noch weiter gehenden Regulierung.

Der Überlegung, zumindest die Maßvorschriften der BauNVO künftig nur noch als Orientierungswerte heranzuziehen, wollen die befragten Städte nicht näher treten; allenfalls sollen danach die Möglichkeiten zur Überschreitung der Maßobergrenzen zusätzlich erleichtert werden.

Das gegenüber jeder weiteren Änderung der Baunutzungsverordnung beschworene Problem der sog. „Schichtenbebauungspläne" bzw. des Nebeneinanders von Bebauungsplänen, die auf jeweils unterschiedlichen Fassungen der BauNVO fußen,[84] wird in der Praxis – anders als von Teilen der Literatur –[85] nach wie vor nicht als gravierend angesehen.[86] An dieser Haltung der Praxis dürften deshalb, so nachvollziehbar entsprechende Überlegungen sind, auch künftig die Bestrebungen scheitern, Städte und Gemeinden zu verpflichten, alte Bebauungspläne auf die aktuell geltende Fassung der BauNVO, etwa im Rahmen eines Positivbeschlusses oder eines Negativbeschlusses innerhalb bestimmter Fristen,[87] umzustellen oder wenigstens erweiterte Befreiungsmöglichkeiten nach § 31 Abs. 2 BauGB vorzusehen.

4. Abschließende Stellungnahme

a) Aus der Sicht eines Richters
Nach den in gerichtlichen Verfahren gewonnenen Erfahrungen besteht keine Veranlassung, die BauNVO von Grund auf zu ändern. Die positiven, „Komplexität reduzierenden" Wirkungen eines den Gemeinden für die Regelung der Hauptkategorien der bauplanungsrechtlichen Zulässigkeit vorgegebenen Instrumentariums dürfen nicht

unterschätzt werden. Die Planungspraxis bei den Festsetzungen, für die es außer der Ermächtigung in § 9 Abs. 1 BauGB (und den Vorschriften der Planzeichenverordnung) keine Vorgaben gibt, lässt erwarten, dass der durch einen Verzicht auf zwingende Vorgaben erreichte Gewinn an planerischer Freiheit durch eine in hohem Maße fehleranfällige Regelungsvielfalt erkauft würde.[88]

Das System der Baugebiete erscheint wegen der umfangreichen Variationsmöglichkeiten gemäß § 1 Abs. 4 bis 10, mit denen die Gemeinden im Großen und Ganzen gut zu Recht kommen, nicht zu starr. Die aktuellen Fragen berühren zwar im Wesentlichen die Art der baulichen Nutzung. Dabei geht es aber – möglicherweise mit einer Einschränkung für Bebauungspläne der Innenentwicklung[89] – nicht um wesentliche Veränderungen in dem durch die BauNVO vorgegebenen Baugebietssystem, sondern um die Frage, in welchem Umfang die Gemeinden ermächtigt werden sollen, außerhalb dieses Systems im nicht beplanten Innenbereich durch „Negativbebauungspläne" oder durch Standortfestsetzungen mit Ausschlusswirkung für den übrigen Geltungsbereich der Vorschrift einschränkende Regelungen für bestimmte Vorhaben bzw. zum Schutz bestimmter Bereiche zu treffen. Prinzipielle Einwände gegen eine solche Erweiterung der Planungsmöglichkeiten bestehen nicht.

Beim Nutzungsmaß erscheinen Vorgaben für die in Betracht kommenden Festsetzungen ebenso unverzichtbar wie bei der überbaubaren Grundstücksfläche und der Bauweise. Bei letzterer darf nicht außer Acht gelassen werden, dass das Abstandsflächenrecht der Länder hinsichtlich der Zulässigkeit des Grenzanbaus auf einer Weichenstellung durch das Bauplanungsrecht aufbaut.

Kommt es zu einer Novellierung, sollte der Verordnungsgeber alles daran setzen, eine auch „handwerklich" gute Regelung zustande zu bringen. Die Gerichte sind zwar auch dazu da, Fragen, die neue Vorschriften aufwerfen, zu entscheiden. Diese Klärung kann aber lange auf sich warten lassen. Beispielsweise ergab sich erst im Jahr 2001 eine Gelegenheit, höchstrichterlich zu entscheiden, dass § 23 nicht „Gebäude" meint, wenn in der Vorschrift von „Gebäude" die Rede ist, sondern „bauliche Anlage".[90]

b) Aus der Sicht eines Anwalts

Dieser im besten Sinne konservativen Sicht eines die Ordnungs- und Vereinfachungsfunktion der Baunutzungsverordnung und ihrer systemkonformen Fortentwicklung bejahenden Richters soll abschließend die Sicht eines – Gemeinden genauso wie Bauherren beratenden – Anwalts gegenübergestellt werden, zu dessen Profession es gehört, gewissermaßen an den Gittern des Rechts zu rütteln und für zusätzliche Freiräume zu plädieren.

Diesen Anwalt haben die referierten Ergebnisse der DIFU-Umfrage[91] zwar durchaus beeindruckt, gleichzeitig aber auch überrascht, ja fast erschrocken. Nicht ein Weniger an Reglementierung der gemeindlichen Bauleitplanung durch die BauNVO wird danach aktuell von den Städten empfohlen, sondern per saldo eher und deutlich noch ein Mehr. Dass man sich dabei in zunehmendem Maße der Freiheit der eigenen, selbstverantwortlichen Gestaltung auf kommunaler Ebene begibt, wird, soweit ersichtlich, überhaupt nicht reflektiert. Das lässt sich eigentlich nur als Hospitalisierungseffekt erklären: man hat sich derartig daran gewöhnt, in Unfreiheit zu leben bzw. gegängelt zu werden, dass der Wunsch nach Freiheit vollständig erloschen ist. Zu dieser freiwilligen Unterwerfung unter ein immer dichter gewirktes Regelungssystem der Bauleitplanung aufgrund der BauNVO und der hierzu ergangenen Rechtsprechung treten, um daran zu erinnern, die immer mehr ins Einzelne gehenden Vorgaben der Landes- und Regionalplanung, gegen die sich erst allmählich kommunaler Widerstand formiert, allerdings bisher nicht besonders erfolgreich,[92] wenn man einmal von einigen ermutigenden Entscheidungen des *VerfGH NW* und des *OVG Münster* absieht.[93] Dazu kommen vornehmlich gemeinschaftsbedingte Umwelt- und Sicherheitsstandards,[94, 95] die die Verwaltungs- und Planungstätigkeit der Kommunen teilweise zu einem regelrechten „Eiertanz" geraten lassen, wenn nicht – wegen des damit verbundenen Aufwandes sowie aus Sorge, sich in dem entsprechenden Regelungsgeflecht zu verheddern – von vornherein von bestimmten Aktivitäten oder Planungen Abstand genommen wird. Dass dies alles auch und gerade die private Nachfrage erlahmen lässt und sich nachteilig auf die Belange der betroffenen Eigentümer oder Bauwilligen auswirkt, liegt auf der Hand. Mit der in Koalitionsvereinbarungen, Regierungserklärungen, Sonntags- und Festreden immer wieder beschworenen Deregulierung und Dezentralisierung hat das jedenfalls alles nichts zu tun.

Aus Sicht eines Anwalts wird deshalb wenigstens im Bereich der Bauleitplanung für einen Befreiungsschlag dahingehend plädiert, dass die BauNVO künftig nur noch als Orientierungsmaßstab oder allenfalls als Sollvorgabe mit umfassenden Abweichungsmöglichkeiten Wirksamkeit beanspruchen kann bzw. darf. Schluss also mit der retortenmäßigen Idealtypisierung des Städtebaus nach Maßgabe der Baugebiets- und Maßvorschriften der BauNVO, weg von der „gegliederten und aufgelockerten Stadt"[96] und Mut zu einer verdichteten bzw. gemischten „Europäischen Stadt",[97] wie sie im Interesse der Nachhaltigkeit, des sparsamen Umgangs mit Grund und Boden und des Nebeneinanders sich gegenseitig ergänzender unterschiedlicher Nutzungen künftig das Leitbild der Städtebaupolitik sein sollte!

---

1 VO v. 26. 6. 1962, BGBl. I S. 429.
2 Fassung d. Bekanntmachung v. 23. 1. 1990 (BGBl. I S. 132), zuletzt geändert d. Art. 3 d. Gesetzes v. 22. 4. 1993 (BGBl. I S. 466).
3 Gemäß § 189 Abs. 1 BBauG waren wesentliche Teile des Gesetzes erst vier Monate bzw. ein Jahr nach der Bekanntmachung in Kraft getreten.
4 Ein genauerer Blick zurück findet sich bei *Boeddinghaus*, Zur nicht erfolgten Novellierung der BauNVO, BauR 2002, 1325/1330 ff; dort wird u. a. das Bestreben der Stadtplaner der Fünfzigerjahre des letzten Jahrhunderts, sich sowohl von dem in Deutschland tradierten Grundsätzen des Städtebaus zu lösen (kein „Wiederaufbau", sondern „Neuaufbau") als auch eine Entwicklung wie in den Vereinigten Staaten von Amerika zu vermeiden (Manhattan als der Inbegriff der „steinernen Stadt"), dargestellt.
5 *Göderitz/Rainer/Hoffmann*, Die gegliederte und aufgelockerte Stadt, Tübingen 1957 (*Göderitz* war damals Professor und Stadtplaner in Braunschweig, *Rainer* Professor und Stadtplaner in Wien und *Hoffmann* Professor in Graz).
6 BR-Drs. Nr. 53/6.

7 VO v. 26. 11. 1968, BGBl. I S. 1233: Bekanntmachung der Neufassung: BGBl. I S. 1273, ber. 1969 S. 11.
8 VO v. 15. 9. 1977, BGBl. I S. 1757: Bekanntmachung der Neufassung: BGBl. I S. 1763.
9 §§ ohne Gesetzesangabe sind solche der BauNVO.
10 VO v. 19. 12. 1986, BGBl. I S. 2665.
11 VO v. 23. 1. 1990, BGBl. I S. 127; Bekanntmachung der Neufassung: BGBl. I S. 132.
12 G. v. 22. 4. 1993, BGBl. I S. 466.
13 § 25c Abs. 2 BauNVO hatte das *BVerwG* (BVerwGE 90, 57 = NVwZ 1993, 170 = BRS 54 Nr. 60) wegen Überschreitens der Ermächtigungsgrundlage als nichtig bezeichnet.
14 Bei den beiden anderen Regelungen waren erhebliche Zweifel an der Verfassungsmäßigkeit geäußert worden (vgl. *BVerwG*, NVwZ-RR 1993, 65 = BRS 54 Nr. 61 [zu § 25c Abs. 3 Satz 1] und *Söfker*, in: *Ernst/Zinkahn/Bielenberg/Krautzberger*, BauGB, § 25c BauNVO, RdNr. 21 m. w. N. – Stand April 2009 –). Die aufgehobenen Vorschriften wurden damals teilweise durch gesetzliche Regelungen ersetzt. Eine § 25c Abs. 2 entsprechende Befugnis sowie die Ermächtigung zum Erlass eines „Negativ-Bebauungsplans" für Vergnügungsstätten wurden durch eine auf dem Investitionserleichterungs- und WohnbaulandG beruhende Änderung des BauGB-MaßnahmenG – als dessen § 4 Abs. 1 bzw. § 2a – zwar gesetzlich geregelt. Diese Vorschriften wurden im Zuge des Bau- und RaumordnungG 1998 aber nicht in das BauGB übernommen.
15 BR-Drs. 635/96 vom 6. 9. 1996.
16 Kritisch zu dem Gesetzentwurf – insbesondere zu der beabsichtigten Streichung von § 15 Abs. 1 Satz 2 Alternative 2: *Ziegler*, Zur beabsichtigten BauNVO-Novelle, ZfBR 1996, 187.
17 Die amtliche Begründung des Gesetzentwurfs sah in dieser Regelung – jedenfalls bei wörtlicher Auslegung – eine Verkehrung des immissionsschutzrechtlichen Verursacherprinzips in sein Gegenteil und verwies im Übrigen auf § 22 BImSchG, BR-Drs. 635/96 vom 6. 9. 1996, S. 89.
18 BR-Drs. 635/96 vom 8. 11. 1996, S. 75 f.
19 Das Problem ist von *Pietzcker/Steinebach/Herz* untersucht worden: „Probleme unterschiedlicher Fassungen der BauNVO bei der Anwendung von Bebauungsplänen – insbesondere bei Schichtenbebauungsplänen", in: Bundesministerium für Raumordnung, Bauwesen und Städtebau (Hsgr.), Rechtstatsachenuntersuchungen und Gutachten zur Vorbereitung der Städtebaurechtsnovelle 1997, Bonn 1996.
20 Vgl. BT-Drs. 13/7588 S. 5.
21 *Schäfer/Lau/Specovius*, Forschungsvorhaben „Praxisuntersuchung und Expertise zu einer Novellierung der Baunutzungsverordnung", im Auftrag des Bundesministeriums für Verkehr, Bau- und Wohnungswesen, Berlin, November 1999.
22 Die beiden im Folgenden genannten werden als exemplarische Beiträge erwähnt.
23 *Fickert/Fieseler*, Der (erneute) Versuch, der BauNVO ein neues Leitbild der Nutzungsmischung zu verordnen, BauR 1999, 1382; in dem Beitrag wird u. a. die Frage gestellt, „wozu der erneute große Prüfungs- und Forschungsaufwand in Gang gesetzt wurde, obwohl von maßgebenden Experten immer wieder klar geäußert worden ist, dass eine Novellierung der BauNVO nicht erforderlich ist." (a. a. O., S. 1387).
24 *Fickert/Fieseler*, Quo vadis Baunutzungsverordnung?, DVBl 1996, 329.
25 *Bunzel/Löhr*, Brauchen wir eine neue Baunutzungsverordnung?, ZfBR 2000, 307.
26 *Bunzel/Löhr*, a. a. O., S. 314.
27 Strukturwandel im Lebensmitteleinzelhandel und § 11 Abs. 3 BauNVO, Bericht der Arbeitsgruppe v. 30. 4. 2002, ZfBR 2002, 556.
28 *Mitschang*, Die Bedeutung der Baunutzungsverordnung für die Innenentwicklung der Städte, ZfBR 2009, 10; *Mitschang* kommt zu dem Ergebnis, dass die BauNVO als „leitbildneutrale" Regelung die „Innenentwicklung" zwar nicht fördere, aber doch zulasse; Defizite bestünden beim Bodenschutz, weil ein Maß für die zulässige Bodenversiegelung fehle (a. a. O., S. 22 f.).
29 *Bunzel*, Novellierungsbedarf der BauNVO, Ergebnisse einer Umfrage des Deutschen Instituts für Urbanistik und des Deutschen Städtetags, April 2010, www.difu.de/Publikationen.
30 *Bunzel*, a. a. O., S. 6.
31 Dem entspricht das Ergebnis einer im Arbeitskreis 2 des 16. Verwaltungsgerichtstages zu Beginn der Diskussion auf Anregung eines Teilnehmers spontan durchgeführten Umfrage: danach sprachen sich nur etwa 10 von rund 140 Teilnehmern für die (nachfolgend unter IV. referierte) These von *Kirchberg* aus, dass die Regelungen der BauNVO wenn nicht abgeschafft, dann doch zumindest auf den Rang städtebaulicher Empfehlungen herabgestuft werden sollten.

32 www.cdu.de/portal2009/29145.htm; www.fdp-bundespartei.de/.../091024-koalitionsvertrag-cducsu-fdp.pdf.
33 *Leisner*, Rechtswirkungen von Reformankündigungen im Koalitionsvertrag?, NJW 2010, 823, 824.
34 BT-Drs. 13/7588, S. 5; s. dazu auch die Ausführungen unter vorstehend I. 2.
35 Zu dem zeitgeschichtlichen Kontext dieser im Vorwort der 3. Auflage seines Lehrbuchs „Deutsches Verwaltungsrecht" (1924) enthaltenen Sentenz *Otto Mayers* s. *Ehlers*, Verwaltung und Verwaltungsrecht, in: *Erichsen/Ehlers* (Hsgr.), Allgemeines Verwaltungsrecht, 14. Aufl. 2010, S. 237
36 Vom 16. 7. 1968, Beil. BAnz. 1968 Nr. 137.
37 Bis zu ihrer Ablösung durch die TA Lärm v. 26. 8. 1998, GMBl. S. 503; s. dazu *Schulze-Fielitz*, Die neue TA Lärm, DVBl 1999, 65.
38 *Werner*, Verwaltungsrecht als konkretisiertes Verfassungsrecht, DVBl 1957, 527 f.
39 Darunter das BauGBMaßnahmenG 1990, das Investitionserleichterungs- und WohnbaulandG 1993, die BauGB-Novelle 2001, das EAG-Bau 2004 und das BauGB 2007, vgl. im Einzelnen den Überblick bei *Krautzberger*, in: *Ernst/Zinkahn/Bielenberg*, BauGB, Rdnrn. 162 ff. d. Einl. (Stand: April 2009).
40 Vgl. die Darstellung und die Nachweise unter vorstehend I. 1. a. E.
41 Vgl. erneut *Bunzel* (o. Fn. 29), S. 5 f.
42 Vgl. die Übersicht vorstehend unter I. 1.
43 BVerwG, NVwZ 2010, 40.
44 BVerwG, NJW-Spezial 2009, 573 = BauR 2009, 1556.
45 OVG Saarlouis, ZfBR 2009, 366 = BRS 73 Nr. 14.
46 VGH München, BauR 2010, 193.
47 OVG Lüneburg RdL 2010, 5 = DVBl 2010, 1597 (LS).
48 OVG Schleswig, NordÖR 2009, 472 (LS) = juris.
49 OVG Hamburg, BauR 2009, 1867 = DVBl 2009, 1324 (LS).
50 OVG Koblenz, ZfBR 2010, 158 = DVBl 2009, 1395 (LS).
51 VGH Mannheim, VBlBW 2010, 155 = BauR 2010, 256 (LS).
52 Weitere aktuelle Beispiele bei *Stüer*, Städtebaurecht 2009. BauNVO-Rechtsschutz-Reformbedarf?, DVBl 2010, 543 f.
53 S. dazu *Wenzel*, Eine Einführung in die Systemtheorie selbstreferentieller Systeme nach Niklas Luhmann, www.systemische-beratung.de/Systemische Theorie und Praxis (Abfrage: 6. 6. 2010).
54 Das Folgende beruht im Wesentlichen auf den im *1. Senat* des VGH München in zahlreichen Normenkontrollverfahren gewonnenen Erfahrungen. Es liegt nahe, dass andere Normenkontrollgerichte andere Punkte in den Vordergrund stellen würden.
55 Im Arbeitskreis 2 des *16. Deutschen Verwaltungsgerichtstags* wurden in diesem Zusammenhang folgende weitere Problempunkte angesprochen: die Ermächtigung des § 1 Abs. 10 (die nach einer Ansicht für die Praxis zu kompliziert sei, nach einer anderen Ansicht jedoch nur wegen der fehlenden Bereitschaft der Stadtplaner, sich mit dem durch diese Vorschrift eingeräumten „Festsetzungsfindungsrecht" auseinanderzusetzen, ein Schattendasein führe); eine Ermächtigung für die Festsetzungen von Flächenkontingentierungen in bestimmten Baugebieten (dieser Vorschlag wurde kontrovers beurteilt), und eine Lockerung des Typenzwangs bei der Baugebietsfestsetzung für Bebauungspläne der Innenentwicklung (§ 13 a BauGB), weil sich das Instrumentarium des § 1 Abs. 4 bis 10 insoweit als zu wenig flexibel erweise.
56 Vgl. oben unter I. 1.
57 Vgl. – auch zum Folgenden: VGH München, VGH n. F. 61, 27 = ZfBR 2008, 287 = BRS 71 Nr. 12 sowie *Uechtritz*, Kommunale Vorsorgeplanung in Bezug auf Mobilfunkanlagen – Voraussetzungen, Möglichkeiten und Grenzen, VerwArchiv 2010, 505.
58 VGH München (o. Fn. 57) m. w. N. Über jeden Zweifel erhaben ist dies allerdings nicht; man kann auch die Auffassung vertreten, dass es den Gemeinden verwehrt sein soll, die Zulässigkeit von Infrastrukturanlagen auszuschließen. Das ist im Übrigen eine der Stellen, bei denen man sich von einer Überarbeitung der BauNVO eine klare Regelung wünschen würde.
59 BVerwG, NVwZ 1991, 881 = DVBl. 1991, 442 = ZfBR 1991, 120.
60 Man könnte insoweit vom „Akzeptorbezug" bei der Zweckbestimmung der Baugebiete, in denen Wohnnutzung zulässig ist, sprechen.
61 Vgl. etwa VGH München, NVwZ-RR 2007, 656 = BRS 71 Nr. 4.
62 Vgl. *Bunzel* (o. Fn. 29), unter Nr. 3.2.4.

63 Vgl. etwa VGH München, NVwZ-RR 2007, 447 = ZfBR 2007, 348.
64 Bei letzteren wird noch zwischen durch gesonderte Festsetzung abdingbaren und nicht abdingbaren Befugnissen unterschieden.
65 Eine Vereinfachung der Abweichungsregelungen erlangt im Übrigen eine besondere Aktualität durch das nachträgliche Anbringen von Wärmedämmungen. Hierbei handelt es sich nicht nur um ein abstandsflächenrechtliches Problem (dem sich viele Länder inzwischen in ihren Bauordnungen – in föderalistischer Vielfalt – angenommen haben), sondern auch um ein bauplanungsrechtliches. Wenn das zulässige Nutzungsmaß und die zulässige überbaubare Grundstücksfläche, wie dies wohl die Regel ist, durch das vorhandene Gebäude voll ausgenutzt werden, stellt sich bei solchen Vorhaben auch die Frage nach der Zulässigkeit von Abweichungen von den betroffenen Festsetzungen. Näheres hierzu in: *Jäde*, Aktuelle Entwicklungen in Gesetzgebung und Rechtsprechung zum Bauordnungsrecht ([wohl] zur Veröffentlichung bestimmtes Skriptum für die Vortragsveranstaltung der Deutschen Gesellschaft für Baurecht am 21. 4. 2010).
66 Vgl. oben unter I. 2.
67 BVerwG, NVwZ 1991, 266 = BRS 50 Nr. 60.
68 BVerwG, NVwZ 2002, 730 = BRS 64 Nr. 71.
69 Offen ist hingegen wohl beispielsweise, ob § 4 Abs. 2 Nr. 2 die Zulässigkeit von Läden in einem allgemeinen Wohngebiet abschließend regelt oder ob ein nicht der Versorgung des Gebiets dienender Laden als nicht störender Gewerbebetrieb auf der Grundlage von § 4 Abs. 3 Nr. 2 in diesem Gebiet ausnahmsweise zugelassen werden darf.
70 BVerwG, NVwZ 2008, 786 = BRS 73 Nr. 70 (Unzulässigkeit von Vorhaben, die hinsichtlich Art, Größe und störenden Auswirkungen generell [typischerweise] dem Charakter des Gebiets widersprechen, in dem sie verwirklicht werden sollen).
71 Vgl. BVerwG, BVerwGE 110, 355 = NVwZ 2000, 1055 = BRS 63 Nr. 185.
72 So die leitmotivisch immer wiederkehrende Aussage des alten Briest in dem 1896 erstmals in Buchform erschienen Roman „Effi Briest".
73 Diskussionspapier v. 3. 4. 2009, www.difu.de/sites/difu.de/files/images/difu-berichte/2009/4/diskussions-papier_baunvo.pdf; in diesem Sinne auch bereits *Bunzel/Löhr*, Brauchen wir eine neue Baunutzungsverordnung?, ZfBR 2000, 307.
74 Vgl. dazu *Reidt*, Chancen und Risiken des Vorhaben- und Erschließungsplans, NVwZ 1996, 1, 4, sowie *Menke*, Der vorhabenbezogene Bebauungsplan, NVwZ 1998, 577, 579, jeweils m. w. N.; VGH Mannheim, NVwZ 1997, 699.
75 BVerwG, NVwZ 2003, 98.
76 Vgl. erneut BVerwG, NVwZ 2003, 98, 99: „Die eigentumsrechtliche Schutzfunktion, die dem Enumerationsprinzip für Festsetzungen in Bebauungsplänen zu Grunde liegt, tritt bei Vorhaben- und Erschließungsplänen in den Hintergrund, weil der Vorhabenträger (Investor) selbst den Plan vorlegt und in der Regel auch Eigentümer (Verfügungsberechtigter) der Vorhabenfläche sein wird [...]. Mit der Vorlage seines Plans bringt der Vorhabenträger daher sein ‚Einverständnis„ mit den planbedingten Eigentumsbeschränkungen zum Ausdruck."
77 So ausdrücklich *König/Roeser/Stock*, BauNVO, Komm., 2. Aufl. 2003, Rn. 1 d. Einl.
78 Vgl. speziell dazu *Bielenberg*, in: *Ernst/Zinkahn/Bielenberg*, BauGB, Komm., Rn. 5 Vorb PlanzV (Stand: März 1992).
79 LG-Sitzung v. 26. 3. 2010, www.dasl.de/Landesgruppe Baden-Württemberg/Veranstaltungen.
80 S. o. Fn. 29.
81 In diesem Sinne auch etwa aktuell *Stüer* (o. Fn. 52), 553 f.
82 Speziell dazu s. jüngst *Uechtritz*, Agglomerationsregelungen in der Regionalplanung zur Steuerung des Einzelhandels, VBlBW 2010, 185.
83 S. dazu BVerwG, BVerwGE 129, 307 = NVwZ 2007, sowie *BVerwG*, NVwZ 2009, 779.
84 Grundlegend bereits *Pietzcker/Herz/Steinebach* (o. Fn. 19).
85 Vgl. etwa *Fickert/Fieseler*, BauNVO, 11. Aufl. 2008, (o. Fn. 12 d. Einl., sowie *Ziegler*, in: *Brügelmann*, BauGB, Komm., Rn. 52 Vorb. BauNVO m. w. N.
86 S. hierzu auch *Schäfer/Lau/Specovius* (o. Fn. 21), S. 37 f., S. 82.
87 S. erneut *Pietzcker/Steinebach/Herz* (o. Fn. 19), S. XI f.; *Rist*, Probleme der Anwendung unterschiedlicher Fassungen der Baunutzungsverordnung, KommunalPraxis BY 1995, 242 ff., sowie den vorstehend unter III. 2. c) gemachten Vorschlag.
88 Ein warnendes Beispiel sind insoweit in vielen Bebauungsplänen die auf § 9 Abs. 1 Nr. 25 BauGB gestützten Festsetzungen.

89 Vgl. o. Fn. 34.
90 Vgl. BVerwG, NVwZ 2002, 90 = ZfBR 2002, 558.
91 Vgl. erneut Fn. 29.
92 Vgl. zuletzt etwa VGH Mannheim, BauR 2010, 662, sowie dazu *Kuschnerus*, ZfBR 2010, 324 (zur Verbindlichkeit der Vorgaben des Landesentwicklungsplans *Baden-Württemberg* für den großflächigen Einzelhandel).
93 VerfGH NW, NVwZ 2009, 1287 = DVBl 2009, 1305, sowie OVG Münster, BauR 2010, 426 – jeweils „*FOC Ochtrup*".
94 Aktuell vornehmlich im Bereich Gebiets-, Vogel- und Artenschutz, vgl. dazu im Überblick *Stüer*, Handbuch des Bau- und Fachplanungsrechts, 4. Aufl. 2009, Rn. 3969 ff.
95 Vgl. zu den auf EU-Recht zurückgehenden Sicherheitsanforderungen an kommunale Bauten und Einrichtungen den Artikel „Der kontrollierte Wahnsinn", in: Frankfurter Allgemeine Sonntagszeitung v. 4. 4. 2010, S. 45.
96 So, wie einleitend erwähnt (o. Fn. 5), der Titel der programmatischen Schrift von *Göderitz/Rainer/Hoffmann*, 1957.
97 Zu diesem Topos s. *Siebel* (Hsgr.), Die Europäische Stadt, Frankfurt 2006.

Bericht über den Arbeitskreis 2

von Richter *Philip Hahn*, Ansbach

Anlässlich der im Koalitionsvertrag von CDU, CSU und FDP vom 26. 10. 2009 angekündigten „umfassenden Prüfung" der Baunutzungsverordnung (BauNVO) stand der Arbeitskreis 2 unter dem Thema „Anwendungsprobleme, Defizite und Reformbedarf der Baunutzungsverordnung". Die beiden – in Dialogform gehaltenen – Referate beruhten auf gegensätzlichen Thesen: Während Herr *König* auf der einen Seite zu dem Ergebnis kam, es bestehe zwar kein Anlass für eine tiefgreifende Änderung der BauNVO, wohl aber punktueller Änderungs- bzw. Klarstellungsbedarf, beschrieb Herr *Prof. Dr. Kirchberg* die BauNVO demgegenüber als überholten Ausdruck der Planungs- und Regulierungseuphorie der 1960er und 70er Jahre und plädierte dafür, ihren Regelungsgehalt auf den Rang städtebaulicher Empfehlungen herabzustufen.

Die von Herrn *Prof. Dr. Kirchberg* aufgeworfene – und im Ergebnis verneinte – Frage: „Brauchen wir eine BauNVO" provozierte unter den Teilnehmern des Arbeitskreises (unter engagierter Beteiligung der Vertreter der Anwaltschaft) eine rege Diskussion, die zeigte, dass es an Änderungswünschen nicht fehlt. Das Plädoyer von Herrn *Prof. Dr. Kirchberg* für eine Abschaffung bzw. Zurückstufung der BauNVO stieß im Ergebnis jedoch fast einhellig auf Widerspruch. Eine auf Anregung von Herrn *Burzynska* (VG Oldenburg) spontan durchgeführte Umfrage ergab, dass sich von den rund 140 Teilnehmern allenfalls 10 dieser These anschließen wollten.

Nach der die Diskussion eröffnenden Stellungnahme von Herrn Rechtsanwalt *Prof. Dr. Stüer* (Münster) ist eine Änderung der BauNVO – ungeachtet etwaiger Prüfungsabsichten – derzeit ohnehin nicht zu erwarten. Vorangegangene Änderungsinitiativen hätten stets dasselbe Muster gezeigt: Jeder Vorschlag zur Änderung der BauNVO ziehe zahlreiche weitere Änderungsforderungen aus der Fachliteratur nach sich, woraufhin jeweils eine Kommission eingesetzt werde, die sich erwartungsgemäß nicht auf konkrete Vorschläge einigen könne und letztlich zum Ergebnis gelange, man könne alles beim alten belassen. Zu berücksichtigen sei insofern auch, dass an einer Änderung der BauNVO kein nennenswertes politisches Interesse bestehe, da das Bauplanungsrecht die meisten Bürger nicht unmittelbar betreffe und seine Öffentlichkeitswirkung daher gering sei.

Herr *Dr. Dittmann* (VGH Kassel) bedankte sich beim Referenten Herrn *Prof. Dr. Kirchberg* ausdrücklich für dessen „Quergedanken", stellte aber die Frage, ob eine Abschaffung der BauNVO nicht sowohl den Anspruch auf Erhaltung der (faktischen) Gebietsart nach § 34 BauGB ins Wanken brächte als auch Auswirkungen auf das interkommunale Abstimmungsgebot nach § 2 Abs. 2 BauGB hätte. – Herr *Prof. Dr. Kirchberg* räumte hierzu ein, dass seine Thesen einen Wegfall der sog. faktischen Baugebiete zur Folge hätten. Das interkommunale Abstimmungsgebot lasse sich jedoch auch ohne die BauNVO in ihrer jetzigen Form aufrechterhalten, wenn ihr Regelungsgehalt als städtebaulicher Orientierungsmaßstab erhalten bliebe.

Herr Rechtsanwalt *Prof. Dr. Uechtritz* (Stuttgart) führte aus, seiner Ansicht nach liege eine tiefe Wahrheit darin, dass die Städte und Gemeinden aufgrund der zwingenden Vorgaben der BauNVO derzeit kein „Festsetzungserfindungsrecht" hätten. Jedenfalls wecke die Vorstellung „handgestrickter" Bebauungspläne bei ihm wenig Begeisterung. Die schon bisher bestehenden Probleme bei der Bestimmung, welches Bauvorhaben an welchem Ort zulässig sei, würden sich bei einer Abschaffung der Gebietsarten wohl eher noch verschärfen. Insofern ständen dem vergleichsweise geringen Gewinn an Gestaltungsfreiheit gravierende Risiken gegenüber. – Hierauf erwiderte Herr *Prof. Dr. Kirchberg*, Freiheit sei immer schwierig, biete aber auch Chancen. Er habe nicht vorgeschlagen, die BauNVO zugunsten einer „tabula rasa" aufzugeben; vielmehr solle die BauNVO auch weiterhin als städtebauliche Empfehlung für die Planungstätigkeit der Kommunen relevant bleiben. Ihm gehe es lediglich darum, die Städte und Gemeinden von dem beengenden Zwangskorsett der jetzigen BauNVO zu befreien.

Herr *Dr. Jannasch* (BVerwG) stellte dagegen die Frage, wessen Freiheit hier letztlich gemeint und betroffen sei: die der Gemeinden, die der Investoren oder die der Nachbarn? Er vermute bei aller gebotenen Vorsicht, dass mit der Existenz der BauNVO insgesamt doch ein Rationalitätsgewinn verbunden sein könnte. – Herr *Prof. Dr. Kirchberg* entgegnete, eine Herabstufung der Regeln der BauNVO auf Empfehlungsrang betreffe letztlich die Freiheit aller Beteiligten, und zwar auch die der Nachbarn. Die strenge Abgrenzung der Gebietstypen entspreche einem veralteten städtebaulichen Ideal. Das neue Leitbild der „europäischen Stadt" und die damit verbundene zunehmende Durchmischung von Nutzungsarten führe allerdings zwangsläufig – und auch richtigerweise – zu einem Verlust an Privilegien wie dem bisherigen Gebietserhaltungsanspruch des Nachbarn.

Ein Beitrag von Herrn Rechtsanwalt *Dr. Schuster* (Stuttgart) knüpfte an das Referat von Herrn König an und leitete damit über zur Diskussion einzelner Änderungsvorschläge, ohne den Bestand der BauNVO in ihrer derzeitigen Form grundsätzlich in Frage zu stellen. Aus anwaltlicher Sicht liege ein wichtiges Problem bei der Beratung von Planungsträgern in der Änderung von Bestandsplänen. Insofern halte er ergänzende Hilfestellungen des Verordnungsgebers für wünschenswert. Zudem regte er an, alternative Festsetzungsmöglichkeiten für (Betriebs-)Flächenbegrenzungen ins Auge zu fassen. Wirtschaftsbetriebe seien dynamische Einheiten, die schrumpfen, aber auch wachsen könnten. Starre Flächenbegrenzungen in Bebauungsplänen würden dieser Dynamik nicht gerecht. Statt dessen sei daran zu denken, die planerische Festsetzung von Flächenkontingenten für einzelne Plangebiete zuzulassen. – Dem widersprach zunächst Herr *Prof. Dr. Uechtritz:* Eine Kontingentierung von Betriebsflächen habe den erheblichen Nachteil, ein „Windhundrennen" zwischen gewerblichen Investoren zu provozieren. Sie ermögliche den Kommunen außerdem, verkappte Wettbewerbspolitik zu betreiben. Ähnlich zurückhaltend beurteilte den Vorschlag auch Herr *König.* Herr Rechtsanwalt *Dr. Melchinger* (Karlsruhe) zeigte sich insofern hin- und hergerissen: Einerseits halte er den Ansatz von Herrn *Dr. Schuster* für nicht vollends durchdacht. Andererseits habe sich das sog. „Windhundprinzip" in vielen Bereichen seit langem bewährt. Außerdem sei nach seiner Erfahrung die Entwicklung eines Gebiets für die Planungsträger oft nur schwer vorherzusehen; eine Flächenkontingentierung zuzulassen, könne insofern durchaus zur Planungsflexibilität beitragen. Herr *Schenk* (VGH Mannheim) gab dagegen zu bedenken, dass die Zulassung einer Flächenkontingentierung wohl nicht ohne eine vorherige Änderung des BauGB umsetzbar sei. Im übrigen verweise er auf die seiner Meinung nach oft „vergessene" Vorschrift des § 1 Abs. 10 BauNVO, die eine für die meisten Anwendungsfälle hinreichend flexible Feinsteuerung der Planung ermögliche. Diese Anregung kommentierte Herr *Dr. Schuster* mit dem Hinweis, die Vorschrift des § 1 Abs. 10 BauNVO sei für die Praxis schlicht zu kompliziert und damit unbrauchbar. Dagegen wandte sich jedoch wiederum Herr Rechtsanwalt *Dr. Fischer* (Mannheim): Seiner Ansicht nach bestehe das Problem weniger in der Verständlichkeit des § 1 Abs. 10 BauNVO als vielmehr in der schwindenden Bereitschaft der Stadtplaner, sich mit den Bestimmungen der BauNVO auseinanderzusetzen und diese zu beachten. Er sehe derzeit die Tendenz einer faktischen Abschaffung der BauNVO durch Nichtbeachtung. Dabei sei gerade die Vorschrift des § 1 Abs. 10 BauNVO ein gutes Beispiel für ein bereits existierendes „Festsetzungserfindungsrecht" der Kommunen, das lediglich mit Leben erfüllt werden müsse, um dem oft beklagten Mangel an Planungsfreiheit abzuhelfen. Den Nachweis, mit der eingeforderten Freiheit auch umgehen zu können, müssten insofern die Gemeinden selbst erbringen.

Als aus seiner Sicht zentrales Anwendungsproblem beschrieb Herr *Dr. Melchinger* die Bebauungspläne der Innenentwicklung. In der Praxis ergäben sich große Schwierigkeiten, die „reine Lehre" der Gebietstypik der BauNVO – auch unter Ausschöpfung der in § 1 Abs. 4 bis 10 BauNVO genannten Möglichkeiten – in solchen Bebauungsplänen umzusetzen. Die hiermit befassten Stadtplaner seien von dieser Aufgabe oft überfordert. Seiner Ansicht nach bestehe daher ein dringender Handlungsbedarf, die Vorschriften der BauNVO für Bebauungspläne der Innenentwicklung zu lockern.

Herr Rechtsanwalt *Dr. Weiß* (Freiburg) nahm in diesem Zusammenhang Bezug auf den Vorschlag von Herrn *König,* den neuen Gebietstyp eines „eingeschränkten Wohngebiets" zu schaffen. Hierbei seien die Vorgaben des Immissionsschutzrechts zu beachten; insbesondere die TA-Lärm enthalte vielfältige Restriktionen, die im Rahmen des Bauplanungsrechts nicht ohne weiteres umgangen werden dürften. – Dazu erläuterte Herr *König:* Ein „eingeschränktes Wohngebiet" müsse, damit das Konzept aufgehe, im Hinblick auf die Schutzwürdigkeit wie ein Mischgebiet – und eben nicht wie ein Wohngebiet – behandelt werden.

Herr *Prof. Dr.* Uechtritz dämpfte schließlich die Erwartungen an die im Koalitionsvertrag angekündigte „Überprüfung" der BauNVO: Soweit ihm bekannt, sei das einzige derzeit tatsächlich politisch diskutierte Thema die Zulassung von Kindertagesstätten in reinen Wohngebieten. Zudem wandte er sich noch gegen den Ansatz von Herrn *König,* die Möglichkeiten der Kommunen zum Erlass von „Ausschluss-Bebauungsplänen" – im Hinblick auf die vielfach gewünschte Verhinderung von Mobilfunk-Sendeanlagen – zu erweitern: Er habe generell erhebliche Bedenken gegen eine Ausweitung von Negativ-Bebauungsplänen. Speziell das Problem der Mobilfunkanlagen dürfe kein Anlass sein, noch weiter von dem Grundsatz des Verbots der Negativplanung abzurücken. – Herr *König* entgegnete, er wolle seinen Ansatz nicht als Stellungnahme zugunsten einer verstärkten Negativplanung durch die Gemeinden verstanden wissen. Er habe lediglich Möglichkeiten aufgezeigt, wie dies – sofern politisch gewollt – rechtlich umzusetzen sei. Davon abgesehen, habe er als Mitglied eines Normenkontrollgerichts keine allzu schlechten Erfahrungen mit der Planungstätigkeit der Gemeinden gemacht; er halte es also für durchaus vertretbar, „die Fesseln ein wenig zu lockern" – eine Position, auf die sich wohl die allermeisten Diskussionsteilnehmer hätten einigen können und die als Schlusswort der Veranstaltung insofern bestens geeignet war.

Präzise und aktuelle Kommentierungen

Redeker/von Oertzen
Verwaltungsgerichtsordnung

15., überarb. Auflage 2010
XVIII, 1.120 Seiten. Fester Einband. € 64,90
ISBN 978-3-17-020496-6
Kommentar

Seit dem Erscheinen der Vorauflage haben Rechtsprechung und Wissenschaft das Verständnis des Verwaltungsprozessrechts fortentwickelt. Der Gesetzgeber hat die VwGO und weitere sich auf das Prozessrecht auswirkende Vorschriften vielfach geändert. Diese Änderungen und Entwicklungen in ihren Auswirkungen auf die gerichtliche und außergerichtliche Praxis in Auswertung der Rechtsprechung und Literatur darzustellen, behutsam dort eigene Lösungen anzubieten, wo bislang Übereinstimmung nicht erzielt werden konnte und den am Verwaltungsprozess Beteiligten eine zuverlässige Wegweisung durch die vielfältigen Problemstellungen des Verwaltungsprozesses zu bieten, bleibt Aufgabe und Ziel dieses Kommentars. Insbesondere dem Praktiker sollen die Grundstrukturen und Systematik des Prozessrechts verdeutlicht und daraus Lösungen für die vielfältigen Problemstellungen entwickelt werden, die sich in der täglichen verwaltungsprozessualen Praxis ergeben. Ein Schwerpunkt der Überarbeitung liegt in der Darstellung der zahlreichen Gesetzesänderungen und Neuregelungen in VwGO, ZPO und Nebengesetzen. Der andere Schwerpunkt liegt in der Neubearbeitung des § 42 und der grundlegenden Überarbeitung der §§ 40, 113, 114 und 124 f. VwGO.

Jan Ziekow
Verwaltungsverfahrensgesetz

2., überarb. Auflage 2010
XVI, 659 Seiten. Fester Einband. € 59,90
ISBN 978-3-17-020951-0
Kommentar

Nachdem das Verwaltungsverfahrensgesetz in den letzten Jahren mehrere umfangreiche Änderungen erfahren hat, die insbesondere zur Umsetzung der europäischen Dienstleistungsrichtlinie erforderlich waren, wurde eine Neuauflage notwendig, die auch die neueren Entwicklungen in Rechtsprechung und Literatur aufgreift. Dem praktischen Bedürfnis von Behörden, Gerichten und Rechtsanwälten, eine handhabbare, verständliche und in der täglichen Arbeit schnell erschließbare Kommentierung zur Verfügung zu haben, trägt der Kommentar auch in seiner 2. Auflage Rechnung. So ist auch die Neuauflage weiterhin dem Ziel verpflichtet, ein überschaubares Werk aus einem Guss vorzulegen, das auf unnötigen Ballast verzichtet und insbesondere für die Praxis, aber auch für Studierende, Referendare sowie die Wissenschaft, die relevanten Probleme auf überschaubarem Raum behandelt.

W. Kohlhammer GmbH · 70549 Stuttgart · www.kohlhammer.de

ARBEITSKREIS 3

Selbstverwaltung der Justiz?

a) Referentin: Staatsrätin Dr. *Carola von Paczensky*, Justizbehörde Hamburg

Thesen des Referats

1. In die seit langem geführte *Diskussion über eine Selbstverwaltung der Justiz* ist in den letzten Jahren durch die Beschlüsse mehrerer Berufsverbände der Richterinnen und Richter Bewegung gekommen. Bei der Neubildung des Senats der Freien und Hansestadt Hamburg haben die Koalitionsparteien 2008 vereinbart, in dieser Legislaturperiode einen umfassenden Diskussionsprozess über diese Frage durchzuführen.[1] Damit ist das *Thema auch im politischen Raum* angekommen.
2. Ausgangspunkt der Diskussion ist das *Prinzip der Gewaltenteilung*. Dieses verlangt eine unabhängige Judikative. Denkbar wäre eine Kontrolle und Legitimation durch das Volk – durch das gewählte Parlament. Die Verwaltung der Justiz durch die 2. Gewalt ist ein Systembruch.
3. Der *parteipolitische Einfluss auf die Justiz* muss reduziert werden. Die personalpolitischen Befugnisse der JustizministerInnen können die Unabhängigkeit der RichterInnen gefährden.
4. Vor allem für Krisenzeiten, etwa die Beteiligung populistischer Parteien an der Regierung, müssen *strukturelle Vorkehrungen* getroffen werden. Die potenziellen Gefährdungen für die Unabhängigkeit der Justiz müssen minimiert werden.
5. Derzeit gibt es in den Ländern verschiedene Modelle der Personalauswahl und unterschiedlich ausgeprägte Formen der Mitwirkung durch die RichterInnen. *Alle diese Modelle haben Gefahren und Schwächen.* So kann beobachtet werden, dass eine Unterstützung der jeweiligen Regierungspartei für Beförderungen notwendig ist oder zumindest erscheint. In anderen Ländern werden parteipolitische Absprachen getroffen, die die Stellen unter den Parteien aufteilen. Dies verhindert Aufstiegsmöglichkeiten für diejenigen, die sich keiner Partei zuordnen lassen, auch wenn sie sehr gute RichterInnen sind. Schließlich gilt es, den Einfluss der Ministerialverwaltung auf die Personalentwicklung zu hinterfragen.
6. Die *Mitentscheidung bei Personalentscheidungen* durch gewählte VertreterInnen der *Anwaltschaft und der Justiz-Beschäftigten* in einem Justiz-Gremium, in dem diese zusammen mit den RichterInnen die Mehrheit haben, wird sachfremde Einflüsse, etwa Parteipolitik, verhindern.
7. Die Autonomie der Justiz sollte Teil einer Reform sein, die insgesamt ein neues Verständnis der Verwaltung und der Leitung der Gerichte zugrunde legt. Die Unabhängigkeit der RichterInnen kann auch durch Beförderungschancen, -hoffnungen und -erwartungen gefährdet werden. Dies wird verhindert, wenn künftig *Leitungsfunktionen in der Gerichtsverwaltung auf Zeit* wahrgenommen werden. Auf der anderen Seite kann Selbstreflexion und die Bereitschaft zur Veränderung

gefördert werden, wenn die Anstöße dazu nicht von den – als „Gegner" wahrgenommenen – Ministerialbeamten kommen.
8. Gremien und Personen, die aus den Reihen der Justiz gewählt werden (Justizverwaltungsrat, JustizpräsidentIn), können die *Belange der Justiz in den Haushaltsverhandlungen* gegenüber dem jeweiligen Parlament (Landtag) und der Öffentlichkeit effektiv und wirkungsvoll durchsetzen. Sie sind nicht in Koalitionen eingebunden und müssen keine Rücksicht auf übergeordnete Zielsetzungen aus anderen Politikfeldern oder auf langfristige Regierungsprogramme nehmen, sondern sind allein den sachlich begründeten Forderungen der Justiz verpflichtet.
9. Es ist Zeit, auch in Deutschland in den Ländern eine Form der *Autonomie der Justiz* einzuführen.[2] Darum ist es erfreulich, dass in immer mehr Ländern und in immer breiteren Kreisen über die verschiedenen vorgeschlagenen Modelle diskutiert wird.
10. Als nächsten Schritt kann es nicht um eine umgehende und flächendeckende Einführung der Autonomie gehen. Wichtig wäre es nun, dass in einzelnen Ländern konkrete Erfahrungen gesammelt werden können. *Öffnungsklauseln des Bundesrechts* müssen künftig den Ländern die Möglichkeit geben, ihre jeweiligen Vorstellungen umsetzen und ausprobieren zu können.

---

1 Die Hamburger Justizbehörde hat auf einer Tagung am 6. Juni 2009 die *Eckpunkte für ein Modell der Autonomie der Justiz* vorgestellt: http://www.hamburg.de/themen-und-aktuelles/1390350/autonomie-der-justiz.html.
2 Dies entspricht auch den Forderungen der Parlamentarischen Versammlung des Europarates in deren Resolution vom 30. September 2009.

Referat

Sehr geehrter Herr Steindorfner,
sehr geehrter Herr Frank,
meine sehr geehrten Damen und Herren,
liebe Kolleginnen und Kollegen,

über die *Selbstverwaltung der Justiz* wird seit langem diskutiert. Bereits in der Gründungsphase der Bundesrepublik beschäftigte sich 1953 der Deutsche Juristentag mit diesem Thema. Mit dem Anfang unseres Jahrhunderts ist nun wieder Schwung in diese Debatte gekommen. Nach einer Vielzahl von Aufsätzen und einer erneuten Beschäftigung des Deutschen Juristentages haben mehrere Verbände der Richterinnen und Richter Positionen beschlossen. Der Deutsche Richterbund hat ein Zwei-Säulen-Modell vorgelegt und die Neue Richtervereinigung sowie ver.di haben eigene Modelle beschlossen.

Mit der Bildung der Koalitionsregierung aus CDU und GAL ist im Jahr 2008 das *Thema auch im politischen Raum* angekommen. Die Koalitionsvereinbarung enthält

Arbeitskreis 3 (Referat a)

die Festlegung, dass in Hamburg in dieser Legislaturperiode ein breiter Diskussionsprozess organisiert werden soll zur Frage der Autonomie der Justiz. Auch in anderen Ländern steht diese Thematik auf der Tagesordnung der Rechtspolitik. So hat die neue Regierung des Saarlandes in ihrem Regierungsprogramm sich ebenfalls vorgenommen, die Argumente gründlich zu prüfen und sich eine Position zu bilden. In vielen weiteren Ländern beschäftigen sich mehrere Parlamentsfraktionen mit der Diskussion. Nach vielen Berufsverbänden sind nun also auch schon etliche politische Gremien an der Debatte beteiligt.

Es ist also ein sehr guter Zeitpunkt für den Verwaltungsgerichtstag, sich zu Wort zu melden.

Der *Diskussionsprozess in Hamburg* ist von vornherein lang und breit angelegt. Es ist uns wichtig, in vielen intensiven Gesprächen mit den Richterinnen und Richtern, ein Modell zu entwickeln, das eine tragfähige Basis hat.

Vor einem Jahr haben wir als hamburgische Justizbehörde ein Eckpunktepapier vorgelegt. Sie können dieses im Internet nachlesen. Die Diskussion darüber haben wir auf einer sehr gut besuchten Tagung im Juni geführt. Anschließend haben wir Gesprächsrunden und Informationsveranstaltungen in allen Gerichten organisiert. Es sind nun also viele Anregungen vorgebracht und es beteiligen sich immer mehr Personen und Institutionen an der Debatte.

Inhaltlicher Ausgangspunkt der Diskussion ist das *Prinzip der Gewaltenteilung*. Dieses verlangt eine unabhängige Judikative. Die Gewalten sind voneinander zu trennen und jede Durchbrechung dieses Prinzips verlangt gut begründet zu werden. Sind es wirklich zwingende Gründe, die auch aktuell Geltung beanspruchen können, die eine Verwaltung der 3. Gewalt durch die Regierung verlangen?

Zwar ist die inhaltliche Unabhängigkeit der Rechtsprechung in allen Ländern der Bundesrepublik im Prinzip gewährleistet, aber es ist zu befürchten, dass sich auch organisatorische Entscheidungen auf diese sachliche Unabhängigkeit auswirken können.

Die 3. Gewalt sollte über Fragen ihrer Organisation selbst entscheiden. Wie wird der Bereitschaftsdienst organisiert? Wie wird die IT gestaltet? Wird eher in Computer oder eher in Personalstellen investiert? Derartige Entscheidungen sind keine Lappalien, die mit der eigentlichen richterlichen Tätigkeit nur so am Rande zu tun haben, dass sie vernachlässigt werden können. Aus meiner eigenen Erfahrung als Richterin in Asylverfahren weiß ich, dass es für derartige Verfahren schon vor zehn, zwanzig Jahren unverzichtbar war, als Richterin eigene Recherchemöglichkeiten zu haben – um nicht auf vorgelegte Berichte angewiesen zu sein. Die Frage, ob ein Gericht die Voraussetzungen für einen umfassenden Internetzugang schafft oder ob die Mittel anders genutzt werden, hat also direkte Auswirkungen auf die Möglichkeiten der Richterinnen und Richter, sich selbst zu informieren und somit von den vorgelegten Materialien unabhängig entscheiden zu können.

Dies galt vor Jahren für die technischen Möglichkeiten der Informationsbeschaffung – heute ist das natürlich viel einfacher. Zumindest im Normalfall. Allerdings müssen Gerichte auch oftmals in ungewöhnlichen Situationen entscheiden, beispielsweise in Eilverfahren vor Ort am Rande großer, manchmal mehrtägiger Versammlungen und Demonstrationen. Eine Vielzahl an verfassungsrechtlichen, verwaltungsrechtlichen und strafrechtlichen Fragen müssen in kurzer Frist und fernab von der allgemein eingerichteten und eingespielten Struktur beantwortet werden. Hier wirken sich Entscheidungen, die vermeintlich lediglich organisatorischer Art sind, direkt auf die Möglichkeit, wirklich unabhängige Entscheidungen zu treffen aus.

Liebe Kolleginnen und Kollegen,

es ist natürlich nicht nur das *Prinzip* der Gewaltenteilung und die Auswirkungen, die die Organisation der Arbeit auch auf den Inhalt der Entscheidungen haben können, die uns dazu bringen, über Autonomie der Justiz zu diskutieren. Es ist auch die Überlegung, die sich immer wieder zeigt, dass Entscheidungen, die direkt vor Ort getroffen werden und da, wo sich auch ihre Auswirkungen zeigen, effizienter sind. *Dezentralisierung und Entscheidungsfindung durch die direkt Betroffenen* wird darum in vielen Bereichen zur Leitlinie der Organisationsreform. Warum sollte dies nicht auch für die Justiz gelten und warum sollte diese Erkenntnis nur eingeschränkt umgesetzt werden und sich in Budgetierungen für einzelne Gerichte erschöpfen?

Ein weiterer sehr wichtiger Aspekt ist der Einfluss sachfremder Erwägungen auf die Personalfindung und auf die Personalentwicklung in der Justiz. Die personalpolitischen Befugnisse der Justizministerinnen und -minister können die Unabhängigkeit der Richterinnen und Richter gefährden.

Der *parteipolitische Einfluss auf die Justiz* muss reduziert werden.

Das Problem ist nicht, dass die KontrahentInnen in der Debatte diesen parteipolitischen Einfluss verteidigen würden – sie bestreiten schlicht, dass dieser Einfluss existiert.

Es ist auch nicht so, dass dieser sich auf alle Vorsitzenden-Stellen in der Breite der Justiz erstrecken würde – aber bei höheren Stellen und Spitzenämtern (spätestens bei Positionen an Bundesgerichten) ist eine gewisse Form der parteipolitischen Vernetzung hilfreich oder sogar erforderlich.

Eine große Schwierigkeit in der öffentlichen Diskussion ist es, dass „Skandale" und Fälle der direkten Einflussnahme durch die Ministerien nicht öffentlich berichtet werden. In Podiumsdiskussionen und in Zeitschriftenbeiträgen werden allenfalls Andeutungen und Anspielungen gemacht. Hier ist es schwierig, Ross und Reiter zu benennen. Das führt dazu, dass gerade jüngere Kolleginnen und Kollegen, die diese Erfahrungen nicht bereits selbst gemacht bzw. beobachtet haben, die Geschichten nicht kennen.

Vor allem für Krisenzeiten, etwa die Beteiligung populistischer Parteien an der Regierung, müssen *strukturelle Vorkehrungen* getroffen werden. Die potenziellen Gefährdungen für die Unabhängigkeit der Justiz müssen minimiert werden. Reformen der Struktur müssen bei schönem Wetter durchgeführt werden und nicht in der Krise.

Berlusconi musste in Italien in einem mühevollen und für ihn schwierigen jahrelangen Verfahren öffentlich das Parlament dazu bringen, die richterliche Unabhängigkeit einzuschränken. Mit der deutschen Struktur hätte dies sein Justizminister weitgehend ohne öffentliche Aufmerksamkeit erreichen können.

Auch in Deutschland ist es ohne weiteres denkbar, dass populistische oder sogar extremistische Parteien in die Regierung eines Landes gewählt werden. Ein Beispiel ist der Erfolg der Schill-Partei in Hamburg, die damals aus dem Stand fast 20 % erhalten hat und am Senat beteiligt war.

Auch demokratische Parteien sind in der Versuchung, ihre Personalpolitik durchzusetzen, vor allem wenn sie mehrere Jahrzehnte eine absolute Mehrheit haben. Wenn es dann schließlich doch zu einem Wechsel kommt, kann die vormalige Opposition eine Haltung einnehmen, dass sie nun einen Nachholbedarf habe. Beispiel: Schleswig-Holstein, jahrzehntelange CDU-Mehrheit, anschl. unter SPD dezidiert parteipolitisch geprägte Justizpersonalpolitik.

Derzeit gibt es in den Ländern verschiedene Modelle der Personalauswahl und unterschiedlich ausgeprägte Formen der Mitwirkung durch die Richterinnen und Richter. *Alle diese Modelle haben Gefahren und Schwächen.* So kann beobachtet werden, dass eine Unterstützung der jeweiligen Regierungspartei für Beförderungen notwendig ist oder zumindest erscheint. In anderen Ländern werden parteipolitische Absprachen getroffen, die die Stellen unter den Parteien aufteilen. Dies verhindert Aufstiegsmöglichkeiten für diejenigen, die sich keiner Partei zuordnen lassen, auch wenn sie eine sehr gute Arbeit machen.

Für die Mitwirkung der Gerichte bei der Personalauswahl und bei Beförderungsentscheidungen haben sich in den vergangenen Jahrzehnten in den deutschen Ländern verschiedene Modelle entwickelt. Es gibt unterschiedlich zusammengesetzte Gremien, die mehr oder weniger stark einbezogen werden. Etwa Richterwahlausschüsse oder Präsidialräte; jedoch haben alle diese unterschiedlichen Modelle auch ihre Schwierigkeiten. Es ist also tatsächlich notwendig, um die hier genannten Ziele erreichen zu können, eine umfassende grundlegende Reform der Struktur herbeizuführen. Einzelne Änderungen, die innerhalb der bestehenden Ordnung bleiben, werden uns nicht ausreichend weiterführen.

Es ist für eine künftige Verbesserung der Justiz auch wichtig zu hinterfragen, welchen *Einfluss die Ministerialverwaltung auf die Personalentwicklung* haben soll. Die Frage, was gute qualitative Arbeit ist, ist im Hinblick auf die Anforderungen, die an Richter und an Beamte zu stellen sind, unterschiedlich zu beantworten. Eine Richterin, die sich in der Ministerialverwaltung ausgezeichnet hat, muss nicht bereits deshalb bessere Rechtsprechung leisten können. Es ist also nicht so, dass die bisher häufig zu beobachtende Karriereplanung über Stationen in den Ministerien auch in Zukunft der alleinige Maßstab sein muss.

Andererseits muss natürlich ein scharfer Gegensatz zwischen der Justiz und dem Ministerium vermieden werden. Es darf sich nicht eine über Generationen hinweg tradierte Haltung verfestigen, dass die jeweils andere Seite „der Feind" sei. Solcherlei Frontenbildung kann aufgebrochen werden durch Personen, die im Laufe ihrer Karriere zwischen Justizverwaltung und Rechtsprechung wechseln.

Arbeitskreis 3 (Referat a)

Die *Mitentscheidung bei Personalentscheidungen* durch gewählte VertreterInnen der *Anwaltschaft und der Justiz-Beschäftigten* in einem Justiz-Gremium, in dem diese zusammen mit den RichterInnen die Mehrheit haben, wird sachfremde Einflüsse, etwa Parteipolitik, verhindern.

In dem Modell der Hamburger Justizbehörde für eine Autonomie der Justiz wird ein Justizwahlausschuss vorgeschlagen, der sich anders zusammensetzen soll als der bereits existierende Richterwahlausschuss. In den Diskussionen dazu wurde geäußert, dies könne zu einer stärkeren Parteipolitisierung führen. Diese Befürchtung kann jedoch nicht überzeugen. Derzeit haben die VertreterInnen von schwarz-grün bereits eine Blockademinderheit. Künftig hätten nicht einmal die VertreterInnen aller Bürgerschaftsparteien zusammen eine solche Position. Überdies ist es nicht wahrscheinlich, dass rot-rot-schwarz-grün gemeinsame Absprachen treffen würden.

Dieser *Justizwahlausschuss* wird in unserem Modell das zentrale Gremium der autonomen Justiz-Struktur werden. Er entscheidet über Einstellung und Beförderung von Richterinnen und Richtern und er wählt den Justizverwaltungsrat und die Justizpräsidentin oder den Justizpräsidenten. Je nachdem, welche dieser Aufgaben er wahrnimmt, tritt er in einer größeren oder in einer kleineren Besetzung zusammen.

Für die regelmäßige Arbeit der Verwaltung der Justiz und für ihre Repräsentanz nach außen sehen die verschiedenen Selbstverwaltungsmodelle, die derzeit auf dem Markt sind, unterschiedliche Gremien vor. Es werden einzelne Personen oder Kollegialorgane vorgeschlagen. In unserem hamburgischen Modell sehen wir eine Verbindung aus diesen beiden Ideen vor. Wir schlagen einen kleinen *Justizverwaltungsrat* vor, an dessen Spitze die *Justizpräsidentin* oder der Justizpräsident stehen soll. Die genaue Kompetenzaufteilung zwischen diesen beiden sollte dann zu einem späteren Zeitpunkt geklärt werden.

Schon jetzt ist aber wichtig zu betonen, dass für diese Spitze der autonomen Justiz eine Verwaltungsbehörde arbeiten wird. Die Personen und Stellen, die derzeit in der Justizministerialbürokratie vorgehalten werden, sollen also künftig den gewählten Vertretungen der Richterschaft zuarbeiten.

Unverzichtbar ist es, dass *auch die autonome Justiz demokratisch legitimiert* ist. Im Hamburger Modell schlagen wir eine formale Bestätigung aller Mitglieder der Gremien durch die Bürgerschaft vor. Wir haben somit eine ununterbrochene Legitimationskette vom Volk hin zu allen Trägern staatlicher Gewalt. Allerdings ist damit auch nicht die Mitwirkung der Richterinnen und Richter ausgehebelt und vollständig auf das Parlament übertragen, da die Vorschläge aus der Richterschaft eine sehr große Bedeutung haben werden. Nur in extremen Ausnahmesituationen wird es notwendig und politisch vertretbar sein, von diesen Vorschlägen abzuweichen. Ein Einfallstor für parteipolitische Ämterpatronage ist hier also nicht.

Der frühere Bundesverfassungsgerichtspräsident *Prof. Papier* hat vor einiger Zeit in einem Aufsatz das DRB-Modell als verfassungsrechtlich unzulässig abgelehnt und auf die mangelnde demokratische Legitimation verwiesen. In neueren Veröffentlichungen äußerte er sich inzwischen weniger deutlich ablehnend. Sowohl die Modelle als auch seine Kritik bewegen sich also. Zu diesem Thema werden wir ein verfassungsrechtliches Gutachten in Auftrag geben und in einiger Zeit veröffentlichen.

Liebe Kolleginnen und Kollegen,

ich habe schon das hamburgische Modell für eine Autonomie der Justiz angesprochen und auch schon sein zentrales Gremium – den Justizwahlausschuss – genannt. Dieser soll in seiner Zusammensetzung die ganze Breite der Justiz widerspiegeln. Es ist wichtig, dass keine Strukturen entstehen, die dazu beitragen, dass die kleineren Fachgerichtsbarkeiten von den Vertreterinnen und Vertretern der großen Gerichte dominiert werden. Sicherlich wird es niemals eine Form der Organisation geben, die Spannungen und Differenzen dauerhaft ausschließen kann – aber dadurch, dass wir Gremien vorschlagen, in denen alle Gerichtsbarkeiten vertreten sind, werden die unterschiedlichen Gesichtspunkte und Bedürfnisse angemessen zur Geltung kommen.

Ein weiterer wichtiger Punkt ist es in diesem Zusammenhang auch, dass möglichst viele Entscheidungen möglichst dezentral und vor Ort gefällt werden. In diesem Bereich sind dann auch innerhalb der autonomen Justiz die einzelnen Bereiche möglichst selbstständig.

Die Autonomie der Justiz sollte Teil einer Reform sein, die insgesamt ein neues Verständnis der Verwaltung und der Leitung der Gerichte zugrunde legt. Die Unabhängigkeit der RichterInnen kann auch durch Beförderungschancen, -hoffnungen und -erwartungen gefährdet werden.

Natürlich gilt auch diese Befürchtung nicht flächendeckend und auf alle Personen bezogen. Aber es wird möglicherweise auch heute noch die eine oder andere Justizpolitikerin oder den einen oder anderen Richter geben, der den schon oft zitierten Ausspruch des preußischen Justizministers *Adolf Leonhardt* im Hinterkopf hat. *„Solange ich über die Beförderungen bestimme, bin ich gern bereit, den Richtern ihre sogenannte Unabhängigkeit zu konzedieren."*

Dies wird verhindert, wenn künftig *Leitungsfunktionen in der Gerichtsverwaltung auf Zeit* wahrgenommen werden. Dies wäre ein Baustein für ein neues Verständnis der Richterinnen und Richter von ihrem eigentlichen Amt – also der Rechtsprechung – und von Aufgaben im Bereich der Gerichtsverwaltung und der Repräsentanz der Justiz. Eine solche Konzentration auf das Ziel einer sachgerechten und unabhängigen Rechtsprechung – fernab von Karriere- und Opportunitätserwägungen – würde das richterliche Ethos und das Selbstbewusstsein stärken.

Die bisherige Rechtsprechung zur Zulässigkeit der Vergabe von Ämtern auf Zeit im Beamtenrecht kann nicht ohne weiteres herangezogen werden, wenn es darum geht, ob bestimmte Aufgaben, die bisher einigen Ämtern und Positionen in den Gerichten vorbehalten sind, künftig nur für eine bestimmte Zeit übernommen werden. Auch hierzu werden wir bald ein *verfassungsrechtliches Gutachten* veröffentlichen.

Dies ist sozusagen der Blick von innen auf die Gerichte und die Situation der Richterinnen und Richter in einer künftigen autonomen Justiz – nun möchte ich auf einen Aspekt, der beim Blick von außen auffällt, zu sprechen kommen.

Arbeitskreis 3 (Referat a)

Man kann ja mit ökonomischen Berechnungsmethoden den Aufwand, der für die Produkte der Justiz notwendig ist, in Geld umrechnen. Derartige Berechnungen können oftmals große Unterschiede bei den Kosten eines Urteils in den einzelnen Gerichten ergeben.

Da muss sich die Frage stellen, ob etwas geändert werden kann oder muss. Aber in einer starren Konfrontationshaltung werden auch gute und sinnvolle Vorschläge blockiert und es werden sachfremde Erwägungen unterstellt – oft auch zu Recht. Hier kann Autonomie notwendige Reformen deutlich erleichtern bzw. ermöglichen.

Die Selbstreflexion und die Bereitschaft zur Veränderung können gefördert werden, wenn die Anstöße dazu nicht von den – als „Gegner" wahrgenommenen – Ministerialbeamten kommen, sondern aus „eigenen" Strukturen.

Wichtig ist natürlich immer die Frage nach dem Geld. In den vielen Diskussionen zu diesem Thema wird sie von einigen auch in den Vordergrund gestellt. Hat die Justiz von einer Autonomie finanzielle Vorteile?

Gremien und Personen, die aus den Reihen der Justiz gewählt werden (Justizverwaltungsrat, Justizpräsident) können die *Belange der Justiz in den Haushaltsverhandlungen* gegenüber dem jeweiligen Parlament (Landtag) und der Öffentlichkeit effektiv und wirkungsvoll durchsetzen. Sie sind nicht in Koalitionen eingebunden und müssen keine Rücksicht auf übergeordnete Zielsetzungen aus anderen Politikfeldern oder auf langfristige Regierungsprogramme nehmen, sondern sind allein den sachlich begründeten Forderungen der Justiz verpflichtet. Dagegen stehen derzeit die Justizministerinnen und Justizminister oft vor Situationen, in denen sie sich sagen *„Zwei Seelen wohnen – ach – in meiner Brust."* Zum einen sind sie natürlich allesamt leidenschaftliche Vertreterinnen und Vertreter der Interessen der Justiz – zum anderen hat jedoch ihre jeweilige Partei möglicherweise ganz andere Schwerpunkte. Gelegentlich will die veröffentlichte Meinung bestimmte Projekte vorrangig verwirklicht sehen und die Kosten dafür müssen dann von allen Bereichen, auch der Justiz, aufgebracht werden. Oft gibt es Verabredungen, Kompromisse, Deals. An diese Vereinbarungen und Beschlüsse der Parteigremien oder -führungen ist dann auch die Justizministerin oder der Justizminister gebunden. Parteipolitische Verankerung ist also nicht nur ein stärkendes Machtmittel, sondern auch eine einengende Einbindung. Von dieser könnte die Justiz als eigenständige Gewalt befreit werden.

Wer befürchtet, die parteipolitische Verankerung sei dann zu schwach, überschätzt die Bedeutung der parteipolitischen Verabredungen. Jenseits der großen politischen Schwerpunktthemen – also bei uns beispielsweise die Schulreform – hält sich die Parteipolitik sehr zurück. Es ist keinesfalls so, dass derzeit für eine Mitspracheeinmöglichkeit bei den Entscheidungen, die für die Justiz wichtig sind, nur interne Runden innerhalb der Parteien wichtig sind. Es gibt derartige Verabredungen, sie müssen aber auch nicht überschätzt werden, und es gibt keinen sachlichen Grund, ihren Einfluss übertrieben darzustellen. Eine unabhängige Interessenvertretung der Justiz, eine eigene Stimme der Gerichte, würde also sehr wohl deutlich Gehör finden, auch ohne parteiinterne Hausmacht organisieren zu müssen.

Arbeitskreis 3 (Referat a)

Es werden oft weitere Befürchtungen geäußert, warum die Justiz besser nicht eine derartige eigene Stimme bekommen sollte. Es wird manchmal so getan, als gäbe es nicht genügend Richterinnen und Richter, die in Verhandlungen mit dem Parlament bestehen könnten. Aber: Menschen entwickeln sich, und die Fähigkeiten, die zur Verhandlung mit „der Politik" nötig sind, können schnell erlernt werden. Wir sehen dies an den Lebensläufen derjenigen, die jetzt politische Ämter innehaben, und wir sehen dies an den Richterinnen und Richtern, die Führungspositionen übernehmen. Es gibt also keinen Anlass, verzagt zu sein.

Vor allem aber: Ich habe die Erfahrung gemacht, dass der *wesentliche Aspekt erfolgreicher Haushaltsverhandlungen eine gute Vorbereitung durch den professionellen Apparat* ist. Dieser Apparat arbeitet derzeit dem Justizsenator zu und würde künftig genauso gut und genauso professionell die Justizpräsidentin oder den Justizpräsidenten vorbereiten und unterstützen.

Es gibt also überhaupt keinen Grund, zu befürchten, eine autonome Justiz bekäme geringere Haushaltsmittel. Ich behaupte zwar nicht, dass das Gegenteil sicher wäre, und ich verspreche nicht, dass alle finanziellen Schwierigkeiten durch eine Justizpräsidentin oder einen Justizpräsidenten schlagartig gelöst wären – aber ich bin sicher, dass es zumindest genau so gute und erfolgreiche Justizpräsidentinnen geben wird, wie es jetzt gute und erfolgreiche Justizminister gibt – und eben auch das Gegenteil, da auch in einer veränderten Struktur die Ämter von Menschen ausgefüllt werden.

Manche, die Bedenken äußern, erinnern ein bisschen an die Sorgen junger Menschen, die das bequeme Hotel Mama verlassen sollen. Die ministerielle Justizverwaltung nimmt viele Dinge ab – trotzdem sollte die Richterschaft selbstbewusst und emanzipiert genug sein, diese selbst regeln zu wollen.

Es ist Zeit, auch in Deutschland in den Ländern eine Form der *Autonomie der Justiz* einzuführen. Dies entspricht auch den Forderungen der Parlamentarischen Versammlung des Europarates in deren Resolution vom 30. September 2009. Darum ist es erfreulich, dass in immer mehr Ländern und in immer breiteren Kreisen über die verschiedenen vorgeschlagenen Modelle diskutiert wird.

Die Details dieser Vorschläge sind nicht in Stein gemeißelt. Wichtig ist aber, endlich eine grundsätzliche Bereitschaft zur Bewegung herbeizuführen. Anders als die starre Ablehnung etwa aus Bayern (Staatsministerin Merk, CSU) und Baden-Württemberg (Herr Steindorfner).

Als nächsten Schritt kann es nicht um eine umgehende und flächendeckende Einführung der Autonomie gehen. Wichtig wäre es nun, dass in einzelnen Ländern konkrete Erfahrungen gesammelt werden können. *Öffnungsklauseln des Bundesrechts* müssen künftig den Ländern die Möglichkeit geben, ihre jeweiligen Vorstellungen umsetzen und ausprobieren zu können.

In diesem Zusammenhang stellt sich die Frage, ob es dazu bundesverfassungsrechtlicher Änderungen bedarf. Nach der herrschenden Meinung ergibt aus Artikel 98 Absatz 4 Grundgesetz, die Personalhoheit der Landesjustizministers, der nicht durch einen Justizpräsidenten ersetzt werden darf. Hier sollte also eine Regelung eingefügt werden, dass die Länder die Möglichkeit bekommen, eigene Vorstellungen umzusetzen.

Auf der Ebene des einfachen Bundesrechts sind eine Reihe von Gesetzen zu ändern, bzw. mit Öffnungsklauseln zu ergänzen, vor allem das Gerichtsverfassungsgesetz und das Deutsche Richtergesetz. Welche Vorschriften genau – hängt vom jeweiligen Modell ab.

Im Landesrecht wären – zumindest in Hamburg – ebenfalls Verfassungsänderungen notwendig. Dies ist aber auch kein Makel, da eine solch grundlegende Strukturreform ohnehin sinnvollerweise mindestens von einer verfassungsändernden Mehrheit im Parlament getragen werden sollte.

In Umsetzung des Prinzips der Gewaltenteilung, zur Vermeidung unsachlichen Parteieinflusses und um ein zeitgemäßes Richterbild zu verankern, dürfen wir nicht vor grundlegenden Änderungen der Struktur zurückschrecken.

Die Autonomie der Justiz bietet viele Chancen – wir sollten nun damit beginnen, sie einzuführen.

b) Referent: Oberstaatsanwalt *Christoph Frank*,
Vorsitzender des Deutschen Richterbundes, Freiburg

Thesen des Referats

1. Die deutsche Justiz ist leistungsstark. Sie erfüllt bei der Erledigung der ihr übertragenen besonderen Aufgabe der Rechtsgewährung die eigenen hohen Qualitätsansprüche und genießt bei den Bürgern, aber auch im internationalen Vergleich hohes Ansehen.[1]
2. Trotz dieser günstigen Befunde hat die Justiz, die Rechtspflege insgesamt, nicht die politische und öffentliche Wahrnehmung, die ihrer verfassungsrechtlichen Stellung als Dritte Staatsgewalt und Bedeutung als unverzichtbares, ausgleichendes, stabilisierendes und steuerndes Instrument in der Gesellschaft gerecht wird. Die Debatte über unser Rechtswesen und seine Ausstattung wird nach betriebswirtschaftlichen Parametern maßgeblich von den Finanzministern bestimmt. Die gebotene breit angelegte Diskussion über den Wert der Justiz findet weder in der Öffentlichkeit noch in den Parlamenten statt.
3. Die Personalausstattung der Justiz ist in den meisten Ländern nach den eigenen Berechnungen der Landesjustizverwaltungen defizitär. Dies beeinträchtigt den Rechtsgewährungsanspruch der Bürger. Längere Verfahrenszeiten führen zu rechtlicher Unsicherheit im Zivil-, Sozial- und Verwaltungsrecht mit Folgen für die Wirtschaft und die Sozialhaushalte. Wirksame zeitnahe Reaktionen im Strafrecht können nicht durchgängig gewährleistet werden. Der Druck zu informellen Erledigungen nach Absprachen mit einer Gefährdung der Gerechtigkeit sichernden Gleichbehandlung nach dem Legalitätsprinzip nimmt zu.

4. Personalentscheidungen, von der Einstellung bis zur Beförderung in Spitzenämter, werden in vielen Ländern von der Exekutive nach politischen Proporzüberlegungen als Steuerungsinstrumente verstanden; sie erzeugen zumindest den bösen Anschein der Einflussnahme auch auf die persönliche Unabhängigkeit der Richter und die besondere Aufgabe der Staatsanwälte.
5. Die deutsche Justiz wird für ihre Leistungen international anerkannt und betreibt erfolgreich Rechtsexport. Mit ihren Strukturen wird sie jedoch ihrer Vorbildfunktion in Europa nicht gerecht:
   a) Das durch die Exekutive gesteuerte deutsche Justizsystem entspricht nicht den Empfehlungen des Europarates, wonach die für die Auswahl und Laufbahn der Richter zuständige Stelle von der Exekutive unabhängig sein muss. Die Entschließung der Parlamentarischen Versammlung des Europarates vom 30. September 2009 fordert Deutschland auf, ein System der Selbstverwaltung der Justiz mit Justizräten einzuführen und die Möglichkeit abzuschaffen, dass Justizminister der Staatsanwaltschaft Anweisungen zu einzelnen Fällen geben.[2]
   b) Die deutsche Justiz ist in den europäischen justiziellen Beratungsgremien durch die Exekutive vertreten, die hier zum Teil nur Beobachterstatus hat. Die Exekutive lässt sich hierfür durch die Justiz lediglich beraten. Hierdurch wird auf die wichtige Möglichkeit verzichtet, auf europäische Rechtsentwicklungen aus Sicht der Justizpraxis zur Durchsetzung der hohen deutschen Qualitätsstandards Einfluss zu nehmen.
6. Selbstverwaltungsmodelle in anderen europäischen Ländern müssen vor dem historischen und politischen Hintergrund ihrer Entstehung und ihrer Rechtskultur bewertet werden. In Deutschland werden in den einzelnen Bundesländern eigene Modelle zu entwickeln sein, die Bewährtes erhalten und Elemente der Stärkung der Justiz zusätzlich einführen. Kooptierende Justizsysteme, die demokratischer Legitimation und Kontrolle entzogen sind, sind abzulehnen.
7. Die Justiz ist durch ihre Leistungen legitimiert und wegen ihrer Verantwortung im Staatsgefüge aufgerufen, die Diskussion über ihre Strukturen mit dem Anspruch der Verbesserung der Erfüllung des Rechtsgewährungsanspruchs und der Sicherung der Unabhängigkeit ihrer Amtsträger erneut anzustoßen. Verantwortungsvolles Regierungshandeln gebietet, sich auf diese Diskussion ergebnisoffen einzulassen.
8. Die verfassungsrechtliche Konzeption der Judikative als dritte Staatsgewalt legt ihre eigenständige und unabhängige Organisation nahe. In ihr müssen die demokratische Legitimation der Amtsträger und die Verantwortlichkeit der Selbstverwaltungsgremien gegenüber dem Parlament uneingeschränkt gewährleistet sein.
9. Diese Vorgaben erfüllt das Zwei-Säulen-Modell des DRB in seiner Ausgestaltung im Diskussionsentwurf für ein Landesjustizselbstverwaltungsgesetz.[3]
   a) Es sieht vor, dass die Mitglieder des Justizverwaltungsrates, auf den das Gesetz die Aufgaben der Justizverwaltung überträgt, mit der Wahl durch den mehrheitlich mit Parlamentariern besetzten Justizwahlausschuss legitimiert sind. Durch die direkte Einbeziehung von Parlamentariern in den Justizwahlausschuss ergibt sich eine deutlich stärkere Anbindung an den Willen des Staatsvolks als durch

die jetzige Vermittlung der demokratischen Legitimation über die Exekutive. Eine unmittelbare Anbindung an das Parlament ergibt sich auch durch den vom Justizverwaltungsrat aufzustellenden Voranschlag für den Haushalt der Justiz.

b) Die Mitglieder des Justizverwaltungsrates dienen dem Gesamtinteresse der Justiz und nicht den Partikularinteressen einer Gerichtsbarkeit oder der Staatsanwaltschaft. Sie haben eine Berichtspflicht unmittelbar gegenüber dem Parlament und unterstehen der Dienstaufsicht des Landtagspräsidenten. Die vorgesehene Zusammensetzung des Justizverwaltungsrates gewährleistet, dass diese Spitze der Justizverwaltung mit den Besonderheiten aller Gerichtsbarkeiten und der Staatsanwaltschaft vertraut ist und gewährleistet darüber hinaus eine effektive Aufgabenwahrnehmung im Gremium. Die Pluralität der Justiz wird dadurch abgebildet, dass keine Gerichtsbarkeit durch mehr als zwei Angehörige vertreten ist.

c) Durch die Befristung der Ämter wird die Praxisverbundenheit der Mitglieder des Justizverwaltungsrates sichergestellt und reinen Verwaltungskarrieren entgegengewirkt. Diese Konstruktion ist von der Vergabe von Führungsämtern auf Zeit in Gerichten und Staatsanwaltschaften zu unterscheiden. Diese würde einen unzulässigen Eingriff in die Unabhängigkeit der Funktionsträger, die nach der bewährten Konzeption des Gerichtsverfassungsgesetzes neben ihrer Verwaltungstätigkeit richterliche Tätigkeit ausüben, darstellen. Auch für Führungspositionen in der Staatsanwaltschaft ist die Vergabe von Führungsämtern auf Zeit unvereinbar mit den Grundsätzen des Berufsbeamtentums.

10. Eine Einbeziehung der Staatsanwaltschaft in die Strukturen einer selbstverwalteten Justiz ist unverzichtbar. Der Staatsanwalt stellt bei seiner strafverfolgenden Tätigkeit gemeinsam mit dem Richter die Aufgabe der Justizgewährung sicher. Die Staatsanwaltschaft ist als eine besondere Institution innerhalb der vollziehenden Gewalt zu sehen, die allein der Wahrheit und Gerechtigkeit verpflichtet ist und sich nicht an sonstigen exekutiven Interessen zu orientieren hat. Sie darf nicht der Gefahr der ansonsten drohenden Eingliederung in die Innenverwaltung ausgesetzt werden. Der Laufbahnwechsel zwischen Gerichten und Staatsanwaltschaften hat sich in vielen Ländern bewährt und ist in einer einheitlich selbstverwalteten Justiz organisatorisch abzusichern. Die Abschaffung des ministeriellen Weisungsrechts im Einzelfall wird ein wichtiger Schritt zur Stärkung der Stellung des einzelnen Staatsanwalts sein.

11. In einer selbstverwalteten Justiz wird es transparentere Entscheidungsprozesse zur Ausstattung der Justiz und zur Personalauswahl geben. Sichere Prognosen, ob dann erfolgreicher Haushaltsmittel eingeworben werden können, sind nicht möglich. Es wird jedoch eine öffentliche politische Diskussion über den Wert geben, den die Parlamente der Justiz beimessen. Der Bürger wird erfahren, wie effektiv und kostengünstig die Justiz arbeitet, mit wie wenig Geld hohe Gewinne an gesellschaftlicher Qualität erreicht werden können. Die Entscheidung, den selbst festgestellten Mehrbedarf für die Justiz zu Lasten der Bürger nicht zu

decken, wird nicht mehr – wie heute noch – geräuschlos und weitgehend unbemerkt in einem für den Gesamthaushalt marginalen Haushaltssegment getroffen werden können.

1 Der Deutsche Richterbund hat mit seinem Qualitätspapier, das immer wieder aktualisiert wird, Maßstäbe für richterliches und staatsanwaltschaftliches Handeln entwickelt. Das Thesenpapier zur Qualität der Arbeit in Gerichten und Staatsanwaltschaften ist abrufbar unter: http://www.drb.de/cms/index.php?id=584.
2 Die Resolution 1685 (2009) „Allegations of politically motivated abuses of the criminal justice system in Council of Europe member states" der Parlamentarischen Versammlung des Europarates ist abrufbar unter: http://assembly.coe.int/Mainf.asp?link=/Documents/AdoptedText/ta09/ERES1685.htm.
3 Der Entwurf für ein Landesgesetz zur Selbstverwaltung der Justiz (Landesjustizselbstverwaltungsgesetz) ist abrufbar unter: http://www.drb.de/cms/fileadmin/docs/sv_gesetzentwurf_100325.pdf.

Referat

I. Vorbemerkungen, Übersicht über den Stand der Diskussion

Dem Deutschen Verwaltungsgerichtstag danke ich, dass die Selbstverwaltung der Justiz zum Gegenstand der Beratungen in einem Arbeitskreis gemacht worden ist. Nicht zuletzt diese Entscheidung zeigt, dass das Thema Selbstverwaltung in der rechtspolitischen Diskussion angekommen ist. Es rückt die Justiz insgesamt in ihrer Funktion und Bedeutung als Dritte Staatsgewalt verstärkt in den Blickpunkt. Ihre anerkannt guten Leistungen, ihre eigenen Qualitätsansprüche, der Status ihrer Funktionsträger, aber auch die Personalausstattung und die Besoldung, die die Haushaltsgesetzgeber in Deutschland der Justiz zur Verfügung stellen, werden zunehmend öffentlich wahrgenommen. Diese Diskussion stärkt die Institution Justiz und die Rechtspflege insgesamt, die Justiz stellt sich ihr selbstbewusst mit ihrer Forderung nach Selbstverwaltung.
1. Eine Reform der Strukturen der Justiz in Deutschland ist nur und insoweit gerechtfertigt, als sie Verbesserungen der Erfüllung des Rechtsgewährungsanspruchs der Bürger erwarten lässt. Dabei könnte es sich um
   – unmittelbare, messbare Verbesserungen in der Qualität der Entscheidungen und der Dauer der Verfahren,
   – mittelbare Verbesserungen durch eine Stärkung der Justiz als unabhängige Dritte Staatsgewalt und
   – mittelbare Verbesserungen durch die institutionelle und strukturelle Absicherung der Unabhängigkeit der einzelnen Richter und Staatsanwälte handeln.
Hierzu müssen die Systeme in den Bundesländern selbst in ihrer Konzeption und über die bei der Justizgewährung erreichten Ergebnisse bewertet werden. Rechtsvergleichende Studien zu Selbstverwaltungsmodellen anderer europäischer Staaten können hierbei hilfreich sein. Grundsätzlich wünschenswerte bundesrechtlich einheitliche Regelungen zur Verfassung der Justiz bedürften Grundgesetzänderungen, für die es einen mehrheitlichen politischen Willen auf absehbare Zeit nicht geben

wird. Bundes- und landesrechtliche Konzeptionen ergänzen sich dennoch nutzbringend in der Diskussion um die Stellung der Justiz und der einzelnen Richter und Staatsanwälte.
2. Die aktuelle rechtspolitische Diskussion vermittelt ein uneinheitliches Bild:
a) Von einigen wird jeglicher Reformbedarf bestritten. Die Justiz sei für ihre Leistungen und die Unabhängigkeit ihrer Amtsträger hoch angesehen. Diskussionen mit dem Ziel der Änderung der Strukturen gefährdeten daher das Ansehen der Justiz und seien nicht nur überflüssig, sondern schädlich (Justizministerium Baden-Württemberg).
b) Überwiegend wird anerkannt, dass eine Grundsatzdiskussion über die Verfassung der Justiz geboten ist.
Einen staatlichen Prüfungsauftrag, wie im Verfassungskonvent Österreichs zur Evaluierung europäischer Selbstverwaltungssysteme, gibt es bislang nur in Hamburg und im Saarland. Die Justizminister selbst stellen sich – überwiegend kritisch ablehnend – zwischenzeitlich in den meisten Bundesländern der Diskussion. Die Bundesjustizministerin, die im September 2009 noch die Einführung der Selbstverwaltung in Deutschland gefordert hatte, zieht sich nun in der Beantwortung[1] einer Kleinen Anfrage der Linken vom 18.3.2010 auf den Hinweis zurück, es bedürfe hierfür einer Grundgesetzänderung, für die es derzeit politische Mehrheiten nicht gebe.
c) Überlegungen zur Umsetzung eines Selbstverwaltungsmodells gibt es derzeit nur in Hamburg. Der schwarz-grüne Senat will bis zur nächsten Bürgerschaftswahl im Jahr 2011 ein ausformuliertes Selbstverwaltungskonzept entwickeln und zur Entscheidung stellen.
d) In den Richterverbänden ist der Diskussionsstand uneinheitlich. Der Deutsche Richterbund hat nach langjähriger Diskussion im April 2007 beschlossen, die Selbstverwaltung der Justiz zu fordern. Am 25.3.2010 hat seine Bundesvertreterversammlung mit großer Mehrheit einen Diskussionsentwurf für ein Landesgesetz zur Selbstverwaltung der Justiz verabschiedet. Das Thema Selbstverwaltung war und ist Gegenstand zahlreicher verbandsinterner und öffentlicher Veranstaltungen. Die NRV hat 2008 ein Eckpunktepapier mit der Forderung nach Selbstverwaltung vorgelegt und im März 2010 einen Vorschlag zur Änderung des Grundgesetzes beschlossen. Er sieht die Unabhängigkeit der Staatsanwaltschaft, die Gleichwertigkeit aller Ämter in der Justiz, Richterwahlausschüsse sowie eine Stärkung der Präsidien durch Abschaffung interner Hierarchien vor. Eine Festlegung des BDVR zur Einführung und Ausgestaltung einer Selbstverwaltung der Justiz ist nicht bekannt.
3. Das Thema der Selbständigkeit und Autonomie der Justiz ist keineswegs neu. In Deutschland griff bereits der 37. Deutsche Juristentag 1949 in Köln den Gedanken einer selbständigen Justiz mit einer Entschließung auf, die Rechtsprechung zu einer eigenständigen Dritten Gewalt fortzuentwickeln. Folgerichtig beschäftigte sich der 40. DJT 1953 in Hamburg mit der Frage, ob es sich empfehle, die vollständige Selbstverwaltung aller Gerichte im Rahmen des Grundgesetzes einzuführen. Die

Beratungen mündeten in vier Beschlüsse, die insgesamt die Ausweitung der Beteiligung der Gerichtsbarkeit an Verwaltungsentscheidungen in aller Deutlichkeit fordern:
- Gesetzgeberische Maßnahmen zur Sicherung der Unabhängigkeit des erkennenden Richters ggü. der Exekutive im Bereich der Auswahl und Beförderung als auch der Stellung des Richters an sich wurden für notwendig erklärt.
- Die Gesetzgebung wurde aufgerufen, die Dienstaufsicht der Verwaltung derart zu beschränken, dass keine – auch nicht mittelbare – Gefährdung der richterlichen Unabhängigkeit besteht.
- Die Gerichte sollten im besten Fall ihre Haushaltsanforderungen direkt den Parlamenten mitteilen und mit gerichtlichen Organen an den Beratungen der parlamentarischen Haushaltsausschüsse beteiligt werden.
- Über die Anstellung und Beförderung der Richter sollte ausschließlich nach dem Kriterium der Eignung entschieden und dazu grundsätzlich ein Kollegium gehört werden, in dem Richter an der Entscheidung mitwirken.

Einige der Empfehlungen sind in der Folge im Rahmen gebenden Deutschen Richtergesetz, das am 1.7.1962 in Kraft getreten ist, aufgegriffen worden. Die persönliche Unabhängigkeit der Richter wurde entscheidend gestärkt. Die Beschlüsse zur Beteiligung der Richterschaft an den Personalentscheidungen sind dagegen nicht in allen Ländern umgesetzt worden; insgesamt bietet sich auch hier ein uneinheitliches Bild: nicht alle Bundesländer haben von der im Art. 98 Abs. 4 GG eröffneten Möglichkeit Gebrauch gemacht, Richterwahlausschüsse zu bilden. Wo es sie gibt, haben sie sehr unterschiedliche Zuständigkeiten.

Auch Art und Umfang der Beteiligung von Richtern und Staatsanwälten in diesen Richterwahlausschüssen sind in den einzelnen Ländern höchst unterschiedlich geregelt.

Die Verantwortung für das eigene Budget haben die Landesgesetzgeber der Justiz nirgends übertragen, obwohl hierfür mit dem Bundesverfassungsgericht ein funktionierendes Modell besteht und in vielen Ländern eine dezentrale Budgetierung eingeführt ist.

Erst wieder auf dem 64. DJT 2002 in Berlin war das aktuelle Forum dem Thema „Mehr Selbständigkeit für die Dritte Gewalt?" gewidmet. Anstoß hierfür hatte die verbandsintern im Deutschen Richterbund geführte Selbstverwaltungsdiskussion gegeben, aus der Eckpunkte eines möglichen Modells entwickelt worden waren. Eigenständige Konzepte haben sich aus dieser Veranstaltung nicht herausgebildet. Eher am Rande der Beratungen zum Tagungsthema „Gutes Recht" hat sich der 66. DJT in Stuttgart mit der Selbstverwaltung der Justiz beschäftigt. Der Präsident des OLG Stuttgart und des Staatsgerichtshofs Baden-Württemberg führte in seinen Thesen aus, dass die Forderung nach einer Selbstverwaltung der Justiz umso verständlicher werde, je deutlicher die gebotene Ausstattung verfehlt werde.

Die von ihm mit dem Vorschlag der Einrichtung eines „Haushaltsrates der Justiz" geforderte stärkere, formal abgesicherte Beteiligung der Justiz an der Aufstellung des Haushalts hat sich dann auch in den Beschlüssen des DJT wieder gefunden. Von

Rechtspolitikern wurden die Vorschläge nicht weiter verfolgt, das Thema Selbstverwaltung wurde wieder der Diskussion in den Verbänden überlassen. Dort wurden weniger die von Misstrauen gegen die Justiz bestimmten grundsätzlichen Vorbehalte als die verfassungsrechtlichen Bedenken, die insbesondere der Präsident des Bundesverfassungsgerichts Papier erhoben hatte, ernst genommen und bei der Weiterentwicklung der Modelle berücksichtigt. Im Ergebnis dieser Vorarbeiten hat der Deutsche Richterbund in seiner Bundesvertreterversammlung vom 27. 4. 2007 den Beschluss gefasst, die Selbstverwaltung der Justiz zu fordern und in einem Eckpunktepapier vorgeschlagen, sie in einem sog. Zwei-Säulen-Modell zu entwickeln. Hieraus ist 2010 der Diskussionsentwurf für ein Landesgesetz zur Selbstverwaltung der Justiz entstanden, der nun Grundlage in den Ländern zu entwickelnder eigener Gesetzeslösungen sein soll.

II. Reformbedarf

1. In unserem gegenwärtigen System entsteht immer häufiger der Eindruck, dass der Justiz, der Rechtspflege insgesamt, nicht die Bedeutung zugewiesen wird, die ihr nach ihrer verfassungsrechtlichen Aufgabenstellung und ihrer gesellschaftlichen Rolle als unverzichtbares, ausgleichendes, stabilisierendes und steuerndes Instrument zukommt. Die gerade in Krisenzeiten gebotene breit angelegte Diskussion über den Wert der Justiz findet zu selten statt. Dabei wird die Debatte über unser Rechtswesen und seine Ausstattung meist von den Finanzministern bestimmt. Die Justizminister haben deren auf betriebswirtschaftliche Parameter reduzierte Erfolgsmessungen übernommen. Anklagen und Urteile werden als Produkte verstanden, deren Erstellung wirtschaftlich zu optimieren ist. Wesentlich sind die Kosten der Justiz, nicht ihre Steuerungsfunktion für das Rechtsbewusstsein der Bevölkerung, das erst die Stabilität einer Gesellschaft garantiert.
2. Die verfassungsrechtliche Konzeption der Judikative als Dritte Staatsgewalt legt ihre eigenständige und unabhängige Organisation zumindest nahe. Das Grundgesetz geht in Art. 1 Abs. 3, 20 Abs. 3 von einer Dreiteilung der öffentlichen Gewalt in Gesetzgebung, Exekutive und Rechtsprechende Gewalt aus. Es sichert die Eigenständigkeit der Rechtsprechung über das Rechtsprechungsmonopol (Art. 92 GG), die organisatorische Selbständigkeit der Gerichte (Art. 20 Abs. 2 GG) und die sachliche und persönliche Unabhängigkeit der Richter (Art. 97 GG). Die Verfassung zeichnet jedoch kein geschlossenes Bild der Justiz. Sie sieht die Justiz als Institution vor und vertraut die Rechtsprechung den Gerichten an. Das Konzept des Grundgesetzes besteht aus unabhängigen Einzelrichtern in organisatorisch selbständigen Gerichten. Die Staatsanwaltschaft kommt nicht vor. In einer für das Grundgesetz typischen Verschränkung der Staatsgewalten sieht Art. 97 GG als Gegenstück zur Gesetzesunterworfenheit und zur Verwaltung der Justiz durch die Exekutive zwar den unabhängigen Status des einzelnen Richters vor, verbindet ihn aber nicht mit institutioneller Unabhängigkeit der Justiz. Insgesamt verlangt das Grundgesetz Strukturen der Selbstverwaltung nicht, steht ihnen aber auch nicht entgegen. Zu

prüfen ist, ob die über die Ressourcensteuerung erfolgende Einflussnahme der Exekutive auf die Rahmenbedingungen der Justizgewährung nicht die vom Grundgesetz gewollte Gewaltenverschränkung mit einer ausgleichenden Gewaltenbalancierung überschreitet und in den Kernbereich der der Justiz zugewiesenen Aufgaben und in die Unabhängigkeit ihrer Funktionsträger eingreift. Andererseits müssen Selbstverwaltungsmodelle sicherstellen, dass die Justiz in einer Selbstverwaltung nicht aus der Kontrolle durch die anderen Staatsgewalten und damit aus der demokratischen Legitimation herausfällt. Das Konzept des Deutschen Richterbundes folgt hier Selbstverwaltungssystemen anderer Staaten, in denen die Kontrolle und die Vermittlung der demokratischen Legitimation über Richterwahlausschüsse allein den Parlamenten, denen wegen der unmittelbaren Wahl durch das Volk eine besondere, überlegene Qualität ihrer Legitimation zugestanden wird, vermittelt wird. Mit den Eckpunkten des Hamburger Justizsenators sind wir der Auffassung, dass Art. 98 Abs. 4 GG keine Bestandsgarantie der Justizminister als Leiter der Justizverwaltung enthält, es also einer Verfassungsänderung zur Einführung der Selbstverwaltung in einem Bundesland nicht bedürfte.

III. Praktische Lage der Justiz

1. Die Justiz ist in den meisten Ländern überlastet, der Nachweis ist durch Pebb§y, die von den Landesjustizverwaltungen in Auftrag gegebene betriebswirtschaftliche Organisationsuntersuchung, deren Belastbarkeit eben vom Rechnungshof Baden-Württemberg bestätigt worden ist, geführt. Insgesamt fehlen in Deutschland – bei deutlich unterschiedlichen Deckungsgraden in den Ländern – ca. 3.000 Richter- und Staatsanwaltsstellen. Während die Zahl der Rechtsanwälte auf heute ca. 150.000 zugenommen hat, ist zum Stichtag 30. 10. 2009 die Zahl der Richter (ca. 20.100) und der Staatsanwälte (ca. 5.100) trotz weiterer Verrechtlichung der Gesellschaft in den letzten 10 Jahren ständig zurückgegangen. Im Jahr 1995 gab es noch 22.100 Richter und 5.400 Staatsanwälte. Besonders dramatisch ist derzeit die Situation in NRW, wo ca. 500 Richter und 200 Staatsanwälte fehlen. Ich selbst arbeite hier in Freiburg in einer Staatsanwaltschaft mit einer Unterdeckung von ca. 18 % oder 7 Stellen. Vielen Justizministern gelingt es also nachweislich nicht, den selbst ermittelnden Bedarf zur Gewährleistung des Justizgewährungsanspruchs der Bürger im Kabinett durchzusetzen. Sie sehen ihre Rolle meist darin, Kürzungskonzepte nach innen zu verteidigen, statt in offener politischer Diskussion mit authentischer Unterstützung der Justiz und der Richterverbände berechtigte Forderungen mitzutragen.
2. Die Auswirkungen unserer Personalausstattung sind offensichtlich:
    a) Längere Verfahrenszeiten im Zivilrecht schaden gerade in Zeiten finanzieller Krisen den Gläubigern.
    b) Längere Verfahrenszeiten bei Familiengerichten erhöhen die sozialen Folgekosten.

c) Längere Verfahrenszeiten in den Fachgerichtsbarkeiten, etwa bei den Sozialgerichten, können von den Leistungsempfängern oft kaum überbrückt werden. Den Verwaltungen fehlen klare Vorgaben für die Anwendungspraxis.

d) Im Jugendrecht ist jedenfalls die Erkenntnis unumstritten, dass zeitnahe Reaktionen den höchsten Wirkungsgrad haben und damit auch die Sicherheit der Bürger verbessern.

e) Haftentlassungen wegen ausstattungsbedingt überlanger Verfahrensdauer dürfte es in Deutschland eigentlich nicht geben.

f) Wegen fehlender Ressourcen nimmt im Strafrecht der Druck zu informellen Erledigungen zu. Die Praxis läuft zunehmend Gefahr, sich im besonders wertebildenden Bereich der Strafverfolgung vom Legalitätsprinzip zu entfernen und Opportunitätsentscheidungen treffen zu müssen, die dem auf Gleichbehandlung gegründeten Gerechtigkeitspostulat der Verfassung zuwiderlaufen. Dies gilt nicht zuletzt auch für Wirtschaftsverfahren, die wegen des Arbeitsdrucks in der Justiz oft zu Lasten einer umfassenden Sachaufklärung nur durch Absprachen erledigt werden können.

3. Bei dieser Zustandsbeschreibung geht es nun wirklich nicht darum, die Justiz schlechtzureden. Im Gegenteil: Die deutsche Justiz genießt national und im internationalen Vergleich hohes Ansehen, belegt Spitzenplätze bei der Bewertung ihrer Unabhängigkeit, bei der Dauer der Verfahren und insbesondere bei der Qualität ihrer Entscheidungen. Hieraus leiten wir im Deutschen Richterbund auch den Anspruch ab, als Gründungsmitglied des Bündnisses für das deutsche Recht mit den Anwalts- und Notarsorganisationen erfolgreich Rechtsexport zu betreiben. Gerade ihre anerkannt guten Leistungen berechtigen die Justiz aber auch, ihre Strukturen zur Überprüfung zu stellen mit dem eigenen Anspruch der Sicherung der Qualität der Rechtspflege und der nachhaltigen Verbesserung der Verwirklichung des Rechtsgewährungsanspruchs der Bürger[2]. Wenn wir besser werden können und das wäre bei besserer Personalausstattung möglich, schulden dies alle am Justizsystem Beteiligten den Bürgern. Gespart werden muss. Am Recht zu sparen, ist die falsche politische Entscheidung.

IV. Das deutsche Justizsystem im europäischen Vergleich

1. Die überwiegende Mehrheit der Mitglieder der Europäischen Union hat sich für eine selbstverwaltete Justiz entschieden. Neben Deutschland haben in Europa nur Finnland, Österreich und Tschechien eine Selbstverwaltung der Justiz nicht verwirklicht. Die deutsche Justizstruktur würde heute schwerlich die EU-Beitrittskriterien erfüllen. Sie widerspricht jedenfalls den Empfehlungen des Europarates, wonach die für die Auswahl und Laufbahn der Richter zuständige Stelle von der Exekutive unabhängig sein muss. Es war deshalb abzusehen, dass der Druck von außen zunehmen würde. Die Opinion Nr. 10 des CCJE, eines wichtigen Beratungsgremiums der Europäischen Kommission, hat den Mitgliedstaaten empfohlen, einen unabhängigen Justizverwaltungsrat zu schaffen. Die Parlamentarische

Versammlung des Europarates (PACE) hat mit Entschließung vom 30. September 2009 Deutschland aufgefordert, „es möge ein System der Selbstverwaltung der Justiz einführen, u. zw. gemäß der Justizräte, die in den meisten europäischen Staaten vorhanden sind, und es möge die Möglichkeit abschaffen, dass Justizminister der Staatsanwaltschaft Anweisungen zu einzelnen Fällen geben[3]". Berichterstatterin war die heutige Bundesjustizministerin *Leutheusser-Schnarrenberger*, die das deutsche Justizsystem durchaus kritisch bewertet hatte.

2. Wer gutes, kontinentaleuropäisches Recht exportieren will, wie wir das im Bündnis für das deutsche Recht tun, und keine heutigen verfassungsrechtlichen Standards entsprechenden Justizstrukturen vorweisen kann, ist im Wettbewerb der Rechtsordnungen im Nachteil. In internationalen Gremien kommen wir uns oft wie ertappte Sünder vor, die wegen ihrer rechtlichen Lösungen und ihrer Arbeit hohes Ansehen genießen, in den Justizverwaltungsstrukturen der Vorbildfunktion Deutschlands jedoch nicht gerecht werden.

3. Wegen ihrer strukturellen Defizite ist die deutsche Justiz in den europäischen justiziellen Beratungsgremien nur durch die Exekutive des Bundes, das Bundesjustizministerium, vertreten, teilweise nur mit Beobachterstatus. Im Wege einer freiwilligen Absprache lässt sich das Bundesjustizministerium in den Gremien durch Justizpraktiker beraten. Insgesamt wird auf die wichtige Möglichkeit verzichtet, auf europäische Rechtsentwicklungen unmittelbar aus Sicht der Justizpraxis zur Durchsetzung der hohen deutschen Qualitätsstandards Einfluss zu nehmen.

4. Gegner der Selbstverwaltung warnen vor Verhältnissen wie in Italien, Spanien oder auch Ungarn, wo die Justiz in kooptierenden Systemen politisch agiere und ihren eigentlichen Auftrag der Rechtsgewährung nur noch unzureichend erfülle. Vor einem solchen vordergründigen Systemvergleich ist zu warnen. Jedes Justizsystem muss vor dem historischen und politischen Hintergrund seiner Entstehung und der jeweiligen Rechtskultur und seiner Stellung in der aktuellen Verfassung der Staaten bewertet werden. Wir sollten uns hüten, uns für so überlegen zu halten, dass wir uns nicht einmal einem Vergleich stellen müssen. Deutschland kann die Chance der späten Reform nutzen. Der vom DRB vorgelegte Diskussionsentwurf ebenso wie die Eckpunkte des Senats in Hamburg zeigen aus der deutschen Rechtskultur entwickelte eigene Lösungswege auf.

V. Das Projekt Selbstverwaltung des Deutschen Richterbundes

Das Zwei-Säulen-Modell des DRB in seiner Ausgestaltung im Diskussionsentwurf für ein Landesjustizselbstverwaltungsgesetz[4] greift ausgehend von der gültigen Verfassungslage die Erfahrungen mit Beteiligungs- und Verwaltungsstrukturen in den Bundesländern auf. Das Modell soll die Justiz aus der Steuerung durch die Exekutive lösen, sie zugleich aber stärker und unmittelbarer gegenüber dem Parlament verantwortlich machen. Die Selbstverwaltungsorgane sollen höchstmöglich demokratisch legitimiert sein. Die vorgeschlagenen Verwaltungsstrukturen sollen die Ausstattung der Justiz insgesamt und die unabhängige Stellung der Funktionsträger mit dem Anspruch einer

Verbesserung der Erfüllung des Rechtsgewährungsauftrages stärken. Die Staatsanwaltschaft ist Teil der Selbstverwaltung. Die dezentralen Budget- und Personalzuständigkeiten in der Justiz bleiben ebenso wie die vorhandenen Mitbestimmungsorgane vorhanden. Die in vielen Ländern gebotene Diskussion über Reformbedarf bei der richterlichen und staatsanwaltlichen Mitwirkung ist deshalb parallel weiter zu führen.

a) Konkret sieht der Entwurf für ein Landesgesetz zur Selbstverwaltung der Justiz vor, dass die Justiz künftig durch einen Justizverwaltungsrat verwaltet wird, der an die Stelle des Justizministers tritt. Er ist zuständig für die Personalangelegenheiten des richterlichen, staatsanwaltschaftlichen und nachgeordneten Personals, für die Aufstellung des Gesamthaushaltes der Justiz, die Ausgestaltung des internen Verwaltungsaufbaus und die Informationstechnik. Bei den Justizministerien verbleiben die Zuständigkeiten für die Erarbeitung von Gesetzen, die Juristenausbildung, die Notaraufsicht, die Strafvollstreckung und die Gnadensachen. Die Selbstverwaltung umfasst damit nach ihrer Konzeption den gesamten Bereich der Gerichtsverwaltung im engeren Sinne. Verwaltungsaufgaben, die gegenwärtig dezentral von den Gerichten und Staatsanwaltschaften selbst erledigt werden, sollen dort verbleiben. Zu den Aufgaben des Justizverwaltungsrates gehört es außerdem, Landtag und Landesregierung regelmäßig über die Führung seiner Geschäfte zu berichten. Der Landtagspräsident übt die Dienstaufsicht über den Justizverwaltungsrat aus.

b) Die Mitglieder des Justizverwaltungsrates sind dem Gesamtinteresse der Justiz und nicht den Partikularinteressen einer Gerichtsbarkeit oder der Staatsanwaltschaft verpflichtet. Die vorgesehene Zusammensetzung des Justizverwaltungsrates gewährleistet, dass dieser als Spitze der Justizverwaltung mit den Besonderheiten aller Gerichtsbarkeiten und der Staatsanwaltschaft vertraut ist. Sie gewährleistet eine effektive Aufgabenwahrnehmung im Gremium. Die Pluralität der Justiz wird dadurch abgebildet, dass keine Gerichtsbarkeit durch mehr als zwei Angehörige vertreten sein darf.

c) Durch die Befristung der Ämter auf sechs Jahre wird die Praxisverbundenheit der Mitglieder des Justizverwaltungsrates sichergestellt und reinen Verwaltungskarrieren entgegengewirkt.

d) Die Mitglieder des Justizverwaltungsrates werden durch einen mehrheitlich mit Parlamentariern besetzten Justizwahlausschuss gewählt. Er vermittelt die demokratische Legitimation des Justizverwaltungsrates und der von diesem ernannten Amtsträger. Durch die direkte Einbeziehung von Parlamentariern in den Justizwahlausschuss ergibt sich eine deutlich stärkere Anbindung an den Willen des Staatsvolkes als durch die jetzige Vermittlung der demokratischen Legitimation über die Exekutive. Die weitere Zuständigkeit zur Endentscheidung in streitigen Personalfragen stärkt das besonders legitimierte Gremium des Justizwahlausschusses zusätzlich.

e) Eine Einbeziehung der Staatsanwaltschaft in die Strukturen einer selbstverwalteten Justiz ist unverzichtbar. Der Staatsanwalt stellt bei seiner strafverfolgenden Tätigkeit gemeinsam mit dem Richter die Aufgabe der Justizgewährung sicher. Die

Staatsanwaltschaft ist als eine besondere Institution innerhalb der vollziehenden Gewalt zu sehen, die allein der Wahrheit und Gerechtigkeit verpflichtet ist und sich nicht an sonstigen exekutiven Interessen zu orientieren hat. Sie darf nicht der Gefahr der ansonsten drohenden Eingliederung in die Innenverwaltung ausgesetzt werden. Der Laufbahnwechsel zwischen Gerichten und Staatsanwaltschaften hat sich in vielen Ländern bewährt und ist in einer einheitlich selbst verwalteten Justiz organisatorisch abzusichern. Die vom Deutschen Richterbund in einem Gesetzentwurf 2004 geforderte Abschaffung des ministeriellen Weisungsrechts im Einzelfall, die durch die Entschließung der Parlamentarischen Versammlung des Europarates vom September 2009 unterstützt wird, wird ein wichtiger zusätzlicher Schritt zur Stärkung der Stellung des einzelnen Staatsanwalts sein.

VI. Ausblick und Erwartungen

1. Die Diskussion über Strukturen der Justiz in Deutschland mit dem Ziel der Stärkung ihrer Unabhängigkeit durch Selbstverwaltung ist unumkehrbar. Sie wird in der Kollegenschaft vertieft werden müssen und darf nicht allein dem Betreiben durch Richterverbände überlassen werden. Verantwortliches politisches Handeln, das nicht an Machterhalt orientiert ist, gebietet die aktive Teilnahme an einer sachorientierten Bewertung der Verwaltung der Justiz. Der Meinungsbildungs- und Entscheidungsprozess in Hamburg weist hier den Weg und setzt Maßstäbe bei der Bewertung der überkommenen Justizverwaltung.
2. Selbstverwaltung der Justiz lässt eine Verbesserung der Verwaltungsentscheidungen auf allen Ebenen durch besondere Sachnähe der Entscheidungsträger bei unmittelbarer Wahrnehmung des Bedarfs an Sachmitteln und Personal erwarten. Der Personalbedarf kann in einem transparenten Diskussionsprozess mit klaren politischen Verantwortungszuweisungen vermittelt werden. Welcher Haushaltsgesetzgeber wird sich, wenn er hierüber eine öffentliche Diskussion führen muss, dem Vorwurf aussetzen, unser Rechtssystem unzureichend auszustatten? Es würde dann z. B. deutlich, welch angreifbare politische Entscheidung es ist, gerade die Staatsanwaltschaften unzureichend auszustatten. Die Bürger würden erfahren, wie kostengünstig und effektiv die Justiz arbeitet, mit welchem verhältnismäßig geringen finanziellen Aufwand hohe Gewinne an gesellschaftlicher Stabilität und Sicherheit erreicht werden können. Der Justizhaushalt wäre dann nicht mehr marginales, beliebiges Anhängsel des Gesamthaushalts, sondern zentrales gesellschaftspolitisches Steuerungsinstrument.
3. Die politische Einflussnahme bei Personalauswahl, Ernennungen, Versetzungen, Einstellungs- und Anforderungsprofilen und parteipolitisches Proporzdenken könnte durch Transparenz der Entscheidungsprozesse vermindert werden.
4. Die innere Unabhängigkeit der Richter und Staatsanwälte würde gestärkt, wenn sie von personalpolitischen Steuerungsentscheidungen befreit würde. Hierdurch würde auch das Vertrauen in die Unabhängigkeit der Justiz gerade in Streitigkeiten zwischen dem Bürger und staatlichen Verwaltungen nachhaltig gestärkt.

5. Die Sicherung der hohen Qualitätsstandards durch Aus- und Fortbildung und der kollegiale Austausch über die ethischen Ansprüche an den Beruf des Richters und des Staatsanwalts würden gestärkt. Es wird eine verstärkte Diskussion über Funktion, Aufgaben und Stellung der Justiz und der weiteren Rechtspflegeorgane geben. Diese Diskussion wird die Justiz insgesamt, aber auch jeden einzelnen Funktionsträger in die Verantwortung nehmen, ihre Belange in einem gesellschaftspolitischen Verteilungsprozess vertreten zu müssen. Hierdurch wird die Justiz in ihrer Bedeutung gestärkt. Eine so gestärkte unabhängige Justiz sichert dauerhaft und auch in Krisenzeiten der Demokratie den Rechtsstaat durch die Gewährleistung der Qualität der Erledigung der ihr anvertrauten Aufgaben in Rechtsprechung und Strafverfolgung.

Lassen Sie uns eine offene, sachliche und faire Diskussion über die Wege zu diesem Ziel führen.

1 BT-Drs. 17/1097 vom 18. 3. 2010.
2 Der Deutsche Richterbund hat mit seinem Qualitätspapier, das immer wieder aktualisiert wird, Maßstäbe für richterliches und staatsanwaltschaftliches Handeln entwickelt. Das Thesenpapier zur Qualität der Arbeit in Gerichten und Staatsanwaltschaften ist abrufbar unter: http://www.drb.de/cms/index.php?id=584.
3 Die Resolution 1685 (2009) „Allegations of politically motivated abuses of the criminal justice system in Council of Europe member states" der Parlamentarischen Versammlung des Europarates ist abrufbar unter: http://assembly.coe.int/Mainf.asp?link=/Documents/AdoptedText/ta09/ERES1685.htm.
4 Der Entwurf für ein Landesgesetz zur Selbstverwaltung der Justiz (Landesjustizselbstverwaltungsgesetz) ist abrufbar unter: http://www.drb.de/cms/fileadmin/docs/sv_gesetzentwurf_100325.pdf.

Bericht über den Arbeitskreis 3

von Richter am OVG *Dirk Maresch*, Berlin

Der Arbeitskreis 3 beschäftigte sich mit der Frage, ob und in welchem Umfang die Justiz sich selbst verwalten kann und soll.

Einleitend berichtete Staatsrätin *Carola von Paczensky* von der Justizbehörde Hamburg über den Anlass für die in der Stadt geführte Diskussion über richterliche Selbstverwaltung. Sie geht zurück auf die nach der letzten Bürgerschaftswahl getroffene Koalitionsvereinbarung und begann vor etwa einem Jahr mit der Vorlage eines Eckpunktepapiers. Es folgten Informationsveranstaltungen, Gesprächsrunden und eine Tagung. Ziel sei es, nach gründlichen Diskussionen unter Beteiligung der Richterschaft ein Selbstverwaltungsmodell zu erarbeiten. Die Frage, ob die Verwaltung der dritten Gewalt durch die Exekutive erforderlich sei oder die Gewaltenteilung nicht eine Selbstverwaltung nahe lege, betreffe zum Beispiel den Personalbedarf, den Bereitschaftsdienst und die IT-Infrastruktur. Die Selbstverwaltung dränge sachfremden Einfluss auf die Justiz zurück, etwa was die Besetzung hoher richterlicher Ämter angeht. Ein Vorschlag beinhalte die Bildung eines Justizwahlausschusses, der ohne eine strukturelle Mehrheit seiner aus der Bürgerschaft entsandten Mitglieder auskomme, in den Vertreter aller Gerichtsbarkeiten entsandt würden und der den Justizverwaltungsrat sowie den Justizpräsidenten wähle. Der Justizpräsident stehe an der Spitze der Justiz, seine Arbeit werde vom Justizverwaltungsrat begleitet. Es werde von Vorteil sein, dass der Justizpräsident anders als ein Senator keine politische Rücksicht auf eine von der Landesregierung verabredete Sparpolitik nehmen müsse. Umgekehrt werde ihm für den Justizhaushalt Fachpersonal der Landesjustizverwaltung zur Verfügung gestellt. Der entstehende Entscheidungsspielraum werde für die Gerichte einen Effizienzgewinn mit sich bringen und der bisweilen ablehnenden Haltung der Richter gegenüber der Justizverwaltung entgegenwirken. Durch die Einführung gerichtlicher Leitungsfunktionen auf Zeit sollten mehr dafür geeignete Richterinnen und Richter die Möglichkeit erhalten, Verantwortung zu übernehmen. Ferner solle der Wechsel zwischen der Rechtsprechung und Aufgaben der Selbstverwaltung gefördert werden. Frau *von Paczensky* äußerte die Hoffnung, dass eine sich selbst verwaltende Justiz Fragen zu ihrer Arbeitsweise selbstkritischer gegenüberstehen werde.

Im Anschluss an den Vortrag berichtete der Vorsitzende des Deutschen Richterbundes, Oberstaatsanwalt *Christoph Frank*, über das von seiner Vereinigung entwickelte Modell für eine Selbstverwaltung der Justiz. Er verwies darauf, dass sich bereits 1949 der Deutsche Juristentag in Köln und später mehrere weitere Juristentage mit Fragen der Selbstverwaltung der Justiz beschäftigt hätten. Schließlich habe der Deutsche Richterbund 2007 ein Selbstverwaltungsmodell entwickelt, dessen Verwirklichung er seither fordere. Der Reformbedarf gehe auf den Umstand zurück, dass der Justiz gegenwärtig nicht die Bedeutung zukomme, die ihr als stabilisierendes und steuerndes Element in der Gesellschaft gebühre. Ihre Ausstattung werde von den Finanzministern bestimmt, die die „Erfolge" der Justiz messen und ihre „Produkte" optimieren wollten. Auf diese Weise träten im Bewusstsein der Öffentlichkeit vornehmlich die Kosten der Justiz hervor. Das Grundgesetz zeichne von ihr kein einheitliches Bild. Sie sei unabhängig, ohne indes institutionelle Selbstverwaltung zu genießen. Umgekehrt enthalte die Verfassung keine Bestandsgarantie für Justizministerien. Deren Leitungsebene könne im Kabinett den Justizgewährungsauftrag nicht durchsetzen, schaffe bei weitem nicht genügend Stellen für Richter und Staatsanwälte und erblicke ihren Auftrag vornehmlich in der Durchsetzung politischer Sparvorgaben. Deutschland stehe im europäischen Maßstab einer weit überwiegenden Mehrheit von Ländern gegenüber, die Selbstverwaltungsmodelle eingeführt hätten und deren Justiz sich auf europäischer Ebene selbst vertreten könne, während für die deutsche Justiz das Bundesministerium der Justiz als Exekutivorgan auftrete. Der Deutsche Richterbund schlägt vor, dass die Justiz einschließlich der Staatsanwaltschaft aus der Verschränkung mit der Exekutive herausgelöst wird und eine stärkere Verantwortung gegenüber dem Parlament erhält. Das Zwei-Säulen-Modell des Verbandes sieht als Selbstverwaltungsorgane einen Justizwahlausschuss sowie einen Justizverwaltungsrat vor (Näheres auf der Internetseite www.drb.de).

Im Anschluss an die Referate eröffnete der Moderator des Arbeitskreises, Ministerialdirektor *Michael Steindorfner* (Justizministerium Baden-Württemberg), die Dis-

Arbeitskreis 3 (Bericht)

kussion, indem er darauf hinwies, dass die Ausstattung der deutschen Justiz im internationalen Vergleich keinen Änderungsbedarf offenbare. Es gebe derzeit keine Möglichkeit politischer Einflussnahme auf die Justiz, was etwa daraus ersichtlich werde, dass der Präsidialrat Personalvorschläge des Justizministers ablehnen könne. Die bessere finanzielle Ausstattung der Justiz bei Einführung von Selbstverwaltungsorganen sei eine Utopie; zwar brauchten sie möglicherweise nicht mehr auf politische Kräfte Rücksicht zu nehmen, dies gelte dann jedoch auch umgekehrt. Die Richter und Staatsanwälte nähmen durch ihre Verbände bereits heute Einfluss auf politische Entscheidungen und die öffentliche Meinung. Der Vergleich der Verhältnisse in Deutschland durch die Befürworter richterlicher Selbstverwaltung mit den Verhältnissen in anderen europäischen Ländern hinke, da sie jeweils nur die ihrer Argumentation zugute kommenden Aspekte herausgriffen, während sie andere Punkte wie die teilweise in Europa gezahlten Besoldungszuschläge nach Erledigungsquoten ausblendeten.

Herr *Dr. Thoma* (VGH Wien, Präsident der Vereinigung österreichischer Verwaltungsrichter) berichtete über die Diskussion zur richterlichen Selbstverwaltung in Österreich und über die Ablehnung von Selbstverwaltungsmodellen durch alle politischen Parteien. Herr *Dr. Gestefeld* (PräsOVG Hamburg) befürwortete, dass die Gerichte haushaltspolitische Vorstellungen gegenüber dem Parlament direkt und damit ohne politische Rücksichtnahmen äußern können. Sie sollten in den Haushaltsberatungen Rederecht erhalten. Demgegenüber sei zu befürchten, dass die Abschaffung der Landesjustizminister die Durchsetzungsfähigkeit der Justiz schwäche, da die Regierungen über den Justizhaushalt bestimmten und ein Justizpräsident insoweit nicht in der Lage sein werde, die Regierungsfraktionen gegen die eigene Landesregierung in Stellung zu bringen. Herr *Dr. Kuntze* (PräsVG Stuttgart) wies darauf hin, dass die richterliche Unabhängigkeit in den Ländern Osteuropas historische Gründe habe, die für Deutschland nicht gälten. Die Diskussion über Selbstverwaltung dürfe nicht davon ablenken, dass die Justiz Teil der Staatsgewalt sei. Herr *Dr. Heckel* (VGH Mannheim) sah das Erfordernis des Minderheitenschutzes für die Verwaltungsgerichte in Selbstverwaltungsgremien. Frau *Nordmann* (VG Schleswig, Sprecherin des Vorstands der Neuen Richtervereinigung) wies unter Bezugnahme auf die europäische Entwicklung darauf hin, dass die NRV die Auffassung der beiden Referenten zum Erfordernis justizieller Selbstverwaltung teile und in einigen Punkten darüber hinausgehende Forderungen erhebe. Herr *Knorr* (VG Freiburg) befürchtete, dass die persönliche richterliche Unabhängigkeit durch Selbstverwaltungsorgane eher gefährdet werde, da selbstgewählte Vertreter geneigt sein könnten, sich in die richterliche Arbeit einzumischen. Herr *Lederer* (VG Freiburg) sah keinen Anlass für die Annahme, dass zwar die Justizverwaltung, nicht aber ein Selbstverwaltungsorgan imstande sei, sachfremde Erwägungen anzustellen. Herr *Jung* (LSG Essen) meinte, die Justizressorts hätten in den Landesregierungen in der Regel keinen bedeutenden Einfluss, so dass nicht davon gesprochen werden könne, dass die Justiz bei ihnen stets in guten Händen sei.

ARBEITSKREIS 4

Die Entwicklung der Juristenausbildung und der Bologna-Prozess

a) Referentin: Justizministerin *Roswitha Müller-Piepenkötter*, Nordrhein-Westfalen

Thesen des Referats

- Das Bologna-Ziel, bis 2010 einen einheitlichen europäischen Hochschulraum mit leicht verständlichen und vergleichbaren Abschlüssen zu schaffen, ist noch nicht erreicht. In Deutschland sind inzwischen ungefähr 75 % aller Studiengänge nach Bologna-Kriterien umgestellt worden.
- Die auch zahlenmäßig bedeutsamen Staatsexamensstudiengänge Medizin und Rechtswissenschaft haben bisher an den hergebrachten Abschlüssen festgehalten, während die Lehrerausbildung in einer Reihe von Bundesländern inzwischen auf eine Bachelor-Master-Struktur umgestellt worden ist.
- Die Justizministerkonferenz hat auf ihrer Herbsttagung 2008 den Ausschuss zur Koordinierung der Juristenausbildung gebeten, bis 2011 einen weiteren Bericht vorzulegen, in dem anhand unterschiedlicher Modelle Möglichkeiten und Konsequenzen einer Bachelor-Master-Struktur in der Juristenausbildung aufgezeigt werden sollen.
- In ihrer Koalitionsvereinbarung vom 26. Oktober 2009 hat die aktuelle Regierungskoalition auf Bundesebene aus CDU, CSU und FDP im Gegensatz zur Koalitionsvereinbarung 2005 keine ablehnende Haltung mehr formuliert. Zuletzt hat sich Bundeskanzlerin Merkel am 19. 2. 2010 dafür ausgesprochen, das Jurastudium in die Bachelor-Master-Struktur zu integrieren.
- Die Verwirklichung des europäischen Binnenmarktes, insbesondere die Niederlassungs- und Dienstleistungsfreiheit, fördert die transnationalen Handelsbeziehungen und verstärkt die Bevölkerungsmigration. Rechtsanwälte aus Deutschland sehen sich auch hinsichtlich der Mandatierung einem internationalen Wettbewerb ausgesetzt.
- Anwaltskanzleien suchen in steigendem Maße Bewerber mit einer internationalen Qualifikation, zu der Fremdsprachenkenntnisse, Auslandsaufenthalte und Einblick in andere Rechtsordnungen gehören. Eine Umstellung nach Bologna-Kriterien wird eine „Europäisierung" der deutschen Juristenausbildung weiter fördern.
- Nordrhein-Westfalen hat ein tragfähiges Konzept für die Einführung einer Bachelor-Master-Struktur entwickelt. Durch dieses Modell bleibt der anerkannt hohe Qualitätsstandard der deutschen Juristenausbildung gewahrt.
- Ein wichtiges Ziel einer Umstellung der Juristenausbildung nach dem nordrhein-westfälischen Bologna-Modell sind eine Flexibilisierung der Abschlüsse (Bachelor, Master, Staatsprüfungen) und hiermit einhergehende Wahlmöglichkeiten für die

Studierenden. Dabei stellt der Bachelor einen ersten berufsqualifizierenden Abschluss unterhalb der Ebene des Volljuristen dar.
- Wer einen reglementierten juristischen Beruf wie Richter oder Rechtsanwalt ergreifen möchte, soll ein dreijähriges juristisches Bachelor-Studium sowie ein zweijähriges Master-Studium absolvieren müssen („36 + 2"-Modell).
- Nach dem Bachelor-Studium können die Absolventen unmittelbar eine Berufstätigkeit aufnehmen. Dies wird unter anderem dadurch erleichtert, dass zu einem erheblichen Anteil fachübergreifende Inhalte, etwa Betriebswirtschaft, in das juristische Bachelor-Studium integriert werden können.
- Festgefügte Berufsbilder für Bachelor-Absolventen lassen sich derzeit naturgemäß noch nicht feststellen. Jedoch eröffnen sich gerade vor dem Hintergrund einer möglichen Einbeziehung fachübergreifender Inhalte interessante berufliche Perspektiven.
- Die Berufschancen der Bachelor-Absolventen werden sich durch zusätzliche Qualifikationen wie etwa einen spezialisierenden juristischen Master (z. B. im gewerblichen Rechtsschutz), einen Master einer anderen Fachrichtung (z. B. Betriebswirtschaft, Management im Gesundheitswesen, Journalistik) oder einen Master einer ausländischen Universität weiter steigern lassen. Dasselbe gilt für andere Zusatzqualifikationen wie etwa Trainee-Programme bei Unternehmen, Volontariate oder weiterbildende Lehrgänge.
- Die zukünftigen Richter, Staatsanwälte, Rechtsanwälte, Notare und Verwaltungsjuristen werden nach dem Bachelor-Abschluss ein zweijähriges Master-Studium zu absolvieren haben, das sich von den Inhalten her an einer späteren Tätigkeit in der Rechtspflege im weiteren Sinne orientiert.
- Die Zulassung zum Masterstudium erfolgt durch die Universitäten im Rahmen ihrer Ausbildungskapazitäten.
- Durch eine staatliche Eingangsprüfung für den Vorbereitungsdienst wird ein gleichbleibender Qualitätsstandard der Bachelor-Absolventen sichergestellt. Die abschließende Staatsprüfung soll nach einem zweijährigen Vorbereitungsdienst dem Niveau der bisherigen zweiten juristischen Staatsexamen entsprechen.
- Da eine Reihe von Bachelor-Absolventen aus den verschiedensten Gründen unmittelbar in eine Berufstätigkeit streben oder zur weiteren Qualifizierung in einen anderen Studiengang wechseln wird, wird sich als Nebeneffekt der Arbeitsmarkt für Volljuristen entspannen.
- Nach nordrhein-westfälischer Auffassung stellen weder ein Nebeneinander von Staatsexamensstudiengang und Bachelor-/Master-Studiengängen noch ein „Y-Modell" mit gemeinsamem Grundstudium für Absolventen beider Studiensysteme eine sinnvolle Alternative dar.
- Die jüngsten Proteste von Studierenden anderer Fachrichtungen betreffen im Wesentlichen die Studierbarkeit der Bachelor-Programme sowie eine teilweise immense Prüfungsbelastung. Bei einer Umstellung auf eine Bachelor-Master-Struktur in der Juristenausbildung muss durch eine entsprechende Ausgestaltung der neuen

Studiengänge darauf geachtet werden, die in anderen Fachbereichen aufgedeckten Mängel von vornherein zu vermeiden.

Referat

Ich möchte mein Referat über die Entwicklung der Juristenausbildung im Bologna-Prozess mit einem Zitat beginnen:

„Eine kleine Rebellion ab und zu ist eine gute Sache und ebenso notwendig in der politischen Welt wie Stürme in der psychischen."

Von manchen Kritikern wird die derzeit viel diskutierte Umstellung des juristischen Studiums auf eine Bachelor-Master-Struktur offenbar als Rebellion angesehen, zuweilen geradezu als ein Anschlag auf die traditionelle deutsche Juristenausbildung. Folgt man Thomas Jefferson – von ihm stammt das Zitat –, so haben diese Kritiker ohnehin Unrecht:

Denn nach dem Verfasser der amerikanischen Unabhängigkeitserklärung und späteren dritten Präsidenten der Vereinigten Staaten ist ein Aufbegehren gegen festgefahrene Strukturen „eine gute Sache" und zuweilen sogar „notwendig".

Nach meiner Auffassung bewegen sich die Befürworter von Bologna-Strukturen in der Juristenausbildung aber ohnehin weit unterhalb der Schwelle einer Rebellion. Es geht um nicht mehr und nicht weniger als

- die Eingliederung der Juristenausbildung in eine einheitliche Europäische Hochschullandschaft,
- die Erhöhung der Wettbewerbsfähigkeit deutscher Juristen auf dem europäischen Arbeitsmarkt und vor allem
- die Verbesserung der Berufschancen für Juristen durch eine Flexibilisierung der Ausbildung.

Die Umstellung der Juristenausbildung nach Maßgabe der Bologna-Kriterien ist in jedem Fall „eine gute Sache" – hiervon möchte ich Sie durch mein Referat gerne überzeugen.

Zunächst einige Bemerkungen zum ersten Gesichtspunkt, der Eingliederung in eine einheitliche Europäische Hochschullandschaft. Das Ziel der aus dem Jahre 1999 stammenden Bologna-Erklärung, bis 2010 einen einheitlichen europäischen Hochschulraum mit leicht verständlichen und vergleichbaren Abschlüssen zu schaffen, ist noch nicht erreicht.

In Deutschland sind inzwischen ungefähr 75–80% aller Studiengänge nach Maßgabe der Bologna-Erklärung ausgestaltet. In einigen Bundesländern, darunter Nordrhein-Westfalen, sind inzwischen auch die früheren Staatsexamensstudiengänge „Lehramt" auf eine Bachelor-Master-Struktur umgestellt worden. Die auch zahlenmäßig bedeutsamen Staatsexamensstudiengänge Medizin und Rechtswissenschaft haben aber bisher an den hergebrachten Abschlüssen festgehalten. Vor allem bei den Juristen wird heftig diskutiert. Nach einem sehr zurückhaltenden Beschluss im Jahre

2005 hat die Justizministerkonferenz auf ihrer Herbsttagung 2008 den Ausschuss zur Koordinierung der Juristenausbildung gebeten, einen weiteren Bericht vorzulegen. Darin sollen anhand unterschiedlicher Modelle Möglichkeiten und Konsequenzen einer Bachelor-Master-Struktur in der Juristenausbildung aufgezeigt werden. Der Bericht wird im Frühjahr 2011 fertiggestellt sein.

In ihrer Koalitionsvereinbarung vom 26. Oktober 2009 hat die aktuelle Regierungskoalition auf Bundesebene aus CDU, CSU und FDP im Gegensatz zur Koalitionsvereinbarung 2005 keine ablehnende Haltung mehr formuliert. Sie hat lediglich die Forderung erhoben, dass der hohe Qualitätsstandard der Ausbildung, wissenschaftliche Tiefe, thematische Vielfalt und Praxisorientierung auch künftig Maßstab für die Studienabschlüsse sein müsse. Zuletzt hat sich Bundeskanzlerin Merkel im Februar diesen Jahres auf der Bundesdelegiertenversammlung des RCDS dafür ausgesprochen, nun auch das Jurastudium in eine Bachelor-Master-Struktur zu integrieren. Sie wird mit den Worten zitiert:

„Juristen sind sicher etwas Besonderes, aber nicht *so* besonders."

Natürlich beschäftigen sich die Juristen mit einem besonderen Studiengegenstand. Vielleicht ist auch die Durchdringung des Stoffes in mehreren Phasen etwas Besonderes. Aber dieser Lernprozess ist nicht so besonders, als dass er nicht auch in anderen Studienstrukturen umgesetzt werden könnte.

Auch die Mehrheit der Unterzeichnerstaaten der Bologna-Erklärung billigt den Juristen keine Sonderrolle zu. 17 Staaten, darunter Belgien, Dänemark, Estland, Finnland, Frankreich, Griechenland, Island, Kroatien, Lettland, Litauen, Malta, die Niederlande, Norwegen, Portugal, Schweiz, Serbien und Slowenien haben die juristische Ausbildung bereits umgestellt. Spanien wird die Umstrukturierung voraussichtlich 2011 abgeschlossen haben. In Großbritannien wird ohnehin der Bachelor vergeben. Zwar gibt es einige Staaten, die die Bologna-Vereinbarung in den juristischen Studiengängen bisher nicht umgesetzt haben. Die Vereinbarung ist völkerrechtlich nicht bindend, worauf deutsche Gegner einer Umsetzung bei den Juristen auch der Moderator immer wieder gebetsmühlenartig hinweisen. Ungeachtet dessen kann aber nicht geleugnet werde, dass die deutschen Juristen nun einmal europaweit zu den Bologna-Schlusslichtern gehören.

Natürlich sollte keine Anpassung nur um der Anpassung Willen erfolgen. Vielmehr sind die Befürworter aufgerufen, den sachlichen Mehrwert einer Umstrukturierung der juristischen Ausbildung zu begründen. Dieser zu Recht erhobenen Forderung will ich mich gerne stellen.

Der Mehrwert der Einführung von Bologna-Strukturen liegt unter anderem darin, dass die Stellung der deutschen Juristen im europäischen Wettbewerb gestärkt wird. Es ist eine Binsenweisheit: Die Verwirklichung des europäischen Binnenmarktes, insbesondere die Niederlassungs- und Dienstleistungsfreiheit, fördert die transnationalen Handelsbeziehungen und verstärkt die Bevölkerungsmigration. Dies hat ohne Zweifel erhebliche Auswirkungen auch auf den deutschen Rechtsberatungsmarkt. Rechtsanwälte und Notare, aber auch Richter und Politik haben dies erkannt. Ich weise nur auf Initiative „Bündnis für das deutsche Recht" hin und die Broschüre „Law Made in Germany", mit der auf die Vorzüge des deutschen Rechts und des Gerichtsstandorts Deutschland international hingewiesen werden soll.

Die Stärkung der deutschen Rechtsordnung erleichtert die internationalen Aktivitäten deutscher Unternehmen, bietet deutschen Anwaltskanzleien neue Perspektiven und erhöht die Bereitschaft ausländischer Unternehmen, in unserem Land mit seiner verlässlichen Rechtsordnung zu investieren.

Die deutsche Juristenausbildung kann entscheidend zur Stärkung des Rechtsstandorts Deutschland beitragen. Auch wenn deutsche Juristen schon jetzt aufgrund ihrer gründlichen Ausbildung international nicht den schlechtesten Ruf haben, achten Mandanten – insbesondere Unternehmen – zunehmend auf eine europäische bzw. internationale Ausrichtung ihrer Rechtsberater. Die deutschen Rechtsanwälte sehen sich hinsichtlich der Mandatierung einem zunehmenden internationalen Wettbewerb ausgesetzt. Dementsprechend suchen deutsche Anwaltskanzleien in steigendem Maße junge Juristinnen und Juristen mit internationaler Qualifikation. Eine erste Evaluation der Ausbildungsreform von 2002 hat gezeigt, dass das internationale Element der Ausbildung durchaus gestärkt worden ist. Auch gibt es inzwischen einige Studiengänge, die grenzübergreifend ausgerichtet sind. Als Beispiel möchte ich mit Blick auf Nordrhein-Westfalen nur die deutsch-französischen Studiengänge der juristischen Fakultäten in Düsseldorf und Köln nennen.

Aber das ist meines Erachtens aufs Ganze gesehen nicht genug. Eine Umstellung nach Bologna-Kriterien wird eine „Europäisierung" der deutschen Juristenausbildung in jedem Fall weiter fördern. Dies geschieht nicht nur dadurch, dass die weltweit bekannten Abschlüsse Bachelor of Laws und Master of Laws eingeführt werden. Das nordrhein-westfälische Bologna-Modell sieht bereits im Bachelorstudium Freiräume vor, die für eine Ausrichtung auf eine spätere internationale Tätigkeit genutzt werden können. Hierauf werde ich später noch zurückkommen.

Die weitere Internationalisierung der juristischen Ausbildung ist nur einer von mehreren Aspekten, die für die Umsetzung der Bologna-Erklärung bei den Juristen streiten. Weitere bedeutsame Gesichtspunkte sind die Flexibilisierung der Abschlüsse und die damit verbundenen positiven Auswirkungen auf den juristischen Arbeitsmarkt. Diese Aspekte liegen mir ganz besonders am Herzen. Da die Flexibilisierung ein besonderes Ziel des nordrhein-westfälischen Bologna-Modells ist, möchte ich es Ihnen gerne näher vorstellen.

Das nordrhein-westfälische Modell ist von einer Expertenkommission aus hochrangigen Vertreterinnen und Vertretern der Justizverwaltungen, der Wissenschaft und der Berufsverbände entwickelt worden. Herausgekommen ist ein Konzept, das dem anerkannt hohen Qualitätsstandard der deutschen Juristenausbildung Rechnung trägt. Auch dies ist ein ganz wichtiger Gesichtspunkt.

Hier zunächst das Modell im Überblick:
Wer einen reglementierten juristischen Beruf ergreifen möchte, muss ein dreijähriges juristisches Bachelor-Studium sowie ein zweijähriges Master-Studium absolvieren. Nach Bestehen einer staatlichen Eingangsprüfung muss der Vorbereitungsdienst durchlaufen werden. Dieser soll nach dem gegenwärtigen Stand des Konzepts wie bisher zwei Jahre dauern. Am Ende steht eine staatliche Abschlussprüfung auf dem Niveau des bisherigen zweiten Staatsexamens.

Zunächst einige Erläuterungen zum Bachelor-Studium, das gemäß den Bologna-Kriterien zu einer ersten Berufsqualifikation führen soll: Im dreijährigen Bachelor-Studium stehen der Erwerb eines soliden Grundwissens vor allem im Zivilrecht, aber auch im Öffentlichen Recht und im Strafrecht sowie die Vermittlung der fachspezifischen Methodik im Vordergrund. Es wird zudem ein großer Wert auf Schlüsselqualifikationen wie beispielsweise Rhetorik, Verhandlungsführung, Mediation usw. gelegt. Schwerpunktmodule und weitere optionale Module garantieren, dass die Studierenden eine europäische bzw. internationale Ausrichtung wählen können. – Über diesen Aspekt hatte ich ja bereits ausführlich gesprochen. – Auch ein Auslandssemester kann eingebaut werden. Möglich ist auch, die eingeräumten Wahlmöglichkeiten für fachübergreifende Ausbildungsinhalte, wie etwa eine wirtschaftswissenschaftliche Grundausbildung, zu nutzen. Die fachübergreifenden Inhalte dürfen bis zu 30 Prozent des Bachelor-Studiums ausmachen.

Die Expertenkommission, an der auch Hochschullehrer aller drei großen Fachgebiete beteiligt waren, hat beispielhafte, in Module unterteilte Studienpläne verschiedener fachlicher Ausrichtung ausgearbeitet, und so die Machbarkeit des nordrhein-westfälischen Konzepts aufgezeigt.

Ziel dieses Konzeptes ist es, dass die jungen Juristinnen und Juristen bereits nach drei Jahren in der Lage sind, *mit* dem Recht zu arbeiten. Die Einbeziehung fachübergreifender Inhalte soll bereits für Bachelor-Absolventen gute Chancen auf dem Arbeitsmarkt eröffnen. So können die Absolventen unmittelbar eine Berufstätigkeit aufnehmen – beispielsweise bei Versicherungen, bei Wirtschaftsprüfungsgesellschaften, in der Medienwirtschaft, bei Verbänden, in Personalabteilungen von Unternehmen, im Gesundheitswesen oder als juristische Mitarbeiter in Anwalts- und Notarpraxen. Mit dem Bachelor-Abschluss wird dem in der Wirtschaft immer wieder geäußerten Wunsch entsprochen, junge und vielseitig einsetzbare Studienabsolventen zu erhalten. Deren Berufschancen lassen sich durch Weiterqualifizierungen, wie etwa spezialisierende Lehrgänge oder einen Master einer anderen Fachrichtung – etwa Betriebswirtschaft – noch steigern.

Nach dem nordrhein-westfälischen Bologna-Modell müssen die zukünftigen Richter, Staatsanwälte, Rechtsanwälte, Notare und Verwaltungsbeamten im höheren Dienst nach dem Bachelor-Abschluss ein zweijähriges Master-Studium absolvieren.

Dieses orientiert sich von den Inhalten her an einer späteren Tätigkeit in der Rechtspflege im weiteren Sinne. Hier werden die Kenntnisse und Fähigkeiten in den drei großen Rechtsgebieten Zivilrecht, Strafrecht und Öffentliches Recht einschließlich der dazugehörigen Prozessrechtsordnungen erweitert und vertieft. Die Master-

Ausbildung soll auch die Grundlagen des Rechts, z. B. Rechtsgeschichte und Rechtsphilosophie, einschließen. So erwerben die Master-Absolventen die Befähigung zur Arbeit *am* Recht.

Die Zulassung zum Masterstudium erfolgt durch die Universitäten im Rahmen ihrer Ausbildungskapazitäten. Hier muss insbesondere mit Blick auf Art. 12 GG darauf geachtet werden, geeignete und verfassungsfeste Kriterien für den Übergang vom Bachelor- zum Master-Studium aufzustellen. Das sollte aber ohne weiteres möglich sein. Die Leistungen im Bachelor-Studium dürften bei der Zulassung zum Master-Programm von besonderer Bedeutung sein.

Ich möchte die Gelegenheit nutzen, um mit einer Fehlinformation aufzuräumen. Leider taucht in Darstellungen des nordrhein-westfälischen Modells von dritter Seite immer wieder einmal der Wert „40 %" auf. Es wird behauptet, dass nach unserem Konzept nur 40 % der Bachelor-Absolventen das Master-Studium aufnehmen können. Das ist falsch. Eine Quote habe ich nie genannt oder gar vorgeschlagen.

In meinen ersten Überlegungen zu einer Umsetzung von Bologna in der Juristenausbildung im Jahr 2006 habe ich lediglich grob geschätzt, dass am Ende ca. 40 % Master-Abschlüsse herauskommen könnten. Das ist noch nicht einmal eine Zielvorstellung gewesen und schon gar keine Quote. Die Zahlen können am Ende auch anders aussehen, eine konkrete Prognose ist nicht möglich. – Hier kann man sehen, was passiert, wenn man überhaupt Zahlen in den Raum stellt. Manche *wollen* das offenbar missverstehen und lassen sich kaum davon abbringen.

Aber nun weiter zum Gang der Ausbildung nach dem nordrhein-westfälischen Bologna-Modell:
Bevor wir die Master-Absolventen in den juristischen Vorbereitungsdienst aufnehmen, müssen sie eine staatliche Eingangsprüfung bestehen. Dies ist ein unverzichtbares Element der Qualitätssicherung. Da es infolge der verhältnismäßig großen Freiheiten bei der Fächerzusammenstellung sowie der unterschiedlichen Angebote der Fakultäten verschiedenartig gestaltete Studienprogramme geben wird, muss sichergestellt werden, dass die angehenden Referendarinnen und Referendare sich hinsichtlich der grundlegenden Kenntnisse und Fähigkeiten auf einem vergleichbaren Qualifikationsniveau befinden. Das Deutsche Richtergesetz und die Juristenausbildungsgesetze der Länder werden ähnlich wie bisher dafür lediglich die Mindestanforderungen für die Zulassung zur Prüfung und einen überschaubaren Kanon von Pflichtfächern für die Prüfung festlegen. Die Universitäten sind aufgerufen, mit ihren Bachelor- und Master-Programmen diese Fächer abzudecken.

Staatliche Prüfungen gelten insbesondere aufgrund der Anonymität der Prüflinge und der von den einzelnen Universitäten unabhängigen Prüferschaft zu Recht als besonders objektiv. Sie garantieren gleichbleibende Leistungsanforderungen, da die Notengebung über viele Jahre hinweg an denselben Maßstäben ausgerichtet ist. Diese Vorteile einer Staatsprüfung wollen wir weiterhin nutzen, wenn es um die Zulassung zum juristischen Vorbereitungsdienst geht. Studienabschlussprüfung wird die Eingangsprüfung im Gegensatz zur bisherigen ersten juristischen Prüfung nicht mehr sein. Diese Funktion übernehmen Bachelor und Master.

An dieser Stelle möchte ich dem gelegentlich gegenüber dem nordrhein-westfälischen Konzept erhobenen Vorwurf entgegentreten, unser Modell belaste die Studierenden mit zu vielen Prüfungen. Das trifft nicht zu. Die jungen Juristinnen und Juristen brauchen bis zum Eintritt in den Vorbereitungsdienst lediglich eine einzige Blockprüfung abzulegen, und das ist die aus meiner Sicht unerlässliche staatliche Eingangsprüfung für den Vorbereitungsdienst.

Bachelor- und Master-Grade werden hingegen durch studienbegleitende Leistungskontrollen erworben. Das ist nach meiner Auffassung ohne weiteres zu meistern. Es unterscheidet sich auch nicht grundlegend vom jetzigen System.

Wie bereits ausgeführt, bleibt der einheitlich ausgestaltete Vorbereitungsdienst erhalten. Von einem nach Berufssparten getrennten Referendardienst, wie ihn der Deutsche Anwaltverein vorschlägt, halte ich nichts. Die notwendige Durchlässigkeit zwischen den verschiedenen reglementierten juristischen Berufen wird nur durch die einheitsjuristische Ausbildung gewährleistet. Zudem garantiert diese, dass sich Richter und Anwälte auf gleicher Augenhöhe begegnen können und beide ein hinreichendes Bild von den spezifischen Anforderungen des jeweils anderen Berufs haben.

Eine Staatsprüfung auf dem Niveau des bisherigen zweiten Staatsexamens soll die volljuristische Ausbildung wie bisher abschließen. Bevor die Referendarinnen und Referendare in die Eigenverantwortlichkeit entlassen werden, müssen Sie zeigen, dass sie im Vorbereitungsdienst noch einiges an praxisrelevantem Können hinzugewonnen haben.

Das nordrhein-westfälische Bologna-Konzept unterscheidet sich nicht zuletzt dadurch, dass es an zwei staatlichen Prüfungen festhält, maßgeblich vom sog. Stuttgarter Modell und vom Hamburger Modell. Das Modell aus Baden-Württemberg will auf Staatsprüfungen und auch auf einen Vorbereitungsdienst, wie wir ihn kennen, ganz verzichten.

Dies führt zu einem nicht akzeptablen Verlust der staatlichen Qualitätssicherung, und zwar sowohl hinsichtlich der juristischen Ausbildung, als auch hinsichtlich der Prüfungen. Das sog. Hamburger Modell, das allerdings nicht von der Senatsverwaltung entwickelt wurde, und das Modell des ehemaligen schleswig-holsteinischen Justizministers *Döring* sehen immerhin eine abgespeckte Form von Staatsprüfungen und einen leicht verkürzten Referendardienst vor. Das ist immerhin eine Diskussionsgrundlage.

Nachdem gerade schon von Wahlmodulen und optionalen Modulen und somit von einer flexiblen inhaltlichen Ausgestaltung des Studiums die Rede war, möchte ich Ihnen nun den Aspekt der Flexibilisierung der Abschlüsse näher erläutern.

Zunächst zum Bachelor: Ich hatte bereits ausgeführt, dass der Bachelor of Laws nach den Vorgaben der Bologna-Erklärung einen ersten berufsqualifzierenden Abschluss darstellt. Daher wird zu Recht gefragt, welche Berufe man mit dem Bachelor ergreifen kann. Mögliche Betätigungsfelder hatte ich bereits genannt. Richtig ist natürlich, dass sich derzeit noch keine festgefügten Berufsbilder für Bachelor-Absolventen feststellen lassen. Das kann auch gar nicht anders sein, weil sich derzeit nur wenige juristische Bachelors auf dem Arbeitsmarkt befinden. Jedoch habe ich keinen Zweifel daran, dass sich gerade vor dem Hintergrund einer möglichen Einbeziehung fachübergreifender Studieninhalte interessante berufliche Perspektiven eröffnen. Zusätzliche Qualifikationen tragen ein Übriges dazu bei:

In Frage kommen etwa ein spezialisierender juristischer Master z. B. im gewerblichen Rechtsschutz, ein Master einer anderen Fachrichtung z. B. Betriebswirtschaft, Management im Gesundheitswesen, Journalistik oder – Stichwort „internationale Ausrichtung" – ein Master einer ausländischen Universität. Dasselbe gilt für andere Zusatzqualifikationen wie etwa Trainee-Programme bei Unternehmen, Volontariat oder weiterbildende Lehrgänge. Mir ist zum Beispiel ein Fall bekannt, in dem ein Bachelor of Laws bereits als Mitarbeiter einer wirtschaftlich ausgerichteten Anwaltskanzlei gewerbliche Schutzrechte verwaltet und nun noch einen spezialisierenden Master im gewerblichen Rechtsschutz anschließt.

Als Unternehmerin würde ich auch gern einen Bachelor-Absolventen einstellen, der seine Wahlmöglichkeiten im Studium in Richtung „Arbeitsrecht" ausgeübt und daneben auch arbeitswissenschaftliche und betriebswirtschaftliche Kenntnisse erworben hat. Dieser Absolvent kommt mit ca. 23 Jahren ins Unternehmen und kann dieses in einem Traineeprogramm noch besser kennenlernen. Danach hätte ich einen qualifizierten Mitarbeiter, der sich bestens in der Personalabteilung einsetzen ließe und auch die Qualifikation dazu hätte, diese Abteilung nach Sammeln weiterer praktischer Erfahrungen und entsprechender Bewährung zu leiten, jedenfalls in einem mittelständischen Unternehmen. Dieser Mitarbeiter erkennt aufgrund seiner soliden juristischen Grundausbildung auch, wann ein Rechtsanwalt eingeschaltet werden sollte.

Dasselbe ist natürlich auf anderen Gebieten möglich.

Bachelor-Absolventen mit medizinrechtlich und betriebswirtschaftlich ausgerichteter Ausbildung können qualifizierte Tätigkeiten in Krankenhausverwaltungen und bei Krankenkassen übernehmen. Die Beispiele ließen sich weiter fortführen.

Mit meiner Einschätzung der Berufsperspektiven stehe ich übrigens nicht allein. Das zeigt nicht nur die wachsende Zahl der Bologna-Befürworter. Vielmehr schießen schon jetzt juristische Bachelor-Studienprogramme, meist kombiniert mit Betriebswirtschaft, wie Pilze aus dem Boden. Die HRK zählte im letzten Jahr 74.

Als Beispiel sei nur der Studiengang an der Universität Mannheim genannt, und – um in Nordrhein-Westfalen zu bleiben – beispielsweise auch die fachübergreifenden Studiengänge „Politik und Recht" und „Law and Economics" an der Universität Münster. Auch an der Fernuniversität Hagen ist es möglich, einen mit Betriebswirtschaft kombinierten Bachelor of Laws und auch einen Master of Laws zu erwerben. Hinter diesen Studienangeboten steckt sicherlich auch eine positive Prognose der beruflichen Möglichkeiten.

Ein nicht zu unterschätzender und erwünschter Nebeneffekt des nordrhein-westfälischen Konzepts ist, dass sich der nach wie vor problematische Arbeitsmarkt für Volljuristen entspannen wird. Denn eine Reihe von Bachelor-Absolventen wird aus den verschiedensten Gründen unmittelbar in eine Berufstätigkeit streben oder zur weiteren Qualifizierung in einen anderen Studiengang wechseln.

Ohne Zweifel gibt es auch Qualität unterhalb des Niveaus einer volljuristischen Ausbildung. Der Bachelor ist kein Abschluss für Versager!

Natürlich wird es Studierende mit schwachem Leistungsvermögen immer geben. Aber schauen Sie sich bitte an, wie die Realität heute aussieht: Da studiert jemand vier, fünf oder sechs Jahre Jura, obwohl er dafür keinerlei Talent hat, sieht sich aber gezwungen sich weiter zu quälen, bis er die erste juristische Prüfung endlich bestanden hat. Denn sonst gilt er als Studienabbrecher, und das ist bei einer Bewerbung nicht gerade hilfreich. Mangels Kenntnissen in anderen Bereichen fällt es aber auch dem Nur-Juristen mit schwachem ersten Examen außerordentlich schwer, einen annehmbaren Berufseinstieg zu finden. Also geht er dann doch ins Referendariat, wo sich die fehlende Neigung zur Juristerei weiter niederschlägt. Am Ende besteht er das zweite Examen mit Ach und Krach und hat kaum eine Chance auf eine Anstellung als Anwalt oder bei einem anderen Arbeitgeber. Oder er gehört zu denen, die die zweite Staatsprüfung endgültig nicht bestehen. Nach rund 8 bis 10 Jahren juristischer Ausbildung und im Alter von knapp 30 Jahren muss er sich dann beruflich völlig neu orientieren.

Allein in Nordrhein-Westfalen beträgt die Zahl der endgültig Durchgefallenen jährlich ca. 50 Prüflinge, im Jahre 2008 waren es 85, im Jahre 2009 65 Prüflinge. Dabei liegt unsere Durchfallquote im Bundesvergleich nicht über dem Durchschnitt.

Eine Neuorientierung mit 30 Jahren – das ist entschieden zu spät! Bei einer Umstellung des Studiums nach Bologna-Kriterien kann ein schwächerer Studierender, der nach einiger Zeit merkt, dass Jura doch nicht ganz seiner Neigung entspricht, eventuell wenigstens nach drei Jahren den Bachelor-Abschluss erreichen. Dann kann er sich mit diesem Abschluss im Rücken anderweitig orientieren. Wie gesagt: nach drei Jahren und nicht nach fünf oder sechs oder acht Jahren. Gelingt ihm der Bachelor-Abschluss nicht, muss er sich um so früher nach einem anderen Betätigungsfeld umsehen.

Manche Bologna-Konzepte begnügen sich als Abschluss mit einem Bachelor, der nach einem vierjährigen Studium erworben werden soll. Auch der Deutsche Anwaltverein hat sich für diese Gestaltung ausgesprochen. Der lediglich fakultative Master soll danach ausschließlich der Vertiefung oder Spezialisierung dienen. Dies vertreten vor allem das sog. Hamburger Modell sowie das Modell des ehemaligen schleswig-holsteinischen Justizministers Döring. Ein vierjähriger Bachelor ohne verbindlichen Masterabschluss entspricht ganz und gar nicht meinen Vorstellungen.

Denn letztlich liefe das auf eine bloße Umetikettierung des bisherigen Studiums hinaus. Eine Flexibilisierung der Studienabschlüsse wäre damit kaum möglich.

Das nordrhein-westfälische „3 + 2"-Modell erfordert einen obligatorischen Master. Dieser ist mir sehr wichtig, und zwar aus mehreren Gründen. Die Bologna-Erklärung sieht ein System gestufter, konsekutiver Studienabschlüsse vor. Der Bachelor stellt dabei – wie gesagt – lediglich einen ersten berufsqualifizierenden Abschluss dar. Die hier geforderte Grundausbildung im Recht nebst Wahlmodulen lässt sich ohne weiteres in drei Jahren absolvieren. Wer höher hinaus will, soll einen weiteren Abschluss erwerben, nämlich den Master.

Zudem steht es einem Richter, Staatsanwalt, Rechtsanwalt, Notar und Beamten im höheren Verwaltungsdienst gut an, über einen Masterabschluss zu verfügen. Wenn – wie in Nordrhein-Westfalen – künftig jeder Lehrer einen Master innehat, sollte für die Volljuristen nichts anderes gelten. Schließlich wird auch der Nebeneffekt der Entlastung des Arbeitsmarktes für Volljuristen nur mit dem bereits dargestellten System flexibler Abschlüsse eintreten.

Von einigen wird ein Nebeneinander von Staatsexamensstudiengang und Bachelor-/Master-Studiengängen oder ein „Y-Modell" mit gemeinsamem Grundstudium für Absolventen beider Studiensysteme vorgeschlagen, so etwa das von Herrn Kollegen Prof. Dr. Huber vertretene sog. „plurale Modell", und so auch die Vorstellungen des Mainzer Rechtsprofessors Dr. Konzen und des ehemaligen thüringischen Justizministers Schliemann. Nach meiner Auffassung stellt ein Nebeneinander von herkömmlichem Studiengang und Bachelor-Master-Studiengängen keine sinnvolle Alternative dar (das sich ja bereits jetzt etabliert). Dadurch würde sich am derzeitigen System praktisch nichts ändern. (Auch bleibt hochtalentierten Bachelor-Studenten der Weg in die reglementierten Berufe versperrt.)

Auch die jüngsten Proteste von Studierenden anderer Fachrichtungen wecken bei mir keine Zweifel daran, dass Bologna auch bei den Juristen umgesetzt werden muss. Die Proteste betrafen im Wesentlichen die Studierbarkeit der Bachelor-Programme sowie eine teilweise immense Prüfungslast. Bei einer Umstellung auf eine Bachelor-Master-Struktur in der Juristenausbildung muss durch eine entsprechende Ausgestaltung der neuen Studiengänge darauf geachtet werden, die in anderen Fachbereichen aufgedeckten Mängel von vornherein zu vermeiden. Hier ist Augenmaß gefragt, und zwar sowohl bei den juristischen Fakultäten, die die Bachelor- und Masterstudiengänge konzipieren, als auch bei den Akkreditierungsagenturen. Insofern ist es sicher ein Glück, dass wir nicht bei den Ersten waren und aus den Fehlern der Anderen lernen können.

Kein Konzept zur Umsetzung der Bologna-Erklärung darf starr sein. Auch das nordrhein-westfälische Modell ist nicht in Stein gemeißelt: Über neue Ideen und sinnvolle Kompromisse lohnt es sich immer nachzudenken. Daher bin ich stets zu Gesprächen bereit. Der im Frühjahr 2011 der JUMIKO vorzulegende Bericht des Koordinierungsausschusses wird zur politische Diskussion dann weiter beitragen.

Ich habe mein Referat mit einem Zitat von *Thomas Jefferson* begonnen. Ich möchte es auch mit einem seiner Aussprüche beenden:

„Man muss jedem Hindernis Geduld, Beharrlichkeit und eine sanfte Stimme entgegenstellen."

Ich weiß nicht, ob Sie meine Stimme heute als sanft empfunden haben. Ich werde mich aber jedenfalls weiterhin aus Überzeugung mit der notwendigen Geduld und Beharrlichkeit für die Umsetzung des Bologna-Prozesses in der deutschen Juristenausbildung einsetzen.

b) Referent: Thüringer Innenminister *Prof. Dr. Peter Michael Huber*, Erfurt

Thesen des Referats

In einem rationalen rechtspolitischen Prozess trägt der Veränderer die Beweislast. Er muss die Mängel des Status quo benennen und jedenfalls eine „gültige" Prognose darüber anstellen, welche Mängel mit seinem Reformvorschlag behoben werden können. Das gilt auch für die Juristenausbildung und die zu ihrer Änderung immer wieder unterbreiteten Vorschläge.

1. Es geht nicht um „Bologna"

Seit etwa fünf Jahren segeln sie unter der Flagge von „Bologna", und sie werden immer zahlreicher. Das juristische Studium, seine Qualität, seine Rückwirkungen auf die Rechtswissenschaft in Deutschland, deren weltweite Ausstrahlung und ihre Bedeutung für unsere Rechtskultur interessieren die Protagonisten dabei ebenso wenig wie die Berufs- und Lebenschancen der Studierenden. Da werden – um sich den Anschein seriöser Befassung zu geben – vordergründige Diskussionen darüber geführt, ob der Bachelor nun nach drei oder vier Jahren verliehen werden soll, ob man den Bachelor oder den Master benötigt, um später in die Ausbildung zu einem reglementierten juristischen Beruf – Richter, Rechtsanwalt, Notar, höherer Verwaltungsdienst etc. – einzusteigen, und mit unschuldigem Augenaufschlag versichern diese „Techniker" der juristischen Ausbildungsreform, dass man am Erfordernis einer universitären Ausbildung selbstverständlich festhalte, wohl wissend, dass sie mit der Aufgabe des Staatsexamens als Abschlussexamen jeden Einfluss auf die Gestaltung der Universitätsabschlüsse verlieren und sich die Bachelor und Master jedenfalls in ihrer deutschen Spielart u. a. dadurch auszeichnen, dass sie „hochschultypübergreifend" angelegt sind.

Nicht ein einziger Vorschlag vermag zudem zu erklären, was sich am Studium und für die Studierenden verbessern soll, wenn das Abschlussexamen abgeschafft und durch einen Bachelor- oder Mastergrad ersetzt wird. Das ist auch nicht verwunderlich, denn mit den eigentlichen Zielen von „Bologna", vor allem mit der Erhöhung der Mobilität der Studierenden im Europäischen Hochschulraum, hat die auf das Jurastudium bezogene Diskussion in Deutschland nichts, aber auch gar nichts zu tun.

2. Es geht ausschließlich um ständische Interessen

„Bologna" ist hier nichts anderes als ein Vehikel für eine zynische Reduzierung der Qualifikationsmöglichkeiten. Denn es liegt mehr als deutlich auf der Hand, was vor allem die Standesvertreter der Anwälte wollen: eine Begrenzung des Zustroms in die Anwaltschaft und die Verteilung der Pfründe unter den Arrivierten. Selbst hat man die Zugangsfreiheit zum eigenen Beruf zwar gerne in Anspruch genommen; den künftigen Generationen will man sie durch administrative Hürden wie die „Eingangsprüfung" jedoch tunlichst vorenthalten. Wenn man wissen möchte, was dies vom Ergebnis her bedeutet, lohnt ein Blick in unsere Nachbarstaaten oder nach Taiwan, wo immer nur so viele Kandidaten die Eingangsprüfung bestehen, wie der Staat oder die Vertreter der Anwaltschaft Bedarf zu haben meinen.

Und in der Tat setzen die Modelle durchwegs darauf, dass 50–70 % der Jurastudenten dann nicht mehr in die klassischen juristischen Berufe streben werden (können). Die Standesvertreter der Anwaltschaft haben auch schon ein Anforderungsprofil für die insoweit Erfolglosen ausgemacht: zwischen Sekretärin und Rechtsanwalt ist für rechtskundige Bürovorsteher – den Inspektoren im Notariat vergleichbar – jede Menge Raum. Hierarchisierung in der Anwaltschaft, zwischen den juristischen Berufen, scheint ihnen das Gebot der Stunde, wobei sich die Jungen selbstverständlich hinten bzw. unten anzustellen haben.

3. Der Staat spart

Warum manche Justizministerinnen und -minister hierzu die Hand reichen, lässt sich wohl nur mit dem Einfluss der Anwaltschaft erklären und dem Umstand, dass sie sich „windfall profits" erhoffen, wenn sie weniger Referendare zu bezahlen haben werden. Dass sich auch der Richterbund neuerdings für diese Umstellung stark macht, bleibt dagegen unverständlich; vielleicht reizt hier die Aussicht auf die Hierarchisierung?

4. Mit Zitronen gehandelt

Diese Rechnungen werden freilich nicht aufgehen. Wenn es einmal 100.000 LL.Bs geben wird, die nicht alle gut bezahlte Bürovorsteher in amerikanischen und britischen Großkanzleien werden können, wird der politische Druck zur Aufhebung des Rechtsberatungsmonopols übermächtig werden und in einer allgemeinen Liberalisierung der Rechtsberatung münden. Die juristischen Fakultäten Deutschlands müssten sich dafür auch stark machen, denn es ist aus pädagogischen, psychologischen und sozialen Gründen nicht akzeptabel, Generationen von Studenten nicht zu Ehrgeiz und der bestmöglichen Entfaltung ihrer Anlagen anzuspornen, sondern zu Fatalismus und frühzeitiger Selbstbescheidung.

5. Fazit

Die sog. Bologna-Initiativen für die Rechtswissenschaft interessieren sich weder für die Folgen, die ihre Änderungen für die Studierenden haben werden, noch für ihre Praktikabilität und Durchsetzbarkeit an den Fakultäten, und erst recht nicht für die fatalen Konsequenzen, die die Abschaffung des Abschlussexamens für die Zukunft unseres Rechtssystems, unserer Rechtskultur und ihre weltweite Ausstrahlungswirkung hätte. Insofern haftet ihnen ein Hauch von Madame Pompadour an – „après nous le déluge". Die juristischen Fakultäten Deutschlands werden das nicht mitmachen.

Referat

In einem rationalen rechtspolitischen Diskurs trägt der Veränderer die Beweislast. Er muss die Mängel des Status quo benennen und zumindest eine „gültige" Prognose darüber anstellen, welche Mängel mit seinem Reformvorschlag behoben werden können. Das gilt auch für die Juristenausbildung und die zu ihrer Änderung immer wieder unterbreiteten Vorschläge.

Seit etwa fünf Jahren segeln auch die (vermeintlichen) Verbesserungsvorschläge zur Juristenausbildung unter der Flagge von „Bologna", und sie werden immer zahlreicher.[1] Da werden vordergründige Diskussionen darüber geführt, ob man das Staatsexamen als Abschluss- oder Eingangsprüfung erhalten soll, ob der Bachelor nun nach drei oder vier Jahren verliehen werden muss, ob man den Bachelor oder den Master benötigt, um in die Ausbildung zu einem reglementierten juristischen Beruf – Richter, Rechtsanwalt, Notar, höherer Verwaltungsdienst etc. – einzusteigen, u. a. m. Die wahren Gründe für diese – unnötige – Debatte sind jedoch ganz anderer Natur; sie erschließen sich freilich erst auf den zweiten Blick.

I. „Bologna" als Chiffre für hochschulpolitische Machtansprüche, und ständische Interessen

1. Der Bundeskanzlerin, die sich mit der Äußerung vernehmen lässt, wonach die Juristen zwar etwas Besonderes seien, aber auch nichts so Besonderes, dass sie bei der flächendeckenden Umstellung der Studiengänge und -abschlüsse aus der Reihe tanzen dürften,[2] geht es wie auch der überwiegenden Anzahl der Wissenschaftspolitiker und Rektoren/Präsidenten in erster Linie darum, sich durchzusetzen, vulgo um die Macht. Bei der Hochschulrektorenkonferenz (HRK) und ihrer Mehrheit von Fachhochschulvertretern – selbst nennen sich diese bekanntlich längst *„universities of applied sciences"* – schwingen auch Emanzipationserwartungen mit. Mit unschuldigem Augenaufschlag versichern diese „Techniker" der juristischen Ausbildungsreform, dass man am Erfordernis einer *universitären* Ausbildung selbstverständlich festhalte, wohl wissend, dass mit der Aufgabe des Staatsexamens als Abschlussexamen der Einfluss der Justiz auf die Gestaltung der Universitätsab-

schlüsse verloren geht und dass Bachelor und Master jedenfalls in ihrer deutschen Variante „hochschultypübergreifend" angelegt sind.
Sachliche Argumente, der Vergleich mit dem Ausland,[3] der der deutschen Juristenausbildung für ihre internationale Ausstrahlung drohende Schaden u. a. m. spielen insoweit keine Rolle. Die Juristenausbildung, Kondominium von Wissenschaft und Justiz, nimmt sich im Tableau der Studiengänge wie ein sperriger Felsbrocken aus. Sie stört, und sie gehört aus Sicht der Anstoß Nehmenden geschleift.

2. Der organisierten Rechtsanwaltschaft, allen voran dem Deutschen Anwaltsverein, geht es dagegen eher um ständische Interessen, d. h. um die Fleischtöpfe. Eine Hierarchisierung der Rechtsberatung, zwischen den juristischen Berufen, scheint ihr das Gebot der Stunde, wobei sich die Jungen selbstverständlich hinten bzw. unten anzustellen haben. Der Deutsche Anwaltsverein wie auch die geschätzte Kollegin *Müller-Piepenkötter* aus Nordrhein-Westfalen hoffen nämlich, dass bei einer Abschichtung zwischen Bachelor und Master der überwiegende Teil der Jurastudenten nicht mehr bis in die Masterphase vordringt und 50–70 % eines Jahrganges damit auch nicht mehr in die klassischen juristischen Berufe streben werden (können). Sie haben auch schon Anforderungsprofile für die insoweit Erfolglosen ausgemacht: den Versicherungssachbearbeiter und vor allem den rechtskundigen Bürovorsteher: zwischen Sekretärin und Rechtsanwalt angesiedelt soll für ihn – dem Inspektor im Notariat vergleichbar – jede Menge Raum sein.
Damit liegt der Zweck der Operation mehr als deutlich auf der Hand: eine Begrenzung des Zustroms in die Anwaltschaft und die Verteilung der Pfründe unter den Arrivierten. Selbst hat man die – nebenbei bemerkt grundrechtlich geschützte (Art. 12 Abs. 1 GG) – Zugangsfreiheit zum eigenen Beruf zwar gerne in Anspruch genommen; den künftigen Generationen will man sie durch administrative Hürden jedoch tunlichst vorenthalten. Wer wissen möchte, was dies vom Ergebnis her bedeutet, werfe einen Blick in unsere Nachbarstaaten oder nach Taiwan, wo immer nur so viele Kandidaten die Eingangsprüfung bestehen, wie der Staat oder die Vertreter der Anwaltschaft Bedarf zu haben meinen. M. a. W: „Bologna" ist insoweit nichts anderes als ein Vehikel für eine zynische Reduzierung der Qualifikationsmöglichkeiten.
Diese Rechnung wird freilich nicht aufgehen. Wenn es einmal 100.000 LL.Bs geben wird, die nicht alle gut bezahlte Bürovorsteher in amerikanischen und britischen Großkanzleien werden können, wird der politische Druck zur Aufhebung des Rechtsberatungsmonopols übermächtig werden und in eine allgemeine Liberalisierung der Rechtsberatung münden. Die juristischen Fakultäten Deutschlands müssten sich dafür auch stark machen, denn es ist aus pädagogischen, psychologischen und sozialen Gründen nicht akzeptabel, Generationen von Studenten nicht zu Ehrgeiz und der bestmöglichen Entfaltung ihrer Anlagen anzuspornen, sondern zu Fatalismus und frühzeitiger Selbstbescheidung.

3. Das juristische Studium, seine Qualität, seine Rückwirkungen auf die Rechtswissenschaft in Deutschland, deren weltweite Ausstrahlung und ihre Bedeutung für unsere Rechtskultur interessieren die Protagonisten dabei ebenso wenig wie die

Berufs- und Lebenschancen der Studierenden. Nicht ein einziger Vorschlag hat auch nur den Versuch unternommen zu erklären, was sich am Studium und für die Studierenden verbessern soll, wenn das Abschlussexamen abgeschafft und durch einen Bachelor- oder Mastergrad ersetzt wird.

Das ist auch nicht verwunderlich, denn mit den eigentlichen Zielen von „Bologna", vor allem mit der Erhöhung der Mobilität der Studierenden im Europäischen Hochschulraum, hat die auf das Jurastudium bezogene Diskussion in Deutschland nichts, aber auch gar nichts zu tun.

Warum einzelne Justizministerinnen und -minister hierzu die Hand reichen, lässt sich wohl nur mit dem Einfluss der Anwaltschaft erklären und dem Umstand, dass sie sich „windfall profits" erhoffen, wenn sie weniger Referendare zu bezahlen haben werden. Auch dass sich der Deutsche Richterbund neuerdings für die Umstellung stark macht, bleibt unverständlich.

II. Organische Weiterentwicklung der bestehenden Juristenausbildung zu einem pluralen Ausbildungsmodell

II. Das Staatsexamen – eine kulturelle Errungenschaft

„Bachelor" und „Master" sind akademische Grade, denen eine auf wissenschaftlicher Grundlage vermittelte Hochschulausbildung zugrunde liegt, keine Staatsprüfung. Schlösse das Jurastudium mit diesen Graden ab, handelte es sich um reine Universitätsabschlüsse, an denen die Justizverwaltung, wie gesagt, nicht mehr beteiligt wäre. Dieser Preis ist zu hoch, denn das Staatsexamen ist eine kulturelle Errungenschaft!

1. Es gewährleistet aufgrund seiner Anonymität und wegen der Abwicklung durch die Justizprüfungsämter eine gleich bleibende, unbestechliche und aussagekräftige Leistungsbewertung, während in praktisch allen anderen Disziplinen eine Noteninflation stattgefunden hat. Das hat zur Folge, dass das Ergebnis der Universitätsabschlüsse für die Betroffenen seinen Wert eingebüßt hat und stattdessen Herkunft, Zugehörigkeit zu bestimmten Organisationen und Netzwerken u. a. m. wichtig werden – bildungspolitisch ein Menetekel. Die ersten Erfahrungen mit den universitären Schwerpunktbereichsprüfungen zeigen, dass dies auch in der Rechtswissenschaft nicht anders wäre.
2. Durch seine Rückwirkung auf das Studium gewährleistet die verwaltungstechnische Klammer des Staatsexamens zudem einen gemeinsamen Kanon von Wissen und Systembeherrschung aller Juristen und ist insoweit die entscheidende Grundlage des sog. Einheitsjuristen. Erst diese gemeinsame Sozialisation ermöglicht es allen Juristen, auf einer Augenhöhe miteinander zu verkehren – als Richter, Anwälte, Staatsanwälte, Verwaltungsbeamte etc.
3. Die gleichmäßige Sozialisation hat wiederum Rückwirkungen auf die akademische Rechtswissenschaft. Denn sie zwingt diese zu einer im weltweiten Vergleich unübertroffenen Praxisnähe und garantiert dem deutschen Rechtskreis so einen einzigartigen Dialog zwischen Rechtswissenschaft und Praxis. Sie ermöglicht eine

überdurchschnittliche wissenschaftliche Durchdringung des Rechts, die sich an der Produktivität juristischer Literatur ebenso festmachen lässt wie an dem bemerkenswerten Trend, juristische Lehrstühle nicht nur in Österreich und der Schweiz, sondern auch in Großbritannien, Irland und den Niederlanden in nennenswertem Umfang mit deutschen Professoren zu besetzen, vor allem aber an der umfangreichen Verarbeitung von Literatur durch die Gerichte. In Deutschland ist die Rechtswissenschaft politisch relevant, weil sie die Dritte Gewalt im Interesse der Öffentlichkeit kontrolliert und unter Rechtfertigungsdruck setzt. Das sichert ihr, was zu wenig gesehen wird, weltweit eine besondere Attraktivität.

4. Es ist wohl auch kein Zufall, dass die deutsche Juristen-Ausbildung Absolventen hervorbringt, die im internationalen Vergleich letztlich kaum älter sind als ihre Kollegen, meist aber besser gerüstet. Deutsche Teilnehmer an den LL.M-Programmen amerikanischer Law Schools gehören durchweg zu den ersten zehn Prozent ihrer Jahrgänge; mehrfach haben deutsche Jurastudenten die beste „maîtrise" an französischen Universitäten gemacht, und auch in Brüssel kann man – jedenfalls hinter vorgehaltener Hand – das hohe Lied auf die deutsche Juristenausbildung hören. Es hat einen – aus deutscher Sicht freilich ambivalenten – Grund, warum sich die Bundesrepublik Deutschland so zahlreichen Vertragsverletzungsverfahren nach Art. 258 AEUV ausgesetzt sieht: die Qualität der in Deutschland ausgebildeten Juristen im Dienst der EU-Kommission.

III. Modell der Pluralistischen Juristenausbildung

1. Vor diesem Hintergrund muss die Sicherung der Qualität der Juristenausbildung auf wissenschaftlicher Grundlage bei allen Reformschritten oberste Priorität haben. Dazu gehört namentlich der Erhalt eines gemeinsamen Ausbildungskanons und eines im Wesentlichen vergleichbaren Ausbildungsniveaus für alle reglementierten juristischen Berufe.[4] Die besondere staatliche Verantwortung für die Rechtspflege legt es nahe, dass die Qualitätssicherung dabei weiterhin *auch* durch die Justizverwaltung erfolgt, und zwar in der Form des Staatsexamens als Abschlussexamen.

2. Das bedeutet jedoch keine vollständige Absage an den Bologna-Prozess. Die bereits heute bestehende Vielfalt an grundständigen, komplementären und Aufbaustudiengängen – das vom Deutschen Juristen-Fakultätentag entwickelte sog. Modell der pluralistischen Juristenausbildung[5] – muss beibehalten und den Anforderungen der Gesellschaft, der Studierenden und des Marktes entsprechend weiterentwickelt werden. Studierenden, die keinen „klassischen" juristischen Beruf anstreben, kann so eine solide Grundausbildung mit juristischen Elementen ermöglicht und ihnen neue Berufsfelder erschlossen werden. In der Kombination mit wirtschafts-, natur- und medienwissenschaftlichen Inhalten kann ein juristischer Bachelor (B. A.) durchaus Sinn machen. So kann auch die Rechtswissenschaft nicht zuletzt Terrain zurückgewinnen, das sie, etwa bei den steuerberatenden Berufen, in den vergangenen Jahrzehnten verloren hat.

3. In der Konsequenz mag dies auch dazu führen, dass die Zahl der Studierenden, die das Studium mit der Ersten Juristischen Prüfung abschließt, zurückgeht. Ein wichtiges Instrument dafür wäre aber auch ein verwaltungsgerichtlich belastbarer Eignungstest für alle Studienbewerber. Manches spricht dafür, dass dies zu einer Reduzierung der Zahl der Studierenden um etwa 30 v. H. führen könnte. Die Fakultäten in München, Frankfurt a. M., Konstanz und Heidelberg planen dies seit Jahren in einem Pilotprojekt zu erproben, stoßen bei den Wissenschaftsverwaltungen dabei aber nicht auf besondere Gegenliebe.

IV. Fazit

Der Bologna-Prozess steht mittlerweile auf der Kippe. In anderen Disziplinen macht sich die Einsicht breit, dass die mit teutonischem Furor durchgesetzte flächendeckende Umstellung sämtlicher Studiengänge auf das Modell konsekutiver Abschlüsse keines der angestrebten Ziele erreicht hat. Technische Universitäten, die auf sich halten, kehren zum Diplom zurück oder bieten es zumindest neben Bachelor und Master wieder an. In anderen Ländern, etwa in Italien, hat man sich von dem 3+2-Modell schon wieder verabschiedet. Nichts spricht dafür, diese Fehler auch noch in der Rechtswissenschaft zu begehen, und noch dazu aus durchweg sachfremden Erwägungen.

Das bedeutet nicht, dass nicht auch die Juristenausbildung kontinuierlich weiterentwickelt werden muss. Auch für sie gilt „semper est reformanda". Das sollte jedoch ohne Brüche vonstatten gehen, wobei die Folgen, die Änderungen für die Studierenden haben, ihre Praktikabilität und Durchsetzbarkeit an den Fakultäten und erst recht die Konsequenzen für die Zukunft unseres Rechtssystems, unserer Rechtskultur und ihrer weltweiten Ausstrahlungskraft im Mittelpunkt stehen müssen. Die Devise der Madame Pompadour – „après nous le déluge" – ist keine verantwortliche Politik.

---

1 Siehe etwa Deutscher Juristen-Fakultätentag (Hrsg.), Der „Bologna-Prozess" und die Juristenausbildung in Deutschland, 2005, wo sich Beiträge und Diskussionen eines Symposions abgedruckt finden, das der Deutsche Juristen-Fakultätentag, der Deutsche Hochschulverband und der Deutsche Anwaltsverein gemeinsam veranstaltet haben.
2 Zitiert nach *J. Ischdonat,* Die deutsche Juristenausbildung unter dem Einfluss des Bologna-Prozesses, Vorwort.
3 Dazu *H. Hirte/S. Mock,* Auswirkungen des Bologna-Prozesses auf die Juristenausbildung. Überlegungen aus rechtsvergleichender Perspektive, Rechtsgutachten erstellt im Auftrag des Deutschen Juristen-Fakultätentages, JuS 2005, Beilage zu Heft 12.
4 DJFT 2007/I. Die Beschlüsse des Deutschen Juristenfakultätentages 1999 – 2009 finden sich Abgedruckt in *P. M. Huber* (Hrsg.), Beschlüsse des Deutschen Juristen-Fakultätentages 1999 – 2009, 2010.
5 DJFT 2007/I; 2008/I.

Bericht über den Arbeitskreis 4

von Richter am VG *Stefan Fitzke*, Erfurt

Der Arbeitskreis zum Thema „Die Entwicklung der Juristenausbildung und der Bologna-Prozess" war ungeachtet der anderen Angebote auf den Verwaltungsgerichtstag mit rund 50 Teilnehmern lebhaft besucht und bot Anlass für eine anregende Diskussion. Der Moderator der Veranstaltung, Herr *Prof. Dr. Christian Baldus*, Universitätsprofessor für Bürgerliches und Römisches Recht in Heidelberg, stimmte die Teilnehmer auf die Thematik mit einer pointierten Einführung zum europäischen Kontext der Juristenausbildung ein. *Prof. Baldus* belegte anschaulich, dass sich im europäischen Vergleich entgegen manchen Erwartungen kein einheitliches Bild zeigt, sondern sich die europäische Ausbildungslandschaft als überaus buntscheckig darstellt. Während etwa in Frankreich der Konflikt zwischen juristischen Fakultäten und grandes écoles die Situation prägt und Italien gerade im Begriff ist, das Bologna-Modell wieder abzuschaffen, praktizieren viele osteuropäische Staaten das Bologna-Modell relativ geräuschlos.

Als Referenten waren die nordrhein-westfälische Justizministerin Frau *Roswitha Müller-Piepenkötter* und der Thüringer Innenminister *Prof. Dr. Peter Michael Huber*, vormals Universitätsprofessor in München, zugegen.

Als erste Referentin befürwortete Frau *Müller-Piepenkötter* die konsequente Umstellung der deutschen Juristenausbildung auf das Bologna-Modell. Vorteil sei eine spürbare Verbesserung der Wettbewerbsfähigkeit und der Chancen deutscher Absolventen auf dem europäischen Arbeitsmarkt. Der Koalitionsvertrag der aktuellen Bundesregierung stehe einer Umstellung nicht entgegen. Erst kürzlich habe die Bundeskanzlerin eine Integration der jetzigen Juraabschlüsse in das Bachelor-Master-System für möglich gehalten. Nach Einschätzung von Frau *Müller-Piepenkötter* stehe der Lernstoff des rechtswissenschaftlichen Studiums einer europaweiten Vereinheitlichung nicht entgegen, wie sich an zahlreichen europäischen Ländern und diversen grenzüberschreitenden Studiengängen zeige. Bologna stärke die Stellung des deutschen Rechts in Europa und komme dem Rechtsstandort Deutschland zu Gute. Generell sei eine weitere Europäisierung der Juristenausbildung erforderlich. In diese Richtung gehe Nordrhein-Westfalen. Das NRW-Modell sehe ein 3-jähriges juristisches Bachelorstudium und ein 2-jähriges Masterstudium vor. Dem schließe sich nach einer erfolgreichen Aufnahmeprüfung zur Qualitätssicherung dann ein 2-jähriger Vorbereitungsdienst an, der mit einer Staatsprüfung ende. Der Bachelorabschluss sei als berufsqualifizierender Abschluss konzipiert. Die Bachelorabsolventen sollten in der Lage sein, mit dem Recht zu arbeiten und unmittelbar eine Berufstätigkeit in Versicherungen, Verbänden, Sozialversicherungen, Anwaltskanzleien oder im Gesundheitsmanagement aufzunehmen. Masterabsolventen würden auf eine Tätigkeit als Richter oder Verwaltungsbeamter vorbereitet. Frau *Müller-Piepenkötter* meinte, entgegen einer verbreiteten Ansicht könnten mehr als nur 40 % der Bachelorabsolventen das juristische Masterstudium aufnehmen. Sie betonte, das Bologna-Modell sei kein Spartenmodell. Die Berufsaussichten für Bachelorabsolventen schätzte Frau *Müller-Piepenkötter* als vergleichsweise gut ein, auch wenn man bei schlechten Absolventen realistisch sein müsse. Auch heutige Absolventen mit schlechten Examensergebnissen hätten keine guten Perspektiven. Immerhin ermögliche der Bachelor eine frühzeitige Neuorientierung.

Der zweite Referent Herr *Prof. Huber* stellte seinem Referat die These voran, kein Student finde Bologna gut. Die jüngsten Äußerungen der Kanzlerin zu Bologna relativierte er mit dem Hinweis auf den Koalitionsvertrag der Bundesregierung. Primäres Ziel der Juristenausbildung sei eine hohe Qualität der Absolventen im Interesse rechtsstaatlicher Strukturen. Schwachstellen im NRW-Modell sah er in der Eignungsprüfung als Zugangsvoraussetzung für den Vorbereitungsdienst. Anknüpfend an eine der Leitthesen des Festvortrags von Herrn Präsidenten des Bundesverfassungsgerichts *Prof. Voßkuhle* forderte auch Herr *Prof. Huber* die Einordnung der Juristenausbildung in europäische Strukturen, allerdings maßgeblich auf der Grundlage des nationalen staatlichen Rechts. Der Gegenstand der Rechtswissenschaft sei kraft Natur der Sache in Deutschland ein anderer als z. B. in Estland, was grundlegende Änderungen ausschließe. Das von Frau *Müller-Piepenkötter* postulierte Bologna-Modell sei verfehlt. Herr *Prof. Huber* attestierte dem rechtswissenschaftlichen Studium in Deutschland aktuell einen ausgesprochen guten Stand, auch wenn es immer Verbesserungsmöglichkeiten gebe, namentlich bei der zu hohen Anzahl von „Durchfallern". Herr *Prof. Huber* bekräftigte seine Überzeugung, dass die juristischen Staatsprüfungen eine herausragende kulturelle Errungenschaft darstellen, die es unbedingt zu erhalten gelte. Die deutsche Rechtswissenschaft habe international einen vorzüglichen Ruf. Gerade im öffentlichen Recht und im Verfassungsrecht sei weltweit eine Orientierung an deutschen Standards und an deutscher Rechtskultur und eine entsprechende weltweite Ausstrahlung zu konstatieren. Dies führte Herr *Prof. Huber* auf die gute Organisation der Juristenausbildung hierzulande zurück. Das deutsche Modell der Juristenausbildung gewährleiste, dass sich Rechtsanwälte und Richter dank der gleichen Schule auf gleicher „Augenhöhe" begegnen könnten. Da die juristischen Staatsprüfungen in besonderem Maße eine juristische Systembeherrschung erforderten, sei nirgends sonst der Dialog zwischen Wissenschaft und Praxis stärker ausgeprägt als in Deutschland. Soweit Juristen in den letzten Jahrzehnten einiges an Terrain verloren hätten, etwa im Bereich der Steuerberatung, könnten diese Bereiche nach Einschätzung von *Prof. Huber* aktiv zurückgewonnen werden. Im Übrigen sei der wirkliche Grund für das von vielen Seiten propagierte Bologna-Modell in ständischen Interessen der Rechtsanwaltsverbände zu sehen, die sich hier Möglichkeiten für eine Kanalisierung der breiten Bewerberzahlen versprächen. Arbeitslose Bachelorabsolventen seien in letzter Konsequenz eine Gefahr für die deutsche Rechtskultur. Die Länder Thüringen und Bayern würden Bologna jedenfalls nicht unterstützen.

In der sich anschließenden lebhaften Diskussion stellte zunächst der Präsident des Landesjustizprüfungsamtes Baden-Württemberg Herr *Jakobi* das sog. Stuttgarter Modell als Alternative für eine Reform der Juristenausbildung vor. Einem 3-jährigen Bachelorstudium folge ein einjähriges Masterstudium mit Masterabschluss. Diese

Masterprüfung werde unter staatlicher Beteiligung abgelegt. Danach folge der Eintritt in das Berufsleben unter Aufsicht. Dabei müssten den heutigen 60 – 70 % „Durchfallern" und schlechten Absolventen gegen ein geringes Entgelt Perspektiven für den Eintritt in das Berufsleben gegeben werden. Eine Eignungsprüfung als Voraussetzung für den Zugang zum Vorbereitungsdienst sei wegen der damit verbundenen großen Prüfungslasten nicht überzeugend und hätte eine deutliche Verlängerung der Studienzeit zur Folge.

Frau *Müller-Piepenkötter* verteidigte die Eignungsprüfung. Auch teilte sie nicht die Auffassung, im Bachelorabschluss nur eine Möglichkeit für schlechte Studierende zu sehen.

Herr *Prof. Huber* stimmte ihr darin zu, dass eine Ausbildung nur für 30 – 40 % nicht für die übrigen 60 – 70 % der Absolventen gut sein könne. Gleichwohl rechtfertige dies nicht die Aufgabe bewährter Erfolgsmodelle. Es sei aber legitim, über Ergänzungen und Verbesserungen in diesem Bereich nachzudenken. Möglicherweise könnten Bachelorabsolventen neue Betätigungsfelder erschlossen werden. Herr *Prof. Huber* gab sich überzeugt, das Problem zu hoher Durchfallraten durch valide Eignungsprüfungen entschärfen zu können. Ergänzend wies er darauf hin, dass mehrere Länder zu Verbesserungen nicht bereit seien, weil dies zu einer Verschlechterung der Studierendenquote führen könne, weshalb entsprechende Versuche durch die Kultusminister ausgebremst würden.

Der Moderator Herr *Prof. Baldus* schaltete sich in die Diskussion mit dem Bemerken ein, die Bucerius Law School halte an einem Eignungstest fest, weil dies für die Außendarstellung günstiger sei. An sich sei es am einfachsten, in den ersten Semestern möglichst viele Studierende durchfallen zu lassen. Dies hätte aber die besagten Nachteile im Verhältnis zu den Kultusministerien.

Frau *Müller-Piepenkötter* hielt es allgemein für wünschenswert, frühzeitig juristische Kenntnisse auch an nicht juristische Akademiker z. B. mit BWL-Kenntnissen zu vermitteln.

Herr *Prof. Dr. Rennert,* Richter am BVerwG, differenzierte zwischen der Ausbildung zum Volljuristen als Voraussetzung für den Zugang zu den reglementierten Berufen und der juristischen Ausbildung für andere Berufsbilder. Bei letzteren bestünden nach seinem Dafürhalten keine Einwände gegen die Einführung des Bachelors. Das eigentliche Problem liege in der Umstellung der Ausbildung zum Einheitsjuristen auf Bachelor. Hier bestehe ein überragendes öffentliches Interesse daran, den Einheitsjuristen im soziologischen Sinne zu bewahren. Ob man dabei von Eignungsprüfung spreche oder von Abschlussprüfung, bleibe sich gleich. Entscheidend seien strukturierende Vorgaben. Im Ergebnis schloss es Herr *Rennert* aus, auf einen Bachelorabschluss eine Ausbildung zum Einheitsjuristen „draufzusatteln".

Die letztgenannte These ließ Frau *Müller-Piepenkötter* nicht unwidersprochen, weil das Bachelorstudium auf Masterinhalte ausgerichtet werden könne.

Herr *Prof. Dr. Berlit*, Richter am BVerwG, warf die Frage auf, ob ein Bachelorabschluss ein Mindestmaß an beruflichen Aussichten vermitteln könne und ob die neuen Bachelorabsolventen andere Berufsgruppen tatsächlich verdrängen könnten. Zudem bezweifelte er, dass die Juristenausbildung mit den derzeitigen Kurrikularwerten an der Massenuni zügig und ohne Kollateralschäden auf Bachelor-Master-Abschlüsse umgestellt werden könnte.

Herr *Matejka*, VG Freiburg, gab zu bedenken, dass seit jeher für Berufsfelder unterhalb des Volljuristen Rechtskenntnisse vermittelt würden, z. B. beim Einzelhandelskaufmann. Der wesentliche Sinn des Bachelorstudiums könne nicht in der Verlagerung der kaufmännischen Ausbildung gesehen werden. Er ließ Skepsis erkennen, wie Bachelorabsolventen nur mit Grundkenntnissen etwa im deutschen Zivilrecht in grenzüberschreitenden Fällen mit einer fremden Rechtsordnung zurückkommen wollten.

Frau *Müller-Piepenkötter* ließ den Hinweis auf die Ausbildung zum Einzelhandelskaufmann nicht gelten, weil Bachelor-Grundkenntnisse wesentlich weiter reichen würden. Nach zahlreichen Gesprächen mit Anwälten und Wirtschaft habe sie die Erfahrung gemacht, dass es Berufsbereiche gebe, wo neben z. B. BWL-Kenntnissen auch juristische Kenntnisse erforderlich seien.

Herr *Prof. Huber* nannte mehrere Beispiele für ggf. zu verdrängende Berufsfelder wie z. B. Umweltgutachter, Medienmanager oder Journalismus. Er riet zu einer vorsichtigen Öffnung, um den eventuellen Bedarf für Bachelorabsolventen zu sondieren.

Außerdem problematisierte *Prof. Huber* die Betreuungsrelation in den juristischen Fakultäten. Seinen Beobachtungen zufolge hätten juristische Fakultäten im universitären Bereich nicht selten einen ähnlich schweren Stand wie die Justizministerien in der Landesregierung; die Funktion der juristischen Fakultäten erschöpfe sich inneruniversitär dann darin, Studienplätze in die Gesamtrechnung der Universität einzubringen. Es sei aber nicht realistisch, dass eine Umstellung auf Bachelor-Master-Abschlüsse im Bereich der Juristenausbildung mit besseren Betreuungsrelationen verbunden wäre.

Auf die Befürchtung von Herrn *Dr. Luth,* Niedersächsisches Justizministerium, dass sich das Bachelor-/Masterstudium nicht hinreichend standardisieren lasse, ohne zu viele Studierende in der Eignungsprüfung durchfallen zu lassen, erwiderte Frau *Müller-Piepenkötter*, dass die bewährte heutige Pflichtfachprüfung wohl auch eine gute Grundlage für eine künftige Eignungsprüfung sein dürfte.

Herr *Jakobi* stellte die Möglichkeit in den Raum, die infolge Streichung des Vorbereitungsdienstes frei werdenden Finanzmittel für das rechtswissenschaftliche Studium umzuwidmen.

Diesem Vorschlag mochte Herr *Prof. Huber* nur geringe Erfolgsaussichten beimessen, weil in Zeiten der Globalbudgets derartige Umschichtungen im Haushalt keine Gewähr für eine effektive finanzielle Unterstützung an andere Stellen bieten könnten.

Der Moderator Herr *Prof. Baldus* teilte diese skeptische Sichtweise und verwies auf die in den letzten Jahrzehnten erheblich veränderten Rahmenbedingungen der Universitäten. Anders als früher seien Universitäten heutzutage deutlich abhängiger von politischen Vorgaben.

ARBEITSKREIS 5

Die Wechselwirkung zwischen Rechtsprechung und Dogmatik

Referent: *Prof. Dr. Christian Bumke*, Commerzbank-Stiftungslehrstuhl Grundlagen des Rechts, Bucerius Law School, Hamburg

Thesen des Referats

A. Konzeptioneller Rahmen und Fragestellung

I. Rechtsdogmatik und Rechtspraxis

(1) Die Rechtsdogmatik ist Teil der Wissenschaft wie der Rechtsordnung. Als Wissenschaft sollen ihre Aussagen ein möglichst hohes Maß an Rationalität, d. h. Verlässlichkeit besitzen. Zugleich will sie praktische Antworten auf rechtliche Fragen geben und erhebt dabei normative Ansprüche im Sinne eines richtigen Rechtsverständnisses, ohne aber rechtsverbindlich zu sein. Ihre Arbeit ist auf die Praxis mit ihren Unterscheidungen von „Recht/Nichtrecht" und „rechtmäßig/rechtswidrig" gerichtet. Die Rechtsdogmatik ist keinem Entscheidungszwang unterworfen und nicht durch das Gebot der Rechtssicherheit gebunden. Dies erlaubt eine Vielzahl unterschiedlicher Meinungen.

(2) Die Rechtsdogmatik will die Rationalität der Praxis gewährleisten, indem Entscheidungen, juristische Argumente und tragende Anschauungen hinterfragt, Kontextualisierung vorgenommen, Folgen bedacht und Alternativen vorgeschlagen werden. Die Rechtsdogmatik wird so zu einem Teil des durch die Praxis geschaffenen Entdeckungsverfahrens zur angemessenen Lösung rechtlicher Fragen.

(3) Zu den Aufgaben der Rechtsdogmatik gehört es, den von der Rechtspraxis (Gesetzgeber, Gerichte, Verwaltung, Private) erzeugten Rechtsstoff begrifflich zu durchdringen, Ordnungszusammenhänge aufzuzeigen, Leit- und Strukturprinzipien herauszuarbeiten und den Stoff zu einer möglichst konsistenten Ordnung zusammenzufügen. Auf diese Weise sollen der Rechtsstoff handhabbar und damit auch lehrbar gemacht sowie die Praxis beim Verstehen und Anwenden des Rechts im Einzelfall unterstützt werden. Beispielsweise erlaubt die Abwägungsfehlerlehre, grundsätzlich alle behördlichen Gestaltungsspielräume (Ermessen u. a. m.) einem einheitlichen Kontrollprogramm seitens der Gerichte zu unterwerfen.

II. Rechtsdogmatische Arbeitsweise der Praxis

(4) Verwaltungsgerichte praktizieren eine rechtsdogmatische Arbeitsweise. Sie haben wie die übrigen Teile der Justiz die maßgeblich von F. C. v. Savigny entwickelten Grundsätze eines wissenschaftlichen Umgangs mit dem Gesetz aufgegriffen und arbeiten bei der Auslegung und Anwendung der Gesetze nach denselben methodischen Grundsätzen wie die Rechtsdogmatik. Sie tragen deshalb auch kontinu-

ierlich zur Ausformung des dogmatischen Ordnungs- und Lehrgebäudes unserer Rechtsordnung bei. Ein eindrucksvolles Beispiel dafür geben die vor der Schaffung der Verwaltungsverfahrensgesetze von Bund und Ländern entwickelten Grundsätze über die Aufhebung von Verwaltungsakten.

B. Gespräche zwischen Rechtspraxis und Rechtsdogmatik

I. Beobachtungen

1. Vorurteile

(5) Trotz grundsätzlicher Gleichgerichtetheit von Dogmatik und Praxis kursiert das Vorurteil einer unpraktikablen Dogmatik und einer nur pragmatischen Praxis. Dahinter steht der strukturelle Gegensatz zwischen der Meinungsvielfalt und dem prinzipiellen Rechtsdenken der Wissenschaft einerseits und dem Kontinuität und Rechtssicherheit verpflichteten induktiven Rechtsdenken der Praxis andererseits.

2. Gesetzesbindung

(6) Der Gedanke treuer Gesetzesverwirklichung prägt verwaltungsgerichtliche Praxis wie verwaltungsrechtliche Dogmatik. In ihm wurzelt die hohe Akzeptanz der höchstrichterlichen Rechtsprechung im Verwaltungsrecht und er dürfte auch dafür verantwortlich sein, dass man im Verwaltungsrecht seltener als im Zivilrecht auf gewagte richterliche Rechtsfortbildungen oder umfangreiche Gegenentwürfe zur bestehenden Praxis stößt.

3. Dialog- und Rezeptionsstil

(7) In der gerichtlichen Praxis herrschen sehr unterschiedliche Stile im Umgang mit der Rechtsdogmatik. Verwaltungsgerichte treten in ihren Entscheidungsbegründungen nur selten mit der Literatur in Dialog. Meist wird auf Gerichtsentscheidungen verwiesen. Kommentare werden beiläufig – meist zustimmend – und vereinzelt auch aktuelle Zeitschriftenaufsätze zitiert, ohne dass dabei ein Prinzip erkennbar würde. Ärgerlich wird es, wenn Begriffe wie der des Regulierungsermessens rezipiert werden, ohne dass der wissenschaftliche Urheber genannt wird. Dass es sich bei dieser Art des Umgangs nicht um eine notwendige Eigenart richterlichen Entscheidens handelt, zeigt etwa die Praxis des Zweiten Zivilsenats beim Bundesgerichtshof.

II. Hilfe, Versicherung und Legitimation als Erwartungen der Praxis

(8) Bei der Einarbeitung in ein neues Rechtsgebiet oder bei der Versicherung eines Diskussionsstandes helfen Kommentare und Überblickbeiträge den Gerichten. Auf Literatur wird auch zur Legitimierung zurückgegriffen: An die Stelle eines

Arbeitskreis 5 (Thesen)

Arguments tritt der Verweis, dass die Position in der Rechtsdogmatik geteilt wird. Im Übrigen dürften Bedeutung und Umfang der Literatur, die als stiller Gesprächspartner zur Erstellung eines Votums genutzt wird, vom Vorhandensein einschlägiger höchstgerichtlicher Rechtsprechung abhängen. Sind die Fragen in der höchstrichterlichen Rechtsprechung geklärt, werden selbst heftige Streitpunkte zwischen Rechtsprechung und Literatur weitgehend von der Praxis ausgeblendet.

III. Schwierigkeiten und Enttäuschungen auf beiden Seiten

1. Ungehörte und unbeantwortete Kritik

(9) Der bei den Verwaltungsgerichten vorherrschende Stil im Umgang mit der Literatur ist mitverantwortlich für das Phänomen ignorierter Kritik: So hat sich das Bundesverwaltungsgericht zum Beispiel niemals damit auseinandergesetzt, dass die Einordnung des § 48 Abs. 4 VwVfG als Bearbeitungsfrist oder die teleologische Reduktion der Subsidiaritätsklausel des § 43 Abs. 2 VwGO von der Literatur weitgehend abgelehnt werden. Bestärkt wird dieser – von der Aufgabe der Rechtsdogmatik für die Praxis her betrachtet widersinnige – Umgang mit Kritik dadurch, dass es sich bei den angegriffenen Deutungen oft um pragmatische Lösungen handelt (so etwa auch die Deutung der Widerspruchsbehörde als „Herrin des Verfahrens"). Bei der Handhabung verfahrensrechtlicher Vorschriften lässt sich die Zurückhaltung überdies aus dem Grundsatz der vollständigen Aufbereitung und Lösung des rechtlichen Konflikts im Verwaltungsprozess erklären.

2. Verkannte Rechtsfragen

(10) Falsche Erwartungen hegen Gerichte, wenn sie sich enttäuscht von der Rechtsdogmatik abwenden, weil sie dort keine Antworten auf neue Rechtsfragen oder den Umgang mit unvertrauten Konstellationen finden. Die Probleme der Rechtsanwendung lassen sich nicht antizipieren. Der Schwerpunkt kommentatorischer Arbeit bei neuen Rechtsgebieten wie dem Telekommunikationsgesetz oder dem Informationsfreiheitsgesetz des Bundes liegt dementsprechend auf der systematischen Durchdringung des Rechtsstoffes, der Verknüpfung mit den – sofern vorhandenen – europäischen Vorgaben, der Aufbereitung der Entstehungsgeschichte sowie dem Zusammentragen der bislang bekannten tatsächlichen Schwierigkeiten in dem betreffenden Regelungsfeld.

(11) Zu Recht erhebt sich die Kritik, wenn neuartige Konstellationen oberflächlich aufgearbeitet werden und die zentralen dogmatischen Fragen unbehandelt bleiben. Ein schönes Beispiel dafür bietet die Diskussion um die Aufhebung eines rechtskräftigen Verwaltungsaktes zur Verwirklichung europäischen Gemeinschaftsrechts.

IV. Dogmatische Leistungen

1. Aufklärung

(12) Rechtsdogmatische Kritik sollte die Praxis aufklären und deren Rationalität sichern, indem unerwünschte Konsequenzen, fehlerhafte Vorstellungen und argumentative Tricks aufgezeigt werden. Fehlerhaft ist beispielsweise die Vorstellung des Niedersächsischen Oberverwaltungsgerichts, dass „das Schweigen des Gesetzgebers" ein Argument dafür sei, dass der Verweis in § 80a Abs. 3 Satz 2 VwGO auf § 80 Abs. 6 VwGO kein Redaktionsversehen sei. Denn das gesetzgeberische Schweigen ist rechtlich stets bedeutungslos und vermag nie die gerichtliche Entscheidung inhaltlich zu rechtfertigen. Und um einen argumentativen Trick handelt es sich, wenn das Bundesverwaltungsgericht die radikale Neuausrichtung bei der Anfechtung von Nebenbestimmungen eines Verwaltungsakts mit dem Vorliegen einer gefestigten Rechtsprechung begründet.

2. Dogmatische Impulse

(13) Die rechtsdogmatische Arbeitsweise der Praxis bildet einen, wenn nicht den zentralen Faktor für die Entwicklung der Rechtsdogmatik. Dogmatische Innovationen der Praxis, wie die Figur des Regulierungsermessens, werden in der Rechtsdogmatik intensiv analysiert, kritisiert und schließlich systematisiert. Gerade bei solchen Impulsen zeigt sich der Vorteil wissenschaftlicher Meinungsvielfalt.

3. Offenheit und Flexibilität dogmatischer Praxis

(14) Ein großer Vorteil, den die Praxis gegenüber der Wissenschaft aufweist, besteht in der Ausrichtung am Einzelfall und der daraus resultierenden Offenheit, grundlegende rechtliche Veränderungen aufzugreifen und zunächst punktuell in das Rechtsgebäude einzubeziehen. Demgegenüber kann sich die aus der deduktivprinzipiellen Herangehensweise resultierende systemerhaltende Perspektive der Wissenschaft als Hemmnis erweisen. Ein anschauliches Lehrstück hierfür bietet die Diskussion um die Möglichkeiten und Grenzen einer Europäisierung des Allgemeinen Verwaltungsrechts.

4. Dogmatik und Pragmatik

(15) Rechtsdogmatisches Arbeiten wird oft in einen scharfen Gegensatz zu Pragmatik und Rechtstheorie gestellt, obwohl gute Dogmatik theoretisch aufgeklärt und pragmatisch ausgerichtet sein muss. Vor den Gefahren einer überfein ziselierten Dogmatik, die überdies die Verwaltung überfordert, sind auch die Verwaltungsgerichte nicht immer gefeit. Doch finden sich auch viele gelungene Beispiele für die Verbindung von Dogmatik, Theorie und Pragmatik: Zu ihnen zählt der Grundsatz, dass grundsätzlich alle Nebenbestimmungen eines Verwaltungsaktes isoliert anfechtbar sind, sowie die Neuausrichtung des maßgeblichen Zeitpunkts für die Beurteilung der Sach- und Rechtslage aufenthaltsbegründender und -be-

endender Maßnahmen wie der Versagung oder Aufhebung eines Aufenthaltstitels oder einer Ausweisung.

Referat

A. Rahmen

I. Rechtsdogmatik als rechtswissenschaftliche Disziplin

1. Rechtsdogmatische Denk- und Arbeitsweise

Der größte Teil[1] der deutschen Rechtswissenschaft denkt und arbeitet dogmatisch.[2] Er begreift das Recht als eine sinnvolle und wohlgeformte Ordnung. Diese Ordnung lässt sich mit Hilfe von Prinzipien und Begriffen, Figuren und strukturellen Annahmen, wie dem Systemgedanken[3] oder der Vorstellung von der Einheit und Widerspruchsfreiheit der Rechtsordnung[4], erfassen.[5]

Der Rechtsdogmatik liegt eine praxis- und entscheidungsbezogene Perspektive zugrunde.[6] Ihr Stoff sind sämtliche Formen des positiven Rechts gleich welchen Ursprungs. Das rechtsdogmatische Arbeiten orientiert sich an den für die Praxis konstitutiven Unterscheidungen „Recht/Nichtrecht" und „rechtmäßig/rechtswidrig"[7] und zielt auf die begriffliche Durchdringung und Systematisierung des Rechtsstoffes.[8] Es schließt das Verstehen von Rechtstexten, wie etwa das Auslegen von Gesetzen oder die Analyse von Gerichtsurteilen, mit ein.

Unterschiedlich ist die Nähe der Rechtsdogmatik zu den rechtserheblichen Entscheidungen wie Gesetzen, Urteilen, Verwaltungsakten oder Verträgen. Das verbreitete Bild der Rechtsdogmatik als einer Schicht zwischen Gesetz und Urteil[9] mit der Ausrichtung auf die Rechtsanwendung im Einzelfall weckt falsche Vorstellungen. Die Bewältigung schwieriger Fälle ist Sache der Praxis. Der Richter ist in der Kunst geschult, das verwickelte Wechselspiel zwischen den situationsspezifischen Gegebenheiten und der Rechtslage zu überschauen, rechtliche Modifikationen vorzunehmen oder gar Brüche hinzunehmen, um im Rahmen des rechtlich Vertretbaren[10] die richtige Entscheidung zu treffen. Der Rechtsdogmatiker ist kein besserer Richter. Er kann das tatsächliche und rechtliche Feld nachbereiten, Prämissen, Argumente und Ergebnisse konstruktiv-kritisch hinterfragen, kontextualisieren, alternative Lösungen vorschlagen, eine Einordnung im dogmatischen Lehrgebäude vornehmen sowie die Konsequenzen bedenken, um auf diese Weise die gerichtliche Praxis zu rationalisieren. Die Rechtsdogmatik wird so zu einem Teil des durch die Praxis geschaffenen Entdeckungsverfahrens zur angemessenen rechtlichen Lösung gesellschaftlicher Konflikte. Besser passt deshalb das Bild eines Raumes, der Gesetz, Urteil und die übrigen Rechtsakte umfasst. Der Raum schafft Einheit. Seine Unterscheidungen erlauben es, inhaltliche oder strukturelle Zusammenhänge aufzuzeigen, den Rechtsstoff auf Grundelemente zurückzuführen und ihn zu Figuren auszuformen. (Die rechtsdogmatische Arbeit reicht von der indirekten Entscheidungshilfe über die heuristische Ordnungsidee bis zum übergreifenden Systementwurf.)

Die Rechtsdogmatik überschreitet die Grenze des Analytisch-Deskriptiven, sie erhebt normative Ansprüche.[11] Nun nimmt jede wissenschaftliche Aussage für sich in Anspruch, richtig zu sein, und außerdem ist niemand verpflichtet, einen rechtsdogmatischen Vorschlag zu befolgen. Worin soll demnach die Normativität bestehen? Sie zeigt sich sowohl bei der Systematisierung des Rechtsstoffes als auch bei der Positionierung bei einzelnen Rechtsfragen. Die Wahl der Grundbegriffe, Prinzipien, Unterscheidungen und Figuren, aus denen sich ein Rechtsgebiet zusammensetzt, prägt das inhaltliche Verständnis und damit letztlich auch die praktische Arbeit. Wenn man beispielsweise das Recht der staatlichen Ersatzleistungen auf die Unterscheidung zwischen rechtmäßigen, entschädigungsbegründenden Eingriffen und rechtswidrigen, Schadensersatz begründenden Verletzungen gründet,[12] verändert dies das Verständnis des Anspruchs aus enteignungsgleichem Eingriff. Dieser fußt nicht länger auf dem Gedanken eines Ausgleichs für ein Sonderopfer,[13] sondern ist Teil einer staatlichen Unrechtshaftung. Solche Charakterisierungen müssen sich nicht stets, können sich aber sehr wohl auf das konkrete Verständnis der Tatbestandsmerkmale, wie etwa das Kriterium der Unmittelbarkeit, oder der Rechtsfolge, beispielsweise im Sinne eines über den Entschädigungsanspruch hinausgehenden Schadensersatzanspruchs, auswirken.[14] Noch deutlicher tritt das normative Moment im Geltungsanspruch hervor, der mit einem bestimmten Normverständnis erhoben wird. Man mag solche Äußerungen als Ausfluss einer Rechtserkenntnisquelle verstehen;[15] das normative Moment, dass das positive Recht auf eine bestimmte Weise zu verstehen ist und es in dieser Weise verpflichtet, bleibt bestehen.

Die Rechtsdogmatik versteht sich als Wissenschaft. Sie ist keinem Entscheidungszwang unterworfen und nicht durch das Gebot der Rechtssicherheit gebunden.[16] Beide Faktoren erlauben eine hohe Anzahl unterschiedlicher Meinungen und tragen zur Gewährleistung eines offenen wissenschaftlichen Gesprächs bei, das wenigstens ein gutes Stück weit auch die Pluralität rechtspolitischer Anschauungen sichert. Als Wissenschaft sollen die Aussagen ein möglichst hohes Maß an Rationalität[17] besitzen. Überzeugt davon, dass sich normative Aussagen und Urteile einer rationalen Argumentation nicht entziehen, scheut sie weder Unsicherheit noch Werturteil.[18] Weit entfernt von mathematischer Gesetzmäßigkeit und experimenteller Prüfung begnügt sie sich mit der Verlässlichkeit ihrer Untersuchungen, wobei deren Grade sehr verschieden sein können. Das wissenschaftliche Selbstverständnis gründet zum einen auf der aufklärerischen Kraft eines zeitlich, sachlich und personell offenen Forschungsgesprächs, das sich unvoreingenommen Fragen nähert, auch das Anerkannte hinterfragt, Verlässliches von weniger Verlässlichem und bloßen Meinungen unterscheidet und die Forschung für Dritte wenigstens nachvollziehbar und damit transparent macht.[19] Das wissenschaftliche Selbstverständnis ruht zum anderen auf dem Vertrauen in die Leistungsfähigkeit der dogmatischen Arbeitsweise.

2. Aufgaben der Rechtsdogmatik für die Rechtspraxis

Die Rechtsdogmatik nimmt verschiedene Aufgaben für die Rechtspraxis[20] wahr:[21] Eine erste besteht darin, die Praxis konstruktiv-kritisch zu begleiten und den von ihr hervorgebrachten Rechtsstoff aufzuarbeiten. Ziel ist es, die Rationalität einer gesellschaftlichen Praxis zu stärken (Rationalitätsfunktion). Dies geschieht auch durch den Abgleich zwischen dem Erfahrungswissen der Praxis und dem Systemwissen der Dogmatik. Die Dogmatik leistet so einen Beitrag dazu, die rechtliche Ordnung zu legitimieren, ruht diese doch neben dem Gedanken demokratischer Legitimität auch auf der Vorstellung rationaler Herrschaftsgewalt.[22] Eine zweite Aufgabe baut auf der ersten Aufgabe auf. Ihr Ziel ist es, die Praxis durch die Systematisierung des Rechtsstoffes zu entlasten und die weitgehend konsentierten Anschauungen festzuhalten. Die Ausformung von Begriffen, Prinzipien, Figuren und anderen Unterscheidungen und die darauf gründende Etablierung einer äußeren und inneren Ordnung des Rechts schaffen eine von den Akteuren im Recht grundsätzlich geteilte und damit verlässliche Basis für die praktische Rechtsarbeit (Konsens- und Entlastungsfunktion).[23] Das System schafft ein breites Wissensfundament und bildet einen sicheren Ausgangspunkt, um sich vertrackten Rechtsproblemen zu nähern. Außerdem entlastet es davon, bei jeder rechtlichen Betrachtung neu anzusetzen und jedes Rad und Rädchen in einem Lösungswerk zu erfinden (Speicherfunktion).[24] Ferner erfüllt die Rechtsdogmatik die wichtige Aufgabe, den Nachwuchs für die Praxis auszubilden (Ausbildungsfunktion).[25] Indem sie den Stoff durchdringt und systematisiert, macht sie ihn lehr- und lernbar. Zugleich schafft die dogmatische Denk- und Arbeitsweise einen Grundstock an Fähigkeiten und Wissen, der eine Voraussetzung dafür ist, dass sich die Praxis grundsätzlich innerhalb einer überschaubaren Bandbreite bewegt. Zu guter Letzt bleibt die Orientierungsfunktion zu erwähnen: Eine wichtige Leistung des dogmatischen Lehrgebäudes für den Gesetzgeber besteht darin, Begriffe, Prinzipien und Strukturen bereitzustellen, auf die dieser zurückgreifen oder an die er anknüpfen kann, um seine Zielvorstellungen so zu verwirklichen, dass sich die Rechtsordnung in der gewünschten Weise verändert und die Veränderungen von der Praxis in der gewünschten Weise verstanden werden.

II. Rechtsdogmatische Arbeitsweise der Rechtsprechung

1. Praktische Dogmatik auf unterschiedlichen Ebenen

Auch die Gerichte praktizieren die rechtsdogmatische Arbeitsweise. Sie haben die maßgeblich von Friedrich Carl von Savigny entwickelten Grundsätze eines wissenschaftlichen Umgangs mit dem Gesetz aufgegriffen und arbeiten bei der Auslegung und Anwendung der Gesetze nach denselben Grundsätzen wie die Rechtsdogmatik. Viele Beispiele für die sorgfältige und lehrbuchartige Handhabung des Gesetzes lassen sich in der Rechtsprechung finden. Ein anschauliches Beispiel ist die Entscheidung des Bundesverwaltungsgerichts zur Regulierungsbefugnis der Bundesnetzagentur im Bereich des Mobilfunks.[26]

Gerichte tragen aber auch zur Ausformung des dogmatischen Ordnungs- und Lehrgebäudes unserer Rechtsordnung bei. Ein eindrucksvolles Beispiel dafür geben die vom Bundesverwaltungsgericht in den 1950er Jahren entwickelten allgemeinen Grundsätze über die Aufhebung von Verwaltungsakten.[27] Noch größer ist der Anteil der Rechtsprechung an der Kreation dogmatischer Figuren oder Grundsätze für den Umgang mit einzelnen Typen von Rechtsakten. Das bekannteste Beispiel bildet das vom Bundesverwaltungsgericht entwickelte Abwägungsgebot mit der darin enthaltenen Abwägungsfehlerlehre, die eine wirkungsvolle Kontrolle planerischer Entscheidungen und die Wahrung des exekutiven Gestaltungsspielraums ermöglicht.[28]

2. Dogmatisierung der Praxis

Von „Dogmatik" in der Praxis wird noch in einem anderen Sinne gesprochen. Gemeint ist damit dann das Phänomen eines immer feiner und ausdifferenzierter werdenden Regelwerkes, das bei der Entscheidung von Einzelfällen durch die höchsten Gerichte entsteht.[29] Dieses Fallrecht entfaltet zwar weitgehend nur faktische Bindungswirkung.[30] Trotzdem führt es zu einem immer dichteren und festeren Netz an Vorgaben. Diese Dogmatisierungen sind für die Untergerichte ein entlastender Segen, sie können sich aber auch als überfordernder Fluch erweisen. Als Segen zeigen sie sich, soweit sie die Gerichte von der mühsamen Arbeit entlasten, das positive Recht für typische Konstellationen zu konkretisieren. Werden diese Regeln aber zu feinteilig und beinhalten sie immer neue Anforderungen, so vermögen weder die Verwaltung noch die Verwaltungsgerichte das Recht auf rechtmäßige Weise zu handhaben. Ein Beispiel für eine solche Dogmatisierung bildet das Recht der Erschließungsbeiträge. Sind solche Dogmatisierungen (erst einmal) etabliert, fällt es schwer, sie aufzubrechen, da sich der Gedanke kontinuierlicher Fortschreibung der Rechtsprechung als kaum zu überwinden erweist.

3. Anpassungsfähigkeit dogmatisch arbeitender Praxis

Ein großer Vorteil, den die Praxis gegenüber der Wissenschaft aufweist, resultiert aus ihrer zwingenden Ausrichtung auf einen konkreten Streitfall. Der sachlich, zeitlich und personell strikt begrenzte Bezugspunkt eines Urteils erlaubt es, allgemeine Rechtsfragen aus dem rechtssystematischen Ordnungsgebäude herauszulösen.[31] Die Rechtsordnung vermag auf diese Weise sogar punktuelle Widersprüche zu erzeugen und diese dennoch als Teil einer einheitlichen Rechtsordnung zu verarbeiten.[32] Die so erzeugte Offenheit der Rechtsordnung im Einzelfall erlaubt es, grundlegende rechtliche Veränderungen aufzugreifen und zunächst punktuell in das dogmatische Ordnungsgebäude einzubeziehen, ohne durch das Erfordernis dogmatischer Anschlussfähigkeit beengt zu werden.

Im Vergleich dazu kann sich die aus der deduktiv-prinzipiellen Herangehensweise resultierende systembezogene Perspektive der Wissenschaft als Hemmnis erweisen. Ein anschauliches Lehrstück hierfür bietet die Diskussion um die Möglichkeiten und

Grenzen einer Europäisierung des Allgemeinen Verwaltungsrechts. Während die ersten größeren Monographien sehr grundlegende und weitgehende Schwierigkeiten bei der Ausrichtung der deutschen Rechtsordnung an das Unionsrecht ausmachten,[33] nahmen die Verwaltungsgerichte – oft legitimiert und verpflichtet durch Entscheidungen des Europäischen Gerichtshofs – die erforderlichen Modifizierungen des Rechts vor. Anschaulich verfolgen lässt sich dies an der Erweiterung der Positionen, die als subjektiv-öffentliches Recht anzusehen sind.[34] Zwischenzeitlich hat sich die Rechtsdogmatik auf das Unionsrecht eingestellt und das dogmatische Lehrgebäude so umgebaut, dass die fortschreitende Europäisierung der Rechtsordnung zu keinen grundlegenden Irritationen führt.[35]

B. Gespräche zwischen Rechtsprechung und Rechtsdogmatik

Die Ausrichtung der Rechtsdogmatik auf die Praxis und ihre darauf gerichteten spezifischen Leistungen auf der einen Seite sowie die dogmatische Arbeitsweise der Rechtsprechung und ihr Angewiesensein auf die Rechtsdogmatik auf der anderen Seite schaffen einen diskursiven Raum. Dieser Raum soll im Folgenden eingehender betrachtet und auf seine Eigenheiten und Leistungen befragt werden.

I. Eigenheiten des Gesprächs

1. Verfassungsdemokratische Gesetzesbindung als gemeinsamer Ausgangspunkt

Zugespitzte Konflikte zwischen Verwaltungsgerichten und Verwaltungsrechtswissenschaft sind selten. Ein wichtiger Grund für dieses Miteinander dürfte im gemeinsamen dogmatischen Vorverständnis zu finden sein, mit dem sich beide dem positiven Recht nähern. Beide akzeptieren die Maßgeblichkeit des demokratischen Gesetzgebers.

Zwar berufen sich Verwaltungsgerichte mitunter auch auf einen objektivierten Willen des Gesetzgebers und damit auf eine vom demokratisch legitimierten Gesetzgeber unterschiedene Quelle.[36] Doch wird diese Position, die während des 19. Jahrhunderts aus dem Widerstreit zwischen staatlicher Souveränität und rechtlicher Autonomie erwachsen ist, durch die tatsächliche Handhabung der Canones weitestgehend relativiert.[37] Normalerweise achten die Verwaltungsgerichte sehr genau auf die Entstehungsgeschichte und nutzen teleologische Überlegungen nicht dazu, einen erkennbaren gesetzgeberischen Willen zu überspielen.[38] Die überkommene Redeweise vom objektivierten Willen des Gesetzgebers dient heute jedoch immer noch als methodische Hintertür, um bei allzu großer Not den gesetzgeberischen Vorgaben zu entkommen. Um solche Auswege zu nehmen, genügt es jedoch nicht mehr, auf den objektivierten Willen zu verweisen. Vielmehr wird man vorrangig auf verfassungsrechtliche[39] und unionsrechtliche[40] Erwägungen zurückgreifen, um sich über den Willen des Gesetzgebers hinwegzusetzen.

Auf diesem Vorverständnis gründet die breite Akzeptanz der höchstrichterlichen Rechtsprechung durch die Verwaltungswissenschaft und dieses Vorverständnis dürfte auch dafür verantwortlich sein, dass man im Verwaltungsrecht seltener als im Zivilrecht auf gewagte richterliche Rechtsfortbildungen oder umfangreiche wissenschaftliche Gegenentwürfe stößt.

2. Unsichtbarer Dialog in der verwaltungsgerichtlichen Praxis

Die Verwaltungsgerichte – allen voran das Bundesverwaltungsgericht – pflegen im Umgang mit der Rechtsdogmatik den Stil eines unsichtbaren Dialogs. In ihren Entscheidungsbegründungen treten die Verwaltungsgerichte nur selten ausdrücklich ins Gespräch mit der Literatur.[41] Normalerweise wird auf die eigene Kammer- oder Senatsrechtsprechung sowie Entscheidungen anderer Gerichte verwiesen.[42] Kommentare werden beiläufig zustimmend angeführt und vereinzelt werden aktuelle Zeitschriftenaufsätze zitiert, ohne dass dabei ein Auswahlprinzip erkennbar wird.[43] Manchmal werden sogar Ordnungsbegriffe aus der Literatur aufgegriffen, ohne dass die Urheberschaft kenntlich gemacht wird. Der Begriff des Regulierungsermessens ist ein Beispiel dafür aus neuerer Zeit.[44]

Nun könnte man meinen, diese Dialogform sei festgeschrieben, um ein ungerechtfertigtes Auszeichnen einzelner Beiträge zu unterbinden und der Gefahr zu begegnen, literarische Beiträge als Teil der gerichtlichen Entscheidung zu missdeuten und so die Tendenz einer übersteigerten Interpretation höchstrichterlicher Entscheidung noch zu verstärken.[45] Doch zeigt das andersgeartete Gespräch, das beispielsweise der zweite und fünfte Zivilsenat des Bundesgerichtshofs mit der Rechtsdogmatik führen, dass es sich hier nicht um eine Eigenart richterlichen Entscheidens handelt. Beide Senate pflegen einen offenen diskursiven Stil. Sie greifen Überlegungen und Kritik der Literatur auf und setzen sich dezidiert mit ihnen auseinander.[46]

3. Vorurteile

Bemüht man sich, die Strukturen des Diskurses weiter freizulegen, stößt man bald auf das Vorurteil einer unpraktikablen Dogmatik und einer allein von pragmatischen Erwägungen geleiteten Praxis. Erklären lässt sich dieses Vorurteil aus den unterschiedlichen Perspektiven, aus denen sich Theorie und Praxis dem Rechtsstoff nähern, sowie den zwischen ihnen bestehenden strukturellen Unterschieden. Charakteristisch für die Rechtsdogmatik ist eine deduktiv-prinzipielle Sichtweise, die auf die Durchdringung und Systematisierung gerichtet ist. Das Interesse ist nicht auf die konkreten Umstände eines Einzelfalls, sondern auf die verallgemeinerbaren Momente gerichtlicher Praxis gerichtet. Außerdem lebt die Rechtsdogmatik als Wissenschaft von der Offenheit und Vielfalt des Forschungsgesprächs. Dieses ist weder dem Entscheidungszwang oder dem Gebot der Rechtssicherheit unterworfen, noch ist es wie die Gerichte gezwungen, die im gerichtlichen Verfahren geschaffene Wirklichkeit zugrunde zu legen. Gerade diesen Restriktionen ist die Praxis unterworfen, die sich stets auf das Genaueste auch der konkreten Umstände des Einzelfalls annehmen muss, um als neutrale Instanz den vorliegenden Streit zu schlichten und den Rechtsfrieden zwischen den Parteien wiederherzustellen.[47]

4. *Erwartungen und Enttäuschungen*

a) Geleistete und unterlassene Hilfe

Die Praxis erwartet Hilfe und diese Hilfe leistet die Rechtsdogmatik auf vielerlei Weise. Kommentare, Aufsätze und manche monographische Darstellung ermöglichen den Einstieg in ein unvertrautes Rechtsgebiet, zeigen Diskussionsstände auf und geben Anhaltspunkte für die Behandlung einer Rechtsfrage. Andere Beiträge bereiten die Rechtsprechung auf und können zum Überdenken der eigenen Position führen. Manchmal wird der Verweis auf Literatur auch bloß der Absicherung oder Abkürzung einer Begründung dienen. Die Bedeutung der Literatur für die Richter als stiller Gesprächspartner beim Abfassen eines Votums oder einer Entscheidung hängt vom Vorhandensein aussagekräftiger höchstgerichtlicher Rechtsprechung ab. Sind die Fragen in der höchstrichterlichen Rechtsprechung geklärt, werden selbst heftige Streitpunkte zwischen Rechtsprechung und Literatur von der Praxis weitgehend ausgeblendet.[48]

Immer wieder kommt es aber auch zu Enttäuschungen für die Praxis. Falsche Erwartungen hegen die Gerichte, wenn sie in der Rechtsdogmatik nach Antworten auf neue Rechtsfragen und unvertraute Konstellationen suchen. Die Probleme der Rechtsanwendung lassen sich nicht antizipieren.[49] Allenfalls aufgrund enger Einbindung in die Praxis, sei es als Gutachter oder vielleicht als Prozessvertreter, mag es vereinzelt zu nennenswerten Vorarbeiten kommen. Außerdem lassen sich schwierige Fälle nicht einfach mit dem bestehenden Lehrgebäude lösen, sonst wären es keine schwierigen Fälle. Schließlich kann die Rechtsanwendung aus dem Rahmen des Generalisierbaren hinaus in unbestimmte Gegenden führen, deren Konturierung die bestehende Ordnung umbildet oder punktuell sogar mit ihr bricht. Mit den Mitteln der Dogmatik lassen sich solche Entscheidungen kaum bewerkstelligen.

Berechtigt ist die Kritik seitens der Praxis hingegen, sofern neue Konstellationen unzureichend aufgearbeitet werden und dogmatische Grundfragen offen bleiben. Ein schönes Beispiel dafür bietet die vom Europäischen Gerichtshof statuierte Pflicht zur Aufhebung eines rechtskräftigen Verwaltungsakts zur Durchsetzung des Unionsrechts.[50] So wurde bei der dogmatischen Aufarbeitung dieser Pflicht kaum genauer das Verhältnis zwischen den behördlichen Aufhebungsrechten und der Rechtskraftwirkung eines (eine Anfechtungsklage abweisenden) Urteils aufgeklärt oder der Frage nachgegangen, ob diese Aufhebungsbefugnis vom Verwaltungsverfahrensgesetz umfasst wird.[51] Enttäuschungen solcher Art erinnern daran, dass die Bedürfnisse der Praxis keine unmittelbar wirksam werdende Kraft bei der Entwicklung des dogmatischen Forschungsgesprächs entfalten. Auch eine praxisorientierte Wissenschaft folgt ihren eigenen Entwicklungsgesetzen, so dass sich die Aufmerksamkeitsfelder von Wissenschaft und Praxis zwar häufig überschneiden, aber selten decken.

b) Unerhörte und unbeantwortete Kritik

Schon der Stil des unsichtbaren Dialogs zeichnet mitverantwortlich für das Phänomen ignorierter Kritik. Trotzdem fällt es – gerade im Vergleich zu der angesprochenen Rechtsprechung des zweiten und fünften Zivilsenats des Bundesgerichtshofs – auf, wie selten sich das Bundesverwaltungsgericht mit berechtigter Kritik auseinandersetzt. So hat sich das Gericht nie mit den fundierten Einwänden beschäftigt, die von Seiten der Rechtsdogmatik beispielsweise gegen die Einordnung der Frist des § 48 Abs. 4 VwVfG als Entscheidungsfrist,[52] gegen die teleologische Reduktion der Subsidiaritätsklausel des § 43 Abs. 2 VwGO[53] oder der Widerspruchsfrist aus § 70 Abs. 1 VwGO[54] erhoben wurden. Auch wenn sich die Richter in ihren Voten und Beratungen mit literarischer Kritik auseinandersetzen, wird doch die Austausch- und Rationalisierungsfunktion in Frage gestellt, da beide vom sichtbaren Gespräch leben. Zu kritisieren ist nicht das Festhalten an einer Position selbst bei sehr gewichtigen Einwänden. Ihnen wird man meist mit praktischen Erwägungen und im Zweifel mit dem Gedanken der Kontinuität der Rechtsprechung begegnen können.[55] Fragwürdig ist allein die Methode des Schweigens.

5. Gefahr der Überinterpretation

Die Gefahr der Überinterpretation stellt sich nicht für alle Gerichte in derselben Weise. Schon die Stellung des Bundesverwaltungsgerichts als Bundesgericht verleitet jedoch leicht dazu, dessen mit Blick auf einen konkreten Fall gemachte Aussagen zu verallgemeinern und weitergehende Einsichten und Haltungen daraus herzuleiten. Gerade das Bundesverwaltungsgericht verlässt jedoch nur selten den konkreten Fallbezug, um allgemeine Grundsätze aufzustellen oder übergreifende Figuren einzuführen.[56]

II. Dogmatische Leistungen

1. Aufklärerische Kraft wissenschaftlicher Reflexion

Eine zentrale Leistung der Rechtsdogmatik besteht in ihrer aufklärenden Wirkung, um die Rationalität der gerichtlichen Praxis zu sichern. Dies geschieht durch die Prüfung der gerichtlichen Argumentation, der Einordnung in das dogmatische Lehrgebäude oder die Entfaltung alternativer Lösungen. Am greifbarsten wird die aufklärerische Kraft beim Aufzeigen unerwünschter Konsequenzen, fehlerhafter Vorstellungen und argumentativer Tricks: Auf eine Mixtur dieser drei Momente stößt man bei der literarischen Auseinandersetzung mit den Entscheidungen von Bundesverwaltungsgericht und – in vielfach verschärfter Form – Bundesverfassungsgericht zur Zulässigkeit von Publikumsinformationen der Bundesregierung.[57] Fehlerhaft ist daneben beispielsweise die Vorstellung des Niedersächsischen Oberverwaltungsgerichts, dass „das Schweigen des Gesetzgebers" ein Argument dafür sei, dass es sich bei dem Verweis in § 80a Abs. 3 Satz 2 VwGO auf § 80 Abs. 6 VwGO um kein Redaktionsversehen handele.[58] Denn das gesetzgeberische Schweigen ist rechtlich stets bedeutungslos und vermag nie eine gerichtliche Entscheidung inhaltlich zu legitimieren.[59] Der Gesetzgeber ist nicht verpflichtet, das gerichtliche Treiben zu beobachten und einzuschreiten, falls ihm Deutungen der Gesetze oder Entscheidungen missfallen. Die bloße Untätigkeit verleiht auch einer Jahrzehnte währenden Praxis keine höhere Dignität. Allenfalls ließe sich aus entstehungsgeschichtlichen Äußerungen, wie der, „man sehe angesichts der bestehenden Praxis keinen Handlungs- oder Änderungsbedarf", auf eine gesetzgeberische Billigung schließen.[60] Doch selbst in einer solchen Konstellation kann es an der erforderlichen Verknüpfung zwischen rechtspolitischer Einschätzung und rechtlicher Handlungsform fehlen. Denn die politischen Ordnungsvorstellungen gewinnen rechtsverbindliche Kraft erst durch ihre gesetzliche Form. Auch auf argumentative Tricks stößt man immer wieder. Eine gern genutzte Variante besteht darin, auf eine bestehende Rechtsprechungslinie oder gar ständige Rechtsprechung zu verweisen, ohne dass eine solche vorhanden ist. Diesen Weg hat das Bundesverwaltungsgericht gewählt, um die radikale Neuausrichtung seiner Rechtsprechung bei der Zulässigkeit einer isolierten Anfechtung von Nebenbestimmungen eines Verwaltungsakts zu kaschieren und auf größere Auseinandersetzungen über den richtigen Lösungsweg zu verzichten.[61]

2. Dogmatische Impulse

Dogmatische Impulse lassen sich in unterschiedliche Richtungen verfolgen:[62] Am deutlichsten spürbar werden sie, wenn in gerichtlichen Entscheidungen Ordnungsbegriffe postuliert oder Grundsätze aufgestellt werden, die – wie das Regulierungsermessen,[63] die Grundsätze über die Aufhebung rechtswidriger Verwaltungsakte[64] oder Kontrolle verbindlicher Planungsakte[65] – weit über den Einzelfall hinausweisen und der Ordnung eines Rechtsgebiets dienen. Besonders nachdrücklich sind die Wirkungen, wenn tradierte Handlungsformen von der Rechtsprechung modifiziert und deren Bindungswirkung verändert wird. Ein eindrucksvolles Beispiel dafür zeigt sich mit der Figur der normkonkretisierenden Verwaltungsvorschrift.[66] Mit ihr durchbrach das Bundesverwaltungsgericht die tradierte Grenze zwischen Innen- und Außenrecht und dehnte die Bindungswirkung der Verwaltungsvorschriften über den Kreis der Verwaltung auf die Gerichte aus. Und selbst begrenztere Veränderungen, wie der sog. vorläufige Verwaltungsakt, hinterlassen deutliche Spuren im Forschungsgespräch.[67] Oft kommt es dabei zu fruchtbaren Wechselwirkungen zwischen Dogmatik und Praxis, an denen sich die aufklärerische Kraft rechtsdogmatischer Reflexion und die Lernfähigkeit der Praxis studieren lässt. Ein schönes Beispiel dafür bietet die Figur des Optimierungsgebots. Sie wurde von *Robert Alexy* entwickelt, um die Wirkung der Grundrechte zu beschreiben. Das Bundesverwaltungsgericht hat die Figur im Bauplanungsrecht (terminologisch[68]) aufgegriffen, um gewisse abzuwägende Belange mit einem besonderen Gewicht auszustatten und ihre „möglichst weitgehende Beachtung" einzufordern.[69] Die Literatur hat den Gebrauch der Figur im Baurecht hinterfragt und ihre Direktionskraft angezweifelt.[70] Wohl auch in Reaktion auf die Kritik hat der Senat in seiner jüngeren Rechtsprechung die Figur auf keine weiteren gesetzlichen Vorgaben erstreckt. Ausdrücklich Abstand genommen von der Figur hat das Gericht jedoch nicht.[71] Besonders nachhaltige Wirkungen auf die Rechtsdogmatik entfaltet die Praxis auf den richterrechtlich geprägten Feldern, die sich kaum unabhängig von der Gerichtspraxis rekonstruieren lassen. Ein anschauliches Beispiel findet sich wiederum im Bauplanungsrecht, in dem das Bundesverwaltungsgericht faktische Vogelschutzgebiete[72] und potentielle Fauna-Flora-Habitat-Gebiete[73] anerkannt hat, um ein unionsrechtlich angeordnetes Umweltrecht zu verwirklichen.

III. Theorie, Dogmatik und Pragmatik

Rechtsdogmatisches Arbeiten wird immer wieder in einen Gegensatz zu einer am Gedanken der Billigkeit und Effektivität orientierten Pragmatik und einer strikt deskriptiv-analytisch verfahrenden Rechtstheorie gestellt. Indes wird jede gute Dogmatik versuchen, den Rechtsstoff theoretisch informiert zu durchdringen und Mechanismen zu entwickeln, die ein pragmatisches Vorgehen erlauben. Schon die Ordnungs- und Steuerungsaufgabe, die dem Recht obliegt, gebietet ein solches Vorgehen. Erfolgversprechende Wege bestehen darin, behördliche Gestaltungsspielräume anzuerkennen, das dogmatische Regelwerk maßvoll zu halten und keine zu hohen Anforderungen an die rechtliche Begründung einer Entscheidung zu stellen. Ein gelungenes Beispiel für eine solide fundierte und pragmatisch agierende Dogmatik bildet der Grundsatz, dass alle Nebenbestimmungen eines Verwaltungsaktes isoliert anfechtbar sind, „sofern nicht eine isolierte Aufhebung offenkundig ausscheidet."[74] Die bundesverwaltungsgerichtliche Neuausrichtung beendete eine zunehmende Desorientierung von Praxis und Literatur in dieser Frage. Der Grundsatz fußt auf der Vorstellung des ergänzenden Charakters der Nebenbestimmung. Er erfasst sämtliche Konstellationen, lässt sich leicht handhaben und wird sowohl den Bedürfnissen der Praxis als auch den Interessen des Bürgers gerecht.[75]

---

1 Für das Öffentliche Recht wird diese Schwerpunktbildung ausdrücklich thematisiert etwa bei *Oliver Lepsius*, Themen einer Rechtswissenschaftstheorie, in: Matthias Jestaedt/Oliver Lepsius (Hrsg.), Rechtswissenschaftstheorie, 2008, S. 1 (16 ff.); Kritik an dieser Schwerpunktsetzung bei *Winfried Brohm*, Kurzlebigkeit und Langzeitwirkungen der Rechtsdogmatik, in: Max-Emanuel Geis/Dieter Lorenz (Hrsg.), FS für Hartmut Maurer, 2001, S. 1079 ff.
2 Übersicht zu unterschiedlichen Verständnissen des Dogmatikbegriffes („Definitionselemente und Funktionszuschreibungen") bei *Gerhard Struck*, Dogmatische Diskussion über Dogmatik, JZ 1975, S. 84 ff.
3 Diesem Gedanken zufolge fügt sich der (heterogene) Rechtsstoff zu verschiedenen sinnhaften Ordnungen zusammen, die sich aus einfachen Grundelementen zusammensetzen, von Gestaltungsprinzipien bestimmt werden und deren Strukturen sich als ein nachvollziehbares Gefüge nachzeichnen/rekonstruieren lassen. Näher *Christian Bumke*, Relative Rechtswidrigkeit. Systembildung und Binnendifferenzierungen im Öffentlichen Recht, 2004, 2. Kap.
4 Dazu *Chr. Bumke*, Rechtswidrigkeit (Fn. 3), 3. Kap.
5 Zu den Charakteristika rechtsdogmatischen Denkens, von einem Standpunkt im Öffentlichen Recht aus in den Blick genommen, s. aus jüngerer Zeit *Martin Eifert*, Das Verwaltungsrecht zwischen klassischem dogmatischen Verständnis und steuerungswissenschaftlichem Anspruch,

VVDStRL 67 (2007), S. 286 (289 ff.); *Christoph Möllers*, Methoden, in: Wolfgang Hoffmann-Riem/Eberhard Schmidt-Aßmann/Andreas Voßkuhle, Grundlagen des Verwaltungsrechts, Bd. 1, 2006, § 3 Rn. 35 ff.; *Eberhard Schmidt-Aßmann*, Das allgemeine Verwaltungsrecht als Ordnungsidee. Grundlagen und Aufgaben der verwaltungsrechtlichen Systembildung, 2. Aufl. 2004, Kap. 1 Rn. 3 und 5. Ältere, häufig rezipierte Beschreibungen bei *Jan Harenburg*, Die Rechtsdogmatik zwischen Wissenschaft und Praxis, 1986, S. 42 ff.; *Winfried Brohm*, Die Dogmatik des Verwaltungsrechts vor den Gegenwartsaufgaben der Verwaltung, VVDStRL Bd. 30 (1971), S. 245 (246). Der Ertrag, mitunter auch die Möglichkeit rechtsdogmatischen Denkens werden von verschiedenen Seiten in Frage gestellt. Zu nennen ist das Forschungsprogramm der Reinen Rechtslehre *Hans Kelsens*, das sich um des Wissenschaftlichkeitscharakters willen auf deskriptive Aussagen im Sinne einer Strukturtheorie des Rechts beschränken will. Einflussreich sind ferner solche Theorien, wie die Ökonomische Analyse des Rechts, die Recht als Epiphänomen anderer gesellschaftlicher Handlungsrationalitäten begreifen und auf diese durchzugreifen beabsichtigen. Eine weitere Herausforderung stellen die Diskussionen um das sog. Transnationale Privatrecht (dazu jüngst *Gralf-Peter Calliess/Peer Zumbansen*, Rough Consensus and Running Code, A Theory of Transnational Private Law, 2010) und eine an die Systemtheorie Luhmann'scher Prägung angelehnte Rechtswissenschaft (*Gunther Teubner*, *Karl-Heinz Ladeur* und *Thomas Vesting*) dar, ferner die Anwendung des Instrumentariums der Dekonstruktion auf das Recht (pointiert *Alexander Somek*, Der Gegenstand der Rechtserkenntnis. Epitaph eines juristischen Problems, 1996).
6 *Franz Wieacker*, Zur praktischen Leistung der Rechtsdogmatik, in: Rüdiger Bubner u. a. (Hrsg.), FS für Hans-Georg Gadamer, Bd. 2, 1970, S. 311 (316 ff.); *Franz Bydlinski*, Juristische Methodenlehre und Rechtsbegriff, 2. Aufl. 1991, S. 8 ff., insbes. S. 9; *Andreas von Arnauld*, Die Wissenschaft vom Öffentlichen Recht nach einer Öffnung für sozialwissenschaftliche Theorie, in: Andreas Funke/Jörn Lüdemann (Hrsg.), Öffentliches Recht und Wissenschaftstheorie, 2009, S. 65 (68, w. N. dort in Fn. 13). Besonders anschaulich tritt der Praxisbezug bei Publikationsformen hervor, die – wie Kommentar (s. *Helmuth Schulze-Fielitz*, Was macht die Qualität öffentlich-rechtlicher Forschung aus, in: JöR N. F. Bd. 50 [2002], S. 1 [19 f.]), Rechtsprechungsbericht oder Urteilsanmerkung – Praxis verzeichnen und einordnen. Gleiches gilt beispielsweise für Rechtsgutachten oder „Professorenentwürfe" zu Gesetzesvorhaben (wirkmächtig und traditionsreich die diversen strafrechtlichen „Alternativentwürfe", präsent auch die Entwürfe zu einem Umweltgesetzbuch).
7 Näher *Chr. Bumke*, Rechtswidrigkeit (Fn. 3), S. 12 ff.
8 Näher *Chr. Bumke*, Rechtswidrigkeit (Fn. 3), S. 24 f. m. w. N. dort in Fn. 7 ff. Zweifel an der Möglichkeit so verstandenen rechtsdogmatischen Arbeitens speziell für den Bereich des Öffentlichen Rechts bei *Helmuth Schulze-Fielitz*, Rationalität als rechtsstaatliches Prinzip für den Organisationsgesetzgeber. Über Leistungsfähigkeit und Leistungsgrenzen „weicher" Leitbegriffe in der Rechtsdogmatik, in: Paul Kirchhof u. a. (Hrsg.), FS für Klaus Vogel, 2000, S. 311 (312 ff., s. aber die Perspektiven durch ein erweitertes Verständnis von Rechtsdogmatik: S. 316 ff.).
9 *Arno Scherzberg*, Das Allgemeine Verwaltungsrecht zwischen Praxis und Reflexion. Theoretische Grundlagen der modernen Verwaltungsrechtswissenschaft, in: Hans-Heinrich Trute u. a. (Hrsg.), Allgemeines Verwaltungsrecht – zur Tragfähigkeit eines Konzepts, 2008, S. 837 (855).
10 Begriffsentfaltung bei *Jan C. Schuhr*, Zur Vertretbarkeit einer rechtlichen Aussage, JZ 2008, S. 603 ff., dessen eigener Vorschlag einer Begriffsexplikation (S. 607 ff.) inhaltlich aber nicht geteilt wird.
11 *Andreas Voßkuhle*, Neue Verwaltungsrechtswissenschaft, in: GVwR, Bd. 1 (Fn. 5), § 1 Rn. 6; *Wolfgang Ernst*, Gelehrtes Recht, in: Christoph Engel/Wolfgang Schön (Hrsg.), Das Proprium der Rechtswissenschaft, 2007, S. 16 f. u. ö.; *Chr. Bumke*, Rechtswidrigkeit (Fn. 3), S. 25; *J. Harenburg*, Rechtsdogmatik (Fn. 5), S. 42 ff. Nach anderer Ansicht handelt es sich bei dogmatischen Aussagen um „Deutungshypothesen ..., denen kein normativer Anspruch innewohnt" (*A. Scherzberg*, Verwaltungsrecht [Fn. 9], S. 855, der diese Auffassung selbst nicht teilt), s. etwa *Matthias Jestaedt*, Das mag in der Theorie richtig sein ... Vom Nutzen der Rechtstheorie für die Rechtspraxis, 2005, S. 43 ff., 62 ff., 83.
12 *Wolfram Höfling*, Vom überkommenen Staatshaftungsrecht zum Recht der staatlichen Einstandspflichten, in: Wolfgang Hoffmann-Riem/Eberhard Schmidt-Aßmann/Andreas Voßkuhle, Grundlagen des Verwaltungsrechts, Bd. 3, 2009, § 51 Rn. 82 ff.
13 Darstellung der Entwicklung bei *W. Höfling*, in: GVwR, Bd. 3 (Fn. 12), Rn. 30 ff.; *Chr. Bumke*, Rechtswidrigkeit (Fn. 3), S. 217 f.

14 W. Höfling, in: GVwR, Bd. 3 (Fn. 12), Rn. 82 ff.; *Martin Morlok*, Einstandspflichten für rechtswidriges Staatshandeln, in: GVwR, Bd. 3 (Fn. 12), § 52 Rn. 62 ff.; *Friedrich Schoch*, Effektuierung des Sekundärrechtsschutzes. Zur Überwindung des Entwicklungsrückstands im deutschen Staatshaftungsrecht, in: Die Verwaltung, Bd. 34 (2001), S. 261 (270 und 284 f. zum Schadensersatzanspruch, S. 288 f. zum enteignungsgleichen Eingriff).
15 So die traditionelle Einordnung, s. *W. Ernst*, Recht (Fn. 11), S. 3 (11).
16 Vgl. auch die Gegenüberstellung bei *Aleksander Peczenik*, Scientia Juris. Legal Doctrine as Knowledge of Law and as a Source of Law, 2007, S. 2.
17 Begriffsentfaltung bei *Nicholas Rescher*, Rationalität. Eine philosophische Untersuchung über das Wesen und die Begründung der Vernunft, 1993. Zum Rationalitätsanspruch rechtsdogmatisch arbeitender Rechtswissenschaft ausdrücklich *W. Ernst*, Recht (Fn. 11), S. 26 ff. Sehr ähnlich die Überlegungen für die Theologie (als weiterer Disziplin mit prekärem Wissenschaftscharakter) bei *Wilfried Härle*, Dogmatik, 3. Aufl. 2007, S. 7 ff.
Beinahe allgemein zustimmungsfähig ist die Aussage, weil über die genaue Konturierung des Rationalitätsbegriffes kein Konsens besteht, wovon die Zusammenstellung von 17 Begriffsinhalten bei *Jens-Michael Priester*, Rationalität und funktionale Analyse, in: Rüdiger Lautmann/Werner Maihofer/Helmut Schelsky (Hrsg.), Die Funktion des Rechts in der modernen Gesellschaft. Jahrbuch für Rechtssoziologie und Rechtstheorie 1, 1970, S. 457 (461 ff.) beredt Zeugnis ablegt; s. ferner *H. Schulze-Fielitz*, Rationalität (Fn. 8), S. 320 f.
18 *Christian Bumke*, Der Grundrechtsvorbehalt. Untersuchungen über die Begrenzung und Ausgestaltung der Grundrechte, 1998, S. 32.
19 Ein einflussreiches Bild „guter wissenschaftlicher Praxis" wurde gezeichnet von *Robert King Merton*, The Normative Structure of Science (1942), in: ders., The Sociology of Science. Theoretical and Empirical Investigations, 1973, S. 267 (268 ff.). Siehe auch *Andreas Voßkuhle*, Die politische Dimension der Staatsrechtslehre, in: Helmuth Schulze-Fielitz (Hrsg.), Staatsrechtslehre als Wissenschaft. Die Verwaltung, Beiheft 7, 2007, S. 135 (153 ff.).
20 Wobei Rechtspraxis in einem umfassenden Sinne zu verstehen sein soll und die Gesetzgebung, Rechtsprechung und Verwaltung ebenso einschließt wie privates Handeln.
21 Vgl. auch *E. Schmidt-Aßmann*, Verwaltungsrecht (Fn. 5), Kap. 1 Rn. 3 ff.; *Robert Alexy*, Theorie der juristischen Argumentation, 1978, S. 326 ff.; *A. Voßkuhle*, GVwR, Bd. 1 (Fn. 5), § 1 Rn. 7 m. w. N.
22 *Christian Bumke*, Die Pflicht zur konsistenten Gesetzgebung, Der Staat 2010, S. 77 (78).
23 *E. Schmidt-Aßmann*, Verwaltungsrecht (Fn. 5), Kap. 1 Rn. 4 und – für die Handlungsformenlehre – Kap. 6 Rn. 34 ff.; *Thomas von Danwitz*, Verwaltungsrechtliches System und Europäische Integration, 1996, S. 34 ff.
24 *E. Schmidt-Aßmann*, Verwaltungsrecht (Fn. 5), Kap. 1 Rn. 4.
25 In den Mittelpunkt rechtsdogmatischer Tätigkeit gerückt bei *W. Ernst*, Recht (Fn. 11), S. 9 ff.
26 BVerwGE 131, 41. Siehe auch die Parallelentscheidungen BVerwG, Urt. v. 2. 4. 2008, Az.: 6 C 14/07, 6 C 16/07 und 6 C 17/07.
27 Nachgezeichnet ist diese anhand der Unterschieden zwischen dem rechtmäßigen und rechtswidrigen Verwaltungsakt einerseits und dem begünstigenden und belastenden Verwaltungsakt andererseits bei *Christian Bumke*, Verwaltungsakte, in: Wolfgang Hoffmann-Riem/Eberhard Schmidt-Aßmann/Andreas Voßkuhle (Hrsg.), Grundlagen des Verwaltungsrechts, Bd. 2, 2008, § 35 Rn. 12.
28 BVerwGE 34, 310 (309), s. dazu *Wolfgang Köck*, Pläne, in: GVwR, Bd. 2 (Fn. 27), § 37 Rn. 106 ff.
29 Im Freiburger Arbeitskreis wurde immer wieder auf ein solches Verständnis zurückgegriffen und wurden die mit dem Phänomen einhergehenden Schwierigkeiten angesprochen.
30 Rechtlich stellen das Gerichtsverfassungsrecht und die Prozessordnungen Bindungen zumeist indirekt her (exemplarisch die Rechtsmittelzulassung nach §§ 124 Abs. 2 Nr. 4, 132 Abs. 2 Nr. 2 VwGO); s. hierzu *Curt Wolfgang Hergenröder*, Zivilprozessuale Grundlagen richterlicher Rechtsfortbildung, 1995, S. 52 ff. und, auch Gesichtspunkte des rechtlich gebotenen Vertrauensschutzes beleuchtend, *Bernd Rüthers/Christian Fischer*, Rechtstheorie, 5. Aufl. 2010, Rn. 243 ff. Ein detailreiches Modell zur Herstellung einer Präjudizienbindung im deutschen Recht entwickelt *Michael Reinhardt*, Konsistente Jurisdiktion. Grundlegung einer verfassungsrechtlichen Theorie der rechtsgestaltenden Rechtsprechung, 1997.
31 Durch das Institut des Streitgegenstandes und die – den prozessrechtlichen Regelfall darstellende – Herrschaft der Parteien oder Beteiligten über den Streitgegenstand stellt das Pro-

zessrecht selbst sicher, dass ein konkreter Rechtsfall den Bezugspunkt der gerichtlichen Entscheidung darstellt.
32 Angedeutet bei *Jörn Ipsen*, Rechtsfolgen der Verfassungswidrigkeit von Norm und Einzelakt, 1980, S. 177 ff., insbes. S. 192 f.
33 *Th. v. Danwitz*, System (Fn. 23), insbes. S. 187 ff., 334 ff.; zurückhaltender *Stefan Kadelbach*, Allgemeines Verwaltungsrecht unter europäischem Einfluss, 1999, S. 270 ff., zusammenfassend S. 489; *Armin Hatje*, Die gemeinschaftsrechtliche Steuerung der Wirtschaftsverwaltung. Grundlagen, Erscheinungsformen, verfassungsrechtliche Grenzen am Beispiel der Bundesrepublik Deutschland, 1998, insbes. S. 421 f.
34 Exemplarisch nachvollziehbar anhand des Anspruchs auf Erlass eines Aktionsplans nach § 47 BImSchG, s. VG Stuttgart, NVwZ 2005, 971; hierzu und zu weiteren Entscheidungen *Christian Calliess*, Feinstaub im Rechtsschutz deutscher Verwaltungsgerichte. Europarechtliche Vorgaben für die Klagebefugnis vor deutschen Gerichten und ihre dogmatische Verarbeitung, NVwZ 2006, S. 1 ff. Das BVerwG entwickelt durchaus einen Eigensinn und will bestimmte Positionen nicht als klagefähig anerkennen, s. den Vorlagebeschl. des BVerwG, NVwZ 2007, 695 (699) und die Entscheidung des EuGH, NVwZ 2008, 984.
Zu der Frage, ob der gemeinschaftsrechtlich vermittelte Rechtsschutz durch eine Neujustierung des subjektiven Rechts i. S. des § 42 Abs. 2 VwGO zu verwirklichen ist, oder ob insoweit „gesetzlich etwas anderes bestimmt" ist, s. *Wolf-Rüdiger Schenke*, in: Ferdinand O. Kopp/ders., VwGO, 16. Aufl. 2009, § 42 Rn. 153 m. w. N.
35 *Rainer Wahl*, Herausforderungen und Antworten: Das Öffentliche Recht der letzten fünf Jahrzehnte, 2006, S. 101 ff.
36 BVerwG, NVwZ 2008, 906; BVerwG, DVBl 2001, 136 f.; BVerwGE 23, 67; 14, 307; 8, 85 (meist unter Verweis auf die Rspr. des BVerfG, s. BVerfGE 1, 299 [312]; 10, 234 [244]; 11, 126 [130]).
37 Zudem ist erkennbar, dass der Verweis auf einen „objektivierten Willen des Gesetzgebers" in der Rechtsprechung mitunter auch lediglich formelhaft, nicht sinntragend erfolgt; an ihn schließt sich eine Normauslegung an, die den tatsächlichen Regelungsabsichten des Gesetzgebers mit zum Teil beachtlichem Aufwand nachspürt, s. bspw. BVerwGE 87, 304; 84, 134; BVerwG, NJW 1990, 2948.
38 Vorbildlich BVerwGE 131, 41. Vgl. auch den Befund bei *B. Rüthers/Chr. Fischer*, Rechtstheorie (Fn. 30), Rn. 800, wo auf die Diskrepanz zwischen der vom BVerfG vertretenen Auslegungstheorie und dem hohen Gewicht entstehungsgeschichtlicher Argumentation bei der Verfassungsauslegung hingewiesen wird.
Ein markantes Gegenbeispiel ist OVG Münster, NVwZ-RR 2005, 495 (496): Es könne „der historisch vorhandene reale Willen der am Gesetzgebungsverfahren Bet. nur dann für den Inhalt des Gesetzes Bedeutung erlangen, wenn der Gesetzestext von seinem Wortlaut, seinem systematischen Zusammenhang oder seinem objektiv erkennbaren Zweck her Anlass gibt, ihn so, wie der historische Gesetzgeber es gewollt hat, zu verstehen. [...] Wo der Gesetzestext für den verständigen Rechtsunterworfenen keinen Anlass zur Auslegung oder Rechtsfortbildung bietet, ist der Wille des historischen Gesetzgebers nicht – im Wege der Auslegung oder Rechtsfortbildung korrigierbar – nur unvollständig, sondern überhaupt nicht Gesetz geworden."
39 Etwa BVerfGE 34, 269 – Soraya. Allerdings bekräftigt das BVerfG in ständiger Rechtsprechung die Unzulässigkeit, einen eindeutigen gesetzgeberischen Willen mit dem Mittel der verfassungskonformen Auslegung zu überspielen, s. BVerfG 101, 312 (329) m. w. N. aus der Rspr. Uneindeutig fällt vor diesem Hintergrund die Bewertung solcher Entscheidungen aus, in denen das Gericht – möglicherweise voreilig – einen gesetzgeberischen Willen für die je zu klärenden Frage als nicht ergründbar oder als fehlerhaft gebildet qualifizierte, s. *Ulrike Lembke*, Einheit aus Erkenntnis? Zur Unzulässigkeit der verfassungskonformen Gesetzesauslegung als Methode der Normkompatibilisierung durch Interpretation, 2009, S. 128 f. m. w. N. aus der Rspr.
40 Wobei zweifelhaft sein kann, inwieweit durch solche Erwägungen ein gesetzgeberischer Wille tatsächlich überspielt wird. Die Entscheidungen des BGH zur Nutzungsersatzpflicht des Verbrauchers nach § 439 Abs. 4 BGB (BGHZ 179, 27 und der vorangegangene Vorlagebeschluss NJW 2006, 3200) sind ein illustratives Beispiel für die Unsicherheiten, die sich bei der Gesetzesauslegung zwischen „Umsetzungswillen" und „Regelungswillen" ergeben können.
41 So auch *Helmuth Schulze-Fielitz*, Notizen zur Rolle der Verwaltungsrechtswissenschaft für das Bundesverwaltungsgericht aus Anlass seines 50jährigen Bestehens, Die Verwaltung Bd. 36 (2003), S. 421 (433 f.) mit stichprobenartiger Quantifizierung, und *W. Brohm*, Kurzlebigkeit (Fn. 1),

S. 1081, der deswegen den nicht gerechtfertigten Schluss auf eine Nichtbeachtung der Rechtsdogmatik durch die Verwaltungsgerichtsbarkeit zieht.
42 *H. Schulze-Fielitz*, Notizen (Fn. 41), S. 434 mit Nennung von Entscheidungen zu zentralen Streitfragen, die ohne jedes fachliterarische Zitat auskommen (dort in Fn. 60, bspw. die Entscheidung des Großen Senats zur Auslegung des § 48 Abs. 4 VwVfG in BVerwGE 70, 356).
43 *H. Schulze-Fielitz*, Notizen (Fn. 41), S. 434 ff., mit der Einschätzung, dass für „grundlegende, politisch oder rechtlich hoch umstrittene Fragen klärende Urteile" die Menge der zitierten Literatur zunehme.
44 Nennung in der Rspr. zuerst durch BVerwGE 120, 263 (265), dort noch in Anführungszeichen, sodann in BVerwG, Urt. v. 28. 11. 2007, Az.: 6 C 42/06 bis 46/06, und BVerwG, Urt. v. 2. 4. 2008, Az.: 6 C 14/07 bis 17/07. Nachgezeichnet ist diese Rspr.-Entwicklung bei *Klaus Ferdinand Gärditz*, „Regulierungsermessen" und verwaltungsgerichtliche Kontrolle, NVwZ 2009, 1005 ff. Begriffsprägend *Matthias Röhl*, Die Regulierung der Zusammenschaltung. Voraussetzungen und Rechtsfolgen der Zusammenschaltungsanordnung nach §§ 35, 36, 37 Telekommunikationsgesetz durch die Regulierungsbehörde für Telekommunikation und Post, 2002.
Auf die Abwägungslehre des Bauplanungsrechts könnte in diesem Zusammenhang ebenfalls verwiesen werden, wobei hier die Verteilung von „Pionierleistungen" zwischen Rechtswissenschaft (s. *Werner Hoppe*, Bauleitplanung und Eigentumsgarantie. Zum Abwägungsgebot des § 1 Abs. 4 Satz 2 Bundesbaugesetz, DVBl. 1964, 165) und Rechtsprechung (BVerwG, Urt. v. 12. 12. 1969, E 34, 301) nicht eindeutig ist, s. dazu *R. Wahl*, Herausforderungen (Fn. 35), S. 50 ff.
45 Angesprochen wurde eine solche Gefahr im Freiburger Arbeitskreis von einem Richter am Bundesverwaltungsgericht.
46 Siehe aus der amtlichen Sammlung exemplarisch BGHZ 181, 144 (zu § 221 Abs. 2 AktG); BGHZ 180, 221 (zu Beschlussmängelstreitigkeiten); BGHZ 159, 30 (zu den Zuständigkeiten der Hauptversammlung). Neben der großen Anzahl von Zitaten und der beachtlichen „Streuung" über die Entscheidungsgründe fällt das mehr als nur vereinzelte Zitieren von Monographien und Festschriftenbeiträgen auf. Die Senate bemühen sich um eine aussagekräftige Darstellung der Binnendifferenzierungen in der zitierten Literatur und relative Gewichtungen. Zudem werden rechtswissenschaftliche Reaktionen auf frühere Entscheidungen (s. BGHZ 159, 30) ausgewiesen, dabei erfolgen auch Klarstellungen, wenn die Entscheidung nach Auffassung des Senats missverstanden wurde (s. BGHZ 140, 147); zudem wird rechtswissenschaftliche Literatur ausdrücklich für die Begründung einer Rechtsprechungsänderung ausgewertet (s. BGHZ 180, 221).
47 Charakterisierung der Rechtsprechung im Anschluss an den bei *Andreas Voßkuhle*, Rechtsschutz gegen den Richter, 1993, S. 94 ff., entwickelten Ansatz.
48 Siehe die Entscheidung des Großen Senats zur Auslegung des § 48 Abs. 4 VwVfG (Fn. 42) und die Entscheidungen zur Reichweite der Subsidiaritätsanordnung in § 43 Abs. 2 VwGO (s. BVerwG, Urt. v. 27. 10. 1970, Az.: VI C 8.69; BVerwGE 40, 323; 51, 69; BVerwG, Urt. v. 7. 5. 1987, Az.: 3 C 53/85 und Urt. v. 25. 4. 1996, Az.: 3 C 8/95 [dort jeweils mit knappen Hinweisen auf Kritik an der Rspr.], wieder bloßer Verweis auf frühere Rspr. dann im Urt. v. 12. 7. 2000, Az.: 7 C 3/00, s. auch Fn. 53). In den vor dem Erlass des VwVfG ergangenen Judikaten zur Aufhebbarkeit von Verwaltungsakten (s. BVerwGE 6, 1 [5 ff.]; BVerwGE 8, 261 [269 f.]; 8, 329 [333]) findet sich häufiger eine Auseinandersetzung mit in der Literatur vertretenen Ansichten, v. a. mit der Lehre *Ernst Forsthoffs* (s. zuletzt Lehrbuch des Verwaltungsrechts, 10. Aufl. 1973, S. 262 f.); näher *Chr. Bumke*, in: GVwR, Bd. 2 (Fn. 27), Rn. 12 m. w. N.
49 So auch, auf die Arbeit des BVerwG bezogen, *H. Schulze-Fielitz*, Notizen (Fn. 41), S. 426 f.
50 EuGH, Rs. C-453/00 – Kühne & Heitz (Slg. 2004, I-837), w. N. bei *Carsten Kremer*, Gemeinschaftsrechtliche Grenzen der Rechtskraft, EuR 2007, S. 470 (486 ff.).
51 Siehe VGH Mannheim, VBlBW 2009, S. 32 ff. (Nachinstanz: BVerwG, Urt. v. 22. 10. 2009, Az.: 1 C 18/08; die Parallelentscheidung ist dokumentiert unter BVerwGE 135, 137) sowie *Gabriele Britz/Tobias Richter*, Die Aufhebung eines gemeinschaftsrechtswidrigen nicht begünstigenden Verwaltungsakts, JuS 2005, S. 198 (201) und *Kremer*, Grenzen (Fn. 50), S. 486 ff.
52 Siehe dazu *Michael Sachs*, in: Paul Stelkens/Hans Joachim Bonk/Michael Sachs (Hrsg.), Verwaltungsverfahrensgesetz, 7. Aufl. 2008, § 48 VwVfG Rn. 218 ff. mit Nachweisen der krit. Lit. insbes. in Fn. 506 und 531.
53 Siehe dazu *W.-R. Schenke*, in: VwGO (Fn. 34), § 43 VwGO Rn. 28 sowie die Nachweise bei *Jost Pietzcker*, in: Friedrich Schoch/Eberhard Schmidt-Aßmann/Rainer Pietzner (Hrsg.), Verwaltungsgerichtsordnung. Kommentar, 17. EL (Okt. 2008), § 43 VwGO Rn. 43, dort Fn. 244.

54 Siehe dazu *Klaus-Peter Dolde/Winfried Porsch*, in: VwGO (Fn. 53), 13. EL (Apr. 2006), § 70 VwGO Rn. 40 m. w. N. insbes. in Rn. 125.
55 Siehe (durchaus affirmativ) *H. Schulze-Fielitz*, Notizen (Fn. 41), S. 427: „Der ‚status quo' einer Rechtsprechungstradition ist schon als solcher ein Argument."
56 Beispiele für solche übergreifenden Konzeptionen sind die Abwägungslehre im Bauplanungsrecht, das Regulierungsermessen und die allgemeine Anfechtbarkeit von Nebenbestimmungen, wobei hier die vollständige Desorientierung, die sich mit der Zeit in der Lit. einstellte, vielleicht mitverantwortlich dafür war, einen Grundsatz zu entwickeln, obwohl man das Ergebnis auch unter Verweis allein auf frühere Entscheidungen hätte bewerkstelligen können.
57 Im Anschluss an die Entscheidungen BVerfGE 105, 252 – Glykol, und E 105, 279 – Osho. Kritik etwa bei *Dietrich Murswiek*, Das Bundesverfassungsgericht und die Dogmatik mittelbarer Grundrechtseingriffe. Zu der Glykol- und der Osho-Entscheidung vom 26. 6. 2002, NVwZ 2003, S. 1 (8). Aufarbeitung der Diskussion bei *Christian Bumke*, Publikumsinformation. Erscheinungsformen, Funktionen und verfassungsrechtlicher Rahmen einer Handlungsform des Gewährleistungsstaates, Die Verwaltung Bd. 37 (2004), S. 3 ff.
58 Beschl. v. 8. 7. 2004, Az.: 1 ME 167/04; bestätigt in OVG Lüneburg, Beschl. v. 31. 5. 2005, Az.: 1 LB 48/05; Beschl. v. 13. 11. 2006, Az.: 1 ME 166/06.
59 BVerfG, NJW 2009, 1469 (1477), abw. M. *Voßkuhle, Osterloh, Di Fabio*.
60 Darauf rekurriert das BVerwG, NJW 1988, 2911 (2912).
61 BVerwGE 112, 221 (224). In der zeitnahen Entscheidung BVerwGE 112, 263 (265) konstatiert der 6. Senat lapidar, dass „in der Rechtsprechung des BVerwG gegen belastende Nebenbestimmungen die Anfechtungsklage als gegeben angesehen" wird.
62 *Helmuth Schulze-Fielitz*, Das Bundesverwaltungsgericht als Impulsgeber für die Fachliteratur, in: Eberhard Schmidt-Aßmann u. a. (Hrsg.), FG 50 Jahre BVerwG, 2003, S. 1061, unterscheidet zwischen Impulsen durch innovative Rechtsprechung (S. 1064 ff.), dauerhaft sich wandelnde Rechtsprechungsentwicklungen (S. 1066 ff.) und durch die Nutzung von Entscheidungen als ‚Steinbruch' für Argumentationsbedürfnisse (S. 1070).
63 Siehe Fn. 44.
64 Zusammenfassend in BVerwGE 19, 188; Kontext und Entwicklung bei *Chr. Bumke*, in: GVwR, Bd. 2 (Fn. 27), Rn. 11 f., 164 ff. m. w. N.
65 Siehe Fn. 28.
66 Aufbereitung des Forschungsgesprächs bei *Chr. Bumke*, Rechtswidrigkeit (Fn. 3), S. 141 ff.
67 Siehe die Nachweise bei *Ulrich Stelkens*, in: VwVfG (Fn. 52), § 35 VwVfG, Rn. 243 ff.
68 Siehe zu den Unterschieden der von *Alexy* ausgearbeiteten Konzeption des Optimierungsgebotes und dem Umgang mit dem Begriff in der Rspr. *Hans-Joachim Koch/Reinhard Hendler*, Baurecht, Raumordnungs- und Landesplanungsrecht, 5. Aufl. 2009, § 17 Rn. 35 ff.
69 Siehe – zunächst beiläufig – BVerwGE 71, 163 (164 f.) zu § 50 BImSchG; BVerwG, NVwZ 1991, 69 und BVerwGE 85, 348 (362 f.) zu § 8 BNatSchG a. F.
70 *Rainer Wahl*, Entwicklung des Fachplanungsrechts, NVwZ 1990, S. 426 (438): „Je mehr Optimierungsgebote anerkannt sind und im konkreten Fall aufeinander treffen, desto geringer ist die Steuerungskraft, denn eher eröffnet sich wieder der Entscheidungsspielraum für die planende Behörde: es hat sich der offene Konflikt über ‚einfache' Belange in einen inhaltlich ebenso offenen Konflikt zwischen verschiedenen möglichst weit zu berücksichtigenden Belangen verlagert."
71 Siehe zuletzt BVerwG, Beschl. v. 22. 7. 2010, Az.: 7 VR 4/10. Teilweise wird ein Abrücken der Rechtsprechung von der Vorstellung des Optimierungsgebotes konstatiert; so *Hans Dieter Jarass*, BImSchG, 8. Aufl. 2010, § 50 BImSchG Rn. 19 mit Nachw. aus der Rspr., die in neueren Entscheidungen zu der Bezeichnung „Abwägungsdirektive" tendiert (s. BVerwG, NVwZ 1999, 1222; NVwZ 2005, 803; NVwZ 2007, 831). Deutliche Distanz auch bei BVerwG, Urt. v. 16. 3. 2006, Az.: 4 A 1001/04: „Das gilt selbst dann, wenn man den Trennungsgrundsatz *im Sinne einer früheren Rechtsprechung* als ‚Optimierungsgebot' [...] bezeichnet, das eine möglichst weitgehende Berücksichtigung von Belangen des Umweltschutzes in der Planung verlangt." (Juris-Rz. 163, Hervorhebung hier).
Vergleichbares ist zu beobachten für die Figur der modifizierenden Auflage. Sie hat das BVerwG entwickelt (BVerwGE 36, 145 [154] im Anschluss an *Felix Weyreuther*, Über „Baubedingungen", DVBl 1969, S. 295 [297]; *ders.*, Modifizierende Auflagen, DVBl 1984, S. 365 [373]; die letzte Erwähnung dieser Figur in der Rspr. des BVerwG erfolgte im Jahre 1999, s. NVwZ-RR 2000, 213), um bestimmte Veränderungen eines Baugenehmigungsantrags durch die Behörde zu erfas-

sen und als Nebenbestimmung zu klassifizieren, die aber nicht isoliert anfechtbar ist. Näher dazu und zu der Debatte um diese fragwürdige Kreation *Chr. Bumke,* in: GVwR, Bd. 2 (Fn. 27), Rn. 144.
72 BVerwGE 117, 149; Überblick über die durch den EuGH (Urt. v. 2. 8. 1993, Rs. C-355/90 [Kommission./. Spanien]) angestoßene Rechtsprechungsentwicklung in Deutschland bei *Martin Gellermann,* in: Robert von Landmann/Gustav Rohmer, Umweltrecht, Bd. 4, 48. EL (Apr. 2006), Vorbem. § 32 bis 38 BNatSchG, Rn. 7 ff.
73 BVerwGE 107, 1 (7. Leits.), kurz zuvor bereits BVerwG, NVwZ 1998, 616; Überblick bei *Günter Gaentzsch,* Zur Entwicklung des Bauplanungsrechts in der Rechtsprechung des BVerwG, NVwZ 2001, S. 990 (992 f.).
74 BVerwGE 112, 221 (1. Leits.).
75 *Chr. Bumke,* in: GVwR, Bd. 2 (Fn. 27), § 35 Rn. 129 ff., 148 ff. Ein weiteres schönes Beispiel für die Verbindung von Pragmatik und Dogmatik bildet die Neuausrichtung des maßgeblichen Zeitpunkts für die Beurteilung der Sach- und Rechtslage (BVerwGE 130, 20). Bemerkenswert ist es, dass das Gericht – ohne dazu verpflichtet zu sein – den neu gewählten Zeitpunkt auf den gesamten Bereich aufenthaltsbegründender und -beendender Maßnahmen ausgedehnt hat (BVerwGE 133, 329), so dass nunmehr wiederum einheitliche Verhältnisse hergestellt und fragwürdige Zufälligkeiten vermieden werden.

Bericht über den Arbeitskreis 5

von Richter *Dr. Sebastian Lenz,* Hannover

Der Arbeitskreis 5 hatte die Wechselwirkung zwischen Rechtsprechung und Dogmatik zum Gegenstand. Unter Leitung von *Prof. Dr. Ulrich Ramsauer,* Vorsitzender Richter am Hamburgischen Oberverwaltungsgericht und Professor für Öffentliches Recht an der dortigen Universität, nahm *Prof. Dr. Christian Bumke,* Inhaber des Commerzbank-Stiftungslehrstuhls für Grundlagen des Rechts an der Bucerius Law School in Hamburg, die Bedeutung der wissenschaftlich geprägten Rechtsdogmatik für die gerichtliche Praxis in den Blick. Mit dem Begriff der Dogmatik – so *Bumke* – verbinde sich ein doppelter Anspruch, nämlich der Anspruch, das Recht zu ordnen und seine Anwendung zu rationalisieren. Für die Ausbildung des juristischen Nachwuchses sei dies ebenso wie für die Vorhersehbarkeit und Nachvollziehbarkeit gerichtlicher Entscheidungen – also im Interesse der Rechtssicherheit und Akzeptanz der Rechtspraxis – von zentraler Bedeutung. Wissenschaft und Praxis arbeiteten idealerweise Hand in Hand. Die Rechtspraxis liefere praktische Erkenntnisse und präge die Rechtsgebiete durch die Entscheidung von Einzelfällen. Aufgabe der Wissenschaft sei es, diese kritisch zu reflektieren und in ein Lehrgebäude einzupassen.

Den Verwaltungsgerichten bescheinigte *Bumke* eine rechtsdogmatisch orientierte, wissenschaftliche Arbeitsweise und davon ausgehend ein hohes Maß an methodischer Übereinstimmung mit der Rechtswissenschaft bei der Ableitung von Regeln und Prinzipien im Zuge der Rechtsanwendung auf den konkreten Fall. Trotz dieser grundsätzlichen Übereinstimmung sei unter Praktikern allerdings das Vorurteil verbreitet, Dogmatik sei praxisfern und leiste für die Lösung konkreter Fälle keinen Beitrag. Demgegenüber sei aus der Wissenschaft Kritik daran zu hören, dass die Gerichte bei der Entscheidung von Einzelfällen dogmatische Grundlagen oftmals außer Acht ließen und zu einer Billigkeitsrechtsprechung tendierten. Beklagt werde außerdem, dass die

Arbeitskreis 5 (Bericht)

Verwaltungsgerichte aktuelle Entwicklungen in der Literatur nicht immer hinreichend zur Kenntnis nähmen, weshalb ein Dialog nicht stattfinde. Das betreffe insbesondere Bereiche, in denen eine gefestigte Rechtsprechung bestehe. Umgekehrt – so der Eindruck der Praxis – beschäftige sich die Wissenschaft zu sehr mit der prinzipiellen Ebene. Einzelfälle würden danach für das Gedankengebäude eher als hinderlich wahrgenommen. Überdies nehme die Wissenschaft aktuelle Fragestellungen nicht immer genügend auf, sodass die Rationalitätsfunktion der Dogmatik verloren gehe.

Die anschließende Diskussion widmete sich zunächst dem Begriff der Dogmatik, der empirisch-deskriptiv oder aber normativ verstanden werden könne. *Bumke* betonte den Anspruch, das Vorgehen bei der Rechtsanwendung nicht bloß zu beschreiben, sondern zugleich aus dem Rechtsstoff eine Ordnung unterhalb der Ebene der Gesetze herzustellen. Dabei müsse es allerdings – worauf auch aus dem Auditorium immer wieder hingewiesen wurde – Grenzen geben. Die Dogmatik sei in manchen Bereichen von einer Hilfe zu einer Belastung geworden. Die Orientierung an immer feineren Verästelungen in einzelnen Rechtsgebieten bedeute einen erheblichen Arbeitszuwachs für die Rechtspraxis und berge zugleich die Gefahr von Widersprüchen. Wenn die Feinheiten der Dogmatik einzelner Rechtsgebiete praktisch nicht mehr handhabbar seien, gehe der Rationalitätsgewinn wieder verloren. Für den einzelnen Richter sei es vielfach kaum mehr möglich, seine Falllösung in das System einzupassen.

Zahlreiche Teilnehmer plädierten deshalb dafür, den Einzelfall wieder stärker in den Mittelpunkt zu rücken. Es müsse ein Spielraum bestehen, abgeleitet von wenigen abstrakten Grundsätzen den Besonderheiten eines Falles Rechnung zu tragen. Nicht jeder Fall müsse zur Weiterentwicklung eines dogmatischen Rasters beitragen. Davon ausgehend bestehe kein grundsätzlicher Gegensatz von Rechtspraxis und Rechtsdogmatik. Die Möglichkeit der Praxis, bei ihrer Aufgabe, der Lösung konkreter Fälle, stets dogmatische Feinheiten zu berücksichtigen, werde überschätzt. Die Rechtsprechung unterliege verschiedenen Grundbedingungen, unter anderem dem Zwang, sich in einem Kollegium zu einigen. Das fördere kompromisshafte Formulierungen und erschwere die Ausprägung klarer dogmatischer Strukturen. Aufgabe der Gerichte sei es, Urteile für die Prozessbeteiligten zu fällen. Die Weiterentwicklung der Dogmatik sei zwar wünschenswert. Gleichwohl gelte gerade für das Bundesverwaltungsgericht, dass eine alte Rechtsprechung ohne einen zwingenden Grund im Einzelfall nicht aufgegeben werde, auch wenn sie möglicherweise nicht mehr der aktuellen Überzeugung des Gerichts entspreche. Das dürfe aber – insofern bestand Einigkeit unter den Teilnehmern – die Wissenschaft nicht an ihrer Aufgabe hindern, die Komplexität in der Praxis entstandener dogmatischer Strukturen zu verringern und diese auf einfache und praktisch handhabbare Grundprinzipien zurückzuführen. Ein reiner Rechtsprechungspositivismus der Wissenschaft sei umgekehrt aber auch fehl am Platz.

Bumke wies in diesem Zusammenhang darauf hin, dass nach seiner Beobachtung eine überbordende Dogmatik gerade in Bereichen existiere, die stark von der Rechtsprechung geprägt seien. Mit zunehmender Durchdringung durch die Wissenschaft könne die Dogmatik einzelner Rechtsgebiete auf Grundsätze reduziert werden. Die Wissenschaft wende sich den einzelnen Rechtsgebieten aber mit sehr unterschiedlicher

Intensität zu. Der Wissenschaftler befasse sich – vereinfacht gesagt – mit dem, was ihn gerade interessiere oder was gerade – aus welchen Gründen auch immer – Gegenstand wissenschaftlicher Diskussionen sei. Vor allem das besondere Verwaltungsrecht werde deshalb eher stiefmütterlich behandelt. Zahlreiche Teilnehmer äußerten insofern Kritik. Es sei Aufgabe der Wissenschaft, gerade neue Rechtsgebiete theoretisch zu durchdringen und der Praxis die Arbeit zu erleichtern. Demgegenüber betonte *Bumke*, die Wissenschaft sei auf Fallmaterial aus der Praxis angewiesen, um sich einem Rechtsgebiet systematisierend zu nähern. Die Durchdringung neuer Rechtsgebiete ohne praktische Fallbeispiele könne die Wissenschaft nicht leisten. Der Dogmatiker am Schreibtisch komme nicht von selbst auf die sich in der Praxis stellenden Probleme und könne sich schon deshalb nicht mit ihnen beschäftigen.

Als – allerdings überwiegend negativ bewertetes – Gegenbeispiel zu einer überbordenden Dogmatik nannten verschiedene Teilnehmer die Rechtsprechung des Europäischen Gerichtshofs. Dessen Entscheidungen seien von starker rechtsdogmatischer Zurückhaltung geprägt; aufgrund ihrer geringen Begründungstiefe und der fehlenden systematischen Einordnung seien sie oftmals wenig nachvollziehbar. Es sei schwierig, die Entwicklung der Rechtsprechung des Europäischen Gerichtshofs vorherzusehen. Ob der Europäische Gerichtshof die Diskussion in der Wissenschaft verfolge und berücksichtige, wurde unterschiedlich beurteilt. Einig waren sich die Teilnehmer darin, dass ein Bedürfnis für die Entwicklung einer europäischen Rechtsdogmatik bestehe. Aufgrund der Besonderheiten in der Europäischen Union – etwa der verschiedenen Rechtstraditionen der Mitgliedstaaten und der sprachlichen Unterschiede – werde diese aber kaum der fein ziselierten deutschen Dogmatik entsprechen. Aus französischer Sicht seien die Entscheidungen des Europäischen Gerichtshofs vergleichsweise detailliert. Die französische Praxis akzeptiere, dass die richterliche Arbeit zwangsläufig mit Willkür verbunden sei und bemühe sich nicht wie die deutsche Gerichtspraxis, dies zu verkleiden. Die deutsche Dogmatik sei auch aufgrund dieser Unterschiede trotz der Vorzüge einer nachvollziehbaren Begründung für die Rechtssicherheit nicht exportfähig. Eine europäisch orientierte Dogmatik müsse sich dem Recht mit einem funktionalen Verständnis nähern. *Bumke* und auch andere Teilnehmer äußerten die Erwartung, die Bereitschaft des Europäischen Gerichtshofs, dogmatische Begründungsmuster anzubieten bzw. zu übernehmen, werde wachsen, wenn die Wissenschaft eine spezifisch europäische Dogmatik entwickele. Das gelte gerade vor dem Hintergrund der fortschreitenden Kodifizierung des Europarechts. Auch die Generalanwaltschaft biete Beispiele für dogmatisch fundierte Begründungen. Die heutige Arbeitsweise des Europäischen Gerichtshofs – so ein Teilnehmer – sei demgegenüber dadurch geprägt, dass nur diejenigen Erwägungen in die Begründung einer Entscheidung Eingang fänden, für die unter allen Richtern Einigkeit bestehe. Diese Praxis führe zwangsläufig zu einer starken Zurückhaltung bei der Bildung von Entscheidungssätzen.

Zum Ende wandte sich die Diskussion erneut den Grenzen der Dogmatik zu. *Bumke* betonte dabei die historische Entwicklung. Im 19. Jahrhundert sei es um eine Systembildung ohne Bezug zur Praxis gegangen. Erst dann habe man entdeckt, dass die Dogmatik ein Strukturgebäude zur Verarbeitung von Einzelfällen bereitstelle. Positiv betrachtet könne Dogmatik durch Abstraktionsleistungen einen Spielraum für die Lösung konkreter Fälle schaffen. Dogmatik dürfe aber nicht zu weit gehen. In schwierigen Fällen blieben zwangsläufig Optionen für den Richter. Dogmatik könne die Grundgedanken eines Rechtsbereichs verdeutlichen und als Argumentationshilfe dienen, löse aber nicht den konkreten Fall. Die Leistungsfähigkeit der Dogmatik bei schwierigen Fällen – etwa bei konfligierenden Regeln oder Auslegungsproblemen – sei eingeschränkt. Der Versuch, für jeden Fall eine Dogmatik zu entwickeln, sei ein Problem der Rechtsanwendung, nicht der Wissenschaft. Sei ein Fall mit Schwierigkeiten behaftet, könne Dogmatik das Problem benennen und abstrakte Lösungswege aufzeigen. Sie verzichte aber aus Sicht der Wissenschaft darauf, die abstrakt formulierten Sätze auf den konkreten Fall zu beziehen. Das bleibe dem Richter überlassen.

Ob diese Unterscheidung von einfachen und schwierigen Fällen tatsächlich möglich sei, blieb allerdings umstritten. Ein Teilnehmer bemerkte, ob ein Fall als schwierig angesehen werde, hänge zumeist vom Maß der Durchdringung ab. Aus der kognitiven Psychologie folge die Erkenntnis, dass der Rechtsanwender nur wahrnehmen könne, wovon er bereits Kenntnisse bzw. Vorstellungen habe. Nur bei entsprechender Sensibilität sei er in der Lage, die Schwierigkeiten eines Falles zu bemerken und angemessen zu würdigen. Dabei bestehe die Gefahr einer Scheinrationalität, wenn dogmatisch erarbeitete Rechtssätze in der gerichtlichen Praxis wie geltendes Recht angewendet und nicht hinterfragt würden. Dogmatische Sätze würden in der Praxis vielfach als gesichertes Terrain begriffen und als Metarecht angewendet, obwohl sie keinen zwingenden Charakter beanspruchen könnten. Leitsätze der Gerichte hätten notwendigerweise eine überschießende Tendenz. Derartige Sätze stellten den Rechtsanwender in Fallkonstellationen, die bei Verfassung des Leitsatzes nicht mitgedacht worden seien, häufig vor enorme Schwierigkeiten.

Im Ergebnis bestand Einigkeit unter den Teilnehmern, dass Dogmatik einen wichtigen Beitrag für eine rationale Rechtsanwendung leisten könne. Im Interesse von Rechtssicherheit und Willkürfreiheit der Rechtsprechung seien abstrakte, vom Einzelfall losgelöste Rechtssätze unverzichtbar. Allerdings berge die Dogmatik auch Gefahren. Eine ausufernde Dogmatik erschwere die Beherrschbarkeit von Rechtsgebieten erheblich. Sie könne zudem den Blick auf den Einzelfall verstellen und eine methodisch geleitete Rechtsprechung verdrängen. Einigkeit bestand deshalb darüber, dass richterliches Arbeiten neben Methodenbewusstsein auch einen kritischen Umgang mit der Dogmatik erfordert.

Echte Problemlöser.

Die Handkommentare besinnen sich auf **klare Strukturen** und verzichten auf eine überbordende Kommentierung. Stattdessen helfen Ihnen der **perfekte Rechtsprechungsnachweis** und **integrierte Formulierungsbeispiele** bei der rationellen Fallbearbeitung.

Verwaltungsrecht
VwVfG – VwGO – Nebengesetze
Handkommentar
Herausgegeben von Prof. Dr. Michael Fehling, LL.M. und Prof. Dr. Berthold Kastner
2. Auflage 2010, 3.214 S., geb., 98,– €,
ISBN 978-3-8329-2981-7

EEG. Erneuerbare-Energien-Gesetz
Handkommentar
Herausgegeben von RA Dr. Jan Reshöft
3. Auflage 2009, 718 S., geb., 98,– €,
ISBN 978-3-8329-4218-2

TKG-Wegerecht – §§ 68-77 TKG
Handkommentar
Von Prof. Dr. Ulrich Stelkens
2010, 480 S., geb., 98,– €,
ISBN 978-3-8329-5679-0

Vergaberecht
GWB | VgV | SektVO | VOL/A | VOB/A | VOF | Öffentliches Preisrecht
Herausgegeben von Prof. Dr. Hermann Pünder, LL.M. und RA Dr. Martin Schellenberg
2010, ca. 2.000 S., geb., ca. 138,– €,
ISBN 978-3-8329-2681-6
Erscheint ca. Dezember 2010

◆ **Nomos**

Bitte bestellen Sie im Buchhandel oder versandkostenfrei unter ▶ www.nomos-shop.de

ARBEITSKREIS 6

Aktionspläne des Luftreinhalte- und Lärmschutzrechts im Spannungsfeld zwischen deutschem und europäischem Recht*

Referenten: Rechtsanwalt *Prof. Dr. Reinhard Sparwasser*/
Stadtrechtsdirektor *Dr. Rüdiger Engel*, Freiburg i. Br.

Thesen des Referats

I. Zum europarechtlichen Rahmen

1. Die Luftqualitätsrichtlinie (LQR) und die Umgebungslärmrichtlinie (ULR) enthalten gemeinsame Elemente eines europäischen Umweltplanungsrechts, dessen Konzeption auf eine nachhaltige Verbesserung des Zustands der Umwelt gerichtet ist. Der EU-Bürger wird durch teilweise ambitionierte Grenzwerte geschützt und erhält weitreichende Rechte zur Verfahrensbeteiligung.
2. Das europäische Umweltrecht wird zunehmend konsolidiert: Ausdruck hierfür sind u. a. die Abfall-, die Wasserrahmen- und die Luftqualitätsrichtlinie, die jeweils mehrere Richtlinien zusammenfassen, sowie die allgemeinen Regelungen zu Umweltverträglichkeitsprüfung, Umweltinformation und Öffentlichkeitsbeteiligung. Das europäische Umweltplanungsrecht enthält medienbezogene, sektorale und allgemeine querschnittartige Regelungen.
3. Maßnahmenpläne und Aktionspläne sind – bei gewisser begrifflicher Unschärfe – die zwei Grundformen vollzugsorientierter Planung. Maßnahmenpläne beinhalten einen gesamthaften, längerfristigen Ordnungsrahmen bis hin zu einschlägigen Umweltqualitätszielen. Aktionspläne sollen bei Erreichen der – europarechtlichen – Schädlichkeitsschwelle (für deren Definition unterschiedliche Ansätze verfolgt werden) kurzfristig wirkende Maßnahmen koordinieren. Sie ergänzen den finalen Regelungsansatz konditional, um ein Mindestniveau des Umwelt- und Gesundheitsschutzes zu sichern.
4. Die deutsche Fassung der neuen Luftqualitätsrichtlinie benutzt im Gegensatz zu den meisten anderen Fassungen den Begriff „Aktionsplan" nicht mehr, ohne dass hiermit eine inhaltliche Änderung beabsichtigt war.
5. Die Luftqualitätsplanung ist durch eigenständige Grenzwerte und Umweltqualitätsziele und eine zweistufige Maßnahmen- und Aktionsplanung stärker europarechtlich gebunden als die Lärmaktionsplanung, deren Effektivität von der vorherigen Erarbeitung europarechtskonformer nationaler Qualitätsstandards abhängt, die in Deutschland fehlen.
6. Luftqualitäts- und Lärmaktionsplanung sind über das Abstimmungsgebot des Art. 23 II LQR n. F. verzahnt. Die Planung bezieht sich auf vergleichbare Planungsräume (Ballungsräume und belastete Gebiete). Das sollten die Länder bei der Bestimmung der Zuständigkeit stärker berücksichtigen.

Arbeitskreis 6 (Thesen)

7. Beide Richtlinien enthalten zudem Anforderungen zu gesundheitsschützenden Grenzwerten, zur Öffentlichkeitsbeteiligung und Qualität der Pläne (Verschlechterungsverbot und Schutzgebot, kurzfristig wirkende Maßnahmen).
8. Luftqualitäts- und Umgebungslärmrichtlinie betreffen das Umweltmedium Luft, so dass ihre nationalrechtliche Umsetzung zutreffend im BImSchG und darauf beruhenden Verordnungen erfolgt(e).

II. Gemeinsame (planungs-)rechtliche Grundlagen

1. Lärmaktionsplan und Luftqualitätspläne sind Umweltfachpläne, die dem im Rechtsstaatsprinzip verwurzelten Abwägungsgebot unterliegen, das durch eine europarechtliche Pflicht, bei Überschreitung gesundheitsschützender Grenzwerte wirksame Minderungsmaßnahmen vorzusehen, ergänzt wird.
2. Das Abwägungsgebot verlangt verfahrensrechtlich eine Öffentlichkeits- und Behördenbeteiligung und materiellrechtlich eine sorgfältige Sachverhaltsermittlung und Gewichtung der mit verschiedenen Maßnahmen verbundenen Vor- und Nachteile, die dem Verhältnismäßigkeitsgrundsatz entspricht.
3. Die konditionale Überformung der Aktionspläne führt dazu, die festgesetzten Maßnahmen auch am Maßstab „zulässig – geeignet – verhältnismäßig" zu überprüfen.
4. Lärmaktionsplan und Luftqualitätsplan binden die Vollzugsbehörden, soweit sie abwägungsfehlerfrei sind. Mangels gesetzlich angeordneter Rechtsförmlichkeit sind sie weder Rechtsverordnung noch Satzung, haben aber normähnliche Wirkung wie ein Flächennutzungs- oder Regionalplan.
5. Die Bindungswirkung ist gegenüber (Planungs-)Entscheidungen, die ihrerseits dem Abwägungsgebot unterliegen, auf ein Berücksichtigungsgebot herabgestuft. Andere Entscheidungen und Anordnungen können durch Maßnahmen der Aktionspläne auch hinsichtlich des ggf. bestehenden Entschließungs- und Auswahlermessens gebunden werden. Diese konditionale Überformung des planerischen Finalprogramms ist typisches Element der europarechtlichen Aktionspläne.
6. § 47 Abs. 6 BImSchG ist Rechtsfolgen-, nicht Rechtsgrundverweisung.
7. Soweit die landesrechtlich zuständige Gemeinde planerisch Bundes- oder Landesbehörden bindet, unterliegt dies keinen verfassungsrechtlichen Bedenken. Das Abwägungsgebot erfordert eine schonende oder rücksichtsvolle Ausübung der verliehenen Kompetenz.

III. Fragen der Lärmaktionsplanung

1. Abwägungsdirektive der Planung ist es, Maßnahmen für die aus Lärmkarten entwickelten Belastungsschwerpunkte zu entwickeln. Diese ergeben sich einerseits aus der Zahl der Lärmbelasteten, andererseits aus der tatsächlichen Lärmbelastung und ergänzend der (bau-)planungsrechtlichen Schutzwürdigkeit der entsprechenden Gebiete. In die Abwägung einzubeziehen sind gem. § 47d Abs. 1 S. 3 BImSchG

eine Überschreitung von Grenzwerten, ferner das Zusammenwirken mehrerer Lärmquellen und – im Anschluss an Anhang V der ULR – auch ökonomische Erwägungen.
2. Die ULR verlangt von den Mitgliedstaaten, für die Lärmaktionsplanung Grenzwerte als Umweltqualitätsziele vorzusehen, die auf europaweit einheitlichen Berechnungsstandards aufbauen. Die deutschen Regelungen (16. BImSchV, TA Lärm) entsprechen diesen Anforderungen nicht.
3. Der *effet utile* der ULR verlangt, in der Lärmbetrachtung von der herkömmlichen segmentierten Betrachtungsweise abzuweichen und für die Belastungsschwerpunkte eine Gesamtlärmbetrachtung vorzunehmen.
4. Ziel der Lärmaktionsplanung ist nach Art. 1 Abs. 1c ULR, möglichen gesundheitsschädlichen Auswirkungen des Umgebungslärms entgegenzuwirken. Insofern dienen Lärmaktionspläne auch dem Gesundheitsschutz. Mangels normativer Vorgaben besteht jedoch Unsicherheit, ab welchem Maß der Belastung Lärm als gesundheitsschädlich anzusehen ist. Im Anschluss an die neuere Rechtsprechung des BVerwG ist die Gesundheitsgefahrenschwelle bei einem L_{DEN} von 68 dB(A) und einem L_{Night} von 60 dB(A) erreicht.
5. Der Lärmaktionsplan darf auch den straßenverkehrsrechtlichen Gefahrenbegriff des § 45 Abs. 9 StVO konkretisieren. Die Richtlinien für straßenverkehrsrechtliche Maßnahmen zum Schutz der Bevölkerung vor Lärm vom 23.11.2007 sind dabei (nur) ein abwägungserheblicher Belang und stehen deshalb weder der Aufnahme von Maßnahmen in den Lärmaktionsplan noch ihrem Vollzug entgegen.
6. Straßenbauliche Unterhaltungs- und Sanierungsmaßnahmen (z. B. Sanierung einer Straße mit lärmminderndem Belag) können einem anderen Rechtsträger nur im Rahmen verfügbarer Haushaltsmittel vorgeschrieben werden und sind hierbei zudem gegenüber der Erfüllung von Pflichtaufgaben – wie der Aufrechterhaltung der Verkehrssicherheit – nachrangig.

IV. Fragen der Luftqualitätsplanung

1. Die Luftqualitätsplanung orientiert sich auch zukünftig am zweistufigen europarechtlichen Umweltfachplanungsmodell (Luftreinhalteplan als Maßnahmenplan und „Plan für kurzfristig wirkende Maßnahmen" als Aktionsplan).
2. § 47 Abs. 4 S. 1 BImSchG enthält eine Abwägungsdirektive der Verursachergerechtigkeit. In der Abwägung zur Anordnung verkehrsbeschränkender Maßnahmen sind Flüssigkeit des Verkehrs und Zeitverlust also weniger gewichtig als Verlagerungseffekte, die neue Betroffene schaffen. Bei diesen wird ggf. der größere Abstand zur Gefahrenschwelle abwägungsrelevant. Hinzukommen muss daher eine Betrachtung der Gesamtimmissionen, und zwar über die Luftqualität hinaus unter Einbeziehung von Lärm und jeweils unter Berücksichtigung des Schutzguts und Regelungsziels: des Schutzes der menschlichen Gesundheit.
3. Richtigerweise ist im Rahmen des § 47 Abs. 4 S. 2 BImSchG an dem Einvernehmenserfordernis festzuhalten: Wenn schon eine zunächst nicht sachzuständige

Behörde aus Gründen der besseren Gesamtabstimmung die Pläne erlassen soll, muss gleichwohl gewährleistet bleiben, dass die für die Vollzugsmaßnahme ursprünglich zuständige Behörde ausreichend ins Planungsverfahren einbezogen ist. Der Einvernehmensvorbehalt sichert darüber hinaus auch eine effiziente Umsetzung der Maßnahmen.
4. Ein Ermessensspielraum steht der Vollzugsbehörde nach § 45 StVO nicht zu, weil § 47 Abs. 6 und § 40 Abs. 1 BImSchG Rechtsfolgenverweisungen sind. Das ist auch deshalb richtig, weil für die Aufnahme in den Plan das Einvernehmen der Straßenverkehrsbehörde erforderlich war. Daher ist es konsequent, diese Pläne in formeller und materieller Hinsicht gerichtlicher Kontrolle zu unterwerfen.
5. Die Rechtsprechung überprüft den Luftreinhalteplan bislang nur dahingehend, ob die Tatbestandsvoraussetzungen des § 47 Abs. 1, 2 BImSchG erfüllt sind (bzgl. der maßgeblichen Grenzwerte oder Alarmschwellen) und das Instrument „Fahrverbot in der Umweltzone" zur Senkung der Stickstoffdioxid- bzw. Feinstaubbelastung in der Luft geeignet und verhältnismäßig ist; eine Abwägungskontrolle wird (noch) nicht ausgeübt.
6. Eine streng am Wortlaut orientierte Auslegung, wonach ein Aktionsplan mindestens zwei kurzfristig zu ergreifende Maßnahmen enthalten müsse, überzeugt nicht: Die Wirksamkeit des Aktionsplans hängt nicht von der Anzahl der Maßnahmen ab.
7. Ob eine Verpflichtung besteht, Aktionsplanmaßnahmen im laufenden Kalenderjahr durchzuführen, ist fraglich. Das Kalenderjahr ist zeitliche Bezugsgröße für den Feinstaubgrenzwert, also für die Grenzwertmessung relevant, und hat mit der Frage, wann eine Maßnahme noch als „kurzfristig ergriffen" angesehen werden kann, nichts zu tun.
8. Im Interesse einer wirksamen Verbesserung der Luftqualität sind an die Eignung von kurzfristig zu ergreifenden Aktionsplanmaßnahmen, dauerhaft zu einer spürbaren Verbesserung beizutragen, strenge Anforderungen zu stellen, auch was die Verbindlichkeit der geplanten Maßnahmen angeht.
9. Die Voraussetzungen zur Erteilung einer Ausnahmegenehmigung in der Umweltzone sind in § 40 Abs. 1 S. 1, 2 BImSchG sowie in § 1 Abs. 2 der 35. BImSchV geregelt. Erforderlich ist entweder ein (unaufschiebbares) öffentliches Interesse oder ein überwiegendes und unaufschiebbares Interesse Einzelner. Die Ausnahmevorschriften sind gegenüber der allgemeinen straßenverkehrsrechtlichen Ausnahme von Verkehrszeichen nach § 46 Abs. 1, 2 StVO *leges speciales*. Ihre engen Voraussetzungen dürfen nicht durch Rückgriff auf die straßenverkehrsrechtliche Ausnahme unterlaufen werden.

V. Synergien der Luftqualitäts- und Lärmaktionsplanung

1. Eine nach Art. 23 II LQR koordinierte Luftqualitäts- und Lärmaktionsplanung bietet sich für Ballungsräume an. Im Planungsverfahren können durch gemeinsame Belastungsanalyse, Untersuchung der synergetischen Wirkung von Maßnahmen, Öffentlichkeitsbeteiligung und Maßnahmenfindung viele Verfahrensschritte koor-

diniert und die Maßnahmen in ihren Wirkungen optimiert werden. Hinsichtlich der Luftschadstoffquelle Verkehr bestehen identische Datengrundlagen (DTV, Lkw-Anteil, Geschwindigkeit, Fahrbahnbelag, Gebäudebestand, Topographie usw.), beide Planungen haben identische Schutzziele (Umwelt und Gesundheit) und sollen das Verursacherprinzip besonders beachten.
2. Für Ballungsräume sollte eine kommunal rückgekoppelte Verkehrsplanung aus Luftqualitäts- und Lärmaktionsplanung auf der Ebene der Mittelbehörden – Regierungspräsidien – entwickelt werden.
3. Maßnahmen mit positiver Wirkung auf beide Planungsbereiche sind z. B. Strategien der Verkehrsvermeidung (ÖPNV-Verbund, Car- und Bikesharing), Mobilitätsmanagement, Lkw-Fahrverbote, Tempo 30, Verstetigung des Verkehrsflusses (Grüne Welle-Schaltungen, Verzicht auf ampelgeregelte Kreuzungen), Einbahnstraßen, Sanierung von Fahrbahnbelägen und Modernisierung der öffentlichen Fuhrparke.

VI. Rechtliche Kontrolle

1. Das Europarecht beeinflusst den aus der Luftqualitäts- und der Umgebungslärm-RL folgenden Rechtsschutz über den primärrechtlichen Effektivitätsgrundsatz (Art. 4 Abs. 3 EU) und das Ziel beider Richtlinien, ein hohes Gesundheits- und Umweltschutzniveau zu sichern.
2. Luftqualitäts- und Lärmaktionsplan unterliegen nach Maßgabe des Landesrechts der Normenkontrolle.
3. Soweit die Gemeinden für die Lärmaktionsplanung zuständig sind, erfüllen sie in den meisten Bundesländern eine weisungsfreie Selbstverwaltungsaufgabe. Der Lärmaktionsplan unterliegt dann nur der Rechts-, nicht der Fachaufsicht.
4. Die Gemeinde als Planungsträger hat ein subjektives Recht auf Umsetzung der von ihr im Lärmaktionsplan festgesetzten Maßnahmen durch die Vollzugsbehörden aufgrund ihrer Planungshoheit und des primärrechtlichen Effektivitätsgrundsatzes.
5. Wenn eine Gemeinde als Straßenverkehrsbehörde fachaufsichtlich angewiesen würde, eine von ihr im Lärmaktionsplan vorgesehene Maßnahme nicht umzusetzen, kann sie wegen Verletzung ihres Selbstverwaltungsrechts Anfechtungsklage erheben.
6. Bürger haben einen verfahrensrechtlichen Anspruch auf Öffentlichkeitsbeteiligung, auf fristgerechte Aufstellung eines Luftreinhalte- und Lärmaktionsplans sowie einen Anspruch auf Durchsetzung der in den Plänen vorgesehenen gesundheitsschützenden Maßnahmen. Ein durchsetzbarer Anspruch auf Aufnahme konkreter Maßnahmen in den Luftreinhalte- oder Lärmaktionsplan besteht aufgrund des weiten Planungsermessens grundsätzlich nicht.
7. Einwände gegen die Einrichtung der Umweltzone aufgrund eines Luftqualitätsplans, insbesondere ihre Eignung zur Reduzierung der Feinstaubbelastung, sind mit Rechtsbehelfen gegen die sie umsetzenden Verkehrsregelungen geltend zu machen.

8. Die Judikatur des EuGH, dass dem Einzelnen bei nachweislich vorliegender Überschreitung der Grenzwerte oder Alarmschwellen für Feinstaub ein subjektives Recht auf Aufstellung eines Luftaktionsplans zusteht (unabhängig davon, ob daneben ein Anspruch auf sogenannte planunabhängige Maßnahmen (z. B. straßenverkehrsrechtliches Durchfahrtsverbot für Lkw) besteht), wird nach Inkrafttreten der neuen Luftqualitätsrichtlinie 2008/50/EG mit Wirkung zum 11. 6. 2010 nur noch eingeschränkt Gültigkeit haben: Künftig besteht dieser Anspruch auf Aufstellung von Aktionsplänen nur noch hinsichtlich der Schadstoffe Schwefeldioxid und Stickstoffdioxid (Anhang XII). Steht der Erlass von Aktionsplänen für Feinstaub künftig gem. Art. 24 Abs. 1 S. 2 im Ermessen des Mitgliedsstaats, kann ein subjektives Recht auf Erstellung der Pläne weder durch richtlinienkonforme Auslegung nationalen Rechts noch mit Hilfe einer unmittelbaren Anwendbarkeit der Richtlinie begründet werden.

Referat

Die Luftqualitätsrichtlinie[1] (LQR) und die Umgebungslärmrichtlinie[2] (ULR) enthalten Elemente eines europäischen Umweltfachplanungsrechts, dessen Konzeption auf eine nachhaltige Verbesserung des Zustands der Umwelt gerichtet ist. Der EU-Bürger wird durch teilweise ambitionierte Grenzwerte geschützt und erhält weitreichende Rechte zur Verfahrensbeteiligung.

I. Zum europarechtlichen Rahmen

Nachdem das europäische Umweltrecht in seinen Anfängen stark am deutschen Anlagenzulassungsrecht mit seinen technischen Standards und Emissionsgrenzwerten orientiert gewesen war,[3] erfolgte seit Mitte der 80er Jahre zunehmend eine Stärkung des verfahrensbezogenen, integrativen Ansatzes, der auch mit dem Erlass von Umweltqualitätszielen (d. h. einem Übergang von Emissions- zu Immissions- oder Belastungswerten) verbunden war.[4] Seit Mitte der 90er Jahre ergänzen planerische Elemente den verfahrensrechtlichen Ansatz.[5] Der EuGH hat inzwischen sogar den Individualrechtsschutz auf Erlass solcher Pläne bejaht.[6]

Das europäische Umweltrecht wird zunehmend konsolidiert: Ausdruck hierfür sind bspw. die Abfall-RL[7], die Wasserrahmen-RL[8] und die Luftqualitäts-RL, die jeweils mehrere Richtlinien in ihrem Bereich zusammenfassen. Das europäische Umweltrecht enthält medienbezogene Planungen (z. B. in der Wasserrahmen-RL[9], Hochwasser-RL[10], Meeresstrategie-Rahmen-RL[11], Luftqualitäts-RL, nationale Emissionshöchstmengen-RL[12], FFH-RL[13], Entwurf der Bodenrahmen-RL[14]), sektorale Planungen (z. B. Abfall-RL, Chemikalien-VO REACH[15], Großfeuerungsanlagen-RL[16]) und allgemeine querschnittartige planungsbezogene Regelungen (UVP-RL[17], Plan-UVP-RL[18], Umweltinformations-RL[19] und Öffentlichkeitsbeteiligungs-RL[20]).

1. Neuer Rechtsrahmen des Luftreinhalterechts

Das *europäische Luftreinhalterecht* beginnt 1996 mit der sog. Luftqualitätsrahmenrichtlinie[21], der vier „Tochterrichtlinien"[22] folgten. Inzwischen ist es in der am 11.6.2008 in Kraft getretenen „Richtlinie über Luftqualität und saubere Luft für Europa" zusammengefasst.[23] Die Richtlinie enthält allgemeine Vorgaben zur Beurteilung und Kontrolle der Luftqualität, zu Luftqualitäts- und Luftaktionsplänen sowie Informationspflichten gegenüber der Öffentlichkeit, in den Anhängen XI und XII auch die Festlegung der Grenz- und Alarmschwellenwerte sowie schadstoffspezifische Regelungen.

Die bisherigen Luftqualitätsgrenzwerte wurden im Wesentlichen beibehalten.[24] Für das gesundheitsschädliche PM 2,5 wird in Anhang XIV ab 2010 ein Zielwert als Jahresmittelwert eingeführt, der ab 2015 als Grenzwert gilt. Die Richtlinie ist nach ihrem Art. 33 I bis spätestens 11.6.2010 *in nationales Recht* umzusetzen. Dem will die Bundesregierung durch eine Änderung des BImSchG[25] sowie den Erlass der 39. BImSchV[26] nachkommen.

Die *Sprachenvielfalt* der Union sorgt in der neuen Richtlinie für Verwirrung: Heißen die bisherigen Aktionspläne in der deutschen Fassung der Richtlinie künftig „Pläne für kurzfristig zu ergreifende Maßnahmen", so spricht die englische Fassung weiterhin von „short-term *action plans*" (in Art. 7 III der RL 96/62/EG hieß es *„action plans* indicating the measures to be taken in the short term"), die französische Fassung von *„plans d'action* à court terme" (in der Vorgängerrichtlinie: *„plans d'action* indiquant les mesures à prendre à court terme")[27]. Der Begriff „Aktionsplanung" ist in der *deutschsprachigen* Fassung offenbar dem Übersetzungsdienst der Union zum Opfer gefallen, ohne dass eine *inhaltliche* Änderung beabsichtigt war. Hierfür spricht auch, dass in Erwägungsgrund 19 der neuen Richtlinie weiterhin von „Aktionsplänen" die Rede ist. Dennoch folgt der nationale Gesetzgeber unglücklicherweise der geänderten Terminologie[28] und beabsichtigt entsprechende sprachliche Anpassungen von § 47 BImSchG und in der 39. BImSchV.

2. Die Umgebungslärmrichtlinie

Die EU verabschiedete 2002 die Richtlinie 2002/49/EG über die Bewertung und Bekämpfung von Umgebungslärm (ULR) als ersten Schritt zur Verbesserung der Lärmsituation in den Mitgliedstaaten. Sie enthält ein Stufenprogramm zur Erarbeitung von Lärmkarten und Aktionsplänen sowie Ansätze einer gesamthaften Betrachtung der Lärmproblematik.

Nach Art. 1 I 1 will die Richtlinie schädliche Auswirkungen von Umgebungslärm (definiert in Art. 3 lit. a) verhindern oder sie mindern. Aktionspläne sollen Umgebungslärm bei gesundheitsschädlicher Belastung verhindern und ihn mindern *(Schutzgebot)*, sowie eine zufriedenstellende Umweltqualität erhalten (*Verschlechterungsverbot, Satz 2 lit. c*). Zu diesem Zweck ist die Lärmbelastung zunächst gem. Art. 7 durch *strategische Lärmkarten* zu ermitteln und zu beschreiben. Hierauf aufbauend sind ein Jahr später gem. Art. 8 *Aktionspläne* mit Maßnahmen zur Lärmbekämpfung zu verabschieden. Dabei sollen auch ruhige Gebiete gegen eine Zunahme des Lärms geschützt werden. Beides geschieht in *zwei Dringlichkeitsstufen*: Für zwei Arten besonders intensiv lärmbelasteter Gebiete, nämlich *Ballungsräume* mit mehr als 250.000 Einwohnern und *Orte im Einwirkungsbereich von großen Verkehrslärmquellen* (Hauptverkehrsstraßen, Haupteisenbahnstrecken und zivile Großflughäfen) waren die Lärmkarten bis 30.6.2007 (Art.7 I) und die Aktionspläne bis 18.7.2008 zu erstellen (Art. 8 I 1). Für weitere Ballungsräume mit mehr als 100.000 Einwohnern und die Umgebung weiterer Verkehrslärmquellen werden derzeit die Lärmkarten und Aktionspläne erarbeitet, und sind mit 5-jähriger Verzögerung fertigzustellen. Wie in anderen europarechtlichen Planungsverfahren[29] ist die *Öffentlichkeit* dabei frühzeitig („rechtzeitig und effektiv") zu beteiligen. Die Inhalte der Aktionspläne sind schließlich in zwei Anhängen V und VI der Richtlinie konkretisiert.

Der Bund hat sich nach einigem Hin und Her zwischen Bundesregierung, Bundestag und Bundesrat Mitte 2005 für eine magere „1:1-Umsetzung" in den §§ 47a ff. BImSchG entschieden,[30] die 2006 durch eine Verordnung über die Lärmkartierung, die 34. BImSchV[31], ergänzt wurde. In den zentralen, auf Umsetzung durch die Mitgliedstaaten angelegten Fragen der Lärmbewertung und Grenzwertfindung schweigt der Gesetzgeber ebenso wie zum Rechtscharakter der Pläne. Die Länder[32] beschränken sich in ihren Ausführungsgesetzen und VOen auf Zuständigkeitsregelungen, mit denen sie die Kartierung oft in die Hände der Landesumweltanstalten und die Aktionsplanung für Flughäfen in die Hände von Landesbehörden legen. Im Übrigen betrachten sie die Gemeinden als bereits nach § 47e I BImSchG und damit kraft Bundesrecht zuständig[33].

3. Charakteristika und Gemeinsamkeiten der europäischen Umweltplanung

Bei gewisser begrifflicher Unschärfe lassen sich im europäischen Umweltrecht *Maßnahmenpläne* und *Aktionspläne* als zwei wesentliche Grundformen vollzugsorientierter Planung unterscheiden.[34] Maßnahmenpläne beinhalten einen allgemeinen, längerfristigen Ordnungsrahmen bis hin zu einschlägigen Umweltqualitätszielen. Aktionspläne sollen bei Erreichen der – europarechtlichen – Schädlichkeitsschwelle (für deren Definition unterschiedliche Ansätze verfolgt werden) kurzfristig wirkende Maßnahmen koordinieren. Aktionspläne ergänzen den finalen Regelungsansatz gewissermaßen konditional, um ein Mindestniveau des Umwelt- und Gesundheitsschutzes zu sichern.

Die *Luftqualitätsplanung* ist dabei durch eigene Grenzwerte und Umweltqualitätsziele und eine zweistufige Maßnahmen- und Aktionsplanung stärker europarechtlich *gebunden* als die *Lärmaktionsplanung*, deren Effektivität von der vorherigen Erarbeitung richtlinienkonformer Umweltqualitätsziele durch die Mitgliedstaaten abhängt, die in Deutschland fehlen.[35]

Luftqualitätsplanung und Lärmaktionsplanung werden durch das Abstimmungsgebot des Art. 23 II LQR n. F. koordiniert. Beide Richtlinien enthalten Anforderungen zu drittschützenden Grenzwerten[36], zur Öffentlichkeitsbeteiligung[37] und Qualität der Pläne (Verschlechterungsverbot und Schutzgebot[38], kurzfristig wirkende Maßnahmen[39]). Die Planungspflicht bezieht sich auf vergleichbare Planungsräume (Ballungsräume[40] und belastete Gebiete[41]). Insofern wäre auch ohne Art. 23 II LQR eine Koordination beider Planungen angezeigt.

II. Gemeinsame (planungs-)rechtliche Grundlagen

Lärmaktionsplan und Luftqualitätspläne sind Umweltfachpläne, die dem im Rechtsstaatsprinzip verwurzelten Abwägungsgebot unterliegen, das durch eine europarechtliche Pflicht, bei Überschreitung gesundheitsschützender Grenzwerte wirksame Minderungsmaßnahmen vorzusehen, ergänzt wird.[42] Das Abwägungsgebot verlangt materiellrechtlich eine sorgfältige Sachverhaltsermittlung und Gewichtung der mit verschiedenen Maßnahmen verbundenen Vor- und Nachteile, die dem Verhältnismäßigkeitsgrundsatz entspricht.[43]

Die Pläne binden die Vollzugsbehörden, soweit sie rechtmäßig, insbesondere abwägungsfehlerfrei sind.[44] Mangels gesetzlich angeordneter Rechtsförmlichkeit sind sie weder Rechtsverordnung noch Satzung, haben aber normähnliche Wirkung wie ein Flächennutzungs- oder Regionalplan.[45] Ihre Bindungswirkung ist gegenüber (Planungs-)Entscheidungen, die ihrerseits dem Abwägungsgebot unterliegen, auf ein Berücksichtigungsgebot herabgestuft.[46] Andere Entscheidungen und Anordnungen können hingegen auch hinsichtlich der Ausübung von Ermessen gebunden werden.[47] § 47 VI BImSchG ist dabei Rechtsfolgen-, nicht Rechtsgrundverweisung.[48] Diese konditionale Überformung des planerischen Finalprogramms ist typisches Element der europarechtlichen Aktionspläne.[49]

III. Einzelne Fragen der Lärmaktionsplanung

1. Zum Planungsverfahren

Abwägungsdirektive der Planung ist es, Maßnahmen für die aus den Lärmkarten entwickelten Belastungsschwerpunkte zu entwickeln. Diese ergeben sich neben der Zahl der Lärmbelasteten aus der tatsächlichen Lärmbelastung und ergänzend der (bau-)planungsrechtlichen Schutzwürdigkeit der entsprechenden Gebiete. In die Abwägung einzubeziehen sind gem. § 47d I 3 BImSchG eine Überschreitung von Grenzwerten, ferner das Zusammenwirken mehrerer Lärmquellen und – im Anschluss an Anhang V der ULR – auch ökonomische Erwägungen.

Da der europäische Gesetzgeber wegen des Subsidiaritätsprinzips keine Grenzwerte vorgegeben hat, müssen die Mitgliedstaaten, wie incidenter auch aus Art. 5 IV hervorgeht, *Grenzwerte* (und zwar auch zum Schutz ruhiger Gebiete in Ballungsräumen) anhand der europaweit harmonisierten Lärmindices bestimmen. Denn Art. 8 I 2 ULR und § 47d I BImSchG stellen für die Lärmaktionsplanung auf die mögliche Überschreitung von „Grenzwerten" ab. Sinnvoll wäre es, wenn der Gesetzgeber wie im Luftreinhalterecht *zwei Schwellen*, also niedrige Vorsorge- und höhere Gefahrengrenzwerte festlegt. Solche Grenzwerte im Sinne des Art. 3s der ULR fehlen,[50] denn die *Grenz- und Immissionsrichtwerte der 16. und 18. BImSchV, der TA Lärm und des FluglärmG* sind nicht unter Verwendung der harmonisierten Lärmindices entstanden und die als Verwaltungsvorschrift erlassenen Lärmsanierungsrichtlinien des Bundes sind bezüglich der europarechtlichen Anforderungen defizitär.[51] Ihr Fehlen ist für die Lärmaktionsplanung misslich, aber vollzugsunschädlich, weil die Grenzwerte nicht alleiniger Planungsmaßstab sind, denn gem. Art. 8 I 2 können sich Prioritäten auch „aufgrund anderer Kriterien ergeben". Damit können Richt- und Grenzwerte bestehender Regelwerke für die Planungspraxis als *Indikatoren* herangezogen werden. Eine Schwierigkeit besteht darin, dass die Berechnungs- und Bewertungsmethoden der europäischen Lärmindices mit denen der deutschen Regelwerke[52] nicht kompatibel sind.[53] Zwar sind die Nachtwerte in etwa vergleichbar, wegen des 24-Stunden Zeitraums des L_{DEN} differiert z. B. der 16-stündige Tageswert für Straßenlärm aber um ca. + 2 dB(A).

Nach § 47d I 3 BImSchG soll die Lärmaktionsplanung auch unter Berücksichtigung der Belastung durch *mehrere Lärmquellen* erstellt werden. In der Abwägung gem. § 47d I 3 BImSchG und Art. 3a ULR sind also alle Lärmarten, die zu einer erheblichen Belastung führen, in den Blick zu nehmen und zusammenfassend zu bewerten.[54] Der *effet utile* (vgl. Art. 4 III 2 EU)[55] der ULR verlangt, von der bisherigen sektoralen Betrachtungsweise abzuweichen. Allerdings steckt die Lärmwirkungsforschung zur Gesamtlärmbewertung noch in den Kinderschuhen.[56]

Nach Art. 1 I lit. c ULR ist es Abwägungsdirektive, möglichen gesundheitsschädlichen Auswirkungen des Umgebungslärms entgegenzuwirken. Da einschlägige Grenzwerte (mit Ausnahme der §§ 14, 2 II FluglärmG) fehlen, ist es *die zentrale Frage* für Planung und Rechtsschutz, wann eine Lärmbelastung als *gesundheitsschädlich* anzusehen ist.[57] Die Europäische Umweltagentur geht von Gesundheitsbeeinträchtigungen bei einem L_{DEN} von 60 dB(A) aus.[58] Die 16. BImSchV nennt Schwellen von 70 dB(A) tags und 60 dB(A) nachts, um Grenzen der Zulässigkeit festzulegen.[59] In der Rechtsprechung[60] wird aus Eigentumsschutz-Perspektive nach der Schutzwürdigkeit des Gebietes differenziert und eine Schwelle von 70 dB(A) tags und 60 dB(A) nachts für Wohngebiete bzw. 72 dB(A) tags und 62 dB(A) nachts für Mischgebiete als Grenze des verfassungsrechtlich Hinnehmbaren angesehen. Dass Gesundheitsschutz noch oberhalb einer 70–60-Dezibel-Schwelle gewährleistet sein kann, steht aber in Widerspruch zu der vom BVerwG inzwischen medizinisch als gesichert angesehenen Erkenntnis, dass für Herz-Kreislauf-Erkrankungen der Lärmpegel von 70 dB(A) eine signifikante Schwelle bildet,[61] und zum Gebot der summativen Betrachtung von Belastungen an der *Schwelle der Gesundheitsgefahr*. Im Anschluss an die neuere Rechtsprechung des BVerwG ist die Gesundheitsgefahrenschwelle damit bei einem Gesamtlärmpegel, der einem L_{DEN} von 68 dB(A) und einem L_{Night} von 60 dB(A) entspricht, erreicht.

2. Zum Festsetzungskatalog des Lärmaktionsplans

Sinnvoll ist es, mögliche Synergieeffekte verschiedener Maßnahmen untereinander sowie mit der Luftreinhalteplanung auszunutzen (s. a. Art. 23 II LQR). Insbesondere nach § 45 I 2 Nr. 3 StVO darf die Benutzung bestimmter Straßen und Straßenstrecken zum Schutz der Wohnbevölkerung vor Lärm beschränkt oder verboten oder der Verkehr umgeleitet werden. Die Festsetzung straßenverkehrsrechtlicher Maßnahmen setzt keine Reduzierung der Schallpegel um 3 dB(A) voraus, denn auch geringere Senkungen können subjektiv spürbare Entlastungen bringen.[62] Gesetzliche Bestimmungen, die die Anordnungsbefugnis an das Erreichen bestimmter Lärmpegel koppeln, bestehen nicht. Zwar machen die Richtlinien für straßenverkehrsrechtliche Maßnahmen zum Schutz der Bevölkerung vor Lärm aus dem Jahr 2007[63] Anordnungen nicht nur von einer Lärmminderung von zumindest 3 dB(A) bei gleichzeitigem Überschreiten der 70/60 Dezibel-Schwelle abhängig, sondern nehmen auch Hauptverkehrsstraßen von Regelungen grundsätzlich aus. Sie lenken als Verwaltungsvorschrift aber *nur* das Ermessen der Straßenverkehrsbehörden und können die Gemeinden im Hinblick auf den Gesetzesvorbehalt des Art. 28 II 1 GG nicht in ihrem Planungsermessen beschränken.

Lärmminderungspotenziale von Geschwindigkeitsreduzierungen sind hoch. Die Reduzierung von 50 auf 30 km/h bei einem Lkw-Anteil von 10 % ergibt einen um – nach Ziff. 2.3 der Lärmschutz-Richtlinien StV aufgerundet – 3 dB(A) geringeren Mittelungspegel und bis zu 5 dB(A) geringere Maximalpegel. Die damit zumeist einhergehende Verstetigung des Verkehrsflusses erschließt ein *zusätzliches Potenzial* von 1,5 dB(A) niedrigeren Mittelungspegeln und von 4 dB(A) geringeren Maximalpegeln.

Die Festsetzungsspielräume der Gemeinden sind groß, weil die Rechtsprechung den Anwohnerschutz rund um § 45 StVO zuletzt deutlich aufgewertet hat: Es ist anerkannt, dass bereits die Immissionsgrenzwerte der 16. BImSchV (und nicht die weit höheren Lärmsanierungswerte) als *Orientierungshilfe*[64] für die Frage heranzuziehen sind, wann Verkehrslärm die Zumutbarkeitsgrenze überschreitet und deshalb straßenverkehrsrechtliche Maßnahmen zu erwägen sind. Bei hohen Lärmpegeln können im konkreten Einzelfall verkehrsbeschränkende Maßnahmen auch dann zulässig sein, wenn keine Minderung von 3 dB(A) erreicht wird.[65] Selbst die Funktion einer Bundes- oder Hauptverkehrsstraße steht einer Anordnung nicht von vornherein entgegen.[66] Soweit die Gesundheitsgefahrenschwelle von 70/60 dB(A) überschritten ist, besteht darüber hinaus in Wohngebieten eine Ermessensreduzierung ggf. auf Null.[67] Und schließlich sind die Polizeivollzugsbehörden zu Geschwindigkeitskontrollen aus Gründen des Lärmschutzes verpfichtet,[68] so dass auch ein entsprechender Kontrollturnus im Lärmaktionsplan vorgesehen werden kann.

Der Lärmaktionsplan kann also nicht nur das Entschließungs-, sondern auch das Auswahlermessen über die Konkretisierung des Gefahrenbegriffs gem. § 45 IX StVO binden. Das Abwägungsgebot verlangt eine sorgfältige Sachverhaltsermittlung und Gewichtung der mit verschiedenen Maßnahmen verbundenen Vor- und Nachteile, die dem Verhältnismäßigkeitsgrundsatz entsprechen. U. a. sind neben der Verkehrsfunktion der jeweiligen Straße die tatsächliche Lärmbelastung (Überschreiten von Grenzwerten), die Zahl der betroffenen Anwohner, die Schutzwürdigkeit der Wohnbebauung und mögliche Verdrängungseffekte[69] (vor dem Hintergrund gerechter Lastenverteilung und des Schutzes ruhiger Gebiete) in die planerische Abwägung einzustellen.[70]

Bei *kostenträchtigen straßenbaulichen Maßnahmen* ist zu differenzieren: Unproblematisch scheint, wenn sie sich an den gleichen Rechtsträger richten, bspw. also die Gemeinde im Lärmaktionsplan die Installation eines lärmmindernden Fahrbelages auf der Teilstrecke eines Hauptverkehrsweges in ihrer Straßenbaulast vorsieht. Soweit die Straßenbaulast einem anderen Rechtsträger obliegt (Bund, Land oder Kreis), erfordert das Abwägungsgebot, auf die fiskalischen Interessen und den parlamentarischen Haushaltsvorbehalt Rücksicht zu nehmen. Entsprechende Maßnahmen sollten daher im Verfahren mit dem zuständigen Rechtsträger abgestimmt werden.

Soweit eine solche Abstimmung scheitert, dürfte folgendes gelten: Bauunterhaltungsmaßnahmen sind nach Wortlaut und Wille des Gesetzgebers wohl keine planungsrechtlichen Maßnahmen i. S. d. § 47 VI 2 BImSchG, auch wenn die Frage, wann ein Straßenbelag saniert werden soll, eine (haushalts-)planerische Komponente aufweist. Aber auch § 47 VI 1 BImSchG passt mit der Variante der „sonstigen Entscheidung" nicht wirklich, denn seine Bindungswirkung erstreckt sich nur auf Träger öffentlicher Verwaltung, also nicht auf den Haushaltsgesetzgeber. Deshalb können andere Rechtsträger allenfalls im Rahmen verfügbarer Haushaltsmittel zu baulichen Maßnahmen, die sie nicht vornehmen wollen, durch den Lärmaktionsplan verpflichtet werden. Das Abwägungsgebot setzt unseres Erachtens folgende Grenzen:

Zum ersten darf die Gemeinde nicht verlangen, im Rahmen vorhandener Haushaltsmittel bauliche Lärmminderungsmaßnahmen durchzuführen, die zulasten der Verkehrssicherheit gingen: Dies verstieße gegen den Vorrang gesetzlicher Pflichtaufgaben. Wenn aber die Lärmbelastung die Schwelle zur Gesundheitsgefahr überschreitet, konkurrieren zwei Pflichtaufgaben, so dass der auftretende Konflikt anhand des Grundsatzes praktischer Konkordanz abwägend zu lösen ist.

Zum zweiten ist auch die Haushaltshoheit eines anderen Planungsträgers zu respektieren: Dies gilt wie erwähnt nicht in dem Sinn, dass der Haushalt als Plan i. S. d. § 47 VI 1 BImSchG anzusehen wäre. Jedoch besteht grundsätzlich ein erhebliches Interesse an einer stabilen Haushaltsplanung. Die Gemeinde darf daher nichts vorsehen, was im *laufenden* Haushalt des betreffenden Baulastträgers nicht unterzubringen ist. Umgekehrt besteht aber auch eine „Haushaltsrücksichtnahmepflicht" des Baulastträgers: Soweit die Gemeinde Maßnahmen vorsieht, muss der Baulastträger die entsprechenden gesundheitsschützenden Lärmsanierungsmaßnahmen in angemessener Zeit umsetzen. Als Umsetzungszeitraum ist unseres Erachtens der 5-Jahres-Zeitraum zur Überprüfung des Lärmaktionsplans heranzuziehen.

IV. Fragen der Luftqualitätsplanung

1. Zuständigkeit

Die Zuständigkeiten für die Erstellung der Luftqualitätspläne sind in den einzelnen Bundesländern unterschiedlich normiert.[71] Eine „große Linie" lässt sich nicht ausmachen. So ist z. B. in Sachsen und Niedersachsen die unterste (Landkreise, kreisfreie Städte), in BW und NW die mittlere (Regierungspräsidien, Landesverwaltungsämter) oder in Bayern und Hessen die höchste Verwaltungsebene (Fachministerien) zuständig. Als weitere Besonderheit ist etwa die Zuständigkeit einer Sonderbehörde in Rheinland-Pfalz zu nennen.

Die Ansiedlung der Zuständigkeit folgt sinnvollerweise *Zweckmäßigkeitserwägungen*. Außer auf die Kompetenz und Ausstattung der jeweiligen Behörden sollte jedoch stärker als bisher die Möglichkeit mit in den Blick genommen werden, *Synergieeffekte* zu nutzen, die sich aus einer verfahrensmäßigen und inhaltlichen Koordination der Aufstellung von Lärm- und Luftqualitätsplänen ergeben können.

2. Abwägungsdirektive Verursachergerechtigkeit

Nach § 47 IV 1 BImSchG sind „Maßnahmen ... entsprechend des Verursacheranteils unter Beachtung des Grundsatzes der Verhältnismäßigkeit gegen alle Emittenten zu richten [sind], die zum Überschreiten der Immissionswerte oder in einem Untersuchungsgebiet im Sinne des § 44 Abs. 2 zu sonstigen schädlichen Umwelteinwirkungen beitragen". Dies beinhaltet die „Abwägungsdirektive der Verursachergerechtigkeit". Danach ist der Umfang der Maßnahme grundsätzlich auf den Verursacheranteil der Emittentengruppe zu begrenzen, ist also vorab zu klären, wer für die Luftverunreinigung ursächlich ist und in welchem Verhältnis er zur Überschreitung der Immissionsgrenzwerte beiträgt.[72] Dasselbe ergibt sich auch schon unmittelbar aus dem Verhältnismäßigkeitsgrundsatz. Rechtsprechung, was das im Einzelnen heißt, ist nicht ersichtlich. Nur allgemein, nebenbei und ohne einschränkende Kriterien hat das BVerwG festgestellt, im Einzelfall könnten auch über den Verursachungsanteil hinausgehende Anordnungen möglich und notwendig sein.[73]

Zum Testfall könnte ein Plan werden, der auf die Einbeziehung von Durchgangsstraßen in (verkehrs-)beschränkende Maßnahmen mit Rücksicht auf die Flüssigkeit des Verkehrs, den mit einem Tempolimit (auf 30 km/h) verbundenen Zeitverlust der Straßenverkehrsteilnehmer und die Gefahr der Verkehrsverlagerung auf Umweg- und Schleichverkehr verzichtet.[74] All das verdient im Rahmen der Abwägung Beachtung. Sollen Stickoxidbelastungen, die aus Verkehr und Gewerbe stammen, verursachungsgerecht vermindert werden, darf man den Verkehr aber nicht vorschnell ausblenden. Selbst innerhalb der Gruppe der Straßenverkehrsteilnehmer erscheint eine Privilegierung des Durchgangsverkehrs gegenüber anderem (Ziel- und Quellverkehr, Querverkehr) problematisch, zumal gerade der großräumige Verkehr (Personen- und Güterverkehr) doch wohl eher vermeidbar erscheint als anderer.

In der Abwägung zur Anordnung verkehrsbeschränkender Maßnahmen sind stockender Verkehr und Zeitverlust als *verursacherbezogene* Beeinträchtigungen weniger gewichtig als Verlagerungseffekte, die *neue Betroffene* schaffen. Bei diesen wird ggf. der größere Abstand zur Gefahrenschwelle abwägungsrelevant. Hinzukommen muss daher eine Betrachtung der *Gesamtimmissionen,* und zwar über die Luftqualität hinaus unter Einbeziehung von Lärm und jeweils unter Berücksichtigung des Schutzguts und Regelungsziels: des Schutzes der menschlichen Gesundheit.

3. Einvernehmensregelung, § 47 IV 2 BImSchG

Auf die notwendige Abstimmung zwischen den verschiedenen beteiligten Behörden zielt die Einvernehmensregelung des § 47 IV 2 BImSchG: „Werden in Plänen nach Absatz 1 oder 2 Maßnahmen im Straßenverkehr erforderlich, sind diese im *Einvernehmen* mit den zuständigen Straßenbau- und Straßenverkehrsbehörden festzulegen." Beispielsweise beinhaltet ein Luftqualitäts- oder Aktionsplan eines *Regierungspräsidiums* eine Verkehrsbeschränkung, die durch die betroffene *Stadt* als Straßenverkehrsbehörde auszusprechen wäre.

De lege lata stellt sich erstens die Frage, aus welchen *Gründen* die Straßenverkehrsbehörde ihr Einvernehmen verweigern kann. Entscheidungen hierzu sind bislang nicht ersichtlich. Eine gedankliche Anleihe drängt sich auf zu entsprechenden Einschränkungen in § 36 BauGB, das als Gründe in Abs. 2 Satz 1 nur die Voraussetzungen der §§ 31, 33, 34 und 35 BauGB vorsieht. So könnte man fordern, die Straßenverkehrsbehörde dürfe sich nur auf Gründe der Sicherheit und Leichtigkeit des Verkehrs berufen. Indes dürfte es sich hier um ein *Scheinproblem* handeln: Wann immer sich die Straßenverkehrsbehörde gegen eine Verkehrsbeschränkung wendet – und für anderes gilt kein Einvernehmenserfordernis – wird sie die Sicherheit und Leichtigkeit des Verkehrs geltend machen. Dafür kann sie sich dann aber auch auf die Unverhältnismäßigkeit der Abwägung berufen und damit jeglichen Abwägungsbestandteil zum Gegenstand ihres Angriffs machen.[75]

Aus der *Rechtsschutzperspektive* stellt sich zweitens die Frage, ob und wie die Straßenverkehrsbehörde einen unliebsamen Plan angreifen kann: Auch das ist aber ein Scheinproblem, weil sie – viel einfacher – nur den Vollzug zu unterlassen braucht. Dann droht zwar eine fachaufsichtliche Weisung,[76] die aber gerichtlich angreifbar ist. Im Ergebnis kommt es spätestens so zu einer Inzidentkontrolle der Rechtmäßigkeit des Plans. In Hinblick auf die straßenverkehrsrechtliche Maßnahme kann sich die Straßenverkehrsbehörde gegen den Plan also immer wehren.

Rechtspolitisch stellt sich die Frage, ob nicht bloßes Benehmen oder bloße Anhörung mit nachfolgender Einbeziehung der Stellungnahme in die Abwägung ausreichend sein könnte. Das Einvernehmenserfordernis mit der Straßen*bau*verwaltung ist aber schon wegen den Finanzierungsverantwortung ohne weiteres sinnvoll, bei verkehrs*regelnden* Maßnahmen kann es mit der besonderen Sachkunde der Straßenverkehrsbehörde begründet werden: Wenn schon eine zunächst nicht sachzuständige Behörde aus Gründen der besseren Gesamtabstimmung verschiedener Maßnahmen,

Behörden und sonst Betroffener die Planungskompetenz erhält, muss gleichwohl gewährleistet bleiben, dass die für die Vollzugsmaßnahme ursprünglich zuständige Behörde mit ihrem Sachverstand mitverantwortlich ins Planungsverfahren einbezogen ist. Umgekehrt sprechen der mutmaßliche Verkehrsegoismus der Straßenverkehrsbehörde i. V. m. dem Effektivitätsgrundsatz des Europarechts im Sinne einer möglichst ganzheitlich abwägenden Luftqualitätsplanung gegen *Ein*vernehmen und für bloßes *Be*nehmen: Auch so könnte die Straßenverkehrsbehörde ihr Know-how einbringen, ganzheitlich sinnvolle Maßnahmen aber nicht blockieren.

U. E. sollte der Gesetzgeber an dem differenzierten Einvernehmenserfordernis festzuhalten: Dies sichert am ehesten eine effiziente Umsetzung, denn hat die Straßenverkehrsbehörde erst einmal ihr Einvernehmen zu verkehrsbeschränkenden Maßnahmen erteilt, wird sie den Plan insoweit wohl auch umsetzen.

4. Klagen gegen die Einrichtung von Umweltzonen

Derzeit beschäftigen zahlreiche Klagen, in denen sich Betroffene gegen Fahrverbote in Umweltzonen zur Wehr setzen, die Gerichte.[77] Für die Anordnung von Fahrverboten in der Umweltzone sieht das Straßenverkehrsrecht in § 41 II Nr. 6 StVO besondere Verbotszeichen vor. Solche Verkehrszeichen sind Dauerverwaltungsakte in Gestalt von Allgemeinverfügungen i. S. d. § 35 S. 2 VwVfG,[78] die der Anfechtungsklage unterliegen. Rechtsgrundlage für die in Umweltzonen ausgesprochenen Fahrverbote ist § 40 I 1 BImSchG. Danach beschränkt oder verbietet die zuständige Straßenverkehrsbehörde den Kraftfahrzeugverkehr „nach Maßgabe der straßenverkehrsrechtlichen Vorschriften", soweit ein Luftreinhalte- oder Aktionsplan dies vorsieht.

Ein Ermessensspielraum besteht, wie bereits zum Lärmaktionsplan erörtert, hierbei nicht.[79] Die Verweisung auf die Vorschriften der StVO ist Rechts*folgen*verweisung. Das ist nur folgerichtig: Wenn für die Aufnahme in den Plan das Einvernehmen der Straßenverkehrsbehörde erforderlich war, soll diese dafür an die Festsetzungen im Luftreinhalte- oder Aktionsplan gebunden sein. Dann ist es im Sinne effektiven Rechtsschutzes aber auch erforderlich, die Pläne in formeller und materieller Hinsicht einer Inzidentkontrolle zu unterwerfen.[80]

In den bisher vorliegenden Entscheidungen wurde die Rechtmäßigkeit der inzident überprüften Luftreinhalte- und Aktionspläne jeweils bejaht. Die Entscheidungen prüfen, ob die Tatbestandsvoraussetzungen des § 47 I, II BImSchG erfüllt sind (also die maßgeblichen Immissionsgrenzwerte beachtet werden bzw. die Gefahr einer Überschreitung der Grenzwerte oder Alarmschwellen besteht), und ob das Instrument „Fahrverbot in der Umweltzone" zur Senkung der Stickstoffdioxid- bzw. Feinstaubbelastung in der Luft *geeignet* und *verhältnismäßig* ist.

Dabei wird der Prüfungsmaßstab in keinem Fall ausdrücklich auf die Dogmatik zur Überprüfung von Planungsentscheidungen zurückgeführt. Vielmehr steht der Maßstab „Zulässigkeit – Geeignetheit – Verhältnismäßigkeit" im Vordergrund. Die in der Planung allgemein geltenden Maßstäbe des Abwägungsgebotes kommen erst bei der Frage nach ausreichender Sachverhaltsermittlung, Berücksichtigung und Gewichtung vorgetragener und erkennbarer Belange sowie dem Ausgleich zwischen divergierenden Interessen in den Blick, beispielsweise bei der Frage nach der Verursachergerechtigkeit (s. o.) oder der Zumutbarkeit von Verdrängungsverkehr.

5. Inhalt von Aktionsplänen zur Luftreinhaltung

Luftreinhaltepläne sind nach § 47 I BImSchG aufzustellen, wenn die einschlägigen Immissionsgrenzwerte (Anhang XI) überschritten werden. Hier sind die erforderlichen Maßnahmen zur *dauerhaften* Verminderung von Luftverunreinigungen festzulegen. *Aktionspläne* sind nach § 47 II BImSchG aufzustellen, wenn die Gefahr besteht, dass die demgegenüber noch deutlich höheren *Alarm*schwellen (Anhang XII) überschritten werden. Die im Aktionsplan festgelegten, *kurzfristig zu ergreifenden* Maßnahmen müssen folglich geeignet sein, die Gefahr der Überschreitung der Werte zu verringern oder den Zeitraum, während dessen die Werte überschritten werden, zu verkürzen. Luftreinhaltepläne sollen also zur dauerhaften Verminderung der Luftverunreinigungen führen, während die Aktionsplanmaßnahmen kurzfristig zu ergreifen sind.[81]

Das *VG Stuttgart* hat sich nun ausführlich mit der Frage beschäftigt, welchen *Inhalt* Aktionspläne haben müssen.[82] Die Kläger hatten ein Urteil gegen das Land Baden-Württemberg erstritten, in dem es zur Aufstellung eines Aktionsplans verpflichtet wurde.[83] Als Folge setzte das Regierungspräsidium Stuttgart im Jahr 2006 einen Teilplan in Kraft mit insgesamt 36 Maßnahmen zur Minderung der PM 10- und NO$_2$-Belastungen. Im Jahr 2009 stellten die erfolgreichen Kläger Vollstreckungsantrag: Der Plan trage die Bezeichnung „Aktionsplan" zu Unrecht, da in ihm keine Maßnahmen festgesetzt seien, die als „kurzfristig zu ergreifende Maßnahmen" i. S. d. § 47 II BImSchG eingestuft werden könnten.

Das *VG Stuttgart* vertritt hierzu überzeugend die Auffassung, „kurzfristig zu ergreifende Maßnahmen" seien solche Maßnahmen, die „umgehend" umzusetzen seien. Auf eine zeitliche Befristung komme es, wie der adverbiale Gebrauch des Wortes „kurzfristig" zeige, nicht an.[84] Jedenfalls dann, wenn sich die Gefahr der Überschreitung der Immissionsgrenzwerte im Zeitpunkt des Inkrafttretens des Aktionsplans bereits realisiert habe, müssten die Maßnahmen bei Inkrafttreten des Plans *mit sofortiger Wirkung* greifen oder zumindest im laufenden Kalenderjahr[85] nach Inkrafttreten des Plans durchgeführt worden sein. Die Maßnahmen müssten *dauerhaft geeignet* sein, die Ziele des § 47 II BImSchG zu erreichen, wobei nicht erforderlich sei, dass sich die Maßnahmen *flächendeckend* positiv auf die Luftqualität im Plangebiet auswirkten. Soweit Aktionsplanmaßnahmen durch *private Dritte* umzusetzen seien, denen gegenüber der Aktionsplan keine gesetzliche Bindungswirkung entfalte (vgl. § 47 VI BImSchG), müsse die Verbindlichkeit auf andere Weise hergestellt sein, etwa durch öffentlich-rechtlichen Vertrag.[86] Da das Urteil – entsprechend dem Wortlaut von § 47 II BImSchG – zur Festlegung von Maßnah*men* verurteilt habe, müsse das beklagte Land mindestens zwei Aktionsplanmaßnahmen festlegen, um seiner Verpflichtung aus dem Urteil nachzukommen.

Diese streng am Wortlaut orientierte Auslegung, ein Aktionsplan müsse mindestens zwei kurzfristig zu ergreifende Maßnahmen enthalten, überzeugt uns nicht. Im Vordergrund steht die Wirksamkeit der getroffenen Maßnahmen, die sich an der Anzahl der Maßnahmen nicht festmachen lässt. Auch die Ableitung einer Verpflichtung, Aktionsplanmaßnahmen *im laufenden Kalenderjahr* durchzuführen, ist kritisch zu hinterfragen. Denn dieser Rahmen wird der für den Feinstaubgrenzwert maßgeblichen zeitlichen Bezugsgröße entnommen. Diese ist aber nur für die Grenzwertmessung relevant, hat jedoch mit der Frage, wann eine Maßnahme noch als „kurzfristig ergriffen" angesehen werden kann, nichts zu tun.

Im Übrigen verdient die Entscheidung Zustimmung: Im Interesse einer wirksamen Verbesserung der Luftqualität sind an die Eignung von kurzfristig zu ergreifenden Aktionsplanmaßnahmen, dauerhaft zu einer spürbaren Verbesserung beizutragen, strenge Anforderungen zu stellen, auch was die Verbindlichkeit der geplanten Maßnahmen angeht.

6. Klagen auf Erteilung einer Ausnahme vom Fahrverbot in der Umweltzone
Aktuell beschäftigen immer wieder Klagen Betroffener auf Erteilung einer Ausnahmegenehmigung vom Fahrverbot in der Umweltzone die Gerichte.[87] Die Voraussetzungen zur Erteilung einer Ausnahmegenehmigung sind in § 40 I 1, II BImSchG sowie in § 1 II der 35. BImSchV geregelt. Erforderlich ist entweder ein (unaufschiebbares) öffentliches Interesse oder ein überwiegendes und unaufschiebbares Interesse Einzelner. Die Ausnahmevorschriften sind gegenüber der allgemeinen straßenverkehrsrechtlichen Ausnahme von Verkehrszeichen nach § 46 I, II StVO *leges speciales*. Ihre engen tatbestandlichen Voraussetzungen dürfen nicht durch Rückgriff auf die allgemeine straßenverkehrsrechtliche Ausnahme unterlaufen werden.[88]

V. Synergien der Luftqualitäts- und Lärmaktionsplanung

Eine nach Art. 23 II LQR koordinierte Luftqualitäts- und Lärmaktionsplanung bietet sich vor allem für *Ballungsräume* an. Im Planungsverfahren können von einer gemeinsamen Belastungsanalyse über die Maßnahmenfindung und die Untersuchung ihrer synergetischen Wirkung bis zur Öffentlichkeitsbeteiligung viele Verfahrensschritte koordiniert und die Maßnahmen-Wirkungen optimiert werden.

Insbesondere bei der Luftschadstoffquelle *Verkehr* bestehen auch identische Datengrundlagen (DTV, Lkw-Anteil, Geschwindigkeit, Fahrbahnbelag, Gebäudebestand, Topographie usw.), beide Planungen haben identische Schutzziele (Umwelt und Gesundheit) und beide wurzeln im Verursacherprinzip. Als Maßnahmen, die positive Wirkungen auf *beide* Planungsbereiche haben, werden z. B. Strategien der Verkehrsvermeidung (ÖPNV-Verbund, Car- und Bike-sharing), Mobilitätsmanagement, Lkw-Fahrverbote, Tempo 30, Verstetigung des Verkehrsflusses (Grüne-Welle-Schaltungen, Verzicht auf ampelgeregelte Kreuzungen), Einbahnstraßen, Sanierung von Fahrbahnbelägen, Modernisierung der öffentlichen Fuhrparke genannt. Für Ballungsräume sollte daher *staatlicherseits* eine kommunal rückgekoppelte *integrative Verkehrsplanung* aus Luftqualitäts- und Lärmaktionsplanung entwickelt werden, wofür sich die Ebene der Mittelbehörden – Regierungspräsidien – aufdrängt.

VI. Rechtliche Kontrolle

Das Europarecht beeinflusst den aus der Luftqualitäts- und der Umgebungslärm-RL folgenden Rechtsschutz über den primärrechtlichen Effektivitätsgrundsatz (Art. 4 III 2 EU) und das Ziel beider Richtlinien, ein hohes Gesundheits- und Umweltschutzniveau zu sichern.

1. Neuer Grundsatz: Normenkontrolle bei abstrakt-generellen Regelungen

Regelungen, die nicht formell als Rechtsvorschrift ausgestaltet sind, können einer *Normenkontrolle* gem. § 47 VwGO zugänglich sein, soweit sie abstrakt-generellen Charakter haben, rechtlich verbindliche Außenwirkung, z. B. gegenüber dem Bürger entfalten und auf diese Weise subjektiv-öffentliche Rechte unmittelbar berühren.[89] Das hat das BVerwG für Regional- und Flächennutzungspläne inzwischen anerkannt. Vollzugsbehörden, die an den Aktionsplan gebunden sind, könnten also dessen Rechtmäßigkeit durch Normenkontrolle überprüfen lassen.

2. Ausnahme: Anspruch auf Planvollzug

Der Fall einer behördlichen Normenkontrolle wird aber akademisch bleiben. Wenn eine Vollzugsbehörde den Luftreinhalte- oder Lärmaktionsplan für abwägungsfehlerhaft und rechtswidrig hält, muss sie ihn nicht vollziehen. Denn er ist *keine förmliche Rechtsnorm, an die die Vollzugsbehörde gebunden wäre*. Deshalb stellt sich die Frage, ob eine Gemeinde als Planungsträger im Streitfall *Leistungs- oder Feststellungsklage auf Vollzug* des Lärmaktionsplans erheben kann. Ansprüche auf Vollzug bestehender Pläne sind von der Rechtsordnung nicht ausgeschlossen.[90] Sie bestehen beispielsweise in der Planfeststellung hinsichtlich der Umsetzung von Kompensationsmaßnahmen zum Schutze individueller Rechte.[91] Aber selbst wenn man – wie bei der Bauleitplanung[92] – einen Anspruch auf Verwirklichung planerischer Festsetzungen verneint, wäre hier zu bedenken, dass eine europarechtliche Norm Umsetzungspflichten statuiert. Eine vom europäischen Normgeber gewünschte effektive Umsetzung erfordert, die jeweiligen prozessualen Mittel zur Verfügung zu stellen, die hierfür erforderlich sind.[93] Zumindest die Lärmaktionsplanung[94] ist in der gegenwärtigen Form Pflichtaufgabe der Gemeinde und damit Teil ihres nach Art. 28 II 1 GG geschützten Selbstverwaltungsrechts. Die Rechtsprechung ist auch sonst nicht abgeneigt, der Gemeinde, der es an eigenen exekutiven Möglichkeiten mangelt, Ansprüche gegen staatliche Verwaltungsträger zuzugestehen, um – das ist Voraussetzung – ihre Planungshoheit zu sichern[95]. Das spricht im Zusammenwirken mit dem europarechtlichen Effektivitätsgrundsatz dafür, der Gemeinde ausnahmsweise einen Anspruch auf Planvollzug einzuräumen.

3. Verwaltungsaktqualität der fachaufsichtlichen Weisung

Die Aufgabenwahrnehmung durch die Gemeinden erfolgt in den meisten Ländern als (pflichtige, aber weisungsfreie) *Selbstverwaltungsaufgabe* i. S. d. Art. 28 II 1 GG, dessen Schutzbereich u. a. die Planungshoheit erfasst.[96]

Der Schutz der Eigenverantwortlichkeit nach Art. 28 II 1 GG gilt für die gesamte gemeindliche Verwaltung, also auch für den Bereich übertragener staatlicher Aufgaben[97]. Länder mit kommunalem Aufgaben*monismus* müssen Weisungsaufgaben gesetzlich begründen, dies ist nirgends erfolgt. In Ländern mit Aufgaben*dualismus* genügt zwar die Bezeichnung als Angelegenheit des übertragenen Wirkungskreises, eine solche Regelung besteht aber nur in Mecklenburg-Vorpommern und Thüringen. Allein Hessen sieht die Lärmaktionsplanung als eigene staatliche Aufgabe an[98].

Als weisungsfreie Aufgabe unterliegt die Lärmaktionsplanung nur der *Rechtsaufsicht*, nicht der Fachaufsicht.[99] Rechtsaufsichtliche Maßnahmen sind Verwaltungsakte, die durch Anfechtungsklage überprüft werden können. Insoweit bestehen keine Besonderheiten. Soweit die Gemeinde z. B. als untere Straßenverkehrsbehörde Maßnahmen nach § 45 StVO selbst vollzieht, ist sie der grds. unbeschränkten Fachaufsicht unterworfen. Fachaufsichtliche Weisungen sind nach h. M. keine Verwaltungsakte,[100] eine Ausnahme wird jedoch für Fälle gesehen, in denen die fachaufsichtliche Weisung in das gemeindliche Selbstverwaltungsrecht eingreift. Für straßenverkehrsrechtliche Maßnahmen mit planerischem Einschlag scheint dies anerkannt,[101] so dass eine Anfechtungsklage zulässig wäre.

4. Anspruch auf Planung

In der Luftreinhalte- und der Lärmaktionsplanung kommen schließlich Ansprüche auf Erstellung eines Plans bei nicht fristgerechter Aufstellung (einschl. eines Anspruchs auf Beteiligung am Verfahren[102]), Ansprüche auf Aufnahme konkreter Maßnahmen in den Plan, Ansprüche auf Vollzug von Einzelmaßnahmen sowie Ansprüche auf planunabhängige Maßnahmen in Betracht.[103]

Nach herkömmlicher Ansicht sind Ansprüche von Bürgern auf Planung ausgeschlossen.[104] Diese Auffassung hatte auch das BVerwG zur Luftreinhalteplanung im Vorlagebeschluss vom 29. 3. 2007 vertreten.[105] Der EuGH ist dem im Urteil vom 25. 7. 2008[106] jedoch nicht gefolgt und hat entschieden, dass unmittelbar betroffene Einzelne im Fall der Gefahr einer Überschreitung der Alarmschwellen die Erstellung eines Aktionsplans einklagen können, selbst wenn sie nach nationalem Recht noch über andere Handlungsmöglichkeiten verfügten.

Wendet man dies im Sinne der *„effet-utile"*-Regel (Art. 4 III 2 EU) konsequent auf ULR und LQR an, so haben Bürger nicht nur einen verfahrensrechtlichen Anspruch auf Öffentlichkeitsbeteiligung, sondern auch einen klagbaren Anspruch auf Aufstellung eines Luftreinhalteaktions- und eines Lärmaktionsplans[107] sowie auf Umsetzung und Durchsetzung der dort vorgesehenen gesundheitsschützenden Maßnahmen.[108] Nur ein Anspruch auf Aufnahme konkreter Maßnahmen in den Plan besteht aufgrund des weiten Planungsermessens[109] grundsätzlich nicht.

5. seine Einschränkung

Betrachten wir jetzt die Ansprüche anhand der Luftreinhaltepläne im Licht der EuGH-Entscheidung genauer. Aus dem Wortlaut von Art. 7 III der Richtlinie ergebe sich, dass die Mitgliedstaaten nicht verpflichtet seien, Maßnahmen dahingehend zu ergreifen, dass es zu *keinerlei* Überschreitungen komme. Vielmehr genügten Maßnahmen, „die geeignet sind, die Gefahr einer Überschreitung und ihre Dauer unter Berücksichtigung aller zur gegebenen Zeit vorliegenden Umstände und der betroffenen Interessen auf ein Minimum zu reduzieren".[110]

Dies ist offenbar von Verhältnismäßigkeitserwägungen getragen, schränkt die Wirksamkeit des zunächst bejahten Anspruchs aber wieder ein. Eine durchgreifende Verpflichtung zu einer „sicheren" Einhaltung der Grenzwerte soll damit – wohl auch mit Rücksicht auf davon potentiell betroffene Dritte – vermieden werden. Man mag das loben[111] oder kritisieren[112] – es ist wohl auch dem Wesen der Planung geschuldet und führt langfristig doch zum Ziel.

6. ... und seine Verabschiedung

Dieses grundsätzlich rechtsschutzfreundliche Konzept wird nach Aufhebung der Luftqualitäts-RL durch die neue RL 2008/50/EG mit Wirkung zum 11. 6. 2010 nur noch eingeschränkte Gültigkeit haben: Nach Art. 24 I 1 der RL 2008/50/EG *sind* Pläne für kurzfristige Maßnahmen, die bisherigen Aktionspläne, bei Gefahr einer Überschreitung der *Alarmschwellen nach Anhang XII*, das sind, wie ein Blick in den Anhang ergibt, die *für Schwefeldioxid und Stickstoffdioxid*,[113] zu erstellen:[114] *„member states shall draw up action plans"*. Hier hat sich nichts geändert. Besteht aber die Gefahr der Überschreitung bei einem der in den Anhängen VII, XI oder XIV (also nicht XII) der neuen Richtlinie genannten *Grenz- oder Zielwerte*, so steht die Erstellung von *Aktionsplänen* im *Ermessen* der Mitgliedstaaten: *„member states may, where appropriate, draw up such (...) action plans"*. Das betrifft *Feinstaub und eine Reihe anderer Stoffe*. Das heißt: *Grenzwertüberschreitung verpflichtet zu Luftqualitätsplänen, Alarmschwellenüberschreitung zu Aktionsplänen, aber nur noch bei Schwefel- und Stickstoffdioxid, andere Alarmpläne stehen im Ermessen. Für Ozon gelten Sonderbestimmungen.*[115]

Folgerichtig steht auch nach § 28 I 2 des Entwurfs der 39. BImSchV das Erstellen von Aktionsplänen – außerhalb der Anhang XII-Fälle – im Ermessen der zuständigen Behörde.

Diese Richtlinienänderung bedeutet den *Verlust* des subjektiven Rechts auf Aufstellung von Aktionsplänen für Feinstaub. Nach Auffassung des BVerwG besteht, wie dargestellt, nach *nationalem* Recht kein subjektives Recht auf Aufstellung eines Aktionsplans. Daran wird sich auch mit Neufassung des BImSchG bzw. der geplanten 39. BImSchV nichts ändern. Mit der geänderten Richtlinie ändert sich zwingend aber das Ergebnis der richtlinienkonformen Auslegung: Nach der Rechtsprechung des EuGH können sich Einzelne gegenüber öffentlichen Stellen dann auf Bestimmungen einer Richtlinie berufen, wenn diese *unbedingt und hinreichend genau* sind.[116] Die nationalen Behörden und Gerichte haben mitgliedstaatliche Rechtsnormen so weit wie möglich so auszulegen, dass sie mit dem Ziel der entsprechenden Richtlinie in Einklang stehen. Dies gilt jedoch nur für in Richtlinien enthaltene *zwingende* Vorschriften.[117] Steht der Erlass von Aktionsplänen für Feinstaub künftig jedoch im Ermessen des Mitgliedstaats, kann ein subjektives Recht auf Erstellung der Pläne weder durch richtlinienkonforme Auslegung nationalen Rechts noch mit Hilfe einer unmittelbaren Anwendbarkeit der Richtlinie begründet werden.[118]

Das Ergebnis erstaunt: Sicher haben die Mitgliedstaaten in der Erkenntnis der erheblichen Schwierigkeiten, denen sie sich bei ihren Bemühungen um die Reduzierung der Feinstaubbelastung gegenübersehen, Druck gemacht. Tatsächlich liegt damit einer der seltenen Fälle vor,[119] in denen das Gemeinschaftsrecht umweltschützende Verpflichtungen entschärft. Die durch die frühere Richtlinie zur Durchsetzung des Umweltrechts „aktivierten" Bürger werden durch die neue Richtlinie – jedenfalls soweit es um Feinstaub geht – leider wieder „deaktiviert".

Immerhin: Für die Aufstellung von Aktionsplänen für *Schwefel- und Stickstoffdioxid* und überhaupt für Luftqualitätspläne i. S. d. Art. 23 I LQR bleibt es dabei: Bei Überschreiten der drittschützenden Grenzwerte besteht ein klagbarer Anspruch fort.

VII. Spannungsfeld – Spannungsfelder

Zum Abschluss wollen wir uns noch einmal der Frage stellen, ob wir dem Thema gerecht geworden sind: Von Spannungsfeldern war bisher ja kaum explizit die Rede. Gibt es also gar kein Spannungsfeld mehr? Gehen Europarecht und nationales Recht in Deutschland – vielleicht inzwischen(?) – Hand in Hand? Wir unterscheiden noch einmal zwischen Verfahren und Inhalt.

1. Verfahren

Das Europarecht orientiert sich am englischen Verfahrensmodell und geht von einer Behörde mit Gesamtkompetenz für ein bestimmtes Problemfeld aus. In Deutschland sind und bleiben vielerlei Einzelbehörden für den Vollzug in ihrem jeweiligen Aufgabenbereich zuständig. Das verbürgt Sachkompetenz, geht aber sicher auch auf Kosten von Koordination und Effektivität.

Der integrative Ansatz des Europarechts legt auch im Verfahren nahe, eine einzige Behörde mit allen Luftreinhalte- und idealerweise sogar noch dieselbe Behörde mit allen Lärmfragen zu befassen. Die entsprechenden Vorgaben ignoriert das deutsche Recht bereits im Planungsverfahren, indem bspw. in der Lärmaktionsplanung für

Ballungsräume keine einheitliche Behörde bestimmt wird, sondern regelmäßig viele einzelne Gemeinden des Ballungsraums zuständig bleiben. Zudem bleibt es im Planvollzug bei einer aufgesplitterten Zuständigkeit der Fachbehörden, so dass – nur beispielhaft – für lärmbeschränkende Maßnahmen aus den einen Anlagen das LRA, aus anderen Anlagen das RP und für den von Schienenlärm das Eisenbahnbundesamt zuständig sind, was Vollzugskonflikte provoziert.

Im Bereich des Rechtsschutzes fällt es dem Europarecht nicht schwer, ein Recht auf Planung anzuerkennen – wozu sich mühsam und mit Nachhilfe jetzt auch die deutsche Rechtsordnung durchgerungen hat.

Dieses Spannungsfeld hat an Spannung freilich wieder verloren, indem der Rechtsschutz da, wo es möglicherweise doch wehtut, nämlich in der kurzfristig umzusetzenden Aktionsplanung, vom Europarecht selbst, wenn auch sicher nicht aufgrund eigener Eingebung, zurückgenommen wird: Der zur Durchsetzung von mehr Umweltschutz aktivierte Bürger wird dort wieder deaktiviert.

2. Inhalte

Spannungen sehen wir aber auch im inhaltlichen Bereich:
Das beginnt schon bei der Steuerungstechnik einer bloßen Zielvorgabe, die das deutsche Umweltrecht erst durch europarechtliche Vorgaben übernommen hat. Typisch europäisch ist auch der integrative Ansatz, der alle Umweltmedien – Wasser, Boden, Luft – in den Blick nimmt. Entsprechendes gilt für die verschiedenen Verursacher (beim Lärm Gewerbe, unterschiedliche Verkehrsarten, Sport und Freizeit, bei der Luft zumindest Gewerbe und Verkehr) und die Gesamtlärmbetrachtung, die das deutsche Recht bislang nur oberhalb des Bereichs der enteignungsrechtlichen Zumutbarkeitsgrenze kennt.

Das Europarecht verfolgt wohl auch einen dynamischen Ansatz, wenn es bei Überschreiten bestimmter Werte hinsichtlich Luftqualität oder Lärmbelastung wirksame Maßnahmen verlangt, wo das deutsche Recht oft erst einmal auf Bestandsschutz verweist: Die dynamischen Betreiberpflichten sind den Verkehrslärmträgern bislang völlig fremd.

Richtig spannend wird es unseres Erachtens dann, wenn in wenigen Jahren auch die Umgebungslärmrichtlinie Zähne bekommt, nämlich die stringenten Vorgaben zur Lärmminderung, die das Luftqualitätsrecht bereits hat, und dann noch versehen mit Individualklagerechten.

3. Ausblick

Im Ergebnis sehen wir daher in der Tat ein – sogar vielfältiges – Spannungsfeld, in dem Luftqualitätsverbesserer und Lärmminderer spielen. Dies bedeutet erhebliche Herausforderungen für die deutsche Rechtspolitik, die deutschen Rechtsanwender und die deutsche Verwaltungsgerichtsbarkeit. In der heimlichen Umwelthauptstadt Deutschlands wird Sie dieser Schlusssatz nicht verwundern: Wir halten dieses Spannungsfeld

Arbeitskreis 6 (Referat)

für fruchtbar – und wir wünschen der deutschen Verwaltungsgerichtsbarkeit bei der Lösung der anstehenden Fragen Mut zu Neuem und eine glückliche Hand! Mit Anregungen sind wir immer gerne dabei.

* Schriftfassung eines gemeinsamen Vortrags der Autoren am 6. 5. 2010 auf dem 16. Deutschen Verwaltungsgerichtstag in Freiburg. Die Autoren danken für anregende Gespräche und Mitarbeit herzlich Herrn Rechtsanwalt *Dr. Markus Edelbluth*, Herrn Stadtrechtsrat *Mario Pfau* und Frau *Ina Klingele*, die Teile der Themenstellung in ihrer Dissertation über Umweltschutz durch Qualitätsziele behandelt, die den Autoren auszugsweise vorlag.
1 RL 2008/50/EG v. 21. 5. 2008 über Luftqualität und saubere Luft für Europa, ABl. EU Nr. L 152/1.
2 RL 2002/49/EG v. 25. 6. 2002 über die Bewertung und Bekämpfung von Umgebungslärm, ABl. EG Nr. L 189/12.
3 *Rehbinder*, in: Salzwedel (Hrsg.), Grundzüge des Umweltrechts, 1982, S. 102 ff.
4 Beginnend mit den UVP-Richtlinien 85/337/EWG und 97/11/EG sowie der IVU-RL 96/21/EG über die integrierte Vermeidung und Verminderung der Umweltverschmutzung, s. *di Fabio*, NVwZ 1998, 329 ff.; *Calliess*, NuR 2006, 601 (605).
5 Grundlegend *Durner/Ludwig*, NuR 2008, 457 ff.
6 EuGH, Urt. v. 25. 7. 2008, Rs. C-237/07 – Janecek, Slg. 2008, I-6221 = NVwZ 2008, 984 (985); mit Bespr. von *Scheidler*, NVwZ 2008, 1083 ff.; *Fonk*, NVwZ 2009, 69 ff.; *Faßbender*, EuR 2009, 400 ff.; *Kugler*, NVwZ 2010, 279 ff.
7 RL 2008/98/EG v. 19. 11. 2008 über Abfälle und zur Aufhebung bestimmter Richtlinien, ABl. EU Nr. L 312/3; hierzu *Reese*, NVwZ 2009, 1073 ff.
8 RL 2000/60/EG v. 23. 10. 2000 zur Schaffung eines Ordnungsrahmens für Maßnahmen der Gemeinschaft im Bereich der Wasserpolitik, ABl. EG Nr. L 237/1.
9 Hierzu *Appel*, ZUR 2001, 129 ff.; *Fassbender*, NVwZ 2001, 241 ff.; *Knopp*, NVwZ 2003, 275 ff.; *Möckel*, NuR 2006, 602 ff.; *Breuer*, NuR 2007, 503 ff.; *Götze*, ZUR 2008, 393 ff.
10 RL 2007/60/EG v. 23. 10. 2007 über die Bewertung und das Management von Hochwasserrisiken, ABl. EU Nr. L 288/27; hierzu *Reinhardt*, NuR 2008, 468 ff.; *Wagner*, NuR 2008, 774 ff.; *Albrecht/Wendler*, NuR 2009, 608 ff.
11 RL 2008/56/EG v. 17. 6. 2008 zur Schaffung eines Ordnungsrahmens für Maßnahmen der Gemeinschaft im Bereich der Meeresumwelt, ABl. EU Nr. L 164/19; hierzu *Markus/Schlacke*, ZUR 2009, 464 ff.
12 RL 2001/81/EG v. 23. 10. 2001 über nationale Emissionshöchstmengen für bestimmte Luftschadstoffe, ABl. EU Nr. L 309/22.
13 RL 1992/43/EG v. 21. 5. 1992 zur Erhaltung der natürlichen Lebensräume sowie der wildlebenden Tiere und Pflanzen, ABl. EG Nr. L 206/7.
14 Vorschlag für eine Richtlinie zur Schaffung eines Ordnungsrahmens für den Bodenschutz und zur Änderung der RL 2004/35/EG v. 22. 9. 2006, KOM (2006) 232 endg.; *Ingerowski*, Die REACH Verordnung, 2010.
15 Verordnung (EG) Nr. 1907/2006 v. 18. 12. 2006 zur Registrierung, Bewertung, Zulassung und Beschränkung chemischer Stoffe (REACH), zur Schaffung einer Europäischen Agentur für chemische Stoffe, zur Änderung der RL 1999/45/EG und zur Aufhebung der Verordnung (EWG) Nr. 793/93 des Rates, der Verordnung (EG) Nr. 1488/94 der Kommission, der RL 76/769/EWG des Rates sowie der Richtlinien 91/155/EWG, 93/67/EWG, 93/105/EG und 2000/21/EG der Kommission, ABl. EU Nr. L 396/1.
16 RL 2001/80/EG v. 23. 10. 2001 zur Begrenzung von Schadstoffemissionen von Großfeuerungsanlagen in die Luft, ABl. EU Nr. L 309/1, zuletzt geändert durch RL 2006/105/EG.
17 RL 85/337/EWG v. 27. 6. 1985 über die Umweltverträglichkeitsprüfung bei bestimmten öffentlichen und privaten Projekten, ABl. EG Nr. L 175/40; hierzu *Sparwasser/Engel/Voßkuhle*, Umweltrecht, 3. Aufl. 2003, § 4 Rn. 10 ff.
18 RL 2001/42/EG v. 27. 6. 2001 über die Prüfung der Umweltauswirkungen bestimmter Pläne und Programme, ABl. EG Nr. L 197/30; hierzu *Schink*, NVwZ 2005, 615 ff.; *Hendler*, NuR 2003, 2 ff.; NVwZ 2005, 977 ff.; *Schomerus/Busse*, NordÖR 2005, 398.

19 RL 2003/4/EG v. 28.1.2003 über den Zugang der Öffentlichkeit zu Umweltinformationen und zur Aufhebung der RL 90/313/EWG des Rates, ABl. EG Nr. L 41/26; hierzu *Butt*, NVwZ 2003, 1071 ff.; *v. Danwitz*, NVwZ 2004, 472 ff.
20 RL 2003/35/EG v. 26.5.2003 über die Beteiligung der Öffentlichkeit bei der Ausarbeitung bestimmter umweltbezogener Pläne und Programme und zur Änderung der Richtlinien 85/337/EWG und 96/61/EG in Bezug auf die Öffentlichkeitsbeteiligung und den Zugang zu Gerichten, ABl. EU Nr. L 156/17; hierzu *v. Danwitz*, NVwZ 2004, 472 ff.; *Wahl/Hönig*, NVwZ 2006, 161 (163).
21 RL 96/62/EG v. 27.9.1996 über die Beurteilung und die Kontrolle der Luftqualität, ABl. EG Nr. L 296/55.
22 RL 1999/30/EG v. 22.4.1999 über Grenzwerte für Schwefeldioxid, Stickstoffdioxid und Stickstoffoxide, Partikel und Blei in der Luft, ABl. EG Nr. L 163/41; RL 2000/69/EG v. 16.11.2000 über Grenzwerte für Benzol und Kohlenmonoxid in der Luft, ABl. EG Nr. L 313/12; RL 2002/3/EG v. 12.2.2002 über den Ozongehalt der Luft, ABl. EG Nr. L 67/14; RL 2004/107/EG v. 15.12.2004 über Arsen, Kadmium, Quecksilber, Nickel und polyzyklische aromatische Kohlenwasserstoffe in der Luft, ABl. EU Nr. L 23/3.
23 RL 2008/50/EG v. 21.5.2008, ABl. EU Nr. L 152/1. Ausgenommen hiervon ist die RL 2004/107/EG (Fn. 22), die erst zum 15.2.2007 umzusetzen war. Sobald ausreichende Erfahrungen mit dem Vollzug dieser Richtlinie vorliegen, soll geprüft werden, ob sie ebenfalls in die RL 2008/50/EG aufgenommen wird, vgl. Erwägungsgrund 4 der RL 2008/50/EG.
24 Hierzu *Kogler*, NVwZ 2010, 279.
25 Entwurf eines Achten Gesetzes zur Änderung des Bundes-Immissionsschutzgesetzes vom 24.2.2010, BT-Drs. 17/800.
26 Entwurf einer Verordnung über Luftqualitätsstandards und Emissionshöchstmengen v. 25.1.2010, BT-Drs. 17/508.
27 Auch die meisten anderen Übersetzungen, wie z. B. die holländische, italienische, maltesische, portugiesische, rumänische, slowenische, spanische, tschechische Fassung verwenden den Begriff Aktionsplan, die dänische und schwedische Übersetzung ähnelt dem deutschen. Zur vorrangigen Auslegung sprachlich unterschiedlicher Fassungen anhand Systematik und Regelungszweck *EuGH*, Slg. 1990, I-1345 Rn. 18; Slg. 1998, I-7053 Rn. 16; Slg. 2008, I-7523 Rn. 38 f.
28 Ob auch der Gesetzgeber nur von einer redaktionellen Änderung ausgeht ist nicht eindeutig. In der Gesetzesbegründung heißt es immerhin „*Ablösung* von Aktionsplänen durch Pläne für kurzfristig zu ergreifende Maßnahmen", vgl. BT-Drs. 17/800, S. 6.
29 Luftreinhalteplanung nach Art. 8 III Luftqualitätsrahmen-RL 96/62/EG (Fn. 21); Bewirtschaftungspläne nach Art. 14 Wasserrahmen-RL (Fn. 9); Öffentlichkeitsbeteiligungs-RL 2003/35/EG (Fn. 20); überschneidende Regelungen finden sich auch in der Plan-UVP-RL 2001/42/EG (Fn. 19).
30 Gesetz vom 24.6.2005, BGBl. I S. 1794.
31 Verordnung über die Lärmkartierung vom 6.3.2006, BGBl. I S. 516. Die BReg sieht die ULR durch §§ 47a-f BImSchG und die 34. BImSchV als vollständig umgesetzt an, s. BT-Drs. 16/7798.
32 Übersicht bei *Blaschke*, Lärmminderungsplanung, Diss. Würzburg 2009, S. 358 ff.; monografisch ferner *Berkemann*, Die Lärmaktionsplanung nach § 47d BImSchG 2005 in Verb. mit der Umgebungslärm-RL 2002/49/EG, Rechtsgutachten für das UM BW, 2007.
33 Krit. *Engel*, in: Ges. für Umweltrecht, Dokumentation zur 33. wissenschaftlichen Fachtagung in Berlin 2009, S. 77 (82 ff.).
34 Vgl. die zutr. Analyse von *Durner/Ludwig*, NuR 2008, 457 (458 ff.); ferner *Fisahn*, UPR 2002, 258 (260).
35 Hierzu ausführlich *Engel*, GfU, S. 77 (90 ff.).
36 Art. 3s, 5 IV ULR; Art. 1 Ziff. 1 LQR.
37 Art. 8 VII ULR, Art. 24 III, 31 III LQR i. V. m. Art. 2 u. Anh. 1 lit. f Öffentlichkeitsbeteiligungs-RL; VG Hannover, ZUR 2010, 208 (211).
38 Art. 1 I 1 und 2 ULR, 24 I i. V. m. Art. 2 Ziff. 5 u. 9 sowie den Anhängen zur LQR.
39 Arg. e Art. 8 V ULR, Art. 24 I LQR.
40 Art. 3k, Art. 8 I lit. b ULR, Art. 2 Ziff. 17 LQR.
41 Art. 8 I lit. a ULR, Art. 2 Ziff. 16 LQR.
42 *Engel*, GfU, S. 77 (84 ff.).

43 BVerwGE 34, 301. Zu den rechtlichen Grenzen der Planungsentscheidung s. *Sparwasser/Engel/ Voßkuhle* (Fn. 17), § 4 Rn. 176 ff., 186 ff.; *Köck*, in: Hoffmann-Riem/Schmidt-Aßmann/Voßkuhle, Grundlagen des Verwaltungsrechts II, 2008, § 37 Rn. 92 ff., 104 ff.
44 Vgl. *Engel*, GfU, S. 77 (104).
45 *Sparwasser*, NVwZ 2005, 369 (375); *Engel*, GfU, S. 77 (103). S. allgemein BVerwGE 119, 217 (221); *Köck* (Fn. 43), § 37 Rn. 35 ff. Anders noch BVerwGE 128, 278 (288) zu Aktionsplänen der Luftreinhaltung („Verwaltungsvorschriften ähnlich"), dem ist der EuGH (Fn. 6) entgegengetreten.
46 *Sparwasser*, NVwZ 2006, 369 (374); *Schulze-Fielitz*, GK-ImSchG, § 47d Rn. 124; *Berkemann* (Fn. 32), S. 68 ff.
47 *Sparwasser*, NVwZ 2006, 369 (373); *Hansmann/Röckinghausen*, in: Landmann/Rohmer, Umweltrecht, Loseblatt, Stand Juli 2009, § 47 Rn. 29a.
48 Vgl. *Jarass*, BImSchG, 8. Aufl. 2010, § 40 Rn. 8 m. w. N.; *Köck*, in: Giesberts/Reinhardt, BeckOK Umweltrecht, § 47 BImSchG Rz. 19; *Brenner/Seifarth*, JuS 2009, 231 (237); *Berkemann* (Fn. 32), S. 42 ff., 48 ff.; *LAI-Hinweise* vom 25. 3. 2009, S. 15; so auch *VG Hannover*, ZUR 2009, 384; a. A. *Heitsch*, in: Kotulla, BImSchG, Stand Dez. 2007, § 47d Rn. 47; *Schulze-Fielitz*, GK-BImSchG, § 47d Rn. 97.
49 Soweit die Gemeinde Bundes- oder Landesbehörden bindet, unterliegt dies keinen grundsätzlichen verfassungsrechtlichen Bedenken. Das Abwägungsgebot erfordert jedoch eine schonende oder rücksichtsvolle Ausübung der verliehenen Kompetenz. Der Aktionsplan hat eine begrenzte Feststellungswirkung (imperative Wirkung), vgl. *Engel*, GfU, S. 77 (105 f.).
50 *Engel*, GfU, S. 77 (90 ff.).
51 Z. B. EuGH, Slg. 1991, I-2567, Rn. 17 u. I-2607, Rn. 20 – Kommission/Deutschland.
52 Die nach § 5 I der 34. BImSchV zuständigen Ministerien haben bis für die Lärmkartierung vorläufige Berechnungsmethoden für den Umgebungslärm veröffentlicht (BAnz. Nr. 154a v. 17. 8. 2006). Verfassungsrechtliche Bedenken äußert *Schulze-Fielitz*, GK-BImSchG, § 47c Rn. 7, mit dem Hinweis, dass § 47f BImSchG lediglich die BReg. als Kollegialorgan ermächtige.
53 Krit. *Giering*, Lärmwirkungen. Dosis-Wirkungsrelationen, UBA-Texte 13/2010, S. 120 ff. Die Generaldirektion Umwelt hält die 34. BImSchV und die vorläufigen Berechnungsmethoden für nicht europarechtskonform, s. Final Report on Assessment of the equivalence of national noise mapping methods against the interim methods, vom 22. 12. 2008.
54 BT-Drs. 15/3782, S. 27; *Feldmann*, ZUR 2005, 352 (357); *Mitschang*, ZfBR 2006, 430 (436); *Schulze-Fielitz*, GK-BImSchG, § 47d Rn. 42. – Zur Gesamtlärmbetrachtung *Moradi Karkaj*, Die Gesamtlärmbewertung im Immissionsschutzrecht, 2008, S. 304 ff.; *Halama*, VBlBW 2006, 132 (136); *Michler*, VBlBW 2004, 361 ff.; *Sparwasser/Engel/Voßkuhle* (Fn. 17), § 10 Rn. 349 ff.; *Kloepfer et al.*, Leben mit Lärm, 2006, S. 269 ff.; *SRU*, Umweltgutachten 2004, BT-Drs. 15/3600, Tz. 644 ff.
55 Zur Effet-utile-Rechtsprechung des EuGH s. *Mosiek*, Effet utile und Rechtsgemeinschaft, 2003; *Potacs*, EuR 2009, 465 ff.
56 *SRU*, Umweltgutachten 2004, Tz. 649 m. w. N.
57 Zum Forschungsstand *Kloepfer* (Fn. 54), S. 125 (165 ff.); *SRU*, Umweltgutachten 2004, Tz. 634 ff.
58 http://europa.eu/legislation_summaries/environment/noise_pollution/index_de.htm. Ein Lärmpegel von 65 dB(A) soll nach dem Grünbuch der EU-Kommission vom 4. 11. 1996, KOM/96/0540 endg., S. 9, 16, nicht überschritten werden.
59 § 1 II der 16. BImSchV erfasst damit „wesentliche" Änderungen an bestehenden Verkehrswegen. – Auch die durch VwV eingeführten Bestimmungen zur Lärmsanierung an Straßen und Eisenbahnen stellen auf diese Lärmpegel ab.
60 BVerwGE 107, 350 (357); 110, 81 (89); 125, 116 (244); 127, 95; BGHZ 122, 76 (81); 129, 124 (126); 140, 285 (298). – Die Rspr. stellt darauf ab, ob der Dauerschallpegel am Ohr des Schläfers in einem Bereich zwischen 30 und 35 dB(A) liegt und Pegelspitzen in der Größenordnung von 40 dB(A) nicht überschritten werden, vgl. z. B. *BVerwGE* 110, 81; 128, 177 (187); *BVerwG*, Beschl. v. 25. 5. 2005 – 9 B 41.04 – Rn. 29.
61 BVerwGE 125, 116 (244); ähnlich zuvor BVerwG, NVwZ 1998, 846 (847). – Nach noch jüngeren Angaben des UBA ist allerdings bereits bei Straßenverkehrslärmbelastungen oberhalb 65 dB(A) tags eine Zunahme des Herzinfarktrisikos um ca. 20 % zu befürchten, www.umweltbundesamt.de/verkehr/laerm/strassen-und-schienen-verkehr.htm; ab 60 dB(A) steigt das Risiko signifikant an, vgl. *Babisch*, Transportation Noise and Cardiovascular Risk, 2006, www.umweltdaten. de/publikationen/fpdf-l/2997.pdf.

62 *SRU*, Umweltgutachten 2008, Tz. 854 m. w. N.; LAI-Hinweise (Fn. 48), S. 16; *Ortscheid/Wende*, ZfL 2004, 80 ff.
63 Lärmschutz-RL StV v. 23. 11. 2007, VkBl 2007, 767. – Krit. *Sommer*, Lärmbekämpfung 2009, 80 ff.
64 VGH München, BayVBl. 1999, 371; 2003, 80; OVG Münster, ZUR 2003, 368; OVG Berlin-Bbg., Beschl. v. 16. 9. 2009 – 1 N 71.09 –; BVerwGE 94, 100; 130, 383.
65 OVG Münster, ZUR 2006, 28 (29); a. A. wohl VGH Kassel, NJW 1999, 2057. – BVerwGE 130, 383 (392) stellt für eine erhebliche Lärmzunahme i. S. d. § 45 IX 3 StVO auf das 3 dB(A)-Kriterium ab, lässt es aber ab Lärmpegeln von 70/60 dB(A) unangewendet. – Zur Einzelfallabwägung bei Motorradlärm OVG Münster, NJOZ 2009, 1737.
66 OVG Münster, NVwZ-RR 2007, 752 (753); VG Düsseldorf, Beschl. v. 26. 3. 2009, 6 K 5454/06. – Berlin hat Tempo 30 auch auf 4-spurigen Hauptverkehrsstraßen eingeführt, hierzu *VG Berlin*, Urt. v. 27. 11. 2007, 11 A 38.07.
67 Vgl. VGH München, NVwZ 2004, 754; BayVBl 2003, 80 (81).
68 OVG Münster, ZUR 2003, 368; 2006, 28.
69 OVG Münster, NVwZ-RR 1997, 686; VGH Mannheim, NVwZ 1994, 697; VGH München, ZfBR 1994, 240.
70 BVerwG, NJW 1981, 184; Beschl. v. 3. 4. 1996 – 11 C 3.96 –; *Steiner*, DVBl 1992, 1561 (1564). Zu Verkehrsberuhigungsmaßnahmen *Dürr*, UPR 1992, 241 (250); VBlBW 1993, 361 (367).
71 Vgl. den Überblick bei *Klingele*, unter § 3 IV 5.
72 *Ortner/Zotz*, GewArch 2009, 49 (51).
73 BVerwG, NVwZ 2007, 1425 (1426).
74 So etwa der Freiburger Luftreinhalte-/Aktionsplan, Stand 5. 8. 2009, S. 78 ff., abrufbar unter http://www.rp.baden-wuerttemberg.de/servlet/PB/menu/1159759/index.html.
75 Vgl. auch BVerwGE 48, 56 (66) und zur Wechselbezüglichkeit von abwägungsrelevanten Belangen; zum Lärmschutz bspw. BVerwGE 100, 313 (376); 123, 261 (267); 125, 116 (205). Der Sache nach handelt es sich um fachspezifische, der Wahrnehmung durch die Straßenverkehrsbehörde anvertraute Gründe.
76 Näheres bei Fn. 105.
77 VG Hannover, ZUR 2009, 384; VG Köln, Urt. v. 9. 10. 2009 – 18 K 5493/07 –; VG Düsseldorf, Urt. v. 8. 12. 2009 – 3 K 3720/09 –; VG Berlin, ZUR 2010, 155.
78 BVerwGE 92, 32.
79 Vgl. *Jarass*, (Fn. 48) § 40 Rn. 7.
80 Wobei es hier nicht darauf ankommt, dass ein Luftreinhalte- oder Aktionsplan vom Kläger (angeblich) nicht unmittelbar angegriffen werden kann, so aber VG Köln, Urt. v. 9. 10. 2009 – 18 K 5493/07.
81 Zum Inhalt der Pläne *Kugler*, NVwZ 2010, 279 (281).
82 VG Stuttgart, Beschl. v. 14. 8. 2009 – 13 K 511/09 – ZUR 2009, 557.
83 VG Stuttgart, NVwZ 2005, 972.
84 A. A. *Kugler*, NVwZ 2010, 279 (281).
85 Der Zeitrahmen ergebe sich aus der 22. BImSchV, da die dort konkret festgesetzten Grenzwerte für PM 10 das Kalenderjahr als Bezugsgröße benennen würden (§ 4 I, II der 22. BImSchV); so VG Stuttgart, ZUR 2009, 557 (559).
86 VG Stuttgart, ZUR 2009, 557 (560).
87 *Rebler/Scheidler*, NVwZ 2010, 98; VG Berlin, Beschl. v. 9. 7. 2008 – 10 A 138.08 –; VG Stuttgart, ZUR 2009, 502; OVG Münster, NVwZ 2009, 1317; VGH München, NVwZ 2010, 143; VGH München, Urt. v. 10. 11. 2009 – M 1 K 09.1345 –; VG Düsseldorf, Urt. v. 8. 12. 2009 – 3 K 285/09 –; OVG Berlin-Bbg., Beschl. v. 8. 12. 2009 – 11 S 50.09 –.
88 So zutreffend OVG Berlin-Bbg., Beschl. v. 8. 12. 2009 – 11 S 50.09.
89 Vgl. *Gerhardt*, in: Schoch/Schmidt-Aßmann/Pietzner, VwGO, § 47 Rn. 24 ff.; *Giesberts*, in: Posser/Wolff, BeckOK VwGO, § 47 Rn. 23 ff.; BVerwGE 119, 217 (225); 128, 382; BVerwG, ZfBR 2009, 156.
90 Zur Erschließungslast BVerwG, NVwZ 1995, 300.
91 OVG Lüneburg, NVwZ 1989, 274; VG Freiburg, UPR 2001, 400; ähnlich VGH Kassel, NVwZ 1995, 300.
92 In der Bauleitplanung gilt dieser Grundsatz nicht uneingeschränkt, wie der Anspruch auf Erschließung zeigt, s. BVerwGE 78, 266 (273); 88, 166; zuletzt BVerwG, Beschl. v. 6. 8. 2007, 9 B 5.07. Zum Anspruch auf Umsetzung lärmschützender Maßnahmen BVerwGE 80, 184; BVerwG, BRS 48 Nr. 13.

93 Vgl. *Brenner*, LKV 2002, 304 (306); *Schoch*, NVwZ 1999, 457 ff.; ders., in: Hoffmann-Riem/ Schmidt-Aßmann/Voßkuhle, Grundlagen des Verwaltungsrechts III, 2009, § 50 Rn. 26 ff. – Effektiver Rechtsschutz kann aber auch durch entsprechende klagfähige Bürgerrechte gesichert werden, s. u. bei Fn. 110.
94 Entsprechendes gilt für Niedersachsen bei der größeren Städten zugewiesenen Luftreinhalteplanung.
95 Vgl. BVerwG, NVwZ 1992, 878; DVBl 1995, 744; NVwZ 2000, 1048.
96 Vgl. BVerfGE 56, 298 (313); 76, 107 (199); 79, 127 (143); 103, 332 (365).
97 BVerfGE 83, 363 (382); 119, 331 (362); Bbg VerfGH, LVerfGE 5, 79 (86); *Dreier*, in: Dreier, GG, 3. Aufl. 2008, Art. 28 Rn. 115; *Hellermann*, in: Epping/Hillgruber, BeckOK GG, Art. 28 Rn. 42; *Nierhaus*, in: Sachs, GG, 4. Aufl. 2007, Art. 28 Rn. 52, *Burgi*, Kommunalrecht, 2. Aufl. 2008, S. 87 ff.
98 Einzelheiten bei *Blaschke* (Fn. 32), S. 358 ff.
99 Hierzu *Schoch*, Jura 2006, 188 ff., 358 ff.; *Franz*, JuS 2004, 937 ff.; *Burgi*, (Fn. 97), S. 93 ff.; *Geis*, Kommunalrecht, 2008, S. 205 ff.
100 Wie überhaupt Rechtsschutz als unzulässig angesehen wird, vgl. den Streitstand bei VGH Mannheim, NVwZ-RR 2006, 416; a. A. zutr. *Schoch*, Jura 2006, 358 (362 f.).
101 Vgl. *Schoch*, Jura 2006, 358 (362 f.); VGH München, BayVBl. 2002, 336; VG Karlsruhe, Urt. v. 11. 7. 2001 – 3 K 1694/00 –; s. ferner OVG Münster, NuR 2006, 191; NVwZ-RR 2005, 58 (59); VGH Mannheim, NVwZ-RR 2006, 416.
102 VG Hannover, Beschl. v. 16. 2. 2010 – 4 B 533/10 –, ZUR 2010, 208 (211).
103 Näher hierzu *Cancik*, ZUR 2007, 169 ff.
104 *Jarass*, BImSchG, 6. Aufl. 2005, § 47a Rn. 10; *Scheidler/Tegeder*, in: Feldhaus, BImSchG, Stand Mai 2007, § 47d Rn. 76 f.; *Schulze-Fielitz*, GK-BImSchG, § 47d Rn. 159; VG Ansbach, Urt. v. 7. 12. 2007 – AN 10 K 06.02 910 – Rn. 32.
105 BVerwGE 128, 278 (285).
106 EuGH, NVwZ 2008, 984 (985).
107 *Cancik*, ZUR 2007, 169 (172 f.); *Heitsch* (Fn. 48), § 47d Rn. 52 ff.; *Blaschke* (Fn. 32), S. 397 f.
108 *Berkemann*, UVP-Report 2008, 152 (155).
109 EuGH, Fn. 110.
110 EuGH, NVwZ 2008, 984 (985); s. hierzu Fn. 110.
111 Zust. *Scheidler*, NVwZ 2008, 1083 (1085); *Fonk*, NVwZ 2009, 69 (74).
112 Krit. *Faßbender*, EuR 2009, 400 (406).
113 Art. 24 I 1 i. V. m. Anhang XII der RL.
114 Bei Überschreitung der Alarmschwellen für Ozon gelten besondere Modalitäten, vgl. Art. 24 I UAbs. 2.
115 Fn. 118.
116 EuGH, Urt. v. 5. 4. 1979, Ratti, Rs. C-148/78, Slg. 1979, I-1629; *Herrmann/Michl*, JuS 2009, 1065 (1066); *Bievert*, in: Schwarze, EU-Kommentar, 2. Aufl. 2009, Art. 249 Rn. 5 ff.; *Nettesheim*, in: Grabitz/Hilf, Das Recht der Europäischen Union, Stand Aug. 2002; Art. 249 EGV Rn. 161 ff.
117 Vgl. EuGH, Urt. v. 30. 5. 1991, Kommission/Deutschland, Rs. C-361/88, Slg. 1991, I-2567.
118 A. A. *Ekardt/Beckmann*, UPR 2008, 241 (246); *Scheidler*, NVwZ 2008, 1083 (1084).
119 Nachsicht mit den Mitgliedstaaten zeigt die EU auch mit der in Art. 22 gewährten Verlängerungsmöglichkeit für die Einhaltung der Grenzwerte für NO_2 und Benzol sowie die Regelung befristeter Ausnahmen für die Einhaltung der PM-10-Grenzwerte bis 11. 6. 2011. Das Verfahren ist in Art. 22 IV geregelt.

Bericht über den Arbeitskreis 6

von Richter *Dr. Wolfgang Schenk*, Karlsruhe

Der Arbeitskreis 6 beschäftigte sich mit den Aktionsplänen des Luftreinhalte- und Lärmschutzrechts und damit mit einer überaus aktuellen Problematik des nationalen und europäischen Immissionsschutzschutzrechts. Trotz der doch recht speziellen

Thematik fand sich im nahezu runden Konferenzraum des Konzerthauses eine bemerkenswerte Anzahl Interessierter ein.

Sie durften im ersten Teil ein gekonntes „Ping-Pong-Spiel" der beiden einheimischen Referenten, Rechtsanwalt Prof. Dr. *Reinhard Sparwasser* und Stadtrechtsdirektor Dr. *Rüdiger Engel*, erleben, in dem auch die Fremdsprachenkenntnisse unter Beweis gestellt wurden, die den „Europäischen Juristen" nach der in seinem Festvortrag am vorangegangenen Tag geäußerten Auffassung des Präsidenten des Bundesverfassungsgerichts Prof. Dr. *Voßkuhle* auszeichnen. Unterstützt wurde das Referat durch hilfreiche Folien sowie durch das schon vorab in den Tagungsunterlagen zur Verfügung gestellte Thesenpapier. Soweit möglich veranschaulichten die Referenten ihr Vorbringen mittels Beispielen (etwa zur Möglichkeit der Nutzung von Außenflächen trotz Lage an einer sehr stark befahrenen Straße).

Im zweiten Teil des Arbeitskreises kam es dann zu einer lebhaften Diskussion, an der sich Vertreter der Richterschaft und der Anwaltschaft sowie Behördenvertreter beteiligten.

Zu deren Beginn griff Herr Rechtsanwalt *Wurster* (Freiburg) die These auf, straßenbauliche Unterhaltungs- und Sanierungsmaßnahmen könnten einem anderen Rechtsträger nur im Rahmen verfügbarer Haushaltsmittel vorgeschrieben werden, und stellte ihre Vereinbarkeit mit europäischem Recht in Frage. Hieran anknüpfend stellte Herr Vorsitzender Richter am Bundesverwaltungsgericht Dr. *Storost* in den Raum, dass der Begriff der Planung in § 47 Abs. 6 Satz 2 BImSchG auch die Haushaltsplanung umfassen könne. Dem setzten die Referenten entgegen, dass die Bindungswirkung dieser Vorschrift nur den Träger der Verwaltung erfasse, nicht aber den Haushaltsgesetzgeber. Natürlich müsse aber auch etwa der Bund Straßenerneuerungsprogramme auflegen, um seiner Verpflichtung zur Umsetzung des Unionsrechts nachzukommen.

Wiederholt thematisiert wurde das Regelungsdefizit im Bereich des Lärmschutzes. Der Gesetzgeber sei dazu aufgerufen, dieses zu beheben. Herr Rechtsanwalt *Prof. Dr. Sparwasser* äußerte die Vermutung, die Untätigkeit des Gesetzgebers könnte auch damit zu tun haben, dass Regelungen zu erheblichen öffentlichen Mehrausgaben für Lärmschutzmaßnahmen (etwa in Bezug auf den vorhandenen Straßen- und Schienenbestand) führen könnten. Bei einer weiteren Untätigkeit des Gesetzgebers müssten – so die mehrmals im Arbeitskreis geäußerte Erwartung – die Verwaltungsgerichte das europäische Lärmschutzrecht effektiv umsetzen. Denkbar sei auch eine Art Beweislastumkehr zugunsten des Bürgers. Dies wiederum könnte dazu führen, dass der Gesetzgeber sich gezwungen sehe, doch aktiv zu werden.

Herr *Seiser* (Landratsamt Ortenaukreis) betonte im weiteren Verlauf der Diskussion insbesondere die Schwierigkeiten, Geschwindigkeitsbeschränkungen politisch durchzusetzen. In diesem Zusammenhang bekräftigte Herr Stadtrechtsdirektor Dr. *Engel* nochmals die erhebliche Lärmminderungswirkung von Geschwindigkeitsbeschränkungen, insbesondere im innerstädtischen Bereich. Eine Geschwindigkeitsreduktion von 50 km/h auf 30 km/h führe zu Pegelreduktionen von 3 bis 5 dB(A). Er verwies allerdings auch auf das Problem, dass etwa bei dort verlaufenden Bundesstraßen deren Verkehrsfunktion zu berücksichtigen sei. Problematisch sei ferner, dass die Lärmminderungswirkung von offenporigem Belag nach sechs bis zehn Jahren nachlasse und damit nicht über die gesamte Lebensdauer einer Straße wirke. Angesichts der Finanzlage der öffentlichen Haushalte sei mit einer zeitnahen Erneuerung nicht zu rechnen.

Breiteren Raum nahm die Problematik der Gesamtlärmbelastung ein. Nicht zuletzt Herr *Dr. Engel* verwies auf den insoweit bestehenden erheblichen Forschungsbedarf. Eventuelle Verwaltungsverfahren böten keinen Raum für wissenschaftliche Grundlagenforschung. Dass neuartige Probleme bewältigt werden könnten, habe sich aber etwa bei Einführung der UVP gezeigt. Insgesamt zeigte er sich optimistisch, dass es in diesem Bereich Fortschritte geben wird. Herr *Prof. Dr. Sparwasser* wies indes auf die Furcht der Lärmgutachter vor Fehlern hin; jedenfalls müsse die Rechtsprechung neuere wissenschaftliche Erkenntnisse berücksichtigen. Herr *Braatz* (VG Oldenburg) mahnte einheitliche europäische Regelungen zur Gesamtlärmbelastung an. Einigkeit bestand darüber, dass die bei der Problembewältigung notwendigen Belastungen gleichmäßig auf die Verursacher zu verteilen sind; eine einseitige Belastung etwa der Gewerbetreibenden, die die öffentlichen Haushalte schonen würde, ist abzulehnen.

Im Zusammenhang mit dem Lärmschutz in Bezug auf bereits bestehende Straßen verwies Herr *Dr. Storost* auf § 75 Abs. 2 VwVfG. Dem hielt Herr Rechtsanwalt *Dr. Melchinger* (Karlsruhe) die Regelung des § 75 Abs. 3 Satz 2 Halbs. 2 VwVfG entgegen.

Herr *Dr. Engel* äußerte sich ferner dahingehend, dass die Lärmaktionsplanung bei den Gemeinden gut aufgehoben sei, da sie unmittelbar betroffen seien. Dem stimmte Herr *Prof. Dr. Sparwasser* zu und ergänzte, dass die Gemeinden auch ein besonderes Interesse an der Bewahrung bisher ruhiger Gebiete hätten.

Zum Abschluss der Diskussion wandte sich Frau *Dr. Dürig* (Verwaltungsgerichtshof Baden-Württemberg) Rechtsschutzfragen im Bereich des Lärmschutzes zu und verwies darauf, dass der Bürger u. U. vor Erhebung einer Klage selbst eine sachverständige Stellungnahme einholen müsse, um klagebefugt zu sein. Herr *Dr. Engel* erinnerte daran, dass die Lärmbelastung durch die Bauleitplanung gut dokumentiert sein sollte. Auch stehe das UIG dem Bürger als Hilfe zur Seite. Natürlich aber müsse sich der Bürger (auch rechtlich) beraten lassen.

Insgesamt wurde deutlich, dass die Aufarbeitung der angesprochenen Problemkreise sowohl in wissenschaftlich-technischer Hinsicht als auch in rechtlicher Hinsicht erst am Anfang steht. Das Luftreinhalte- und Lärmschutzrecht ist und bleibt ein aktuelles Thema. Es ist zu erwarten, dass sich die Verwaltungsgerichte, auch wegen der immer angespannteren Lage der öffentlichen Haushalte, vermehrt mit Begehren der Bürger nach besserer Luftqualität und besserem Lärmschutz zu beschäftigen haben.

Kümmel
Beamtenrecht
Loseblattsammlung
ISBN 978-3-9802776-0-0

Kümmel
Beamtenversorgungsgesetz
Loseblattsammlung
ISBN 978-3-9802776-1-7

Kümmel/Pohl
Bundesbesoldungsrecht Niedersachsens
Loseblattsammlung
ISBN 978-3-932086-11-3

Kümmel/Pohl
Bundesbesoldungsrecht
Loseblattsammlung
ISBN 978-3-932086-02-1

Topka/Möhle
Beihilferecht Niedersachsens und des Bundes
Loseblattsammlung
ISBN 978-3-9802776-3-1

Kümmel/Palm/Soluk
Personalvertretungs- und Gleichstellungsrecht in Niedersachsen
Loseblattsammlung
ISBN 978-3-9802776-8-6

Blanke/Einemann/Palm/Thörmer
Modernes Management für die Verwaltung
Ein Handbuch – 2. Auflage mit CD
594 Seiten, kartoniert
ISBN 978-3-932086-08-3

PINKVOSS
VERLAG

Landwehrstraße 85
30519 Hannover

Postfach 81 04 50
30504 Hannover

Tel.: (0511) 9 90 50-0
Fax: (0511) 9 90 50-77

E-Mail: info@pinkvoss-verlag.de
Internet: www.pinkvoss-verlag.de

Böhrenz/Siefken
Niedersächsisches Gesetz über die öffentliche Sicherheit und Ordnung (Nds. SOG)
9. Auflage – Juli 2008
484 Seiten, kartoniert
ISBN 978-3-932086-10-6

Olaf Klostermann
Beamtenrecht in Niedersachsen
Ein Leitfaden für Ausbildung, Studium und Praxis
3. Auflage – März 2010
234 Seiten, kartoniert
ISBN 978-3-932086-12-0

Dieter Meyer
Die Schuldenfalle
Staatsverschuldung von 1965 bis 2025
146 Seiten, kartoniert
ISBN 978-3-932086-03-8

ARBEITSKREIS 7

Privatisierung kommunaler Aufgaben – Ansatzpunkte und Umfang verwaltungsgerichtlicher Kontrolle

Referent: *Prof. Dr. Wolfgang Ewer,*
Fachanwalt für Verwaltungsrecht, Kiel,
Präsident des Deutschen Anwaltvereins

Thesen des Referats

I. Zum Begriff der Privatisierung und den verschiedenen „Typen" von Privatisierung

1. Der Begriff „Privatisierung" taucht im Bundesrecht in 59 Vorschriften und im Recht sämtlicher deutschen Bundesländer in 92 Vorschriften auf. Im Bundesrecht kam ihm vor allem Bedeutung im Zusammenhang mit der deutschen Wiedervereinigung und der (Rück-)Übertragung vormals staatlicher Vermögenswerte auf Private zu. In den gesetzlichen Regelungen wird der Begriff der Privatisierung jeweils vorausgesetzt, ohne ihn zu definieren.
2. Der Inhalt des Begriffs „Privatisierung" ist vielschichtig. Im Wesentlichen umfasst er folgende unterschiedliche „Typen":
   a) Die auch als „Organisationsprivatisierung" bezeichnete „formelle Privatisierung" hat zum Gegenstand, dass sich der Verwaltungsträger zur Erfüllung einer ihm weiterhin obliegenden Aufgabe einer von ihm errichteten juristischen Person des Privatrechts bedient.
   (Beispiel: Eigengesellschaft einer Gemeinde in Gestalt einer GmbH)
   b) Bei der „funktionellen Privatisierung" verbleibt die Aufgabenzuständigkeit und damit auch die Aufgabenverantwortung weiterhin bei dem Träger öffentlicher Verwaltung. Dagegen wird die Erfüllung der Aufgabe im Gegensatz zur Organisationsprivatisierung nicht auf eine vom Verwaltungsträger beherrschte Gesellschaft, sondern auf ein „echtes" Privatrechtssubjekt übertragen, dessen Anteile (auch) von Privaten gehalten werden und das als eine Art Verwaltungshelfer fungiert.
   (Beispiel: Die Erfüllung der Aufgabe des Betriebs der öffentlichen Abfallentsorgung wird einer GmbH übertragen.)
   c) Eine Sondergruppe im Zusammenhang mit der funktionellen Privatisierung stellt die Public Private-Partnership (PPP) oder Öffentlich-private-Partnerschaft (ÖPP) dar. In derartigen Fällen sind an dem Privatrechtssubjekt, das mit der Erfüllung der betreffenden Aufgabe betraut wird, sowohl der Verwaltungsträger als auch ein Privater oder mehrere Private als Anteilseigner o. Ä. beteiligt.
   d) Im Gegensatz zu allen zuvor genannten Fällen ist für die „materielle Privatisierung" wesenstypisch,

- dass nicht lediglich die Verantwortung zur *Erfüllung* der betreffenden Aufgabe einem Privatrechtssubjekt übertragen wird, sondern
- dass die öffentliche Trägerschaft der *Aufgabe* selbst entfällt, diese mithin ihren staatlichen oder kommunalen Charakter verliert und dem Wettbewerb privater Anbieter im Markt überlassen wird.

(Beispiel: Postreform II – hier sieht Art. 87f Abs. 2 Satz 1 GG vor, dass die Dienstleistungen im Bereich des Postwesens und der Telekommunikation im Rahmen „privatwirtschaftlicher" Tätigkeit erbracht und damit – im Gegensatz zu den in Satz 2 der Vorschrift genannten Aufgaben – der staatlichen Hoheitsverwaltung entzogen werden.)

II. Zu den Gründen zunehmender Privatisierungsmaßnahmen

Die Gründe dafür, dass es in den letzten Jahren verstärkt zu Privatisierungen und insbesondere PPPs gekommen ist, sind höchst unterschiedlicher Natur. Insbesondere im kommunalen Bereich stehen im Vordergrund die zunehmenden Verknappungen von Haushaltsmittel und das Interesse, privates Kapital und auch privates Know-how zur Bewältigung von Aufgaben, die zuvor allein staatlich oder kommunal wahrgenommen wurden, einzubeziehen.

III. Zu den allgemeinen rechtlichen Grenzen für Privatisierungsmaßnahmen

1. Das *Gemeinschaftsrecht* enthält allenfalls wenige Grenzen für das „Ob" von Privatisierungsmaßnahmen, da diese der Verwirklichung der Freiheit des Waren- und Dienstleistungsverkehrs in der Regel eher dienlich sind. Demgemäß beschränken sich Vorgaben aus dem Gemeinschaftsrecht weitestgehend auf Regelungen über das „Wie". Diese bestehen insbesondere im Bereich des Vergabe- und des Beihilferechts.
2. Hingegen können sich aus dem *Verfassungsrecht* in verschiedener Hinsicht Grenzen für Privatisierungsmaßnahmen ergeben:
   a) Ausgangspunkt ist zunächst die Lehre von bestimmten genuin staatlichen Aufgaben, die aufgrund ihrer verfassungsrechtlichen Ausgestaltung keinerlei Privatisierung zugänglich sind. Im Hinblick auf den kommunalen Bereich dürfte das Prinzip genuin staatlicher Aufgabenerfüllung hingegen allenfalls in Ausnahmefällen in Betracht zu ziehen sein.
   b) Im Zusammenhang mit dem vorgenannten Grundsatz ist der Funktionsvorbehalt aus Art. 33 Abs. 4 GG zu nennen. Nach dieser Vorschrift ist die Ausübung hoheitsrechtlicher Befugnisse als selbstständige Aufgabe in der Regel Angehörigen des öffentlichen Dienstes, die in einem öffentlich-rechtlichen Dienst- und Treueverhältnis stehen, zu übertragen. Hieraus können sich rechtliche Hindernisse für bestimmte Privatisierungsmaßnahmen u. a. dann ergeben, wenn in größerem Umfang bestimmte hoheitliche Aufgaben im Wege der Beleihung auf ein Privatrechtssubjekt übertragen werden sollen.

c) Ein Gegenargument gegen die Zulässigkeit von Privatisierungsmaßnahmen – insbesondere auch im kommunalen Raum – wird mitunter auch aus dem Demokratieprinzip des Art. 20 Abs. 1 GG abgeleitet und damit begründet, dass mit der Einbeziehung Privater regelmäßig ein – häufig sogar intendierter – Verlust kommunaler Steuerungsmöglichkeit einhergehe. Bei diesem Ansatz werden zumeist das Wesen und die Reichweite des Demokratieprinzips überschätzt.

d) Sehr viel bedeutsamer ist demgegenüber die Begrenzung des Privatisierungsspielraums kommunaler Körperschaften durch die Garantie kommunaler Selbstverwaltung aus Art. 28 Abs. 2 GG.

Aus dieser wird abgeleitet,
- dass sich eine Gemeinde im Interesse einer wirksamen Wahrnehmung der Angelegenheiten der örtlichen Gemeinschaft nicht ihrer gemeinwohlorientierten Handlungsspielräume begeben darf und
- dass der Gemeinde auch die Sicherung und Wahrung ihres Aufgabenbereichs obliegt, um eine wirkungsvolle Selbstverwaltung und Wahrnehmung der Angelegenheiten der örtlichen Gemeinschaft zu gewährleisten.

e) Schließlich ergeben sich Grenzen für Privatisierungsmaßnahmen auch aus den Grundrechten sowie aus diesen abgeleiteten staatlichen Schutzpflichten.

Mit diesen wäre es etwa unvereinbar,
- Maßnahmen von unmittelbarer und schwerer Grundrechtsrelevanz und hoher Eingriffsintensität – etwa Zwangsmaßnahmen gegen einen in ein kommunales Krankenhaus eingewiesenen psychisch Kranken – nicht unmittelbar grundrechtsverpflichteten Privaten zu übertragen oder
- auf ein hoheitliches Präventivkontrollverfahren für die Errichtung und den Betrieb emittierender Anlagen gänzlich zu verzichten.

Soweit Grundrechte und aus diesen abgeleitete staatliche Schutzpflichten der Zulässigkeit bestimmter Privatisierungspflichten nicht prinzipiell entgegenstehen, kann sich aus ihnen jedoch eine Gewährleistungspflicht ergeben, die ggf. auch die Notwendigkeit der Ermöglichung einer jederzeitigen Rückholbarkeit einschließt.

3. Schließlich ergeben sich – im Hinblick auf die Grundsätze des Gesetzesvorrangs und Gesetzesvorbehalts – Grenzen für Privatisierungsmaßnahmen von Kommunen auch aus dem *einfachen Recht*.

IV. Zur Anwendung dieser Grundsätze auf die verschiedenen Privatisierungstypen

1. Materielle Privatisierung

Demgemäß ist es Kommunen etwa verwehrt, sich von einer Aufgabe „loszusagen", in der Hoffnung, dass diese schon durch das freie Spiel der Kräfte des Marktes erfüllt wird, sofern diese Aufgabe gesetzlich als öffentliche bestimmt und den Kommunen – insbesondere als pflichtige Selbstverwaltungsaufgabe – übertragen ist.

(Beispiel: Ein Kreis wäre auch dann nicht berechtigt, sich der Aufgabe der öffentlichen Abfallentsorgung zu „entledigen", wenn er der festen Überzeugung wäre, dass durch die Kräfte des Marktes eine umweltverträgliche und den sonstigen Vorgaben des KrW-/AbfG entsprechende Entsorgung der entsprechenden Abfälle sichergestellt wäre.)
Aber auch für den Bereich freiwilliger – und damit einfachgesetzlich gerade nicht zwingend vorgegebener – Selbstverwaltungsaufgaben sollen der materiellen Privatisierung Grenzen gesetzt sein, die sich aus dem Verfassungsrecht ableiten. So hat das Bundesverwaltungsgericht aus der Garantie kommunaler Selbstverwaltung abgeleitet,
– dass es nicht im freien Ermessen einer Gemeinde stehe, „freie Selbstverwaltungsangelegenheiten" zu übernehmen oder sich auch jeder Zeit wieder dieser Aufgaben zu entledigen,
– dass dann, wenn bestimmte Aufgaben zu den Angelegenheiten des örtlichen Wirkungskreises gehören, sich die Gemeinde im Interesse einer wirksamen Wahrnehmung dieses örtlichen Wirkungskreises, der ausschließlich der Gemeinde, letztlich zum Wohle der Gemeindeangehörigen, anvertraut ist, nicht ihrer gemeinwohlorientierten Handlungsspielräume begeben dürfe, und
– dass es der Gemeinde damit nicht grundsätzlich zustehe, sich ohne Weiteres der Angelegenheiten der örtlichen Gemeinschaft zu entledigen, da es anderenfalls die Gemeinden selbst in der Hand hätten, den Inhalt der kommunalen Selbstverwaltung durch Abstoßen oder Nichtwahrnehmung ihrer ureigenen Aufgaben auszuhöhlen.
Ausgehend hiervon hat das Bundesverwaltungsgericht angenommen, dass eine materielle Privatisierung eines kulturell, sozial und traditionsmäßig bedeutsamen Weihnachtsmarktes, der bisher in alleiniger kommunaler Verantwortung betrieben wurde, mit der Garantie kommunaler Selbstverwaltung unvereinbar sein soll. Bedenkt man,
– dass nach den Grundsätzen des Bundesverfassungsgerichts aus der Rastede-Entscheidung zum Wesensgehalt der gemeindlichen Selbstverwaltung kein gegenständlich bestimmter oder nach feststehenden Merkmalen bestimmbarer Aufgabenkatalog gehören soll, und
– dass daher selbst die Entziehung zuvor übertragener, sehr viel bedeutsamerer Selbstverwaltungsaufgaben die verfassungsrechtliche Selbstverwaltungsgarantie in der Regel nicht verletzen soll,
so stellt sich diese Rechtsprechung als Fortentwicklung dar. Es bleibt abzuwarten, ob das Bundesverfassungsgericht dem hierbei deutlich gewordenen engeren Verständnis der sich aus der Garantie kommunaler Selbstverwaltung ergebenden Grenzen für eine Beschränkung bzw. Selbstbeschränkung von Selbstverwaltungsaufgaben folgen wird.

2. Funktionelle Privatisierung

Gegenüber dem „Ob" funktioneller Privatisierung können sich dann Grenzen ergeben, wenn sich aus der Verfassung – insbesondere den Grundrechten – ableiten lässt,
- dass nicht nur die Trägerschaft einer bestimmten Aufgabe bei einem Träger öffentlicher Gewalt verbleiben muss, sondern
- dass auch die Wahrnehmung dieser Aufgabe durch den Staat oder die Kommune selbst erfolgen muss.

Dies käme etwa dann in Betracht, wenn der Staat den Vollzug bestimmter ordnungsrechtlicher oder vollstreckungsrechtlicher Maßnahmen, die mit Zwangsmaßnahmen gegen pflichtige Personen verbunden sind und damit in elementare Grundrechte eingreifen, einem privaten Unternehmen überträgt.

Aber auch bei dem „Wie" von Maßnahmen funktioneller Privatisierung muss die Gemeinde die sich aus den einfachgesetzlichen Vorgaben und der Verfassung ergebenden Vorgaben beachten. Würde etwa eine Gemeinde als Trägerin der Aufgabe der öffentlichen Abwasserbeseitigung nicht selbst darüber entscheiden, in welchen Fällen ein Anspruch auf Befreiung vom Anschluss- und Benutzungszwang besteht, sondern die Entscheidung hierüber einem unter ihrer Beteiligung errichteten gemischtwirtschaftlichen Unternehmen überlassen, dem die Erfüllung der Aufgabe der öffentlichen Abwasserbeseitigung übertragen ist, so wäre dies weder mit der gesetzlichen Aufgabenzuweisung noch mit der Pflicht der Gemeinde vereinbar, sicherzustellen, dass über Anträge auf Befreiung vom Anschluss- und Benutzungszwang nach pflichtgemäßem Ermessen entschieden wird.

Noch problematischer ist es, wenn die Gemeinde – wie in verschiedenen BID- oder PACT-Gesetzen vorgesehen – den Eigentümern eines bestimmten Bereichs einer Innenstadt durch Erlass einer entsprechenden Satzung lediglich einen rechtlichen Rahmen dafür schafft, sich durch Mehrheitsbeschluss für bestimmte Attraktivierungsmaßnahmen zu entscheiden, die dann von allen und damit auch den überstimmten Eigentümern im Wege der Beitragserhebung zu finanzieren sind. Damit wird letztlich nicht nur die Erfüllung einer öffentlichen Aufgabe Privaten übertragen; vielmehr werden diese in ihrer Mehrheit der Sache nach zur Bewirkung des Eintritts hoheitlicher Finanzierungsregelungen ermächtigt, ohne dass die hierfür erforderliche demokratische Legitimation ersichtlich ist.

Würde eine Gemeinde in einem B-Plan-Aufstellungsverfahren gestützt auf § 4b BauGB die inhaltliche Ausgestaltung bestimmter Verfahrensschritte – etwa der Erarbeitung eines Abwägungsvorschlags – einem privaten Planungsbüro übertragen, ohne sich die Möglichkeit konkreter Weisungen u. Ä. vorzubehalten, so könnte dies zu einer gesetzeswidrigen Beschränkung der Einflussmöglichkeiten der zuständigen gemeindlichen Organe führen und ggf. eine fehlerhafte Abwägungsentscheidung nach sich ziehen.

Die Pflicht einer Kommune, sich bestimmte Einwirkungs- und Steuerungsmöglichkeiten auf die Art und Weise der Aufgabenerledigung vorzubehalten, soll sich zudem auch aus der Garantie kommunaler Selbstverwaltung ergeben können.

Schließlich kann sich eine solche Pflicht und – darüber hinausgehend – sogar ein „Rückholrecht" und eine „Rückübernahmepflicht" auch aus den Grundrechten ergeben.
Hat eine Gemeinde etwa
- die Eigentümer der Grundstücke in einem durch einen Bebauungsplan neu festgesetzten Wohngebiet durch eine Festsetzung nach § 9 Abs. 1 Nr. 23a) BauGB daran gehindert, zur Wärme- und Warmwassererzeugung in ihren Häusern Ölheizungen zu betreiben, und
- sie zugleich durch eine satzungsrechtliche Begründung eines entsprechenden Anschluss- und Benutzungszwangs dazu verpflichtet, die Wärme von einem Blockheizkraftwerk abzunehmen, das durch einen von der Gemeinde in einem Vergabeverfahren ausgewählten privaten Unternehmer betrieben wird,

so ist sie gehalten, das Rechtsverhältnis mit diesem – durch entsprechende Gestaltungsrechte und deren insolvenzfeste dingliche Sicherung – so auszugestalten, dass für den Fall der Insolvenz des Betreibers eine nahtlose Fortführung der Wärmebelieferung gewährleistet ist, da die entsprechenden Beschränkungen sich ohne eine derartige Sicherstellung als unverhältnismäßige Grundrechtseingriffe darstellen würden.

3. Formelle Privatisierung
Aber auch eine bloß formelle Privatisierung kann auf rechtliche Grenzen stoßen. Würde sich eine Kommune etwa dazu entschließen, ihre gesamten für die Kulturarbeit vorgesehenen Haushaltsmittel einer von ihr errichteten Stiftung privaten Rechts zu übertragen, wie dies mit Blick auf eventuelle Gebietsreformen gegenwärtig mancherorts geschieht, so wäre zwar – bei entsprechender Gestaltung der Stiftungssatzung – die generelle Verwendung der Mittel für kulturelle Zwecke gewährleistet. Hingegen hätte die Kommune zukünftig keinerlei Möglichkeiten mehr, in irgendeiner Weise darauf Einfluss zu nehmen, für welche konkreten Vorhaben welche Mittel eingesetzt werden. Erst recht wäre ihr jede Möglichkeit einer „Umschichtung" der einmal in die Stiftung eingebrachten Mittel für andere öffentliche Zwecke verschlossen. Die Vereinbarkeit einer solchen Gestaltung mit den Vorgaben des kommunalen Wirtschafts- und Haushaltsrechtes sowie auch dem Erfordernis hinreichender demokratischer Legitimation erscheint daher äußerst fraglich.

V. Zu den Ansatzpunkten und dem Umfang gerichtlicher Kontrolle

1. Da – wie eingangs dargestellt – der Begriff der Privatisierung selbst rechtlich nicht konturenscharf ist und unter seinem Dach eine Vielzahl unterschiedlicher „Typen" beheimatet, lassen sich auch keine allgemeingültigen Grundsätze zur Gewährung von Rechtsschutz im Zusammenhang mit Privatisierungsentscheidungen aufstellen.
2. Allgemein gilt lediglich auch hier, dass Rechtsschutz regelmäßig nur bei einer Verletzung subjektiver Rechte beansprucht werden kann. Demgemäß wird die gericht-

liche Überprüfbarkeit einer Privatisierungsentscheidung immer nur dann in Betracht kommen, wenn der Kläger geltend machen kann, durch diese in eigenen Rechten verletzt zu werden. Etwas anderes gilt auch nicht für Kommunalverfassungsstreitverfahren, weil auch in diesen lediglich eine Verletzung organschaftlicher Kompetenzen geltend gemacht, nicht aber die objektive Rechtmäßigkeit einer bestimmten Entscheidung des betreffenden Gemeindeorgans selbst der gerichtlichen Überprüfung zugeführt werden kann.

3. Versucht man, die Rechtsschutzmöglichkeiten nach Privatisierungstypen zu ordnen, so ergibt sich folgendes Bild:

a) Gegen eine *materielle Privatisierung* wird eine Klage in zulässiger Weise nur dann erhoben werden können, wenn der Kläger geltend machen kann, durch diese in eigenen Rechten verletzt zu werden, etwa weil die materielle Privatisierung einer zuvor freiwilligen Selbstverwaltungsaufgabe nach dem Vortrag des Klägers rechtswidrig ist und weil sie zugleich dazu führt, ihn in seinem kommunalrechtlichen Benutzungsanspruch zu verletzen.

b) Gegen das „*Ob*" einer *funktionalen Privatisierung* wird eine Klage nur dann Erfolg haben können, wenn der Kläger geltend machen kann, dass die Übertragung der Erfüllungszuständigkeit auf das Privatrechtssubjekt als solche – unabhängig von ihrer konkreten Ausgestaltung – zu einer Verletzung seiner Rechte führt. Dies dürfte in seltenen Fallgestaltungen in Betracht kommen, so etwa dann, wenn eine Stadt die Verwaltung der medizinischen Daten des amtsärztlichen Dienstes einem privaten Datenverarbeitungsunternehmen übertragen will und ein städtischer Beamter geltend machen könnte, dass die Weiterleitung ihn betreffender Gesundheitsdaten an ein privates Unternehmen unabhängig von der konkreten Ausgestaltung generell rechtswidrig ist und ihn in seinem beamtenrechtlichen Fürsorgeanspruch sowie in seinem Recht auf informationelle Selbstbestimmung verletzt.

c) Gegenüber dem „*Wie*" einer *funktionalen Privatisierung* kommen hingegen verschiedene Rechtsschutzmöglichkeiten in Betracht.

Will sich ein Bürger etwa dagegen wehren, zum Anschluss- und Benutzungszwang an eine Fernwärmeversorgung herangezogen zu werden,

– weil diese nicht von der Gemeinde selbst betrieben werde, sondern der Betrieb einem Privatunternehmen übertragen worden sei, und

– weil die Gemeinde nicht zugleich sichergestellt habe, dass sie auch im Falle einer Insolvenz des privaten Betreibers den Betrieb der Fernwärmeversorgung selbst übernehmen und ohne Unterbrechung weiter gewährleisten könne,

so dürfte die Möglichkeit einer Verletzung subjektiver Rechte nicht von vornherein von der Hand zu weisen sein.

Gleiches gälte, wenn sich ein Marktbeschicker nicht grundsätzlich dagegen wendet, dass eine Gemeinde die Durchführung eines traditionellen Volksfestes einem privaten „Event-Veranstalter" übertragen hat, sondern vielmehr geltend macht, dass es die Gemeinde unterlassen habe,

- diesem nähere Vorgaben zu machen, nach welchen Kriterien über die Teilnahmeanträge konkurrierender Bewerber zu entscheiden ist, und
- sich die Möglichkeit einer abschließenden Entscheidung in Streitfällen vorzubehalten.

d) Gegenüber der näheren Ausgestaltung einer Maßnahme der funktionalen Privatisierung wird zudem auch häufig Rechtsschutz vor den Vergabekammern und Vergabesenaten der Oberlandesgerichte in Betracht kommen, da die Übertragung der Erfüllung einer bestimmten öffentlichen Aufgabe auf ein Privatrechtssubjekt in aller Regel einen öffentlichen Auftrag i. S. v. § 99 GWB darstellen wird. Selbst wenn dies nicht der Fall ist und lediglich eine Dienstleistungskonzession vorliegt, sind nach der Rechtsprechung des Europäischen Gerichtshofs aber die Grundregeln des EG-Vertrages (nunmehr: Vertrags über die Arbeitsweise der Europäischen Union) im Allgemeinen und das Verbot der Diskriminierung aus Gründen der Staatsangehörigkeit im Besonderen zu beachten, was auch die Einhaltung des Transparenzgrundsatzes einschließt.

e) Dass ein Kläger durch eine formelle Privatisierung in seinen Rechten verletzt werden könnte, erscheint aus den zuvor dargestellten Gründen ebenfalls nur in Ausnahmefällen denkbar.

4. Hingegen ist zu bedenken, dass über die skizzierten Möglichkeiten eines unmittelbaren „prozessualen Angriffs" auf die jeweiligen Privatisierungsmaßnahmen hinaus nicht selten die Möglichkeit einer Inzidentkontrolle bestehen wird. Dies betrifft insbesondere Privatisierungsfolgen. Kann etwa ein auf Zahlung von Benutzungsgebühren in Anspruch genommener Bürger geltend machen,
- dass die Übertragung der Erledigung einer bestimmten öffentlichen Aufgabe auf ein Privatunternehmen gegen geltendes Gesetzesrecht verstößt und
- dass durch diese Übertragung Mehrkosten entstanden sind, die über das betriebsnotwendige Maß hinausgehen,

so wird das Verwaltungsgericht Anlass haben, sich auch mit der Frage zu befassen, ob eine Gebührenfähigkeit nicht schon deshalb zu verneinen ist, weil die Einschaltung des privaten Unternehmens als solche rechtswidrig war, woraus allerdings nicht der Umkehrschluss gezogen werden kann, dass durch eine Einschaltung Privater entstehende Mehrkosten generell nicht gebührenfähig seien.

Setzt sich ein Betroffener gegen seine Einweisung in ein psychiatrisches Krankenhaus mit der Begründung zur Wehr, dass dieses unter privater Trägerschaft stehe und es verfassungsrechtlich nicht zulässig sei, eine Zwangseinweisung in eine derartige nicht-hoheitliche Einrichtung vorzunehmen, so wird das zuständige Gericht – in diesem Falle wohl ein solches der ordentlichen Gerichtsbarkeit – schwerlich umhin können, sich auf diesen Einwand hin mit der Frage der Rechtmäßigkeit, zumindest aber Rechtswirksamkeit der Privatisierungsentscheidung zu befassen.

5. Die Möglichkeit einer nahezu unbeschränkt objektiven Rechtskontrolle ist in denjenigen Fällen eröffnet, in denen die zuständige Kommunalaufsichtsbehörde eine bestimmte Privatisierungsmaßnahme untersagt und die betroffene Kommune ihrerseits Klage auf Aufhebung der kommunalaufsichtlichen Anordnung erhebt.

Soweit entsprechende Anordnungen nicht auf einen Verstoß gegen strikte Rechtsvorschriften gestützt sind, wird das Verwaltungsgericht zu beachten haben, dass die Frage der Zweckmäßigkeit der kommunalen Entscheidung für eine bestimmte Privatisierungsmaßnahme der gerichtlichen Kontrolle entzogen ist und dass die Ausübung des der Kommune zustehenden Organisationsermessens nur in den Grenzen des § 114 VwGO zu kontrollieren ist, die mit Blick auf die von Art. 28 Abs. 2 GG umfasste Organisationsautonomie eher weit zu ziehen sind.

Referat

A. Einleitung

Die Privatisierung kommunaler Aufgaben ist seit längerem ein großes Thema in der Praxis, in der Verwaltungswissenschaft und in der verwaltungsrechtlichen Diskussion. Die größte Begeisterung für die Privatisierung mag sich gelegt haben.[1] Vor allem haben sich die großen Hoffnungen auf eine „Verschlankung" des Staates nicht unbedingt erfüllt, weil mit der Übertragung einer Aufgabe an Private immer auch eine Regulierung dieser Privaten einhergeht.[2] Auch die politische Begeisterung über die Privatisierung ist nicht mehr so kräftig und lautstark wie noch vor wenigen Jahren. Angeblich sollen 68 % der Menschen in Deutschland davon ausgehen, dass grundlegende Dienstleistungen wie die Versorgung mit Strom, Gas und Wasser am besten von öffentlich kontrollierten Unternehmen erbracht werden können.[3]

Gleichwohl wird weiterhin privatisiert. So wurde in der FAZ vom 29. 4. 2010 der Vorstandsvorsitzende der Rhön Klinikum AG mit den Worten zitiert, die Privatisierung von Kliniken werde fortdauern. Sein Unternehmen sei im Gespräch mit einem halben Dutzend von Betreibern mittlerer und größerer Häuser. Auch im kommunalen Sektor ist der Trend zur Privatisierung nur in bestimmten Bereichen gebrochen, während er sich in anderen fortsetzt. So wird auch das vor kurzem gegen die Bundesrepublik Deutschland ergangene Urteil des Europäischen Gerichtshofs zur Pflicht zur europaweiten Bekanntmachung bei der Beauftragung von Rettungsdienstleistungen[4] sicher eher dazu beitragen, die Tendenz zur Privatisierung auch in diesem Bereich zu stärken. Unabhängig davon führt die andauernde Verknappung der Haushaltsmittel weiterhin dazu, dass sich die Gemeinden bestimmter Aufgaben oft und gern durch Privatisierung entledigen. Zudem steht die Privatisierung für viele Kommunen auch für eine Einbringung privater Sachkompetenz. Beide Aspekte lassen die Privatisierung vielerorts nach wie vor politisch attraktiv erscheinen, auch wenn es in manchen Bereichen bereits gegenläufige Tendenzen – also solche zur Rekommunalisierung[5] – gibt.

B. Zum Begriff der Privatisierung

Für die rechtliche Diskussion gibt der Begriff der „Privatisierung" für sich genommen wenig her.[6] Der Begriff taucht im Bundesrecht in 59 Vorschriften und im Recht sämtlicher deutschen Bundesländer in 92 Vorschriften auf. In den gesetzlichen Regelungen wird der Begriff der Privatisierung aber jeweils nur vorausgesetzt, ohne ihn zu definieren. Jenseits des einzelnen Gesetzes können im Wesentlichen drei Typen der Privatisierung kommunaler Aufgaben unterschieden werden:[7]

Bei der „formellen Privatisierung" oder „Organisationsprivatisierung" bedient sich der Verwaltungsträger zur Erfüllung einer weiterhin ihm obliegenden Aufgabe einer von ihm errichteten juristischen Person des Privatrechts. Ein klassisches Beispiel ist hier die Gründung einer Eigengesellschaft einer Gemeinde in Gestalt einer GmbH. Die Rechtsform ist dabei eine privatrechtliche, die Trägerschaft verbleibt aber bei der Gemeinde. Bei der „funktionalen Privatisierung" verbleibt ebenfalls die Aufgabenzuständigkeit und damit auch die Aufgabenverantwortung bei dem Träger öffentlicher Verwaltung.

Im Gegensatz zur Organisationsprivatisierung wird die Aufgabenerfüllung aber nicht auf eine vom Verwaltungsträger beherrschte Gesellschaft, sondern auf ein „echtes" Privatrechtssubjekt übertragen, dessen Anteile (auch) von Privaten gehalten werden und das als eine Art Verwaltungshelfer fungiert.[8] Die Public Private Partnership (PPP) oder Öffentlich-private Partnerschaft (ÖPP) ist als ein Sonderfall dieser funktionalen Privatisierung zu qualifizieren, nicht als eigene Kategorie der Privatisierung.[9] In derartigen Fällen sind an dem Privatrechtssubjekt, das mit der Erfüllung der betreffenden Aufgabe betraut wird, sowohl der Verwaltungsträger als auch ein Privater oder mehrere Private beteiligt. In dieser Weise wird oft die Abfallentsorgung durch Bildung einer Gesellschaft unter privater und kommunaler Beteiligung privatisiert.

Eine dritte Kategorie ist die der „materiellen Privatisierung." Im Gegensatz zu allen zuvor genannten Fällen ist für die „materielle Privatisierung" wesenstypisch, dass nicht lediglich die Verantwortung zur Erfüllung der betreffenden Aufgabe einem Privatrechtssubjekt übertragen wird, sondern dass die öffentliche Trägerschaft der Aufgabe selbst entfällt, diese mithin ihren öffentlichen Charakter verliert und dem Wettbewerb privater Anbieter im Markt überlassen wird.

Gegenüber diesen drei Formen der Privatisierung kommunaler Aufgaben oder ihrer Erfüllung spielt die Vermögensprivatisierung eine Sonderrolle. Dabei geht es um die Veräußerung staatlichen und kommunalen Eigentums.[10] Ein solcher „Verkauf des Tafelsilbers" kann mit einer Privatisierung von Aufgaben verbunden sein, etwa wenn mit einem Vermögensgegenstand dessen Verwaltung übergeht[11] oder wenn, umgekehrt, Sachmittel mit übergehen müssen, damit eine kommunale Aufgabe von Privaten wahrgenommen werden kann. Bei der Vermögensprivatisierung an sich geht es aber um andere Rechtsfragen als bei der Privatisierung der Aufgaben selbst, namentlich vor allem um finanzverfassungs- und haushaltsrechtliche Fragen.[12] Das Phänomen der Vermögensprivatisierung kann hier deshalb außer Betracht bleiben.

Ebenso ist von der Privatisierung von Aufgaben die reine „Finanzierungsprivatisierung" zu unterscheiden, bei der es ausschließlich um die Beschaffung privater Geldmittel für solche Kosten geht, die dennoch weiterhin den öffentlichen Haushalten zufallen.[13] Einen Unterfall davon bildet etwa das „Sponsoring", bei dem die Kommune Zahlungen als Gegenleistung für bloße Werbeeffekte erhält.[14] Diese Erscheinungsformen kommunaler Haushaltspolitik spielen für den Komplex der kommunalen Aufgaben ebenfalls keine Rolle.

C. Allgemeine rechtliche Maßstäbe für Privatisierungsmaßnahmen

Bisweilen enthält das positive Recht sogar Privatisierungsgebote. So ist die materielle Privatisierung, zumindest aber die funktionale Privatisierung, in allgemeiner Weise in § 7 Abs. 1 S. 2 BHO angesprochen.[15] Wenn das Haushaltsrecht dort unter dem Gesichtspunkt der Wirtschaftlichkeit und Sparsamkeit die Prüfung der Möglichkeit von Privatisierungen verlangt, befürwortet es damit grundsätzlich die Privatisierung.

Gleichwohl gibt es auch allgemeine rechtliche Grenzen für Privatisierungsmaßnahmen. Diese ergeben sich auf allen Ebenen der Normenhierarchie und betreffen die verschiedenen Formen der Privatisierung in unterschiedlicher Weise. Deshalb sollen zunächst hier die relevanten Normkomplexe und Rechtsprobleme herausgearbeitet werden, bevor die Probleme dann auf die unterschiedlichen Formen der Privatisierung bezogen werden (unter IV.).

I. Das Recht der Europäischen Union

Das Gemeinschaftsrecht – oder jetzt: Unionsrecht – zeichnet sich durch eine marktliberale Grundhaltung aus.[16] Es steht deshalb der Privatisierung – dem „Ob" der Privatisierung – grundsätzlich nicht entgegen.[17] Im Gegenteil ist der freie Waren- und Dienstleistungsverkehr nach einem Rückzug des Staates und der Kommunen sogar eher gewährleistet. Allenfalls zum „Wie", zum Prozess der Privatisierung kann das Unionsrecht Maßgaben enthalten. Insofern können sich Probleme namentlich aus dem Beihilferecht und dem Vergaberecht ergeben.

Das Beihilferecht dürfte aber nur eine eher kleine Rolle spielen. Zwar kann es – zum Beispiel – eine unzulässige Beihilfe und damit einen Verstoß gegen Art. 107 AEUV (früher Art. 87 EG) darstellen, wenn etwa Vermögensgegenstände unter Wert veräußert werden.[18] Das betrifft aber in erster Linie die Vermögensprivatisierung und damit – wie bereits erwähnt – nicht eigentlich die Privatisierung kommunaler Aufgaben. Diese Maßgabe spielt aber auch dann eine Rolle, wenn mit der Aufgabenerfüllung zugleich Sachmittel der Kommune an einen Privaten übergehen sollen, oder wenn eine Gemeinde anlässlich einer Privatisierung die unbeschränkte Haftung für ein Unternehmen übernimmt.[19] Dabei ist dann – nach Art eines privaten Investors[20] – eine angemessene Gegenleistung vorzusehen. Diese kann aber natürlich auch in einem für die Kommune günstigen Arrangement der Aufgabenerfüllung liegen.

Zur Anwendbarkeit des im Unionsrecht gründenden Vergaberechts wird man zu differenzieren haben. Die Gründung einer Gesellschaft im Rahmen der formellen oder funktionalen Privatisierung ist als solche sicher noch kein öffentlicher Auftrag i. S. d. § 99 GWB, schon weil sie keinen Vorgang der Beschaffung am Markt enthält.[21] Dasselbe gilt für die Veräußerung von Anteilen an einer Gesellschaft als Maßnahme der funktionalen Privatisierung.[22]

Erst die Übertragung der Erfüllung einer bestimmten Aufgabe auf ein Privatrechtssubjekt stellt einen öffentlichen Auftrag i. S. v. § 99 GWB dar, und erst dieser Aspekt der Privatisierung unterfällt damit dem Vergaberecht der §§ 97 ff. GWB.[23] Eine Vergabe an eine Gesellschaft, an der nur die Gemeinde beteiligt ist und die deshalb noch zum Bereich der öffentlichen Verwaltung gehört, wird sich aber in der Regel als bloße in-house-Vergabe darstellen. Für einen solchen Vorgang der nur formellen Privatisierung gilt das Vergaberecht grundsätzlich nicht.[24] Problematisch ist dabei nur ein recht spezieller Fall: nach der Rechtsprechung des EuGH genügt es für eine in-house-Vergabe nicht, dass die Gemeinde die einzige Gesellschafterin der Empfängerin eines Auftrags ist.[25] Vielmehr gilt das Vergaberecht auch dann, wenn die Gesellschaft nach ihrer Satzung und dem Gesellschaftsrecht eine gewisse Selbstständigkeit von der Gemeinde aufweist.[26] Das kann etwa bei einer Aktiengesellschaft leicht der Fall sein.[27] Dann wäre auch die formelle Privatisierung nicht vergaberechtsfrei.

Vor allem aber liegt ein öffentlicher Auftrag dann vor, wenn im Wege der *funktionalen* Privatisierung eine Aufgabe auf ein Privatrechtssubjekt übertragen wird, an dem auch Private beteiligt sind.[28] Die *materielle* Privatisierung dagegen kann keinen öffentlichen Auftrag beinhalten, da die Gemeinde sich dabei der Aufgabe vollständig entäußert und die Erfüllung der Aufgabe durch einen Privaten danach keine Dienstleistung der Gemeinde gegenüber darstellt; die Gemeinde beschafft sich nichts am Markt, sondern überlässt nur dem Markt etwas.[29]

An einem öffentlichen Auftrag im Sinne des Vergaberechts kann es aber auch aus anderen Gründen fehlen.[30] Insbesondere kann die Privatisierung so ausgestaltet sein, dass der private Unternehmer keine Gegenleistung der Kommune für seine Aufgabenerfüllung erhält, sondern er das Recht bekommt, seine Tätigkeit selbst gewinnbringend zu nutzen. In dem Fall würde er von den Empfängern seiner Leistung Geld verlangen und dabei das wirtschaftliche Risiko tragen. Dann handelt es sich nicht mehr um einen öffentlichen Auftrag der Gemeinde, sondern um eine bloße Dienstleistungskonzession.[31] Dann aber sind nach der Rechtsprechung des Europäischen Gerichtshofs immerhin noch die Grundregeln des EG-Vertrages (nunmehr: des Vertrags über die Arbeitsweise der Europäischen Union) im Allgemeinen und das Verbot der Diskriminierung aus Gründen der Staatsangehörigkeit im Besonderen zu beachten, was auch die Einhaltung des Transparenzgrundsatzes einschließt.[32] Was dieses Gebot genau einschließt, wird der Gerichtshof noch zu präzisieren haben.

II. Verfassungsrechtliche Grenzen

Grenzen der Privatisierung ergeben sich jedoch in vielfältiger Weise, sowohl hinsichtlich des „Ob" als auch des „Wie" der Privatisierung, aus dem Verfassungsrecht.

1. Genuin staatliche Aufgaben

Zunächst könnte man hier an die Privatisierungsschranke der Lehre von den genuin staatlichen Aufgaben denken.[33] Insofern sind sicherlich einige staatliche Aufgaben kraft der Natur der Sache – oder genauer: kraft der verfassungsrechtlichen Anordnung, die die Natur der Sache erst bestimmt – keinerlei Privatisierung zugänglich. Hierzu dürfte man etwa die Strafverfolgung und die Landesverteidigung zählen.[34] Im kommunalen Bereich dürften derartige Aufgaben aber allenfalls in Ausnahmefällen in Betracht kommen.[35]

2. Art. 33 Abs. 4 GG als Staatsvorbehalt?

Einen weiteren Vorbehalt für die staatliche Aufgabenerledigung mag auch Art. 33 Abs. 4 GG enthalten, wonach die Ausübung hoheitsrechtlicher Befugnisse als selbstständige Aufgabe in der Regel Beamten zu übertragen ist. Jedenfalls einer nur formellen Privatisierung kann die Norm nicht entgegenstehen, weil ein etwa gebotener Einsatz von Beamten auch bei dem neuen Privatrechtssubjekt sichergestellt werden könnte, namentlich durch eine Übernahme verbeamteten Personals der zu privatisierenden Einrichtung.[36]

Im Übrigen ist aber durchaus unklar – und vom Bundesverfassungsgericht nicht klargestellt –, ob Art. 33 Abs. 4 GG wirklich die staatliche Aufgabenerledigung in Abgrenzung zur privaten fordert, und ob die Norm daher der Privatisierung entgegensteht.[37] So wird teilweise angenommen, die Norm verbiete grundsätzlich die *materielle* Privatisierung. Danach soll der Begriff der „hoheitsrechtlichen Befugnisse" materiell definiert werden und somit Art. 33 Abs. 4 GG „bestimmte sensible Aufgaben den Beamten (und damit automatisch der öffentlichen Trägerschaft)" vorbehalten.[38] Richtigerweise dürfte die Norm aber die Zuweisung einer Aufgabe an die öffentliche Verwaltung – durch eine andere Verfassungsnorm oder das Gesetz – voraussetzen, nicht aber selbst in staatsorganisatorischer Hinsicht eine Aufgabenzuweisung vornehmen oder verlangen.[39]

Auch auf dieser Grundlage ist aber – vor allem – umstritten, ob Art. 33 Abs. 4 GG der *funktionalen* Privatisierung entgegensteht.[40] Vielfach wird vertreten, dass wegen Art. 33 Abs. 4 GG hoheitliche Aufgaben im öffentlichen Dienst Beamten vorbehalten seien und dass solche Aufgaben deshalb erst recht nicht durch Private erfüllt werden dürften;[41] deshalb sei namentlich auch die Beleihung Privater vor Art. 33 Abs. 4 GG rechtfertigungsbedürftig.[42] Auch dies mag bezweifelt werden: Art. 33 Abs. 4 GG steht in engem systematischen Zusammenhang mit Art. 33 Abs. 5 GG, der gerade die Regelung des Berufsbeamtentums in seiner Abgrenzung zum sonstigen öffentlichen Dienst betrifft.[43] Abs. 4 der Norm dürfte deshalb eher als eine Maßgabe nur für die Binnenstruktur der Verwaltung, eben für das Verhältnis von Beamten und Angestellten im öffentlichen Dienst zu sehen sein.[44] Ein Erst-recht-Schluss auf die Betrauung Privater bietet sich nicht an, da diese Weiterung den Sinn und Zweck der Norm sogar verkehren würde.

Jedenfalls ergäbe sich aber selbst nach der anderen Lesart aus Art. 33 Abs. 4 GG kein absolutes Verbot der Privatisierung öffentlicher – oder auch nur im engeren Sinne hoheitlicher – Aufgaben. Die Norm schreibt ausdrücklich nur einen Regelfall fest. Deshalb ist eine Übertragung hoheitlicher Aufgaben auf Private jedenfalls dann zulässig, wenn sie auf sachlichen Gründen beruht[45] und das Regel-Ausnahme-Verhältnis gewahrt bleibt.[46]

Außerdem können sich Probleme aus der Summe der Übertragungen ergeben, wenn hoheitliche Aufgaben in größerem Umfang auf Nichtbeamte übertragen werden.[47] Selbst wenn dies für Privatisierungen relevant werden könnte, wäre das Problem aber auch durch eine Reduzierung *in der Summe* zu korrigieren, und zwar nicht notwendig durch die Rücknahme gerade der letzten Übertragung.[48]

3. Einwände aus dem Demokratieprinzip

Ein weiteres Gegenargument gegen Privatisierungsmaßnahmen – insbesondere auch im kommunalen Raum – wird mitunter auch aus dem Demokratieprinzip des Art. 20 Abs. 1 GG abgeleitet. Jedenfalls ein allgemeines Verbot der Privatisierung wird sich daraus aber nicht ableiten lassen. Sicherlich bedarf sowohl die staatliche Verwaltung als auch die kommunale Selbstverwaltung einer lückenlosen demokratischen Legitimation. Das Bundesverfassungsgericht hat aber festgestellt, dass

„außerhalb dieser Bereiche das Demokratieprinzip offen ist für andere Formen der Ausübung von Staatsgewalt."[49]

Insbesondere lasse sich, so der Zweite Senat weiter,

„dem Demokratieprinzip nicht entnehmen, dass Aufgaben im Bereich der Daseinsvorsorge unmittelbar vom Staat zu erledigen wären, nur weil sie von wesentlicher Bedeutung für das Gemeinwohl seien."[50]

Deshalb können solche Aufgaben grundsätzlich auch Privaten übertragen werden.[51] Es kommt dann nur darauf an, dass die *sachlich-inhaltliche* Legitimation der Aufgabenerfüllung erhalten bleibt. Das erfordert, dass die jeweiligen Aufgaben und Befugnisse gesetzlich bestimmt sind und dass personell demokratisch legitimierte Amtswalter Aufsichtsbefugnisse behalten.[52] Nur auf diesen Aspekt wird noch zurückzukommen sein.

4. Die Garantie der kommunalen Selbstverwaltung als Privatisierungsschranke?

Sehr viel bedeutsamer ist demgegenüber die Begrenzung des Privatisierungsspielraums kommunaler Körperschaften durch die Garantie kommunaler Selbstverwaltung aus Art. 28 Abs. 2 GG. Aus dieser hat das Bundesverwaltungsgericht kürzlich abgeleitet,

– dass sich eine Gemeinde im Interesse einer wirksamen Wahrnehmung der Angelegenheiten der örtlichen Gemeinschaft nicht ihrer gemeinwohlorientierten Handlungsspielräume begeben darf

und

– dass der Gemeinde auch die Sicherung und Wahrung ihres Aufgabenbereichs obliegt, um eine wirkungsvolle Selbstverwaltung und Wahrnehmung der Angelegenheiten der örtlichen Gemeinschaft zu gewährleisten.[53]

Demnach soll sich aus Art. 28 Abs. 2 GG eine Pflicht zur – zumindest eigenverantwortlichen – Wahrnehmung von Aufgaben ergeben können. Hierbei geht es also – wie das Gericht auch selbst klargestellt hat[54] – um die Zulässigkeit einer materiellen Privatisierung.[55] Diese neue Rechtsprechung wird deshalb im Folgenden unter dem besonderen Blickwinkel der Zulässigkeit materieller Privatisierungen diskutiert werden.

5. Grundrechtliche Einwände

Schließlich ergeben sich gewisse Grenzen für Privatisierungsmaßnahmen auch aus den Grundrechten sowie aus diesen abgeleiteten staatlichen Schutzpflichten. Mit der abwehrrechtlichen Dimension der Grundrechte wäre es etwa unvereinbar, Maßnahmen von unmittelbarer und schwerer Grundrechtsrelevanz und hoher Eingriffsintensität – etwa Zwangsmaßnahmen gegen einen in ein kommunales Krankenhaus eingewiesenen psychisch Kranken – nicht unmittelbar grundrechtsverpflichteten Privaten zu übertragen. Dem wird dadurch Rechnung getragen, dass bei der nur formellen Privatisierung eine fortgeltende Grundrechtsverpflichtung angenommen und die „Flucht in das Privatrecht" ausgeschlossen wird,[56] und dass im Übrigen bei hoheitlichem Handeln der Privatisierungsempfänger eine Beleihung, mit der Folge unmittelbarer Grundrechtsbindung,[57] erforderlich wird.[58]

Ergänzend ergibt sich aus den Grundrechten eine positive Gewährleistungspflicht, kraft derer die Aufgabenwahrnehmung durch Private gesetzlich zu regeln ist.[59] Dabei ist, auch zur Wahrung der vorher dem Staat obliegenden grundrechtlichen Leistungspflichten, zumindest sicherzustellen, dass grundrechtlich geforderte Leistungen auch wirklich an Jedermann erbracht werden.[60]

Außerdem können gewisse grundrechtliche Gewährleistungen dem Staat vorbehalten bleiben. So dürfte wohl von einem hoheitlichen Präventivkontrollverfahren im Atomrecht nicht gänzlich abgesehen werden.

Allerdings gilt grundsätzlich auch für die grundrechtlichen Schutz- und Leistungspflichten, dass der Staat nur zu deren Gewährleistung verpflichtet ist, nicht hingegen zur Ausführung gerade durch staatliche und kommunale Stellen.[61] Dasselbe dürfte für entsprechende Pflichten aus dem – ohnehin höchst konkretisierungsbedürftigen[62] – Sozialstaatsprinzip gelten.[63] Für beide hat schließlich zu gelten, dass Private diese Pflichten keineswegs schlechter erfüllen müssen als zuvor der Staat.[64] Im Übrigen entspricht es bereits der Struktur von Schutz- und Leistungspflichten, dass der Staat immer nur zu einer schützenden Handlung, nicht aber zu allen schützenden Handlungen verpflichtet ist.[65] Dabei steht es ihm grundsätzlich frei, sich für eine bestimmte Form der Gewährung von Schutz zu entscheiden.[66] Er ist deshalb zwar allgemein zum Schutz oder zur Leistung verpflichtet, aber nicht zu konkreten Handlungen.[67]

III. Maßgaben des einfachen Rechts

Schließlich enthält auch das einfache Recht Grenzen für Privatisierungsmaßnahmen von Kommunen. Insbesondere kann das einfache Recht bestimmte öffentliche Aufgaben spezifisch den Kommunen zuordnen und deren Privatisierung damit ausschließen.

D. Anwendung dieser Maßstäbe auf die unterschiedlichen Arten von Privatisierung

Es ist nunmehr im Besonderen der Frage nachzugehen, wie die verschiedenen Normkomplexe auf die unterschiedlichen Formen der Privatisierung einwirken können.

I. Grenzen der materiellen Privatisierung

Nach dem eben Gesagten ist es Kommunen verwehrt, sich von einer gesetzlichen Pflichtaufgabe gänzlich „loszusagen",[68] in der Hoffnung, dass diese schon durch das freie Spiel der Kräfte des Marktes erfüllt wird.

Zudem sollen sich, für den Bereich freiwilliger Selbstverwaltungsaufgaben, Grenzen für die materielle Privatisierung unmittelbar aus dem Verfassungsrecht ergeben. Insofern hat das Bundesverwaltungsgericht in seinem bereits erwähnten Urteil aus der Garantie der kommunalen Selbstverwaltung in Art. 28 Abs. 2 S. 1 GG abgeleitet, dass es nicht im freien Ermessen einer Gemeinde stehe, „freie Selbstverwaltungsangelegenheiten" zu übernehmen oder sich auch jederzeit wieder dieser Aufgaben zu entledigen. Vielmehr dürfe sich die Gemeinde, wenn bestimmte Aufgaben zu den Angelegenheiten des örtlichen Wirkungskreises gehören, im Interesse einer wirksamen Wahrnehmung dieses örtlichen Wirkungskreises nicht ihrer gemeinwohlorientierten Handlungsspielräume begeben.[69] Es stehe der Gemeinde damit nicht grundsätzlich zu, sich ohne Weiteres der Angelegenheiten der örtlichen Gemeinschaft zu entledigen, da es anderenfalls die Gemeinden selbst in der Hand hätten, den Inhalt der kommunalen Selbstverwaltung durch Abstoßen oder Nichtwahrnehmung ihrer ureigenen Aufgaben auszuhöhlen.[70] Ausgehend hiervon hat das Bundesverwaltungsgericht angenommen, dass eine materielle Privatisierung eines kulturell, sozial und traditionsmäßig bedeutsamen Weihnachtsmarktes, der bisher in alleiniger kommunaler Verantwortung betrieben wurde, mit der Garantie kommunaler Selbstverwaltung unvereinbar sein soll.[71]

Aus dieser neuen Rechtsprechung ergibt sich eine Kategorie der verfassungsunmittelbaren Pflichtaufgaben der Gemeinden.[72] Wenn nun, nach dem Inhalt dieser Pflichtaufgaben, schon ein Weihnachtsmarkt, sei es auch ein – wie üblich[73] – traditioneller Weihnachtsmarkt, nicht materiell privatisiert werden darf, sind die Aussichten für die rechtliche Zulässigkeit einer Privatisierung der deutlich wichtigeren und bisher viel häufiger privatisierten Versorgung der Einwohner mit Fernwärme, Gas und dergleichen nach diesem Urteil denkbar schlecht.[74]

Bedenkt man nun, dass nach den Grundsätzen des Bundesverfassungsgerichts aus der Rastede-Entscheidung zum Wesensgehalt der gemeindlichen Selbstverwaltung kein gegenständlich bestimmter oder nach feststehenden Merkmalen bestimmbarer Aufgabenkatalog gehören soll,[75] und dass daher selbst die Entziehung zuvor übertragener, sehr viel bedeutsamerer Selbstverwaltungsaufgaben die Selbstverwaltungsgarantie in der Regel nicht verletzen soll, so spricht viel dafür, dass die vom Bundesverwaltungsgericht in der Weihnachtsmarkt-Entscheidung entwickelten Grundsätze zu dieser Rechtsprechung in Widerspruch stehen.[76]

Allerdings erscheint es fraglich, ob das Bundesverfassungsgericht in entsprechenden Fällen Gelegenheit erhalten wird, diese Auffassung zu prüfen. Eine Kommunalverfassungsbeschwerde der von entsprechenden verwaltungsgerichtlichen Urteilen belasteten Gemeinden kommt nicht in Betracht, da diese nur als Rechtssatz- und nicht als Urteilsverfassungsbeschwerde denkbar ist.[77] Man könnte jedoch an ein gerichtliches Vorgehen und eine eventuell nachfolgende Verfassungsbeschwerde des in derartigen Fällen nun verdrängten privaten Betreibers – im zugrundeliegenden Fall wäre dies mithin der private Betreiber des Offenbacher Weihnachtsmarkts gewesen – denken. Auf die Beschwerde eines solchen betroffenen Privaten wäre wohl im Hinblick auf Art. 12 GG und ggf. Art. 14 GG rechtlicher Raum für eine Prüfung der Frage, ob die vom Bundesverwaltungsgericht angenommene verfassungsrechtliche Pflicht zur kommunalen Selbstverwaltung besteht, da deren Bestand Voraussetzung für die Rechtfertigungsfähigkeit des in dem Herausdrängen des privaten Betreibers liegenden Grundrechtseingriffs wäre. Eine Klärung der Rechtsfrage durch das Bundesverfassungsgericht erscheint daher möglich. Nicht zuletzt angesichts der teils harschen Kritik an dem Urteil des Bundesverwaltungsgerichts[78] erscheint eine solche Klärung auch wünschenswert.

II. Grenzen der funktionalen Privatisierung

1. Grenzen des „Ob" der Privatisierung

Gegenüber dem „Ob" funktionaler Privatisierung könnten sich solche Grenzen ergeben, wenn sich aus der Verfassung – insbesondere aus dem Demokratieprinzip und den Grundrechten – ableiten ließe, dass nicht nur die Trägerschaft einer bestimmten Aufgabe bei einem Träger öffentlicher Gewalt verbleiben muss, sondern dass auch die Wahrnehmung dieser Aufgabe durch den Staat oder die Kommune selbst erfolgen muss.

Dies käme etwa dann in Betracht, wenn der Staat den Vollzug bestimmter ordnungsrechtlicher oder vollstreckungsrechtlicher[79] Maßnahmen, die mit Zwangsmaßnahmen gegen pflichtige Personen verbunden sind und damit in elementare Grundrechte eingreifen, einem privaten Unternehmen überträgt. Dass diese Privaten dann zu beleihen wären, und dass sie deshalb ebenso an die Grundrechte gebunden wären wie staatliche und kommunale Stellen, ist kein zwingendes Gegenargument. Denn selbst wenn die Grundrechte als Abwehrrechte durch eine Privatisierung nicht umgangen werden, bleiben sie doch als Quelle von Pflichten zur Organisation der Eingriffsverwaltung relevant. Sie erfordern deshalb, dass – wie es *di Fabio* ausgedrückt hat – die Verwaltung eine „tatsächliche Sachherrschaft über den Geschehensablauf" behält.[80] Zudem fordert das Demokratieprinzip umso mehr staatliche Aufsicht, je mehr die jeweilige Tätigkeit in Grundrechte eingreift.[81]

Soweit sich bei besonders sensiblen Aufgaben keine derartige Sachherrschaft der Verwaltung herstellen lässt, etwa weil der Beliehene notwendig weite Ermessensspielräume hat und zur Erfüllung seiner Aufgaben auch benötigt, kommt eine Privatisierung dieser Aufgabenerfüllung nicht in Betracht.[82]

2. Grenzen des „Wie" der Privatisierung

Aber auch bei dem „Wie" von Maßnahmen funktionaler Privatisierung muss die Gemeinde die sich aus dem einfachen Recht und der Verfassung ergebenden Vorgaben beachten. Hier geht es ebenfalls vor allem um die Weite der auf Private zu übertragenden Befugnisse und die Überwachung der Aufgabenerfüllung durch die Gemeinde.

Würde etwa eine Gemeinde als Trägerin der Aufgabe der öffentlichen Abwasserbeseitigung nicht selbst darüber entscheiden, in welchen Fällen ein Anspruch auf Befreiung vom Anschluss- und Benutzungszwang besteht, sondern die Entscheidung hierüber einem gemischtwirtschaftlichen Unternehmen überlassen, so dürfte dies weder mit der gesetzlichen Aufgabenzuweisung[83] noch mit der Pflicht der Gemeinde vereinbar sein, sicherzustellen, dass über Anträge auf Befreiung vom Anschluss- und Benutzungszwang nach pflichtgemäßem Ermessen entschieden wird.[84]

Noch problematischer ist es, wenn die Gemeinde – wie in verschiedenen BID- oder PACT-Gesetzen vorgesehen – den Eigentümern – eines bestimmten Bereichs einer Innenstadt lediglich einen rechtlichen Rahmen dafür schafft, sich für bestimmte Attraktivierungsmaßnahmen zu entscheiden, die dann von allen und damit auch den überstimmten Eigentümern im Wege der Beitragserhebung zu finanzieren sind. Diese Gesetze enthalten insofern nur die Maßgabe, dass der Aufgabenträger, der über die jeweiligen Maßnahmen entscheidet, von den Eigentümern benannt wird. Es ist aber nicht geregelt, dass dies durch eine Mehrheit der Eigentümer und damit in demokratischer Weise zu geschehen hat.[85] Außerdem erfordern die Gesetze für den Erlass der gemeindlichen Abgabensatzung regelmäßig kein positives Ergebnis einer Abstimmung unter den Eigentümern, sondern ermächtigen zu einer solchen Satzung, wenn nicht mindestens ein Drittel der Eigentümer widerspricht. Dass nicht eine Mehrheit widersprechen muss, ist durchaus positiv, aber wenn es zur Vermeidung eigener Belastungen überhaupt eines Widerspruchs bedarf, kann dies wohl kaum eine – ihrer Natur nach positive – demokratische Legitimation begründen. Die personelle Legitimation der handelnden Privaten ist daher äußerst fraglich.

Dass das Bundesverfassungsgericht, wie gesehen, außerhalb des Staates und der Kommunen auch andere Organisationsformen zugelassen hat, kann insofern auch nur dann weiterhelfen, wenn wenigstens die sachlich-inhaltliche Legitimation gewahrt ist. Angesichts der Weite der gesetzlichen Aufgabenumschreibungen in den BID- und PACT-Gesetzen wird man auch hieran zweifeln müssen.[86] Man wird sich aber zu fragen haben, ob die privaten Aufgabenträger überhaupt demokratisch legitimiert sein müssen. Damit ist die Frage angesprochen, ob diese Privaten überhaupt im Bereich der an das Demokratieprinzip gebundenen Staatsgewalt stehen. Insofern ist es zwar richtig, dass die Aufgabenträger keine hoheitlichen Aufgaben wahrnehmen, sondern nur besonders privilegierte private Aufgaben,[87] jedoch wird man auch die Verwendung öffentlicher Mittel mit eigener Entscheidungsmacht als hoheitliches und damit legitimationsbedürftiges Handeln ansehen müssen.[88] Das Verwaltungsgericht Hamburg hat insoweit angenommen, ein Aufgabenträger in einem PACT-Gebiet bedürfe keiner demokratischen Legitimation. Seine Entscheidungsmacht sei – jedenfalls in dem dort vorliegenden Fall – sehr begrenzt, und seine Tätigkeit sei am ehesten noch mit der Verwendung öffentlicher Mittel durch einen Empfänger von Subventionen zu vergleichen.[89] Ob dem so ist, wird freilich von den Gegebenheiten des konkreten Falls abhängen,[90] namentlich von der Größe des durch den Beschluss der Gemeinde festgesetzten PACT-Gebiets, dem Inhalt des öffentlich-rechtlichen Vertrages zwischen Gemeinde und Aufgabenträger und dem Inhalt der Abgabensatzung.

Zudem ergeben sich Probleme im Hinblick auf das Demokratieprinzip und auch die der gemeindlichen Planungshoheit zugrundeliegende Selbstverwaltungsgarantie, wenn eine Gemeinde in einem B-Plan-Aufstellungsverfahren gestützt auf § 4b BauGB auch die inhaltliche Ausgestaltung bestimmter Verfahrensschritte – etwa der Erarbeitung eines Abwägungsvorschlags – einem privaten Planungsbüro überträgt, ohne sich die Möglichkeit konkreter Weisungen u. ä. vorzubehalten.[91] Damit würde sich die Gemeinde zugleich auch unter Verstoß gegen das einfache Recht der bei ihr verbleibenden Verantwortung entäußern; denn auch nach Maßgabe von § 4 b BauGB ist sie gehalten, sich Weisungsrechte vorzubehalten.[92] Dies folgt auch aus § 1 Abs. 7 BauGB, da zumindest die „eigentliche Abwägung ... als Kernbereich interessenneutraler hoheitlicher Normsetzung sicher in der Hand der Gemeinde bleiben" muss;[93] ansonsten wäre eine fehlerhafte Abwägungsentscheidung die Folge.

Auch in anderen Fällen, in denen es nicht um die Planungshoheit geht, soll sich die Pflicht einer Kommune, sich bestimmte Einwirkungs- und Steuerungsmöglichkeiten auf die Art und Weise der Aufgabenerledigung vorzubehalten, aus der Garantie kommunaler Selbstverwaltung ergeben können. In diesem Sinne hat das Bundesverwaltungsgericht in seinem bereits angesprochenen Urteil zum Offenbacher Weihnachtsmarkt zwar der materiellen Privatisierung eine Absage erteilt,[94] aber eine nur funktionale Privatisierung zugelassen, sofern sich die Gemeinde, so der 8. Senat, „jedenfalls Kontroll- und Einwirkungsrechte vorbehalten" würde.[95]

Schließlich kann sich eine derartige Verpflichtung und – darüber hinausgehend – sogar ein „Rückholrecht" und ggf. eine „Rückübernahmepflicht" auch aus den Grundrechten ergeben. Hat eine Gemeinde etwa die Eigentümer der Grundstücke in einem durch einen Bebauungsplan neu festgesetzten Wohngebiet durch eine Festsetzung nach § 9 Abs. 1 Nr. 23 lit. a) BauGB daran gehindert, zur Wärme- und Warmwassererzeugung in ihren Häusern Ölheizungen zu betreiben, und sie zugleich durch eine satzungsrechtliche Begründung eines entsprechenden Anschluss- und Benutzungszwangs dazu verpflichtet, die Wärme ausschließlich von einem Blockheizkraftwerk abzunehmen, das durch einen von der Gemeinde in einem Vergabeverfahren ausgewählten privaten Unternehmer betrieben wird, so ist sie gehalten, das Rechtsverhältnis mit diesem – durch entsprechende Gestaltungsrechte und deren insolvenzfeste dingliche Sicherung – so auszugestalten, dass für den Fall einer eventuellen Insolvenz des Betreibers jederzeit eine nahtlose Fortführung der Wärmebelieferung gewährleistet ist. Ohne eine derartige Sicherstellung würden sich die entsprechenden Beschränkungen als unverhältnismäßige Grundrechtseingriffe darstellen.[96]

Zusammenfassend lässt sich damit zur funktionalen Privatisierung sagen, dass der Gemeinde selbst immer eine Gewährleistungsverantwortung erhalten bleibt. Deshalb muss sie sich, bei aller sonst bestehenden Gestaltungsfreiheit, hinreichende Einwirkungsrechte und -möglichkeiten erhalten, um den ihr gesetzlich zugewiesenen Aufgaben gerecht zu werden und die demokratische Bindung der Erfüllung öffentlicher Aufgaben zu erhalten.

III. Grenzen der formellen Privatisierung

Die formelle Privatisierung erweist sich in rechtlicher Hinsicht als weniger problematisch, weil das Privatrechtssubjekt ohnehin von der Gemeinde kontrolliert wird. Gleichwohl kann in bestimmten Fällen auch eine bloß formelle Privatisierung auf rechtliche Grenzen stoßen. Dabei geht es maßgeblich um Eigenheiten der jeweilgen Rechtsform des Privatrechts.[97]

Man stelle sich etwa vor, eine Kommune würde sich dazu entschließen, ihre gesamten für die Kulturarbeit vorgesehenen Haushaltsmittel einer Stiftung privaten Rechts zu übertragen, wie dies mit Blick auf eventuelle Gebietsreformen gegenwärtig mancherorts erwogen wird. Da das eingebrachte Vermögen dann nur noch im Rahmen des Stiftungszwecks einsetzbar wäre,[98] wäre jede Umschichtung dieser Mittel für andere Zwecke – etwa Kulturarbeit auch in anderen Teilen des durch die Fusion neu zustandegekommen Kreises oder auch andere öffentliche Aufgaben – ausgeschlossen. Die Vermögenseinbringung wäre auch weitgehend irreversibel. Nach § 87 Abs. 1 BGB könnte das Kapital nur dann zurückgeholt werden, wenn die Erfüllung des Stiftungszwecks gemeinschädlich oder sittenwidrig wird[99] – wovon bei der Kulturförderung nicht auszugehen ist. Mithin würde eine derartige Einbringung öffentlicher Mittel in eine Stiftung wohl mit der Bindung des Eigentums der öffentlichen Hand an die jeweiligen öffentlichen Aufgaben[100] nicht mehr gewährleistet.[101]

Auch wäre unter dem Demokratieprinzip zweifelhaft, ob die Gemeindevertretung durch die Gründung einer Stiftung alle zukünftigen Gemeindevertretungen für alle Zeit an eine bestimmte Aufgabenerfüllung binden darf.[102] Die Rechtsform der Stiftung ist deshalb für die formelle Privatisierung öffentlicher Aufgaben nur begrenzt geeignet.

E. Möglichkeiten gerichtlicher Kontrolle von Privatisierungsentscheidungen

Bei einer Veranstaltung wie dem Deutschen Verwaltungsgerichtstag liegt es auf der Hand, dass rechtliche Phänomene – wie etwa die Privatisierung in ihren verschiedenen Spielarten – nicht nur im Hinblick auf die durch sie aufgeworfenen materiellrechtlichen Fragen, sondern auch mit Blick auf die Möglichkeiten einer gerichtlichen Überprüfbarkeit zu erörtern sind. Hier sind zwei Aspekte des Rechtsschutzes zu unterscheiden: zum Einen kann es Möglichkeiten für einen direkten Angriff auf Privatisierungsmaßnahmen – entweder hinsichtlich ihres „Ob" oder ihres „Wie" geben (dazu im Folgenden unter I.), zum Anderen kommt in verschiedenen Fallgestaltungen eine Inzidentkontrolle von Privatisierungen in Betracht (dazu unter II.).

I. Unmittelbarer Rechtsschutz gegen Privatisierungsmaßnahmen

Hinsichtlich des Rechtsschutzes unmittelbar gegen Maßnahmen der Privatisierung wurde bereits dargelegt, dass der Begriff der Privatisierung rechtlich keinen einheitlichen Inhalt hat, sondern unter seinem Dach eine Vielzahl unterschiedlicher „Typen" beheimatet. Deshalb gibt es auch nicht die *eine* Form der Privatisierungsmaßnahme, und lassen sich auch kaum allgemeingültige Grundsätze zur Gewährung von Rechtsschutz gegen Privatisierungsentscheidungen aufstellen. Allgemein gilt lediglich auch hier, dass Rechtsschutz regelmäßig nur bei einer Verletzung subjektiver Rechte beansprucht werden kann.[103] Demgemäß wird die gerichtliche Überprüfbarkeit einer Privatisierungsentscheidung immer nur dann in Betracht kommen, wenn der Kläger geltend machen kann, durch diese in eigenen Rechten verletzt zu werden. Etwas anderes gilt auch nicht für Kommunalverfassungsstreitverfahren, weil auch in diesen lediglich eine Verletzung organschaftlicher Kompetenzen geltend gemacht, nicht aber die objektive Rechtmäßigkeit einer bestimmten Entscheidung des betreffenden Gemeindeorgans selbst der gerichtlichen Überprüfung zugeführt werden kann.[104]

Im Übrigen ist zwischen den unterschiedlichen Formen der Privatisierung zu differenzieren. Das wird im Folgenden anhand einiger ausgewählter Felder geschehen.

1. Rechtsschutz gegen materielle Privatisierungen

Gegen eine materielle Privatisierung wird eine Klage in zulässiger Weise nur dann erhoben werden können, wenn der Kläger geltend machen kann, durch diese in eigenen Rechten verletzt zu werden, etwa weil die materielle Privatisierung einer pflichtigen Selbstverwaltungsaufgabe rechtswidrig ist und weil sie zugleich dazu führt, ihn in seinem kommunalrechtlichen Benutzungsanspruch zu verletzen. Insofern ist der kommunalrechtliche Benutzungsanspruch auch geeignet, an sich nur objektiv-rechtliche Hindernisse der materiellen Privatisierung zu „subjektivieren". Der Bürger hat nämlich einen Anspruch auf Benutzung derjenigen Einrichtungen, die öffentlich sind oder die in rechtswidriger Weise der Öffentlichkeit entzogen wurden und deshalb noch als öffentlich zu gelten haben.[105]

2. Rechtsschutz gegen funktionale Privatisierungen

a) Rechtsschutz gegen das „Ob" einer funktionalen Privatisierung

Gegen das „Ob" einer funktionalen Privatisierung wird eine Klage nur dann Erfolg haben können, wenn der Kläger geltend machen kann, dass die Übertragung der Erfüllungszuständigkeit auf das Privatrechtssubjekt als solche – also unabhängig von ihrer konkreten Ausgestaltung – zu einer Verletzung seiner Rechte führt.

Dies dürfte nur in seltenen Fallgestaltungen in Betracht kommen. Diskutiert wird dies etwa für den Fall, dass eine Stadt die Verwaltung der medizinischen Daten des amtsärztlichen Dienstes einem privaten Datenverarbeitungsunternehmen übertragen will und ein städtischer Beamter geltend machen könnte, dass die Weiterleitung ihn betreffender Gesundheitsdaten an ein privates Unternehmen unabhängig von der konkreten Ausgestaltung generell rechtswidrig sei und ihn in seinem beamtenrechtlichen Fürsorgeanspruch sowie in seinem Recht auf informationelle Selbstbestimmung verletze.[106] Ob dieser Einwand letztlich Erfolg haben würde, dürfte jedoch maßgeblich davon abhängen, ob auch bei dem privaten Auftragsdatenverarbeiter eine Vertraulichkeit gesichert ist.[107] Um das „Ob" der Einbeziehung Privater geht es damit gerade nicht, sondern nur um die Erforderlichkeit gewisser Sicherungsmaßnahmen.[108]

Im Übrigen werden Rechtsbehelfe gegen eine Privatisierungsentscheidung als solche nur dann zulässig sein, wenn diese Entscheidung zum Zeitpunkt der Einlegung von Rechtsbehelfen nicht ihrerseits bestandskräftig geworden ist.[109]

b) Rechtsschutz gegen das „Wie" einer funktionalen Privatisierung

Gegenüber dem „Wie" einer funktionalen Privatisierung kommen hingegen verschiedene Rechtsschutzmöglichkeiten in Betracht.

aa) Insbesondere: grundrechtliche Probleme

Soweit Grundrechte des Bürgers verletzt werden, ist die Klagebefugnis selbstverständlich kein Problem. Dies kommt etwa in dem bereits erwähnten Fall in Betracht, dass ein Bürger zum Anschluss- und Benutzungszwang an eine privatisierte Fernwärmeversorgung herangezogen wird, ohne dass die Gemeinde zugleich sichergestellt hätte, dass auch im Falle einer Insolvenz des privaten Betreibers die Fernwärmeversorgung weiter gewährleistet werden könnte.[110] Gleiches gölte, wenn sich ein Marktbeschicker nicht grundsätzlich dagegen wendet, dass eine Gemeinde die Durchführung eines traditionellen Volksfestes einem privaten „Event-Veranstalter" übertragen hat, sondern vielmehr geltend macht, dass es die Gemeinde unterlassen habe, diesem nähere Vorgaben zu machen, nach welchen Kriterien über die Teilnahmeanträge konkurrierender Bewerber zu entscheiden ist,[111] und sich die Möglichkeit einer abschließenden Entscheidung in Streitfällen vorzubehalten.[112] Hierbei handelt es sich (auch) um Probleme des – an sich objektiv-rechtlichen – Demokratieprinzips des Art. 20 Abs. 1 GG;[113] diese werden vielfach durch die dementsprechende gesetzliche Rechtslage, aber auch durch die Betroffenheit von Grundrechten „subjektiviert", denn dem grundrechtlichen Gesetzesvorbehalt genügt selbstverständlich nur ein auch objektiv verfassungsgemäßes Gesetz.[114]

Mit welcher Klageart Rechtsschutz zu erlangen ist, hängt natürlich von dem jeweiligen Sachverhalt ab. Denkbar ist bei der funktionalen Privatisierung vor allem die allgemeine verwaltungsprozessrechtliche Leistungsklage, gerichtet auf ein Einwirken der Kommune auf den privaten Akteur oder auf die Sicherung der Befugnis zu einem solchen Einwirken.[115]

bb) Der vergaberechtliche Rechtsschutz

Außerdem wird gegenüber der näheren Ausgestaltung einer Maßnahme der funktionalen Privatisierung häufig Rechtsschutz nach Maßgabe des Vergaberechts in Betracht kommen. Soweit – wie zumeist – die Übertragung der Erfüllung einer bestimmten öffentlichen Aufgabe auf ein Privatrechtssubjekt einen öffentlichen Auftrag i. S. v. § 99 GWB darstellt,[116] wird dieser Rechtsschutz den Vergabekammern und den Vergabesenaten der Oberlandesgerichte obliegen (§§ 104, 116 Abs. 3 S. 2 GWB).

Weniger klar ist die Rechtslage derzeit zur der Frage, welcher Rechtsweg für den Rechtsschutz bei Dienstleistungskonzessionen eröffnet ist:[117] hierzu hatte die Rechtsprechung einige Zeit lang teilweise den Verwaltungsrechtsweg für einschlägig gehalten,[118] unabhängig von der Frage, ob die Schwellenwerte überschritten waren oder nicht.[119] Inzwischen hat allerdings das Bundesverwaltungsgericht geklärt, dass der Rechtsschutz bei öffentlichen Aufträgen unterhalb der Schwellenwerte nicht den Vergabekammern, sondern der ordentlichen Gerichtsbarkeit zukommt; der Verwaltungsrechtsweg ist insoweit nicht eröffnet.[120] Damit dürfte auch der Annahme, für die Dienstleistungskonzessionen sei der Verwaltungsrechtsweg eröffnet, der Boden entzogen sein.[121] Dass öffentliche Aufgaben erfüllt werden und öffentlich-rechtliche Bindungen bestehen, ist jedenfalls nicht maßgeblich.[122] Vielmehr ist entscheidend, dass Dienstleistungskonzessionen in der Regel privatrechtliche Verträge sind.[123] Deshalb dürfte auch hier grundsätzlich der ordentliche Rechtsweg gegeben sein;[124] ist die Konzession allerdings öffentlich-rechtlicher Natur – etwa weil, wie es des Öfteren vorkommt, ein öffentlich-rechtlicher Vertrag geschlossen wurde – sind die Verwaltungsgerichte zuständig.[125]

Nicht zu übersehen ist allerdings, dass derzeit eine Neuregelung des Rechtswegs für die unterschwellenwertigen öffentlichen Aufträge in der rechtspolitischen Diskussion ist.[126] Änderungen in diesem Bereich könnten sich sinnvollerweise auch auf den Rechtsweg bei Dienstleistungskonzessionen erstrecken.

3. Rechtsschutz gegen formelle Privatisierungen

Dass ein Kläger im Übrigen durch eine formelle Privatisierung in seinen Rechten verletzt werden könnte, erscheint aus den bereits dargestellten Gründen allenfalls in Ausnahmefällen denkbar. Die Hindernisse insbesondere gegenüber einer Einbringung kommunalen Vermögens in eine Stiftung sind vor allem objektiv-rechtlicher Natur. Einzig in dem bereits erwähnten vergaberechtlichen Sonderfall der Übertragung der Erfüllung einer öffentlichen Aufgabe gegen Entgelt an eine Eigengesellschaft der Gemeinde, die gleichwohl eine gewisse satzungsmäßige oder gesellschaftsrechtliche Eigenständigkeit besitzt,[127] wäre Rechtsschutz für Konkurrenten nach dem Vergaberecht zu erlangen.

II. Inzidentkontrolle von Privatisierungsmaßnahmen

Hinsichtlich aller Formen der Privatisierung ist weiter zu bedenken, dass neben den skizzierten Möglichkeiten eines unmittelbaren „prozessualen Angriffs" auf die jeweilige Privatisierungsmaßnahme nicht selten die Möglichkeit einer Inzidentkontrolle bestehen wird. Dies betrifft insbesondere Privatisierungsfolgen.

1. Gebührenforderungen als Privatisierungsfolgen und die Kontrolle des Privatisierungsverfahrens

Kann etwa ein auf Zahlung von Benutzungsgebühren in Anspruch genommener Bürger geltend machen, dass die Übertragung der Erledigung einer bestimmten öffentlichen Aufgabe auf ein Privatunternehmen gegen geltendes Gesetzesrecht verstößt, und dass durch diese Übertragung Mehrkosten entstanden sind, die über das betriebsnotwendige Maß hinausgehen, so wird ein Verwaltungsgericht Anlass haben, sich auch mit der Frage zu befassen, ob eine Gebührenfähigkeit nicht schon deshalb zu verneinen ist, weil die Einschaltung des privaten Unternehmens als solche rechtswidrig war. Hierbei wird es dann darum gehen, ob der Gebührensatz des privaten Unternehmens, der eine gewisse Gewinnmarge sowie Anteile der Körperschafts- und Gewerbesteuer enthalten wird, wegen einer Verletzung des gebührenrechtlichen Erforderlichkeitsprinzips nichtig ist. In diesem Zusammenhang hat das Schleswig-Holsteinische Oberverwaltungsgericht angenommen, dass der Gebührensatz nichtig sei, wenn die Gemeinde die Übertragung der Aufgabenerfüllung unter Verstoß gegen das Haushaltsrecht nicht ordnungsgemäß vergeben hatte. Wenn wegen dieses Unterlassens nicht nachgewiesen werden könne, dass die Übertragung an den ausgewählten Privaten kostenmäßig erforderlich war, müsse diese Unsicherheit zu Lasten der Kommune gehen. Es könne nicht unterstellt werden, dass die gewählte Übertragung die kostengünstigste Option war.[128] Andere Gerichte haben dagegen gebührenrechtliche Folgen eines solchen Fehlers im Vergabeverfahren grundsätzlich verneint.[129] Der Kommune bleibe die Möglichkeit, die Angemessenheit des Gebührensatzes noch anderweitig zu beweisen.[130]

Jenseits dieser beweisrechtlichen Fragen steht im Streit zwischen den Oberverwaltungsgerichten, ob die Normen des Haushaltsrechts, die die Ausschreibung verlangen, den Kostenschuldner zu schützen bestimmt sind. Davon geht vor allem das OVG Rheinland-Pfalz aus und hält den Gebührenansatz nach einer nicht ausgeschriebenen Privatisierung schon deshalb für nichtig.[131] Einige andere Gerichte sehen das freilich anders.[132]

Diese Debatten dürfen aber nicht den Blick darauf verstellen, dass das Gebührenrecht einer Privatisierung nicht prinzipiell entgegensteht.[133] Vielmehr sind durch die Einschaltung Dritter entstandene Mehrkosten durchaus gebührenfähig, wenn sachliche Gründe für die Privatisierung bestanden haben.[134] Damit wird letztlich keine höhere Hürde für Privatisierungen begründet als nach diversen anderen Normen.

2. Anfechtbare Einweisungen in privatisierte Einrichtungen und die Kontrolle der Privatisierung

Aber auch außerhalb des Gebührenrechts kann es zu einer Inzidentkontrolle von Privatisierungen kommen. So könnte sich zum Beispiel ein Betroffener gegen seine Einweisung in ein psychiatrisches Krankenhaus mit der Begründung zur Wehr setzen, dass dieses unter privater Trägerschaft stehe und es verfassungsrechtlich nicht zulässig sei, eine Zwangseinweisung in eine derartige nicht-hoheitliche Einrichtung vorzunehmen. Dann wird das zuständige Gericht – in diesem Falle wohl ein solches der ordentlichen Gerichtsbarkeit – schwerlich umhin können, sich auf diesen Einwand hin mit der Frage der Rechtmäßigkeit, zumindest aber Rechtswirksamkeit der Privatisierungsentscheidung zu befassen. Zudem hat die Erfahrung – aus einem schleswig-holsteinischen Fall[135] – gezeigt, dass ein Rechtspfleger schon einmal die Eintragung einer im Zuge der Privatisierung einer psychiatrischen Einrichtung gegründeten GmbH in das Handelsregister verweigern kann mit der Begründung, der Gesellschaftszweck sei verfassungs- und damit rechtswidrig.

Beide Versuche, die Rechtmäßigkeit der Privatisierung in die ordentliche Gerichtsbarkeit zu tragen, können aber scheitern, wenn die Privatisierungsmaßnahme – namentlich der Aspekt der Beleihung – durch einen Verwaltungsakt geschehen und dieser bestandskräftig geworden ist, sofern nicht die Schwelle zur Nichtigkeit erreicht ist.[136]

3. Umfassende Inzidentkontrolle nach Einschreiten der Kommunalaufsicht

Eine gänzlich andere und inhaltlich nahezu unbeschränkte Möglichkeit der verwaltungsgerichtlichen Befassung mit der Rechtmäßigkeit kommunaler Privatisierungsentscheidungen ist eröffnet, wenn die Kommunalaufsichtsbehörde eine bestimmte Privatisierungsmaßnahme untersagt und die betroffene Kommune ihrerseits Klage auf Aufhebung der kommunalaufsichtlichen Anordnung erhebt. Hier geht es dann nicht um ein Vorgehen gegen die Privatisierung, sondern vielmehr ein Vorgehen gegen eine Maßnahme *gegen* die Privatisierung. Hierbei kann die Kommune dann ohne weiteres geltend machen, in ihrem Selbstverwaltungsrecht verletzt zu sein.[137] Das Verwaltungsgericht wird dann umfassend zu prüfen haben, ob die kommunale Privatisierungsentscheidung rechtswidrig war und ein Einschreiten der Kommunalaufsicht daher angezeigt war. Soweit ein solches Einschreiten nicht auf einen Verstoß gegen strikte Rechtsvorschriften gestützt sind, wird das Gericht zu beachten haben, dass die Frage der Zweckmäßigkeit der kommunalen Entscheidung für eine bestimmte Privatisierung der Kontrolle durch die Kommunalaufsicht entzogen ist.[138] Die rechtlichen Grenzen des Ermessens der Gemeinde[139] dürften dabei wegen der von Art. 28 Abs. 2 GG umfassten Organisationsautonomie eher weit zu ziehen sein.

F. Schlussbetrachtung

Der Begriff der Privatisierung ist wenig trennscharf, kann es aber auch nicht sein. Seine Teilaspekte beherbergen zahlreiche höchst unterschiedliche rechtliche Fragestellungen und bergen zahlreiche Interdependenzen in sich. Lässt sich etwa mit einer bestimmten Ausgestaltung einer Privatisierungsmaßnahme das verfassungsrechtliche Risiko reduzieren, so wird sorgfältig zu prüfen sein, ob diese Ausgestaltung nicht in anderer rechtlicher Hinsicht die Risiken eher erhöht. Im Ergebnis wird zwar das „Ob" einer Privatisierung eher in Ausnahmefällen auf rechtliche Bedenken stoßen; hingegen ergeben sich aus der jeweiligen Ausgestaltung des „Wie" der Privatisierung nicht selten rechtliche Angriffspunkte, die wiederum in einer Reihe von Fällen auch die Verwaltungsgerichte beschäftigen können.

---

1 *Kämmerer*, Privatisierung und Staatsaufgaben: Versuch einer Zwischenbilanz, DVBl 2008, S. 1005; *Stein*, Privatisierung kommunaler Aufgaben – Ansatzpunkte und Umfang gerichtlicher Kontrolle, DVBl 2010, S. 563.
2 *Kämmerer* (Fn. 1), S. 1005.
3 Nach *Kevin P. Hoffmann* im Tagesspiegel vom 27. 8. 2009
4 EuGH, Urteil vom 29. 4. 2010 – C-160/08 *Kommission . / . Deutschland* –, zit. n. juris.
5 Dazu eingehend *Brüning*, (Re-)Kommunalisierung von Aufgaben aus privater Hand – Maßstäbe und Grenzen, VerwArch 2009, S. 453 ff.
6 *Peine*, Grenzen der Privatisierung – verwaltungsrechtliche Aspekte, DÖV 1997, S. 353, 355.
7 Dazu z. B. BVerwG, Urteil vom 27. 5. 2009 – 8 C 10.08 –, NVwZ 2009, S. 1305, 1307; *Di Fabio*, Privatisierung und Staatsvorbehalt, JZ 1999, S. 585, 588 ff.; *Ewer*, Verfassungsrechtliche Grenzen der Zulässigkeit der Privatisierung öffentlicher Aufgaben der Daseinsvorsorge, Die Gemeinde 1997, S. 191, 192 f.; *Schoch*, Privatisierung von Verwaltungsaufgaben, DVBl 1994, S. 962 f.; leicht abweichend *Stein* (Fn. 1), S. 566.
8 *Stein* (Fn. 1), S. 566, schlägt den Fall der (Minderheits-)Beteiligung Privater an einer Gesellschaft der Gemeinde dagegen solange der formellen Privatisierung zu, wie die Gemeinde die Gesellschaft beherrscht. Das geht aber über die reine Organisationsprivatisierung, die Privatisierung der Rechtsform, hinaus.
9 *Schoch*, Rechtliche Steuerung der Privatisierung staatlicher Aufgaben, JURA 2008, S. 672, 677 f.
10 *Ewer*, Privatisierung und Public-Private-Partnership als Arbeitsfeld anwaltlicher Tätigkeit, AnwBl. 2001, S. 471, 472; *Schoch* (Fn. 7), S. 962; *ders.* (Fn. 9), S. 676.
11 *Stein* (Fn. 1), S. 566.
12 *Schoch* (Fn. 9), S. 677.
13 Ebda.
14 *Schröder*, Outsourcing und Sponsoring der Verwaltung: Rechtsfragen einer Einbeziehung Privater in die Aufgabenerfüllung der öffentlichen Hand, LKV 2007, S. 207.
15 Vgl. auch *Ewer* (Fn. 7), S. 192.

16 Vgl. zum unionsrechtlichen „Grundsatz einer offenen Marktwirtschaft mit freiem Wettbewerb" Art. 119 Abs. 1 AEUV.
17 *Stein* (Fn. 1), S. 567.
18 *Kämmerer* (Fn. 1), S. 1008 f., Fn. 39.
19 Vgl. zum letzteren Fall Europäische Kommission, Mitteilung über die Anwendung der Artikel 87 und 88 des EG-Vertrages auf staatliche Beihilfen in Form von Haftungsverpflichtungen und Bürgschaften, ABl. EU 2008 C 155/10; *Ewer* (Fn. 10), S. 473 f.; *Schmid/Vollmöller*, Öffentliche Kreditinstitute und EU-Beihilfenrecht, NJW 1998, S. 716 ff.
20 Vgl. EuGH, Urteil vom 14. 9. 1994 – C-278/92, 279/92, 280/92 *Hytasa* –, Slg. 1994, S. I-4103, Rn. 21; Entscheidung der Kommission 2005/691/EG (Umstrukturierungsbeihilfe Bank Burgenland AG, Österreich), ABl. 2005, Nr. L 263, S. 8, 14 f.
21 *Schröder* (Fn. 14), S. 209; *Stein* (Fn. 1), S. 570; *Wirner*, Einzelne Privatisierungsakte als öffentliche Aufträge im Sinne des öffentlichen Vergaberechts, LKV 2004, S. 294, 295.
22 *Behr*, Zur vergaberechtlichen Relevanz von Privatisierungen, VergabeR 2009, S. 136 f.; *Schröder* (Fn. 14), S. 209; *Wirner* (Fn. 21), S. 295.
23 *Behr* (Fn. 22), S. 137; *Krajewski/Wethkamp*, Die vergaberechtliche Übertragung öffentlicher Aufgaben, DVBl. 2008, S. 355; *Wirner* (Fn. 21), S. 295 f.
24 Vgl. EuGH, Urteil vom 18. 11. 1999 – C-107/98 *Teckal* –, Slg. 1999, S. I-8121, Rn. 50.
25 Vgl. auch EuGH, Urteil vom 13. 11. 2008 – C-324/07 *Coditel Brabant* –, Slg. 2008, S. I-8457, Rn. 28, 30.
26 EuGH, Urteil vom 13. 10. 2005 – C-458/03 *Parking Brixen* –, NVwZ 2005, S. 1407, 1411, Rn. 70; vgl. auch EuGH, Urteil vom 13. 11. 2008 – C-324/07 *Coditel Brabant* –, Slg. 2008, S. I-8457, Rn. 28; dazu auch *Krajewski/Wethkamp* (Fn. 23), S. 357 f.
27 Vgl. auch EuGH, Urteil vom 13. 11. 2008 – C-324/07 *Coditel Brabant* –, Slg. 2008, S. I-8457, Rn. 37.
28 Vgl. EuGH, Urteil vom 11. 1. 2005 – C-26/03 *Stadt Halle* –, NZBau 2005, S. 111 ff., Rn. 49 ff.
29 *Behr* (Fn. 22), S. 137; *Stein* (Fn. 1), S. 570.
30 Das Problem der Vergabe unterhalb der Schwellenwerte nach § 100 Abs. 1 GWB i. V. m. § 2 VgV bleibt hier außer Betracht, weil es im Bereich der Privatisierungen keine anderen Probleme als sonst verursacht. Vgl. aber hierzu *Antweiler*, Chancen des Primärrechtsschutzes unterhalb der Schwellenwerte, VergabeR 2008, S. 352 ff.; *Braun*, Sekundärrechtsschutz unterhalb der Schwellenwerte?, VergabeR 2008, S. 360 ff.; *Schäfer*, Aktuelle Entwicklungen des Vergaberechts aus kommunaler Sicht, VergabeR 2009, S. 273 ff.
31 EuGH, Urteil vom 10. 9. 2009 – C-206/08 *Eurawasser* –, Rn. 59, 66 ff.; vgl. *Fenzel/Biesecke*, Konzessionsmodelle als materielle Privatisierungsform in der Abwasserbeseitigung, LKV 2007, S. 296, 298.
32 EuGH, Urteil vom 7. 12. 2000 – C-324/98 *Telaustria* –, WuW/E Verg 385, Rn. 60 ff.; Urteil vom 21. 7. 2005 – Rs. C-231/03 *Co.Na.Me* –, Rn. 16 ff.; Urteil vom 13. 10. 2005 – C-458/03 *Parking Brixen* –, NZBau 2005, S. 644 ff., Rn. 46 ff.
33 Dazu allgemein BVerfG, Beschluss des Ersten Senats vom 13. 11. 1974 – 1 BvL 12/73 –, BVerfGE 38, 281, 299; Beschluss des Zweiten Senats vom 5. 12. 2002 – 2 BvL 5/98, 2 BvL 6/98 –, BVerfGE 107, 59, 93; *Scholz*, Verkehrsüberwachung durch Private, NJW 1997, S. 14, 15 f.; *Stein* (Fn. 1), S. 567; vgl. auch BVerfG, Entscheidung des Ersten Senats vom 17. 11. 1959 – 1 BvR 88/56 –, BVerfGE 10, 200, 214.
34 *Peine* (Fn. 6), S. 355.
35 *Stein* (Fn. 1), S. 567.
36 *Jachmann*, in: v. Mangoldt/Klein/Starck, Kommentar zum Grundgesetz, Bd. 2, 5. Aufl., München 2005, Art. 33 Rn. 35. Diese Möglichkeit übersieht der BremStGH im Urteil vom 15. 1. 2002 – St 1/01 –, NVwZ 2003, S. 81, 86.
37 So auch OLG Schleswig, Beschluss vom 19. 10. 2005 – 2 W 120/05 –, SchlHA 2005, S. 420, 422.
38 *Haug*, Funktionsvorbehalt und Berufsbeamtentum als Privatisierungsschranken, NVwZ 1999, S. 816, 817; hierfür auch *Kahl/Weißenberger*, Die Privatisierung kommunaler öffentlicher Einrichtungen: Formen – Grenzen – Probleme, Jura 2009, S. 194, 199; *Krölls*, Die Privatisierung öffentlicher Sicherheit, GewArch 1997, 445, 451; *Leisner*, Berufsbeamtentum und Entstaatlichung, DVBl 1978, S. 733, 735; *Maunz*, in: ders./Dürig, Grundgesetz, Kommentar, Art. 33 (1966) Rn. 32, 33, 34; *Pilz*, Verfassungsrechtliche Grenzen der Privatisierung des Gerichtsvollzieherwesens, DÖV 2009, S. 102, 103 f.;

39 Dazu BremStGH, Urteil vom 15.1.2002 – St 1/01 –, NVwZ 2003, S. 81, 85 f.; *Ewer* (Fn. 7), S. 194; *Masing*, in: Dreier, Grundgesetz, Bd. II, 2. Aufl., Tübingen 2006, Art. 33 Rn. 62; *Peine* (Fn. 6), S. 355 f.; *Schoch* (Fn. 9), S. 681; *Scholz* (Fn. 33), S. 15; *Stein* (Fn. 1), S. 568; in diese Richtung auch *Di Fabio* (Fn. 7), S. 590 f.
40 In diesem Sinne auch *Gramm*, Schranken der Personalprivatisierung bei der inneren Sicherheit, VerwArch 1999, S. 329, 331 f.
41 So ausdrücklich *Bracher*, Gefahrenabwehr durch Private, Berlin 1987, S. 64; *Krölls* (Fn. 38), S. 451.
42 Vgl. BVerwG, Beschluss vom 29.9.2005 – 7 BN 2/05 –, DVBl 2006, S. 840, 841; OVG Lüneburg, Beschluss vom 21.7.1997 – 7 K 7532/95 –, zit. n. juris, Rn. 30; *Bracher* (Fn. 41), S. 64; *Jachmann* (Fn. 36), Rn. 38; *Masing* (Fn. 39), Rn. 62; *Maunz* (Fn. 38), Rn. 42; *Pilz* (Fn. 38), S. 103; so auch, zur nur ähnlichen Vorschrift des Art. 60 S. 1 der Niedersächsischen Verfassung, Nds. StGH, Urteil vom 5.12.2008 – StGH 2/07 –, verfügbar unter http://cdl.niedersachsen.de/blob/images/C51936412_L20.pdf, S. 16 ff.; w. N. zum Streitstand bei OLG Schleswig, Beschluss vom 19.10.2005 – 2 W 120/05 –, SchlHA 2005, 420, 422.
43 Vgl. zu diesem Argument – in der Darstellung des Streitstands und ohne eigene Stellungnahme – Nds. StGH, Urteil vom 5.12.2008 – StGH 2/07 –, verfügbar unter http://cdl.niedersachsen.de/blob/images/C51936412_L20.pdf, S. 16 ff.; OLG Schleswig, Beschluss vom 19.10.2005 – 2 W 120/05 –, SchlHA 2005, 420, 422. Systematische Argumente für die Gegenansicht entnehmen dem Abs. 5 *Bracher* (Fn. 41), S. 64 f.; *Haug* (Fn. 38), S. 816 f.; *Pilz* (Fn. 38), S. 104; vgl. auch *Gramm* (Fn. 40), S. 336. *Scholz*, „Freies Gerichtsvollziehersystem" und Verfassung, DGVZ 2003, S. 97, 106, begründet die hier bevorzugte Ansicht u. a. mit der Stellung der Norm in Art. 33 GG.
44 *Kruis*, Haftvollzug als Staatsaufgabe, ZRP 2000, S. 1, 4; *Scholz* (Fn. 43), S. 106; vgl. auch *Ewer* (Fn. 7), S. 194.
45 BVerwG, Beschluss vom 29.9.2005 – 7 BN 2/05 –, DVBl 2006, S. 840, 841; OVG Lüneburg, Beschluss vom 21.7.1997 – 7 K 7532/95 –, zit. n. juris, Rn. 30; OLG Schleswig, Beschluss vom 19.10.2005 – 2 W 120/05 –, SchlHA 2005, S. 420; *Krölls* (Fn. 38), S. 451; *Maunz* (Fn. 38), Rn. 42; vgl. auch, ohne Angabe des anzusetzenden Maßstabs, Nds. StGH, Urteil vom 5.12.2008 – StGH 2/07 –, verfügbar unter http://cdl.niedersachsen.de/blob/images/C51936412_L20.pdf, S. 23 ff.
46 BVerwG, Beschluss vom 29.9.2005 – 7 BN 2/05 –, DVBl 2006, S. 840, 841; *Gramm* (Fn. 40), S. 336; *Masing* (Fn. 39), Rn. 68 Fn. 330; *Pilz* (Fn. 38), S. 104 f.
47 BVerfG, Entscheidung des Zweiten Senats vom 27.4.1959 – 2 BvF 2/58 –, BVerfGE 9, 268, 284 (ohne Bezug auf das Problemfeld der Privatisierung); gegen diese umfassend summierende Betrachtung und für eine qualitative Bewertung der Übertragungen in der jeweiligen Rechtsmaterie *Gramm* (Fn. 40), S. 336 f.
48 *Bracher* (Fn. 41), S. 70.
49 BVerfG, Beschluss des Zweiten Senats vom 5.12.2002 – 2 BvL 5/98, 2 BvL 6/98 –, BVerfGE 107, 59, 91.
50 Ebda., S. 93.
51 Nds. StGH, Urteil vom 5.12.2008 – StGH 2/07 –, verfügbar unter http://cdl.niedersachsen.de/blob/images/C51936412_L20.pdf, S. 27 f.
52 BVerfG, Beschluss des Zweiten Senats vom 5.12.2002 – 2 BvL 5/98, 2 BvL 6/98 –, BVerfGE 107, 59, 92; Nds. StGH, Urteil vom 5.12.2008 – StGH 2/07 –, verfügbar unter http://cdl.niedersachsen.de/blob/images/C51936412_L20.pdf, S. 27 f.; *Büllesbach/Rieß*, Outsourcing in der öffentlichen Verwaltung, NVwZ 1995, S. 444, 445; *Stein* (Fn. 1), S. 568.
53 BVerwG, Urteil vom 27.5.2009 – 8 C 10.08 –, NVwZ 2009, S. 1305, 1306.
54 Ebda., S. 1307.
55 A. A. jedoch *Katz*, Verantwortlichkeiten und Grenzen bei „Privatisierung" kommunaler Aufgaben, NVwZ 2010, S. 405, 407, nach dem es nur um eine Pflicht zum Vorbehalt kommunaler Kontrollrechte ging. Eine Privatisierung unter diesem Vorbehalt ist jedoch immer eine funktionale Privatisierung, da die Aufgabe ausweislich der Kontrollfunktion bei der Gemeinde verbleibt; vgl. *Winkler*, Anmerkung, JZ 2009, S. 1169, 1171.
56 BGH, Urteil vom 26.10.1961 – KZR 1/61 –, BGHZ 36, 91, 95 f.; Urteil vom 25.2.1984 – III ZR 12/83 –, BGHZ 91, 84, 96 f.
57 Vgl. nur *Kunig*, in: v. Münch/Kunig, Grundgesetz-Kommentar, 5. Aufl., München 2000, Art. 1 Rn. 60.
58 Vgl. auch *Stein* (Fn. 1), S. 568.

59 *Kämmerer* (Fn. 1), S. 1007; *Schoch*, Gewährleistungsverwaltung: Stärkung der Privatrechtsgesellschaft?, NVwZ 2008, S. 241, 244.
60 *Ewer* (Fn. 7), S. 195 f.
61 Ebda.; *Frenz*, Das Duale System zwischen öffentlichem und privatem Recht, GewArch 1994, S. 145, 150; *Peine* (Fn. 6), S. 356.
62 Vgl. BVerfG, Entscheidung des Zweiten Senats vom 18. 7. 1967 – 2 BvF 3/62 u. a. –, BVerfGE 22, 180, 204.
63 BVerfG, Entscheidung des Zweiten Senats vom 18. 7. 1967 – 2 BvF 3/62 u. a. –, BVerfGE 22, 180, 204; *Ewer* (Fn. 7), S. 195; *Peine* (Fn. 6), S. 356.
64 So zu den Grundrechten *Ewer* (Fn. 7), S. 195 f.; *Frenz* (Fn. 61), S. 150.
65 *Alexy*, Theorie der Grundrechte, Frankfurt am Main 1986, S. 420 f.
66 BVerfG, Urteil des Ersten Senats vom 16. 10. 1977 – 1 BvQ 5/77 –, BVerfGE 46, 160, 164.
67 Vgl. zum Sozialstaatsprinzip *Stober*, Privatisierung öffentlicher Aufgaben, NJW 2008, S. 2301, 2305.
68 BGH, Urteil vom 22. 11. 2001 – III ZR 322/00 –, NVwZ 2002, S. 893, 894; *Kahl/Weißenberger* (Fn. 38), S. 199; *Schoch* (Fn. 7), S. 971 f.; *Stein* (Fn. 1), S. 569; vgl. auch *Ehlers*, Anmerkung, DVBl 2009, S. 1456, 1457.
69 BVerwG, Urteil vom 27. 5. 2009 – 8 C 10.08 –, NVwZ 2009, S. 1306 f.
70 Ebda.
71 Ebda., S. 1307 f.
72 Vgl. *Ehlers* (Fn. 68), S. 1457.
73 Vgl. *Schönleiter*, Anmerkung, GewArch 2009, S. 486.
74 Vgl. *Ehlers* (Fn. 68), S. 1456.
75 BVerfG, Beschluss des Zweiten Senats vom 23. 11. 1988 – 2 BvR 1619/83, 2 BvR 1628/83 –, BVerfGE 79, 127, 146.
76 *Ehlers* (Fn. 68), S. 1456; *Winkler* (Fn. 55), S. 1170.
77 BVerfG, Beschluss des Zweiten Senats vom 23. 11. 1988 – 2 BvR 1619/83, 2 BvR 1628/83 –, BVerfGE 79, 127, 140; Nichtannahmebeschluss der 3. Kammer des Zweiten Senats vom 11. 5. 2004 – 2 BvR 693/04 –, NVwZ 2004, S. 1349; *Schoch*, Das gemeindliche Selbstverwaltungsrecht gemäß Art. 28 Abs. 2 S. 1 GG als Privatisierungsverbot?, DVBl 2009, S. 1533, 1538.
78 Vgl. zur Kritik *Ehlers* (Fn. 68), S. 1456 f.; *Kahl/Weißenberger*, Kommunale Selbstverwaltungspflicht und Verbot materieller Privatisierung kraft Richterrechts?, LKRZ 2010, S. 81 ff.; *Schoch* (Fn. 77), S. 1533 ff.; *Winkler* (Fn. 55), S. 1169 ff.; zustimmend aber *Katz* (Fn. 55), S. 405 ff.; *Schönleiter* (Fn. 73), S. 487.
79 Vgl. dazu *Pilz* (Fn. 38), S. 102 f.; *Scholz* (Fn. 43), S. 97 ff.
80 *Di Fabio* (Fn. 7), S. 592; a. A. *Lange*, Privatisierungspotentiale im Strafvollzug, DÖV 2001, S. 898, 903.
81 Nds. StGH, Urteil vom 5. 12. 2008 – StGH 2/07 –, verfügbar unter http://cdl.niedersachsen.de/blob/images/C51936412_L20.pdf, S. 29, 31 f.; *Kruis* (Fn. 44), S. 5.
82 *Kruis* (Fn. 44), S. 5.
83 Vgl. VGH München, Urteil vom 17. 2. 1999 – 4 B 96.1710 –, NVwZ 1999, S. 1122, 1123 f., zur gesetzlichen Zuweisung der Zulassung eines Schaustellers zu einem Volksfest.
84 Vgl. VGH Mannheim, Urteil vom 1. 10. 2009 – 6 S 99/09 –, zit. n. juris, Rn. 31.
85 *Arndt/Ziertmann*, Das PACT-Gesetz. Leitfaden für die Gründung, Einrichtung und Umsetzung einer Partnerschaft zur Attraktivierung von City-, Dienstleistungs- und Tourismusbereichen, Kiel 2006, S. 30.
86 *Schutz/Köller*, Business Improvement Districts, ZfBR 2007, S. 649 ff., zit. n. juris.
87 *Arndt/Ziertmann* (Fn. 85), S. 31.
88 VG Hamburg, Urteil vom 17. 9. 2008 – 13 K 3305/06 –, zit. n. juris, Rn. 34; *Hellermann/Hermes*, Rechtliche Zulässigkeit der Schaffung von „Business Improvement Districts" (BIDs), Rechtsgutachten im Auftrag der Freien und Hansestadt Hamburg, verfügbar unter http://www.hamburg.de/contentblob/129012/data/rechtsgutachten.pdf, S. 40 m. w. N.; ohne das Erfordernis der Entscheidungsmacht *Schutz/Köller* (Fn. 86).
89 VG Hamburg, Urteil vom 17. 9. 2008 – 13 K 3305/06 –, zit. n. juris, Rn. 35 f.
90 Vgl. *Hellermann/Hermes* (Fn. 88), S. 47.
91 *Stollmann*, Die Einschaltung Dritter im neuen Städtebaurecht, NuR 1998, S. 578, 581.
92 Ebda.

93 *Ferner*, in: ders./Kröninger, Baugesetzbuch, Handkommentar, Baden-Baden 2005, § 4b Rn. 1.
94 Vgl. oben, Fn. 55.
95 BVerwG, Urteil vom 27. 5. 2009 – 8 C 10.08 –, NVwZ 2009, S. 1307.
96 BVerwG, Urteil vom 25. 2. 2003 – 8 CN 1.04 –, BVerwGE 123, 159, 164 f.; OVG Bautzen, Urteil vom 25. 2. 2003 – 4 D 699/99 –, zit. n. juris, Rn. 73, m. w. N.; vgl. auch OVG Schleswig, Urteil vom 22. 10. 2003 – 2 KN 5/02 –, NordÖR 2004, S. 152, 153 f. Die erwähnte Festsetzung ist dabei nur eine mögliche Modalität des Eingriffs; eine Grundrechtsverletzung ergäbe sich bereits aus der in dem Benutzungszwang wurzelnden Anbindung an eine nicht insolvenzfeste Versorgung (so die zitierte Rechtsprechung).
97 Vgl. i. Ü. die oben, im Text bei Fn. 25 – 27, erwähnten vergaberechtlichen Probleme.
98 *Kämmerer*, Kommunale Stiftungen zwischen Stifterwillen und Gemeinwohl, Non Profit Law Yearbook 2004, S. 59, 71.
99 *Reuter*, in: Münchener Kommentar zum BGB, 5. Aufl., München 2006, § 87 Rn. 7.
100 Dazu BVerfG, Beschluss des Zweiten Senats vom 8. 7. 1982 – 2 BvR 1187/80 –, BVerfGE 61, 82, 108.
101 Vgl. *Unger*, in: Bennemann u. a., Kommunalverfassungsrecht Hessen, Loseblatt, Stand: 06/2007, § 120 HGO Rn. 21.
102 Vgl. *Kämmerer* (Fn. 98), S. 59.
103 Vgl. nur § 42 Abs. 2 VwGO und zum damit verbundenen Zweck der Ausschaltung von Popularklagen BVerwG, Urteil vom 29. 10. 1963 – VI C. 198.61 –, BVerwGE 17, 87, 91.
104 OVG Saarlouis, Beschluss vom 7. 3. 2007 – 3 Q 146/06 –, NVwZ-RR 2007, S. 409.
105 Vgl. BVerwG, Urteil vom 27. 5. 2009 – 8 C 10.08 –, NVwZ 2009, S. 1305, 1306: „Bei Rechtswidrigkeit der von [dem Kläger] gerügten Privatisierung kann ihm ein Anspruch auf Zulassung zur Nutzung öffentlicher Einrichtungen der Gemeinde eröffnet sein."
106 Vgl. dazu *Heckmann/Braun*, Datenverarbeitung durch private IT-Dienstleister im Meldewesen, BayVBl. 2009, S. 581 ff.
107 Vgl. OVG Münster, Urteil vom 23. 9. 2003 – 15 A 1973/98 –, zit. n. juris, Rn. 49, und auch §§ 11 Abs. 3 S. 1, 16 BDSG, 78 Abs. 1 S. 2, 3 SGB X.
108 Vgl. zur Erforderlichkeit einer Bindung des privaten Empfängers von Daten an den vorgesehenen Verwendungszweck als unmittelbarem Ausfluss des Grundrechts auf informationelle Selbstbestimmung *Gola/Schomerus*, BDSG, Kommentar, 9. Aufl., München 2007, § 16 Rn. 18.
109 Vgl. etwa – zum Komplex der Bindung der *Zivil*gerichte an bestandskräftige Verwaltungsakte – OLG Schleswig, Beschluss vom 19. 10. 2005 – 2 W 120/05 –, SchlHA 2005, S. 420, 421.
110 Vgl. oben, Text bei Fn. 95.
111 VG Stuttgart, Beschluss vom 11. 7. 2006 – 4 K 2292/06 –, NVwZ 2007, S. 614; vgl. VGH München, Urteil vom 23. 3. 1988 – 4 B 86.02336 –, GewArch 1988, S. 245; VGH Kassel, Beschluss vom 29. 11. 1993 – 8 TG 2735/93 –, NVwZ-RR 1994, S. 650, 651; VGH München, Urteil vom 17. 2. 1999 – 4 B 96.1710 –, NVwZ 1999, S. 1122, 1123.
112 Vgl. VGH Mannheim, Urteil vom 1. 10. 2009 – 6 S 99/09 –, zit. n. juris, Rn. 31.
113 Vgl. oben, Text bei Fn. 52.
114 Vgl. dazu BVerfG, Urteil des Ersten Senats vom 16. 1. 1957 – 1 BvR 253/56 –, BVerfGE 6, 32, 41; BVerwG, Urteil vom 11. 1. 2001 – 4 A 12/99 –, NVwZ 2001, S. 1160, 1161.
115 Vgl. *Kahl/Weißenberger* (Fn. 38), S. 196.
116 Vgl. oben, Text bei Fn. 21 – 32.
117 Die Frage offen lassend VGH München, Beschluss vom 29. 3. 2010 – 4 C 09.2865 –, zit. n. juris, Rn. 5; zum Streitstand *Lampert*, Dienstleistungskonzessionen – keine geborenen Kandidaten für den Verwaltungsrechtsweg, DVBl 2007, S. 1343, 1344.
118 So etwa OVG Münster, Beschluss vom 4. 5. 2006 – 15 E 453/06 –, NZBau 2006, S. 533; VG Berlin, Urteil vom 28. 11. 2006 – 4 A 495.04 –, zit. n. juris, Rn. 17.
119 *Antweiler* (Fn. 30), S. 354, m. w. N. aus der Literatur.
120 BVerwG, Beschluss vom 2. 5. 2007 – 6 B 10/07 –, NJW 2007, S. 2275, 2276.
121 *Antweiler* (Fn. 30), S. 354.
122 BVerwG, Beschluss vom 2. 5. 2007 – 6 B 10/07 –, NJW 2007, S. 2275, 2276; *Antweiler* (Fn. 30), S. 354; *Lampert* (Fn. 116), S. 1346, 1348. Anders aber noch – weil die vergaberechtlichen Normen öffentlich-rechtlicher Natur seien – VG Berlin, Urteil vom 28. 11. 2006 – 4 A 495.04 –, zit. n. juris, Rn. 17.

123 *Antweiler* (Fn. 30), S. 354; *Gröning*, Der Begriff der Dienstleistungskonzessionen, Rechtsschutz und Rechtsweg, VergabeR 2002, S. 24, 29 f.
124 So ohne Einschränkung *Antweiler* (Fn. 30), S. 354.
125 *Lampert* (Fn. 116), S. 1349, der zugleich auf die Möglichkeit einer besonderen – verwaltungsrechtlichen – Anfechtbarkeit der Auswahlentscheidung hinweist.
126 Vgl. dazu etwa die Stellungnahme des Deutschen Anwaltvereins, verfügbar unter http://anwaltverein.de/downloads/stellungnahmen/SN-10/SN-17 – 10.pdf.pdf.
127 Vgl. oben, Text bei Fn. 25 – 27.
128 OVG Schleswig, Urteil vom 24. 6. 1998 – 2 L 113/97 –, NordÖR 1998, S. 314, 317.
129 So ausdrücklich OVG Lüneburg, Urteil vom 24. 6. 1998 – 9 L 2722/96 –, KStZ 1999, S. 172; Urteil vom 22. 1. 1999 – 9 L 1803/97 –, NVwZ 1999, S. 1128, 1129; VG Osnabrück, Urteil vom 27. 5. 2003 – 1 A 133/02 –, zit. n. juris, Rn. 15; VG Lüneburg, Urteil vom 12. 12. 2006 – 3 A 27/05 –, zit. n. juris, Rn. 39 f.
130 Jeweils ebda.; OVG Münster, Urteil vom 24. 6. 1998 – 9 L 2504/96 –, AbfallPrax 1999, S. 32 (Leitsatz 1).
131 OVG Koblenz, Urteil vom 1. 12. 1994 – 12 A 11692/92 –, NVwZ-RR 1996, S. 230 ff.; Urteil vom 9. 4. 1997 – 6 A 12010/96 –, NVwZ-RR 1998, S. 327.
132 VG Lüneburg, Urteil vom 12. 12. 2006 – 3 A 27/05 –, zit. n. juris, Rn. 37 f. (auch zum Europarecht); vgl. auch die im Urteil des OVG Koblenz vom 9. 4. 1997 – 6 A 12010/96 –, NVwZ-RR 1998, S. 327, angegebenen Judikate des OVG Münster (sonst n. v.).
133 So zum Abfallrecht BVerwG, Beschluss vom 23. 11. 1998 – 8 B 173/98 –, DVBl 1999, S. 405, 406.
134 OVG Lüneburg, Urteil vom 24. 6. 1998 – 9 L 2722/96 –, KStZ 1999, S. 172; VG Osnabrück, Urteil vom 27. 5. 2003 – 1 A 133/02 –, zit. n. juris, Rn. 15.
135 Vgl. OLG Schleswig, Beschluss vom 19. 10. 2005 – 2 W 120/05 –, SchlHA 2005, 420, 420 f.
136 Vgl. ebda., S. 421 ff.
137 Vgl. etwa BVerwG, Urteil vom 11. 3. 1970 – IV C 59.67 –, DÖV 1970, S. 605; Urteil vom 11. 11. 1988 – 8 C 9/87 –, NVwZ-RR 1989, S. 359 f.
138 Vgl. VG Gelsenkirchen, Urteil vom 19. 10. 2007 – 15 K 579/04 –, DVBl 2007, S. 1507, 1509; selbstverständlich wird aber das Ermessen der Kommunalaufsicht seinerseits nur in den Grenzen des § 114 S. 1 VwGO gerichtlich geprüft; vgl. ebda.
139 Vgl. die § 40 VwVfG entsprechenden Normen des Landesrechts.

Bericht über den Arbeitskreis 7

von *Maren Petersen*, Vizepräsidentin des VG Schleswig

Privatisierung kommunaler Aufgaben – Ansatzpunkte und Umfang gerichtlicher Kontrolle

Die vom Referenten des Arbeitskreises, Herrn Rechtsanwalt *Prof. Dr. Ewer* mit einem Augenzwinkern als unerwartet groß bezeichnete Anzahl von ca. 170 Teilnehmern des Arbeitskreises zeigte, dass das Thema der Privatisierung nicht nur weiterhin von großer kommunalpolitischer, sondern auch von ebenso großer verwaltungsrechtlicher und verwaltungswissenschaftlicher Bedeutung ist.

Anlass für eine derzeit aktuelle verwaltungsrechtliche und verwaltungswissenschaftliche Befassung mit der kommunalen Privatisierung ist dabei insbesondere die viel und kontrovers erörterte Entscheidung des Bundesverwaltungsgerichts vom 29. 5. 2009 zum Offenbacher Weihnachtsmarkt. Mit dieser wurde von höchstrichterlicher Seite erstmals ausdrücklich eine aus Art. 28 Abs. 2 GG abgeleitete grundsätzliche Pflicht zur eigenverantwortlichen Wahrnehmung bestimmter freier Selbstverwaltungsaufgaben postuliert, die jedenfalls einer materiellen Privatisierung entgegenstünde.

In seinem ca. einstündigen, mit Spannung verfolgten Referat stellte Herr Prof. Dr. *Ewer* die verschiedenen Formen der kommunalen Aufgabenprivatisierung und deren verfassungsrechtlich – und einfachgesetzlichen Schranken dar. Mit zahlreichen anschaulichen Beispielen aus seiner langjährigen Praxis belegt zeigte der Referent Grenzen und Folgen, aber auch Chancen der Privatisierung auf.

Im Anschluss an das Referat .entwickelte sich eine angeregte Diskussion zu verschiedenen im Vortrag angesprochenen Aspekten.

Zunächst einmal wurden von verschiedenen Teilnehmern gebührenrechtliche Fragestellungen erörtert. VPräsVG *Kramer*, Bremen, stellte dar, dass es bislang am VG Bremen noch keine rechtliche Befassung mit dem „Ob" der Privatisierung gegeben habe, streitig sei aber z. B. die Zulässigkeit der kalkulatorischen Berücksichtigung der Mehrwertsteuer im Fall einer formellen Privatisierung eines städtischen Eigenbetriebs gewesen. Insgesamt sei festzustellen, dass kommunale Aufgabenprivatisierung oft zu bedenklichen Folgen führe, wie dies beispielsweise im Fall einer Kurabgabe auch bei der Berücksichtigung von Kosten einer privaten GmbH, die nicht Kosten der Gemeinde seien, der Fall gewesen wäre. Dies habe der Landesgesetzgeber in Bremen gesetzlich im Wege der Fiktion geregelt.

Ebenso kritisch sei nach seiner Meinung auch die abgabenrechtliche Einstellung von Privatisierungsgewinnen zu betrachten.

VRiOVG *Harbeck*, Schleswig, erläuterte zu diesen Punkten die Rechtsprechung des 2. Senats des OVG Schleswig. Seiner Ansicht nach sei die Einstellung der Mehrwertsteuer in dieser Fallkonstellation abgabenrechtlich unzulässig.

Rechtsanwalt Prof. Dr. *Uechtritz*, Stuttgart, führte aus, dass nach seiner Auffassung grundsätzlich eine kritische Überprüfung der Kosten privater Betreiber bei funktionaler Privatisierung dringend erforderlich sei.

Unter den Teilnehmern entwickelte sich eine kontroverse Diskussion zur Sinnhaftigkeit formeller und funktionaler Aufgabenprivatisierung. Der Referent gab zu bedenken, dass nicht bereits der Umstand, dass Leistungen für die betroffenen Bürger teurer werden könnten, dem „Ob" der Privatisierung entgegenstehe. Privatisierung sei zwar kein Allheilmittel zur Verbesserung von Verwaltungsstrukturen, es lägen aber darin durchaus Möglichkeiten für Kommunen, z. B. im Rahmen von Public Private Partnership (PPP) durch Teilprivatisierung von Aufgaben effizientere Leistungsbedingungen zu schaffen.

Der Moderator, VRiVG Dr. *Martensen*, Schleswig, lenkte die Debatte auf die Entscheidung des Bundesverwaltungsgerichts zum Offenbacher Weihnachtsmarkt und stellte in diesem Zusammenhang die Frage, ob mit dieser Entscheidung nicht das Rechtsinstitut der verfassungsrechtlichen Selbstverwaltungsgarantie überstrapaziert werde und damit – zugespitzt formuliert – das Ende der kommunalen Gestaltungsfreiheit bei der Wahrnehmung freiwilliger Selbstverwaltungsaufgaben eingeläutet worden sei.

Der Referent äußerte hierzu, dass kritische Zweifel an der Entscheidung mit Blick auf die Folgen für die Kommunen durchaus angebracht sein könnten. Es spreche vieles dafür, dass diese Entscheidung zu den Grundsätzen der „Rastede"-Entscheidung des

BVerfG vom 23.11.1988 in Widerspruch stehen könnte. Seiner Ansicht nach berge das Urteil des Bundesverwaltungsgerichts die Gefahr der Zementierung bestehender Verhältnisse und trage möglicherweise nicht zur Stärkung der gemeindlichen Selbstverwaltung bei. Er erläuterte dies anhand des Beispiels eines von der Gemeinde für die Benutzer bislang kostengünstig betriebenen Schwimmbades, dessen Veräußerung an einen privaten Betreiber auch in Zeiten knapper Haushaltsmittel danach als rechtlich unzulässig anzusehen sein könnte. Aus dieser neueren Rechtsprechung des Bundesverwaltungsgerichts ergebe sich eine Kategorie verfassungsunmittelbarer Pflichtaufgaben der Kommunen, was indes die Frage nach den Aussichten für die rechtliche Zulässigkeit der Privatisierung deutlich wichtigerer und bislang viel häufiger privatisierter Aufgaben wie der Versorgung mit Fernwärme, Gas und dergleichen aufwerfe.

PräsVG *Kuntze*, Stuttgart, wandte demgegenüber ein, dass hinter der Entscheidung des Bundesverwaltungsgerichts ein seiner Ansicht nach auch begrüßenswertes Staatsverständnis stecke. Er würde dies dahingehend formulieren, dass die Bundesrepublik eben aus mehr bestehe als aus einer Vielzahl von GmbH's. Die entscheidende Frage sei, durch wen und in welcher Form das Handeln privater Aufgabenbetreiber kontrolliert werden könne.

Aus dem Teilnehmerkreis wurden sodann Zulässigkeitsfragen zur Aufgabenprivatisierung im Bereich der Jugendhilfe erörtert. PräsVG *Streichsbier*, Oldenburg, stellte dies am Beispiel der Vergabe von Sozialleistungen und Vermietung von Räumen an eine private GmbH im Jugendhilfesektor dar. Herr Lies, Kreisverwaltung Dithmarschen, gab zu bedenken, ob auch im Fall einer zu bejahenden Zulässigkeit der funktionalen Privatisierung von Jugendhilfeaufgaben dies dort gelten könne, wo es um Kindeswohlentscheidungen gehe.

Nach Ansicht des Referenten müsse der Staat in diesem Bereich im Rahmen seiner Gewährleistungsverantwortung Einflussmöglichkeiten behalten, grundsätzlich stehe dann das „Ob" der Privatisierung nicht in Frage. Anders sei dies indes bei erforderlichen hoheitlichen Entscheidungen zu beurteilen, wie dies bei Kindeswohlentscheidungen der Fall sein könnte. Diese zwingend hoheitliche Entscheidungsbefugnis des Staates dürfe nicht externalisiert werden, dem stehe der organisationsrechtliche Gesetzesvorbehalt entgegen.

Abschließend sprach der Moderator die Beurteilung landesrechtlicher PACT-Gesetze (Gesetz zur Einrichtung von Partnerschaften zur Attraktivierung von City-, Dienstleistungs- und Tourismusbereichen, entwickelt aus der nordamerikanischen Konzeption des Business Improvement District) an und stellte die Frage, ob diese nach den im Referat aufgezeigten Grenzen der Privatisierung kritisch zu betrachten seien.

Letzteres wurde vom Referenten bejaht. Folge dieser landesrechtlichen Regelungen sei, dass die Kommunen nur noch als Satzungsgeber aufträten und durch gemeindliche Satzung Zwangsgemeinschaften begründet würden, welche dann – ohne entsprechende staatliche Interessenausgleichs- und Abwägungsinstrumente – nicht demokratisch legitimierte Entscheidungen träfen.

Letztendlich sei indes nicht zu verkennen, dass insgesamt gerade auch im Bauplanungsrecht die funktionale Aufgabenprivatisierung Rechtsalltag sei und diese eingeleitete Entwicklung auch als unumkehrbar angesehen werden müsse.

Das Referat und die anschließende Diskussion zeigten, dass das Thema der kommunalen Aufgabenprivatisierung in der Praxis gerade auch unter den Bedingungen knapper Haushaltsmittel der Gemeinden von zunehmender Bedeutung ist. Eine verwaltungsgerichtliche Befassung findet bislang im Wesentlichen mit Einzelfragen des „Wie" formeller und funktionaler Privatisierung statt, das „Ob" der Aufgabenübertragung spielt indes in der gerichtlichen Auseinadersetzung keine entscheidende Rolle. Es bleibt daher mit Spannung abzuwarten, ob sich die Entscheidung des Bundesverwaltungsgerichts vom 27.5.2009 zur materiellen Privatisierung eines Weihnachtsmarkts tatsächlich als die von einer Seite befürchtete, von anderer Seite begrüßte Trendwende erweisen wird.

ARBEITSKREIS 8

Das Informationsfreiheitsrecht in der gerichtlichen Praxis[*]

Referent: Professor *Dr. Friedrich Schoch*, Freiburg i. Br.

Thesen des Referats

I. Paradigmenwechsel beim Zugang zu amtlichen Informationen

1. Das am 1. 1. 2006 in Kraft getretene Informationsfreiheitsgesetz des Bundes (IFG) hat einen Paradigmenwechsel beim Recht auf Zugang zu Informationen des öffentlichen Sektors bewirkt. Das vormalige Modell der beschränkten Aktenöffentlichkeit (exemplarisch: § 29 VwVfG) ist durch das Konzept der Zugangsfreiheit zu amtlichen Informationen abgelöst worden.
2. Der Paradigmenwechsel schafft nicht nur rechtliche Herausforderungen für den Gesetzesvollzug, sondern stellt mitunter auch die Akzeptanz des neuen Rechts auf die Probe. Die Gerichte sind in der Pflicht, die Verwirklichung des geltenden Informationsfreiheitsrechts gegenüber einer bisweilen die Informationsverweigerung bevorzugenden Verwaltung sicherzustellen.

II. Anwendbarkeit des IFG (Subsidiaritätsklausel)

3. Nach der Subsidiaritätsklausel des § 1 Abs. 3 IFG gehen Regelungen in anderen Rechtsvorschriften über den Zugang zu amtlichen Informationen dem allgemeinen Informationsfreiheitsrecht grundsätzlich vor. In ihrem Anwendungsbereich normiert die Subsidiaritätsklausel eine Sperrwirkung, die den Rückgriff auf das IFG ausschließt.
4. Vorrangige Spezialvorschriften sind nur solche Informationszugangsregelungen, die abstrakt-generell den individuellen Zugang zu amtlichen Informationen gegenüber einer Behörde oder sonstigen Stelle i. S. d. § 1 Abs. 1 IFG normieren, so dass sich der Anwendungsbereich des speziellen Informationszugangsanspruchs und des allgemeinen Informationsfreiheitsrechts überschneiden.

III. Voraussetzungen des Anspruchs auf Informationszugang

5. „Jeder" ist nach geltendem Informationsfreiheitsrecht anspruchsberechtigt. Umfasst sind natürliche und juristische Personen sowie teilrechtsfähige Vereinigungen. Anspruchsinhaber können demgemäß auch Bürgerinitiativen sein, ferner juristische Personen des Öffentlichen Rechts als Grundrechtsträger (z. B. öffentlich-rechtliche Rundfunkanstalten, Hochschulen) sowie – da in Distanz zum Staat organisiert – als Selbstverwaltungskörperschaften (z. B. Gemeinden, Religionsgemeinschaften).

6. Eine „Behörde des Bundes" ist kraft organisationsrechtlicher Zuordnung zur vollziehenden Gewalt (i. S. d. Grundgesetzes) ungeachtet ihrer konkreten Tätigkeit eine informationspflichtige Stelle; das gilt auch für das Bundeskanzleramt in „Regierungsangelegenheiten" (Beispiel: „Ostseepipeline").
7. Gegenstand des Zugangsanspruchs sind nach dem IFG „amtliche Informationen"; diese müssen bei der informationspflichtigen Stelle tatsächlich vorhanden sein und der Stelle muss die Verfügungsbefugnis über die Informationen zustehen. Eine Aufzeichnung, die die gesetzlichen Anforderungen an eine „amtliche Information" (§ 2 Nr. 1 IFG) erfüllt, ist auch dann tauglicher Gegenstand des Informationszugangsanspruchs, wenn der Zugang aus kommerziellen Gründen begehrt wird.

IV. Informationsrestriktionen: Verweigerung des Informationszugangs

8. Der Zugang zu amtlichen Informationen kann zum Schutz öffentlicher Belange und privater Drittinteressen verweigert werden. Die gesetzlichen Ausschlusstatbestände sind eng auszulegen, die Ablehnungsgründe sind von der informationspflichtigen Stelle anhand konkreter Umstände darzulegen. Die gesetzliche Entscheidung für die Anerkennung lediglich einer Bereichsausnahme (§ 3 Nr. 8 IFG) ist zu respektieren; dem Versuch informationspflichtiger Stellen, durch den Vortrag pauschaler Befürchtungen faktische Bereichsausnahmen zu kreieren, ist gerichtlich entschieden entgegenzutreten.
9. Der Schutz besonderer öffentlicher Belange (§ 3 IFG) wirkt absolut; eine Abwägung mit dem Informationsinteresse des Antragstellers findet nicht statt. Ist ein Ausschlusstatbestand erfüllt, besteht der Anspruch auf Informationszugang nicht.
10. Inhalt und Umfang des besonderen Geheimnisschutzes (§ 3 Nr. 4 IFG) bereiten in der Praxis nicht selten Schwierigkeiten. Kein Zweifel sollte daran bestehen, dass die allgemeine Pflicht zur Amtsverschwiegenheit (z. B. § 67 BBG, § 37 BeamStG) kein „besonderes Amtsgeheimnis" darstellt. Regelungen zur Vertraulichkeit von Beratungen und Verhandlungen schützen (primär) den Entscheidungsbildungsprozess, so dass deren Zuordnung zu – absoluten – Geheimhaltungsvorschriften zweifelhaft ist. Führt die Einzelfallanalyse zur Bejahung einer durch Rechtsvorschrift angeordneten Geheimhaltungs- oder Vertraulichkeitspflicht, genießt der fachgesetzliche Geheimnisschutz Vorrang gegenüber dem allgemeinen Informationsfreiheitsrecht.
11. Der Schutz personenbezogener Daten (§ 5 IFG) bereitet in der Praxis bislang keine größeren Schwierigkeiten. Die vorgenommene Zuordnung und Abstimmung von Datenschutz und Informationsfreiheit ist gelungen; die gesetzliche Entscheidung für den relativen Vorrang des Datenschutzes findet allgemein Akzeptanz.
12. Der Schutz des geistigen Eigentums (§ 6 Satz 1 IFG) im Informationsfreiheitsrecht ist vor allem für das Urheberrecht von Bedeutung. Schutzgegenstand ist

nicht die Information als solche, geschützt sind vielmehr das Veröffentlichungsrecht (§ 12 UrhG) und die Verwertungsrechte (§§ 15 ff. UrhG) des Urhebers. Ob die Zugänglichkeit eines geschützten Werkes für eine einzelne Person die Rechte des Urhebers bereits verletzt, ist zweifelhaft; die intellektuelle Wahrnehmung einer Information und die Nutzung des dadurch entwickelten Wissens stellen nach den Wertungen der Rechtsordnung (vgl. § 2 Nr. 3 IWG) kaum Urheberrechtsverletzungen dar.

13. Der Schutz von Betriebs- und Geschäftsgeheimnissen (§ 6 Satz 2 IFG) erweist sich in der Praxis als besonders „anfällig" für die Ablehnung von Informationszugangsansprüchen. Die Problematik wird dadurch verschärft, dass das IFG – anders als andere Informationsfreiheitsgesetze – keine Abwägungsklausel enthält. Die Gerichte sind aufgefordert, das im Streitfall zumeist ausschlaggebende „berechtigte Geheimhaltungsinteresse", also die Wettbewerbsrelevanz einer Information, besonders sorgfältig zu untersuchen. Verstöße gegen die Rechtsordnung verdienen – nicht nur im Verbraucherinformationsrecht (vgl. § 2 Satz 3 VIG) – den Schutz der Rechtsordnung durch Anerkennung eines Betriebs- oder Geschäftsgeheimnisses nicht.

14. Der – vorgeblich – „unverhältnismäßige Verwaltungsaufwand" für die informationspflichtige Stelle bei der Vorbereitung und Durchführung des Informationszugangs ist nach dem positiven Recht kein Informationsverweigerungsgrund. Ein „deutlich höherer Verwaltungsaufwand" kann Auswirkungen auf die Art des Informationszugangs haben (§ 1 Abs. 2 IFG). Ein „unverhältnismäßiger Verwaltungsaufwand" hat in denjenigen Fällen Bedeutung, in denen ein Anspruch auf Informationszugang nur zum Teil besteht; dann ist dem Antrag in dem Umfang stattzugeben, in dem der Zugang ohne jenen Aufwand möglich ist (§ 7 Abs. 2 S. 1 IFG). Keine Grundlage im Gesetz findet die behördliche Ablehnung des Informationszugangs unter – pauschalem – Hinweis darauf, schon die Feststellung geheimhaltungsbedürftiger Informationen verursache einen „unverhältnismäßigen Verwaltungsaufwand"; soweit die Rechtsprechung sich auf einen derartigen Verweigerungsgrund einlässt, ist ein äußerst strenger Maßstab geboten.

V. Prozessrechtliche Fragestellungen

15. Für Rechtsstreitigkeiten über Informationsansprüche nach dem IFG (UIG, VIG) ist unabhängig vom Inhalt der begehrten Information und vom Klagegegner (auch: Sozial-, Finanz-, Kartellbehörden etc.) der Verwaltungsrechtsweg nach § 40 Abs. 1 S. 1 VwGO eröffnet.
16. Statthafte Rechtsschutzform zur Durchsetzung des Informationszugangsanspruchs ist die Verpflichtungsklage. Die Klage zielt nicht auf den Informationszugang als solchen (Realakt), der mit der allgemeinen Leistungsklage erstritten werden müsste, sondern auf die behördliche Entscheidung über den geltend gemachten Informationsanspruch.

17. Maßgeblicher Zeitpunkt für die Beurteilung der Sach- und Rechtslage ist die mündliche Verhandlung der letzten Tatsacheninstanz. Das gilt insbesondere auch für die von der informationspflichtigen Stelle geltend gemachten Versagungsgründe.
18. Vor Klageerhebung ist kraft ausdrücklicher gesetzlicher Anordnung (§ 9 Abs. 4 IFG) ausnahmslos ein Widerspruchsverfahren durchzuführen. Die – ohnehin zweifelhafte – Figur der „rügelosen Einlassung" des Beklagten auf die Sache findet keine Anwendung.
19. Im verwaltungsgerichtlichen Eilverfahren kann die rasche Durchsetzung des im konkreten Fall als gegeben anerkannten Informationszugangsanspruchs durch Erlass einer einstweiligen Anordnung nicht mittels Verneinung des Anordnungsgrundes unter Berufung auf das ominöse „Verbot der Vorwegnahme der Hauptsache" abgelehnt werden. Liegen die gesetzlichen Voraussetzungen für den Anordnungsgrund (§ 123 Abs. 1 S. 2 VwGO) z. B. wegen der Zeitgebundenheit bzw. raschen Angewiesenheit auf eine amtliche Information vor, verlangt das Gebot eines wirksamen Rechtsschutzes (Art. 19 Abs. 4 S. 1 GG) den Erlass der Regelungsanordnung.
20. Das „in camera"-Verfahren findet auch auf dem Gebiet des Informationsfreiheitsrechts statt, wenn die gesetzlichen Voraussetzungen (§ 99 VwGO) vorliegen. Beim Maßstab für die Beurteilung der Rechtmäßigkeit der behördlichen Informationsverweigerung ist die These der Rechtsprechung, § 99 Abs. 1 S. 2 VwGO sei eine vorrangige prozessrechtliche Spezialregelung gegenüber den Geheimhaltungsvorschriften des Fachrechts, wenig überzeugend; wegen der faktischen Identität der Fragestellung im „in camera"-Verfahren mit dem Streitgegenstand in der Hauptsache ist sowohl methodisch als auch kompetenzrechtlich das Gegenteil zutreffend. Das Gebot wirksamen Rechtsschutzes (Art. 19 Abs. 4 S. 1 GG) und die tatsächliche Gewährleistung der Hauptsacheentscheidung durch den gesetzlichen Richter (Art. 101 Abs. 1 S. 2 GG) gebieten die Durchführung des „in camera"-Verfahrens beim Gericht der Hauptsache unter Dispens von § 100 Abs. 1 VwGO.

Referat

I. Paradigmenwechsel beim Zugang zu amtlichen Informationen

Mit dem am 1. Januar 2006 in Kraft getretenen Informationsfreiheitsgesetz des Bundes (IFG)[1] ist ein *Paradigmenwechsel* beim Recht auf Zugang zu Informationen des öffentlichen Sektors eingetreten. Von einem „Paradigmenwechsel" darf gesprochen werden,[2] weil das vormalige verwaltungsrechtliche Modell der beschränkten Aktenöffentlichkeit – repräsentiert durch § 29 VwVfG und § 25 SGB X – auf Bundesebene abgelöst worden ist durch einen materiellrechtlich voraussetzungslosen Anspruch eines jeden Einzelnen auf Zugang zu amtlichen Informationen von Bundesbehörden und diesen gleichgestellten Einrichtungen (§ 1 Abs. 1 IFG). Dieser Paradigmenwechsel schafft nicht nur rechtliche Herausforderungen für den Gesetzesvollzug, sondern stellt mitunter auch die Akzeptanz des neuen Rechts auf die Probe. Die Gerichte sind in der Pflicht, die Verwirklichung des geltenden Informationsfreiheitsrechts gegenüber einer bisweilen die Informationsverweigerung bevorzugenden Verwaltung[3] sicherzustellen.

Auf Landesebene verfügen mittlerweile elf der 16 Länder über allgemeine Informationsfreiheits- bzw. -zugangsgesetze.[4] Hinzu treten – ebenfalls einen materiellrechtlich voraussetzungslosen Anspruch auf Informationszugang im öffentlichen Sektor normierend – die Umweltinformationsgesetze (UIG) des Bundes[5] und der Länder[6] sowie das am 1. Mai 2008 in Kraft getretene Verbraucherinformationsgesetz (VIG).[7] Nimmt man weitere bereichsspezifische Gesetzeswerke hinzu, die im Dienste der Informationsfreiheitsgesetzgebung stehen (z. B. die Archivgesetze des Bundes und der Länder, das Stasi-Unterlagen-Gesetz, die Geodatenzugangsgesetze des Bundes und der Länder), wird deutlich, in welchem Umfang das vormalige „Aktengeheimnis" durch ein Konzept der „Verwaltungstransparenz" abgelöst worden ist.[8] Dem Grundrecht der Informationsfreiheit (Art. 5 Abs. 1 S. 1 Alt. 2 GG), das den Zugang zu allgemein zugänglichen Quellen *abwehrrechtlich* schützt,[9] sind neuerdings subjektiv-öffentliche Leistungsrechte zur Seite gestellt worden, die im Sinne eines klassischen *Anspruchs* (vgl. § 194 Abs. 1 BGB) dem Einzelnen amtliche Informationen erschließen. Das Bundesverfassungsgericht spricht in seiner Entscheidung zur Veröffentlichungspflicht der Vergütung von Vorstandsmitgliedern gesetzlicher Krankenversicherungen unter Hinweis auf das IFG davon, die Schaffung einer verbesserten Transparenz sei, zumal in einer demokratischen Gesellschaft, ein legitimer Zweck der Gesetzgebung.[10]

Die nachfolgenden Ausführungen zur Praktizierung des Informationsfreiheitsrechts durch die Rechtsprechung orientieren sich vornehmlich am IFG (des Bundes). Ergänzend werden Entscheidungen zum UIG und zum VIG einbezogen. Die Strukturierung des Rechtsstoffes folgt folgenden Leitlinien: Zunächst geht es um eine knappe Skizze der Anwendbarkeit des IFG anhand seiner Subsidiaritätsklausel (II.), sodann ist die Rechtsprechung zu den Voraussetzungen des Anspruchs auf Zugang zu amtlichen Informationen nachzuzeichnen (III.), anschließend werden die Informationsrestriktionen (Ablehnungsgründe) analysiert (IV.), bevor zum Abschluss einige prozessuale Fragestellungen behandelt werden (V.).

II. Anwendbarkeit des IFG (Subsidiaritätsklausel)

Das IFG trifft keine ausdrückliche Bestimmung zu seinem *sachlichen Anwendungsbereich*. Dieser ergibt sich folglich primär anhand des Kreises der Anspruchsverpflichteten (vgl. unten III.2). Im Verhältnis zu anderen Informationszugangsgesetzen ist die *Subsidiaritätsklausel* des § 1 Abs. 3 IFG maßgeblich. Danach gehen Regelungen in anderen Rechtsvorschriften über den Zugang zu amtlichen Informationen dem Anspruch nach § 1 Abs. 1 IFG vor; ausgenommen vom Vorrang der Spezialvorschriften sind § 29 VwVfG und § 25 SGB X.[11]

Die Subsidiaritätsklausel des IFG hat die Gerichte mehrfach beschäftigt.[12] Sowohl im Grundsätzlichen (1.) als auch bei konkreten Abgrenzungsfragen besteht – unter Einbeziehung des Schrifttums – weithin Einigkeit bei der Lösung aufgeworfener Rechtsfragen.

1. Anforderungen an den Vorrang anderer Informationszugangsregelungen

Der Vorrang einer anderen Rechtsvorschrift i. S. d. § 1 Abs. 3 IFG setzt nach dem Wortlaut der Subsidiaritätsklausel voraus, dass diese *andere Vorschrift* eine Regelung „über den Zugang zu amtlichen Informationen" trifft. Das IFG wird demnach durch Rechtsvorschriften verdrängt, die einen mit § 1 Abs. 1 IFG identischen sachlichen Regelungsgegenstand aufweisen: (1) Abstrakt-generelle Gestattung des individuellen Zugangs zu amtlichen Informationen (2) gegenüber einer Behörde oder sonstigen Stelle i. S. d. § 1 Abs. 1 IFG; nicht erforderlich ist, dass die „andere Rechtsvorschrift" denselben Personenkreis berechtigt.[13]

§ 1 Abs. 3 IFG beruht auf dem Konzept der verdrängenden Spezialität: Eine Rechtsnorm enthält alle Tatbestandsmerkmale einer anderen Rechtsnorm und mindestens ein weiteres Merkmal, so dass die Anwendungsfälle der speziellen Rechtsnorm zugleich vom Tatbestand der allgemeinen Rechtsnorm erfasst werden. Liegen die Voraussetzungen vor, ordnet § 1 Abs. 3 IFG eine Sperrwirkung an; der Informationszugang bestimmt sich nach dem speziellen Fachrecht, der Rückgriff auf das IFG ist ausgeschlossen.[14]

2. Rechtsprechungspraxis zur Subsidiaritätsklausel

In der jüngeren Vergangenheit hatte sich die Rechtsprechung mehrfach mit Anträgen von Insolvenzverwaltern gegen Sozialversicherungsträger auf Auskunftserteilung zur Aufdeckung vermuteter anfechtungsrelevanter Sachverhalte (§§ 129 ff. InsO) zu befassen. Die Gerichte haben – soweit ersichtlich: einmütig – erkannt, dass der Informationsanspruch des Insolvenzverwalters nicht nach § 1 Abs. 3 IFG ausgeschlossen ist, weil die speziellen insolvenzrechtlichen Auskunftsrechte (§§ 20, 97 InsO) nicht den Zugang zu amtlichen Informationen einer Behörde i. S. d. § 1 Abs. 1 IFG regeln, sondern zu nicht-amtlichen Informationen von Privatpersonen.[15] Ebenfalls richtig erkannt wurde, dass die (Landes-)Haushaltsordnung mangels Informationszugangsregelung i. S. d. § 1 Abs. 3 IFG den Anspruch nach § 1 Abs. 1 IFG gegen ein Ministerium auf Zugang zu einem Prüfungsvermerk des Rechnungshofs nicht zu verdrängen vermag.[16] Unzutreffend ist demgegenüber die Auffassung des Bundesfinanzhofs, die Regelung zum Steuergeheimnis (§ 30 AO) schließe nach § 1 Abs. 3 IFG die Anwendbarkeit des IFG aus;[17] als Geheimhaltungsvorschrift mag § 30 AO einem Informationszugangsbegehren entgegenstehen, kann jedoch nicht schon die Anspruchsgrundlage (§ 1 Abs. 1 IFG) verdrängen.

Die Subsidiarität des IFG gegenüber vorrangigen Spezialvorschriften ist durch die sachliche Reichweite der speziellen Zugangsregelungen zu amtlichen Informationen begrenzt. Ein interessantes Muster für den „gespaltenen" Informationszugang bietet das Stasi-Unterlagen-Gesetz.[18] Am Beispiel des Antrags eines Journalisten auf Einsicht in Unterlagen der „Forschungsgruppe Rosenholz" (Forschergruppe bei der Bundesbeauftragten für die Stasi-Unterlagen zur Aufbereitung mikroverfilmter Karteien der Hauptverwaltung Aufklärung des Staatssicherheitsdienstes der ehemaligen DDR – „Rosenholz-Dateien") hat das VG Berlin erkannt, das IFG werde vom StUG verdrängt, *soweit* es um den Zugang zu Stasi-Unterlagen (§ 6 StUG) oder bestimmte andere personenbezogene Informationen (§ 37 Abs. 1 Nr. 5 StUG) gehe; sonstige Unterlagen der Behörde der Bundesbeauftragten seien amtliche Unterlagen, die in den Anwendungsbereich des IFG fielen.[19]

III. Voraussetzungen des Anspruchs auf Informationszugang

Nach dem IFG (§ 1 Abs. 1) hat jeder – nach Maßgabe des Gesetzes – gegenüber den Behörden des Bundes (sowie gleichgestellten Organen, Einrichtungen und Personen) einen Anspruch auf Zugang zu amtlichen Informationen. In Bezug hierauf spricht die Gesetzesbegründung von der „Grundnorm des Informationsfreiheitsgesetzes, mit der ein freier (voraussetzungsloser) Informationszugangsanspruch gewährt wird".[20] Diese Aussage trifft insoweit zu, als tatbestandlich keine materiellrechtlichen Anspruchsvoraussetzungen (z. B. berechtigtes oder rechtliches Interesse) normiert sind. Allerdings müssen die Anspruchsberechtigung und die Anspruchsverpflichtung sowie ein tauglicher Anspruchsgegenstand gegeben sein; zu diesen Anforderungen gibt es mittlerweile Rechtsprechung. In verfahrensrechtlicher Hinsicht muss ein Antrag vorliegen (vgl. § 7 Abs. 1 S. 1 IFG); mit Rechtsfragen hierzu war die Judikatur, soweit ersichtlich, bislang nicht befasst.

1. Anspruchsberechtigung

Anspruchsberechtigt ist nach § 1 Abs. 1 IFG „Jeder". Davon umfasst sind unstreitig natürliche Personen sowie juristische Personen des Privatrechts. Auf deren privates Interesse oder berufliche Funktion kommt es nicht an. Deshalb müssen sich *Journalisten* nicht auf den presserechtlichen Auskunftsanspruch verweisen lassen; sie können den Zugang zu amtlichen Informationen auch gemäß § 1 Abs. 1 IFG begehren.[21] In den erwähnten Fällen des Informationszugangsbegehrens eines Insolvenzverwalters gegenüber einem Sozialversicherungsträger gab es keinen Zweifel an der Anspruchsberechtigung; der *Insolvenzverwalter* handelt als Partei kraft Amtes im eigenen Namen für fremdes Vermögen und wird daher informationsrechtlich als natürliche Person tätig.[22]

Im Umweltinformationsrecht ist „jede Person" anspruchsberechtigt (§ 3 Abs. 1 S. 1 UIG). Der Begriff „Person" umfasst sowohl natürliche als auch juristische Personen.[23] Diese können auch *gewerbliche Unternehmen* sein, die als Konkurrenten eines Unternehmens auftreten, zu dem die informationspflichtige Stelle über amtliche Informationen verfügt.[24] Ob in einer derartigen Wettbewerbssituation Informationsverweigerungsgründe vorliegen, ist keine Frage der Anspruchsberechtigung, sondern der Begrenzung des Zugangsanspruchs (vgl. unten IV.5).

Ebenfalls zum Umweltinformationsrecht wurde erkannt, auch *juristische Personen des Öffentlichen Rechts* könnten anspruchsberechtigt sein, wenn sie sich in einer mit „Jedermann" vergleichbaren Informationslage gegenüber der informationspflichtigen Stelle befänden; anzuerkennen sei folglich die Anspruchsberechtigung einer Gemeinde, eines Kirchengemeindeverbandes sowie auch einer Bürgerinitiative.[25] Angesichts der insoweit identischen Rechtslagen zwischen UIG und IFG kann – entgegen der Gesetzesbegründung[26] – für § 1 Abs. 1 IFG nichts anderes gelten. Treten juristische Personen des Öffentlichen Rechts in juristischer Distanz zum Staat als Grundrechtsberechtigte (z. B. Hochschulen, öffentlich-rechtliche Rundfunkanstalten) oder als Selbstverwaltungsträger (z. B. Gemeinden, Religionsgemeinschaften) gegenüber dem Staat auf, kann ihnen die Anspruchsberechtigung nach dem IFG nicht abgesprochen werden.[27] Dasselbe gilt für *Bürgerinitiativen*.

2. Anspruchsverpflichtung

Zur Anspruchsverpflichtung ist in Erinnerung zu rufen, dass die gesetzliche Benennung der informationspflichtigen Stellen den *sachlichen Anwendungsbereich* des jeweiligen Informationszugangsgesetzes (mit)bestimmt. Daher kommt diesem Punkt eine besondere Bedeutung zu. Nach allgemeinem Informationszugangsrecht sind informationspflichtig: Behörden des Bundes (§ 1 Abs. 1 S. 1 IFG), sonstige Bundesorgane und Bundeseinrichtungen bei Wahrnehmung öffentlich-rechtlicher Verwaltungsaufgaben (§ 1 Abs. 1 S. 2 IFG) sowie seitens einer Behörde zur Erfüllung ihrer öffentlich-rechtlichen Aufgaben herangezogene Privatrechtssubjekte (§ 1 Abs. 1 S. 3 IFG). Eine genaue Festlegung der informationspflichtigen Stellen kennen auch das Umweltinformationsrecht (§ 2 Abs. 1 UIG) und das Verbraucherinformationsrecht (§ 1 Abs. 2 VIG). Einigkeit besteht darüber, dass es auf die Rechtsnatur des (Verwaltungs-)Handelns nicht ankommt; die Anspruchsverpflichtung der betreffenden Stelle besteht unabhängig von öffentlich-rechtlichem (hoheitlichem oder schlichthoheitlichem) oder privatrechtlichem (fiskalischem oder verwaltungsprivatrechtlichem) Handeln.[28]

a) Behörden des Bundes

Das IFG (ebenso das UIG und das VIG) normiert keinen eigenen *Behördenbegriff*. Es gilt die Begriffsbestimmung des § 1 Abs. 4 VwVfG.[29] „Behörde" ist demnach jede Stelle, die Aufgaben öffentlicher Verwaltung wahrnimmt; umfasst hiervon sind diejenigen staatlichen Tätigkeiten, die nicht Rechtsetzung oder Rechtsprechung sind.[30]

Dem Anspruch gemäß § 1 Abs. 1 S. 1 IFG sind nur Behörden des *Bundes* ausgesetzt. Hierunter fallen Finanzämter als Landesbehörden nicht.[31] Auch der Informationszugang gegenüber einer Industrie- und Handelskammer richtet sich nach Landesrecht.[32] Dasselbe gilt für Mehr-Länder-Anstalten, wie am Beispiel der Zentralstelle für die

Vergabe von Studienplätzen (ZVS) – einer rechtsfähigen Anstalt des Öffentlichen Rechts mit Sitz in Dortmund (§ 1 Abs. 1 ZVS-StV) – entschieden worden ist.[33] Informationspflichtig sind demgegenüber die Bundesanstalt für Finanzdienstleistungsaufsicht (BaFin)[34] und die Stasi-Unterlagen-Behörde,[35] ferner als bundesunmittelbare Körperschaften Sozialversicherungsträger mit einem über das Gebiet eines Landes hinausreichenden Zuständigkeitsbereich (Art. 87 Abs. 2 S. 1 GG) wie z. B. Krankenkassen[36] oder Unfallversicherungsträger.[37]

Der unmittelbaren Bundesverwaltung als Behörden zuzuordnen sind das Bundeskanzleramt und die Bundesministerien.[38] Dennoch wurde das *Bundeskanzleramt* bei dem Informationsbegehren eines Journalisten zum Projekt der Ostseepipeline unter Hinweis auf § 1 Abs. 1 S. 2 IFG gerichtlich von vornherein von der Informationspflicht entbunden, weil jener Vorgang kein Verwaltungshandeln darstelle, sondern Regierungstätigkeit sei.[39] Dazu ist kritisch anzumerken, dass die Heranziehung des § 1 Abs. 1 S. 2 IFG ausscheidet, weil das Bundeskanzleramt kein „sonstiges Bundesorgan" und keine „sonstige Bundeseinrichtung" ist. Die Behörden des Bundes sind indes nach § 1 Abs. 1 S. 1 IFG unabhängig von der Art der Tätigkeit informationspflichtig.[40]

b) Bundesorgane und Bundesbehörden im Rahmen der Rechtsetzung

Auf der Grundlage des § 1 Abs. 1 S. 2 IFG wurde ein Auskunftsbegehren zur Zustimmung des Bundesrates zu einer *Rechtsverordnung* der Bundesregierung mangels – angeblicher – Anspruchsverpflichtung abgelehnt, weil es nicht um die Wahrnehmung öffentlich-rechtlicher Verwaltungsaufgaben gehe. Zwar seien die administrative Rechtsetzung öffentlich-rechtliche Verwaltungstätigkeit und die Zustimmung des Bundesrates zum Erlass von Rechtsverordnungen der Bundesregierung Mitwirkung bei der Verwaltung, jedoch entspreche es nicht dem Willen des Gesetzgebers, die Regeln des Verwaltungsverfahrens auf die rechtsetzende Tätigkeit von Behörden zu erstrecken.[41] Überzeugend ist das kaum. Die Anwendbarkeit des IFG (§ 1 Abs. 1 S. 2) ist nicht an den Geltungsbereich des VwVfG gekoppelt. Zudem sagt der Gesetzgeber des Informationsfreiheitsrechts unmissverständlich, wenn Informationen zum Erlass von Rechtsverordnungen mangels Pflichtigkeit der betreffenden Stelle dem Informationszugang entzogen sind (vgl. § 2 Abs. 1 Nr. 1 lit. a UIG, § 1 Abs. 3 VIG); im IFG fehlt eine derartige Bestimmung.

Die Informationspflicht von Bundesministerien zu Vorgängen im Rahmen der *Gesetzgebung* wirft im Umweltinformationsrecht europarechtliche Fragen auf. Die Problematik stellt sich im Zusammenhang mit einem Informationsbegehren an das Bundesumweltministerium zum nationalen Zuteilungsplan für Treibhausgas-Emissionsberechtigungen. Nach deutschem Recht wäre die Informationspflicht des Ministeriums zu verneinen (§ 2 Abs. 1 Nr. 1 S. 2 lit. a UIG). Das Bundesverwaltungsgericht hat dem Europäischen Gerichtshof im Vorabentscheidungsverfahren die Frage vorgelegt, ob die Umweltinformationsrichtlinie (Art. 2 Nr. 2 S. 2 RL 2003/4/EG) etwas anderes gebietet, weil in gesetzgebender Eigenschaft nur solche Gremien handeln, denen nach dem Recht des Mitgliedstaates die abschließende (verbindliche) Entscheidung im Gesetzgebungsverfahren obliegt.[42]

3. Gegenstand des Informationszugangs

Gegenstand des Informationszugangsanspruchs sind nach dem IFG „amtliche Informationen" (§ 1 Abs. 1 S. 1 IFG). Im Umweltinformationsrecht zielt der Anspruch auf freien Zugang zu „Umweltinformationen" (§ 3 Abs. 1 S. 1 UIG); der Begriff (vgl. § 2 Abs. 3 UIG) wird weit ausgelegt[43] und erfasst alle für den Umweltschutz bedeutsamen Informationen, wobei ein gewisser Umweltbezug zur Begriffsbejahung ausreicht.[44] Im Verbraucherinformationsrecht können Gegenstand des Zugangsbegehrens Informationen zu Lebensmitteln und Futtermitteln, zu Verstößen gegen das Lebensmittel- und Futtermittelrecht und zu behördlichen Maßnahmen auf diesen Rechtsgebieten sein (§ 1 Abs. 1 S. 1 VIG); der Informationsanspruch setzt im Falle der Verletzung lebensmittelrechtlicher Vorschriften nicht voraus, dass der Verstoß auf die Gesundheit bezogene Vorschriften betrifft.[45]

Nach der für das allgemeine Informationszugangsrecht getroffenen Begriffsbestimmung meint „amtliche Information" jede amtlichen Zwecken dienende Aufzeichnung unabhängig von der Art ihrer Speicherung; nicht dazu gehören Entwürfe und Notizen, die nicht Bestandteil eines Vorgangs werden sollen (§ 2 Nr. 1 IFG).[46] Diese Legaldefinition ist zu respektieren. Deshalb ist eine Rechtsprechung abzulehnen, die vorgibt, auf Grund sinngerechter, einschränkender Gesetzesauslegung liege eine „amtliche Information" nicht vor, wenn der Informationszugang aus kommerziellen Gründen begehrt werde.[47] Diese gesetzeswidrige Auffassung unterläuft zudem die Voraussetzungslosigkeit des Informationszugangsanspruchs. Welches Informationsinteresse der Antragsteller hat, ist im Rahmen des § 1 Abs. 1 IFG unbeachtlich.[48] Tauglicher Gegenstand des Anspruchs kann sogar eine amtliche Information sein, die der Antragsteller später zur Durchsetzung (privat)rechtlicher (Schaden-)Ersatzansprüche gegen den informationspflichtigen Hoheitsträger verwenden will.[49]

Der Anspruch bezieht sich auf solche amtlichen Informationen, die bei der Behörde bzw. sonstigen Stelle *tatsächlich* vorhanden sind;[50] eine behördliche Informationsbeschaffungspflicht besteht nicht.[51] Außerdem ist für den Informationszugang die *Verfügungsbefugnis* der betreffenden Stelle über die Information notwendig.[52] Unbefriedigend ist die Rechtslage, wenn eine vormals bei der Behörde vorhandene Information z. B. durch die Rückgabe von Unterlagen an einen Dritten tatsächlich nicht mehr vorhanden ist.[53] Einen Anspruch auf Wiederbeschaffung von Informationen kennt das Informationsfreiheitsrecht nicht.[54] Erstreckt sich der Anspruch auf die tatsächlich bei der Behörde vorhandenen Informationen, muss der Antragsteller sie so akzeptieren, wie sie vorliegen; sind z. B. Angaben in den Unterlagen geschwärzt, bezieht sich der Anspruch auf die amtlichen Informationen in dieser Form.[55]

IV. Informationsrestriktionen: Verweigerung des Informationszugangs

Zum Schutz öffentlicher Belange und privater Drittinteressen normieren die Informationsfreiheitsgesetze Tatbestände für die Ablehnung bzw. Einschränkung des Zugangs zu amtlichen Informationen. Drei wesentliche allgemeine Prämissen sind seitens der Rechtsprechung anerkannt:

- Die von der Gesetzesbegründung eingeforderte *enge Auslegung* der Ausnahmetatbestände[56] wird seitens der Judikatur praktiziert.[57]
- Der eingangs erwähnte Paradigmenwechsel im Informationszugangsrecht führt verfahrensrechtlich folgerichtig zur *behördlichen Darlegungslast* in Bezug auf die Informationsverweigerungsgründe.[58]
- Als *Bereichsausnahme* wird nur der gesetzlich normierte Schutz der Nachrichtendienste und gleichbehandelter Stellen (§ 3 Nr. 8 IFG)[59] akzeptiert, nicht jedoch der mitunter außergesetzlich postulierte absolute Schutz für die BaFin[60] oder für Sozialversicherungsträger.[61]

Die einzelnen, konkreten Informationsverweigerungsgründe haben die Rechtsprechung bislang in unterschiedlichem Ausmaß beschäftigt. Keine Rolle spielte in der gerichtlichen Praxis bisher, soweit ersichtlich, im allgemeinen Informationsfreiheitsrecht der Schutz des behördlichen Entscheidungsprozesses (§ 4 IFG).[62] Der im IFG nicht geregelte Schutz des „Kernbereichs exekutiver Eigenverantwortung"[63] ist in der Judikatur nur vereinzelt und nicht abschließend bemüht worden.[64] Der Verweis des Antragstellers darauf, er könne sich die begehrten Informationen aus allgemein zugänglichen Quellen beschaffen, hat als Ablehnungsgrund (§ 9 Abs. 3 IFG) in der Praxis ebenfalls keine große Bedeutung erlangt.[65]

1. Schutz besonderer öffentlicher Belange

Der Gesetzgeber hat gemäß § 3 IFG den Anspruch auf Informationszugang ausgeschlossen, wenn bestimmte öffentliche Belange durch das Bekanntwerden der Information in bestimmter Weise beeinträchtigt würden. Wird die Betroffenheit eines der Belange in der gesetzlich geforderten Art bejaht, ist der Informationszugang ausgeschlossen; da es sich um *absolute Ausschlussgründe* handelt, ist die Verweigerung des Informationszugangs zwingend, d. h. es findet keine Abwägung mit dem Informationsinteresse des Antragstellers statt.[66]

a) Schutz internationaler Beziehungen

Die Nachteilsabwehr für die internationalen Beziehungen der Bundesrepublik Deutschland (§ 3 Nr. 1 lit. a IFG) kam zur Anwendung anlässlich des Antrags eines Journalisten an das Bundesverkehrsministerium, ihm – im Zusammenhang mit den Aktivitäten ausländischer Geheimdienste (insbesondere der CIA) in Deutschland – Informationen zu den Flugbewegungen bestimmter Flugzeuge in einem bestimmten Zeitraum zu geben. Das Ministerium lehnte ab. Revisionsgerichtlich wurde der informationspflichtigen Stelle ein *Beurteilungsspielraum* in der Frage eingeräumt, was nachteilige Auswirkungen auf die internationalen Beziehungen sind; maßgeblich gestützt ist diese Rechtsauffassung – allerdings ohne Auseinandersetzung mit der Dogmatik des Beurteilungsspielraums[67] – darauf, dass der informationspflichtigen Stelle eine *Prognose* abverlangt werde.[68]

Zur Parallelproblematik im Umweltinformationsrecht (§ 8 Abs. 1 S. 1 Nr. 1 UIG) hatten die Instanzgerichte bislang eine etwas andere Akzentuierung erkennen lassen. Die informationspflichtige Stelle müsse die befürchteten Nachteile für die internationalen Beziehungen konkret darlegen, den nachteiligen Auswirkungen müsse ein gewisses Gewicht zu attestieren sein, und die Prognose müsse zwecks gerichtlicher Nachprüfbarkeit sorgfältig begründet werden.[69]

b) Schutz von Finanzbehörden

In den „BaFin-Fällen" pflegt sich die Behörde darauf zu berufen, dass die Gewährung des beantragten Informationszugangs nachteilige Auswirkungen auf ihre Aufgabenwahrnehmung hätte und daher gesetzlich ausgeschlossen sei (§ 3 Nr. 1 lit. d IFG). Verschiedentlich wird der BaFin die Berufung auf den Informationsverweigerungsgrund schon deshalb versagt, weil sie – anders als die Steuer- und Zollbehörden – keine „Finanzbehörde" sei.[70] Dem ist entgegenzuhalten, dass § 3 Nr. 1 lit. d IFG keine Eingrenzung auf die Steuer- und Zollverwaltung vornimmt, sondern alle Finanzbehörden im Geschäftsbereich des Bundesministeriums der Finanzen, also auch die BaFin, erfasst; da sie auch Aufsichts- und Kontrollaufgaben wahrnimmt (vgl. §§ 6 ff. KWG, §§ 4 ff. WpHG), ist sie durch das IFG dem Grunde nach geschützt.[71]

Indem nun allerdings, wie erwähnt, für die BaFin keine Bereichsausnahme normiert ist, muss sie im Falle der Abwehr eines Informationszugangsbegehrens konkret darlegen, dass und wie sich das Bekanntwerden bestimmter Informationen nachteilig auf die Aufgabenwahrnehmung auswirken kann. Der ebenso pauschale wie abstrakte Hinweis zum Angewiesensein auf die freiwillige Kooperationsbereitschaft von Marktteilnehmern und dritten Personen sowie der Verweis auf nicht auszuschließende Nachteile für die Funktionsfähigkeit der BaFin im Falle einer Preisgabe von Informationen genügen den rechtlichen Anforderungen an die Informationsverweigerung nicht.[72]

c) Schutz eines laufenden Gerichtsverfahrens

Das Informationszugangsbegehren des Insolvenzverwalters gegenüber einem Sozialversicherungsträger wird mitunter durch den Hinweis auf nachteilige Auswirkungen für die Durchführung eines laufenden Gerichtsverfahrens (§ 3 Nr. 1 lit. g IFG) abzuwehren versucht. Hinter dieser Argumentation steht die Befürchtung des Sozialversicherungsträgers, durch den Informationszugang könne sich der Insolvenzverwalter „Material" für ein nachfolgendes Insolvenzanfechtungsverfahren verschaffen.[73]

Die Abwehrstrategie der Sozialversicherungsträger kann rechtlich keinen Erfolg haben. Schon das Schutzgut des § 3 Nr. 1 lit. g IFG, der Schutz der Rechtspflege,[74] ist durch den Informationszugang nicht betroffen. Sodann ist der Anwendungsbereich der Bestimmung nicht eröffnet, weil ein bevorstehendes Insolvenzanfechtungsverfahren kein „laufendes" Gerichtsverfahren ist.[75] Und schließlich sind die vom Sozialversicherungsträger im Verhältnis zu privaten Insolvenzgläubigern befürchteten prozessualen Nachteile im Falle der Insolvenzanfechtung informationsrechtlich nicht geschützt.[76]

d) Besonderer Geheimnisschutz

Einem Informationszugangsbegehren kann der besondere Geheimnisschutz gemäß § 3 Nr. 4 IFG entgegengehalten werden, wenn (gesetzliche) Geheimhaltungsvorschriften entgegenstehen oder Berufsgeheimnisse oder besondere Amtsgeheimnisse zu schützen sind. Zum Schutz von Verschlusssachen ist die Verfassungsmäßigkeit der Regelung gerichtlich bestätigt worden.[77] Ein abschließendes, gesichertes Verständnis des § 3 Nr. 4 IFG konnte in der Rechtsprechung noch nicht entwickelt werden.

Durch *Rechtsvorschrift* geregelte Geheimhaltungs- oder Vertraulichkeitspflichten, die die Rechtsprechung zur Negierung des Zugangs zu amtlichen Informationen veranlasst haben, sind z. B. das Steuergeheimnis (§ 30a AO)[78] und das Sozial(daten)geheimnis (§ 35 SGB I, §§ 67 ff. SGB X);[79] in dem Streit um den Zugang zu den „Rosenholz-Dateien" bei der Stasi-Unterlagen-Behörde wurde die Verschwiegenheitspflicht der Mitglieder des dortigen Beirats (§ 39 Abs. 4 StUG) ebenfalls als Geheimhaltungstatbestand interpretiert.[80] In Bezug auf die *Berufsgeheimnisse*[81] ist bemerkenswert, dass mit der Übernahme des sog. Bankenerlasses in die Abgabenordnung (§ 30 AO)[82] das Bankgeheimnis seitens der Rechtsprechung als Berufsgeheimnis gewürdigt worden ist.[83]

Schwierigkeiten bereitet in der Praxis die Antwort auf die Frage, was unter einem *„besonderen Amtsgeheimnis"* zu verstehen ist. Die Gesetzesbegründung betont, kein Amtsgeheimnis ergebe sich aus der *allgemeinen* Pflicht zur Amtsverschwiegenheit;[84] das Gesetz (IFG) liefe ansonsten leer.[85] Dennoch ist in den „BaFin-Fällen" seitens der Rechtsprechung angenommen worden, die *allgemeinen* Verschwiegenheitspflichten[86] gälten absolut und seien einer Relativierung nicht zugänglich.[87] Diese Rechtsauffassung ist auch deshalb zweifelhaft, weil die Pflicht zur Dienstverschwiegenheit an den einzelnen Beschäftigten adressiert ist, während sich der Informationszugangsanspruch gegen die Behörde (BaFin) richtet.[88] Vorzugswürdig ist ein Lösungsansatz, der die Verschwiegenheitspflicht der BaFin-Mitarbeiter als spezialgesetzliche Anordnung des Geheimnisschutzes deutet.[89] Art und Umfang der Geheimhaltung von Informationen bestimmen sich im konkreten Fall ohnehin nach den Vorgaben des materiellen Fachrechts.[90]

Entsprechend dem materiellen Geheimnisbegriff des § 3 Nr. 4 IFG soll es sich auch bei den Regelungen der *Geschäftsordnung* des Bundesrates zur Vertraulichkeit der Verhandlungen und der Sitzungsniederschrift (§§ 37 Abs. 2 S. 2, 44 Abs. 2 GeschO BR) um Geheimhaltungsvorschriften handeln; geschützt werde zur Gewährleistung eines unbefangenen und freien Meinungsaustauschs der Verhandlungsvorgang (Verwaltungsprozess, -verlauf), so dass die Ausschussprotokolle nicht zugänglich seien.[91] Wenn es indes um den Schutz des Entscheidungsbildungsprozesses geht,[92] ist dessen Zuordnung zu den Geheimhaltungsvorschriften nicht zweifelsfrei. Bei abgeschlossenen Vorgängen, die der Vertraulichkeit unterlagen, wird nicht einmal die Regierung – verfassungsrechtlich – durch den unantastbaren Kernbereich exekutiver Eigenverantwortung (grundsätzlich) geschützt.[93] Dann ist es begründungsbedürftig, dass der Schutz von Ausschussprotokollen des Bundesrates weiter reichen soll.

Zur Geheimhaltungsbedürftigkeit von Verschlusssachen genügt dem Bundesverwaltungsgericht die formale Einstufung einer Information als „Verschlusssache" nicht zur Verneinung des Informationszugangs. Nur materielle Geheimhaltungsbedürfnisse seien schutzwürdig; deshalb sei im Streitfall gerichtlich zu prüfen, ob die materiellen Voraussetzungen für die Einstufung einer Information als „Verschlusssache" vorlägen.[94]

e) Wirtschaftliche Interessen von Sozialversicherungen

Der Anspruch auf Informationszugang besteht nach § 3 Nr. 6 IFG nicht, wenn das Bekanntwerden der Information geeignet wäre, wirtschaftliche Interessen der Sozialversicherungen zu beeinträchtigen. Nach der Gesetzesbegründung wird es etwa im Bereich der gesetzlichen Krankenkassen zur Sicherung des Wettbewerbs der Krankenkassen untereinander und zu den privaten Krankenversicherungsunternehmen als erforderlich angesehen, dass Vertragspartner, Konkurrenten oder Leistungserbringer keine Kenntnis von *wettbewerbserheblichen* Daten (Inhalt von Verträgen, Finanz-, Mitgliederstruktur- und Leistungsdaten etc.) erlangen können, die geeignet sind, die wirtschaftliche Leistungserbringung der Krankenkassen zu beeinträchtigen.[95]

In den Verfahren von Insolvenzverwaltern gegen *gesetzliche Krankenkassen* auf Information über bestimmte Zahlungsvorgänge wurde ein Informationsverweigerungsgrund nicht anerkannt; denn derartige Informationen ließen keine Rückschlüsse zu auf die Struktur der Mitglieder, auf die Vertragsgestaltung oder auf sonstige Leistungsdaten, die im Wettbewerb der Krankenkassen relevant seien.[96] Dagegen wurde dem Anspruch eines Verlagsunternehmens gegen einen *Unfallversicherungsträger* auf Herausgabe der Namen und Adressen sämtlicher bei ihm versicherten natürlichen und juristischen Personen der Ablehnungsgrund des § 3 Nr. 6 IFG entgegengehalten; trotz der weitgehenden Monopolstellung der betroffenen Berufsgenossenschaft könne das Bekanntwerden der vollständigen Mitgliederdatei den Unfallversicherungsträger wirtschaftlich beeinträchtigen, weil Rückschlüsse auf die Kostenstruktur des Unternehmens gezogen werden könnten.[97] Zweifelsfrei ist diese Argumentation nicht, weil nicht gesagt wird, welche wirtschaftlichen Interessen des Unfallversicherungsträgers durch den begehrten Informationszugang konkret beeinträchtigt werden könnten. Außerdem hatte die Berufsgenossenschaft die elektronisch gespeicherten Mitgliederdaten einem konkurrierenden Verlag überlassen, der das offizielle Mitteilungsorgan des Verwaltungsträgers herstellt und vertreibt; dieser Umstand schwächt die gerichtliche Argumentation ebenfalls.

f) Vertrauliche Informationen

Der Schutz vertraulicher Informationen (§ 3 Nr. 7 IFG) spielte nach der „Bonusmeilen-Affaire" eine Rolle, als ein Journalist vom Präsidenten des Deutschen Bundestages Auskunft über Art und Umfang der Rückzahlungen von Abgeordneten für die private Verwendung von dienstlich erworbenen Bonusmeilen der Deutschen Lufthansa begehrte. Worauf die *Vertraulichkeit* basiert, lässt das Gesetz offen. In Betracht kommen z. B. eine behördliche Zusicherung, die Kennzeichnung durch den Informanten oder eine Vereinbarung zwischen der öffentlichen Stelle und dem Dritten; immer müssen jedoch objektive Umstände vorliegen, die anzeigen, dass die Vertraulichkeit im Dienste der ordnungsgemäßen Erfüllung der behördlichen Verwaltungsaufgaben steht.[98]

Im konkreten Fall wurde eine „vertrauliche Information" gerichtlich verneint. Eine Vertraulichkeitsvereinbarung lag nicht vor, eine Vertraulichkeitszusage konnte nicht festgestellt werden und auch aus den Umständen konnte nicht hinreichend sicher auf den Willen der Abgeordneten zu vertraulicher Übermittlung geschlossen werden.[99] Zudem ist zweifelhaft, ob eine Herstellung von Vertraulichkeit zur Abschottung rechtswidrigen Verhaltens gegenüber der Öffentlichkeit schützenswert wäre. Die Funktionsfähigkeit der Bundestagsverwaltung wurde durch die Information über die Rückerstattung von Geld für privat genutzte, aber dienstlich erworbene Bonusmeilen ohnehin nicht beeinträchtigt.

2. Schutz personenbezogener Daten

Personenbezogene Daten sind im allgemeinen Informationsfreiheitsrecht nach Maßgabe des § 5 IFG geschützt. In der Praxis bereitet der *Datenschutz* gegenüber Informationszugangsbegehren offenbar kaum Probleme.[100] Es liegen nur wenige Gerichtsentscheidungen vor, die sich zu § 5 IFG äußern.

In den „BaFin-Fällen" wurde auf Grund des Normgefüges des § 5 Abs. 1 bis 3 IFG erkannt, dass nur die Formaldaten des Abs. 3 zu offenbaren sind, während im Übrigen das Datenschutzinteresse Dritter Vorrang genieße.[101] Auch beim Zugang zu den „Rosenholz-Dateien" war hinsichtlich der Namen der nicht der Stasi-Unterlagen-Behörde angehörenden Wissenschaftler der Ausschlussgrund des § 5 Abs. 1 S. 1 IFG gegeben; der Zugang zu Gesundheitsdaten von Mitarbeitern der Behörde war nach § 5 Abs. 1 S. 2 IFG gesperrt.[102] In dem „Bonusmeilen-Fall" hingegen lieferte der Datenschutz keinen Grund zur Verweigerung des Informationszugangs; anhand der begehrten Informationen ließ sich nicht eindeutig feststellen, dass ein bestimmter Abgeordneter auf ein von der Bundestagsverwaltung eingerichtetes Konto eingezahlt hatte.[103]

Interessant sind in diesem Zusammenhang Entscheidungen zu der *von Amts wegen* erfolgten Veröffentlichung im Internet von dienstlichen Kontaktdaten eines Beamten, zu dessen Aufgaben die Wahrnehmung von Außenkontakten gehört; die Veröffentlichung der personenbezogenen Daten des Behördenbediensteten sei informationsrechtlich möglich (§ 11 Abs. 2 IFG) und datenschutzrechtlich zulässig (§ 31 Abs. 2 Nr. 3 LDSG RP).[104] Für den *individuellen* Informationszugang schafft § 5 Abs. 4

IFG eine entsprechende Grundlage. Die Wertungen jener Rechtsprechung dürften auf § 5 Abs. 3 IFG übertragbar sein.

3. Schutz des geistigen Eigentums

Der Schutz des geistigen Eigentums ist im allgemeinen Informationsfreiheitsrecht ein absoluter (§ 6 Satz 1 IFG). Ohne Einwilligung des Berechtigten besteht der Anspruch auf Informationszugang nicht, soweit der Schutz des geistigen Eigentums entgegensteht; eine Abwägung findet – anders als im Umweltinformationsrecht (§ 9 Abs. 1 S. 1 UIG für den Fall eines überwiegenden öffentlichen Interesses an der Bekanntgabe der Information) – nicht statt.[105] Das geistige Eigentum umfasst das Urheberrecht und die gewerblichen Schutzrechte.[106] Von Bedeutung ist im vorliegenden Zusammenhang vor allem das *Urheberrecht*. Rechte des Urhebers, die den Informationszugang ausschließen können, sind das (Erst-)Veröffentlichungsrecht (§ 12 UrhG) und die Verwertungsrechte (§§ 15 ff. UrhG). Nicht die Information als solche wird urheberrechtlich geschützt, sondern bestimmte Werke (§ 2 UrhG) und die darauf bezogenen Rechte unterliegen dem Schutz.[107]

Kommt der Schutz des geistigen Eigentums im konkreten Fall in Betracht, bedarf es mitunter genauer *Differenzierungen*. Dies zeigt der bereits erwähnte Informationszugang des Journalisten zu den „Rosenholz-Dateien". Im Streit um ein Manuskript für eine Hörfunksendung wurde gerichtlich ein urheberrechtlich geschütztes Schriftstück angenommen, so dass der Urheber entscheidet, ob und wie sein Werk veröffentlicht wird (§ 12 Abs. 1 UrhG); dagegen wurde bestimmten Aufsatzentwürfen die notwendige geistige Höhe abgesprochen, so dass ein geschütztes Werk (§ 2 Abs. 2 UrhG) nicht vorlag und der Zugang daher nicht abgelehnt werden durfte.[108]

Nicht geklärt ist, unter welchen Voraussetzungen das Urheberrecht dem Informationszugang „*entgegensteht*". Die Frage wurde im Fall eines Wissenschaftsjournalisten erörtert, der von der Physikalisch-Technischen Bundesanstalt (PTB) vergeblich die Übersendung von Prüfunterlagen über ein elektronisches Wahlgerät des Herstellers dieses Werkes begehrte. Das angerufene Gericht verneinte den Informationszugangsanspruch, weil das Veröffentlichungsrecht des Herstellers des Wahlgerätes zu schützen sei;[109] für einen Eingriff in dieses Recht des Urhebers reiche die Kenntnisgabe des geschützten Werkes an eine einzelne Person aus.[110] Im Ergebnis mag die Entscheidung Zustimmung verdienen, weil der Wissenschaftsjournalist die Übersendung von Unterlagen beantragt hatte; die behördliche Sphäre wäre dadurch verlassen und der erste Schritt in die Öffentlichkeit getan worden. Urheberrechtlich ist ein Werk allerdings erst dann veröffentlicht, wenn ein individuell nicht bestimmbarer Personenkreis (d. h. die „Öffentlichkeit") das Werk wahrnehmen kann (§ 6 Abs. 1 UrhG). Die individuelle Akteneinsicht bzw. die behördliche Auskunft an eine einzelne Person (§ 1 Abs. 2 S. 1 IFG) kann danach das Urheberrecht kaum verletzen.[111] Zu den „BaFin-Fällen" wurde denn auch gerichtlich erkannt, allein mit der Akteneinsicht würden noch keine Urheberrechte verletzt; ein Urheberrechtsverstoß liege erst vor, wenn die betreffenden

Unterlagen in unberechtigter Weise vervielfältigt würden.[112] Das Informationsweiterverwendungsrecht teilt übrigens diese Sichtweise.[113]

4. Schutz von Betriebs- und Geschäftsgeheimnisen

Der Schutz von Betriebs- und Geschäftsgeheimnissen spielt im Informationsfreiheitsrecht eine erhebliche Rolle. Aus der Praxis wird berichtet, viele Behörden gingen allzu schnell davon aus, dass es sich bei begehrten Informationen um Betriebs- oder Geschäftsgeheimnisse handele.[114] Das *allgemeine Informationsfreiheitsrecht* normiert einen *absoluten Schutz*; Zugang zu Betriebs- oder Geschäftsgeheimnissen darf nur gewährt werden, soweit der Betroffene eingewilligt hat (§ 6 Satz 2 IFG).[115] Demgegenüber enthält das *Umweltinformationsrecht* eine Abwägungsklausel; der Zugang zu einem Betriebs- oder Geschäftsgeheimnis ist gestattet, wenn das öffentliche Interesse an der Bekanntgabe der Information das Geheimhaltungsinteresse des Betroffenen überwiegt (§ 9 Abs. 1 S. 1 UIG).[116] Außerdem kann der Zugang zu Umweltinformationen über Emissionen nicht unter Berufung auf ein Betriebs- oder Geschäftsgeheimnis abgelehnt werden (§ 9 Abs. 1 S. 2 UIG).[117] Im *Verbraucherinformationsrecht* fallen Informationen über Verstöße gegen das Lebensmittel- und Futtermittelrecht sowie dazu ergangene Maßnahmen schon begrifflich nicht unter ein Betriebs- oder Geschäftsgeheimnis (§ 2 Satz 3 VIG).[118] Bereits diese wenigen Hinweise zeigen, wie unterschiedlich der Schutz von Betriebs- und Geschäftsgeheimnissen im Informationszugangsrecht ausgestaltet ist.

Diese Geheimnisse werden *verfassungsrechtlich* sowohl der Berufsfreiheit als auch der Eigentumsfreiheit zugeordnet.[119] Jeweils bestehen Schrankenvorbehalte (Art. 12 Abs. 1 S. 2 und Art. 14 Abs. 1 S. 2 sowie Abs. 2 GG), so dass der Gesetzgeber Beschränkungen normieren kann. Nach einer vom Bundesverfassungsgericht vorgenommenen Begriffsbestimmung werden als Betriebs- und Geschäftsgeheimnisse „alle auf ein Unternehmen bezogene Tatsachen, Umstände und Vorgänge verstanden, die nicht offenkundig, sondern nur einem begrenzten Personenkreis zugänglich sind und an deren Nichtverbreitung der Rechtsträger ein berechtigtes Interesse hat. Betriebsgeheimnisse umfassen im Wesentlichen technisches Wissen im weitesten Sinne; Geschäftsgeheimnisse betreffen vornehmlich kaufmännisches Wissen".[120] Die Anerkennung des berechtigen Geheimhaltungsinteresses hängt maßgeblich von der Wettbewerbsrelevanz einer Information ab; zu verhindern ist, dass deren Offenbarung negative Auswirkungen auf die Wettbewerbsfähigkeit des betreffenden Unternehmens hat.[121] In der rechtlichen Konstruktion des § 6 Satz 2 IFG ist es angelegt, dass mit der begrifflichen Bejahung eines Betriebs- oder Geschäftsgeheimnisses ohne Einwilligung des Betroffenen der Informationszugang ausgeschlossen ist.

Im Fall des Wissenschaftsjournalisten, der Zugang zu Prüfunterlagen der PTB über ein elektronisches Wahlgerät begehrte, scheiterte der Anspruch auch am Schutz der Betriebs- und Geschäftsgeheimnisse des Herstellers; die Prüfunterlagen, die nur drei Mitarbeitern des Herstellers bekannt waren, erlaubten einen Nachbau des Wahlgerätes, so dass ihnen eine wettbewerbliche Bedeutung zukam.[122] Demgegenüber fehlt das berechtigte Interesse eines Unternehmens an der Nichtverbreitung einer Information, wenn deren Offenlegung nicht geeignet ist, exklusives, technisches oder kaufmännisches Wissen den Marktkonkurrenten zugänglich zu machen und so die Wettbewerbsposition des Unternehmens nachteilig zu beeinflussen; dies sei z. B. bei der Information zu Ausfuhrerstattungen der Fall, weil daraus keine Rückschlüsse auf die Kundenstruktur oder den Umfang des Exportgeschäfts, die Finanzierungsstruktur oder Marktaktivitäten sowie Marktanteile oder Umsätze gezogen werden könnten.[123]

Nicht abschließend geklärt ist die Zuordnung von *rechtswidrigem Verhalten* des Betroffenen zu Betriebs- oder Geschäftsgeheimnissen. Zum allgemeinen Informationsfreiheitsrecht wird die Auffassung vertreten, nicht jedes rechtswidrige Verhalten schließe die Schutzwürdigkeit eines entsprechenden Geheimnisses aus; hierfür sei ein Verstoß gegen tragende Grundsätze der Rechtsordnung vonnöten.[124] Auf dieser Grundlage durfte die Auskunft über behördliche Beanstandungen bei Füllmengenkontrollen an Fertigpackungen verweigert werden, weil ein Verstoß gegen die Fertigpackungsverordnung nur als „einfache" Rechtswidrigkeit zu qualifizieren sei.[125] Dagegen konnte ein Informationszugangsanspruch von der BaFin nicht unter Berufung auf Betriebs- oder Geschäftsgeheimnisse eines Dritten zurückgewiesen werden, da das betroffene Finanzdienstleistungsunternehmen nach seinem Geschäftszweck kontinuierlich gegen geltendes Recht verstieß, Straftatbestände verwirklichte und so flächendeckend die Kunden zu betrügen und zu schädigen trachtete.[126] Der Einsatz eines gesetzlich nicht erlaubten Produktionsverfahrens wurde vom Bundesverwaltungsgericht im Rahmen eines „in camera"-Verfahrens dem Schutz von Betriebs- und Geschäftsgeheimnissen ebenfalls nicht unterstellt, weil das erhebliche Interesse der Allgemeinheit an uneingeschränkter Aktenkenntnis überwiege.[127]

Bei der inhaltlichen Konturierung des „berechtigten Geheimhaltungsinteresses" sprechen gute Gründe dafür, *jede Missachtung der Rechtsordnung* dem Schutz durch ein Betriebs- oder Geschäftsgeheimnis zu entziehen. „Eine Rechtsordnung", so das Bundesverfassungsgericht, „die sich ernst nimmt, darf nicht Prämien auf die Missachtung ihrer selbst setzen".[128] Konsequenterweise ist zum Verbraucherinformationsrecht erkannt worden, ein berechtigtes Geheimhaltungsinteresse bestehe nicht hinsichtlich von Produkten, bei denen Normvorgaben (auch zu Verpackungsmaterialien) nicht beachtet worden seien; drohende Absatzeinbußen der betreffenden Firmen auf Grund eines geänderten Kaufverhaltens von (getäuschten) Verbrauchern seien nicht schutzwürdig.[129] Kaum etwas spricht dagegen, diese juristische Rationalität der Begrenzung des Schutzes von Betriebs- und Geschäftsgeheimnissen im Rahmen des § 6 Satz 2 IFG angedeihen zu lassen. Denn welches Geheimhaltungsinteresse „berechtigt" sein soll, wird sinnvollerweise – auch – auf Grund der Wertungen der Rechtsordnung nach dem binären Code „legal/illegal" zu entscheiden sein.

5. Unverhältnismäßiger Verwaltungsaufwand

Der mit dem individuellen Zugang zu amtlichen Informationen verbundene Verwaltungsaufwand ist nach positivem Recht kein Grund zur Ablehnung eines Antrags auf

Informationszugang. Der entstehende Verwaltungsaufwand wird vom Gesetz in anderer Beziehung für rechtlich bedeutsam erklärt. Führt eine bestimmte *Art* des Informationszugangs (§ 1 Abs. 2 S. 1 IFG) zu einem deutlich höheren Verwaltungsaufwand (§ 1 Abs. 2 S. 3 IFG), kann die informationspflichtige Stelle von der vom Antragsteller gewählten Art abweichen (§ 1 Abs. 2 S. 2 IFG).[130] Sodann gilt, dass bei einem nur *teilweise* bestehenden Anspruch dem Informationszugang in dem Umfang stattzugeben ist, in dem der Zugang ohne unverhältnismäßigen Verwaltungsaufwand möglich ist (§ 7 Abs. 2 S. 1 IFG); dadurch ist die Behörde vor einer Überforderung in Bezug auf die auszusondernden geheimhaltungsbedürftigen Informationen geschützt.[131]

Aus der Praxis wird berichtet, der Topos „unverhältnismäßiger Verwaltungsaufwand" werde von manchen Behörden zu einem ungeschriebenen Ablehnungsgrund erklärt, indem er schon zur Abwehr der Feststellung geheimhaltungsbedürftiger Informationen (und nicht erst gegen den Informationszugang nach erfolgter Teil-Stattgabe) angeführt werde.[132] Leicht lösbar sind, wie einige „BaFin-Fälle" zeigen, Sachverhalte, die einen überschaubaren Aktenbestand aufweisen, der daraufhin durchzusehen ist, ob z. B. personenbezogene Daten Dritter oder Betriebs- bzw. Geschäftsgeheimnisse enthalten und gegebenenfalls abzutrennen oder zu schwärzen sind.[133] Zweifelhaft ist, ob bei einem größeren Aktenbestand allein mit der Seitenzahl operiert werden kann und z. B. einer Behörde wie der BaFin die Durchsicht von etwa 10.000 Seiten auf geheimhaltungsbedürftige Informationen nicht zugemutet werden kann.[134] Sieht man, dass die behördliche Berufung auf einen unverhältnismäßigen Verwaltungsaufwand allenfalls zur Sicherung der behördlichen Funktionsfähigkeit in Betracht kommt, wenn eine Kompensation durch eine entsprechende Gebührenbemessung oder eine Fristverlängerung zur Bewältigung des Arbeitsaufwands[135] ausscheidet, ist die Betrachtung der konkreten Umstände des Einzelfalls unausweichlich. Dabei kommt es vor allem auf die Größe der Behörde, ihre Ausstattung, ihre organisatorischen und personalwirtschaftlichen Möglichkeiten u. v. a. m. an.[136]

V. Prozessrechtliche Fragestellungen

Das Informationsfreiheitsrecht in der gerichtlichen Praxis „lebt" geradezu von der richtigen Erfassung der verfahrensrechtlichen Rahmenbedingungen. Prozessuale Fragestellungen werden im Fachgesetz, wenn auch lückenhaft, sogar angesprochen (§ 9 Abs. 4 IFG). Mittlerweile sind einige Punkte in der Praxis geklärt, andere hingegen sind offen.

1. Verwaltungsrechtsweg

Für Rechtsstreitigkeiten über Informationsansprüche nach dem IFG (ebenso: UIG, VIG) ist unabhängig vom Inhalt der begehrten Information und vom Klagegegner der *Verwaltungsrechtsweg* nach § 40 Abs. 1 S. 1 VwGO eröffnet. In diesem Punkt herrscht mittlerweile kein Dissens mehr.[137] Nicht zuletzt § 9 Abs. 4 IFG gibt zu dieser Frage eindeutige Hinweise. Die gerichtliche Praxis hat sich darauf eingestellt. Verlangt ein Insolvenzverwalter von einer Ersatzkrankenkasse Auskunft zu Zahlungen des Insolvenzschuldners an die Kasse, entscheiden hierüber nicht die Sozialgerichte (vgl. § 51 SGG), sondern die Verwaltungsgerichte.[138] Bei Streitigkeiten über den Informationszugang beim Bundeskartellamt nach dem IFG (außerhalb eines bei der Behörde anhängigen kartellverwaltungsrechtlichen Verfahrens) entscheiden nicht die Kartellgerichte (vgl. § 63 GWB), sondern ebenfalls die Verwaltungsgerichte.[139]

Mit diesen Entscheidungen jüngeren Datums sollte der wenig zielführenden Rechtswegdebatte ein Ende bereitet sein. Durch eine klare Rechtswegregelung (z. B. in § 9 IFG) hätte der Gesetzgeber die bisherige Diskussion vermeiden können.

2. Klageart

Statthafte Rechtsschutzform zur Durchsetzung des Informationszugangsanspruchs ist im Hauptsacheverfahren die *Verpflichtungsklage* (§ 42 Abs. 1 VwGO).[140] Dies ist fachgesetzlich vorgezeichnet (§ 9 Abs. 4 S. 1 IFG). Geklagt wird also nicht auf den Informationszugang als solchen (Realakt), sondern auf die Entscheidung der informationspflichtigen Stelle über den geltend gemachten Informationsanspruch (Verwaltungsakt). Stehen andere Fragen in Streit (z. B. der Kostenbescheid), sind andere Klagearten statthaft.[141]

Maßgeblich für die Beurteilung, ob der mit der Verpflichtungsklage verfolgte Informationszugangsanspruch besteht, ist der *Zeitpunkt* der letzten mündlichen Verhandlung.[142] Das gilt auch für die von der informationspflichtigen Stelle geltend gemachten Versagungsgründe; folglich muss die Informationsverweigerung auch noch im Zeitpunkt der Entscheidung der letzten Tatsacheninstanz rechtlich tragfähig sein.[143]

3. Widerspruchsverfahren

Vor Klageerhebung muss ein *Widerspruchsverfahren* durchgeführt werden (§§ 68 ff. VwGO). Das gilt auf Grund fachgesetzlicher Anordnung (§ 9 Abs. 4 S. 2 IFG) entgegen der allgemeinen verwaltungsprozessualen Regelung (§ 68 Abs. 1 S. 2 Nr. 1 VwGO) auch dann, wenn die ablehnende Entscheidung zu dem geltend gemachten Informationszugangsanspruch von einer *obersten Bundesbehörde* getroffen worden ist.[144] Folglich ist im gerichtlichen Verfahren zu prüfen, ob das vorgeschriebene Verwaltungsverfahren durchgeführt worden ist.[145] Fehlt es hieran, ist die Klage unzulässig. Es überzeugt nicht, im Falle einer rügelosen Einlassung des Beklagten auf die Klage das Widerspruchsverfahren für entbehrlich zu erklären.[146] Die Figur der „rügelosen Einlassung" ist rechtsdogmatisch ohnehin angreifbar.[147] Im vorliegenden Zusammenhang läuft jene richterliche Erfindung dem Gesetz (§ 9 Abs. 4 IFG) klar zuwider.

4. Eilverfahren

Im Falle der Eilbedürftigkeit des Informationszugangs muss im Verfahren des vorläufigen Rechtsschutzes der Erlass einer Regelungsanordnung (§ 123 Abs. 1 S. 2 VwGO) beantragt werden. Die Praxis hat Schwierigkeiten vor allem mit dem *Anordnungsgrund*. Er wird bisweilen mit der Erwägung abgelehnt, das Verbot der Vorwegnahme der Hauptsache stehe der einstweiligen Anordnung entgegen.[148] Überzeugend ist das kaum. Da Art. 19 Abs. 4 S. 1 GG wirksamen gerichtlichen Rechtsschutz garantiert, ist die Regelungsanordnung zu erlassen, wenn die in § 123 Abs. 1 S. 2 VwGO zum Anordnungsgrund normierten Voraussetzungen gegeben sind.[149]

Vorläufiger Rechtsschutz kann auch im Verfahren mit *Drittbeteiligung* gefragt sein. Hat die informationspflichtige Stelle den Antrag auf Informationszugang positiv beschieden, kann der Dritte in Bezug auf seine Rechte gemäß § 5 IFG oder § 6 IFG nach §§ 80, 80a VwGO vorgehen.[150] Für die Sicherung der Verfahrensbeteiligung des Dritten nach § 8 Abs. 1 IFG ist in der Rechtsprechung auf den Erlass einer Sicherungsanordnung (§ 123 Abs. 1 S. 1 VwGO) zurückgegriffen worden.[151]

5. „In camera"-Verfahren

Eine eigene Untersuchung wert wäre das gerichtliche „in camera"-Verfahren im Informationszugangsrecht. Die Ausgangslage ist bekannt: Kommt die verklagte Behörde ihrer prozessualen Informationspflicht gegenüber dem Gericht (§ 99 Abs. 1 S. 1 VwGO) nach, kann der Kläger durch sein Akteneinsichtsrecht (§ 100 Abs. 1 VwGO) Kenntnis auch von geheimhaltungsbedürftigen Informationen nehmen. Das probate prozessuale Mittel hiergegen ist die von der zuständigen obersten Aufsichtsbehörde ausgesprochene Sperrerklärung (§ 99 Abs. 1 S. 2 VwGO). Die Konfliktlage verschärft sich, wenn Streitgegenstand gerade das Recht auf Informationszugang ist. Aus der komplexen Problematik sollen drei Fragestellungen herausgegriffen werden: Das einzuschlagende Verfahren, die Bedeutung des Fachrechts und die verfassungsrechtliche Perspektive.

Zum ersten Punkt ist mittlerweile geklärt, dass § 99 VwGO anwendbar ist, obwohl das Fachrecht (IFG, UIG, VIG) dazu keine Aussage trifft;[152] ein „in camera"-Verfahren (§ 99 Abs. 2 VwGO) kann also stattfinden, das Gericht ist nicht gehalten, die behördliche Glaubhaftmachung eines Informationsverweigerungsgrundes zu akzeptieren.[153] Ob die behördliche Informationsverweigerung im Prozess rechtmäßig ist, entscheidet allerdings nicht das Gericht der Hauptsache, sondern der Fachsenat (§ 189 VwGO). Das gilt auch im Informationsfreiheitsrecht.[154] Voraussetzung für das „in camera"-Verfahren ist grundsätzlich eine förmliche Entscheidung des Gerichts der Hauptsache zur Entscheidungserheblichkeit der von der Behörde zurückgehaltenen amtlichen Information.[155] Das gilt (analog) auch, wenn nicht die Offenlegung, sondern die Geheimhaltung von Akten in Streit steht.[156]

In der Sache soll die Sperrerklärung am *Maßstab* des § 99 Abs. 1 S. 2 VwGO überprüft werden. Die Rechtsprechung sieht in dieser Bestimmung eine prozessrechtliche Spezialregelung zum behördlichen Informationsverweigerungsrecht mit Vorrang gegenüber den Geheimhaltungsvorschriften des Fachrechts.[157] Das Dilemma liegt auf der Hand, wenn z. B. die Aktenvorlage im Prozess Gegenstand des Rechtsstreits in der Hauptsache ist; auch dann soll ein Durchgriff auf das Fachrecht ausscheiden. Die Rechtsprechung behilft sich pragmatisch und meint, das Prüfprogramm für die prozessuale Entscheidung nach § 99 Abs. 1 S. 2 VwGO nähere sich faktisch – nicht jedoch rechtlich – weitgehend den fachgesetzlichen Vorgaben in der Hauptsache an.[158] Das kann man wegen der Identität der Streitfrage im „in camera"-Verfahren und im Hauptsacheverfahren auch ganz anders sehen: Die Informationsverweigerungsgründe des IFG (UIG, VIG) sind leges speciales, die der allgemeinen Regelung der VwGO zur Informationsverweigerung vorgehen.[159] Dies entspricht üblichen methodischen Standards zum Verhältnis von Spezialvorschriften und allgemeinen Bestimmungen. Ist im „in camera"-Verfahren gar das Landes-Informationszugangsrecht betroffen, müsste seitens der Rechsprechung kompetenzrechtlich erklärt werden, wie der Bundesgesetzgeber (mit einer unspezifischen VwGO-Regelung) berechtigt sein kann, die durch Landesgesetz (fachspezifisch) geschaffene Transparenz der Landesverwaltung (teilweise) rückgängig zu machen.

Die skizzierte Konstruktion des „in camera"-Verfahrens führt angesichts der mit dem Hauptsacheverfahren identischen Streitfragen dazu, dass faktisch der Fachsenat im Zwischenverfahren über die Erfüllung des im Hauptsacheverfahren in Streit stehenden Anspruchs befindet.[160] Das ist *verfassungsrechtlich* nicht unproblematisch. Urteil noch der „gesetzliche Richter"? Eigentlich nicht! Angezeigt ist die Verlagerung des „in camera"-Verfahrens in das Hauptsachverfahren, weil nur so Art. 101 Abs. 1 S. 2 GG entsprochen wird, indem der „gesetzliche Richter" nicht nur formal, sondern auch tatsächlich den Rechtsstreit um den Informationszugang entscheiden kann. Das Telekommunikationsrecht bietet dafür ein Muster (§ 138 TKG); europarechtlich ist gefordert, dass die zur Entscheidung über Rechtsbehelfe gegen Regulierungsmaßnahmen berufene Stelle über alle notwendigen, auch vertrauliche, Informationen verfügen muss, dabei den Schutz geheimhaltungsbedürftiger Informationen allerdings zu gewährleisten hat.[161] Auch Art. 19 Abs. 4 S. 1 GG gebietet, dass in informationsrechtlichen Streitigkeiten – unter Dispens von § 100 Abs. 1 VwGO – das „in camera"-Verfahren beim Gericht der Hauptsache stattfindet. Denn nur dann ist die verfassungsrechtlich aufgegebene umfassende Prüfung des Rechtsschutzbegehrens in tatsächlicher und rechtlicher Hinsicht durch das zuständige Gericht möglich; und nur so wird der vollständigen Sachverhaltsaufklärung gegenüber einer bloßen Beweislastentscheidung der Vorrang eingeräumt.[162] Doch mit diesen Hinweisen auf verfassungsrechtliche Perspektiven ist Raum für ein neues Thema gegeben!

---

* Leicht erweiterte und mit Nachweisen versehene Fassung eines Vortrags beim 16. Deutschen Verwaltungsgerichtstag am 6. Mai 2010 in Freiburg i. Br.
1 Gesetz zur Regelung des Zugangs zu Informationen des Bundes (Informationsfreiheitsgesetz – IFG) vom 5. 9. 2005, BGBl. I S. 2722. – Erläuternd dazu insbesondere *Schmitz/Jastrow*, NVwZ 2005, 984 ff.; *Kloepfer/von Lewinski*, DVBl 2005, 1277 ff.; *Kugelmann*, NJW 2005, 3609 ff.

2 So auch *Möllers/Wenninger*, ZHR 170 (2006), 455 (461); *Sellmann/Augsberg*, WM 2006, 2293; *Reinhart*, DÖV 2007, 18 (19); *Kühling*, DVBl 2008, 1098 (1101); *Breuer*, in: Mansel/Daunerl-Lieb/Henssler (Hrsg.), Zugang zum Recht: Europäische und US-amerikanische Wege der privaten Rechtsdurchsetzung, 2008, S. 29 (42, 54); *Holznagel*, VVDStRL 68 (2009), 381 (388); *Rossi*, DVBl 2010, 554 (555).
3 Vgl. dazu die Einzelbeispiele des am 4. 5. 2010 vom Bundesbeauftragten für den Datenschutz und die Informationsfreiheit vorgelegten Tätigkeitsbericht zur Informationsfreiheit (für die Jahre 2008 und 2009), BT-Drs. 17/1350.
4 Vgl. dazu Überblick bei *Schoch*, Informationsfreiheitsgesetz, Kommentar, 2009, Einl Rn. 103 ff. – Hamburg hat sein IFG von 2006, das das IFG des Bundes in Bezug nahm, durch eine Vollregelung vom Februar 2009 ersetzt; dazu *Schomerus/Tolkmitt*, NordÖR 2009, 285 ff. – Rheinland-Pfalz hat im November 2008 ein IFG erlassen; vgl. *Tolkmitt*, LKRZ 2009, 166 ff.
5 Dazu *Näckel/Wasielewski*, DVBl 2005, 1351 ff.; *Scheidler*, UPR 2006, 13 ff.; *Gurlit*, EurUP 2006, 224 ff.
6 Dazu *Schomerus/Tolkmitt*, NVwZ 2007, 1119 ff.
7 Dazu *Wustmann*, BayVBl 2009, 5 ff.; *Hartwig/Memmler*, ZLR 2009, 51 ff.; *Albers/Ortler*, GewArch 2009, 225 ff.; *Wiemers*, ZLR 2009, 413 ff.; *Zilkens*, NVwZ 2009, 1465 ff.
8 In entwicklungsgeschichtlicher Perspektive dazu *Wegener*, Der geheime Staat – Arkantradition und Informationsfreiheitsrecht, 2006, S. 3 ff., 296 ff., 390 ff.
9 BVerfGE 103, 44 (59 f.); 119, 309 (319); BVerfG-K, DVBl 2009, 120 (121) = NJW 2009, 350 (351) Tz. 10.
10 BVerfG-K, DVBl 2008, 649 = NJW 2008, 1435 (1436) Tz. 24.
11 Bemerkenswert neuerdings zum Auskunftsanspruch gegenüber Behörden, die für die Zulassung und Überwachung von Arzneimitteln zuständig sind, im Rahmen der Haftung für Arzneimittelschäden (§ 84a Abs. 2 S. 1 AMG) die Neuregelung in § 84a Abs. 2 S. 3 AMG: Ansprüche nach dem IFG bleiben unberührt; näher dazu (kritisch) *Brock/Morbach*, PharmR 2009, 108 ff. sowie (zustimmend) *Wudy*, PharmR 2009, 161 ff.
12 Pragmatisch indessen BVerwG, NVwZ 2009, 1113 f.: Prüfung sowohl des UIG als auch des IFG.
13 VG Hamburg, ZIP 2009, 2014 = BeckRS 2009, 35841 Tz. 40; Urt. v. 1. 10. 2009 – 9 K 2474/08 – UA S. 9. – Zum IFG NW ebenso OVG NW, NVwZ-RR 2003, 800 (802); NJW 2005, 2028 (2029). – Etwas abweichend *Rossi*, DVBl 2010, 554 (557).
14 *Schoch*, IFG (Fn. 4), § 1 Rn. 166 ff.
15 OVG NW, NWVBl 2009, 59; VG Hamburg, ZIP 2009, 2014 = BeckRS 2009, 35841 Tz. 41; VG Hamburg, Urt. v. 1. 10. 2009 – 9 K 2474/08 – UA S. 9; VG Stuttgart, NZI 2009, 739 (740); der Rechtsprechung zustimmend *Blank*, EWiR 2009, 719 (720); *Blank/Blank*, ZInsO 2009, 1881 (1884); *Rossi*, DVBl 2010, 554 (558).
16 VG Weimar, ThürVBl. 2009, 92 = BeckRS 2009, 34 676.
17 So BFH, BFH/NV 2007, 1141 Tz. 5; ablehnend dazu *Polenz*, NJW 2009, 1921 (1923); *Rossi*, DVBl 2010, 554 (558).
18 Zur Abgrenzung zwischen IFG und StUG *Olbertz*, in: Informationsfreiheit und Informationsrecht, Jahrbuch 2009, S. 225 ff.
19 VG Berlin, AfP 2009, 621 (623) = NVwZ-RR 2010, 339 (340).
20 So BT-Drs. 15/4493, S. 7.
21 VG Berlin, AfP 2009, 621 = NVwZ-RR 2010, 339; VG Frankfurt a. M., NVwZ 2009, 1182.
22 OVG NW, NWVBl. 2009, 59; VG Hamburg, ZIP 2009, 2014 = BeckRS 2009, 35841 Tz. 28; VG Stuttgart, NZI 2009, 739; zustimmend *Blank/Blank*, ZInsO 2009, 1881 (1882); *Rossi*, DVBl 2010, 554 (558).
23 BVerwGE 130, 223 = NVwZ 2008, 791 Tz. 22.
24 BVerwG, NVwZ 2010, 189 Tz. 26.
25 HessVGH, UPR 2007, 312 (314 f.) = DÖV 2007, 1019 (1020); bestätigt durch BVerwGE 130, 223 = NVwZ 2008, 791 Tz. 23 ff.
26 BT-Drs. 15/4493, S. 7.
27 Einzelheiten dazu bei *Schoch*, IFG (Fn. 4), § 1 Rn. 53 ff., 58 ff.; *Sitsen*, Das Informationsfreiheitsgesetz des Bundes, 2009, S. 80 ff.; a. A. *Rossi*, DVBl 2010, 554 (558 f.).
28 BVerwG, DVBl 2006, 182 (m. Anm. *Schoch*) = NVwZ 2006, 343 zum UIG; VG Berlin, AfP 2008, 110 (112) zum IFG; ferner *Windoffer*, in: Hyun Seok/Ziekow (Hrsg.), Die Einbeziehung Privater

in die Erfüllung öffentlicher Aufgaben, 2008, S. 223 (230 f.); *Sitsen*, IFG des Bundes (Fn. 27), S. 101 ff.; *Blank/Blank*, ZInsO 2009, 1881 (1883).
29 BT-Drs. 15/4493, S. 7; *Wendt*, AnwBl 2005, 702; *Schmitz/Jastrow*, NVwZ 2005, 984 (987); *Kugelmann*, NJW 2005, 3609 (3611); *Reinhart*, DÖV 2007, 18 (21).
30 So zum UIG BVerwG, DVBl. 2006, 182 (183) = NVwZ 2006, 343 (344); zum BremIFG VG Bremen, DÖV 2007, 846; zum IFG *Scheel*, in: Berger/Roth/Scheel, IFG, 2006, § 1 Rn. 26.
31 BFH, BFH/NV 2007, 1141; BFH, NJW 2007, 1311 (1312).
32 OVG NW, NWVBl. 2007, 187; BVerwG, NWVBl. 2008, 59.
33 OVG NW, NVwZ 2008, 1382 (1383).
34 VG Frankfurt a. M., NVwZ 2008, 1384 (1385); *Hüttner*, VuR 2009, 156 (157); *Gurlit*, WM 2009, 773 (775).
35 VG Berlin, AfP 2009, 621 (623) = NVwZ-RR 2010, 339 (340).
36 OVG NW, NWVBl. 2009, 59 (60); OVG Hamburg, NordÖR 2009, 258 (259); VG Hamburg, ZIP 2009, 2014 = BeckRS 2009, 35841 Tz. 37; VG Stuttgart, NZI 2009, 739.
37 BayVGH, DVBl 2009, 323 (324) = AfP 2009, 183 (184).
38 *Kugelmann*, NJW 2005, 3609 (3611); *Rossi*, Informationsfreiheitsgesetz, Handkommentar, 2006, § 1 Rn. 45.
39 VG Berlin, AfP 2008, 107 (109). Das Gericht verweist auch noch auf den „Kernbereich exekutiver Eigenverantwortung", ohne dazu jedoch eine abschließende Klärung herbeizuführen.
40 *Schoch*, IFG (Fn. 4), § 1 Rn. 79, 84, 88.
41 OVG Bln-Bbg, Urt. v. 6. 11. 2008 – 12 B 50/07 – UA S. 8.
42 BVerwG, ZUR 2009, 368 ff.
43 Hintergrund ist das weite Begriffsverständnis der EG-Umweltinformationsrichtlinie; VG Frankfurt a. M., NVwZ 2006, 1321 (1323), m. Bespr. *Pützenbacher/Sailer*, NVwZ 2006, 1257.
44 HessVGH, UPR 2007, 312 (313): Datenbank eines Regierungspräsidiums zu Einwendungen gegen ein Projekt (Verkehrsflughafen Frankfurt a. M.) mit Umweltauswirkungen; OVG NW, NVwZ 2007, 1212 = NWVBl 2008, 32 (33) = UPR 2007, 398: Sicherheitskonzept für eine geplante Magnetschwebebahn („Transrapid"); BVerwGE 130, 223 = NVwZ 2008, 791 Tz. 13: Angaben zur wirtschaftlichen Realisierbarkeit einer umweltrelevanten Maßnahme unter Einschluss der Angaben zur Finanzierung des Vorhabens und zur Finanzkraft des Vorhabenträgers (Bestätigung des HessVGH); VG Trier, NVwZ-RR 2009, 828 (829): technische Beschreibungen von Funkanlagen; BVerwG, DVBl 2009, 1576 = NVwZ 2010, 189 (190): Bescheide über die Zuteilung von Emissionsberechtigungen.
45 VG Stuttgart, GewArch 2009, 459 (460).
46 Erläuternd dazu *Sitsen*, IFG des Bundes (Fn. 27), S. 142 ff.
47 So aber BayVGH, DVBl 2009, 323 (324) = AfP 2009, 183 (184).
48 VG Stuttgart, NZI 2009, 739.
49 VG Frankfurt a. M., NVwZ 2008, 1384 (1387) und ZIP 2008, 2138 Tz. 20; VG Hamburg, ZIP 2009, 2014 = BeckRS 2009, 35841 Tz. 33; *Blank/Blank*, ZInsO 2009, 1881 (1884); ebenso zum Landesrecht OVG NW, NVwZ-RR 2008, 800 (803); VG Gelsenkirchen, NWVBl. 2002, 242 (243); VG Köln, NWVBl. 2006, 308 (309). – Unberechtigte Kritik bei *R. Scholz*, BKR 2008, 485.
50 VG Berlin, AfP 2008, 110 (111), verlangt, dass sie „dauerhaft" vorhanden sind; das Gesetz schreibt dies indessen nicht vor.
51 *Kloepfer/von Lewinski*, DVBl 2005, 1277 (1280); *Fluck/Mereny*, VerwArch 97 (2006), 381 (388).
52 VG Weimar, ThürVBl 2009, 92 f. (verneint für einen Prüfungsvermerk des Rechnungshofs in den Akten des Sozialministeriums). – Allgemein zu der Problematik *Schoch*, IFG (Fn. 4), § 1 Rn. 32 f.
53 Vgl. VG Berlin, NVwZ 2009, 856: Antrag beim Bundesverkehrsministerium, Rückgabe der begehrten Studie durch das Ministerium an die DB NetzAG; kritisch dazu *Hartleb*, NVwZ 2009, 825: kollusives Zusammenwirken zwischen informationspflichtiger Behörde und einem Dritten zwecks Vereitelung des Informationszugangsanspruchs.
54 *Leopold*, WuW 2006, 592 (594). – Ausnahme zum IFG Bln anerkennend OVG Bln-Bbg, BeckRS 2008, 32 298 Tz. 37: Bezieht sich das Einsichtsbegehren auf eine Akte, die bei Eingang des Antrags bei der Behörde vorhanden war, in Kenntnis des beantragten Akteneinsicht vor Einsichtsgewährung aus der Hand gegeben wurde, sei die Behörde verpflichtet, die betreffende Akte wieder zu beschaffen (zustimmend *Rossi*, DVBl 2010, 554 (559 f.). – Zur rechtlichen Grundlage der Pflicht sagt das Gericht nichts.
55 VG Berlin, AfP 2009, 621 (624) = NVwZ-RR 2010, 339 (341).

56 BT-Drs. 15/4493, S. 9.
57 VG Frankfurt a. M., NVwZ 2008, 1384 (1385) und ZIP 2008, 2138 Tz. 22; VG Hamburg, Urt. v. 1. 10. 2009 – 9 K 2474/08 – UA S. 8 f. – Zum UIG HessVGH, NVwZ 2006, 1081 (1082); OVG RP, NVwZ 2007, 351 (353); VG Berlin, NVwZ 2006, 850 (852); VG Dessau, UPR 2008, 119.
58 So die Gesetzesbegründung BT-Drs. 15/4493, S. 6; aus der Rechtsprechung VG Frankfurt a. M., ZIP 2008, 2138 Tz. 22 und Tz. 46; VG Hamburg, ZIP 2009, 2014 = BeckRS 2009, 35841 Tz. 35; VG Berlin, AfP 2009, 621 (623) = NVwZ-RR 2010, 339 (341).
59 Kritisch dazu, da zu weit gehend, *Kloepfer/Schärdel*, JZ 2009, 453 (459).
60 VG Frankfurt a. M., NVwZ 2008, 1384 (1385) und ZIP 2008, 2138 Tz. 31. – Der über den Bundesrat unternommene Versuch, für die BaFin und die Deutsche Bundesbank im IFG eine Bereichsausnahme zu schaffen (BR-Drs. 827/08; kritisch dazu *Gurlit*, WM 2009, 773, 774), ist im Bundestag gescheitert; vgl. *Tolkmitt/Schomerus*, NVwZ 2009, 568 ff.
61 VG Hamburg, ZIP 2009, 2014 = BeckRS 2009, 35841 Tz. 48.
62 Zur Parallelproblematik im Landesrecht und im Umweltinformationsrecht vgl. die Rechtsprechungsbeispiele bei *Schoch*, IFG (Fn. 4), § 4 Rn. 21 und 22.
63 Zu diesem verfassungsrechtlichen Dogma vgl. BVerfGE 67, 100 (139); 110, 199 (218 ff., 222 ff.).
64 VG Berlin, AfP 2008, 107 (109) = ZUM 2008, 252 (253 f.) – „Ostseepipeline".
65 VG Frankfurt a. M., ZIP 2008, 2138 Tz. 57 (abgelehnt für den Verweis der BaFin, der Antragsteller solle sich die begehrten Informationen durch Einsichtnahme in die Prozessakten eines – parallel laufenden – Strafprozesses beschaffen, da jene Akten keine „allgemein zugänglichen Quellen" seien.
66 Einzelheiten dazu bei *Schoch*, IFG (Fn. 4), Vorb § 3 Rn. 40 ff., 61, 66 und § 3 Rn. 3.
67 Vgl. dazu *Schoch*, in: Hoffmann-Riem/Schmidt-Aßmann/Voßkuhle (Hrsg.), Grundlagen des Verwaltungsrechts, Band III, 2009, § 50 Rn. 253 ff. und Rn. 286 ff.
68 BVerwG, DVBl 2010, 120 = NVwZ 2010, 321 (m. krit. Bespr. *Schnabel*, NVwZ 2010, 303).
69 OVG RP, NVwZ 2007, 351 (353); VG Berlin, NVwZ 2006, 850 (852), m. Bespr. *Mecklenburger/Verheyen*, NVwZ 2006, 781.
70 *Möllers/Wenninger*, ZHR 170 (2006), 455 (467); *Hüttner*, VuR 2009, 156 (157); *Gurlit*, WM 2009, 773 (776).
71 *Tolkmitt/Schomerus*, NVwZ 2009, 568 (569); *Sitsen*, IFG des Bundes (Fn. 27), S. 162; *Schoch*, IFG (Fn. 4), § 3 Rn. 48.
72 VG Frankfurt a. M., NVwZ 2008, 1384 (1385 f.) und ZIP 2008, 2138 Tz. 24, 32, 36.
73 Vgl. zu den unterschiedlichen Positionen *Blank/Blank*, ZInsO 2009, 1881 (1885).
74 Vgl. dazu *Schoch*, IFG (Fn. 4), § 3 Rn. 74.
75 VG Hamburg, Urt. v. 1. 10. 2009 – 9 K 2474/08 – UA S. 11.
76 VG Stuttgart, NZI 2009, 739 (740).
77 BVerwG, DVBl 2010, 120 (123) = NVwZ 2010, 321 (324).
78 BFH, NJW 2007, 1311 (1312).
79 BayVGH, DVBl 2009, 323 (325) = AfP 2009, 183 (185).
80 VG Berlin, AfP 2009, 621 (624) = NVwZ-RR 2010, 339 (341). – Dasselbe muss dann in Bezug auf das wissenschaftliche Beratergremium (§ 39a Abs. 3 StUG) gelten.
81 Überblick dazu bei *Schoch*, IFG (Fn. 4), § 3 Rn. 146.
82 Näher dazu *Rüsken*, in: Klein, AO, 10. Aufl. 2009, § 30a Rn. 1 ff.
83 BGHZ 171, 180 = NJW 2007, 2106 Tz. 30.
84 Gemeint sind Vorschriften wie z. B. § 39 BRRG und § 61 BBG a. F., nun § 37 BeamtStG und § 67 BBG.
85 So BT-Drs. 15/4493, S. 13.
86 Gemeint sind § 9 KWG und § 8 WpHG.
87 VG Frankfurt a. M., NVwZ 2008, 1384 (1387) und ZIP 2008, 2138 Tz. 41, 42.
88 Auch aus diesem Grund scheitert die Annahme einer „Geheimhaltungsvorschrift" i. S. d. IFG; vgl. OVG NW, NVwZ-RR 2009, 635 (636) = AfP 2009, 295 (296) = MMR 2009, 494 = RDV 2009, 179.
89 So auch die Vorstellung des Gesetzgebers, BT-Drs. 15/4493, S. 11.
90 Vgl. VG Frankfurt a. M., ZIP 2008, 2138 Tz. 84: Informationen aus einem anderen Staat nur mit dessen Zustimmung zugänglich, § 3 Nr. 4 IFG i. V. m. § 9 Abs. 1 S. 8 KWG.
91 OVG Bln-Bbg, Urt. v. 6. 11. 2008 – 12 B 50/07 – UA S. 10 f.
92 So zum Landesrecht OVG NW, NVwZ 2008, 1382 (1383).

93 BVerfGE 110, 199 (218 f.); SächsVerfGH, NVwZ-RR 2008, 585 (590); ThürVerfGH, DVBl 2009, 245 (248).
94 BVerwG, DVBl 2010, 120 (124) = NVwZ 2010, 321 (325); gleichsinnig BVerwG, NVwZ 2010, 326.
95 BT-Drs. 15/5606, S. 6.
96 VG Hamburg, ZIP 2009, 2014 = BeckRS 2009, 35841 Tz. 46 ff.; VG Hamburg, Urt. v. 1. 10. 2009 – 9 K 2474/08 – UA S. 10 f.; VG Stuttgart, NZI 2009, 739 (740 f.); zustimmend *Blank*, EWiR 2009, 719 (720); *Blank/Blank*, ZInsO 2009, 1881 (1885).
97 BayVGH, DVBl 2009, 323 (325) = AfP 2009, 183 (185).
98 Näher dazu *Schoch*, IFG (Fn. 4), § 3 Rn. 192.
99 VG Berlin, AfP 2008, 110 (112) = ZUM 2008, 353 (355 f.); dazu *Roth*, in: Informationsfreiheit und Informationsrecht, Jahrbuch 2008, S. 257 ff.
100 Bundesbeauftragter für den Datenschutz und die Informationsfreiheit (BfDI), 1. Tätigkeitsbericht zur Informationsfreiheit für die Jahre 2006 und 2007 = BT-Drs. 16/8500, Tz. 5; *Schaar/ Schultze*, in: Informationsfreiheit und Informationsrecht, Jahrbuch 2008, S. 1 (11).
101 VG Frankfurt a. M., NVwZ 2008, 1384 (1388) und ZIP 2008, 2138 Tz. 51 ff.
102 VG Berlin, AfP 2009, 621 (624) = NVwZ-RR 2010, 339 (341).
103 VG Berlin, AfP 2008, 110 (113).
104 OVG RP, K&R 2007, 671 = DuD 2008, 693 = MMR 2008, 635; bestätigt durch BVerwG, DuD 2008, 696. – Näher zu personalisierten Behördenauftritten im Internet *Guckelberger*, ZBR 2009, 332 ff.
105 *Schoch*, IFG (Fn. 4), § 6 Rn. 38.
106 *Lenski*, NordÖR 2006, 89 ff.
107 *Dreier*, in: ders./Schulze, UrhG, 3. Aufl. 2008, Einl Rn. 1 ff. und § 2 Rn. 6 ff.
108 VG Berlin, AfP 2009, 621 (624 und 625) = NVwZ-RR 2010, 339 (341 und 342).
109 In der Übergabe eines urheberrechtlich geschützten Werkes an die Behörde liegt noch keine Veröffentlichung; *Jastrow/Schlatmann*, IFG, 2006, § 6 Rn. 23.
110 VG Braunschweig, ZUM 2008, 254 (256).
111 Arbeitsgemeinschaft der Informationsbeauftragten in Deutschland, DuD 2005, 290 (294).
112 VG Frankfurt a. M., NVwZ 2008, 1384 (1388).
113 Keine Weiterverwendung von Informationen sind nach § 2 Nr. 3 IWG „die intellektuelle Wahrnehmung einer Information und die Verwertung des dadurch erlangten Wissens". Erläuternd die Gesetzesbegründung, BT-Drs. 16/2453, S. 15: Es sei kein Fall der Informationsweiterverwendung, „wenn ein Journalist die aus der Akteneinsicht auf Grundlage des IFG gewonnenen Erkenntnisse für sich nutzt, um auf dieser Grundlage einen Artikel zu veröffentlichen".
114 BfDI (Fn. 100), 1. TB zur Informationsfreiheit (2006/2007) = BT-Drs. 16/8500, Tz. 2.2.6.
115 Näher dazu *Hoeren*, in: Informationsfreiheit und Informationsrecht, Jahrbuch 2008, S. 105 ff.
116 Näher zu dieser Abwägungsklausel BVerwG, DVBl 2009, 1576 = NVwZ 2010, 189 Tz. 61 ff. – Zu einem Abwägungstatbestand nach dem GenTG OVG NW, NVwZ 2009, 794, und nach dem PflSchG OVG NW NVwZ 2009, 475 = NWVBl 2009, 199.
117 BVerwG, DVBl 2009, 1576 = NVwZ 2010, 189 Tz. 41 ff., mit Hinweis darauf, der Gesetzgeber selbst habe abgewogen und dem öffentlichen Interesse an Information stets den Vorrang eingeräumt.
118 Fall aus der Rechtsprechungspraxis dazu: VG Stuttgart, GewArch 2009, 459.
119 BVerwGE 120, 40 Tz. 7; OVG NW, NVwZ 2000, 449; OVG SH, NordÖR 2007, 166 (167); nur Art. 14 GG heranziehend *Brammsen*, DÖV 2007, 10 ff.; die Zuordnung mangels Unterschiedlichkeit der Schutzstandards offen lassend BVerfGE 115, 205 (248).
120 BVerfGE 115, 205 (230 f.) mit Beispielen zu derartigen Geheimnissen: Umsätze, Ertragslagen, Geschäftsbücher, Kundenlisten, Bezugsquellen, Konditionen, Marktstrategien, Unterlagen zur Kreditwürdigkeit, Kalkulationsunterlagen, Patentanmeldungen, sonstige Entwicklungs- und Forschungsprojekte, durch welche die wirtschaftlichen Verhältnisse eines Betriebs maßgeblich bestimmt werden können.
121 BGHSt 41, 140 (142) = NJW 1995, 2301; OVG Saarland, AS 30, 93 (97); *Kiethe/Groeschke*, WRP 2006, 303 (305); *Rossi*, DVBl 2010, 554 (561).
122 VG Braunschweig, ZUM 2008, 254 (257); dazu *Stabno*, in: Informationsfreiheit und Informationsrecht, Jahrbuch 2008, S. 261 ff.
123 BVerwG, NVwZ 2009, 1113 = GewArch 2009, 374 = UPR 2009, 345.

124 Näher zum Meinungsstand *Schoch*, IFG (Fn. 4), § 6 Rn. 56 ff.
125 OVG SH, NordÖR 2005, 528 (530), zum IFG SH.
126 VG Frankfurt a. M., ZIP 2008, 2138 Tz. 50.
127 BVerwG, NVwZ 2009, 1114 (1116), zum IFG SH bzw. UIG SH; § 11 Abs. 1 IFG SH stellt den Schutz von Betriebs- und Geschäftsgeheimnissen unter einen Abwägungsvorbehalt („überwiegendes Offenbarungsinteresse der Allgemeinheit"), ebenso § 8 Abs. 2 UIG SH.
128 BVerfGE 116, 24 (43): „Sie schafft sonst Anreize zur Rechtsverletzung, diskriminiert rechtstreues Verhalten ... und untergräbt damit die Voraussetzungen ihrer eigenen Wirksamkeit."
129 OVG NW, NVwZ 2009, 1510 (1512) = ZLR 2009, 643 (648), m. krit. Anm. *Grube/Immel*.
130 Einzelheiten dazu bei *Walz*, DÖV 2009, 623 ff.
131 *Schoch*, IFG (Fn. 4), § 7 Rn. 59.
132 BfDI (Fn. 100), 1. TB zur Informationsfreiheit (2006/2007) = BT-Drs. 16/8500, Tz. 2.2.2.1; *Schaar/Schultze*, in: JB 2008 (Fn. 100), S. 1 (9 f.).
133 VG Frankfurt a. M., NVwZ 2008, 1384 (1387): bei weniger als 200 Seiten kein unverhältnismäßiger Verwaltungsaufwand; ebenso VG Frankfurt a. M., ZIP 2008, 2138 Tz. 59 bei 83 Seiten zuzüglich 15 Seiten Anlagen.
134 So aber VG Frankfurt a. M., NVwZ 2009, 1182 (1183).
135 Zu diesen und weiteren Erwägungen *Schoch*, IFG (Fn. 4), § 7 Rn. 62 ff.
136 HessVGH, Beschl. v. 2. 3. 2010 – 6 A 1684/08 – BA S. 19 ff.
137 Vgl. zur bisherigen Diskussion *Schoch*, IFG (Fn. 4), § 9 Rn. 66 ff.; ferner *Rossi*, DVBl 2010, 554 (556).
138 OVG Hamburg, NordÖR 2009, 258 (259); VG Hamburg, ZIP 2009, 2014 = BeckRS 2009, 35841 Tz. 23; VG Stuttgart, NZI 2003, 739; *Blank*, EWiR 2009, 719 (720); *Blank/Blank*, ZInsO 2009, 1881 (1882).
139 OLG Düsseldorf, WuW 2009, 807.
140 VG Berlin, NVwZ 2009, 856; VG Frankfurt a. M., NVwZ 2008, 1384; VG Weimar, ThürVBl 2009, 92; *Gurlit*, WM 2009, 773 (779).
141 Überblick zu den Fallkonstellationen bei *Schoch*, IFG (Fn. 4), § 9 Rn. 79 und 80.
142 VG Berlin, NVwZ 2009, 856 (857).
143 BVerwG, DVBl 2010, 120 (122) = NVwZ 2010, 321 (323) Tz. 33.
144 Ebenso die in § 6 Abs. 2 UIG und § 4 Abs. 4 VIG getroffenen Regelungen.
145 BGH, BeckRS 2009, 24321 Tz. 8.
146 So aber VG Weimar, ThürVBl. 2009, 92.
147 *Schoch*, in: Ehlers/Schoch, Rechtsschutz im Öffentlichen Recht, 2009, § 20 Rn. 96.
148 So z. B. VG Frankfurt a. M., NVwZ 2009, 1182; ebenso im Umweltinformationsrecht HessVGH, NVwZ 2007, 348 (350).
149 So zum Umweltinformationsrecht HessVGH, NVwZ 2006, 951 (952) und 1081 (1082); VG Trier, NVwZ-RR 2009, 828 (829).
150 *Schoch*, IFG (Fn. 4), § 8 Rn. 60 f.
151 HessVGH, NVwZ 2009, 60.
152 BVerwGE 130, 236 Tz. 24 ff.; OVG SH, NVwZ 2006, 847 und NVwZ 2007, 1448.
153 Vgl. dazu *Schoch*, IFG (Fn. 4), § 9 Rn. 91.
154 OVG SH, NVwZ 2006, 847.
155 BVerwG, NVwZ 2010, 194; NdsOVG, NVwZ 2010, 198.
156 NdsOVG, NVwZ 2010, 199.
157 BVerwG, DVBl 2006, 1245 (1246); OVG NW, NVwZ 2008, 1382 (1384); NVwZ 2009, 475 (476) und 794 (795); OVG RP, NVwZ 2009, 477 (478); ebenso *Mühlbauer*, DVBl 2009, 354 (358); *Walz*, DÖV 2009, 623 (629 f.).
158 BVerwGE 130, 236 Tz. 20; BVerwG, NVwZ 2009, 1114 (1115); OVG RP, NVwZ 2009, 477 (478).
159 *Weber*, NVwZ 2008, 1284 (1287); *Wustmann*, ZLR 2009, 161 (173).
160 BVerwGE 130, 236 Tz. 12 meint (ohne verfassungsrechtliche Reflexion), der Gesetzgeber habe dies als unvermeidbare Folge des Verfahrens nach § 99 Abs. 2 VwGO in Kauf genommen.
161 EuGH, Slg. 2006, I-6675 („Mobistar") Tz. 40 und 43; erläuternd dazu *Bier*, N&R 2009, 25 (31 f.).
162 Sondervotum *Gaier*, BVerfGE 115, 205 (250 ff.).

Bericht über den Arbeitskreis 8

von Vorsitzender Richter am VG *Dr. Bertold Huber*, Frankfurt am Main

Der Referent Prof. Dr. *Friedrich Schoch* leitete sein Referat mit der Feststellung ein, dass mit dem am 1. 1. 2006 in Kraft getretenen Informationsfreiheitsgesetz des Bundes (IFG) ein Paradigmenwechsel beim Recht auf Zugang zu Informationen des öffentlichen Sektors eingetreten sei. Das bis dahin vorherrschende verwaltungsrechtliche Modell der beschränkten Aktenöffentlichkeit sei auf Bundesebene abgelöst worden durch einen materiellrechtlich voraussetzungslosen Anspruch eines jeden Einzelnen auf Zugang zu amtlichen Informationen von Bundesbehörden und diesen gleichgestellten Einrichtungen. Im Rahmen seines Vortrags setzte sich der Referent kritisch mit der bisher zum IFG ergangenen Rechtsprechung auseinander, beklagte eine zum Teil restriktive Auslegung des Informationsanspruchs in der gerichtlichen Praxis und widmete sich zum Schluss der praxisrelevanten Frage der Durchführung eines in-camera-Verfahrens nach § 99 VwGO im Anwendungsbereich des IFG.

In der anschließenden Diskussion bildete die Verweigerung des Informationszugangs durch informationspflichtige Stellen einen der wichtigen Schwerpunkte. Der von *Schoch* geübten Kritik an einer Entscheidung des VG Berlin zu einem Auskunftsbegehren betreffend die Ostseepipeline, mit der ein entsprechender Anspruch unter anderem unter Verweis auf den im IFG nicht geregelten Schutz des „Kernbereichs der exekutiven Eigenverantwortung" abgelehnt wurde (AfP 2008, 107 = ZUM 2008, 252), trat die Präsidentin des VG Berlin und Vorsitzende der dortigen IFG-Kammer *Xalter* entgegen. Sie stellte klar, dass das VG Berlin keineswegs in der genannten Entscheidung das gesamte Bundeskanzleramt aus dem Anwendungsbereich des IFG herausgenommen habe, wohl aber jene Funktionen, die sich als Regierungstätigkeit und Ausübung der Richtlinienkompetenz der Bundeskanzlerin und des ihr unterstellten Amtes erwiesen. Ergänzend führte sie aus, dass eine Vielzahl von Auskunftsersuchen an die einzelnen Bundesministerien gerichtet worden seien, die zum Teil mit einem unverhältnismäßigen Verwaltungsaufwand verbunden wären, sofern dem jeweiligen Auskunftsersuchen nachgekommen würde. Das VG Berlin habe daher bisher in diesem Zusammenhang eine eher restriktive Spruchpraxis ausgeübt.

Frau *Köhler* von der Bundesanstalt für Finanzdienstleistungsaufsicht (BaFin) gab an, dass ihre Behörde seit Inkrafttreten des IFG ca. 700 Anträge auf Informationszugang erhalten habe. In etwa 40 % der Fälle sei den Begehren stattgegeben oder zumindest teilweise stattgegeben worden. Für sie stelle sich jedoch die Frage, ob die zur Einsicht freigegebenen Akten unter Abzug schutzbedürftiger Inhalte (personenbezogene Daten, Betriebs- und Geschäftsgeheimnisse) für den Antragsteller tatsächlich noch von Nutzen seien. Dem hielt *Schoch* entgegen, dass eine hierauf bezogene Bewertung der angerufenen Behörde verwehrt sei.

Bezogen auf die BaFin berichtete Vorsitzender Richter am VG *Schäfer* (Frankfurt am Main), dessen Kammer mit den Verfahren gegen Aufsichtsmaßnahmen dieser Behörde (hingegen nicht mit IFG-Verfahren) befasst ist, von Folgeproblemen, die das IFG für die Finanzaufsicht mit sich bringe. So sei mehrfach die Frage eines Auskunftsverweigerungsrechts entsprechend einschlägiger strafprozessualer Vorschriften aufgeworfen worden, sofern mit einer auf das IFG gegründeten Weitergabe von der BaFin überlassenen Informationen an unbeteiligte Dritte zu rechnen sei. Ferner sei diese Behörde nicht steuer-, sondern umlagefinanziert. Die durch Informationsersuchen nach dem IFG anfallenden Kosten belasteten die Umlagen. Dies werde teilweise als unzulässig angesehen, da insoweit die Gruppennützigkeit der Umlage in Frage gestellt sei. Hierzu erwiderte *Schoch*, dass dieser Umstand einen Informationsanspruch nach dem IFG nicht ausschließen könne

Hieran knüpfte der Vorsitzende des 6. Senats des Hessischen Verwaltungsgerichtshofs *Igstadt* an und führte aus, dass als eine der großen Schwierigkeiten, die sich bei der praktischen Umsetzung des IFG ergäben, die Bestimmung des unverhältnismäßigen Verwaltungsaufwands sei. Es sei erforderlich, hierzu Maßstäbe zu bestimmen. Der Hessische VGH habe in seinem Beschluss vom 24. 3. 2010 (6 A 1767/08) festgestellt, dass eine abstrakte abschließende Seitenzahlbegrenzung nicht gangbar sei. Handele es sich bei der informationspflichtigen Stelle um eine große Behörde, seien dieser gegenüber auch Informationsbegehren, die einen größeren Verwaltungsaufwand mit sich brächten, zumutbar. Dem schloss sich Prof. Dr. Schoch vollinhaltlich an. Er verwies auf die Obliegenheit der informationspflichtigen Stellen, Vorsorge für ausreichendes Personal zu schaffen, damit die Informationsbegehren der gesetzgeberischen Intention entsprechend sachgerecht bearbeitet werden können. So entspreche es der ständigen Rechtsprechung des BGH zum Amtshaftungsrecht, dass Behörden ausreichendes Personal vorzuhalten haben, um die ihnen übertragenen Aufgaben wahrnehmen zu können. Andernfalls drohten Schadensersatzansprüche aus Gründen der Organisationshaftung. Die Erfüllung eines aus dem IFG abgeleiteten Auskunftsbegehrens könne nur dann mit Verweis auf einen unverhältnismäßigen Verwaltungsaufwand abgelehnt werden, wenn andernfalls die Funktionsfähigkeit der Behörde beeinträchtigt sei. Ergänzend benannte er beispielhaft die Spruchpraxis des EuG zum Eigenverwaltungsrecht der EU, der zufolge es Behörden der EU durchaus zumutbar sei, im Einzelfall auch Verwaltungsvorgänge im Umfang von bis zu 46.000 Seiten durchzusehen, um einem auf die EU-Transparenzverordnung gestützten Auskunftsbegehren zu entsprechen. Der Referent wies auch die von Richterin am VG *Brugger* (VG Darmstadt) aufgeworfene Überlegung zurück, ob der in der auf dem IFG beruhenden Informationsgebührenverordnung vorgesehene Höchstbetrag von 500 € als Kriterium für die Bestimmung der Grenze zum unverhältnismäßigen Verwaltungsaufwand herangezogen werden könne. Mit dieser Begrenzung habe der Gesetzgeber eine prohibitive Wirkung der Gebührenbemessung verhindern wollen. Dem schloss sich Vorsitzender Richter am OVG *Prof. Dr. Seibert* (Münster) an. Herr *Igstadt* wies in diesem Zusammenhang darauf hin, dass die informationspflichtigen Stellen nach § 11 Abs. 1 IFG verpflichtet seien, Verzeichnisse zu führen, aus denen sich die vorhandenen Informationssammlungen und -zwecke erkennen lassen.

Herr *Seibert* warf im Folgenden die Frage auf, ob die Subsidiaritätsregelung des § 1 Abs. 3 IFG („Regelungen in anderen Rechtsvorschriften über den Zugang zu amtlichen Informationen gehen mit Ausnahme des § 29 des Verwaltungsverfahrensgesetzes und des § 25 des zehnten Buches des Sozialgesetzbuchs vor.") nicht dem von *Schoch* angesprochenen Paradigmenwechsel widerspreche. Weder das Umweltinformationsgesetz noch die diesem zu Grunde liegende EG-Richtlinie schlössen den Informationsanspruch wegen vorrangiger anderer Informationsrechte aus. Der Referent teilte diese Ansicht nicht, da seines Erachtens der Wortlaut des § 1 Abs. 3 IFG eindeutig sei. Frau *Xalter* stimmte dem zu und begründete dies damit, dass beispielsweise das Stasi-Unterlagengesetz ein eigenes Abwägungsregime enthalte und die Zugangsmöglichkeiten nach dem Bundesarchivgesetz abschließend geregelt seien. Ergänzend verwies Frau *Köhler*, bestätigt von *Schoch*, auf Spezialzugangsrechte zu Informationen nach der Strafprozessordnung. Trotz dieser Einwände hielt es Herr *Seibert* für geboten, im Rahmen des § 1 Abs. 3 IFG kritisch zu prüfen, was der eigentliche Regelungsgegenstand des „Spezial"gesetzes ist. In diesem Zusammenhang widmete sich *Schoch* dem Verhältnis von IFG und Presserecht. Der presserechtliche Informationsanspruch einer Journalistin oder eines Journalisten sei auf Auskunft beschränkt. Diese Personen seien jedoch nicht gehindert, als Private einen auf erweiterten Informationszugang gerichteten Antrag nach dem IFG, etwa auf Akteneinsicht, zu stellen.

Einen weiteren Schwerpunkt bildete die Frage, welche Unterlagen nicht von dem Informationsanspruch des § 1 Abs. 1 Satz 1 IFG erfasst sind. § 2 Nr. 1 IFG definiert als amtliche Informationen „jede amtlichen Zwecken dienende Aufzeichnung, unabhängig von der Art ihrer Speicherung. Entwürfe und Notizen, die nicht Bestandteil eines Vorgangs werden sollen, gehören nicht dazu". Darüber hinaus bestimmt § 4 Abs. 1 Satz 1 IFG, dass ein Antrag auf Informationszugang abgelehnt werden soll „für Entwürfe zu Entscheidungen sowie Arbeiten und Beschlüsse zu ihrer Vorbereitung, soweit und solange durch die vorzeitige Bekanntgabe der Informationen der Erfolg der Entscheidung oder bevorstehender behördlicher Maßnahmen vereitelt würde". Der Referent, *Prof. Dr. Schoch* warnte in diesem Zusammenhang vor der Gefahr einer Aktenmanipulation und eines „Einstiegs in die doppelte Aktenführung". Richter am BVerwG *Prof. Dr. Berlit* verwies auf die Geltung des materiellen Aktenbegriffs, der auch „illegale Zweitakten" umfasse und dem Informationsanspruch unterwerfe. Gegebenenfalls bedürfe es einer Umstellung der behördlichen Organisation, um sicher zu stellen, dass alle entscheidungsrelevanten Unterlagen in die Akten gelangen. Rechtsanwalt *Hartlieb* (Freiburg) beklagte, dass in einem von ihm angestrengten Klageverfahren gegen das Bundesministerium für Verkehr, das die Hochrheintrasse der Deutschen Bahn betraf, kurz vor der Entscheidung des VG Berlin Akten an die Deutsche Bahn abgegeben worden seien. *Schoch* nahm dies zum Anlass zu fragen, ob nicht rechtspolitisch für solche Fallvarianten ein Wiederbeschaffungsanspruch zu verankern sei.

Breiten Raum nahm schließlich die Diskussion um die Durchführung eines in-camera-Verfahrens im Anwendungsbereich des IFG ein. *Schoch* hatte in seinem Referat Zweifel geäußert, ob mit der gegenwärtigen Konstruktion des Zwischenverfahrens nach § 99 VwGO, in dem der Fachsenat faktisch über den im Hauptsacheverfahren geltend gemachten Informationsanspruch befinde, noch dem verfassungsrechtlichen

Gebot des gesetzlichen Richters (Art. 101 Abs. 1 Satz 2 GG) Rechnung getragen werde. Vorsitzender Richter am OVG *Prof. Dr. Seibert* (Münster) sah hingegen das Gebot des gesetzlichen Richters nicht in Frage gestellt. Er äußerste jedoch zugleich ein Unbehagen darüber, dass die eigentlichen Entscheidungen in zwei Spruchkörpern stattfinden. Zudem gelte im Rahmen des § 99 VwGO ein anderer Prüfungsmaßstab. Es sei eine Ermessensentscheidung zu treffen, so dass unter Umständen ein Anspruch auf Zugang zu Informationen bestehe, wenn das Fachrecht einen solchen zwingend ausschließe. Das BVerwG halte eine strikte Trennung von Prozess- und Fachrecht für geboten. Rechtspolitisch sinnvoll wäre es daher, auch das Zwischenverfahren nach § 99 VwGO bei dem für IFG-Verfahren zuständigen Spruchkörper anzusiedeln. Herr *Igstadt* (VGH Kassel) teilte diese Ansicht. *Schoch* ergänzte, dass der in-camera-Senat bei seiner Entscheidung das Fachrecht anwenden könne. Auch Richter am OVG *Dr. Schemmer* (Münster) verwies darauf, dass die im Rahmen des in-camera-Verfahrens zu treffende Ermessensentscheidung durch das Fachrecht determiniert sei. *Schoch* warf schließlich die Frage auf, ob das Fachrecht der Landes-IFGs die Anwendung des § 99 VwGO suspendiere. Abschließend regte er an, im Wege einer Vorlage gemäß Art. 100 Abs. 1 Satz 1 GG das BVerfG mit der Frage zu befassen, ob die derzeitige defizitäre verfahrensrechtliche Ausgestaltung der IFG-Verfahren mit der Verfassung zu vereinbaren sei.

„ Kaum ist der Kommentar zum aktuellen
Tarifvertrag da, schon gibt es den nächsten
Spartentarifvertrag. Wie sind
Sie da **aktuell informiert?** „

Die Antwort :: rehm

Dr. Wolf-Dieter Sponer †, Franz Steinherr u.a
Tarifvertrag für den öffentlichen Dienst Bund/Kommunen (VKA)
mit Erläuterungen zu den Regelungen im Geltungsbereich Bund, Länder und Kommunen (VKA)

Der meistzitierte Experte und umfassendste Kommentar zum TVöD.
Jetzt schon mit Kommentierung zum neuen TVöD-B!

- Das komplette Tarifrecht von Bund und Kommunen. Aktuell, umfassend und praxisnah kommentiert.
- Wichtige Entscheidungen des BAG mit Leit-, Orientierungssätzen und Entscheidungsgründen sowie Auszüge der Arbeitgeber-Rundschreiben direkt in der Kommentierung.
- Kompetente und erfahrene Autorinnen und Autoren aus den Ministerien und Verbandsspitzen.

Loseblattwerk in 9 Ordnern
ISBN 978-3-7685-7344-3
€ 129,95 zzgl. Aktualisierungen

www.rehmnetz.de/tarifrecht-bestseller

Ein Angebot der Verlagsgruppe Hüthig Jehle Rehm GmbH, Heidelberg/München/Landsberg/Frechen/Hamburg;
im Fachbuchhandel erhältlich; Preisänderung vorbehalten! Weitere Informationen unter www.rehmnetz.de.

ARBEITSKREIS 9

Europa und der deutsche Verwaltungsprozess – Schlaglichter auf eine unendliche Geschichte

Referent: *Univ.-Prof. Dr. Jan Ziekow*, Speyer

Thesen des Referats

1. Ist das Konzept des subjektiven Rechtsschutzes noch zeitgemäß?
   Das Unionsrecht unterscheidet zwischen der Begründung eines subjektiven Rechts und der Eröffnung der Möglichkeit, die Verletzung von Unionsrecht rügen zu können. Maßgebend für die unionsrechtliche Ableitung eines subjektiven Rechts ist der Schutzzweck der jeweiligen Norm, wobei der Kreis der von diesem Schutzzweck erfassten Personen regelmäßig weiter ist als er nach der deutschen Lehre vom subjektiven öffentlichen Recht wäre. Die Durchsetzbarkeit des subjektiven Rechts folgt aus dem Effektivitätsgrundsatz. Allerdings ist das Bestehen eines subjektiven Rechts unionsrechtlich keine zwingende Voraussetzung für das Bestehen einer Klagemöglichkeit. Vielmehr leitet der EuGH eine solche Möglichkeit auch isoliert aus dem Effektivitätsgrundsatz ab. Das unionsrechtliche Konzept eines weiten Zugangs zum Gericht fordert eine Abbildung des Regelungsbereichs des betreffenden Unionsrechtsakts in den mitgliedstaatlich eröffneten Klagemöglichkeiten. Während sich diese Vorgaben durchaus in dem Zusammenspiel von § 42 Abs. 2 Alt. 1 und Alt. 2 VwGO interpretativ abbilden lassen, bestehen nach wie vor Zweifel an der Unionsrechtskonformität der Ausblendung eines selbständigen Rechtsschutzes zur Durchsetzung von Verfahrensrechten.

2. Ist der deutsche Verwaltungsprozess fair?
   a) Zeitangemessener Rechtsschutz
   Den zuletzt durch das Urteil des EGMR vom 6. 6. 2006 in der Sache Sürmeli zu Art. 13 i. V. m. Art. 6 Abs. 1 EMRK formulierten Anforderungen genügt die deutsche Rechtsordnung nach wie vor nicht. Die Verwaltungsgerichte verfügen über keine eigenen Handlungsmöglichkeiten, diesem Missstand abzuhelfen.
   b) Öffentlichkeit der Urteilsverkündung
   Das Urteil des EGMR vom 17. 1. 2008 zu der durch Art. 6 Abs. 1 EMRK verbürgten Öffentlichkeit der Urteilsverkündung verlangt keine Änderung des deutschen Prozessrechts, wohl aber eine konventionskonforme Handhabung. So ist das Verlesen auch der Urteilsgründe entsprechend §§ 173 VwGO, 311 Abs. 3 ZPO in den unter Art. 6 EMRK fallenden Fällen als erforderlich anzusehen. Darüber hinaus ist entweder § 116 Abs. 2 ZPO nicht anzuwenden oder – wenn auf die durch § 116 Abs. 2 ZPO eröffnete Möglichkeit nicht verzichtet werden soll – §§ 173 VwGO, 299 Abs. 2 ZPO dahingehend zu interpretieren, dass in Konventionsfällen jedermann Einsicht in die schriftliche Urteilsbe-

gründung erhält. In den Fällen des § 116 Abs. 3 VwGO ist eine derartige Handhabung die einzige Möglichkeit zu konventionsgerechtem Verhalten.
c) Unionsrechtliche Anforderungen an die Kostenfairness
Enthalten Unionsrechtsakte wie Art. 10a UVP-RL oder Art. 15a der IVU-RL eine Kostenklausel, so entsprechen die §§ 154 ff. VwGO nicht dem Verbot, ein gerichtliches Verfahren übermäßig teuer durchzuführen. Auch § 52 Abs. 1 GKG eröffnet diesbezüglich keine hinreichenden Interpretationsspielräume.

3. Treffen die deutschen Verwaltungsgerichte den richtigen Zeitpunkt?
Die Rechtsprechung des EGMR zur EMRK und die des EuGH zum unionsrechtlichen Effektivitätsgebot legen die Berücksichtigung nach Erlass der letzten Behördenentscheidung eingetretener Änderungen auch in anderen als ausländerrechtlichen Anfechtungsprozessen nahe, wenn sonst ein Rechtsverlust einträte. Voraussetzung ist allerdings, dass der Kläger den drohenden Rechtsverlust nicht auf andere Weise abwehren kann.

Referat

Eines der zentralen Themen des deutschen öffentlichen Rechts ist der in verschiedenen Facetten und auf unterschiedlichen Referenzfeldern behandelte Einfluss des von den europäischen Institutionen (im weiteren Sinne) gesetzten Rechts auf das deutsche Verwaltungsrecht. Allein zum Unterthema der europäischen Beeinflussungen des Verwaltungsprozessrechts liegt eine kaum noch überschaubare Zahl von Veröffentlichungen vor.[1] Die folgenden Überlegungen beanspruchen daher von vornherein keinerlei Vollständigkeit, sondern wollen nur einige aktuelle „Schlaglichter" zu nicht vollständig verarbeiteten Problemen setzen.

I. Ist das Konzept des subjektiven Rechtsschutzes noch zeitgemäß?

Die Frage, ob und inwieweit unionsrechtliche Ansätze auf eine Erweiterung des auf den Schutz subjektiver Rechte ausgerichteten verwaltungsprozessualen Konzepts in Deutschland drängen, wird seit Jahren diskutiert. Insbesondere im Zuge der Transformation der Århus-Konvention und des folgenden Gemeinschaftsrechts hat die Diskussion wieder beträchtlich an Dynamik gewonnen. Die allgemeinen Grundsätze zum Verhältnis zwischen Unionsrecht und nationalem Prozessrecht hat der EuGH jüngst noch einmal in der *Barth*-Entscheidung vom 15. 4. 2010 zusammengefasst. Danach ist es Aufgabe der nationalen Rechtsordnungen der einzelnen Mitgliedstaaten, die gerichtlichen Verfahren auszugestalten. Grenzen werden dieser mitgliedstaatlichen Regelungskompetenz durch zwei unionsrechtliche Grundsätze gesetzt, den Äquivalenz- und den Effektivitätsgrundsatz. Der Äquivalenzgrundsatz gebietet, dass Verfahren in Fällen mit Unionsrechtsberührung nicht ungünstiger ausgestaltet sein dürfen als Verfahren, die allein nach innerstaatlichem Recht zu beurteilende Fälle betreffen. Der Effektivitätsgrundsatz soll verhindern, dass durch die Anwendung mitgliedstaatlichen

Verfahrensrechts die Ausübung der durch das Unionsrecht verliehenen Befugnisse praktisch unmöglich gemacht oder übermäßig erschwert wird.[2]

Im Bemühen, Aussagen über verallgemeinerbare Trends zu gewinnen, nähern sich die folgenden Überlegungen der Frage von unionsrechtlichen Einflüssen auf das deutsche Konzept eines primär subjektiv-rechtlich anknüpfenden Verwaltungsrechtsschutzes anhand von drei Referenzgebieten: dem Umweltrecht, dem Beihilfenrecht und dem Vergaberecht.

1. Referenzgebiet: Umweltrecht

a) Die Entscheidung des EuGH zu den Luftaktionsplänen

Eine Entscheidung, die für den unionsrechtlichen Zugang zum Thema „subjektives Recht" im Bereich des Umweltrechts zentrale Bedeutung hat, ist das Urteil *Janecek* zu den Aktionsplänen zur Luftreinhaltung.[3] Das deutsche Recht sieht in § 47 BImSchG eine Pflicht der zuständigen Behörde zur Aufstellung von Luftreinhalteplänen bei Überschreitung bestimmter Immissionsgrenzwerte vor. Die einschlägigen Vorschriften der RL 96/62/EG geben den Mitgliedstaaten die Ergreifung der jeweils bezeichneten Maßnahmen auf. Nach deutschem Verständnis von der gesetzlichen Statuierung subjektiver öffentlicher Rechte würden die genannten Vorschriften den Schluss sehr nahe legen, dass es sich um rein objektiv-rechtliche Pflichten der Behörden zur Verwirklichung von Gemeinwohlbelangen handelt.

Dies sah der EuGH anders. Er entschied kurz und knapp, „dass die Betroffenen in allen Fällen, in denen die Nichtbeachtung der Maßnahmen, die in Richtlinien über die Qualität der Luft und des Trinkwassers zum Zweck des Schutzes der öffentlichen Gesundheit vorgegeben werden, die Gesundheit von Personen gefährden könnte, in der Lage sein müssen, sich auf die in diesen Richtlinien enthaltenen zwingenden Vorschriften zu berufen".[4] Alle natürlichen und juristischen Personen, die unmittelbar von der Gefahr einer Überschreitung der Grenzwerte oder der Alarmschwellen betroffen sind, müssten deshalb erforderlichenfalls durch Anrufung der Gerichte die Erstellung eines Aktionsplans erzwingen können.[5]

Der EuGH prüft das Bestehen eines im Klagewege durchsetzbaren Rechts hier also dreischrittig: Erster Schritt ist die Ermittlung, ob die betreffende Norm des Unionsrechts unmittelbare Wirksamkeit entfaltet. Anschließend ist auf einer zweiten Stufe der Zweck der Norm zu ermitteln: Besteht er darin, individuell durchsetzbare Positionen zu gewähren, so ist im dritten und letzten Schritt festzustellen, ob die konkreten Kläger von dieser Zwecksetzung erfasst werden bzw. – in den Worten des Gerichtshofs – unmittelbar betroffen sind.[6]

Potentielle Abweichungen zur deutschen Doktrin des subjektiven öffentlichen Rechts ergeben sich in erster Linie auf der zweiten Stufe. Die der zweiten Stufe parallele Prüfung bei der Feststellung des Bestehens eines subjektiven öffentlichen Rechts im deutschen Recht besteht in der Ermittlung, ob der jeweilige Rechtssatz zumindest auch dem Schutz *der Interessen des Einzelnen* derart zu dienen bestimmt ist, dass dieser die Einhaltung des Rechtssatzes verlangen kann.[7] Die Prüfung auf der dritten

Stufe, ob das Begehren des konkreten Klägers von diesem Zweck erfasst wird, entspricht strukturell der Prüfung beim subjektiven öffentlichen Recht im deutschen Recht.

Im Fall der Aktionspläne zur Luftreinhaltung und in früheren Fällen hat der EuGH die Möglichkeit, sich auf die Richtlinienvorschriften zu berufen, aus dem Individualbezug des Schutzguts abgeleitet: Diejenigen Personen, deren Gesundheit bei Überschreitung der Grenzwerte unmittelbar gefährdet ist, müssen sich auf die Richtlinienvorschriften berufen können. Dabei stellt das Kriterium der unmittelbaren Gefährdung gleichzeitig das Korrektiv gegen eine uferlose Ausweitung des Kreises möglicher Kläger dar.

So weit, so strukturell klar. Allerdings entsteht ein scheinbarer Bruch in der Vorgehensweise des Gerichtshofs, wenn er nicht nur natürlichen, sondern auch juristischen Personen zubilligt, sich vor Gericht auf die Vorschriften der Richtlinien berufen zu können. Juristische Personen haben nun einmal keine Gesundheit, die durch das Überschreiten von Grenzwerten gefährdet werden könnte. In diesem Sinne können sie auch nicht Betroffene sein. Dem EuGH mögen als juristische Personen möglicherweise solche vorgeschwebt haben, die sich dem Schutze der Umwelt widmen. Sollte dem so sein, so ist dies in dem Urteil nicht zum Ausdruck gekommen. Natürlich können auch Wirtschaftsunternehmen von negativen Umweltveränderungen in dem Sinne betroffen sein, dass ihre Mitarbeiterinnen und Mitarbeiter sich Belastungen ausgesetzt sehen. Doch würde es sich in diesen Fällen gleichwohl nicht um eine unmittelbare Betroffenheit des Unternehmens, sondern um eine Art Prozessstandschaft handeln. Offenbar ist daher das Kriterium der unmittelbaren Betroffenheit nicht im Sinne der Gefahr, selbst in dem betreffenden Schutzgut beeinträchtigt zu werden, zu verstehen, sondern im Sinne eines räumlichen Bezugs zum Wirkungsbereich der jeweiligen Immissionen.[8]

b) Die Sache Djurgården

Eine zweite Entwicklung, die noch nicht ganz konturenscharf zu sein scheint, betrifft die in unionsrechtlichen Richtlinien an die Rechtsordnungen der Mitgliedstaaten formulierte Anforderung, es müsse ein „weiter Zugang zu Gerichten" eröffnet werden (Art. 10a III RL 85/337/EWG, Art. 15a III RL 96/61/EG). Dieser Formulierung wurde in Deutschland kein größerer Stellenwert zugemessen. In der neuesten Rechtsprechung des EuGH finden sich Bezugnahmen auf diese Zugangsklausel, die Auswirkungen auf das deutsche Verständnis des auf subjektiven Rechten aufbauenden Rechtsschutzes haben könnten.

So hat der Europäische Gerichtshof in seinem Urteil vom 15.10.2009 in der Sache Djurgården-Lilla Värtan als unionsrechtliche Grenze der Verfahrensautonomie der Mitgliedstaaten neben dem Effektivitätsgebot die Sicherstellung eines weiten Zugangs zu den Gerichten genannt.[9] Die Nennung auf der gleichen Ebene wie der Äquivalenzgrundsatz macht deutlich, dass es sich jedenfalls in den Fällen, in denen das Unionsrecht einen solchen weiten Zugang vorschreibt, um einen eigenständigen

Grundsatz handelt, der die Ausgestaltung und Anwendung der nationalen Rechtssysteme leitet.

Diese Kombination der Grundsätze der Effektivität und des weiten Zugangs hatte für die Antwort auf die dem EuGH gestellte Vorlagefrage nicht unbeträchtliche Konsequenzen: Zwar ist es nach der UVP-RL Sache der Mitgliedstaaten, die Voraussetzungen zu bestimmen, bei deren Erfüllung Nichtregierungsorganisationen ein den Zugang zu Gericht eröffnendes Interesse an umweltbezogenen Entscheidungsverfahren haben. Allerdings wird nach der Entscheidung des EuGH die Regelungsbefugnis der Mitgliedstaaten inhaltlich durch die genannten Grundsätze beschränkt. Die schwedische Regelung, dass nur solchen Umweltschutzvereinigungen ein Klagerecht zukommt, welche mindestens 2000 Mitglieder haben, wurde als Verstoß gegen diese Grundsätze klassifiziert, obwohl der Gerichtshof anerkannte, dass die Mitgliedstaaten eine Mindestzahl an Mitgliedern der Umweltschutzvereinigungen festlegen dürften.[10]

Was lässt sich daraus entnehmen? Zum einen, dass es für die Mitgliedstaaten schwer ist abzuschätzen, wann die Grenze erreicht ist, ab der der weite Zugang zu Gericht ihrer Verfahrensautonomie Schranken setzt. Zum anderen allerdings lassen sich dem Urteil des Gerichtshofs durchaus Kriterien für die Ermittlung der genannten Grenze entnehmen. Entscheidend ist, dass alle „unter die betreffende Richtlinie fallenden Vorgänge" einer gerichtlichen Kontrolle zugeführt werden können,[11] und zwar ohne Einschränkungen, die zu einer Reduzierung der inhaltlichen Kontrollperspektiven, in den Worten des EuGH „zu einer Filterung der umweltbezogenen Anfechtungen", führen könnten. Eine solche unzulässige Filterung stünde beispielsweise schon dann zu befürchten, wenn unterstellt würde, dass regionale Umweltschutzinteressen von national agierenden Umweltschutzvereinigungen in der gleichen Weise betreut werden wie dies von regional organisierten Vereinigungen geleistet würde.[12]

Hinzuweisen ist noch auf einen zweiten Aspekt der Djurgården-Entscheidung des EuGH, nämlich das Verhältnis zwischen dem Recht auf Verfahrensbeteiligung und dem Recht auf Anfechtung der Sachentscheidung. Hierzu hat der Gerichtshof zum Ausdruck gebracht, dass die Möglichkeit von Umweltschutzvereinigungen zur Anfechtung einer Genehmigung nicht mit der Begründung ausgeschlossen werden kann, dass sich die Vereinigung bereits eingehend in dem zu der Genehmigungserteilung führenden Verfahren äußern konnte.[13] Bei der Bewertung der Folgen dieser Entscheidung für Präklusionsregelungen wie §§ 64 I Nr. 3 BNatSchG, 2 I Nr. 3 UmwRG ist zunächst zu beachten, dass es in dem der Vorlagefrage zugrunde liegenden Sachverhalt um keinen Fall der Präklusion, sondern darum ging, dass eine Vereinigung, die sich im Verwaltungsverfahren geäußert hatte, über kein Klagerecht verfügte, weil sie die in den schwedischen Vorschriften verlangte Mindestgröße nicht erreichte.

Allerdings sollte man auf der anderen Seite auch beachten, dass sich der Gerichtshof eingehend mit dem Verhältnis zwischen Verfahrensbeteiligung und Klage gegen die verfahrensabschließende Entscheidung befasst. Dabei hebt der EuGH recht unmissverständlich hervor, dass die Verfahrensbeteiligung keine Vorstufe zur Klage gegen die Sachentscheidung ist, sondern Verfahrensbeteiligung und Klagemöglichkeiten unterschiedlichen Zielen dienen.[14] Dies heißt nichts anderes, als dass die Klagemöglichkeit nicht von der Verfahrensbeteiligung abhängig gemacht werden darf, oder wie der EuGH formuliert: Den „Mitgliedern der betroffenen Öffentlichkeit ... (muss es) möglich sein ..., die ... Genehmigung eines Projekts anzufechten, gleichviel, welche Rolle sie in dem Verfahren über den Genehmigungsantrag vor dieser Stelle durch ihre Beteiligung an und ihre Äußerung in diesem Verfahren spielen konnte."[15] Diese Trennung deutet darauf hin, dass die über die Präklusion hergestellte Verknüpfung von Verfahrensbeteiligung und Anfechtung der Sachentscheidung unionsrechtlich nicht akzeptiert wird. Zur Vermeidung von Missverständnissen sei darauf hingewiesen, dass sich hieraus nicht zwangsläufig die Unzulässigkeit nationaler Präklusionsregelungen am Maßstab des Unionsrechts ergibt. Als Anwendungsfall des Grundsatzes der Rechtssicherheit sind Präklusionsregelungen zulässig, soweit sie dem Effektivitätsgebot genügen.[16]

Spinnt man diesen Faden der unterschiedlichen Zielsetzung und deshalb gebotenen getrennten Betrachtung von Verfahrensbeteiligung und Klage gegen die Entscheidung selbst weiter, so kommt man unweigerlich zu der Frage der selbständigen Klagbarkeit subjektiver Verfahrensrechte. Wenn dass eine mit dem anderen nichts zu tun hat, dann führt einerseits – dies hat der EuGH an anderer Stelle deutlich gemacht – das Bestehen eines Klagerechts gegen die Sachentscheidung nicht dazu, dass der klageberechtigten Partei auch ein Recht auf Beteiligung in dem der Entscheidung vorausgehenden Verfahren zusteht.[17] Andererseits zeitigt diese Trennung die Konsequenz, dass die gerichtliche Überprüfung der Sachentscheidung auch nicht der richtige Ort ist, um Verletzungen von Beteiligungsrechten zu überprüfen.[18] Sollte dem so sein, dann ist die Frage der Anwendbarkeit des § 44a VwGO aufzuwerfen.

2. Referenzgebiet: Beihilfenrecht

Im Recht der staatlichen Beihilfen an Unternehmen gibt Art. 108 III 1 AEUV den Mitgliedstaaten auf, jede beabsichtigte Beihilfe der Kommission zu notifizieren. Bevor die Kommission keinen abschließenden Beschluss erlassen hat, darf der Mitgliedstaat die Maßnahme nicht durchführen (Art. 108 III 3 AEUV). Dieses zunächst allein an die Mitgliedstaaten adressierte Durchführungsverbot entfaltet nach ständiger Rechtsprechung des EuGH drittschützende Wirkung und kann von konkurrierenden Unternehmen vor den nationalen Gerichten durchgesetzt werden.[19]

Ob sich dieses Ergebnis bereits unmittelbar aus § 42 II VwGO ergibt, weil gerade die Konkurrenten potentieller Empfänger von Beihilfen, die durch das unionsrechtliche Beihilfenkontrollsystem vor Wettbewerbsverzerrungen geschützt werden sollen,[20] mag dahinstehen, denn jedenfalls der EuGH setzt anders an, nicht beim individuellen Konkurrenzunternehmen, sondern beim Effektivitätsgrundsatz: Die Instrumentalisierung der nationalen Gerichte wird vom EuGH als notwendig angesehen, um das Durchführungsverbot durchzusetzen, das seinerseits der Sicherung der Notifizierungspflicht dient.[21]

3. Referenzgebiet: Vergaberecht

Anders hat der Gerichtshof im Bereich des Vergaberechts angesetzt, das nach früherem, heute noch die Bewertung des Rechtsschutzes gegen Vergaben unterhalb der Schwellenwerte tragenden deutschen Verständnis als Haushaltsrecht ausschließlich staatliches Binnenrecht war, das Rechte des Einzelnen nicht zu begründen vermochte. Von diesem Ausgangspunkt aus hätte es aus deutscher Sicht nahe gelegen, dass der EuGH die Möglichkeit Einzelner, die Verletzung von vergaberechtlichen Vorschriften zur gerichtlichen Überprüfung zu stellen, aus dem Effektivitätsgrundsatz ableitet. Dies hat der Gerichtshof jedoch gerade nicht getan, sondern auf den Schutzzweck der europäischen Vergaberichtlinien abgestellt, die „den Bieter vor Willkür des öffentlichen Auftraggebers schützen sollen".[22]

4. Schlussfolgerungen

– Erstens: Dass ein nationales Rechtsschutzsystem an der Geltendmachung der Verletzung eines subjektiven öffentlichen Rechts des Klägers anknüpft, ist Bestandteil der Autonomie der Mitgliedstaaten, ihr Verfahrensrecht auszugestalten.[23]
– Zweitens: Man wird zwischen der Begründung eines materiellen subjektiven Rechts durch das Unionsrecht und der Eröffnung der Möglichkeit Einzelner, die Verletzung von Unionsrecht rügen zu können, unterscheiden müssen.[24]
– Drittens: Für die Prüfung, ob Unionsrecht ein subjektives öffentliches Recht gewährt, stellt der EuGH zentral auf den Schutzzweck der jeweiligen Vorschrift ab. Strukturell ist diese Prüfung der Ermittlung eines subjektiven öffentlichen Rechts nach der deutschen Dogmatik vergleichbar. Allerdings ist der Kreis derjenigen, die von diesem Schutzzweck erfasst werden, also der der Betroffenen, weiter als im deutschen Recht, wenngleich nicht grenzenlos. Der EuGH stellt insoweit auf den Regelungsbereich der jeweiligen Regelungen ab. Während beispielsweise die Vorschriften zu den Aktionsplänen zur Luftreinhaltung gebietsbezogen ansetzen und sich der Kreis der Geschützten aus diesem Gebietsbezug ergibt, hat der EuGH in einem Fall zur Zulässigkeit von Weinetikettierungen darauf hingewiesen, dass die betreffende Etikettierung unionsrechtlich zwar eine Prämierung voraussetzt, das Unionsrecht jedoch die Modalitäten der Durchführung der Prämierung nicht regelt und deshalb auch kein subjektives Recht eines Teilnehmers an einer solchen Prämierung auf eine bestimmte Ausgestaltung der Prämierung enthalten kann. Mit der Voraussetzung der Durchführung einer Prämierung schützt das betreffende Unionsrecht hingegen konkurrierende Unternehmen, die sich gegen eine nicht auf der Grundlage einer Prämierung erfolgte Etikettierung wenden können.[25] Ähnlich entschied der EuGH im Fall Tele 2: Die Befugnis der Regulierungsbehörden, marktmächtigen Telekommunikationsunternehmen bestimmte Verpflichtungen aufzuerlegen, bezwecke gerade den Schutz von Wettbewerbern des marktmächtigen Unternehmens.[26] Mit einem solchermaßen abgeleiteten subjektiven Recht ist aus Effektivitätsgründen auch seine gerichtliche Durchsetzbarkeit

verbunden, soweit der Betroffene durch die Entscheidung einer nationalen Behörde in diesem Recht berührt ist.[27]
- Viertens: Die Ableitung eines materiellen subjektiven Rechts aus Unionsrecht führt zwar zur Eröffnung einer Rechtsschutzmöglichkeit, ist hierfür aber nicht zwingende Voraussetzung. Die zweite Form der Eröffnung einer Klagemöglichkeit besteht in der Ableitung aus dem Effektivitätsgrundsatz. Beruht hier das mitgliedstaatliche Rechtsschutzsystem auf der Geltendmachung eines subjektiven Rechts, so hat diese Rechtsordnung dafür Sorge zu tragen, dass ein Rechtsschutz eröffnendes subjektives Recht zur Verfügung steht. Vergleichbar setzt das unionsrechtliche Konzept der Forderung eines weiten Zugangs zum Gericht an. Dieser weite Zugang bezieht sich auf den Regelungsbereich des betreffenden Unionsrechtsakts und fordert eine Abbildung des Regelungsbereichs in den mitgliedstaatlich eröffneten Klagemöglichkeiten.
- Fünftens: Die vom EuGH explizit formulierte getrennte Betrachtung von Verfahrensbeteiligung und Klage gegen die Entscheidung selbst zeitigt die Konsequenz einer selbständigen Durchsetzbarkeit unionsrechtlich verliehener Verfahrensrechte.

Fazit: Das deutsche, in § 42 II VwGO auf dem subjektiven öffentlichen Recht aufbauende System der Eröffnung verwaltungsgerichtlichen Rechtsschutzes ist durchaus in der Lage, die unionsrechtlichen Anforderungen an die Rechtsschutzgewährung zu verarbeiten: in den Fällen, in denen das Unionsrecht den Rechtsschutz an das Bestehen eines materiellen subjektiven öffentlichen Rechts knüpft, im Rahmen des § 42 II Alt. 2 VwGO, bei den aus dem Effektivitätsgrundsatz abgeleiteten Klagerechten auf der Grundlage des § 42 II Alt. 1 VwGO. Zweifel bestehen nach wie vor an der Ausblendung des selbständigen Rechtsschutzes zur Durchsetzung von Verfahrensrechten.

II. Ist der deutsche Verwaltungsprozess „fair"?

1. Art. 6 EMRK: Öffentlichkeit der Urteilsverkündung

In einem Urteil vom 17. 1. 2008[28] hat sich der EGMR grundlegend mit der von Art. 6 I EMRK verbürgten Garantie der Öffentlichkeit der Urteilsverkündung auseinandergesetzt. Dabei hebt der Gerichtshof hervor, dass die Öffentlichkeit des Verfahrens nicht nur – in einem subjektiven Element – die Parteien vor einer Geheimjustiz schützt, sondern auch – in einer objektiven Komponente – die „Justiz sichtbar" machen und das Vertrauen in die Gerichte sicherstellen soll. Er betont ausdrücklich den hohen Rang für die Gewährleistung eines fairen Verfahrens als „einer der Grundwerte der demokratischen Gesellschaft im Sinne der Konvention"[29], woraus er folgert, dass eine restriktive Auslegung nicht vertretbar ist.[30]

In dem konkreten Fall, über den der EGMR zu entscheiden hatte, ging es um einen russischen Zivilprozess, eine Schadensersatzklage. Sowohl die Klage als auch die Berufung des Klägers wurden abgewiesen. In beiden Instanzen wurde der Tenor des jeweiligen Urteils am Schluss der mündlichen Verhandlung in Anwesenheit der Parteien verlesen und ihnen später eine schriftliche Ausfertigung des Urteils zugestellt. Zu beachten ist, dass der EGMR diese Verfahrensweise als solche nicht beanstandet hat. Zwar ist das Vorlesen auch der Begründung einer Entscheidung in mündlicher Verhandlung für den Gerichtshof die Grundform, die den Anforderungen des Art. 6 I EMRK in vollem Umfang genügt. Die Beschränkung der öffentlichen Verkündung auf den Tenor reicht aber aus, wenn die Öffentlichkeit durch andere Mittel Zugang zu dem begründeten Urteil hat.[31]

An dieser Stelle kommen nun die subjektive und die objektive Komponente der Gewährleistung der Öffentlichkeit ins Spiel: Nach russischem Zivilprozessrecht haben nur die Beteiligten des Rechtsstreits und ihre Bevollmächtigten das Recht auf Kenntnisnahme von dem begründeten Urteil. Nur ihnen ist das begründete Urteil zuzustellen und nur sie haben Zugang zu dem auf der Geschäftsstelle des Gerichts niedergelegten Urteil. Dies trägt zwar der subjektiven, aber eben nicht der objektiven Komponente der Gewährleistung der Öffentlichkeit Rechnung, die vom EGMR ebenfalls geprüft wird. Die objektive Komponente nämlich fordert, dass die über die Parteien hinausgehende Öffentlichkeit von den Urteilsgründen Kenntnis nehmen kann, um zu verstehen, warum die Entscheidung so und nicht anders getroffen worden ist.[32]

Eine neuere Veröffentlichung wirft dem EGMR im Umgang mit dem Problem des Zugangs der Öffentlichkeit zu den Urteilsgründen einen Schlingerkurs vor, indem er es zunächst habe ausreichen lassen, dass jede Person mit einem berechtigten Interesse Zugang zum vollen Wortlaut des Urteils habe und wichtige Urteile in einer Sammlung veröffentlicht würden, dies nunmehr aber nicht mehr ausreichen solle.[33] Bei genauerer Analyse der Spruchpraxis des EGMR trifft diese Bewertung nicht zu. Zwar hat der Gerichtshof in seinem Urteil im Fall *Sutter* vom 22.2.1984 ausgeführt, dass „jedermann, der ein berechtigtes Interesse nachweist, den vollständigen Text der Urteile des Militärkassationsgerichts einsehen oder sich eine Kopie ausstellen lassen (kann). Die wichtigsten Urteile ... werden überdies später in einer amtlichen Sammlung publiziert. Die Rechtsprechung des Gerichts ist deshalb in einem gewissen Grade der öffentlichen Kontrolle zugänglich."[34] Im Fall *Moser* stellte der EGMR hingegen fest, „that in the present case ... the above means of rendering the decisions public, namely giving persons who establish a legal interest in the case access to the file and publishing decisions of special interest, mostly of the appellate courts or the Supreme Court, did not suffice to comply with the requirements of Article 6 § 1",[35] und in dieser Richtung dürfte auch das jüngste Urteil im Fall *Biryukov* zu verstehen sein.

Jedoch ergeben sich die unterschiedlichen Anforderungen aus der Unterschiedlichkeit der Verfahrensgegenstände. Im Fall *Sutter* bezog sich die Prüfung am Maßstab des Art. 6 I EMRK allein auf das Verfahren vor der Kassationsinstanz, das sich nicht mit der Sache selbst befasste, sondern allein zur Auslegung bestimmter Rechtsvorschriften Stellung nahm. Für diese Konstellation hielt der Gerichtshof weder eine mündliche Verkündung der Urteilsgründe noch einen Jedermann-Zugang für geboten – zumal die konkrete Entscheidung des Militärkassationsgerichts ohnehin in der amtlichen Sammlung veröffentlicht worden war. Die Konstellation im Fall *Moser* unterschied sich hiervon deutlich. Hier war Gegenstand der Prüfung durch den EGMR auch die erstinstanzliche Entscheidung, die ohne mündliche Verhandlung und ohne mündliche

Verkündung der Urteilsgründe ergangen war. In *dieser* Situation erklärte der Gerichtshof die Beschränkung des Zugangs zu den schriftlichen Urteilsgründen auf Personen mit rechtlichem Interesse zuzüglich der amtlichen Veröffentlichung ausgewählter Entscheidungen für nicht ausreichend.

Auf diesen Unterschied hat der EGMR in seinem Urteil in der Sache *Biryukov*, das sich im Übrigen auf eine erstinstanzliche Entscheidung bezieht, noch einmal ausdrücklich hingewiesen. Entscheidend ist danach „das Stadium des Verfahrens und die Rolle der jeweiligen Gerichte..., (ob diese) nur Rechtsfragen überprüfen konnten, ... ihre Entscheidungen die Urteile von Untergerichten endgültig machten und an den Folgen für die Bf. nichts änderten".[36]

Was lassen sich nun daraus für Leitlinien ableiten? Für erstinstanzliche gerichtliche Entscheidungen muss die durch Art. 6 I EMRK gebotene Öffentlichkeit der Urteilsverkündung entweder durch Verlesung der Urteilsgründe oder durch einen späteren Zugang der Öffentlichkeit im Sinne von jedermann zu den schriftlichen Urteilsgründen sichergestellt werden. Ist dies unterblieben, so kann der Fehler in der Rechtsmittelinstanz geheilt werden, wenn das zweitinstanzliche Urteil in einer Art. 6 I EMRK genügenden Weise öffentlich verkündet wird und dabei die Begründung des erstinstanzlichen Urteils wiedergibt.[37] Ist umgekehrt das erstinstanzliche Urteil öffentlich verkündet worden, so können in den folgenden Instanzen dann geringere Anforderungen gestellt werden, wenn die vorinstanzlichen Entscheidungen lediglich bestätigt werden oder die obergerichtlichen Entscheidungen – wie in der Revision – sich nur zu Rechtsfragen verhalten. In diesen Fällen reicht es aus, nur den Urteilstenor mündlich zu verkünden, die vollständige Begründung auf der Geschäftsstelle für Personen mit berechtigtem Interesse zur Einsicht bereitzuhalten und ausgewählte Entscheidungen zu veröffentlichen.

Im deutschen Verwaltungsprozessrecht kennt § 116 VwGO verschiedene Formen der Urteilsverkündung, wobei zunächst der Begriff der Verkündung EMRK-konform nicht entsprechend § 173 VwGO, § 311 II 1 ZPO lediglich als das Verlesen der Urteilsformel verstanden werden darf,[38] sondern § 311 III ZPO so zu interpretieren ist, dass in den von Art. 6 EMRK erfassten Fällen das Vorlesen der Entscheidungsgründe immer als angemessen zu erachten ist. Unter dieser Voraussetzung unproblematisch ist § 116 I 1 VwGO, wonach in Fällen, in denen eine mündliche Verhandlung stattgefunden hat, das Urteil in der Regel in dem Termin, in dem die mündliche Verhandlung geschlossen wird, und ausnahmsweise in einem besonderen Verkündungstermin verkündet wird. Denn gemäß § 173 GVG ist die *öffentliche* Urteilsverkündung obligatorisch.

Auch bei Zugrundelegung des erweiterten Verkündungsbegriffs problematisch ist die Regelung des § 116 II VwGO, nach der statt der Verkündung die Zustellung des Urteils zulässig ist. Da die Zustellung nur an die Beteiligten erfolgt, wird eine Öffentlichkeit nicht hergestellt. Die deutsche Kommentarliteratur hält das ganz überwiegend für kein gravierendes Problem. Den Anforderungen an die Öffentlichkeit der Urteilsverkündung nach Art. 6 I EMRK werde bereits durch das Einverständnis der Beteiligten mit der verkündungsersetzenden Zustellung genügt.[39] Dabei sei dieses Einverständnis zu unterstellen, wenn die Beteiligten dem in der mündlichen Verhandlung verkündeten Beschluss des Gerichts, statt der Verkündung die Zustellung zu wählen, nicht widersprochen hätten.[40] Dass dies nicht mit der Unterscheidung des EGMR zwischen dem subjektiven und dem objektiven Zweck des Gebots der öffentlichen Verkündung übereinstimmt, dürfte deutlich sein. Über die objektive Wirkrichtung, dass die über die Parteien hinausgehende Öffentlichkeit von den Urteilsgründen Kenntnis nehmen kann, können die Beteiligten nicht disponieren.[41]

Allerdings lässt die Rechtsprechung des EGMR eine Kompensation dieses Öffentlichkeitsmangels durch „andere Mittel" zu. In der ersten Instanz setzt aber die Einhaltung der Anforderungen des Art. 6 I EMRK voraus, dass nicht nur die Beteiligten oder Personen mit einem berechtigten Interesse, sondern die breite Öffentlichkeit Zugang zu den Urteilsgründen erhält. Einen solchen Zugang sieht das deutsche Recht nicht vor. Dabei kommt es nicht auf die umstrittene Frage an, ob § 299 II ZPO, wonach Dritten Akteneinsicht gestattet werden kann, wenn sie ein rechtliches Interesse glaubhaft machen können, auch für die Verwaltungsgerichte gilt,[42] oder ob § 100 I VwGO für den Verwaltungsprozess eine abschließende Sonderregelung enthält und den Aktenzugang Nichtbeteiligter vollständig ausschließt.[43] Denn beide Ansätze verfehlen die Anforderungen des Art. 6 I EMRK.

Dogmatisch die sauberste Lösung ist deshalb, in den unter Art. 6 I EMRK fallenden Fällen § 116 II VwGO nicht anzuwenden. Will man das nicht, weil man auf die verkündungsersetzende Zustellung meint nicht verzichten zu können, dann muss man nach Möglichkeiten suchen, dem Anliegen des Art. 6 I EMRK durch Auslegung des deutschen Rechts Rechnung zu tragen. Dafür gibt es im Wesentlichen zwei Anknüpfungspunkte, eine konventionskonforme Auslegung des § 299 II ZPO oder die Ableitung eines ungeschriebenen Einsichtsrechts. Hinsichtlich des letztgenannten Ansatzes, der an die Ableitung eines ungeschriebenen Akteneinsichtsrechts aus rechtsstaatlichen Erwägungen anknüpfen könnte, dürfte eine kaum zu überwindende Skepsis angezeigt sein. Denn bei der Ableitung aus dem Rechtsstaatsprinzip geht es gerade um die Bewältigung von Konstellationen, in denen die Kenntnis des Akteninhalts Voraussetzung für eine effektive Verfolgung eigener Rechte ist,[44] also um eine subjektive Dimension der Öffentlichkeit.

Am ehesten als Anknüpfungspunkt geeignet sein dürfte § 299 II ZPO, was seine Anwendbarkeit neben § 100 VwGO voraussetzt. Die Vorschrift wäre dann dahingehend zu verstehen, dass ein rechtliches Interesse in den Art. 6 I EMRK unterfallenden Fällen für jedermann besteht und die Einsicht pflichtig zu gewähren ist. Eine solche Interpretation würde auch den Wortlaut der Vorschrift nicht überdehnen. Zwar ließe sich einwenden, dass der EGMR es gerade moniert hat, wenn ein Einsichtsrecht an das Bestehen eines rechtlichen Interesses geknüpft ist. Doch ist zu beachten, dass der Gerichtshof nur darüber entscheidet, ob in dem konkreten Fall der Grundsatz der öffentlichen Verkündung beachtet wurde oder nicht. Dementsprechend ist in den Sachverhalten, die den vom EGMR entschiedenen Fällen zugrunde lagen, der Begriff des rechtlichen Interesses gerade nicht auf die breitere Öffentlichkeit erstreckt worden.

Würde daher § 299 II ZPO konsequent so gehandhabt, dass in den Konventionsfällen jedermann Einsicht in die schriftliche Urteilsbegründung erhält, so würde demgegenüber ein eventuelles Bedenken, dass der EGMR dem Wortlaut der Vorschrift eine Abschreckungswirkung gegenüber der breiteren Öffentlichkeit zumessen könnte, die als solche bereits zu einer Gefährdung der objektiven Dimension der Pflicht zur öffentlichen Urteilsverkündung führen könnte, wohl vernachlässigt werden können.

Auch in den Fällen des § 116 III VwGO ist eine derartige Auslegung und Handhabung die einzige Möglichkeit zu konventionsgerechtem Verhalten. Obwohl man es zuweilen anders liest[45], umschließt der – vor Art. 6 I EMRK zulässige – Verzicht auf eine mündliche Verhandlung nicht den Verzicht auf die Verkündungsöffentlichkeit.[46] Wie dargelegt können die Beteiligten auf diese Öffentlichkeit wegen der objektiven Komponente des Gebots der objektiven Urteilsverkündung nicht verzichten.

2. Unionsrechtliche Anforderungen an die Kostenfairness

EU-Rechtsakte enthalten immer häufiger eine Kostenklausel, nach der die „betreffenden Verfahren ... nicht übermäßig teuer durchgeführt" werden dürfen (Art. 10a RL 85/337/EWG, Art. 15a RL 96/61/EG). In Deutschland ist diesen Kostenklauseln bislang wenig Beachtung geschenkt worden. Möglicherweise bedarf es allerdings einiger Nachjustierungen. In seinem Urteil vom 16. 7. 2009[47] hatte sich der EuGH u. a. mit dem Monitum der Kommission zu befassen, dass Irland die Anforderung, dass das Verfahren nicht übermäßig teuer sein dürfe, nicht umgesetzt habe. Nach Auffassung der Kommission setzt eine hinreichende Umsetzung voraus, dass es eine gesetzlich bestimmte Obergrenze für die Kosten geben müsse, die ein unterlegener Kläger zu zahlen habe.[48]

Der EuGH bestätigte die Vertragsverletzung, und zwar mit folgender Begründung: Zunächst stellte der Gerichtshof klar, dass die genannten sekundärrechtlichen Vorschriften eine Verurteilung zur Tragung der Kosten nicht ausschließen. Allerdings versteht er mit der Formulierung, dass der „Betrag" der zu tragenden Kosten dem Erfordernis der fehlenden Übermäßigkeit genügen müsse, dieses Erfordernis – wie die Kommission – offenbar im Sinne einer Kappungsgrenze. Den irischen Einwand, die Gerichte könnten im Einzelfall davon absehen, der unterlegenen Partei die Kosten aufzuerlegen, und deren Kosten sogar der anderen Partei auferlegen, ließ der EuGH nicht gelten, weil es sich dabei um eine bloße Rechtsprechungspraxis ohne gesetzliche Grundlage handelte.[49]

Es dürften Zweifel bestehen, ob die §§ 154 ff. VwGO diesen Vorgaben gerecht werden. Unterliegt der Kläger beispielsweise mit seiner Klage gegen ein Vorhaben, das unter die erwähnten Richtlinien fällt, so hat er nach § 154 I VwGO die Kosten zu tragen, und zwar alle Kosten in allen Instanzen. Diese Unterliegenshaftung beruht ebenso wie ihre Ausnahmen auf dem verbindenden Prinzip der Kostenveranlassung.[50] Ohne eine solche Veranlassungszurechnung ist eine Verlagerung von Kosten, die die unterlegene Kläger zu tragen hat, auf den Hoheitsträger als Beklagten nicht vorgesehen. Eine kostenrechtliche Möglichkeit, die Aufbürdung übermäßiger Kosten im Einzelfall durch eine Verlagerungs- oder Befreiungsregelung vorzusehen, besteht nach dem deutschen Verwaltungsprozessrecht nicht. Die Möglichkeit, Prozesskostenhilfe zu erhalten, ist in diesem Zusammenhang bedeutungslos.

Ebenso fehlt es an einer allgemeinen Begrenzung der Kostentragungspflicht im Sinne einer Kappungsgrenze. Als eine solche könnte man allenfalls die Formulierung des § 52 Abs. 1 GKG verstehen, dass der Streitwert nach der sich aus dem Antrag des Klägers *für ihn* ergebenden Bedeutung der Sache *nach Ermessen* zu bestimmen ist. Allerdings knüpft die Bestimmung des Streitwertes an die Bedeutung der Sache für den Kläger und nicht an dessen Kostenbelastung an. Dass § 52 I GKG eine Streitwertbestimmung tragen würde, die in einem ersten Schritt die Grenze der übermäßigen Kostenbelastung ermittelt, dann auf einer zweiten Stufe alle den Kläger belastenden Kostenpositionen zusammenträgt, um schließlich drittens den Streitwert solange zu vermindern, bis die Summe der Kostenpositionen die genannte Grenze einhält, ist doch mehr als zweifelhaft. Überdies dürfte der Grundsatz der Klarheit und Bestimmtheit der nationalen Vorschriften zur Umsetzung von Richtlinien, so dass der Einzelne von allen seinen Rechten Kenntnis erlangt,[51] einer Fruchtbarmachung derartiger Auslegungsüberlegungen entgegenstehen.

Im Ergebnis ist daher dem Gesetzgeber zu empfehlen, sich über die Einfügung einer allgemeinen Klausel, dass die betreffenden Verfahren für den Kläger nicht übermäßig teuer sein dürfen, wobei die diese Grenze überschreitenden Kosten dem Beklagten zur Last fallen, Gedanken zu machen. Die Präzisierung der Grenze im Einzelfall ist dann Aufgabe der Verwaltungsgerichte.

III. Treffen die deutschen Verwaltungsgerichte den richtigen Zeitpunkt?

Zur Frage des für die gerichtliche Entscheidung maßgeblichen Beurteilungszeitpunkts haben die deutschen Verwaltungsgerichte eine feinziselierte Judikatur entwickelt. Auch hier bestehen Anforderungen aus der Anwendung von EU-Recht und EMRK, die der Verarbeitung durch die Verwaltungsgerichte bedürfen.

Soweit es um unionsrechtliche Anforderungen für das Verfahren vor den nationalen Gerichten geht, fordert das Effektivitätsgebot, dass in Fällen, in denen Unionsrecht für die Entscheidung heranzuziehen ist, der maßgebliche Zeitpunkt sich zwar nach der Rechtsordnung des jeweiligen Mitgliedstaates bestimmt, jedoch so zu wählen ist, dass die Anwendung des Unionsrechts, insbesondere die Geltendmachung unionsrechtlich verliehener Rechte, nicht übermäßig erschwert werden darf. Dies kann es in Anfechtungsprozessen gebieten, auch nach Erlass der Behördenentscheidung eingetretene Änderungen zu berücksichtigen, wenn sonst ein Rechtsverlust eintreten würde.[52]

Für den Einfluss der EMRK auf die Bestimmung des maßgeblichen Zeitpunkts ist Leitentscheidung aus neuerer Zeit das *Kaya*-Urteil des EGMR. In dem zugrunde liegenden Fall wurde im Jahre 1999 die Ausweisung des Beschwerdeführers angeordnet; seine hiergegen erhobene Anfechtungsklage war in zwei Instanzen erfolglos, wobei das letztinstanzliche Urteil aus dem Jahre 2001 datiert. Im Jahre 2002 ehelichte der Beschwerdeführer eine Deutsche, mit der er ein Jahr später ein Kind bekam. Diese familiären Umstände waren nach Auffassung des EGMR ohne Bedeutung, weil es für die Frage, ob der Beschwerdeführer ein Familienleben im Sinne von Art. 8 EMRK führte, auf den Zeitpunkt des Rechtskräftigwerdens der Ausweisung, nach deutschem Recht also die mit ordentlichen Rechtsbehelfen nicht mehr angreifbare Abweisung der Anfechtungsklage, ankam.[53] Dies bedeutet allerdings gleichzeitig, dass nicht der Zeitpunkt der letzten Behördenentscheidung, sondern der der letzten mündlichen Verhandlung maßgebend ist.

Auf die dargestellte Rechtsprechung des EGMR und auch des EuGH hat das BVerwG durch sein Urteil vom 15. 11. 2007 in der Weise reagiert, dass für die Prüfung der Begründetheit von Anfechtungsklagen gegen Ausweisungsverfügungen generell auf den Zeitpunkt der letzten mündlichen Verhandlung bzw. der Entscheidung des Tatsachengerichts abzustellen ist.[54] Über den Bereich ausländerrechtlicher Verfügungen hinaus werden sich allgemeingültige Vorgaben aus der Rechtsprechung der europäischen Gerichte nicht ableiten lassen, schon deshalb nicht, weil auch das deutsche Recht keine fixen Maßstäbe kennt. Jedenfalls verlangen weder das Recht der EU noch die EMRK generell, für Anfechtungsklagen auf den spätestmöglichen Beurteilungszeitpunkt im gerichtlichen Verfahren oder für Verpflichtungsklagen auf den Zeitpunkt der Versagung durch die Behörde abzustellen.

Strukturell ist die fallgruppendifferenzierte Ausformung des maßgeblichen Beurteilungszeitpunkts durch die deutsche Verwaltungsgerichtsbarkeit nicht nur ohne Weiteres in der Lage, sondern besonders geeignet, die europäischen Anforderungen zu verarbeiten. Richtiger Ansatzpunkt ist dabei die Anknüpfung an die Gesamtschau der materiellrechtlichen Regelungen[55], die es ermöglicht, europarechtliche Anforderungen zu implementieren. Insoweit ist immer dann zur Vorsicht zu mahnen, wenn unionsrechtlich oder durch die EMRK begründete subjektive Rechte in Rede stehen und in Anfechtungssituationen nach der letzten Behördenentscheidung eine Änderung eingetreten ist, die zu einer für den Kläger günstigeren Bewertung führen würde. Nach diesem in einem ersten Schritt durchzuführenden Vergleich ist anschließend zu prüfen, ob der dem Kläger durch das Abstellen auf den früheren Zeitpunkt entstehende Rechtsverlust durch andere Möglichkeiten, etwa einen sofortigen Antrag auf Gestattung des untersagten Verhaltens, verhindert werden kann. Ist das nicht der Fall, so wird es grundsätzlich erforderlich sein, zumindest auf den Zeitpunkt der letzten mündlichen Verhandlung abzustellen. Dies ergibt folgende Prüfungsreihenfolge:
– Unionsrechtlich oder durch EMRK begründetes Recht betroffen? Wenn ja:
– In Anfechtungssituationen Änderung nach letzter Behördenentscheidung? Wenn ja:
– Würde Berücksichtigung der Änderung zu für den Kläger günstigerem Ergebnis führen? Wenn ja:
– Abwendbarkeit des Rechtsverlusts auf andere Weise? Wenn nein:
– Abstellen auf Zeitpunkt der letzten mündlichen Verhandlung bzw. der gerichtlichen Entscheidung.

IV. Schlussbetrachtung

Resümiert man den Streifzug durch die neuere Rechtsprechung des EGMR und des EuGH, so zeigt sich, dass die aus Europa an das deutsche Verwaltungsprozessrecht herangetragenen Anforderungen weiterhin eine hohe Anpassungsbereitschaft voraussetzen. Das Meiste wie die unionsrechtlichen Vorgaben für den Zugang zu Gerichten, das Gebot der EMRK zur Öffentlichkeit der Urteilsverkündung oder die europäischen Einflussnahmen auf den für die gerichtliche Entscheidung maßgeblichen Beurteilungszeitpunkt lässt sich im Wege einer entsprechenden Auslegung der verwaltungsprozessualen Vorschriften verarbeiten. An anderen Stellen muss möglicherweise das deutsche Verwaltungsprozessrecht flexibilisiert werden. Wie auch an den neuesten gesetzgeberischen Bemühungen zur Frage der überlangen Gerichtsverfahren wieder deutlich wird, ist der Versuch zu einem restriktiven Umgang mit europäischen Überwölbungen aller Erfahrung nach wenig weiterführend.

1 Vgl. die Bibliographie bei *Dörr*, in: Sodan/Ziekow, VwGO, 3. Aufl. (2010), EVR.
2 EuGH, Urt. v. 15. 4. 2010, C-542/08, Rn. 17, 19, 28 – Barth, m. w. N.
3 EuGH, NVwZ 2008, 984 – Janecek.
4 EuGH, NVwZ 2008, 984 Rn. 38 – Janecek.
5 EuGH, NVwZ 2008, 984 Rn. 39 – Janecek.
6 Vgl. auch *Dörr* (o. Fn. 1), EVR Rn. 234 f.
7 Sodan/Ziekow, Grundkurs ÖffR, 4. Aufl. (2010), § 71 Rn. 2.
8 Vgl. auch *Dörr* (o. Fn. 1), EVR Rn. 235: sachlich-räumliche Betroffenheit.
9 EuGH, EuZW 2010, 65 Rn. 45 – Djurgården.
10 EuGH, EuZW 2010, 65 Rn. 47 ff. – Djurgården.
11 EuGH, EuZW 2010, 65 Rn. 44 – Djurgården.
12 EuGH, EuZW 2010, 65 Rn. 51 – Djurgården.
13 EuGH, EuZW 2010, 65 Rn. 38 f. – Djurgården.
14 EuGH, EuZW 2010, 65 Rn. 38 – Djurgården.
15 EuGH, EuZW 2010, 65 Rn. 39 – Djurgården.
16 EuGH, NVwZ 2003, 709 Rn. 49 ff. – Santex.
17 EuGH, Slg. 2008, I-685, Rn. 50 ff. – Tele2.
18 Zur verfahrensrechts„freundlicheren" Sichtweise des Unionsrechts auch *Steinbeiß-Winkelmann*, NJW 2010, 1233 (1235).
19 Nachw. bei Ziekow, Öffentl. WirtschaftsR, 2. Aufl. (2010), Rn. 134.
20 So *Schmidt-Kötters*, in: Heidenhain, Hdb. des Europ. BeihilfenR, 2003, § 57 Rn. 26.
21 EuGH, Slg. 1996, I-3547, Rn. 53 – SFEI.
22 EuGH, Slg. 1995, I-2303, Rn. 19.
23 *Dörr* (o. Fußn. 1) EVR Rn. 233.
24 Vgl. *von Danwitz*, Europ. VerwR, 2008, S. 520.
25 EuGH, Slg. 2005, I-8723, Rn. 16 ff. – Dahms.
26 EuGH, Slg. 2008, I-685, Rn. 34 ff. – Tele2.
27 Deutlich EuGH, Slg. 2008, I-685, Rn. 32 – Tele2; siehe *Steinbeiß-Winkelmann*, NJW 2010, 1233 (1235).
28 EGMR, NJW 2009, 2873 – Biryukov.
29 EGMR, NJW 2009, 2873 Rn. 30 – Biryukov.
30 EGMR, NJW 2009, 2873 Rn. 37 – Biryukov.
31 EGMR, NJW 2009, 2873 Rn. 39 – Biryukov.
32 EGMR, NJW 2009, 2873 Rn. 42 ff. – Biryukov.
33 So *Tubis*, NJW 2010, 415 (416).
34 EGMR, Ser. A Vol. 74 Rn. 34.

35 EGMR, 21. 9. 2006, 12643/02, Rn. 103, http://www.unhcr.org/refworld/country „ECHR„AUT„ 45d5afc72,0.html, – Moser.
36 EGMR, NJW 2009, 2873 Rn. 34 – Biryukov.
37 EGMR, ÖJZ 2001, S. 910 Rn. 34 – Lamanna/Österreich.
38 Zu diesem Verkündungsbegriff *Kilian*, in: Sodan/Ziekow (o. Fn. 1), § 116 Rn. 18, 23; *Lambiris*, in: Posser/Wolff, VwGO, 2008, § 116 Rn. 6.
39 So *Lambiris* (o. Fn. 38) § 116 Rn. 8; *Kopp/Schenke*, VwGO, 16. Aufl. (2009), § 116 Rn. 9.
40 So *Dörr* (o. Fn. 1) EVR Rn. 311; *Lambiris* (o. Fn. 38) § 116 Rn. 8.
41 *Kilian* (o. Fn. 38) § 116 Rn. 9.
42 So *Lang*, in: Sodan/Ziekow (o. Fn. 1), § 100 Rn. 13 m. w. N.
43 So *Posser*, in: Posser/Wolff (o. Fn. 38) § 100 Rn. 16.
44 *Kopp/Schenke* (o. Fn. 39) § 100 Rn. 2.
45 Etwa bei *Kopp/Schenke* (o. Fn. 39) § 116 Rn.9; *Ruthig*, NVwZ 1997, 1188 (1190).
46 *Lippold*, NVwZ 1996, 137 (139).
47 EuGH, NuR 2009, 550.
48 Vgl. EuGH, NuR 2009, 550 Rn. 78.
49 EuGH, NuR 2009, 550 Rn. 92 ff.
50 *Neumann*, in: Sodan/Ziekow (o. Fn. 1) § 154 Rn. 15.
51 EuGH, NuR 2009, 550 Rn. 54 f.
52 Vgl. EuGH, NVwZ 2004, 1099 Rn. 77 ff. – Orfanopoulos (für die Ausweisung).
53 EGMR (I. Sekt.), InfAuslR 2007, 325 Rn. 57 – Kaya/Deutschland.
54 BVerwG, NVwZ 2008, 434 (434 f.).
55 BVerwG, NVwZ 2008, 434 (434 f.).

Bericht über den Arbeitskreis 9

von Richter am OVG *Hartmut Müller-Rentschler*, Koblenz

Einleitend wies der Moderator des gut besuchten Arbeitskreises, VRiOVG *Dr. Held* (Koblenz), darauf hin, dass sich das Thema „Europäisierung des deutschen Rechts" wie ein „roter Faden" durch das Themenangebot des 16. Deutschen Verwaltungsgerichtstages ziehe. Beim Verwaltungsprozessrecht spielten neben Einflüssen des Unionsrechts zunehmend auch Anforderungen aus der Europäischen Menschenrechtskonvention (EMRK) und der Rechtsprechung des EGMR eine Rolle. Es sei berechtigt, von einer „unendlichen Geschichte" zu sprechen, denn es handele sich um den langwierigen Prozess einer Harmonisierung unterschiedlicher Rechtsordnungen. Dabei gebe die eher fallweise orientierte Rechtsprechung des EuGH oft Anlass zu Mutmaßungen über dahinter stehende grundsätzliche Erwägungen und Motive, was einer genaueren Analyse bedürfe. *Prof. Dr. Ziekow* (Speyer) sei als Kommentator der VwGO und Hochschullehrer mit breitem Forschungs- und Veröffentlichungsspektrum in besonderer Weise geeignet, über das Thema zu sprechen.

Prof. Dr. Ziekow bekannte eingangs seines Referats großen Respekt vor der Aufgabe. Er könne und wolle zu dem Thema, das tatsächlich von „unendlicher" Breite und Tiefe sei und zu dem weiterer Forschungsbedarf bestehe, nur einige Schlaglichter in Gestalt einer „Aktualitätensammlung" anbieten. Im Mittelpunkt des ersten Teils seiner Ausführungen stand die Frage, ob das deutsche Konzept des subjektiven Rechtsschutzes vor dem Hintergrund europarechtlicher Überformungen noch zeitgemäß ist. *Prof. Dr. Ziekow* gelangte über eine Analyse neuerer Rechtsprechung des EuGH in den drei Referenzgebieten des Umwelt-, Beihilfe- und Vergaberechts zu dem Ergebnis, dass das deutsche, auf dem subjektiven Recht aufbauende Rechtsschutzsystem zwar grundsätzlich in der Lage sei, die Anforderungen des Unionsrechts an die Rechtsschutzgewährung zu erfüllen. Doch müsse die deutsche Rechtsordnung darauf reagieren, dass der EuGH den Kreis der vom Schutzzweck der jeweiligen Vorschrift erfassten Personen weiter fasse als im deutschen Recht und etwa für einen Anspruch auf Aufstellung von Aktionsplänen zur Luftreinhaltung einen räumlichen Bezug zum Wirkungsbereich der Immissionen für die Betroffenheit ausreichen lasse. Darüber hinaus unterscheide der EuGH zwischen der Notwendigkeit der Beteiligung von Nichtregierungsorganisationen am Verwaltungsverfahren und dem Erfordernis eines weiten Zugangs zum gerichtlichen Rechtsschutz; dies werfe die Frage auf, ob die im deutschen Recht über die Präklusion von Einwendungen hergestellte Verknüpfung von Verfahrensbeteiligung und Anfechtung der Sachentscheidung unionsrechtlich noch akzeptiert werde. Zweifel bestünden auch nach wie vor an der unionsrechtlichen Haltbarkeit des Ausschlusses der selbständigen Durchsetzung von Verfahrensrechten.

In dem sich daran anschließenden ersten Teil der Diskussion bezweifelte *Dr. Thoma* (VGH Wien), dass aus dem angesprochenen Urteil des EuGH im Fall „Djurgården" Rückschlüsse auf eine ablehnende Haltung des Gerichtshofs zur Präklusion von Einwendungen im gerichtlichen Verfahren gezogen werden könnten. Es bestand Einigkeit mit *Prof. Dr. Ziekow,* dass der grundsätzliche Ausschluss einer isolierten Anfechtbarkeit von Verfahrenshandlungen im deutschen Recht vom EuGH nicht insgesamt in Frage gestellt werde; doch müsse man, so *Prof. Dr. Ziekow,* die „Alarmhinweise" des EuGH auf notwendige Ausnahmen von diesem Grundsatz ernstnehmen und dürfe § 44a VwGO in Fällen mit unionsrechtlichem Bezug nicht automatisch anwenden. VRiOVG *Prof. Dr. Ramsauer* (Hamburg) äußerte, er teile zwar das Fazit des Referats, dass das deutsche System des subjektiven Rechtsschutzes nicht grundsätzlich in Gefahr sei; er vermute jedoch, dass das deutsche Verwaltungsprozessrecht langfristig Abschied von der Schutznormlehre nehmen müsse. Zur Zeit finde ein „ungeordneter Rückzug" aus den harten Konsequenzen der Schutznormlehre statt, der ein unübersichtliches Feld hinterlasse. Man sollte sich entscheiden, ob Restelemente der Schutznormtheorie in der EU vermittelbar seien, oder ob man besser das französische Konzept eines Abstellens auf die tatsächliche Betroffenheit in Deutschland übernehme. *Prof. Dr. Ziekow* erwiderte, diese Unterscheidung sei zutreffend; insbesondere müsse man sehen, dass der EuGH neben der Prüfung von Schutznormen auch Klagemöglichkeiten aus dem Effektivitätsgrundsatz eröffne. Dennoch bestehe aus seiner Sicht kein Grund zum Abschied von der Schutznormlehre; vielmehr sei der Gedanke eines „Human-Rights-Approach" im Rechtsschutzsystem weltweit im Vordringen und insbesondere in Staaten mit rechtsstaatlichen Defiziten wichtig; gerade dort sei der deutsche Ansatz vorzugswürdig. Auf die Frage von Rechtsanwalt *Prof. Dr. Kirchberg* (Karlsruhe), wie der Diskurs zwischen dem EuGH und der Rechtsdogmatik einzuschätzen sei, ob der EuGH nur eine „topische Rechtsfindung" betreibe oder auch rechtswissenschaftliche Erkenntnisse reflektiere, wies *Prof. Dr. Ziekow* darauf hin, dass der EuGH seine Quellen nicht offenlege; man müsse sich bei der Suche nach einer Systematik in der EuGH-Rechtsprechung von nationalen Denkmustern lösen und sehen, dass es sich bei den EuGH-Urteilen um Kompromissentscheidungen handele, hinter denen keine strikte Subsumtion stehe. Die Beeinflussbarkeit der EuGH-Rechtsprechung durch Dogmatik und Praxis in den Mitgliedstaaten sei begrenzt. VRiBVerwG *Dr. Storost* (Leipzig) sah ebenfalls den Versuch, aus der Rechtsprechung des EuGH systematische Folgerungen für das nationale Recht herauszufiltern, wegen des kasuistischen Charakters dieser Rechtsprechung als vergeblich an. RiBVerwG *Dr. Jannasch* (Leipzig) ergänzte, man müsse beim EuGH stärker die Entscheidungsbedingungen und Verfahrenskonstellationen, etwa im Vertragsverletzungsverfahren, berücksichtigen; doch dürfe das Fehlen einer erkennbaren Systematik in der EuGH-Rechtsprechung kein Hindernis für Vorlagen an dieses Gericht sein; er halte es weiterhin für sinnvoll, über Vorlagebeschlüsse in einen Dialog mit dem EuGH zu treten und sich zu bemühen, ihm die Feinheiten des deutschen Rechts und der dahinter stehenden Dogmatik zu erläutern.

Im zweiten Teil seines Referats widmete sich *Prof. Dr. Ziekow* den Anforderungen aus der Rechtsprechung des EGMR zu Art. 6, 13 EMRK an den deutschen Verwaltungsprozess in den Ausprägungen des Gebots zeitangemessenen Rechtsschutzes und des Grundsatzes der Öffentlichkeit der Urteilsverkündung. *Prof. Dr. Ziekow* warf die Frage auf, ob die im gerade vorgelegten Referentenentwurf eines „Gesetzes über den Rechtsschutz bei überlangen Gerichtsverfahren und strafrechtlichen Ermittlungsverfahren" vorgesehene Verzögerungsrüge als Voraussetzung für die Geltendmachung von Entschädigungsansprüchen bei überlangen Verfahren konventionskonform sei; da die Sicherstellung der Zügigkeit der Verfahren staatliche Pflicht sei, erscheine zweifelhaft, ob die Nichterhebung oder Verspätung einer solchen Rüge zum Ausschluss des Entschädigungsanspruchs führen dürfe. Vor dem Hintergrund, dass die von Art. 6 EMRK geforderte Öffentlichkeit der Urteilsverkündung neben dem subjektiven Rechtsschutz auch eine objektive Komponente (Gewährleistung von Öffentlichkeit) habe, sei fraglich, ob der von den Verwaltungsgerichten praktizierte Ersatz der Verkündung durch Zustellung des Urteils jedenfalls in der ersten Instanz in Fällen mit Konventionsbezug aufrechterhalten werden könne.

Der zweite Teil der angeregten Diskussion befasste sich zunächst mit Einzelheiten des Referentenentwurfs zum Rechtsschutz bei überlangen Gerichtsverfahren. PräsVG *Kuntze* (Stuttgart) wandte sich gegen die Konzentration der Zuständigkeit für Entschädigungsklagen aus allen Gerichtsbarkeiten beim OLG; dies sei ein „Webfehler" des Entwurfs, eine Zuständigkeit des jeweiligen Fachobergerichts oder eine Einbeziehung der Regelung in die anstehende Reform des Staatshaftungsrechts mit einer umfassenden Rechtswegbereinigung auf diesem Gebiet seien vorzugswürdig. Die zuständige Referatsleiterin im Bundesministerium der Justiz, MRin *Dr. Steinbeiß-Winkelmann*, verteidigte zunächst das Konzept der Verzögerungsrüge als angemessene und zumutbare Obliegenheit des Rechtsschutzsuchenden, dem Gericht Gelegenheit zur Beschleunigung des Verfahrens zu geben; die Substantiierungspflichten seien insoweit nicht hoch angesetzt. Es gehe ausschließlich darum, das Gericht auf besondere, für den Beschleunigungsbedarf relevante Umstände hinzuweisen, die es noch nicht kenne.

Arbeitskreis 9 (Bericht)

Die Verzögerungsrüge sei das präventive Element des Regelungsvorschlages und stelle sicher, dass das jeweils betroffene Gericht „Herr des Verfahrens" bleibe. Frau *Dr. Steinbeiß-Winkelmann* stellte außerdem klar, dass nur beim völligen Fehlen einer Verzögerungsrüge der Entschädigungsanspruch entfalle. Eine Verspätung hätte dagegen nur eine Verkürzung zur Folge („Entschädigung erhält ein Verfahrensbeteiligter nur, soweit er die Dauer des Gerichtsverfahrens gerügt hat"). Sie sei zuversichtlich, dass der EGMR das neue Konzept allgemein und den Vorschlag der Verzögerungsrüge im Besonderen bei der bald anstehenden Entscheidung in einem Musterprozess akzeptieren werde. Auf die aus dem Zuhörerkreis vorgetragene Kritik an der Konzentration der Zuständigkeit beim OLG berichtete sie darüber, dass diese Alternative bereits bei der Erstellung des Referentenentwurfs intensiv diskutiert worden sei und zeigte sich offen dafür, im weiteren Gesetzgebungsverfahren eine Dezentralisierung der Zuständigkeit nach dem Prinzip „jede Gerichtsbarkeit kehrt vor ihrer Tür" sowie auch das – von Rechtsanwalt *Prof. Dr. Birk* (Stuttgart) in die Diskussion eingebrachte – Kompromissmodell – Einrichtung von OLG-Spezialsenaten nach Art der Baulandsenate mit Beteiligung von Richtern aus der jeweiligen Fachgerichtsbarkeit – noch einmal zu prüfen. Letzterem trat PräsVGH *Reimers* (Kassel) entgegen, der die Erfahrungen in den Baulandkammern und -senaten für nicht ermutigend erachtete; er verwies auf die kürzlich veröffentlichte gemeinsame Entschließung der Präsidentin des Bundesverwaltungsgerichts und der Präsidentinnen und Präsidenten der Oberverwaltungsgerichte/Verwaltungsgerichtshöfe der Länder, die sich nachdrücklich für eine Rückübertragung öffentlich-rechtlicher Streitigkeiten in die Zuständigkeit der Verwaltungsgerichtsbarkeit (sog. „Rechtswegbereinigung") ausgesprochen hatten. MRin *Dr. Steinbeiß-Winkelmann* wies darauf hin, dass die Länder dazu im Rahmen der Föderalismuskommission II schon weitreichende Vorarbeiten geleistet hätten und dass für ein Wiederaufgreifen dieser „schlummernden" Reform der Rechtswegzuständigkeiten im öffentlichen Recht die Landesjustizverwaltungen die richtigen Ansprechpartner für die Verwaltungsgerichtsbarkeit seien.

Zur Problematik der Öffentlichkeit der Urteilsverkündung verwies PräsVG *Kuntze* (Stuttgart) auf die Notwendigkeit, eine Entscheidung auf der Grundlage der mündlichen Verhandlung zu treffen; am Schluss der mündlichen Verhandlung könne aber kein vollständiges Urteil verlesen werden, das es zu diesem Zeitpunkt meist noch nicht gebe; insoweit müsse die Verkündung des Tenors und ggf. einer kurzen Zusammenfassung der Gründe genügen. *Prof. Dr. Ziekow* sah eine Zustellung des Urteils als ausreichend an, wenn am Schluss der mündlichen Verhandlung die wesentlichen Urteilsgründe mitgeteilt worden seien. Die Erhebung einer Gebühr für die Versendung von anonymisierten Urteilsfassungen an jedermann sei unproblematisch, wenn jedermann das vollständige (anonymisierte) Urteil auf der Geschäftsstelle des Gerichts gebührenfrei einsehen könne. Im Übrigen bestand hinsichtlich eines Zugangs von jedermann zu den Gründen gerichtlicher Entscheidungen Einigkeit, dass kollidierende Rechte auf Datenschutz und auf Schutz von Privat- und Betriebsgeheimnissen durch Anonymisierung der Entscheidungen gewahrt werden müssten, was mit dem Konventionsrecht im Einklang stehe.

Neuerscheinungen

Wolfgang Weiß
Der Europäische Verwaltungsverbund. Grundfragen, Kennzeichen, Herausforderungen
201 S. 2010 (978-3-428-13346-8) € 79,80

Hans Herbert von Arnim (Hrsg.)
Integrität in Staat und Wirtschaft. Beiträge auf der 11. Speyerer Demokratietagung vom 23. bis 24. Oktober 2008 an der Deutschen Hochschule für Verwaltungswissenschaften Speyer
Tab., Abb.; 125 S. 2010 (978-3-428-13398-7) € 58,–

Hans Herbert von Arnim (Hrsg.)
Defizite in Staat und Verwaltung. Beiträge auf der 10. Speyerer Demokratietagung vom 25. und 26. Oktober 2007 an der Deutschen Hochschule für Verwaltungswissenschaften Speyer
3 Tab., 2 Abb.; 177 S. 2010 (978-3-428-13262-1) € 68,–

Moritz Feldmann
Die Strafbarkeit privater Sportwettenanbieter gemäß § 284 StGB. Zugleich eine Untersuchung zu den Grenzen der Verwaltungsakzessorietät
249 S. 2010 (978-3-428-13214-0) € 68,–

Anja Kleesiek
Zur Problematik der unterlassenen Umweltverträglichkeitsprüfung. Zugleich eine Untersuchung der Vereinbarkeit des § 46 VwVfG mit dem europäischen Gemeinschaftsrecht
302 S. 2010 (978-3-428-13228-7) € 76,–

Diese Titel sind auch als E-Book erhältlich.

Duncker & Humblot • Berlin
www.duncker-humblot.de

ARBEITSKREIS 10

Europarecht und deutsches Aufenthaltsrecht

Referent: Richter am BVerwG *Prof. Dr. Harald Dörig*, Leipzig

Thesen des Referats

1. Europäisches Gemeinschaftsrecht wirkte sich schon vor Umsetzung von 11 EG-Richtlinien in deutsches Recht im Jahr 2007 auf das nationale Ausländerrecht aus, soweit es Bürgern der EG-Mitgliedstaaten Freizügigkeit als Arbeitnehmer oder zur Errichtung einer Niederlassung oder Erbringung einer Dienstleistung gewährte. Der EuGH hat daraus das Postulat abgeleitet, dass die Ausweisung eines freizügigkeitsberechtigten Unionsbürgers nur auf ein persönliches Verhalten gestützt werden darf, das eine gegenwärtige Gefährdung der öffentlichen Ordnung darstellt.
2. Das BVerwG hat die Rechtsprechung des EuGH und des EGMR zur Aktualität der Gefährdung dahin präzisiert, dass für die Entscheidung über die Ausweisung eines freizügigkeitsberechtigten Unionsbürgers nicht mehr die Sach- und Rechtslage zum Zeitpunkt der letzten Verwaltungsentscheidung, sondern der letzten gerichtlichen Entscheidung in der Tatsacheninstanz maßgeblich ist.
3. Die Rechtsprechung des EGMR zur Verhältnismäßigkeit aufenthaltsbeendender Maßnahmen gegenüber langjährig in einem europäischen Aufnahmestaat lebenden und integrierten Ausländern, insbesondere Ausländern der zweiten Generation, hat das BVerwG dahin weiterentwickelt, dass für sie das schematisierende System der Regelausweisung keine hinreichende Gewähr für eine ergebnisoffene Verhältnismäßigkeitsprüfung bietet. Eine gesetzgeberische Entscheidung zur Neuordnung des Ausweisungsrechts, die Abstand vom System der Ist- und Regelausweisung nimmt, wäre wünschenswert. Außerdem wäre die Normierung eines Rückkehrrechts für Ausländer der zweiten Generation nach Ablauf der Sperrfrist ihrer Ausweisung – etwa im Rahmen von § 37 AufenthG – zu befürworten.
4. Die Regeln über die Freizügigkeit der Unionsbürger sind nach dem Assoziationsabkommen EWG-Türkei von 1963 und der zu seiner Umsetzung erlassenen Regelungen (insbesondere Assoziationsrats-Beschluss 1/80 – ARB 1/80) so weit wie möglich auf assoziationsberechtigte Staatsbürger der Türkei zu übertragen. Zentrale Bedeutung für die Aufenthaltsrechte von Türken in Deutschland kommt der für Familienangehörige des Ausländers geschaffenen Regelung des Art. 7 ARB 1/80 zu. Jedenfalls für Kinder türkischer Arbeitnehmer bleibt die Rechtsstellung unabhängig vom Fortbestehen der familiären Lebensgemeinschaft mit den Eltern bestehen. Sie ist nicht von der Ausübung einer Beschäftigung abhängig, gewährt ein Recht zum dauerhaften Aufenthalt und erschwert die Aufenthaltsbeendigung (Art. 14 ARB 1/80).

5. Auch auf der Grundlage der neueren Rechtsprechung des EuGH besteht weiterhin Streit, unter welchen Voraussetzungen Dienstleistungserbringer aus der Türkei unter Beachtung des Stillhaltegebots visumfrei in das Bundesgebiet einreisen dürfen und ob die Regeln entsprechend für die Entgegennahme von Dienstleistungen gelten. Soweit es sich bei der partiellen Visumfreiheit türkischer Staatsangehöriger um ein gemeinschaftsrechtliches Problem handelt, wäre eine abgestimmte europäische Lösung wünschenswert.
6. Durch die Unionsbürgerrichtlinie (2004/38/EG) werden die Regeln über die Freizügigkeit von Arbeitnehmern und Selbständigen innerhalb der Union nach Art. 45 bis 62 AEUV und darüber hinaus die spezifischen Rechte der Unionsbürger nach Art. 21 AEUV für den Aufenthalt in einem EU-Mitgliedstaat normiert. Auf assoziationsberechtigte Türken sind nach hier vertretener – allerdings abschließend vom EuGH zu klärender – Auffassung nur die Regeln über den Ausweisungsschutz zu übertragen, die ein durch Grundfreiheiten vermitteltes Aufenthaltsrecht sichern. Wenn es sich beim besonderen Ausweisungsschutz nach Art. 28 Abs. 3 Buchst. a der Richtlinie nicht mehr um eine Regelung der Arbeitnehmerfreizügigkeit, sondern um eine spezifische Ausgestaltung der Unionsbürgerschaft handelt, sprechen Sinn und Zweck gegen eine Übertragung der Regelung auf assoziationsberechtigte Türken.
7. Die Richtlinie über die Rechtsstellung der langfristig aufenthaltsberechtigten Drittstaatsangehörigen (2003/109/EG) vermittelt nach fünfjährigem rechtmäßigem Aufenthalt und Erteilung der Aufenthaltsberechtigung nach Art. 8 RL eine aufenthaltsrechtliche Stellung besonderer Qualität. Gegenüber der Rechtsstellung nach dem ARB 1/80 hat sie den Vorteil, dass sie nicht nur erhöhten Ausweisungsschutz, sondern auch eine begrenzte Freizügigkeit innerhalb der Union gewährt.
8. Die in EU-Richtlinien verwendeten Begriffe sind gemeinschaftsrechtlich auszulegen. So bestimmt sich der Begriff des Sorgerechts als Grundlage für den Nachzugsanspruch eines Kindes gemäß Art. 4 Abs. 1 Buchst. c der Familienzusammenführungsrichtlinie (2003/86/EG) nach der EG-Verordnung 2201/2003 und nicht nach deutschem Familienrecht. Danach ist ein Elternteil nicht allein personensorgeberechtigt, wenn dem anderen Elternteil bei der Ausübung der Personensorge substanzielle Mitentscheidungsrechte und -pflichten zustehen, etwa in Bezug auf Aufenthalt, Schule und Ausbildung oder Heilbehandlung des Kindes.
9. Das für den Ehegattennachzug in § 30 Abs. 1 Satz 1 Nr. 2 AufenthG normierte Erfordernis von Sprachkenntnissen ist u. a. am Maßstab des Art. 6 GG und im Hinblick auf seine Vereinbarkeit mit Art. 7 Abs. 2 der Familienzusammenführungsrichtlinie zu messen. Der verfassungsrechtlich gebotene Ausgleich des privaten Interesses an einem ehelichen und familiären Zusammenleben im Bundesgebiet mit gegenläufigen öffentlichen Interessen kann auch durch die Erteilung einer vorübergehenden Aufenthaltserlaubnis zum Zweck des Spracherwerbs (§ 16 Abs. 5 AufenthG) herbeigeführt werden.

10. Die Ermächtigung der Mitgliedstaaten, für den Familiennachzug feste und regelmäßige Einkünfte zur Sicherung des Lebensunterhalts nach Art. 7 Abs. 1 Buchst. c der Familienzusammenführungsrichtlinie zu verlangen, erlaubt nicht, einen Familiennachzug ohne individuelle Prüfung der Einkommensverhältnisse abzulehnen.
11. Im Asylrecht steht nach Umsetzung der Qualifikationsrichtlinie (2004/83/EG) die Zuerkennung der Flüchtlingseigenschaft nach Art. 2 Buchst. c und d RL (§ 3 Abs. 1 AsylVfG) und die Zuerkennung subsidiären Schutzes nach Art. 15 RL (§ 60 Abs. 2, 3 und 7 Satz 2 AufenthG) im Vordergrund. Das nationale verfassungsrechtliche Asylrecht verliert an Bedeutung und wird jedenfalls nach einer Vollnormierung des europäischen Flüchtlingsrechts voraussichtlich kein Freizügigkeitsrecht nach Art. 26–28 Genfer Flüchtlingskonvention mehr begründen können.
12. Die Auslegung von europarechtlichen Normen des Flüchtlingsrechts (z. B. Ausschlussklauseln in Qualifikationsrichtlinie) und zur Gewährung subsidiären Schutzes (z. B. bei Bürgerkriegsgefahren nach Art. 15 Buchst. c der Qualifikationsrichtlinie) setzt in vermehrtem Umfang den Rückgriff auf Vorschriften des humanitären Völkerrechts (Vorliegen eines bewaffneten Konflikts) und des Völkerstrafrechts (Kriegsverbrechen als Ausschlussgrund) voraus.
13. Für den Widerruf der Flüchtlingseigenschaft sind nunmehr die vom EuGH in seinem Urteil vom 2. März 2010 entwickelten Grundsätze zu beachten. Die einen Wegfall der Verfolgungsgefahr begründenden Umstände im Sinne von Art. 11 Abs. 1 Buchst. 3 der Qualifikationsrichtlinie müssen dauerhaft sein. Der Heimatstaat des Flüchtlings muss dem vom Widerruf Betroffenen Schutz vor Verfolgung u. a. dadurch bieten, dass er über wirksame Rechtsvorschriften zur Ermittlung, Strafverfolgung und Ahndung von Handlungen, die eine Verfolgung darstellen, verfügt. Zudem muss der Betroffene Zugang zu diesem Schutz haben (Art. 7 Abs. 2).
14. Eine Novellierung der bestehenden gemeinschaftsrechtlichen Regelungen im Ausländer- und Asylrecht sollte erst nach einem längeren Zeitraum der Erfahrung mit der Anwendung der bestehenden Normen erfolgen.

Referat

Vorbemerkung

Prof. Hailbronner hat sein Referat im ausländerrechtlichen Arbeitskreis im Mai 2007 mit dem Satz eingeleitet: „Das europäische Ausländer- und Asylrecht gehört mittlerweile fast zum Alltag der Verwaltungsgerichtsbarkeit."[1] Diese Feststellung kann ich für die Zeit nach Umsetzung von elf ausländer- und asylrechtlichen EU-Richtlinien im August 2007 durch das Richtlinienumsetzungsgesetz[2] nur bekräftigen. Jedenfalls für die mit dem Ausländer- und Asylrecht befassten Senate des Bundesverwaltungsgerichts spielen europarechtliche Normen und die Rechtsprechung des Gerichtshofs der Europäischen Union mittlerweile in den meisten Verfahren eine Rolle. Es ist vorrangig Aufgabe von uns nationalen Richtern, gemeinschaftsrechtliche Normen auszulegen und auf den von uns zu entscheidenden Fall anzuwenden. Wir nationalen Richter sind insoweit Gemeinschaftsrichter im funktionellen Sinn.[3]

Um der Gefahr divergierender Entscheidungen der nationalen Gerichte zu begegnen, sind die nationalen Gerichte berechtigt, die letztinstanzlichen sogar verpflichtet, dem Gerichtshof der Europäischen Union (EuGH) Zweifelsfragen zur Vorabentscheidung nach Art. 267 AEUV vorzulegen. Davon haben die deutschen Verwaltungsgerichte auf den Gebieten des Ausländer- und Asylrechts durchaus regen Gebrauch gemacht. Das Bundesverwaltungsgericht (BVerwG) hat in den zurückliegenden drei Jahren dem EuGH u. a. Fragen zur Auslegung des Assoziationsratsbeschlusses 1/80 EWG-Türkei, zum Widerruf der Flüchtlingsanerkennung wegen Wegfalls der Verfolgungsgründe, zum Ausschluss von der Flüchtlingseigenschaft wegen terroristischer Aktivitäten und zur Übertragbarkeit des Ausweisungsschutzes nach Art. 28 Abs. 3 Buchstabe a der Unionsbürgerrichtlinie auf assoziationsberechtigte türkische Staatsangehörige vorgelegt. In anderen Verfahren hat es Vorschriften des Gemeinschaftsrechts selbst ausgelegt, wenn es darin keine Zweifelsfrage gesehen hat, z. B. bei mehreren Bestimmungen des Flüchtlingsrechts sowie bei der ausländerrechtlichen Frage, ob das Spracherfordernis beim Ehegattennachzug als eine von Art. 7 Abs. 2 der EU-Familienzusammenführungsrichtlinie erfasste und damit zulässige Integrationsmaßnahme angesehen werden kann.

Wenn auch die Bedeutung des Europarechts durch die Umsetzung von 11 ausländer- und asylrechtlichen EU-Richtlinien im August 2007 eine neue Qualität bekommen hat, war dessen Anwendung und Beachtung den mit dem Ausländerrecht befassten Richterinnen und Richtern zuvor keineswegs fremd. Damit komme ich zu meinen ersten fünf Thesen, die sich mit dem Einfluss des EU-Freizügigkeitsrechts und der Europäischen Menschenrechtskonvention auf das deutsche Ausländerrecht befassen.

1) Einfluss des EU-Freizügigkeitsrechts und der Europäischen Menschenrechtskonvention auf das deutsche Ausländerrecht

Europäisches Gemeinschaftsrecht wirkte sich schon vor Umsetzung von 11 EU-Richtlinien in deutsches Recht im Jahr 2007 auf das nationale Ausländerrecht aus, und zwar insbesondere dadurch, dass es Bürgern der EU-Mitgliedstaaten Freizügigkeit als Arbeitnehmer oder zur Errichtung einer Niederlassung oder Erbringung einer Dienstleistung gewährte.

a) Das Erfordernis einer Entscheidung auf Grundlage der aktuellen Sach- und Rechtslage bei der Aufenthaltsbeendigung

Der EuGH hat aus dem Freizügigkeitsrecht nach dem heutigen Vertrag über die Arbeitsweise der EU (AEUV) – damals EG-Vertrag – in seinem Urteil vom 29. 4. 2004 in den Rechtssachen Orfanopoulos und Oliveri das Postulat abgeleitet, dass die Ausweisung eines freizügigkeitsberechtigten Unionsbürgers nur auf ein persönliches Verhalten gestützt werden darf, das eine gegenwärtige Gefährdung der öffentlichen Ordnung darstellt. Das gebietet der Grundsatz der Verhältnismäßigkeit, nach dem Ausnahmen vom Grundsatz der Freizügigkeit nach Art. 45 AEUV eng auszulegen sind.[4]

Das BVerwG hat die Rechtsprechung des EuGH zur Aktualität der Gefährdung mit Urteil vom 3. August 2004 dahin präzisiert, dass für die Entscheidung über die Ausweisung eines freizügigkeitsberechtigten Unionsbürgers nicht mehr die Sach- und Rechtslage zum Zeitpunkt der letzten Verwaltungsentscheidung, sondern der letzten gerichtlichen Entscheidung in der Tatsacheninstanz maßgeblich ist.[5] Außerdem entschied das Gericht, dass Ausweisungen bei diesem Personenkreis nur noch auf der Grundlage einer ausländerbehördlichen Ermessensentscheidung erfolgen dürfen, nicht mehr im Wege einer Ist- oder Regelausweisung.

Mit Urteil vom 15.11.2007 hat das BVerwG entschieden, dass nach dem Inkrafttreten des Richtlinienumsetzungsgesetzes auch für die Ausweisung sonstiger Drittstaatsangehöriger eine Gefährdungsprognose und Interessenabwägung auf Grundlage der aktuellen Sach- und Rechtslage erforderlich ist.[6] Dies leitet es im Wege der Gesamtschau u.a. aus der neueren Rechtsprechung des Europäischen Gerichtshofs für Menschenrechte (EGMR) und des Bundesverfassungsgerichts (BVerfG) zur Verhältnismäßigkeit von Ausweisungen gegenüber Ausländern der zweiten Generation ab. So bewertet der EGMR die Verhältnismäßigkeit von Ausweisungen im Hinblick auf einen möglichen Eingriff in das Recht auf Achtung des Privat- und Familienlebens aus Art. 8 Abs. 1 EMRK regelmäßig vor dem Hintergrund der Situation, in der die Ausweisung rechtskräftig wurde.[7] Dies spricht dafür, auch schon im Rahmen der innerstaatlichen gerichtlichen Überprüfung auf einen möglichst späten Beurteilungszeitpunkt abzustellen, um auf diese Weise der durch Transformation in nationales Recht im Rang eines Bundesgesetzes stehenden Europäischen Menschenrechtskonvention und ihrer Auslegung durch den EGMR bei der Interpretation des nationalen Rechtes so weit wie möglich Geltung zu verschaffen. In diese Richtung weist auch die neuere Rechtsprechung des BVerfG zur Verhältnismäßigkeit von Ausweisungen.[8]

Das BVerwG hat seine Zeitpunktrechtsprechung in den Jahren 2009 und 2010 auch auf die Aufenthaltsbeendigung durch Rücknahme einer unbefristeten Aufenthaltserlaubnis[9] und Nichtverlängerung einer befristeten Aufenthaltserlaubnis[10] erstreckt. Auch in diesen Fällen ist der gerichtlichen Entscheidung die aktuelle Sach- und Rechtslage zugrunde zu legen und nicht die zum Zeitpunkt der Verwaltungsentscheidung.

b) Das Erfordernis einer individuellen Entscheidung ohne Vorprägung durch ein vorgegebenes System von Ist- und Regelausweisung

Weiter hat das BVerwG mit Urteil vom 23.10.2007 entschieden, dass die Regelausweisung für Ausländer, die in Deutschland geboren und aufgewachsen sind, keine rechtmäßige Form der Aufenthaltsbeendigung darstellt.[11] Mit seiner Entscheidung hat das Gericht die Rechtsprechung des EGMR und des BVerfG zur Verhältnismäßigkeit aufenthaltsbeendender Maßnahmen gegenüber langjährig in einem europäischen Aufnahmestaat lebenden und integrierten Ausländern aufgenommen und weiter entwickelt. Das schematisierende System der Regelausweisung bietet danach keine hinreichende Gewähr für eine ergebnisoffene Verhältnismäßigkeitsprüfung, wie sie für in Deutschland fest verwurzelte Ausländer erforderlich ist. Vielmehr bedarf es hier jeweils einer individuellen Würdigung, wie tief die Bindungen des Ausländer in Deutschland sind und ob diese Bindungen angesichts der konkreten Ausweisungsgründe bei Abwägung aller Umstände des Einzelfalles einer Ausweisung entgegenstehen. Im konkreten vom BVerwG entschiedenen Fall lag eine hinreichende Verwurzelung vor, weil der Kläger in Deutschland geboren und aufgewachsen war und im Zeitpunkt der Ausweisung mit einer Deutschen und den gemeinsamen Kindern zusammenlebte.

Angesichts der vorstehend dargestellten Entwicklung in der Rechtsprechung wäre eine gesetzgeberische Entscheidung zur Neuordnung des Ausweisungsrechts wünschenswert, die Abstand vom System der Ist- und Regelausweisung nimmt. Der Gesetzgeber könnte eine Ausweisung generell von einer individuellen Güterabwägung abhängig machen, in die die derzeit als Gründe für eine Ist- und Regelausweisung ausgestalteten Tatbestände der §§ 53, 54 und 55 Abs. 1 und 2 AufenthG als öffentliche Interessen an einer Aufenthaltsbeendigung in die Abwägung einzustellen und abzuwägen wären gegen die in §§ 55 Abs. 3 und 56 AufenthG normierten, zugunsten des Ausländers zu berücksichtigenden Gesichtspunkte. Dabei könnte der Gesetzgeber durchaus an das bisherige gestufte System der Ausweisungstatbestände anknüpfen und bestimmte Ausweisungsgründe als schwerwiegender als andere werten. Entscheidend wäre die Ausgestaltung der behördlichen Entscheidung als eine individuelle, nicht determinierte. Vor dem Hintergrund dieser Erwägungen ist es zu begrüßen, dass eine Bund-Länder-Arbeitsgruppe „praxisgerechte Optionen zur Fortentwicklung des Ausweisungsrechts" entwickelt hat. Diese wurden von der Konferenz der Innenminister der Länder am 4. Dezember 2009 zur Kenntnis genommen. Zugleich wurde der Bundesminister des Innern gebeten, die im Bericht dargestellten Handlungsoptionen zur Fortentwicklung des Ausweisungsrechts im Rahmen künftiger Gesetzgebungsvorschläge einzubeziehen. Dabei wird erkannt, dass „angesichts der höchstrichterlichen Rechtsprechung zum Ausweisungsrecht die Notwendigkeit einer strukturellen Anpassung der gesetzlichen Vorgaben" jedenfalls zu prüfen ist.[12]

Im Rahmen der Novellierung des Ausweisungsrechts wäre auch die Normierung einer Rückkehroption für Ausländer der zweiten Generation nach Ablauf der Sperrfrist ihrer Ausweisung – etwa im Rahmen von § 37 AufenthG – zu befürworten. Nach der Rechtsprechung des BVerfG ist nämlich die Ausweisung von Ausländern der zweiten Generation ohne familiäre Bindungen in Deutschland nur unter engeren Voraussetzungen möglich als eine solche von Ausländern mit Familie. Denn letztere haben aufgrund der familiären Bindungen eine Rückkehroption nach Ablauf der Sperrfrist ihrer Ausweisung, erstere hingegen nicht. Die Verhältnismäßigkeit der Ausweisung kann aus Sicht des BVerfG beim Fehlen familiärer Bande nicht durch eine Befristung ihrer Wirkungen erreicht werden, zumal das Aufenthaltsrecht nach dem Wegfall der Bindungen an das Bundesgebiet eine Wiedereinreise grundsätzlich nicht vorsieht.[13]

Diese Folge, die sich aus der bestehenden Rechtslage ergibt, erscheint mir unbefriedigend. Auch verwurzelten Ausländern, die älter als 21 Jahre sind und daher nicht von der Regelung des § 37 Abs. 1 AufenthG erfasst werden, sollte daher eine Rückkehroption eröffnet werden. Schon heute kann nach § 37 Abs. 2 AufenthG eine Rückkehr des Ausländers nach Deutschland zur Vermeidung einer besonderen Härte im Ermessensweg gestattet werden.[14] Diese Rückkehroption sollte auf die Fälle erweitert werden, in denen Ausländer der zweiten Generation ein schützenswertes Interesse an Wiederherstellung ihrer in Deutschland entwickelten Bindungen haben. Je enger die Bindungen des Betroffenen an den bisherigen Aufenthaltsstaat waren, je länger er dort gelebt hat und je weniger lang die Ausreise zurückliegt, desto eher erfordert das Recht auf Privatleben eine Rückkehroption.[15]

c) Die gemeinschaftsrechtliche Privilegierung von assoziationsberechtigten türkischen Staatsangehörigen

Die Regeln über die Freizügigkeit der Unionsbürger sind nach dem Assoziationsabkommen EWG-Türkei von 1963 und der zu seiner Umsetzung erlassenen Regelungen (insbesondere Assoziationsrats-Beschluss 1/80 – ARB 1/80) so weit wie möglich auf assoziationsberechtigte Staatsbürger der Türkei zu übertragen. Zentrale Bedeutung für die Aufenthaltsrechte von Türken in Deutschland kommt der für Familienangehörige des Ausländers geschaffenen Regelung des Art. 7 ARB 1/80 zu. Jedenfalls für Kinder türkischer Arbeitnehmer bleibt deren privilegierte Rechtsstellung unabhängig vom Fortbestehen der familiären Lebensgemeinschaft mit den Eltern bestehen. Sie ist nicht von der Ausübung einer Beschäftigung abhängig,[16] gewährt ein Recht zum dauerhaften Aufenthalt und erschwert die Aufenthaltsbeendigung (Art. 14 ARB 1/80). Eine Ausweisung darf daher nicht in Gestalt einer Ist- oder Regelausweisung erfolgen und muss auf die aktuelle Sach- und Rechtslage gestützt sein.[17]

Diskussionen auch im politischen Raum über die Visafreiheit für türkische Staatsangehörige hat das Urteil des EuGH vom 19. Februar 2009 in der Sache Soysal ausgelöst.[18] Der Gerichtshof hat entschieden, dass die Stand-Still-Klausel in Art. 41 Abs. 1 des Zusatzprotokolls zum Assoziationsabkommen EWG-Türkei Verschlechterungen in der Rechtsstellung als Erbringer von Dienstleistungen ab dem Zeitpunkt des Inkrafttretens des Protokolls am 1. Januar 1973 verbietet. Damit darf ein Mitgliedstaat kein Visum für die Einreise türkischer Staatsangehöriger in sein Hoheitsgebiet verlangen, wenn die betreffenden Personen dort Dienstleistungen für ein in der Türkei ansässiges Unternehmen erbringen wollen und ein solches Visum zum Zeitpunkt des Inkrafttretens des Protokolls nicht verlangt wurde. Fernfahrer wie die Kläger des Ausgangsverfahrens, die Waren für ein türkisches Unternehmen nach Deutschland liefern, brauchten hierfür 1973 kein Visum, sodass es von ihnen auch heute nicht verlangt werden darf. Die Entscheidung betrifft nicht die Einreise von Türken zur Begründung eines längerfristigen Aufenthalts und berührt damit nicht die Visumspflicht im Fall des Familiennachzugs. Streitig ist, ob ihre zur aktiven Dienstleistungsfreiheit getroffenen Aussagen auch auf die passive Dienstleistungsfreiheit übertragen werden können, ein Türke also das Recht zur visumsfreien Einreise hat, wenn er sich z. B. in Deutschland ärztlich behandeln lassen oder einen Sprachkurs absolvieren will.[19] Zwar umfasst die Dienstleistungsfreiheit nach der Rechtsprechung des EuGH die Erbringung wie die Entgegennahme von Dienstleistungen. Andererseits spricht einiges dafür, dass die Mitgliedstaaten zum Zeitpunkt des Inkrafttretens des Zusatzprotokolls nur die aktive Dienstleistungsfreiheit im Blick hatten und die Erweiterung auf die Entgegennahme von Dienstleistungen erst nach 1973 zur gemeinsamen Überzeugung der Mitgliedstaaten wurde.[20] Das Bundesverwaltungsgericht war mit dieser Frage noch nicht befasst. Letztlich könnte sie vom EuGH zu entscheiden sein, wenn ein nationales Gericht sie dem Gerichtshof zur Vorabentscheidung vorlegt.

2) Bedeutung des Richtlinienumsetzungsgesetzes 2007 für das Ausländerrecht

Mit dem Gesetz zur Umsetzung aufenthalts- und asylrechtlicher Richtlinien der Europäischen Union vom 19. 8. 2007 wurden u. a. die Unionsbürgerrichtlinie, die Richtlinie über die Rechtsstellung der langfristig aufenthaltsberechtigten Drittstaatsangehörigen und die Familienzusammenführungsrichtlinie in nationales Recht überführt. Einige ausgewählte Probleme der genannten Richtlinien, die sich der Rechtsprechung in den letzten drei Jahren gestellt haben, möchte ich im Folgenden ansprechen.

a) Die Unionsbürgerrichtlinie

Durch die Unionsbürgerrichtlinie (2004/38/EG)[21] werden die spezifischen Rechte der Unionsbürger nach Art. 21 AEUV für den Aufenthalt in einem anderen EU-Mitgliedstaat normiert. Auf assoziationsberechtigte Türken sind aber nur die Regeln über den Ausweisungsschutz zu übertragen, die ein durch Grundfreiheiten nach Art. 45 bis 62 AEUV vermitteltes Aufenthaltsrecht sichern. Auf sie findet daher der besondere Ausweisungsschutz nach Art. 28 Abs. 3 Buchst. a der Richtlinie keine Anwendung. Denn er stellt keine Ausprägung der Arbeitnehmerfreizügigkeit dar, vielmehr handelt es sich um eine spezifische Ausgestaltung der Unionsbürgerschaft. Damit sprechen Sinn und Zweck der Regelung gegen ihre Übertragung auf assoziationsberechtigte Türken. Allerdings handelt es sich um eine gemeinschaftsrechtliche Zweifelsfrage. Ihre Klärung ist durch mehrere Vorabentscheidungsersuchen zu erwarten, die dem EuGH zu dieser Frage von deutschen Verwaltungsgerichten übermittelt wurden.[22]

b) Die Richtlinie über die Rechtsstellung der langfristig aufenthaltsberechtigten Drittstaatsangehörigen

Die Richtlinie über die Rechtsstellung der langfristig aufenthaltsberechtigten Drittstaatsangehörigen (2003/109/EG) vermittelt nach fünfjährigem rechtmäßigem Aufenthalt und Erteilung der Aufenthaltsberechtigung nach Art. 8 RL eine aufenthaltsrechtliche Stellung besonderer Qualität. Gegenüber der Rechtsstellung nach dem ARB 1/80 hat sie den Vorteil, dass sie nicht nur erhöhten Ausweisungsschutz, sondern auch eine begrenzte Freizügigkeit innerhalb der Union gewährt. Probleme wirft die Anwendung von Art. 3 Abs. 2 der Richtlinie auf, wonach sie u. a. keine Anwendung auf Drittstaatsangehörige findet, denen der Aufenthalt als Flüchtling oder aufgrund subsidiärer Schutzformen gewährt wurde. Hier stellt sich etwa die Frage, ob auch Zeiten des Besitzes eines humanitären Aufenthaltstitels nach nationalem Recht, der unabhängig von den gemeinschaftsrechtlichen Regeln zur Gewährung subsidiären Schutzes gewährt wurde, unter den Ausschlusstatbestand fallen oder bei der Berechnung des fünfjährigen rechtmäßigen Aufenthalts zu berücksichtigen sind. Diese Frage wurde in einem Verfahren vor dem BVerwG aufgeworfen. Der 1. Senat hat in seinem hierzu ergangenen Urteil Gesichtspunkte genannt, die eher für eine weite Auslegung des Ausschlusstatbestandes sprechen. Er hat die Frage aber als gemeinschaftsrechtliche Zweifelsfrage angesehen, auf die es im konkreten Fall mangels Entscheidungserheblichkeit nicht ankam.[23]

c) Die Familienzusammenführungsrichtlinie

Im Zusammenhang mit der Familienzusammenführungsrichtlinie (2003/86/EG) möchte ich drei Probleme ansprechen: (1) das Sorgerecht als Voraussetzung für den Kindernachzug, (2) das Erfordernis von Sprachkenntnissen beim Nachzug des Ehepartners und (3) die Notwendigkeit der Sicherung des Lebensunterhalts.

(1) Das Sorgerecht als Voraussetzung für den Kindernachzug
Die in EU-Richtlinien verwendeten Begriffe sind gemeinschaftsrechtlich auszulegen. So bestimmt sich der Begriff des Sorgerechts als Grundlage für den Nachzugsanspruch eines Kindes gemäß Art. 4 Abs. 1 Buchst. c der Familienzusammenführungsrichtlinie nach der EG-Verordnung 2201/2003 und nicht nach deutschem Familienrecht. Danach ist ein Elternteil nicht allein personensorgeberechtigt, wenn dem anderen Elternteil bei der Ausübung der Personensorge substantielle Mitentscheidungsrechte und -pflichten zustehen, etwa in Bezug auf Aufenthalt, Schule und Ausbildung oder Heilbehandlung des Kindes. Dies hat das Bundesverwaltungsgericht durch Urteil vom 7. 4. 2009 entschieden. Zugleich hat es die Rechtsauffassung zurückgewiesen, wonach ein Anspruch auf Kindernachzug nach § 32 Abs. 3 AufenthG analog dann bestehe, wenn das ausländische Familienrecht eine vollständige Sorgerechtsübertragung nicht kenne.[24] Über den Nachzug der Kinder ist in diesen Fällen vielmehr nach Ermessen zu entscheiden, wobei dem Kindeswohl maßgebliche Bedeutung zukommt.

(2) Das Erfordernis von Sprachkenntnissen für den Nachzug des Ehepartners
Das für den Ehegattennachzug in § 30 Abs. 1 Satz 1 Nr. 2 AufenthG normierte Erfordernis von Sprachkenntnissen ist verfassungsrechtlich u. a. am Maßstab des Art. 6 GG und europarechtlich im Hinblick auf seine Vereinbarkeit mit Art. 7 Abs. 2 der Familienzusammenführungsrichtlinie zu messen. Nach dem Urteil des BVerwG vom

30.3.2010 ist die Regelung sowohl mit Verfassungsrecht wie mit Europarecht zu vereinbaren.[25] Das Spracherfordernis widerspricht nicht dem besonderen Schutz, den Ehe und Familie nach dem Grundgesetz und nach dem Gemeinschaftsrecht genießen. Art. 6 GG gewährt nach der Rechtsprechung des Bundesverfassungsgerichts keinen Anspruch auf Einreise und Aufenthalt zu einem hier lebenden Familienangehörigen, sondern verpflichtet zu einem schonenden Ausgleich des privaten Interesses an einem ehelichen und familiären Zusammenleben im Bundesgebiet mit gegenläufigen öffentlichen Interessen. Dem wird die gesetzliche Regelung gerecht, die ein Zusammenleben im Bundesgebiet regelmäßig nur für einen überschaubaren Zeitraum verhindert. Die Vorschrift ist auch nicht deshalb verfassungswidrig, weil sie keine allgemeine Ausnahmeregelung für Härtefälle enthält. Zwar erscheint es möglich, dass die deutschen Sprachkenntnisse aus nicht zu vertretenden Gründen innerhalb eines angemessenen Zeitraums nicht erworben werden können. Zugleich kann es an einer zumutbaren Möglichkeit fehlen, die Lebensgemeinschaft im Ausland herzustellen. In einer derartigen das eheliche Zusammenleben dauerhaft in Frage stellenden Situation kann der verfassungsrechtlich gebotene Interessenausgleich jedoch einfachgesetzlich auf andere Weise herbeigeführt werden, etwa durch die Erteilung einer vorübergehenden Aufenthaltserlaubnis zum Zweck des Spracherwerbs (§ 16 Abs. 5 AufenthG).

Das in § 30 Abs. 1 Satz 1 Nr. 2 AufenthG normierte Spracherfordernis steht auch im Einklang mit der Familienzusammenführungsrichtlinie. Denn diese ermächtigt in Art. 7 Abs. 2 die Mitgliedstaaten, den Familiennachzug davon abhängig zu machen, dass der Betroffene Integrationsmaßnahmen nachkommt. Hierunter wurde in den zuständigen Gremien der Gemeinschaft von Anfang an auch das Absolvieren von Sprachprüfungen und nicht nur die Teilnahme an Sprachkursen verstanden.[26] Auch die EU-Kommission hält Sprachprüfungen von der Ermächtigung in Art. 7 Abs. 2 der Richtlinie für gedeckt, wenn sie dem Integrationsziel dienen und dem Grundsatz der Verhältnismäßigkeit entsprechen.[27] Auf das gemeinschaftsrechtliche Diskriminierungsverbot aus Gründen der Staatsangehörigkeit kann sich ein Drittstaatsangehöriger beim Familiennachzug nicht berufen.

(3) Die Notwendigkeit der Sicherung des Lebensunterhalts

Die Ermächtigung der Mitgliedstaaten, für den Familiennachzug feste und regelmäßige Einkünfte zur Sicherung des Lebensunterhalts nach Art. 7 Abs. 1 Buchst. c der Familienzusammenführungsrichtlinie zu verlangen, erlaubt nicht, einen Familiennachzug ohne individuelle Prüfung der Einkommensverhältnisse abzulehnen. Nach dem Urteil des EuGH vom 4.3.2010 in der Sache Chakroun ergibt sich, dass die Mitgliedstaaten kein vom individuellen Lebensbedarf des betroffenen Ausländers völlig unabhängiges Mindesteinkommen verlangen dürfen (hier: 120% des Mindestlohns eines Arbeitnehmers im Alter von 23 Jahren), unterhalb dessen jede Familienzusammenführung abgelehnt würde, und dies ohne eine konkrete Prüfung der Situation des einzelnen Antragstellers.[28] Diese in den Niederlanden geltende Rechtslage lag der Entscheidung des EuGH zugrunde. Hiervon unterscheidet sich die in Deutschland maßgebliche Berechnung des Unterhaltsbedarfs nach altersabhängigen sozialhilferechtlichen Regelsätzen, die ergänzt werden durch individuelle Faktoren wie die konkrete Höhe der Wohnungsmiete und der Mietnebenkosten. Die in Deutschland praktizierte Berechnung des Unterhaltsbedarfs für den Familiennachzug hat das BVerwG in seinem Urteil vom 26. 8. 2008 als rechtmäßig angesehen.[29] Allerdings wird der Gesetzgeber im Zusammenhang mit der angekündigten Ausweitung der Freibeträge für nicht anrechenbare Hinzuverdienste zu erwägen haben, diese Freibeträge bei der Berechnung des Unterhaltsbedarfs von Ausländern außer Betracht zu lassen. Eine entsprechende Gesetzesinitiative zur Änderung von § 2 Abs. 3 Satz 2 AufenthG hat unlängst das Land Berlin ergriffen.[30]

3) Bedeutung des Richtlinienumsetzungsgesetzes 2007 für das Flüchtlingsrecht

Nur kurz möchte ich auf drei Probleme des Flüchtlingsrechts hinweisen.

a) Nationales Asylgrundrecht und einheitlicher europäischer Flüchtlingsstatus

Im Flüchtlingsrecht steht nach Umsetzung der Qualifikationsrichtlinie (2004/83/EG) die Zuerkennung der Flüchtlingseigenschaft nach Art. 2 Buchst. c und d RL (§ 3 Abs. 1 AsylVfG) und die Zuerkennung subsidiären Schutzes nach Art. 15 RL (§ 60 Abs. 2, 3 und 7 Satz 2 AufenthG) im Vordergrund. Das nationale verfassungsrechtliche Asylrecht verliert an Bedeutung.[31] Das verdeutlichen die Anerkennungszahlen. So erkannte das Bundesamt für Migration und Flüchtlinge im Jahr 2009 zwar 7.663 Asylbewerbern den Flüchtlingsstatus zu (26,6 %), aber nur 452 Antragstellern eine Asylberechtigung (1,6 %).[32] Das rein national begründete, wenn auch mit Verfassungsrang ausgestattete Asylrecht nach Art. 16a GG wird jedenfalls nach einer Vollnormierung des europäischen Flüchtlingsrechts voraussichtlich kein Freizügigkeitsrecht nach Art. 26–28 Genfer Flüchtlingskonvention mehr begründen können. Denn das nationale Asylrecht nach Art. 16a GG erlaubt z. B. einen Ausschluss ehemaliger Terroristen von der Anerkennung nur im Fall einer weiterhin von ihnen ausgehenden Gefährdung, das völkerrechtliche und europarechtliche Flüchtlingsrecht verlangt hingegen ihren Ausschluss schon allein aufgrund der Schutzunwürdigkeit ihres früheren Handelns – also auch ohne aktuell fortbestehende Gefährlichkeit. Die Frage wird demnächst vom EuGH zu entscheiden sein, dem entsprechende Vorabentscheidungsersuchen des BVerwG vorliegen.[33] Spätestens nach einer Vollharmonisierung des europäischen Flüchtlingsrechts, wie sie Art. 78 Abs. 2 AEUV nunmehr vorsieht, werden die EU-Mitgliedstaaten nach meiner Einschätzung darauf achten, dass nur diejenigen Flüchtlinge Freizügigkeit genießen, die den europaweit „einheitlichen Asylstatus" besitzen. § 2 Abs. 1 AsylVfG, der Asylberechtigten die Rechtsstellung nach der Genfer Flüchtlingskonvention verleiht, wäre dann zu ändern.

b) Auslegung des Flüchtlingsrechts unter Rückgriff auf Völkerrecht

Die Auslegung von europarechtlichen Normen des Flüchtlingsrechts setzt in vermehrtem Umfang den Rückgriff auf Vorschriften des humanitären Völkerrechts und des Völkerstrafrechts voraus. Denn das Gemeinschaftsrecht greift zur Wahrung der Rechtseinheit – soweit möglich – auf bestehende internationale Regelwerke und die Rechtsprechung von internationalen Gerichtshöfen zurück. Ausgangspunkt der Normierung bildet die Genfer Flüchtlingskonvention und damit ein völkerrechtlicher Vertrag. Darüber hinaus sind die Klauseln zum Ausschluss von der Flüchtlingseigenschaft in der Qualifikationsrichtlinie – wie etwa der Begriff des Kriegsverbrechens – unter Rückgriff auf das Völkerstrafrecht auszulegen, insbesondere unter Bezugnahme auf Art. 8 des Römischen Statuts des Internationalen Strafgerichtshofs vom 17. Juli 1998 und die hierzu ergangene Rechtsprechung.[34] Bei der Gewährung subsidiären Schutzes nach Art. 15 Buchst. c der Qualifikationsrichtlinie ist der dort verwandte Begriff des internationalen oder innerstaatlichen bewaffneten Konflikts unter Rückgriff auf Vorschriften des humanitären Völkerrechts, insbesondere Art. 3 der Genfer Konventionen zum humanitären Völkerrecht von 1949 und der zu ihrer Umsetzung erlassenen Zusatzprotokolle auszulegen.[35] Allerdings findet die Orientierung an den Kriterien des humanitären Völkerrechts ihre Grenze dort, wo ihr der Zweck der Schutzgewährung für Zuflucht in Drittstaaten Suchende nach Art. 15 Buchst. c der Richtlinie widerspricht.[36]

c) Der Widerruf der Flüchtlingsanerkennung

Für den Widerruf der Flüchtlingseigenschaft sind nunmehr die vom EuGH in seinem Urteil vom 2. März 2010 entwickelten Grundsätze zu beachten.[37] Die einen Wegfall der Verfolgungsgefahr begründenden Umstände im Sinne von Art. 11 Abs. 1 Buchst. e der Qualifikationsrichtlinie müssen dauerhaft sein. Davon kann nur ausgegangen werden, wenn der Heimatstaat dem Flüchtling Schutz vor Verfolgung bietet. Die Fähigkeit, Schutz vor Verfolgung zu bieten, ist der entscheidende Gesichtspunkt für das Erlöschen der Flüchtlingseigenschaft. Dazu muss der Staat geeignete Schritte eingeleitet haben, um die Verfolgung zu verhindern. Insbesondere muss er über wirksame Rechtsvorschriften verfügen, die der Ermittlung, Strafverfolgung und Ahndung von Handlungen dienen, die eine Verfolgung darstellen. Zudem muss der Betroffene Zugang zu diesem Schutz haben (Art. 7 Abs. 2). Der EuGH richtet sein Augenmerk deutlicher als die bisherige deutsche Rechtsprechung auf die Frage der Schutzgewährung.[38] Im Übrigen hat das Urteil des EuGH weitere Klärung zur Frage des Beweismaßstabes und der Beweiserleichterungen im Fall der Vorverfolgung eines Flüchtlings gebracht. Hieran wird die nationale Rechtsprechung anknüpfen können.

4) Schlussbemerkungen

Das europäische Gemeinschaftsrecht gewinnt für das deutsche Aufenthaltsrecht zunehmend an Bedeutung, nachdem im August 2007 elf EU-Richtlinien in deutsches Recht umgesetzt wurden. Eine erste Bilanz dieser Umsetzung des Gemeinschaftsrechts in die nationale Rechtsprechung zum Ausländer- und Asylrecht zeigt, dass die Mehrzahl der Rechtsstreite nicht mehr ohne Rückgriff auf das Gemeinschaftsrecht entschieden werden können. Damit kommt auf Verwaltungsjuristen, Anwälte und Richter verstärkt die Aufgabe zu, sich europarechtliche Begriffe zu erschließen und sich mit der Rechtsprechung des EuGH, des EGMR und anderer Gerichte aus EU-Mitgliedstaaten auseinanderzusetzen, die die gleiche gemeinschaftsrechtliche Norm auslegen. In den meisten Fällen müssen die nationalen Gerichte die Erstauslegung der gemeinschaftsrechtlich geprägten Normen vornehmen und dann entscheiden, in welchen Fällen sie eine europarechtliche Zweifelsfrage sehen, die dem EuGH zur Vorabentscheidung vorzulegen ist. Damit die Rechtspraxis die ihr gestellte Aufgabe erfolgreich bewältigen kann, bedarf es allerdings eines Mindestmaßes an Rechtsbeständigkeit. Mit Sorge beobachte ich insoweit, dass die EU-Kommission bereits drei Jahre nach Umsetzung der Richtlinien Vorschläge zu deren Novellierung vorgelegt hat[39] und weitere Vorschläge erarbeitet. Eine Novellierung der bestehenden gemeinschaftsrechtlichen Regelungen im Ausländer- und Asylrecht sollte meines Erachtens erst nach einem längeren Zeitraum der Erfahrung mit der Anwendung der bestehenden Normen erfolgen.

1 *Hailbronner,* Das deutsche Ausländerrecht vor den Herausforderungen des europäischen Gemeinschaftsrechts, in: 15. Deutscher Verwaltungsrichtertag, Richard Boorberg Verlag 2008, S. 97.
2 Gesetz zur Umsetzung aufenthalts- und asylrechtlicher Richtlinien der Europäischen Union vom 19. 8. 2007 (BGBl. I 2007, 1970).
3 Vgl. *Calliess/Ruffert,* EGV, 3. Aufl. 2007, Art. 10, Rn. 43.
4 EuGH, Rs. C-482/01 und C-493/01, Slg 2004, I-5257.
5 BVerwG 1 C 30.02 – BVerwGE 121, 297, 308 f.
6 BVerwG 1 C 45.06 – BVerwGE 130, 20.
7 EGMR, Urteil vom 28. 6. 2007, *Kaya*/Deutschland, Beschwerde Nr. 31753/02, InfAuslR 2007, 325, m. w. N.
8 Kammerbeschluss vom 10. 8. 2007 – 2 BvR 535/06 – NVwZ 2007, 1300.
9 Urteil vom 13. 4. 2010 – BVerwG 1 C 10.09.
10 Urteil vom 7. 4. 2009 – BVerwG 1 C 17.08 – BVerwGE 133, 329, Rn. 37 f.
11 BVerwG 1 C 10.07 – BVerwGE 129, 367.
12 Beschlüsse der 189. Sitzung der Ständigen Konferenz der Innenminister und -senatoren der Länder am 4. 12. 2009 in Bremen, TOP 21, InfAuslR 2010, 115 f.
13 BVerfG, Kammerbeschluss vom 10. 5. 2007 – 2 BvR 304/07 – NVwZ 2007, 946.
14 Zur verfassungskonformen Auslegung dieser Vorschrift vgl. OVG Koblenz, InfAuslR 2010, 144, 149.
15 Vgl. hierzu *Tryjanowski,* InfAuslR 2007, 268, 274.
16 Vgl. u. a. EuGH, Urteil vom 7. Juli 2005 – C-373/03 – *Aydinli* – DVBl 2005, 1256 Rn. 22; EuGH, Urteil vom 25. 9. 2008 – C-453/07 – *Hakan Er* – NVwZ 2008, 1337.
17 BVerwG, Urteil vom 3. 8. 2004 – 1 C 29.02 – BVerwGE 121, 315.
18 EuGH, Urteil vom 19. 2. 2009 – C-228/06 – NVwZ 2009, 513.
19 Für eine Übertragbarkeit auf die passive Dienstleistungsfreiheit plädieren etwa *Dienelt,* ZAR 2009, 182, 183 f. und *Westphal,* InfAuslR 2009, 133, 134 f.; ablehnend die Bundesregierung in ihrer Antwort vom 22. 4. 2009 auf eine Kleine Anfrage, BT-Drs. 16/12743, abgedruckt in ZAR 2009, 362 ff – zweifelnd *Hailbronner,* NVwZ 2009, 760, 764; offengelassen, aber mit Tendenz zur Übertragbarkeit VG Frankfurt am Main, Urteil vom 22. 5. 2009 – InfAuslR 2009, 327, 328.
20 In diese Richtung argumentiert *Hailbronner,* Fn. 20, S. 763 f.

21 Richtlinie 2004/38/EG des Europäischen Parlaments und des Rates vom 29. 4. 2004 über das Recht der Unionsbürger und ihrer Familienangehörigen, sich im Hoheitsgebiet der Mitgliedstaaten frei zu bewegen und aufzuhalten, ABl. EU 2004 Nr. L 229 S. 35.
22 Vgl. Beschluss des VGH Mannheim vom 22. 7. 2008 – 13 S 1917/07 – NVwZ-RR 2009, 82; Beschluss des BVerwG vom 25. 8. 2009 – BVerwG 1 C 25.08 – ZAR 2010, 64.
23 Urteil vom 9. 6. 2009 – BVerwG 1 C 7.08 – NVwZ 2009, 1431, Rn. 17.
24 Urteil vom 7. 4. 2009 – BVerwG 1 C 17.08 – BVerwGE 133, 329 Rn. 12 ff.
25 Urteil vom 30. 3. 2010 – BVerwG 1 C 8.09.
26 Vgl. Rat der Europäischen Union, Beratungsergebnisse der Gruppe „Migration und Rückführung" vom 12. 11. 2002 – 13968/02 MIGR 113 S. 12 Fn. 1 und vom 26. 11. 2002 – 14272/02 MIGR 119 S. 12 f.
27 Europäische Kommission, Bericht vom 14. 10. 2008 über die Anwendung der Richtlinie betreffend das Recht auf Familienzusammenleben, Ratsdokument 14189/08 MIGR 86, S. 9.
28 EuGH, Urteil vom 4. 3. 2010 – C-578/08 – *Chakroun*.
29 BVerwG 1 C 32.07 – BVerwGE 131, 370.
30 BR-Drucks. 206/10 vom 16. 4. 2010.
31 Vgl. hierzu auch *Hailbronner*, ZAR 2009, 369.
32 Bundesamt für Migration und Flüchtlinge, Aktuelle Zahlen zu Asyl, Stand: März 2010, S. 6.
33 Beschlüsse vom 14. 10. 2008 – BVerwG 10 C 48.07 – BVerwGE 132, 79 und vom 25. 11. 2008 – BVerwG 10 C 46.07 – NVwZ 2009, 592.
34 Vgl. hierzu Urteile vom 24. 11. 2009 – BVerwG 10 C 24.08 – Rn. 31 und vom 16. Februar 2010 – BVerwG 10 C 7.09 – beide zur Veröffentlichung in der Entscheidungssammlung BVerwGE bestimmt.
35 Vgl. Urteil vom 24. 6. 2008 – BVerwG 10 C 43.07 – BVerwGE 131, 198, Rn. 19 ff.
36 Auf diese Zweckbestimmung des Schutzes stellt ab: Court of Appeal (Civil Division), Urteil vom 24. 6. 2009, [2009] EWCA Civ 620, Rn. 34 – 36.
37 EuGH, C-175/08 u. a., NVwZ 2010, 505.
38 Vgl. hierzu *Wittkopp*, ZAR 2010, Heft 5/6.
39 Vorschlag der Kommission für eine Novellierung der Qualifikationsrichtlinie vom 21. 10. 2009 – KOM(2009) 551 endgültig und für eine Novellierung der Richtlinie über das Asylverfahren vom 22. 10. 2009 – KOM(2009) 554 endgültig; vgl. dazu auch die kritischen Stellungnahmen des Bundesrates vom 18. 12. 2009, BR-Drs. 791/09 und 792/09.

Bericht über den Arbeitskreis 10

von Richterin am VG *Sabine Müller*, Osnabrück

Das europäische Gemeinschaftsrecht gewinnt für das deutsche Aufenthaltsrecht zunehmend an Bedeutung, nachdem im August 2007 elf EG-Richtlinien in deutsches Recht umgesetzt wurden. Auch vor dieser Umsetzung kam aufgrund der Rechtsprechung des EUGH und des EGMR der Anwendung des Europarechts im Ausländerrecht nicht unerhebliche Bedeutung zu. Durch die Umsetzung der EG-Richtlinien in deutsches Recht hat die Bedeutung des Europarechts im Ausländerrecht eine neue Qualität erreicht. Auf die Verwaltungsrichterinnen und -richter kommt nun verstärkt die Aufgabe zu, sich europarechtliche Begriffe zu erschließen und sich mit der Rechtsprechung des EuGH, des EGMR und anderer Gerichte aus EU-Mitgliedstaaten auseinanderzusetzen, die die gleiche gemeinschaftsrechtliche Norm auslegen. Mittlerweile sind etwa 80 % aller asyl- und ausländerrechtlichen Verfahren europarechtlich geprägt.

Im Arbeitskreis 10 wurde eine erste Bilanz dieser Umsetzung des Gemeinschaftsrechts in die nationale Rechtsprechung zum Ausländer- und Asylrecht gezogen. RiBVerwG *Prof. Dr. Harald Dörig* stellte zunächst anhand der Rechtsprechung des Bundesverwaltungsgerichts den Einfluss des EU-Vertragsrechts und der Europäischen Menschenrechtskonvention unter Berücksichtigung der Rechtsprechung des EuGH und des EGMR zum Ausweisungsrecht von freizügigkeitsberechtigten Unionbürgern und von Ausländern, die in Deutschland geboren und aufgewachsen sind, sowie von assoziationsberechtigten türkischen Staatsangehörigen dar. *Prof. Dr. Dörig* zeigte insoweit auch den aus seiner Sicht bestehenden Handlungsbedarf des Gesetzgebers auf, der gehalten sei, der Rechtsprechung des Bundesverwaltungsgerichts, des Bundesverfassungsgerichts und des EuGH auch durch Änderungen des Aufenthaltsrechtes Rechnung zu tragen. Anschließend ging der Referent auf ausgewählte Probleme der im Jahr 2007 in nationales Recht umgesetzten Unionsbürgerrichtlinie, Familienzusammenführungsrichtlinie und Richtlinie über die Rechtsstellung der langfristig aufenthaltsberechtigten Drittstaatsangehörigen ein.

Abschließend erläuterte *Prof. Dr. Dörig* die Bedeutung des Richtlinienumsetzungsgesetzes 2007 für das Flüchtlingsrecht. Nach Umsetzung der Qualifikationsrichtlinie (2004/83/EG) steht auch in der Bundesrepublik Deutschland die Zuerkennung der Flüchtlingseigenschaft nach Art. 2 Buchst. c und d RL (§ 3 Abs. 1 AsylVfG) und die Zuerkennung subsidiären Schutzes nach Art. 15 RL (§ 60 Abs. 2, 3 und 7 Satz 2 AufenthG) im verwaltungsgerichtlichen Vordergrund. *Prof. Dr. Dörig* wies darauf hin, dass das in Art. 16a GG normierte mit Verfassungsrang ausgestattete nationale Asylrecht kein Freizügigkeitsrecht nach Art. 26–28 Genfer Flüchtlingskonvention mehr begründen könne, weil z. B. der Ausschluss ehemaliger Terroristen nur unter engeren Voraussetzungen als bei den europarechtlichen Regelungen möglich ist.

In der anschließenden Diskussion zeigte sich, dass die von *Prof. Dr. Dörig* aufgezeigten Überschneidungen von europäischem und deutschem Recht in der Praxis zu einer Vielzahl von einzelfallbezogenen Problemen führen, für die die Verwaltungsgerichte aller Instanzen eine Vielzahl konstruktiver Lösungen entwickelt haben.

Breiten Raum nahm dabei zunächst die aktuelle Rechtsprechung des Bundesverwaltungsgerichts zu der Frage der Sicherung des Lebensunterhaltes im Rahmen der Familienzusammenführung ein.

Hier wurde von Herrn *Görlich* (VG Berlin) insbesondere darauf hingewiesen, dass die Einrechnung der Erwerbstätigenfreibeträge in die erforderliche Sicherung zum Lebensunterhalt dazu führe, dass eine Regelung, die dem Sozialhilfeempfänger Anreize zur Arbeitsaufnahme setzen soll, bei Ausländern dazu führt, den Familiennachzug zu erschweren. Dies würde insbesondere dann, wenn diese Freibeträge in Zukunft – wie derzeit politisch erwogen – weiter erhöht würden, zu einer europarechtlich unzulässigen Erschwerung der Familienzusammenführung führen. Herr *Goebel* (OVG Bremen) wies insoweit darauf hin, dass aus seiner Sicht die Rechtsprechung des Bundesverwaltungsgerichts einerseits und des Gerichtshofs andererseits durch unterschiedliche Ausgangspunkte insoweit gekennzeichnet seien, als der Gerichtshof im Regelfall von einem Familienzusammenführungsanspruch ausgehe, der nur ausnahmsweise wegen der Inanspruchnahme von Sozialleistungen in der Höhe allgemein bestimmter notwendiger Kosten ausgeschlossen werden könne, hingegen das Bundesverwaltungsgericht einen solchen Anspruch als ausgeschlossen ansehe bei der Inanspruchnahme individuell bestimmter notwendiger Kosten des Lebensunterhalts; Herr *Goebel* regte insoweit eine Vorlage durch die Instanzgerichte beim EuGH oder eine solche durch das Bundesverwaltungsgericht an.

Prof. Dr. Dörig wies hierzu darauf hin, dass die Entscheidung des EuGH vom 4. 3. 2010 -Chakroun- naturgemäß in der Entscheidung des Bundesverwaltungsgerichts vom 26. 8. 2008 noch nicht habe berücksichtigt werden können. Es sei allerdings sowohl eindeutig, dass der nationale Gesetzgeber eine Zuwanderung in die Sozialsysteme habe verhindern wollen, als auch, dass der Begriff der „Inanspruchnahme der Sozialhilfeleistungen" in Art. 7 Abs. 1 Buchst. c der EGRL 86/2003 des Rates vom 22. 9. 2003 ein unionsrechtlich auszulegender Rechtsbegriff sei. Insoweit sei der EuGH für dessen verbindliche Auslegung zuständig.

Auch die Rechtsprechung des Bundesverwaltungsgerichts zum erhöhten Ausweisungsschutz der sog. faktischen Inländer (Art. 8 EMRK) wurde kontrovers diskutiert. Herr *Kepert* (Regierungspräsidium Freiburg) wies darauf hin, dass die Kriterien, nach denen eine Verwurzelung im Inland im Sinne des Art. 8 EMRK angenommen werde, unscharf seien. Ungeklärt sei in der Rechtsprechung die Frage, ob und inwieweit auch bei lediglich geduldeten Ausländern, die schwere Straftaten begangen hätten, im Rahmen einer Ausweisungsentscheidung Art. 8 EMRK zu beachten sei.

In diesem Zusammenhang wurde von Herrn *Ambrüster* (VG Sigmaringen) darauf hingewiesen, dass die Ausweisungsvorschriften, insbesondere die Fälle, in denen faktische Inländer einen Ist-Ausweisungstatbestand verwirklichten, nicht der Rechtsprechung des Bundesverfassungsgerichts zu Art. 6 GG genügten. Die vom Bundesverwaltungsgericht präferierte Lösung, diesen Personenkreis stets im Rahmen einer umfassenden Verhältnismäßigkeitsprüfung, also nach Ermessen, auszuweisen, sei seiner Auffassung nach mit dem Gesetz nicht zu vereinbaren. Deshalb sollten diese Vorschriften dem Bundesverfassungsgericht zur Prüfung vorgelegt werden.

Der Moderator erklärte dazu, dass jedenfalls, wenn die EU der EMRK beitrete, Art. 8 EMRK als vorrangiges materielles Recht zur Auslegung von Verfassungsrecht herangezogen werden könne. Allerdings betrifft dies nach Auffassung von Herrn *Neumann* (VG Münster) allein EU-Bürger, nicht aber Drittstaatsangehörige. Bei diesen entfalte die EMRK auch weiterhin nur einfachrechtliche Wirkung.

Dr. Heidelmann (Nieders. Oberverwaltungsgericht) wies darauf hin, dass auch bei der Prüfung, ob Aufenthaltserlaubnisse – insbesondere im Rahmen des § 25 Abs. 5 AufenthG – erteilt werden sollten, die Kriterien, nach denen eine Verwurzelung im Inland im Sinne des Art. 8 EMRK angenommen werde, unterschiedlich gesehen würden. Teilweise werde auf die Rechtmäßigkeit des Aufenthaltes abgestellt, so dass Geduldete sich nicht auf Art. 8 EMRK berufen könnten, teilweise werde dieser Schutz aber auch Geduldeten zugesprochen. Der Referent wies darauf hin, dass nach der Rechtsprechung des Bundesverwaltungsgerichts der Schutzbereich des Art. 8 EMRK auch bei Geduldeten betroffen sei. Die Frage der Rechtmäßigkeit des Aufenthaltes sei in die umfassend durchzuführende Verhältnismäßigkeitsprüfung mit einzustellen.

In diesem Zusammenhang wurde von Herrn *Ott* (VG Köln) die Frage aufgeworfen, ob es nicht sinnvoll sei, die „Generalklausel" des § 25 Abs. 5 AufenthG, über den derzeit eine Vielzahl der Familiennachzugsverfahren geregelt werden würde, konkreter zu fassen. Es wurde in der anschließenden Diskussion allerdings überwiegend die Auffassung vertreten, dass eine weite Auffangnorm, wie sie mit § 25 Abs. 5 AufenthG vorliege, erforderlich sei, um der Rechtsprechung des Bundesverfassungsgerichts und des EuGH zu Art. 6 GG und Art. 8 EMRK im Einzelfall angemessen Rechnung tragen zu können.

Breiten Raum nahm auch die Frage ein, inwieweit im Flüchtlingsrecht, insbesondere in Verfahren, in denen die Flüchtlingseigenschaft wegen nachträglicher Änderung der Verfolgungssituation widerrufen wurde, nach der aktuellen Rechtsprechung des Bundesverwaltungsgerichts und des Urteils des EuGH vom 3. 3. 2010 noch die bisher angewandten Gefährdungsmaßstäbe Gültigkeit hätten. Herr *Grau* (BayVGH) warf die Frage auf, ob der bisher geltende Maßstab der sog. „hinreichenden Sicherheit vor Verfolgung" noch anzuwenden sei.

Der Referent erläuterte hierzu, dass die Qualifikationsrichtlinie nur noch einen Maßstab kenne und dass dies, übertragen in das deutsche Recht, derjenige der beachtlichen Wahrscheinlichkeit sei. Anstelle des früher zusätzlich noch zu beachtenden Maßstabs der „hinreichenden Sicherheit vor Verfolgung" sei nun die Beweislastregelung in Art. 4 Abs. 4 der Richtlinie getreten.

Rechtsanwalt *Dr. Gutmann* wies darauf hin, dass das Bundesverwaltungsgericht seiner Auffassung nach die Vorlagepflicht an den EuGH zu eng fasse. Der Referent wies allerdings darauf hin, dass nach der Rechtsprechung des EuGH feststehe, dass das nationale Recht durch den nationalen Richter bewertet werden müsse. Der Vorrang des Unionsrechts werde vom Bundesverwaltungsgericht in seinen Entscheidungen stets beachtet.

Herr *McLean* (VG Berlin) stellte das Problem dar, dass im Rahmen des Familiennachzugs aus dem Kosovo nach gerichtlich eingeholten Gutachten die rechtstheoretisch mögliche Geltendmachung eines Umgangsrechts im Kosovo mangels einer tatsächlichen Justizgewährleistung durch die kosovarischen Behörden eine reine Fiktion sei. Herr *Prof. Dr. Dörig* erklärte hierzu, dass es sich insoweit nicht um eine revisible Rechtsfrage handele, da die Feststellung ausländischen Rechts dem Bereich der Tatsachenfeststellung zuzuordnen sei. Indes sei auch aus seiner Sicht bei ausländischem Recht nicht allein die Gesetzeslage, sondern auch die gelebte Rechtspraxis maßgeblich.

Auf Nachfrage von Herrn *Deibel* (VG Münster) zur Erschließung der Entscheidungen des EGMR wies der Referent auf den Newsletter Menschenrechte des Österreichischen Instituts für Menschenrechte (http://www.menschenrechte.ac.at/) hin, der eine umfassende deutschsprachige Aufbereitung aller relevanten Urteile und Entscheidungen des EGMR zu Österreich, Deutschland und der Schweiz sowie der wichtigsten Erkenntnisse zu anderen Staaten beinhalte, ebenso wie die Internetseite http://www.egmr.org/.

Vortrag und Diskussion zeigten, dass gerade Verwaltungsrichterinnen und Verwaltungsrichter im Tätigkeitsgebiet des Aufenthaltsrechtes den vom Präsidenten des Bundesverfassungsgerichts *Voßkuhle* in seinem Eröffnungsvortrag als Leitbild beschriebenen europäischen Juristen besonders nahekommen.

ARBEITSKREIS 11

Staatliche Schutzpflichten und Eingriffe in die Freiheitsrechte – Gestaltungsfreiheit des Staates und richterliche Kontrolle[1]

Referent: *Prof. Dr. Uwe Volkmann*, Mainz

Thesen des Referats

1. Das Verhältnis von Freiheit und Sicherheit ist nach verbreiteter Einschätzung in den letzten Jahren und Jahrzehnten neu ausbalanciert worden. Zusehends soll der Staat nicht mehr nur die objektive Sicherheit gewährleisten, die auf reale und erfassbare Gefährdungen bezogen ist, sondern auch die subjektive oder gefühlte Sicherheit, die weitergehend auf eine Freiheit von Angst abzielt.
2. Die Gewährleistung dieser Sicherheit ist der klassische Zweck des Staates und zugleich die Rechtfertigung für das ihm zukommende Gewaltmonopol. Seit der Umdeutung bzw. Weiterentwicklung der Grundrechte von bloßen Abwehrrechten des Bürgers zu staatlichen Schutzpflichten, die mit der Entscheidung des Bundesverfassungsgerichts zum Schwangerschaftsabbruch einsetzte, ist diese Verpflichtung aber nunmehr auch grundrechtlich abgesichert und zu einem verallgemeinerten „Grundrecht auf Sicherheit" zusammengezogen worden.
3. Die Grundrechte sind auf diese Weise zu einem Eingriffstitel mutiert, der dann wiederum gegen die abwehrrechtliche Funktion in Stellung gebracht werden kann. Vor diesem Hintergrund lässt sich seit einigen Jahren eine Neuausrichtung des Rechts der inneren Sicherheit beobachten, die neben dem Straf- und Strafprozessrecht vor allem auch das Polizei- und Ordnungsrecht sowie das sonstige Gefahrenabwehrrecht erfasst.
4. Für das Polizei- und Gefahrenabwehrrecht besteht der Kern dieser Entwicklung in einem Wegfall der systembildenden Grundbegriffe und Kategorien, die bisher für dieses Rechtsgebiet prägend waren. Diese werden nach und nach durch neue Kategorien ersetzt, die aber rechtsstaatlich und dogmatisch schwerer zu disziplinieren sind.
5. Als wesentlich erweist sich dabei zunächst die allmähliche Ersetzung des Gefahrenbegriffs, der bislang die Voraussetzung für polizeiliche Maßnahmen bildete, durch eine diffusere Kategorie des Risikos, die anders als der Gefahrenbegriff nicht mehr auf hinreichende tatsächliche Anhaltspunkte gestützt wird. Ebenso wird die traditionelle Anknüpfung an die Störereigenschaft als Voraussetzung für polizeiliche Maßnahmen zusehends aufgegeben.
6. Typisch für die Entwicklung ist darüber hinaus eine Ausweitung der sicherheitsrechtlichen Regelungsansprüche über den eigentlichen Bereich des Gefahrenabwehrrechts hinaus; stattdessen werden immer weitere Materien mit den Zwecken

der Gefahrenabwehr und Kriminalprävention aufgeladen und nehmen ebenfalls Züge eines umfassender verstandenen Sicherheitsrechts an.
7. Schließlich erfolgt auch der Problemzugriff nicht mehr einzelfallbezogen und punktuell, sondern großflächig und in der Regel eingebunden in gesamthafte, auf ein übergeordnetes Phänomen (internationaler Terrorismus, Hooliganismus, Drogenszene etc.) bezogene Strategiekonzepte.
8. Wesentliche Impulse in diese Richtung kommen darüber hinaus aus der Europäischen Union, die sowohl auf dem Gebiet des Strafrechts als auch im Bereich des sonstigen Sicherheitsrechts in den letzten Jahren erhebliche eigene Aktivitäten entfaltet hat und voraussichtlich auch künftig weiter entfalten wird.
9. Aus rechtsstaatlicher Perspektive führt dies insbesondere dazu, dass klassische Prüf- und Kontrollraster wie etwa der Grundsatz der Verhältnismäßigkeit ausfallen bzw. an Bedeutung verlieren. Dabei lässt sich sowohl in der Gesetzgebung wie in der Rechtsprechung die Tendenz beobachten, die ausfallenden materiellrechtlichen Sicherungen durch zusätzliche prozedurale Vorkehrungen zu kompensieren.
10. Andererseits artikuliert sich in der entsprechenden Verschärfung des Sicherheitsrechts das legitime Bedürfnis einer demokratischen Gesellschaft, in einer Umgebung zu leben, in der man sich ungehindert und frei von Angst bewegen kann. Dieses Bedürfnis muss gegen die damit verbundenen Freiheitsbeeinträchtigungen abgewogen werden, wird aber seinerseits in der Rechtsprechung nicht zuletzt des Bundesverfassungsgerichts oft untergewichtet.

Referat

Zur Sicherheit haben wir ein in mehrfacher Hinsicht paradoxes Verhältnis. Historisch und über längere Zeitläufe hinweg betrachtet leben wir wahrscheinlich in einer der sichersten Gesellschaften, die es je gab. Das Risiko äußerer Gewalt, von Krieg oder Vertreibung, besteht praktisch nicht mehr. Nach innen hält die Gefährdungslage keinen Vergleich mit den Gesellschaften früherer Zeiten – der Gesellschaft des Mittelalters, der Gesellschaft der frühen Neuzeit – aus. In der Gegenüberstellung mit anderen Staaten leben wir geradezu in einem Paradies der Sicherheit; von Verhältnissen wie in Südafrika oder denen einer mexikanischen Grenzstadt, in der jeden Tag im Schnitt 7 Morde begangen werden und im Jahr auf 100.000 Einwohner 130 Morde kommen, sind wir meilenweit entfernt.[2] Gleichwohl ist der Ruf nach Sicherheit in unserer Gesellschaft weitaus stärker als in früheren Gesellschaften; gerade der Krieg als eine Situation äußerster existentieller Bedrohung wurde ja hierzulande in verschiedenen historischen Augenblicken geradezu herbeigesehnt. Und im Vergleich zu anderen Staaten, in denen es sich weitaus gefährlicher lebt als bei uns, ist der Ruf nach Sicherheit zumindest kaum leiser. Im Gegenteil erwarten wir vom Staat, dass er uns künftig noch besser beschützt als bisher, uns nicht allein lässt mit unserer Angst. Eine zweite Paradoxie resultiert allerdings gerade aus den Aktivitäten, die der Staat in Aufnahme dieses Rufes entfaltet. Von Jahr zu Jahr unternimmt er ja mehr, um unser aller Sicherheit zu gewährleisten. Vor allem die Sicherheitsgesetze haben mittlerweile einen Umfang erreicht, dass man sie in ganzen Paketen verpackt.[3] Aber merkwürdigerweise führt all dies nicht dazu, dass wir uns sicherer fühlen, sondern es verstärkt im Gegenteil nur das Gefühl permanenter Bedrohung. Jede neue gesetzgeberische, administrative oder justizielle Maßnahme, die der Staat zur Erhöhung von Sicherheit trifft, belegt ja nur, dass in dem schon zuvor versprochenen und möglichst umfassenden Sicherheitsnetz schon wieder eine Lücke geklafft hat, die bloß vorher offenbar noch niemandem aufgefallen war, so wie auch jeder erfolgreich verhinderte terroristische Anschlag sogleich die Angst vor dem nächsten weckt, der dann womöglich besser geplant und in seinen Ausmaßen noch bestürzender ist als der vorherige. Müssen dann nicht auch die staatlichen Abwehrmaßnahmen immer weiter verstärkt und effektiviert werden? Und muss nicht überhaupt das ganze Reaktionsschema so umgebaut und umstrukturiert werden, dass wir schon von den fernen Ausläufern und Ahnungen solcher Erschütterungen verschont werden? All dies geschieht längst, man hat sich so daran gewöhnt, dass es jenseits einer mittlerweile ebenfalls routinierten Kritik kaum mehr registriert wird – und es hat das Recht der inneren Sicherheit in wenig mehr als einigen Jahrzehnten grundlegend verändert.[4]

A. Schübe der Veränderung

Wirft man dazu zunächst einen Blick auf die geschichtliche Entwicklung, so lassen sich mehrere große Wellen oder Schübe unterscheiden, in denen sich gesellschaftliche Bedrohungswahrnehmung, gesetzgeberische Aktivitäten und Veränderungen auf der Vollzugsebene in Spiralen der Rückkopplung wechselseitig verstärkten und so die grundlegenden Umbauten der Sicherheitsarchitektur vorantrieben.[5] Diesen treten immer wieder kleinere Bewegungen zur Seite, die gleichsam eine Art kontinuierlicher Begleitmelodie liefern: Der Ruf nach einem härteren Vorgehen gegen Kinderschänder, neuerdings die Erregung nach den sich häufenden Amokläufen an öffentlichen Schulen, die Konfrontation mit sinnloser Jugendgewalt in öffentlichen Verkehrseinrichtungen – all dies drängt periodisch in den Vordergrund, führt zu Veränderungen und Nachjustierungen jener Architektur, ohne dass es die Kraft und Intensität der großen Schübe erreicht. Der erste dieser Schübe, der hauptsächlich das Straf- und Strafprozessrecht betraf, erwuchs aus der Bedrohung durch den linksextremistischen Terrorismus in den siebziger Jahren, auf die der Staat mit einer umfangreichen Anti-Terror-Gesetzgebung reagierte; ihr verdankt sich immerhin die Errichtung des Bundeskriminalamtes als Bundespolizeibehörde.[6] In einem zweiten Schub, der zeitlich mit dem Zusammenbruch des real existierenden Sozialismus und der ihm nachfolgenden Öffnung der Ostgrenzen zusammenfällt, konzentrierte sich die Aufmerksamkeit demgegenüber auf die grenzüberschreitende organisierte Kriminalität, zu deren Bekämpfung das Polizeirecht flächendeckend mit informationellen Befugnissen – von der Schleierfahndung bis hin zum Lauschangriff oder der Überwachung der Telekommunkation – aufgerüstet und der Kreis der Polizeiaufgaben um die vorbeugende Verbrechensbekämpfung und die Vorsorge für die Strafverfolgung erweitert wurde.[7]

Ende der neunziger Jahre schließlich entdeckte man unter dem Eindruck der in den Vereinigten Staaten praktizierten Zero-Tolerance-Politik wieder die Bedeutung ziviler Umgangsformen für das Zusammenleben und wandte sich der Bekämpfung flagranter Verwahrlosungserscheinungen in öffentlichen Räumen zu; Ziel war die Wiederherstellung der Integrität dieser Räume und die Hebung des allgemeinen Ordnungsvertrauens.[8] Der vierte und vorerst letzte Schub schließlich resultiert aus der neuartigen Herausforderung durch den islamischen Terrorismus, der mit einem in verschiedenen „Sicherheitspaketen" entfalteten „ganzheitlichen Bekämpfungsansatz" begegnet werden soll.[9] Die Sicherheitspakete sahen unter anderem die Streichung des Religionsprivilegs im Vereinsgesetz, erweiterte nachrichten- und geheimdienstliche Befugnisse, Änderungen des materiellen Strafrechts und des Strafprozessrechts, Erleichterungen des Datenaustausches sowie Verschärfungen des Ausländer- und Asylverfahrensrechts vor;[10] in den vormals in dieser Hinsicht ganz disparaten Landespolizeigesetzen sind die Regelungen über technologiegestützte Ermittlungs- und Aufklärungsmaßnahmen ausgebaut und einander schrittweise angeglichen worden.[11] Flankiert und unterfüttert wird dies mittlerweile durch die zunehmende Vernetzung der Polizeiarbeit im europäischen Mehrebenensystem einerseits und Mechanismen arbeitsteiliger Aufgabenerledigung mit gesellschaftlichen Akteuren im Inneren anderseits, für die beispielhaft kommunale „Sicherheitspartnerschaften" oder die Wachstumsbranche der privaten Sicherheitsdienste steht[12].

B. Strukturen der Veränderung

All diese Entwicklungen laufen nun ineinander, verschränken und verstärken sich gegenseitig. Die Frage ist aber, ob es ein gemeinsames Muster hinter diesen Entwicklungen gibt, etwas, das sie miteinander verbindet und zugleich eine Folie ergibt, von der aus sie ihrerseits gelesen werden können. In der Tat wird man ohne große Mühen und bei nur etwas sorgfältigerem Hinsehen einige solcher Gemeinsamkeiten ausmachen können; die eine betrifft das Verhältnis des Staates zur Sicherheit insgesamt, die zweite, auf ihr aufbauende, die Art und Weise, in der sie fortan garantiert werden soll.

I. Sicherheit als Produkt

Die Veränderungen im grundsätzlichen Verhältnis des Staates zur Sicherheit stellen sich ihrerseits als Folge eines allgemeinen Ausgreifens des Sicherheitsdenkens in verschiedene Richtungen und einer Potenzierung der Erwartungen der Bürger in Bezug auf die Sicherheit dar.[13] Quantitativ hat sich zunächst die Menge der Güter vermehrt, die in das Sicherheitsdenken einbezogen sind: Vom Staat wird heute längst nicht mehr nur der Schutz vor Kriminalität erwartet, sondern zunehmend auch die Sicherung des allgemeinen Normvertrauens, das dann konsequent von Rechtsnormen auf die Einhaltung allgemeiner Sozialnormen übertragen wird. Ein anschauliches Beispiel liefern einige Gefahrenabwehrverordnungen der jüngeren Zeit, die den Alkoholkonsum in Teilen des öffentlichen Raumes untersagen, um diesen auch als symbolischen Raum intakt zu halten, als einen Raum, in dem eine bestimmte Einstellung zu dem herrscht, was sich gehört, und man sich darauf verlässt, dass diese Einstellung von anderen geteilt wird.[14] Statt der „Sicherheit" wird auf diese Weise auch die Herstellung der „Ordnung" wieder zur politischen Forderung und von einer eigenen Leistung der Gesellschaft zum Inhalt einer staatlichen Garantie. Qualitativ geht es nicht mehr nur um die Gewährleistung der objektiven, sondern zunehmend auch der subjektiven im Sinne der empfundenen Sicherheit, die ihrerseits oft ein Produkt der medialen Aufbereitung bestimmter Problemlagen und einer entsprechend veränderten Bedrohungswahrnehmung ist.[15] Was vom Staat in diesem Sinne erwartet wird, ist nun insgesamt die Sicherung einer „angstfreien Daseinsgewissheit";[16] die Bürger sollen nicht nur tatsächlich oder nach der letzten Kriminalstatistik in größerer Sicherheit leben, sondern sich auch sicherer fühlen. Dazu kommt als zweite Tendenz, dass diese Erwartungen nun weit stärker als früher verrechtlicht und damit von jedem Einzelnen auch einklagbar sind. Zwar war die Gewährleistung von Sicherheit schon immer Aufgabe des Staates: Der Staat, so hat man gesagt, ist die institutionelle Überwindung des Bürgerkriegs; er monopolisiert die Gewalt bei sich und schließt eben dadurch alle anderen von der Gewaltanwendung aus.[17] Klassische Aufgabe des Staates war dann die Sicherung des inneren Friedens und der Schutz seiner Bürger, und zwar gerade als ein Schutz der Bürger voreinander. Aber als Staatszweck in diesem Sinne blieb die Sicherheit bloßer Legitimationsgrund des staatlichen Handelns, der nicht einklagbar war, gelangte also nicht in das Recht hinein. Unter dem Grundgesetz ist sie nun zu einem Anspruch erhoben worden, auf den sich jeder Einzelne gegen den Staat berufen kann. Den Schlüssel dafür bildete die Neu- oder Umdeutung der Grundrechte von Abwehrrechten zu Schutzpflichten, die den Staat verpflichteten, sich schützend vor die grundrechtlich geschützten Rechtsgüter – Leben, Freiheit, körperliche Unversehrtheit – zu stellen und nicht nur Eingriffe zu unterlassen, sondern dafür auch aktiv etwas zu tun.[18] Das war an sich in ganz anderem Zusammenhang entwickelt und gar nicht auf die Sicherheit bezogen, konnte aber problemlos auf diese übertragen werden, als die Zeit dafür reif erschien. Mittlerweile sind die Schutzpflichten in diesem Sinne zu einem verallgemeinernden „Grundrecht auf Sicherheit" zusammengezogen, das nunmehr selber Eingriffe in das vormalige Abwehrrecht legitimiert.[19] In der Folge und im Zusammenhang mit einer Entwicklung, die sich auch bei anderen Staatsaufgaben beobachten lässt – Wandel zum Dienstleister, die zunehmende Kundenorientierung im Bereich der öffentlichen Verwaltung, der Siegeszug des New Public Management –, ändert sich nun auch die grundsätzliche Einstellung des Staates zur Gewährleistung von Sicherheit. Diese wird nicht mehr als etwas in der Gesellschaft prinzipiell Vorhandenes und nur gegen vereinzelte Störungen zu Verteidigendes begriffen, sondern stärker als etwas aktiv zu Bewirkendes, ein Produkt, ein Gut oder eine Dienstleistung, die jener umfassend und flächendeckend zur Verfügung zu stellen hat, so wie es etwa auch Art. 3 II EU-Lissabon (vormals Art. 29 EU) als ein Ziel der Europäischen Union formuliert, den Bürgern einen „Raum der Freiheit, der Sicherheit und des Rechts" zu bieten: als Bestandteil einer flächendeckenden Grundversorgung, für die die öffentliche Gewalt einsteht.

II. Neuartiger Zugriff

Diese Veränderung führt nun auch zu einer charakteristischen Neuorientierung in der Art und Weise der Problembehandlung, an der sich die gesamte Entwicklung zugleich ablesen lässt. Dabei können eine zeitliche und eine modale Dimension unterschieden werden, die aber sachlich ineinandergreifen und sich gegenseitig ergänzen; bei der zeitlichen geht es um ein „Immer früher", bei der modalen um ein „Immer breiter". Das „Immer früher" besteht darin, dass der Staat, statt auf Krisen erst dann zu reagieren, wenn sie eingetreten sind, nun bereits schon die Situation zu verhindern versucht, aus der heraus sie entstehen können. Auch die Polizeitätigkeit dehnt sich damit in das Vorfeld der Gefahrenabwehr aus und wird in weit höherem Maße als früher antizipativ.[20] Diese Entwicklung wird allgemein als Hinwendung zur Prävention beschrieben, was insofern ungenau ist, als auch die klassische Gefahrenabwehr natürlich Prävention ist und schon immer war.[21] Es geht aber nun gerade um ein Handeln „vor" der Gefahr: Nicht mehr wie im klassischen Schema der Gefahrenabwehr der Umschlag der Gefahr in einen Schaden, sondern bereits die Entstehung und Ausbildung der Gefahr sollen nach Möglichkeit verhindert werden. Das schließt an die entsprechende Entwicklung im Umwelt- und Technikrecht an, das schon seit den siebziger Jahren vom Prinzip der Vorsorge beherrscht wird und hier mittlerweile einen seiner wichtigsten konzeptionellen Ausgangspunkte findet. Für das Polizeirecht beginnt die Umstellung etwa ab den 1990er Jahren im Zuge der Bekämpfung der grenzüberschreitenden organisierten Kriminalität, als der polizeiliche Aufgabenkatalog auf die vorbeugende Verbrechensbekämpfung – einschließlich der Vorsorge für die Verfolgung künftiger Straftaten – ausgedehnt wird, die eben schon dann einsetzt, wenn von einem Verbrechen weit und breit noch gar nichts zu sehen ist. Dazu muss vor allem Wissen aufgehäuft werden, Wissen über Räume und Sachverhalte, über Personen, auch über individuelle Lebensführung und persönliche Gesinnungen, und es ist dann dieses Wissen, das es immer öfter ermöglicht, Anschläge oder sonstige Erschütterungen aufzudecken, bevor sie geschehen. Das Mittel zur Erfüllung der neuen Aufgabe sind deshalb vor allem die Informationseingriffe, die ebenfalls ab den neunziger Jahren in alle Polizeigesetze einwandern und sich dort ausbreiten. Die bekannten Stichworte sind: großer Lauschangriff, Überwachung der Telekommunikation, Videoüberwachung, langfristige Observationsmaßnahmen, Einsatz verdeckter Ermittler, Vorratsdatenspeicherung oder Rasterfahndung, demnächst automatische Kennzeichenerfassung und Online-Durchsuchung,[22] zu denen dann übergreifende und flankierende Kontroll-, Fahndungs- und Verfolgungsmaßnahmen anderer Behörden hinzukommen: die nachrichtendienstliche oder bankaufsichtliche Kontrolle von Finanzbewegungen,[23] erweiterte Überwachungs- und Ausweisungsmöglichkeiten durch die Ausländerbehörden,[24] die Indienstnahme Privater zur Vorhaltung von Informationen.[25] Dazu sind herkömmliche Standardmaßnahmen wie die Identitätsfeststellung, die Befragung oder die erkennungsdienstliche Behandlung teils durch neue Techniken – wie die biometrische Erfassung oder den genetischen Fingerabdruck – verfeinert und vertieft, teils um neue Anwendungsmöglichkeiten – etwa in Gestalt der anlassunabhängigen Personenkontrollen im Rahmen der Schleierfahndung – erweitert worden.[26] In der Folge geht es speziell für die Polizei oft nicht mehr darum, aufgrund eines konkreten Verdachts bestimmte Maßnahmen zu ergreifen, sondern darum, überhaupt erst einmal Anhaltspunkte zu finden, aus denen dann ein Verdacht gewonnen werden kann; Eingriffe sind dann oft nicht mehr Verdachtsermittlungseingriffe, sondern Verdachtsgewinnungseingriffe.[27]

Das „Immer breiter" dagegen zeigt sich in einer Abwendung vom Einzelphänomen und die Hinwendung zu einem gesamthaften Zugriff: Statt dass man gegen konkrete Gefahren oder einzelne Individuen vorgeht, richtet sich der Blick nun auf einen Zustand oder eine Lage, dessen Schadensneigung oder Gefährlichkeit insgesamt abgesenkt werden soll: Nicht mehr gegen diesen oder jenen einzelnen Terroristen geht es, sondern gegen „den" Terrorismus; nicht mehr gegen diesen oder jenen Kriminellen, sondern gegen „die" organisierte Kriminalität, nicht mehr gegen diesen oder jenen Hooligan, sondern gegen den Hooliganismus insgesamt, die alle am besten „an ihrer Wurzel" getroffen werden müssen.[28] Der punktuelle Ansatz des bisherigen Ordnungsrechts wird auf diese Weise durch ein in die Fläche wirkendes Regulierungskonzept ersetzt, innerhalb dessen Bedrohungen aus mehreren Richtungen, aber stets orientiert an einer übergreifenden Zielvorstellung angegangen werden. Der Zugriff bekommt dadurch etwas Technologisches, ein Element vorsorgender Sozialgestaltung, das sich in andere Formen von Sozialgestaltung einfügt. Stellvertretend dafür steht etwa im Rahmen der Terrorbekämpfung die Formel vom „ganzheitlichen Bekämpfungsansatz", mit dem die Bundesregierung ihre verschiedenen Anti-Terror-Pakete begründete: als eine multifunktionale, multidimensionale Strategie, die aus verschiedenen Richtungen ansetzt. In der Vorsorge gegen Kriminalität drückt es sich als Hinwendung zu einer „operativen" Verbrechensbekämpfung aus, die statt auf die isolierbare Tat auf die Strukturen zielt, die sie hervorgebracht hat: auf kriminelle Milieus, logistische Operationsbasen und unterstützende Netzwerke, die in einem vielschichtigen, langfristig angelegten und in sich oft auch unzusammenhängend wirkenden Zugriff irritiert oder zerschlagen werden sollen.[29] Aber es gilt auch im kleineren Rahmen wie für den Hooliganismus, bei dem die fallweise eingesetzten Reisebeschränkungen, Meldeauflagen oder Aufenthaltsverbote für gewalttätige Fußballfans regelmäßig eingebettet sind in ein größeres polizeitaktisches Stufen- oder Gesamtkonzept, das vom Einsatz sog. Fan-Kontaktbeamter über Gespräche und Gefährderansprachen bis hin zum polizeilichen Unterbindungsgewahrsam reicht und darauf abzielt, eine insgesamt als gefährlich eingeschätzte Szene auf Dauer unter Kontrolle zu halten.[30] Und das wird flankiert durch eine bundesweite Verbunddatei mit dem Namen „Gewalttäter und Sport", die nun nach verschiedenen Gerichtsentscheidungen auf eine neue Rechtsgrundlage gestellt werden muss.[31] Sicherheit erscheint dadurch in der Tendenz als eine Rundum-Sicherheit, die möglichst vorausschauend und planvoll zu gewährleisten ist. Von oben soll die Polizei nunmehr anonymen und gesichtslosen Großgefahren wie der organisierten Kriminalität oder dem internationalen Terrorismus in einem immer umfassenderen Zugriff vorbeugen, während sie von unten, gleichsam an den Wurzeln, dazu beitragen soll, das allgemein gestörte Normvertrauen im unmittelbaren Umfeld der Bürger wiederherzustellen. Was immer deshalb zu dieser Gewährleistung unternommen wird, erfolgt fortan in einem „System", aus einem „Netz" oder einer „Architektur" – dies als weitere Begriffe – heraus, in der jede einzelne Maßnahme ihren vollen Sinn erst aus ihrem Zusammenhang mit einer Reihe ähnlicher Maßnahmen erhält und in ihrer Wirkung durch die in ganz anderen Bereichen erzielten Erfolge ergänzt wird.[32] Die Entwicklung verbindet sich auf diese Weise zwanglos mit der Entdeckung des Verwaltungsrechts als „Steuerungsrecht" und der Verwaltungsrechtswissenschaft als Steuerungswissenschaft insgesamt, als deren Bestandteil nun auch das frühere Gefahrenabwehrrecht erscheint.[33]

C. Folgen für das Recht

Die Folgen dieser Neuausrichtung sind weittragend. Sie bestehen auf der materiellrechtlichen Ebene in nicht weniger als in einer Erosion der systembildenden Kategorien, die bislang für das Recht der inneren Sicherheit wie auch für das Verwaltungsrecht insgesamt prägend waren. Auf der Ebene des Verfahrens- und Prozessrechts zeigen sie sich in einer Schwächung gerichtlicher Kontroll- und Überprüfungsmöglichkeiten, die gerade durch jene Kategorien erleichtert und oft genug überhaupt erst bedingt waren. Der nachlassenden Steuerungskraft des materiellen Rechts korrespondiert damit prozessual zwangsläufig ein Verlust an Rechtsschutzmöglichkeiten. Auf beides soll im Folgenden ein ebenso kurzer wie illusionsloser Blick geworfen werden.

I. Erosion systembildender Kategorien

Um den Vorgang in seiner ganzen Tragweite zu erfassen, muss man sehen, dass die verwaltungsrechtliche Systembildung ursprünglich gerade vom Polizeirecht ausging und hier ihren Anfang nahm, so wie zuletzt auch die Verwaltungsrechtswissenschaft insgesamt aus der Polizeiwissenschaft hervorging und hier ihren Anfang nahm. Aus rechtsstaatlicher Perspektive erschien das Polizeirecht damit zugleich als das Rechtsgebiet, von dem aus der Kontroll- und Beherrschungsanspruch des Staates begrenzt und eingehegt wurde: durch die allmähliche Zurückdrängung des Wohlfahrtszwecks, durch präzisere Normierung der Eingriffstatbestände, durch Begrenzung der Rechtsfolgen auf die je und je erforderliche, verhältnismäßige Reaktion, allesamt Errungenschaften, mit denen das Polizeirecht für die gesamte Rechtsentwicklung Maßstäbe setzte. Gerade hier setzt nun allerdings die Erosion an, deren Folgen dann gegen den – realen, behaupteten oder auch nur gefühlten – Zugewinn an Sicherheit aufzuwiegen wären.

1. Zuordnung von Kompetenzen

Als erste systembildende Kategorie, die von der Neuorientierung betroffen ist, lässt sich die Zuordnung und Abschichtung von Kompetenzen nennen, die uns heute so selbstverständlich geworden ist, dass man sich meist gar nicht klarmacht, wie sehr auch sie eine rechtsstaatliche Errungenschaft war und ist: Die Zuständigkeiten zur

Aufgabenerledigung sind im Rechtsstaat auf verschiedene Behörden verteilt, die jeweils nur aufgrund einer konkreten, sachbereichsbezogenen Ermächtigung handeln. Jede Behörde verwaltet dann ihren eigenen Aufgabenbereich, aber eben auch nur ihren Aufgabenbereich, und darin liegt zugleich eine klare und relativ leicht fassbare Begrenzung ihres möglichen Handelns. In der Folge der Umstellung des Sicherheitsrechts auf eine Steuerungsperspektive kommt es allerdings zu verschiedenen Verbundtendenzen, die diese Zuordnung und Abschichtung gleich aus mehreren Richtungen aufweichen.[34] Zum einen werden immer mehr Materien und Verwaltungsaufgaben mit den Zwecken der Gefahrenabwehr und Kriminalprävention aufgeladen. Zu diesen Materien gehören zunächst das Vereins-, Melde-, Pass- und Ausländerrecht, die vor allem durch das zweite Sicherheitspaket im Anti-Terror-Kampf in ihrer Funktion für die Sicherheitsgewährleistung verstärkt wurden;[35] speziell die Indienstnahme des Melde- und Passrechts ist durch die Praxis der Meldeauflagen und Ausreisebeschränkungen für Hooligans ein Thema geworden.[36] Unterhalb dieser Ebene und noch weiter im Vorfeld möglicher Beeinträchtigungen angesiedelt sind es etwa das Kommunal- und das Baurecht, die ebenfalls auf verschiedenen Wegen und über verschiedene Instrumente – die Einrichtung kommunaler Präventionsräte, Sondernutzungssatzungen gegen bestimmte Formen der Belästigung, eine vorausschauende, Ghettobildungen möglichst verhindernde Bauleitplanung – für Sicherheitsbelange sensibilisiert wurden.[37] Betroffen ist aber vor allem das Strafrecht, das in einem langen Prozess ebenfalls ganz auf die Zwecke der Prävention hingeordnet worden und mittlerweile zu einem Sonderrecht der Gefahrenabwehr mutiert ist,[38] während andererseits viele polizeirechtliche Maßnahmen – das längerfristige Aufenthaltsverbot, stigmatisierende Datenerhebungen, ein längerer Schutz- oder Unterbindungsgewahrsam – selber sanktionenähnlichen Charakter annehmen. In der Folge nähern sich auch das Strafverfahrens- und das Polizeirecht einander immer weiter an, wie sich an der Zunahme der sogenannten doppelfunktionalen Maßnahmen ablesen lässt, die weder eindeutig der Gefahrenabwehr noch der Strafverfolgung zuzuschlagen sind; auch dafür steht beispielhaft die Videoüberwachung.[39] Die verschiedenen Teilgebiete des Rechts verschmelzen auf diese Weise zu einem umfassender verstandenen Sicherheitsrecht, von dem sie selbst nur noch als bereichsbezogene Ausschnitte erscheinen.

Ihre Entsprechung und Fortsetzung finden diese sachlichen sodann in organisatorisch-funktionellen Verbundtendenzen, die ihrerseits nach mehreren Richtungen hin ausgreifen. Zum einen verteilen sich die Aufgaben der Polizei zunehmend auf weitere staatliche Aufgabenträger und Behörden, die untereinander auf vielfältige Weise kooperieren und in einem entsprechenden Informationsverbund – einer gemeinsamen Anti-Terror-Datei, verbesserten Möglichkeiten des Datenaustauschs und Datenabgleichs – zusammengefasst werden: internationalen, europäischen und nationalen Polizeibehörden; mit wachsenden Kompetenzen ausgestattete Polizeien des Bundes wie der Bundespolizei und dem Bundeskriminalamt; Geheim- und Nachrichtendienste; Sozial-, Ausländer- und Meldebehörden etc.; auch die Diskussion um einen weiteren Einsatz der Streitkräfte zur Gefahrenabwehr hält unvermindert an.[40] Vor allem die überlieferte Trennung zwischen Polizei und Geheimdiensten, deren verfassungsrechtliche Fundierung ohnehin unklar ist, ist mittlerweile als ein wesentliches Hindernis für eine effektive Verbrechensbekämpfung ausgemacht[41] und wird in der Sache vor allem durch die Praxis der informationellen Vernetzung unterhöhlt[42].

2. *Gefahr- und Störerbegriff*

Die zweite systembildende Kategorie, die durch die Umstellung auf die Präventions- und Steuerungsperspektive unter Druck gerät, betrifft den Begriff der polizeilichen Gefahr. Er war bislang der Dreh- und Angelpunkt des Polizeirechts, der Schlüsselbegriff, mit dessen Hilfe es einst rechtsstaatlich domestiziert wurde. Eingreifen durfte die Polizei immer dort, aber wiederum eben auch nur dort, wo dies in einer klar umrissenen Handlungssituation und aufgrund einer erfahrungsgestützten Prognose zur Abwehr einer Beeinträchtigung für ein konkret benennbares Gut erforderlich war. Zugleich war das polizeiliche Handeln damit auf eine solche Situation begrenzt. Der Gefahrenbegriff erfüllte insoweit eine klassische Funktion der Eingriffsbegrenzung und der Grundrechtssicherung, die er sich dann mit den polizeilichen Schutzgütern teilte: So wie diese die Eingriffsbefugnisse der Polizei über die materiellen Kriterien der Bedeutung des Eingriffszwecks und der Schwere das abzuwehrenden Schadens steuerten, so der Gefahrenbegriff über das formelle Kriterium der Prognosesicherheit.[43] Die Verkoppelung wird deutlich in dem bekannten Satz, dass die Anforderungen an die Prognose umso geringer sind, je höher der drohende Schaden ist.[44] Man kann den Gefahrenbegriff deshalb plausibel auch als Anforderung des Verhältnismäßigkeitsgrundsatzes ausweisen.[45] Solange die Prognose noch unsicher ist, wie es etwa für die Fälle des Gefahrenverdachts kennzeichnend ist, sind deshalb meist nur Erkundungs- und Erforschungsmaßnahmen zulässig.[46] Umgekehrt sind viele besonders schwerwiegende Grundrechtseingriffe wie die Durchsuchung oder die Ingewahrsamnahme regelmäßig nur unter den Voraussetzungen der qualifizierten Gefahrenbegriffe der gegenwärtigen, unmittelbaren oder dringenden Gefahr zulässig, die jeweils die Anforderungen an die Sicherheit und Richtigkeit der Prognose erhöhen. Im Zuge der Hinwendung zur Vorsorge verliert der Gefahrenbegriff hingegen zwangsläufig an Bedeutung, weil diese nun einmal durch ein Einschreiten vor der Gefahr gekennzeichnet ist.[47] Äußeres Anzeichen dafür ist der Umstand, dass die in den letzten Jahren vorgenommenen Novellierungen der Polizeigesetze zunehmend auf ihn verzichten. Insbesondere für die das Polizeirecht immer stärker prägenden Informationseingriffe hat der Gesetzgeber die Anknüpfung an das Vorliegen einer Gefahr entweder ganz fallen gelassen oder durch das allgemeinere und unbestimmtere Merkmal ersetzt, dass Tatsachen eine bestimmte Annahme – die Annahme, dass eine vorgeladene Person sachdienliche Angaben machen kann; die Annahme, dass bei einer bestimmten Maßnahme Erkenntnisse über die Begehung einer Straftat gewonnen werden etc. – rechtfertigen. Zu dieser äußeren Entwertung kommt eine Auszehrung von innen hinzu, die dazu geführt hat, dass der Gefahrenbegriff zunehmend auch auf Situationen angewendet wird, die früher der bloßen Möglichkeit des Schadens zugeschlagen worden wären oder deren Einordnung zumindest unsicher war. Die frühere Rechtsprechung der

Fachgerichte zur Rasterfahndung liefert dafür einen Beleg.[48] Haupt- und Hintergrund ist aber eben die Hinwendung zur vorbeugenden Verbrechensbekämpfung, mit der das Leitbild des Präventions- und Vorsorgestaates in das Polizeirecht Einzug hält: Je stärker die polizeilichen Aktivitäten in das Davor der Gefahr ausgreifen, desto weniger können sie selber vom Vorliegen einer Gefahr abhängig sein. Statt der „Gefahr" ist es dann das bloße „Risiko", dem die Bemühungen des Staates gelten und das im Unterschied zur Gefahr gerade keine hinreichende Wahrscheinlichkeit des Schadenseintritts verlangt.[49]

Parallel dazu entfällt zunehmend auch die Orientierung auf den Störer als denjenigen, der für eine polizeiliche Gefahr verantwortlich war. Er war bislang der Normaladressat polizeilicher Maßnahmen, während Maßnahmen gegen Nichtstörer oder Nichtverantwortliche grundsätzlich nur unter den qualifizierenden Voraussetzungen des polizeilichen Notstands gerichtet werden durften.[50] Infolge der Ablösung vom Gefahrenbegriff wird notwendig auch diese Unterscheidung eingeebnet und können polizeiliche Maßnahmen – insbesondere solche der Identitätsfeststellung oder Gefahrerforschung – immer häufiger gegen Unbeteiligte gerichtet werden: gegen Personen, die sich in Zügen, auf Flughäfen, auf Bahnhöfen oder im Hinterland der Grenzen aufhalten wie bei der Schleier-Fahndung;[51] gegen alle, die sich über einen öffentlichen Platz bewegen wie bei der Videoüberwachung. Dazu kommt es im Zusammenhang mit der Diffusion des Gefahrenbegriffs zu einer allmählichen Verbreiterung der Störereigenschaft, wie sie im Vorgehen gegen sog. „Szenen" – die Drogenszene, die Punkerszene, die Obdachlosenszene etc. – sichtbar wird, deren bloßes Vorhandensein oft schon als Gefahr gilt.[52] Störer ist dann jeder, der dieser Szene zugehörig ist, unabhängig davon, ob er selbst in seiner Person die Umstände verwirklicht, die die Gefahr begründen. Dies führt nun, wie man sehen muss, auf der anderen Seite auch zu einer charakteristischen Veränderung der Wahrnehmung des Bürgers: Im Modell der klassischen Gefahrenabwehr konnte und durfte der Staat erst dort einschreiten, wo der einzelne rechtswidrig handelte und dadurch eine Gefahr für andere begründete. Mit der Hinwendung zur Vorsorge ist das nicht mehr möglich: Da der Staat schon zu einem Zeitpunkt handelt, wo noch gar nichts passiert ist, kann man ihn durch legales Betragen nicht mehr auf Distanz halten:[53] Die Videokamera beobachtet eben jeden, den potentiellen Straftäter wie den harmlosen Passanten, und die Sammlung von Daten und Informationen, die die Grundlage der vorausschauenden Bekämpfung bilden, kann eben nicht mehr auf diejenigen beschränkt werden, die dazu konkret Anlass gegeben haben, sondern muss auf alle erstreckt werden, die dazu möglicherweise künftig Anlass geben könnten – und möglicherweise eben noch darüber hinaus.

3. Lehre von den Handlungsformen

Dritter und vorerst letzter Leidtragender der Entwicklung dürfte die Lehre von den Handlungsformen sein, die zu den wichtigsten Systembildungen der verwaltungsrechtlichen Dogmatik überhaupt gehört. In ihrem Mittelpunkt stand ursprünglich ganz der Verwaltungsakt, auf den die Systembildung bezogen war, von dem diese sich aber mittlerweile in vielen anderen Bereichen des Verwaltungsrechts schon gelöst hat. Aber gerade im Polizeirecht hielt sich dieses Zentrum in Gestalt der Polizeiverfügung noch lange und bis in die neunziger Jahre hinein, wie man es in den klassischen Lehrbüchern bis heute nachlesen kann.[54] Dieses Zentrum gibt es heute so nicht mehr, weil gerade die polizeiliche Verfügung sowohl quantitativ als auch qualitativ entwertet worden ist. Quantitativ wird sie insoweit entwertet, als sie für die meisten der neueren Befugnisse keine Rolle mehr spielt; namentlich die verschiedenen Informationseingriffe erschöpfen sich meist in einem reinen Tathandeln oder entfalten ihre Wirkung überhaupt nur dadurch, dass sie von den Betroffenen nicht bemerkt werden, also heimlich erfolgen. Hinzu kommen neue und bislang gesetzlich noch gar nicht geregelte Techniken wie die sogenannte Gefährderansprache – gegen Hooligans, gewaltbereite Autonome, religiöse Fundamentalisten – oder informelle Vorfeldgespräche zur Anwendung, die von vornherein unterhalb der Schwelle rechtlicher Regelung verbleiben.[55] Qualitativ nimmt ihre Bedeutung dadurch ab, dass sie selbst dort, wo sie eingesetzt wird, häufig eben nur einen einzelnen Mosaikstein innerhalb eines ganzen Bündels von Maßnahmen bildet, die dann erst in ihrer Gesamtheit die erwünschten Wirkungen herbeiführen. So sind etwa die fallweise eingesetzten Reisebeschränkungen, Meldeauflagen oder Aufenthaltsverbote für gewalttätige Fußballfans regelmäßig eingebettet in ein größeres polizeitaktisches Stufen- oder Gesamtkonzept, das vom Einsatz sog. Fan-Kontaktbeamter über Gespräche und Gefährderansprachen bis hin zum polizeilichen Unterbindungsgewahrsam reicht und darauf abzielt, eine insgesamt als gefährlich eingeschätzte Szene auf Dauer unter Kontrolle zu halten.[56]

Darin kündigt sich ein Weiteres an, das auf die impliziten Zusatzannahmen der Lehre von den Handlungsformen verweist. Die Lehre von den Handlungsformen hat ihr Augenmerk ja vor allem deshalb auf den Einzelfall gerichtet, weil sie davon ausging, dass es zwischen diesem Einzelakt und dem, was damit bezweckt war, eine sichtbare Beziehung gab; sie war auf die sichtbaren Rechtswirkungen isolierbarer Einzelakte und eine benennbare Verknüpfung von behördlichem Handeln und Erfolg zugeschnitten. Diese Verknüpfung wird nunmehr ebenfalls brüchig, und zwar wiederum in verschiedene Richtungen. Zum einen wirken viele Maßnahmen eben nicht aus sich heraus, sondern erst durch ihren summativen Effekt, also durch den Zusammenhang mit anderen Maßnahmen. Darüber hinaus wandern die Ziele des polizeilichen Handelns ins Subkutane, Psychologische ab, wie es der mangelnden Fasslichkeit vieler Bedrohungen und der Ausdehnung des Gefahrenbegriffs auf allgemein gefährliche Lagen entspricht. Es kommen in vielen Fällen auch Elemente einer allenfalls indirekten Verhaltenssteuerung ins Spiel, wenn man nicht überhaupt bloß auf psychologische oder allgemein sozialtherapeutische Wirkungen hofft: die Verunsicherung und Einschüchterung riskanter Gruppen, die Suggestion von Handlungs- und Reaktionsfähigkeit, die Vertrauensbildung durch langfristig angelegte Befriedung gefährlicher Orte, die Anprangerung bestimmter Verhaltensweisen als unerwünscht.[57] Die neue Gefährderansprache soll dem Betroffenen in diesem Sinne vor allem signalisieren, dass die staatlichen Stellen auf der Hut sind und auf ihn im Zweifel ein Auge haben werden, so wie auch der Nutzen einer polizeilichen Rasterfahndung weniger in der Entdeckung terroristischer „Schläfer" – die sie schon von ihrer Anlage her nicht leisten kann – als vielmehr in einer allgemeinen Erhöhung des Fahndungsdrucks liegen dürfte.[58] Auch in der Videoüberwachung kommt zuletzt ein ganzes Spektrum von Effekten zusammen: Eine allgemeine Suggestion von Präsenz, die Registrierung auffälliger Geschehensabläufe, die Drohung jederzeitigen Einschreitenkönnens, gleichzeitig aber eben auch die Stärkung des Sicherheitsgefühls der Bürger – all dies ist in der Kamera auf eine unmittelbar anschauliche und doch zugleich unbestimmte Weise versammelt.[59] Und oft liegt das eigentliche Ziel darüber hinaus hinter dem, was auf der Handlungsebene sichtbar ist: Wenn etwa die Polizei- und Ordnungsbehörden verstärkt gegen lange Zeit tolerierte „offene Szenen" oder Verhaltensweisen wie aggressives Betteln, Trinken in der Öffentlichkeit oder Pöbeleien vorgehen, die lange Zeit als bloße Belästigungen durchgegangen wären, dann liegen die die Gründe nicht nur in einer oft beobachteten Verwilderung der Umgangsformen, der durch die Polizei entgegengewirkt werden soll, sondern in einem vermuteten Zusammenhang zwischen einer als intakt empfundenen Umwelt und einer wirksamen Kriminalprävention: Die Ordnung soll gleichsam auf ihrer untersten Stufe verteidigt werden, damit es erst gar nicht zu tieferen Rissen im gesellschaftlichen Gefüge in Gestalt gewaltsamer Übergriffe kommt.[60] Auch dafür steht beispielhaft der Einsatz des Instruments der Gefahrenabwehrverordnung zur Unterbindung des Alkoholkonsums, der regelmäßig mit Hinweisen auf eine allgemein erhöhte Kriminalität in dem betreffenden Gebiet und der Vermutung begründet wurde, dass diese durch das Verbot zurückgeht.[61] Auch wenn einige Gerichte dem nun einen Riegel vorgeschoben haben, so zeigt es doch, wohin die Reise auf lange Sicht gehen könnte: Das äußerliche Handeln der Polizei oder anderer Behörden der Gefahrenabwehr ist von dem damit verfolgten Ziel entkoppelt; was auf der Handlungsebene wahrnehmbar ist – das Unterbinden eines Trinkgelages, der Platzverweis für eine Gruppe von Obdachlosen –, steht mit dem, was dadurch auf lange Sicht erreicht werden soll, in gar keinem sichtbaren Bezug, sodass es auch für die vorzunehmende Zweck-Mittel-Abwägung keinen brauchbaren Anhaltspunkt mehr liefert.

II. Probleme gerichtlicher Kontrolle

Mit alledem verliert das materielle Recht einen Teil seiner begrenzenden und das Handeln der Verwaltung disziplinierenden Wirkung. Mit nur gelinder Überspitzung lässt sich sagen, dass das, was die Verwaltung durch die Übernahme der Steuerungsperspektive auf der Handlungsebene an Steuerungsmöglichkeiten hinzugewinnt, dem Recht selbst an Steuerungsmöglichkeiten verloren geht. Die Folgen zeigen sich in einer Erschwerung der gerichtlichen Kontrolle, weil damit auch einige der klassischen Prüffilter ausfallen, an die jene bislang anknüpfen konnte. Auch sie sieht sich damit vor neue Herausforderungen gestellt, von denen nicht sicher ist, ob und inwieweit sie bewältigt werden können. Auch hier sollen exemplarisch drei Punkte herausgegriffen werden.

1. Bewertung von Eingriffen

Ein erstes Problem betrifft die Erfassung von Eingriffen, die aus verschiedenen Gründen nun schwieriger wird. Das liegt zum einen und ganz offenkundig daran, dass viele der neuen Informationseingriffe heimlich erfolgen, also von dem Betroffenen nicht bemerkt werden. In diesen Fällen kann er selbst naturgemäß den Eingriff nicht abwehren und ist Rechtsschutz von vornherein nur in der Minderform nachträglicher Kontrolle möglich.[62] Zentrale Voraussetzung für die Überprüfung von Maßnahmen ist aber zum anderen die Beurteilung der Schwere eines Eingriffs, weil daran am Ende auch seine rechtliche Zulässigkeit hängt. Gerade bei den Informationseingriffen fällt diese aber nicht leicht und sind letztlich gegenläufige Einschätzungen möglich. Beispielhaft zeigt sich dies an den Kriterien, die vom BVerfG in ständiger Rechtsprechung als Indikatoren für die besondere Schwere eines Eingriffs herangezogen werden.[63] Es sind dies, ohne Anspruch auf Vollständigkeit, vor allem der jeweilige „Personenbezug" einer Maßnahme, der Umstand, dass die Maßnahme heimlich erfolgt, das Risiko etwaiger Folgeeingriffe, eine eventuelle Stigmatisierung derjenigen Gruppen, die in ein Such- oder Fahndungsraster fallen, die Verdachtslosigkeit einer Maßnahme, also der Umstand, dass die Betroffenen zu ihr keinen Anlass gegeben haben, mögliche Einschüchterungseffekte, zuletzt die hohe Streubreite, also die Erfassung einer immer größeren Zahl von Personen. Zu all diesen Kriterien lässt sich allerdings meist ein nicht weniger plausibles Gegenargument nennen. Die Verdachtslosigkeit einer Maßnahme ist vielleicht schon deshalb nichts Besonderes, weil die polizeiliche Suche nach Spuren oder Personen regelmäßig bei Unverdächtigen beginnt.[64] Das Risiko etwaiger Folgeeingriffe in Gestalt weiterer behördlicher Ermittlungsmaßnahmen könnte ein Problem allein dieser Folgeeingriffe sein, die ihrerseits nur auf der Grundlage eigener Ermächtigungen zulässig sind. Auch dass die Heimlichkeit einer Maßnahme zu einer Erhöhung ihrer Intensität führt, ein Eingriff also um so schwerer wiegen soll, je weniger der Betroffene von ihm bemerkt, bleibt in einem gewissen Sinne ein Mysterium. Die stigmatisierende Wirkung schließlich, wie sie vor allem im Zusammenhang mit Maßnahmen gegen den islamischen Terrorismus in Bezug auf Muslime befürchtet wird, könnte ihren Grund weniger in diesen Maßnahmen als in den Ereignissen selbst haben: Die Attentäter von New York, London oder Madrid waren eben nicht ältere katholische Landfrauen, sondern junge muslimische Männer aus arabischen Ländern.[65] Sieht man von wenigen klaren Fällen wie dem großen Lauschangriff oder der Online-Durchsuchung ab, so sind denn auch viele Maßnahmen sowohl von Gerichten und Literatur als auch innerhalb des BVerfG selbst höchst unterschiedlich bewertet worden. Während etwa in der Entscheidung zur Rasterfahndung die Senatsmehrheit einen Eingriff „von erheblichem Gewicht" sieht,[66] ist im Minderheitsvotum von einer allenfalls „gering invasive(n)" Maßnahme die Rede;[67] Literatur und Rechtsprechung waren ohnehin schon zuvor gespalten.[68] Und auch bei der Vorratsdatenspeicherung, der jüngsten Entscheidung, die das BVerfG in diesem verminten Gelände getroffen hat, kann man über die Einordnung streiten: Das BVerfG begründet seine These eines schwerwiegenden Eingriffs im wesentlichen aus „einer Streubreite, wie sie die Rechtsordnung bislang nicht kennt", aus ihrer „Bezugnahme auf das Alltagshandeln, das im täglichen Miteinander elementar und für die Teilnahme am sozialen Leben in der modernen Welt nicht mehr verzichtbar" sowie der Möglichkeit, bei „umfassender und automatisierter Auswertung bis in die Intimsphäre hineinreichende inhaltliche Rückschlüsse ziehen"; all dies, so meint es, erzeuge ein „diffus bedrohliches Gefühl des Beobachtetseins", ein „Gefühl des ständigen Überwachtwerdens", eine „diffuse Bedrohlichkeit":[69] Aber das Diffuse und das Gefühl sind nun einmal nicht zu messen und letztlich selber immer nur gefühlt. Wie soll dann ein objektives Urteil über die Eingriffsintensität möglich sein? Im Grunde geht es um unterschiedliche Sensibilitäten gegenüber den Belangen des Datenschutzes, die hier aufeinanderprallen und zunehmend auch in der Gesellschaft insgesamt beobachtet werden können: Der Idiosynkrasie mancher Datenschützer in dieser Frage steht eine immer größere Gleichgültigkeit der großen Mehrheit der Bevölkerung gegenüber; selbst wer einst die Volkszählung boykottierte, eine aus heutiger Sicht an Harmlosigkeit gar nicht zu überbietende Veranstaltung, liefert mittlerweile seine Daten bedenkenlos an Unternehmen wie Ebay oder Amazon aus, die dann zusätzlich auch noch sein Kaufverhalten speichern. Unter solchen Voraussetzungen bleiben auch Schwere oder Geringfügigkeit des Eingriffs notwendig Ansichtssache.

2. Ausfall des Verhältnismäßigkeitsgrundsatzes

Wird die Bewertung des Eingriffs unsicher, steht zwangsläufig auch die Verhältnismäßigkeitsprüfung auf schwankendem Boden, auf die die gesamte Kontrolle sowohl der Verwaltungs- als auch der Verfassungsgerichte letztlich zuläuft. Diese wird aber auch von einer anderen Seite her unsicher, und zwar von der Entwertung des Gefahrenbegriffs her. Dazu trägt zunächst die Ablösung des polizeilichen Handelns von einer realen Tatsachenbasis bei, wie sie mit der Umstellung auf die Steuerungsperspektive typischerweise einhergeht. Wird dieses Handeln statt auf die Verhinderung benennbarer Einzelereignisse auf die Bearbeitung eines allgemein als riskant eingeschätzten Zustands hinorientiert, dessen Schadensneigung ganz generell und in die Fläche hinein abgesenkt werden soll, fehlt für die Verhältnismäßigkeitsprüfung der entscheidende Bezugs- und Anknüpfungspunkt, weil sich der so bezeichnete Zweck der juristischen Erfassung entzieht. Gerade hier wirkt sich damit die Erosion des Gefahrenbegriffs aus, dessen Ableitung aus dem Verhältnismäßigkeitsgrundsatz eben nur die eine Seite des Vorgangs ist. So wie der Gefahrenbegriff nämlich im Verhältnismäßigkeitsgrundsatz verwurzelt ist, so sehr ist, wie man mit einiger Verspätung gemerkt hat, andererseits auch die Verhältnismäßigkeitsprüfung an ihn gebunden und von ihm abhängig. Sie funktioniert deshalb auch nicht mehr zuverlässig, wenn das Eingriffsziel statt als Abwehr einer auf hinreichendes tatsächliches Wissen und reale Wahrscheinlichkeiten gestützten Gefahr nur noch allgemein als vorbeugende Verbrechensbekämpfung, Gefahrenvorsorge oder ähnlich umschrieben wird: Da sich das Verbrechen zum Zeitpunkt des polizeilichen Handelns noch nicht ereignet und sich nicht einmal in seinen ungefähren Konturen abzeichnet, lässt sich auch keine Aussage über Art und Ausmaß des drohenden Schadens treffen. Ebensowenig gibt es einen Störer, gegen dessen Verursachungsbeitrag der Eingriff dann abzuwägen wäre. Hinreichend wahrscheinlich ist immer nur einiges Wenige, nämlich das, was sich aufgrund konkreter Verdachtsmomente und belegbarer Erkenntnisse als realistischerweise bevorstehend abzeichnet. Möglich dagegen ist immer alles, das Harmlose und Friedliche ebenso wie das Schlimmste und in seinem ganzen Schrecken jetzt noch gar nicht zu Ermessende. Unter diesen Prämissen ist, wie das BVerfG richtig erkennt, zuletzt jeder noch so schwerwiegende Eingriff gerechtfertigt und eine Verhältnismäßigkeitsprüfung nicht möglich.[70] Diese wird zusätzlich auch dadurch erschwert, dass mit der Umstellung auf die Vorsorge- und Steuerungsperspektive auf der Ebene der Angemessenheit, also bei der eigentlichen Abwägung, statt individueller regelmäßig kollektive Rechtsgüter in der Waagschale liegen.[71] Dem Eingriff in die Freiheitssphäre des Einzelnen, wie er etwa in einer staatlichen Überwachungsmaßnahme liegt, stehen meist Leben, Freiheit und Eigentum aller, also die Sicherheit insgesamt gegenüber, die dann notwendig überwiegt. Damit fällt zuletzt einer der zentralen Prüf- und Kontrollfilter der Gerichte aus.

3. Ersetzung des Primärrechtsschutzes durch Sekundärrechtsschutz

Der Ausweg wurde in der bisherigen Rechtsprechung und Literatur überwiegend darin gesucht, die gebotene rechtsstaatliche Sicherung an anderer Stelle und vornehmlich im Wege der Kompensation zu suchen. So sind etwa die verdachts- und ereignisunabhängigen Personenkontrollen an der Grenze und in ihrem Hinterland – die sog. Schleierfahndung – an das Vorhandensein eines polizeilichen Konzepts geknüpft, das auf nachvollziehbaren Lageerkenntnissen sowie einschlägigen polizeilichen Erfahrungen gründet und in einer dokumentierten Form festgehalten sein muss.[72] Solche Konzeptpflichten gelten als probates Mittel zur Rationalisierung und damit auch Überprüfung des Polizeihandelns. Für andere der neueren Informationseingriffe sollte die Kompensation demgegenüber durch eine grundrechtssichernde Ausgestaltung des Verfahrens – etwa durch einen Richtervorbehalt oder eine strengere Zweckbindung der erhobenen Daten – sowie durch die Zubilligung von Anschlussrechten auf Auskunft und Löschung erhobener Daten erfolgen.[73] Man kann insofern von einer Ersetzung des Primär- durch einen Sekundärrechtsschutz oder einen Kompensationsrechtsschutz sprechen: Der Betroffene selbst kann sich gegen die eigentliche Maßnahme nicht zur Wehr setzen, aber durch verfahrensmäßige Sicherungen oder kompensatorische Maßnahmen sollen ihre Wirkungen gemildert werden. Flankiert wird all dies durch immer höhere Anforderungen an die Bestimmtheit von Eingriffsermächtigungen, auf die gerade das BVerfG offenbar große Hoffnungen setzt.[74] Allerdings muss man sehen, dass all diese Vorkehrungen im Vergleich zu den materiell-rechtlichen Begrenzungen immer nur zweitbeste Lösungen sind und die erwünschte rechtliche Programmierung keineswegs so verlässlich leisten können wie jene. Gerade für solche prozedurale Vorkehrungen wie den in diesem Zusammenhang meist genannten Richtervorbehalt mehren sich die Hinweise, dass sie in ihrer begrenzenden und disziplinierenden Wirkung überschätzt werden. Der Richter muss regelmäßig entscheiden, ohne den Betroffenen hören und dessen Argumente berücksichtigen zu können, und auch die derzeitige verfahrensrechtliche Ausgestaltung begünstigt letztlich eine Entscheidung im Sinne der Gefahrenabwehr- oder Ermittlungsbehörden.[75] Greifen solche Instrumente aber, schränken sie zugleich die Möglichkeiten der Polizei zu eigenverantwortlicher Risikoverringerung ein und bringen das polizeiliche Handeln damit erneut um den erwünschten Effekt. Das gilt gerade für die ständig verfeinerten Anforderungen an die Normenklarheit und tatbestandliche Bestimmtheit, die in der Folge nur dazu geführt haben, dass Regelungen, die dem Rechnung tragen wollen, immer länger und unübersichtlicher, damit auch immer weniger praktikabel geworden sind.

D. Überzogene Gegenreaktionen

Die damit beschriebene Ausfall- und Verlustliste ist aber, auch wenn sie hier im Vordergrund stand, letztlich immer nur die eine Seite des Vorgangs. Auf der anderen steht, dass sich in den Verschärfungen, wie wir sie im Recht der inneren Sicherheit beobachten können, nichts anderes artikuliert als das legitime Bedürfnis einer demokratischen Gesellschaft, in einer Umgebung zu leben, in der man sich ungehindert und frei von Angst bewegen kann. Dieses Bedürfnis ist so alt wie berechtigt, es wird sich weiter Gehör verschaffen und es gibt neue, veränderte Bedrohungslagen, angesichts derer auch dieses Recht nicht mehr bleiben kann, wie es war. Ein Zurück zu einem Polizeirecht auf dem Stand des Kreuzberg-Urteils des Preußischen OVG dürfte deshalb heute kaum eine sinnvolle Alternative sein.[76] Für die juristische Dogmatik wird, so unbefriedigend das klingen mag, letztlich nicht mehr übrigbleiben, als an den vielen kleinen Stellschrauben zu drehen, die auch und gerade innerhalb des derzeitigen Systems bestehen: also etwa durch ein Nachjustieren des Richtervorbehalts, um diesen auch in der Sache zu effektivieren, durch Verbesserungen des Sekundärrechtsschutzes, durch die Begründung von Evaluationspflichten etc. Großangelegte Gegenreaktionen im Sinne eines mehr oder weniger vollständigen Systemwechsels laufen demgegenüber regelmäßig Gefahr, über das Ziel hinauszuschießen. Dies soll abschließend an den zwei wichtigsten derzeit zu beobachtenden Strategien gezeigt werden.

I. Zurück zur Gefahr?

Die erste dieser Strategien besteht in einer Reaktivierung des Gefahrenbegriffs, von dem sich das Polizeirecht im Maße seiner Ausrichtung auf eine vorsorgende, proaktive Steuerung punktuell zu verabschieden beginnt. Diesen Weg hat das BVerfG erstmals in der Entscheidung zur Rasterfahndung vorgegeben, als es sich auf den Standpunkt stellte, dass einzelne intensive Grundrechtseingriffe erst von bestimmten Verdachts- oder Gefahrenstufen an vorgesehen werden dürften. Für die zur Bekämpfung des islamischen Terrorismus eingesetzte Rasterfahndung reiche danach eine bloß allgemein erhöhte Bedrohungslage, wie sie nach den Anschlägen vom 11. September 2001 bestanden habe, nicht aus; erforderlich sei vielmehr eine konkrete Gefahr im Sinne hinreichender tatsächlicher Anhaltspunkte für die Vorbereitung terroristischer Anschläge oder dafür, dass sich in Deutschland Personen für solche Anschläge bereit hielten.[77] Im Urteil zur Online-Durchsuchung hat das BVerfG diesen Ausgangspunkt bekräftigt und zugleich die Anforderungen an eine konkrete Gefahr zu präzisieren versucht.[78] Allerdings können die damit formulierten Anforderungen leicht überzogen werden. Macht man mit dem Programm ernst, wird eine ganze Palette polizeilicher Maßnahmen dysfunktional, ohne dass man es offen zugeben will oder so deklariert. Auch dies zeigt beispielhaft die Rasterfahndung, die als Instrument normaler Gefahrenabwehr, als das das BVerfG sie künftig sehen will, keinen Sinn macht: Verbindet sich mit ihr überhaupt irgendein praktischer Nutzen, so liegt er angesichts des mit ihr regelmäßig verbundenen Aufwandes und ihrer Dauer allenfalls in der Vorfeldaufklärung, der Verdachtsgewinnung und der Verunsicherung möglicher Täter; darf sie dazu nicht mehr eingesetzt werden, verliert sie überhaupt jeden Sinn.[79] Eine Begrenzung auf konkrete Gefahren kann deshalb sinnvollerweise nur dort gefordert werden, wo es um punktuelle und zielgerichtete Eingriffe von hoher Intensität geht.[80] Dagegen ist sie für eine weitergehende Steuerungsperspektive unpraktikabel, weil diese weit im Vorstadium der Gefahr einsetzt und mit „Gefahr" nur noch die Fälle bezeichnet sind, in denen die vorsorgende Steuerung versagt hat. Gerade eine für diese Perspektive so zentrale Maßnahme wie die Videoüberwachung kann deshalb, soweit es um die Zulässigkeit der bloßen Bildübertragung ohne Aufzeichnung und Speicherung geht, nicht vom Vorliegen einer konkreten Gefahr abhängig gemacht werden, zumal sie ihrerseits meist nur als Bestandteil eines umfassenderen Gesamtkonzepts angesehen wird, das in die Beurteilung mit einbezogen werden müsste.[81] Eine Lösung kann deshalb nur in der Anknüpfung an nach allgemeineren Kriterien bestimmte Verdachtslagen – eine statistisch erhöhte Häufigkeit von Verbrechen an bestimmten Orten, die Nähe zu einem kriminogenen Milieu – gesehen werden, für die dann die entsprechenden Kriterien zu entwickeln wären. Das Instrument bleibt damit weiterhin einsetzbar; zugleich sind aber seiner flächendeckenden Ausweitung zu einer Rundumüberwachung, wie sie in England an manchen Orten bereits Realität geworden ist, Grenzen gesetzt.[82]

II. Absolute Eingriffsschwellen?

Die zweite zu beobachtende Gegenreaktion zielt ebenfalls auf die allmähliche Erosion des Verhältnismäßigkeitsgrundsatzes, will diese aber dadurch auffangen, dass gleichsam als eine Art Auffang- oder Mindestschutz einzelne Bereiche bestimmt werden, in die der Staat unter keinen Umständen eingreifen darf. Wenn schon mit der Umstellung auf die Vorsorge- und Steuerungsperspektive die Handlungsmöglichkeiten des Staates in alle Richtungen erweitert sind, so soll doch auch künftig wenigstens nicht alles möglich sein. Namentlich für die Informationseingriffe verbindet sich diese Strategie mit der Formel vom unantastbaren Kernbereich privater Lebensgestaltung wie ihn das BVerfG in der Entscheidung zum großen Lauschangriff entwickelt hat: Vor diesem Kernbereich sollen alle Befugnisse der Sicherheitsbehörden Halt machen.[83] So plausibel das zunächst klingt, so wenig sollte man es allerdings überschätzen. Das BVerfG hatte die Formel zunächst dahin präzisiert, die Überwachung müsse in Situationen von vornherein unterbleiben, in denen Anhaltspunkte dafür bestünden, dass dieser Bereich betroffen und damit die Menschenwürde verletzt sei; ergebe sich eine solche Situation später, müsse die Überwachung abgebrochen werden. Andererseits sei der Kernbereich nicht betroffen, wenn sich das Gespräch um Straftaten drehe, und um dies festzustellen, hatte das Gericht ausdrücklich auch eine erste Sichtung des Materials zugelassen.[84] Der unantastbare Kernbereich war also in der Sache immer schon antastbar, so wie überhaupt die Kriterien, mit deren Hilfe er als harter Kern bestimmt werden sollte, ziemlich weich formuliert waren. In der Praxis ergaben sich daraus erhebliche und oft kaum lösbare Abgrenzungsprobleme, die, wie vor allem die Sicherheitsbehörden moniert hatten, gerade die akustische Wohnraumüberwachung erheblich entwertet und in vielen Fällen dazu geführt hatten, dass diese am Ende ganz unterblieb. Rechtskundigen Tätern eröffnete diese Rechtsprechung überdies eine reiche Palette von Ausweichstrategien: Man verlegte dann eben die Kommunizierung der zentralen Informationen in das Schlafzimmer, wo die Mikrophone dann anweisungsgemäß abgeschaltet werden mussten. Und ganz generell wollte vielen nicht einleuchten, warum auch bei schwerster krimineller Verstrickung die Privatsphäre des möglichen Täters unbedingten Vorrang etwa vor den Interessen der potentiellen Opfer haben sollte. In der Entscheidung zur Online-Durchsuchung hat das BVerfG denn auch den Schutz des Kernbereichs mittlerweile auf ein Optimierungsgebot reduziert[85]: Die Erhebung kernbereichsrelevanter Daten muss danach nur „soweit wie informationstechnisch und ermittlungstechnisch möglich" unterbleiben, während für den Fall, dass sie unter das Ermittlungsziel fallen, sicherzustellen ist, dass die Intensität der Kernbereichsverletzung so gering wie möglich ausfällt[86]. Das ist eine in der Sache sinnvolle Korrektur, die aber eben auch zeigt, dass man die Formel vom „absolut" geschützten Kernbereich nicht überschätzen sollte: Sie verspricht letztlich mehr, als sie halten kann.

---

1 Der Beitrag greift Überlegungen und Ausführungen aus früheren Arbeiten auf; zu nennen ist vor allem: Polizeirecht als Sozialtechnologie, NVwZ 2009, 216 ff.
2 Zu den Verhältnissen in Mexiko siehe http://www.uni-kassel.de/fb5/frieden/regionen/Mexiko/juarez.html, zu den Verhältnissen in Südafrika siehe folgende Kriminalstatistik abrufbar unter http://www.issafrica.org/cjm/stats0909/categories/murder; Kriminalstatistik hierzulande im Vergleich Bundesministerium des Innern, Herausgeber, Polizeiliche Kriminalstatistik 2009, abrufbar unter http://www.bka.de/pks/pks2009/startseite.html.
3 Vgl. das Erste Gesetz zur Änderung des Vereinsgesetzes und anderer Gesetze, BGBl. I 2001 S. 3319 (sog. Sicherheitspaket 1); sowie das Terrorismusbekämpfungsgesetz, BGBl. I 2002 S. 361 (sog. Sicherheitspaket 2).
4 Zu den Grundstrukturen des Sicherheitsdiskurses: *M. Kötter*, Pfade des Sicherheitsrechts, 2008.
5 In Anlehnung an *M. Kötter*, KJ 2002, 64 f.
6 Gesetz über die Einrichtung eines Bundeskriminalpolizeiamtes vom 29. 6. 1973, BGBl. I S. 704. Genannt werden könnten für die siebziger Jahre auch die Bemühungen um eine verbesserte Ausrüstung der Polizei und die verstärkte Koordination der Länderpolizeien mit dem damaligen Bundesgrenzschutz als Reaktion auf die Großdemonstrationen der siebziger Jahre, ferner die beginnende Ausnutzung der neuen elektronischen Datenverarbeitung, vgl. *H. Boldt/M. Stolleis*, in: *H. Lisken/E. Denninger*, Handbuch des Polizeirechts, 4. Auflage, S. 84 ff.
7 Hierzu umfassend *J. Aulehner*, Polizeiliche Gefahren- und Informationsvorsorge, 1998, S. 54 ff.; *M. Albers*, Die Determination polizeilicher Tätigkeit in den Bereichen der Straftatenverhütung und der Verfolgungsvorsorge, 2001, insbesondere S. 97 ff.

8 Vgl. statt vieler *T. Finger*, Die offenen Szenen der Städte, 2006, S. 21 ff., 44 ff. m. w. N.
9 Die Formulierung vom ganzheitlichen Bekämpfungsansatz in den Ausführungen der Bundesregierung, BT-Drucks.15/3142, S. 3; ähnlich die Erklärung des Europäischen Rates, EU-Bull. 3/2004, Nr. I-30 („Entwicklung einer langfristigen EU-Strategie, die an allen Faktoren ansetzt, welche zum Terrorismus beitragen").
10 Vgl. das Erste Gesetz zur Änderung des Vereinsgesetzes und anderer Gesetze, BGBl. I 2001 S. 3319 (sog. Sicherheitspaket 1); Gesetz zur Finanzierung der Terrorbekämpfung, BGBl. I 2001 S. 3436; Terrorismusbekämpfungsgesetz, BGBl. I 2002 S. 361 (sog. Sicherheitspaket 2); zuletzt etwa das Gemeinsame-Dateien-Gesetz, BGBl. I 2006 S. 3409; Terrorismusbekämpfungsergänzungsgesetz (TBEG), BGBl. I 2007 S. 2.
11 Vgl. etwa §§ 26 ff. POG RP; 13 ff. HSOG; 30 ff. NdsSOG. Zur vormaligen Vielfalt *F. Schoch*, Polizei- und OrdnungsR, in: *E. Schmidt-Aßmann* (Hg.), Besonderes Verwaltungsrecht, 13. Aufl. 2005, Rn. 244; zur Angleichung *J. Saurer*, NVwZ 2005, 275 (277 f.).
12 Vgl. dazu etwa die Beiträge in *R. Pitschas* (Hg.), Kriminalprävention und neues Polizeirecht, 2002; ders., DÖV 2004, 231 ff.; *S. Rixen*, DVBl 2007, 221 ff.
13 Grundlegend bereits behandelt bei *F.-X. Kaufmann*, Sicherheit als soziologisches und sozialpolitisches Problem, 1970; aus neuerer Zeit etwa *G.-J. Glaeßner*, Sicherheit in Freiheit, 2003, S. 15 ff., 45 ff., 119 ff.
14 Siehe dazu jetzt VGH Baden-Württemberg, Urteil vom 28. 7. 2009, 1 S 2200/08.
15 Vgl. etwa *K. Boers*, Kriminalitätsfurcht, 1991; *T. Feltes*, Kriminalistik, 1997, 538 ff.; *F. Kreuter*, Kriminalitätsfurcht, 2002; *C. Gusy*, VVDStRL 63 (2004), 151 (159 f.).
16 *K. Seelmann*, KritV 1992, 452 (455).
17 Klassischer Text: Thomas Hobbes, Leviathan, 1651, Kap. 13.
18 Schutzpflicht um des Lebens willen bei Schwangerschaftsabbruch (BVerfGE 39, 1 (42); 88, 203 [251 ff.]) und terroristischer Bedrohung (BVerfGE 46, 160); Schutzpflicht gegenüber der technischen Entwicklung bei atomaren (BVerfGE 49, 89 [140 ff.]; 53, 30 [57 ff.]) und elektromagnetischen (BVerfG, NVwZ 2007, 805) Gefahren, Flug- und Straßenverkehrslärm (BVerfGE 56, 54; 79, 174 [201 f.]; Schutzpflicht gegenüber chemischer Verseuchung und Schädigung von Luft und Wald (BVerfG, NJW 1996, 651; 1998, 3264); Schutzpflicht zur Funktionssicherung und zum Grundrechtsschutz in der Universität (BVerfGE 35, 79 [120 ff.]; 47, 327 [370]; 111, 333 [353 ff.]). Zu den Schutzpflichten siehe auch *J. Dietlein*, Die Lehre von den grundrechtlichen Schutzpflichten, 2. Aufl. (2005); *G. Hermes*, Das Grundrecht auf Schutz von Leben und Gesundheit. Schutzpflicht und Schutzanspruch aus Art. 2 Abs. 2 Satz 1 GG (1987); *J. Isensee*, HdbStR V, § 111, Rn. 3 ff.; *H. D. Jarass*, Die Grundrechte: Abwehrrechte und objektive Schutznormen, insbesondere Schutzpflichten und privatrechtsgestaltendes Wirken, FS 50 Jahre BVerfG II, S. 35.
19 Begriffsbildend *J. Isensee*, Das Grundrecht auf Sicherheit, 1983. Dass ist viel kritisiert worden, vgl. *C. Gusy*, Rechtsgüterschutz als Staatsaufgabe – Verfassungsfragen der „Staatsaufgabe Sicherheit", DÖV 1996, 573 (578 ff.); *F. Hufen*, Staatsrecht II, Grundrechte § 4 Rn. 13; *W. Schwetzel*, Freiheit, Sicherheit, Terror: das Verhältnis von Freiheit und Sicherheit nach dem 11. September 2001 auf verfassungsrechtlicher und einfachgesetzlicher Ebene, Dissertation 2005/2006, S. 72, aber es ist im Grunde nur eine abkürzende, auf ein bestimmtes Thema zusammengezogene Chiffre für die Schutzpflichtdimension der Grundrechte überhaupt.
20 Statt vieler *B. Pieroth/B. Schlink/M. Kniesel*, Polizei- und Ordnungsrecht, 3. Aufl 2005, Rn. 32; *F. Schoch*, Polizei- und Ordnungsrecht, in: E. Schmidt-Aßmann (Hrsg.), Besonderes Verwaltungsrecht, 12. Aufl, Rn. 12; *M. Albers*, Die Determination polizeilicher Tätigkeit in den Bereichen der Straftatenverhütung und Informationsvorsorge, 2001, 97 ff.
21 Begriffsbildend *E. Denninger*, KJ 1988, 1 ff. („Präventionsstaat"); s. ferner *D. Grimm*, Die Zukunft der Verfassung, 2. Aufl. 1994, S. 197 ff.
22 Sämtliche Maßnahmen zusammengefasst im Entwurf eines neuen BKAG, dort §§ 20 ff.; abrufbar unter http://www.bmi.bund.de. Für die Online-Durchsuchung hat nunmehr – mit Einschränkungen – BVerfG, NJW 2008, 822 den Weg frei gemacht; zur automatischen Kennzeichenerfassung BVerfG, NJW 2008, 1505.
23 Siehe nur § 8 V BVerfSchG, § 2 Ia BND-Gesetz; § 24 c KWG (automatische Kontenabrufmöglichkeit durch die BAFin).
24 Vgl. §§ 54 Nr. 5a und 7, 58 Nr. 8a und b AufenthG; erweiterte Überwachungsmöglichkeiten nunmehr nach § 54a AufenthG.

25 Insbesondere aufgrund der RL 2006/24/EG des Europäischen Parlaments und des Rates vom 15.3.2006 über die Vorratsspeicherung von Daten, ABl. EU L 105, S. 54 ff.; hierzulande zunächst umgesetzt u. a. durch §§ 113a und b TKG; eingeschränkt jetzt durch BVerfG, Urteil vom 2.3.2010 – 1 BvR 256/08, 1 BvR 263/08, 1 BvR 586/08.
26 Vgl. zur Schleierfahndung und anlassunabhängigen Personenkontrolle im Zusammenhang mit der Identitätsfeststellung etwa § 26 I Nr. 4 PolG BW, Art. 13 I Nr. 4 und 5 BayPAG, § 18 II Nr. 5 und 6 HSOG; demgegenüber als Befugnis zur Befragung ausgestaltet in § 18 VII ASOG Bln, § 11 III BbgPolG, § 12 VI Nds.SOG.
27 W. Hoffmann-Riem, ZRP 02, 497 (499 f.).
28 Vgl. O. Lepsius, Leviathan 32 (2004), 64 (82 f.).
29 F. Rachor, in: H. Lisken/E. Denninger (Fn. 6), F Rn. 23.
30 Ausführlich F. Deutsch, Polizeiliche Gefahrenabwehr bei Sportgroßveranstaltungen, 2005, S. 184 ff.
31 VG Karlsruhe Urteil vom 14.4.2010 – 3 K 2309/09.
32 Das „Sicherheitsnetz" etwa bei von E. Bubnoff, NJW 2002, 2672; zum – deutschen, europäischen, globalen – „System", der „Architektur" etc.: R. Pitschas, in: R. Pitschas/H. Stolzlechner, Auf dem Weg in einen „neuen Rechtsstaat", 2004, 17 ff.; F. Roggan/N. Bergemann, NJW 2007, 876 ff.
33 Das Programm der „Neuen Verwaltungsrechtswissenschaft" bei A. Voßkuhle, in: W. Hoffmann-Riem/E. Schmidt-Aßmann/A. Voßkuhle, Grundlagen des Verwaltungsrechts, Band I, 2006, § 1. Zum generellen Perspektivenwechsel prägnant auch J. Masing, ebda., § 7 Rn. 2 ff.: Verwaltungsrecht nun insgesamt als „Mittel zur Erreichung von Zielen", ähnlich C. Franzius, ebda. § 4 Rn. 1; ferner E. Schmidt-Aßmann, Das allgemeine Verwaltungsrecht als Ordnungsidee, 2. Aufl. 2004, S. 18 ff., dort auch zum „Doppelauftrag" des Verwaltungsrechts („Disziplinierung" und „Effektivierung"), S. 16 f.
34 Eine „Entdifferenzierungsthese" formuliert in diesem Sinne O. Lepsius, Sicherheit und Freiheit – ein zunehmend asymmetrisches Verhältnis, in: G.-F. Schuppert/R. Merkel/G. Nolte/M. Zürn (Hrsg.), Der Rechtsstaat unter Bewährungsdruck, 2010, S. 23 (36 ff.).
35 J. Saurer, NVwZ 2005, 275 (277 ff.).
36 Vgl. etwa OVG Lüneburg, NVwZ-RR 2006, 613 f.; BayVGH, BayVBl. 2006, 671 ff.
37 Zur „kommunalen Kriminalprävention" s. die Beiträge in E. Kube/H. Schneider/J. Stock, Vereint gegen Kriminalität, 2001. Für das Baurecht ist insbesondere das Konzept der „Sozialen Stadt" nach § 171e BauGB bedeutsam; s. ferner H. Schubert, Sicherheit durch Stadtgestaltung, 2005.
38 Vgl. W. Hassemer, HRRS 2006, 130 (132 ff.).
39 Zu dieser Zunahme allgemein F. Roggan, Die Polizei 2008, 112 ff.; zur Videoüberwachung noch unten IV 2.
40 Vgl. W. Schäuble, ZRP 2007, 210 (212 f.).
41 Vgl. E. Werthebach, APuZ B 44/2004, 5 (8 ff.), der allerdings „aus historischen und rechtspolitischen Gründen" zumindest an der organisatorischen Trennung festhalten will.
42 C. Gusy/P. Pohlmann, Vorgänge 2007, 53; M. Kutscha, in: F. Roggan/M. Kutscha (Hg.), Handbuch zum Recht der Inneren Sicherheit, 2. Aufl. 2006, S. 79 ff., dort auch zur möglichen verfassungsrechtlichen Fundierung.
43 D. Kugelmann, DÖV 2003, 781 (782 f.).
44 Vgl. B. Drews/G. Wacke/K. Vogel/W. Martens, Gefahrenabwehr, 9. Aufl 1986, 223 f.
45 Vgl. M. Möstl, Die staatliche Garantie für die öffentliche Sicherheit und Ordnung, 2002, 193 ff.
46 Vgl. C. Gusy, Polizeirecht, 5. Aufl 2003, Rn. 70.
47 Dazu instruktiv D. Kugelmann, DÖV 2003, 781 ff.
48 Vgl. etwa OLG Düsseldorf, NVwZ 2002, 629 ff.; OVG Koblenz, DÖV 2002, 743 ff., jeweils bezogen auf die der Rasterfahndung. Weitere Beispiele sind etwa die Einschätzung der Gefährlichkeit von Kampfhunden, vgl. dazu zuletzt BVerfGE 110, 141 (158 ff.), gegen BVerwGE 116, 347 (352 f.); ferner die pauschale Einordnung komplexer und diffuser Gesamtsituationen (Fußballspiel, Drogenszene etc.) als Gefahr bei J. Lege, VerwArch 89 (1998), 71 (75 f.).; K. Waechter, JZ 2002, 854 (858); aus der Rspr. OVG Münster, NVwZ 2001, 459 f.; einschränkend zuletzt VGH Mannheim, NVwZ 2003, 115 ff. zur „Punk-Szene".
49 Zum Begriff statt vieler O. Lepsius, VVDStRL 63 (2004), 264 (267 ff.); A. Scherzberg, ebenda (290 ff.). Das „Risiko" – und nicht, wie man vielleicht meinen könnte, die „abstrakte Gefahr" – bildet damit den maßgeblichen Gegenbegriff zu der „konkreten Gefahr", um die es bislang im Polizeirecht ging. Im Unterschied zum Risiko setzen sowohl die konkrete als auch die abstrakte

Gefahr die auf Tatsachen gegründete hinreichende Wahrscheinlichkeit eines Schadens voraus. Unterschiedlich ist lediglich der Bezugspunkt der Gefahrenprognose: Als Regelvoraussetzung für polizeiliche Verfügungen stellt die konkrete Gefahr auf die Umstände des Einzelfalls ab, als Regelvoraussetzung für polizeirechtliche Verordnungen die abstrakte Gefahr auf gedachte, typische Fälle, vgl. dazu instruktiv *M. Möstl*, Jura 2005, 48 (51).
50 Vgl. §§ 6, 7 BWPolG; Art. 7, 8 BayPAG; §§ 13, 14 BerlASOG; §§ 5, 6 BremPolG; §§ 6, 7 HessSOG; §§ 8, 9 HambSOG; §§ 4, 5 RhPfPOG.
51 Vgl. § 26 I Nr. 6 PolG BW; Art. 13 I Nr. 5 BayPAG; § 18 II Nr. 6 HSOG; § 19 I Nr. 5 SächsPolG. Die Maßnahme geht insoweit über die schon vorher bekannte Identitätsfeststellung an den sog. gefährlichen Orten hinaus, die aus sich heraus „kriminogene Valenz" aufweisen, vgl. *F. Rachor*, in: *H. Lisken/E. Denninger* (Fn. 6), F Rn. 412 ff.
52 Vgl. *J. Lege*, VerwArch 89 (1998), 71 (75 f.).; *K. Waechter*, JZ 2002, 854 (858); aus der Rspr. OVG Münster, NVwZ 2001, 459 f.; einschränkend zuletzt VGH Mannheim, NVwZ 2003, 115 ff. zur „Punk-Szene". Zsfd. *T. Finger* (Fn. 8).
53 *D. Grimm* (Fn. 21), S. 198.
54 Vgl. als den „Klassiker" schlechthin *B. Drews/G. Wacke/K. Vogel/W. Martens*, Recht der Gefahrenabwehr, 9. Aufl. 1986, S. 219, 406 ff.; heute z. B. *D. Kugelmann*, Polizei- und Ordnungsrecht, 2006, S. 281.
55 Zur Gefährderansprache OVG Lüneburg, NJW 2006, 391.
56 Ausführlich *F. Deutsch*, Polizeiliche Gefahrenabwehr bei Sportgroßveranstaltungen, 2005, S. 184 ff.
57 Vgl. speziell zu dieser „Prävention durch Pranger" *K. Waechter*, VerwArch 92 (2001), 368 ff.
58 Zur Gefährderansprache insoweit *F. Rachor*, in: H. Lisken/E. Denninger (Fn. 6), F Rn. 820 ff.; zur Rasterfahndung vgl. die Stellungnahme des BKA in BVerfGE 115, 320 (339 f.).
59 Interessant *M. Kötter*, Der Staat 43 (2004), 371 (396 f.): die Kamera als Mittel zur Internalisierung von Normen.
60 Lange Zeit richtungsweisend insoweit die – unter Kriminologen allerdings umstrittene – Theorie der „Broken Windows" von *J. Q. Wilson/G. L. Kelling*, KrimJ 1996, 121 ff.
61 Dagegen nun VGH Baden-Württemberg Urteil vom 28. 7. 2009 – 1 S 2200/08; für die Zulässigkeit solcher Verordnungen dagegen *K. Faßbender*, NVwZ 2009, 563 ff.
62 Dazu noch unten II 3.
63 Beispielhaft in der Entscheidung zur Rasterfahndung, BVerfGE 115, 320 (347).
64 So auch *C. Gusy*, KritV 85 (2002), 474 (482).
65 Gegen eine stigmatisierende Wirkung der Rasterfahndung deshalb *H.-D. Horn*, DÖV 2003, 746 (749).
66 BVerfGE 115, 320, B I 2 b dd (2) der Gründe.
67 Minderheitsvotum *E. Haas* BVerfGE 115, 320, Ziff. 5a.
68 Für schwerwiegenden Eingriff etwa *T. Groß*, KJ 35 (2002), 1 (4 f); *W. Achelpöhler/H. Niehaus*, DÖV 2003, 49 (50); *J. Meister*, JA 2003, 83 (84); für insgesamt nur geringfügigen Eingriff OVG Koblenz, NVwZ 2003, 1528 f; *H.-D. Horn*, DÖV 2003, 746 (748 f).
69 BVerfG, Urteil vom 2. 3. 2010 – 1 BvR 256/08, 1 BvR 263/08, 1 BvR 586/08, C IV 4 a, C V 3 a aa der Gründe.
70 BVerfGE 115, 320, B I 2 b dd (3) (d) (cc) (δ) der Gründe.
71 *O. Lepsius* (Fn. 34), S. 33 f.
72 Vgl VerfG MV, DVBl 2000, 262 (267 f); BayVerfGH, DVBl 2003, 861 (865).
73 *W. Bausback*, BayVBl. 2002, 713 (722 f.); *D. Kugelmann*, DÖV 2003, 781 (787 ff.); *F. Schoch*, Der Staat 43 (2004), 347 (366 f.).
74 Vgl. etwa BVerfGE 110, 33 (53 ff.); 113, 348 (375 ff.); 115, 320 (365 f.); aus der Literatur etwa *F. Schoch*, Der Staat 43 (2004), 347 ff. (367); *H. Schulze-Fielitz*, in: FS für W. Schmitt Glaeser, 2002, S. 407 (428).
75 Ernüchternd insoweit die Ergebnisse einer Bielefelder Studie zur Telefonüberwachung, in: *O. Backes/C. Gusy* (Hrsg.), Wer kontrolliert die Telefonüberwachung?, 2003; ferner für das Strafprozessrecht *C. E. Talaska*, Der Richtervorbehalt, 2007.
76 Plastisch *F. Schoch*, Der Staat 43 (2004), 347 (362).
77 BVerfGE 115, 320 (363 ff.).
78 BVerfG, NJW 2008, 822 (830 f.).
79 So bereits das Minderheitsvotum Haas, BVerfGE 115, 320; *U. Volkmann*, Jura 2007, 132 (136 f.).

80 So zutreffend *M. Möstl*, DVBl 2007, 581 (588).
81 Vgl. etwa *A. Merkle*, Kriminalistik 2004, 93 ff.; *D. Schneider/A. Rick*, Kriminalistik 2004, 103 ff.
82 Zu den Verhältnissen in England vgl. http://www.sueddeutsche.de/politik/buergerueberwachung-die-big-brother-briten-1.869763.
83 BVerfGE 109, 279 (313 f.)
84 BVerfGE 109, 279 (318 ff.).
85 BVerfGE 120, 274; s. dazu *M. Kutscha*, NJW 2008, 1042 (1044).
86 BVerfGE 120, 274 (338).

Bericht über den Arbeitskreis 11

von Richter am OVG Dr. Martin Stuttmann, Münster

Die Frage nach der Triebfeder des erhöhten Sicherheitsbedürfnisses und der Erwartung der Bevölkerung, der Staat müsse Sicherheit auch in der Form von Angstfreiheit gleichsam als Produkt liefern (*Dr. Heydemann*, VG Berlin), kann nur soziologisch, nicht juristisch beantwortet werden. Der Jurist kann lediglich eine allgemein erhöhte Erwartungshaltung gegenüber dem Staat feststellen. Dieses Phänomen erfasst auch das Feld der inneren Sicherheit. Hierauf reagieren die Verantwortlichen in Politik und Verwaltung. Die genaue Ursachenforschung entzieht sich dem rein juristischen Zugriff.

RA Dr. Hauck-Scholz (Marburg) stellt fest, dass die Sicherheitsbehörden einen „historisch langen Atem" hätten, unter ihnen opportun erscheinenden Umständen ihre Eingriffs- und Überwachungskompetenzen gesetzlich ausweiten zu lassen. So sei es auch nach den Anschlägen vom 11. September geschehen. Er mahnt an, die neuen Befugnisse der strengen Beachtung der gesicherten und gefestigten Prinzipien des allgemeinen Polizeirechts zu unterwerfen. Danach obliege die Beweislast stets der Behörde; der gute Glaube der Gerichte an die Richtigkeit der Auskünfte könne nicht genügen. Hierauf erwiderte Herr *Prof. Dr. Volkmann*, dass sich seit dem Volkszählungsurteil des BVerfG die Anschauungen zum Datenschutz erheblich gewandelt hätten. Heute seien viele Bürger, insbesondere die der jüngeren Generation, sehr freigebig mit ihren persönlichen Daten. Sozialen Online-Netzwerken würden bedenkenlos intimste Daten anvertraut, die jedermann zur Einsicht offen stünden. Die Geschäftsgrundlage des Volkszählungsurteils sei heute für weite Teile der Bevölkerung entfallen. Bemerkenswert sei zudem, dass die eifrigsten Schützer eigener Daten besonders wissbegierig seien, was die Daten anderer angehe. Unter dem Banner der Transparenz verlangten sie möglichst umfassende Einsicht in behördeninterne Informationen oder wirtschaftliche Geschäftsprozesse, die zweifellos ihrerseits viele schutzwürdige Daten Dritter enthielten.

Dr. Heusch (VG Düsseldorf) merkte an, dass die wechselseitige Bedingtheit von Freiheit und Sicherheit auch in der Rechtsprechung des BVerfG nicht immer hinreichend beachtet werde. Für den Bürger mache es im Ergebnis keinen Unterschied, ob er seine Freiheitsrechte aus Angst vor Übergriffen und Anschlägen nicht nutze oder ob der Staat dem Bürger die Ausübung der Freiheitsrechte direkt untersage. Der *Vortragende* pflichtete dem im Wesentlichen bei. Er konstatierte einen sehr strengen Maßstab des BVerfG. Das BVerfG habe noch keine rechtliche Lösung dafür gefunden, dass die Sicherheitsbehörden naturgemäß über die Einzelheiten ihrer Methoden und Taktiken schweigen müssten, um diese nicht wertlos zu machen. Über eine dem § 99 VwGO vergleichbare Regelung müsse nachgedacht werden. Das strenge Festhalten am tradierten Gefahrbegriff führe unweigerlich dazu, dass neuartige Sicherheitsmethoden wie die Videoüberwachung aufgegeben werden müssten, weil mit ihnen per se bereits im Vorfeld der Gefahr agiert werde. Sie könnten nicht davon abhängig gemacht werden, dass die Gefahr bereits bestehe, vor deren Eintritt die Maßnahme gerade schützen solle.

Dr. Gerster (VG Gießen) machte darauf aufmerksam, dass es in der Natur der Prävention liege, dass ihr Erfolg nicht valide kontrollierbar sei. Da es sich vielfach um adressatenlose Maßnahmen handele, komme es auch rechtstatsächlich kaum zu gerichtlichen Feststellungen. Deswegen müssten weitere prozedurale Sicherheiten eingezogen werden. Es sei darüber nachzudenken, bei Verdachtsgewinnungsmaßnahmen über den Behördenleitervorbehalt weitere Richtervorbehalte einzuführen.

Prof. Dr. Volkmann griff diesen Vorschlag auf, wies aber darauf hin, dass es zahlreiche verschiedenschwellige Maßnahmen gebe, die unterschiedlich zu betrachten seien. Vielfach handele es sich um indirekte Maßnahmen, die in erster Linie auf eine breite Verhaltenssteuerung abzielten. Ihnen gegenüber komme vorwiegend prozeduraler oder sekundärer Rechtsschutz in Frage. Ein verfahrensmäßiges Mittel könne der Richtervorbehalt sein, den das BVerfG in manche Norm hineingelesen habe, ohne sich lange mit seiner gesetzlichen oder verfassungsrechtlichen Grundlage aufzuhalten. Es habe sich allerdings durch rechtstatsächliche Untersuchungen, etwa von *Prof. Gusy*, gezeigt, dass der Richtervorbehalt in der Praxis kaum die erhoffte begrenzende Wirkung entfalte. Dazu könne angesichts der drückenden Überlast der Amtsgerichte möglicherweise beitragen, dass die antragstellenden Sicherheitsbehörden den stattgebenden Beschluss dem Amtsrichter bereits unterschriftsreif mit dem Antrag vorlegten. Wolle dieser sich dagegen entscheiden, müsse er zeitaufwändig selbst formulieren. Als möglicher Lösungsweg wurde die Verlagerung der Richterbefugnisse auf die Verwaltungsgerichte vorgeschlagen. Diese hätten weniger Berührung mit den Strafverfolgungsbehörden und könnten den Grundrechtsschutz deswegen möglicherweise besser sicherstellen.

Dr. Gerster ergänzte, dass die Evaluierung von Gesetzen nicht dazu geführt habe, dass solche Sicherheitsgesetze, die jahrelang nicht zur Anwendung gekommen seien, aufgehoben würden. Dies sei zwar anfänglicher Zweck der Evaluierung gewesen. Da man aber nie wissen könne, ob das bislang ungenutzte Instrument nicht doch noch einmal gebraucht werde, belasse es die Politik dabei. Die Frage, welchen Schaden ungenutzte Instrumente denn überhaupt anrichten würden, blieb unbeantwortet.

Der Vorschlag (*Dr. Hauck-Scholz*), einen Landesbeauftragten für Bürgerrechte ähnlich den Landesbeauftragten für den Datenschutz einzuführen, wurde erwogen. Es wurden allerdings erhebliche Zweifel an seiner Mehrheitsfähigkeit und damit an seiner Umsetzbarkeit geäußert.

Dr. Heydemann griff das allgemeine Unbehagen an der als zutreffend erkannten Analyse von Prof. Dr. Volkmann auf und stellte die Frage, ob sich die Gerichte angesichts der offenbar fehlenden Möglichkeiten, die neuartigen Maßnahmen in feste rechtliche Strukturen einzuordnen, nicht besser zurückhalten sollten, wären sie nicht nach Art. 19 Abs. 4 GG zur Rechtsschutzgewährung verpflichtet. Der *Referent* stimmte zu, dass die bisherigen systembildenden Strukturen in weiten Teilen der Gefahrvorbeugung nicht mehr griffen. Neues sei noch nicht an ihre Stelle getreten. Rechtsprechung und Wissenschaft stünden noch am Anfang der Bewältigung dieses Phänomens. Am Beispiel der Videoüberwachung zeige sich, dass sich die Rechtswissenschaft derzeit noch zu stark auf neue, teils verschleiernde Sprachbilder („kriminogene Valenz") stütze, eine dogmatische Durchdringung aber noch schuldig bleibe. Diese sei allerdings Voraussetzung für die Einhegung der neuen Sicherheitsinstrumente. Die vom BVerfG und in dessen Gefolge von den Gesetzgebern angetretene „Flucht in die Übernormierung", die zu seitenlangen Ermächtigungsgrundlagen führe, sei nicht zielführend. Einerseits leide bei Übernormierung der Grundsatz der Normenklarheit auf das Schlimmste. Andererseits seien solche Vorschriften nicht mehr administrierbar. Sie führten dazu, dass die in ihnen geregelten Instrumente praktisch unbrauchbar würden. Die Sicherheitsbehörden würden lieber auf sie verzichten als sich durch den bürokratischen Dschungel zu kämpfen, der vor ihnen aufwachse.

Engagiert forderte Frau *Nordmann* (VG Schleswig) den Referenten stellvertretend für die Wissenschaft dazu auf, nicht vor den neuartigen Schwierigkeiten zu resignieren, sondern der Praxis Antworten zu liefern. Es sei nicht damit getan, die Probleme zu benennen. Lösungen seien gefragt. An die Gerichte gewandt rief sie dazu auf, sich nicht von dem gegenwärtigen „Sicherheitswahn" beeindrucken lassen. Solange die Sicherheitsbehörden nicht beweisen könnten, dass die neuartigen Instrumente notwendig und praktisch wirksam seien, seien sie auszusetzen. *Prof. Dr. Volkmann* sah sich bedauernd außer Stande, die von der Rechtswissenschaft eingeforderte Patentlösung anzubieten. Am Beginn der Bewältigung der neuen Lage müsse die sorgfältige Analyse stehen. Mit ihr sei eben erst begonnen worden. Erster einigermaßen gesicherter Befund sei, dass die bisherigen „Großkategorien" des Polizeirechts weitgehend unbrauchbar geworden seien. Es gebe bislang nur viele kleine Stellschrauben, an denen innerhalb des bisherigen Systems nachreguliert werden könne. Dazu gehörten nachlaufende Informationspflichten, Anschlussrechte nach erfolgter Maßnahme usw. Den von *Frau Nordmann* ausgemachten „Sicherheitswahn" hielt er eher für eine Gefühlskategorie, die rechtlich nicht weiter führe. Unter beifälliger Aufnahme des überwiegenden Arbeitskreises stellte er fest, er könne sich manchen vorstellen, dem eine unbemerkte Online-Durchsuchung durch den „Bundes-Trojaner" lieber sei als die öffentlichkeitswirksame Beschlagnahme der eigenen Computer durch die maskierten Kräfte eines mobilen Einsatzkommandos.

Dr. Huber (VG Frankfurt) berichtete aus seiner Tätigkeit im G10-Ausschuss des Bundestages. Danach sei bislang keine Online-Durchsuchung durchgeführt worden. Außerdem würden weniger als zehn sogenannte „große Lauschangriffe" pro Jahr stattfinden. Im Ganzen sei die Diskussion viel aufgeregter als von der Lebenswirklichkeit veranlasst. Letztlich müsse die Erforderlichkeit der Mittel den Ausschlag geben. Der

Richtervorbehalt habe keine durchschlagende Begrenzungswirkung. Bei den nachlaufenden Informationspflichten müssten strengere Anforderungen für das Aufschieben der Bekanntgabe eingeführt werden.

Herr *Koopmann* (VG Münster) verwies auf das Primat des Verfassungsrechts. Erweise sich eine Norm als grundsätzlich verfassungsrechtlich unbedenklich, könne die Begrifflichkeit in die der modernen Gesellschaft umgedeutet werden. Der Vortragende trat dem bei. Er verwies vor allem darauf, dass das Sicherheitsbedürfnis in der Gesellschaft stark angestiegen sei, obwohl sich Deutschland aus geschichtlicher Sicht in seiner friedlichsten Periode befinde. Das große, vielleicht übergroße Sicherheitsbedürfnis sei als Verfassungswirklichkeit anzuerkennen.

Dr. Heusch erinnerte daran, dass eine Staatsabwehrdoktrin, die das Sicherheits- und Schutzbedürfnis der Menschen nicht ernst nimmt, die Dreieckskonstellation verkennt, in der der Staat einerseits die Grundrechte als Abwehrrechte achten, andererseits aber seiner – auf derselben Normebene und gleichrangig – verbürgten Schutzpflicht gegenüber den Bürgern genügen muss. Dies gilt insbesondere auch in heiklen Lagen, in denen etwa der Anspruch auf Achtung der Menschenwürde des Täters mit dem ebenfalls in Art. 1 GG verankerten Anspruch auf Schutz der Menschenwürde des Opfers kollidiert.

Dr. Heydemann mahnte, Rechtspolitik und gerichtliche Prüfung streng zu trennen. Die Vorentscheidungen des Gesetzgebers seien auch von den Gerichten anzuerkennen. Niemand solle zu rasch mit dem Verdikt der Verfassungswidrigkeit bei der Hand sein.

ARBEITSKREIS 12

Die Dresdner Waldschlösschenbrücke – rechtlich rundum beleuchtet

Referent: *Prof. Dr. Markus Kotzur*, LL.M., Leipzig

Thesen des Referats

1. Die mit dem Bau der Waldschlösschenbrücke aufgeworfenen Rechtsfragen umspannen das Völker- und Verfassungsrecht ebenso wie das Kommunal-, Bau-, Planungs- und Umweltrecht und verlangen nach *kohärenten* Lösungsansätzen.
2. Neben vielen anderen Rechtsgütern sind zwei von besonders hohem Rang betroffen: das Weltkulturerbe einerseits, der authentische Ausdruck unmittelbarer Demokratie auf kommunaler Ebene andererseits. Das verlockt zu vereinfachenden Antagonismen, verlangt indes nach kohärenztauglicher Zusammenschau der geschützten Rechtspositionen.
3. Wird der Schutz der Demokratie dabei zur selbstbestimmten Wahrnehmung demokratischer Rechte der Bürger gegen die vermeintlich fremdbestimmten Bindungen internationalen Rechts verkehrt – häufig verbunden mit dem pauschalen Hinweis auf die fehlende demokratische Legitimation internationaler Akteure –, ist nicht nur der Funktionswandel moderner Staatlichkeit im Lichte von Europäisierung, Internationalisierung und Globalisierung verkannt, sondern eine Konfliktlage „inszeniert", die politische wie rechtliche Streitschlichtung erschwert, Kohärenz letztlich unmöglich macht.
4. Ein solch kohärenzfeindliches Konfliktszenario wirkt umso prekärer, als das UNESCO-Welterbe-Übereinkommen (WEK) – mit seiner Welterbeliste das vielleicht bekannteste völkerrechtliche Abkommen überhaupt – nicht nur eine breite Weltöffentlichkeit schafft, sondern auch den jeweiligen (demokratischen) Souverän der Signatarstaaten in völkergemeinschaftliche Verantwortung für das „common heritage of mankind" nimmt (Art. 4 und 5 WEK) – und das zunächst ganz unabhängig von der konkreten innerstaatlichen Umsetzung und Bindungswirkung des Welterbeübereinkommens, ebenso unabhängig von der Bindungswirkung der durch das Welterbekomitee getroffenen Entscheidungen.
5. Geeignete Matrix, die Völkerrechtsoffenheit des grundgesetzlichen Verfassungsstaates und zugleich seine „überstaatlichen Bedingtheiten" (W. von Simson) zu umschreiben, ist der Mehrebenen-Konstitutionalismus (I. Pernice). Diese Matrix bildet die Grundlage ebenendiffenrenzierter, kohärenztauglicher rechtlicher Lösungsansätze für den Dresdner Brückenstreit.
6. Die Ebene des Völkerrechts und seine innerstaatlichen Bindungswirkungen:
    a. Die Pflichten aus der Welterbekonvention (vgl. Art. 4 und 5) unterfallen weder den allgemeinen Regeln des Völkergewohnheitsrechts noch den allgemeinen Prinzipien des Völkerrechts oder gar dem ius cogens. Art. 25 GG greift daher nicht.

b. Die Welterbekonvention wurde von der BR Deutschland 1976 ratifiziert, ohne durch Vertragsgesetz nach Art. 59 Abs. 2 S. 1 GG Bestandteil des innerstaatlichen Rechts zu werden. Auch eine Implementierung der Konvention in den neuen Ländern durch Vertragsgesetz der DDR in Verbindung mit dem Einigungsvertrag kommt nicht in Betracht. Sie ist daher insgesamt als *Verwaltungsabkommen* im Sinne von Art. 59 Abs. 2 S. 2 GG zu werten.
c. Nichtsdestoweniger qualifizieren *alle* von der Bundesrepublik eingegangenen völkerrechtlichen Bindungen als *Recht* im Sinne von Art. 20 Abs. 3 GG, das seinerseits alle Träger deutscher öffentlicher Gewalt in ihrem jeweiligen Zuständigkeitsbereich zu befolgen haben. Dies folgt aus dem Grundsatz der *offenen Staatlichkeit* und der *Funktionslogik des Mehrebenensystems*. Die fehlende völkerrechtliche Bindungswirkung der Entscheidungen des Welterbekomitees ändert nichts an der Beachtlichkeit des Vertragswerkes als solchem.

7. Die Ebene des Europarechts: Das Unionsrecht bedingt die Auslegung nationalen Rechts. Im Sinne einer europarechtskonformen Auslegung ist der Begriff „Kulturgut" in Art. 2 UVPG daher als „Kulturerbe" einschließlich des Weltkulturerbes zu verstehen.
8. Die Ebene des nationalen Verfassungsrechts mit seinen föderalen Spezifika: Für die Länder folgt eine Beachtungspflicht der vom Gesamtstaat eingegangenen völkerrechtlichen Bindungen schon aus dem Grundsatz der Bundestreue. Die Bundesstaatsklausel aus Art. 34 lit. b WEK führt zu keinem anderen Ergebnis.
9. Die Ebene des Landesverfassungsrechts: Als Kulturstaat (Art. 1 S. 2, Art. 11 Abs. 3 SächsVerf.) ist der Freistaat Sachsen in besonderer Weise dem Kulturgüterschutz verpflichtet. Diese landesverfassungsrechtliche Kulturstaatsklausel muss bei der Auslegung und Anwendung des einfachen Rechts, insbesondere bei Abwägungsentscheidungen, mitberücksichtigt werden.
10. Die Ebene des einfachen nationalen Rechts:
    a. Das Kommunalrecht:
        i. Der Bürgerentscheid ist nicht der Akt eines rechtlich ungebundenen Souveräns, sondern Ausübung gebundener öffentlicher Gewalt.
        ii. Das bestätigt § 24 Abs. 2 Nr. 8 SächsGO. Die Norm verbietet Bürgerentscheide, die gesetzwidrige Ziele verfolgen. Der Bürgerentscheid wäre also jedenfalls dann unzulässig, wenn das grundsätzliche Votum für einen Brückenbau die bei den planungsrechtlichen Abwägungsentscheidungen gebotene Einbeziehung des Welterbestatus als öffentlichen Belang ausschlösse. Der Bürgerentscheid kann also von vornherein nur auf eine *unter Abwägungsgesichtspunkten kohärenztaugliche* Brückenlösung abzielen.
        iii. Ein dieses Kohärenzgebot vollständig ignorierender Bürgerentscheid wäre unzulässig und könnte deshalb auch keine Bindungswirkung entfalten.
        iv. Ferner ist auch bei der rechtsaufsichtlichen Ermessensentscheidung nach § 114 SächsGO der Welterbestatus zu berücksichtigen.

b. Das Planungsrecht: Bereits mit dem Antrag auf Aufnahme in die Welterbeliste entsteht eine Selbstbindung der Antragsteller insoweit, dass die Welterbefähigkeit im Rahmen der Planfeststellung als abwägungserheblicher öffentlicher Belang (§ 39 Abs. 1 S. 3 SächsStrG) berücksichtigt werden muss. Diese Bindung greift noch über eine Berücksichtung landesrechtlicher Denkmalschutzvorschriften (§ 1 Abs. 3, § 2 Abs. 3 Nr. 1 SächsDSchG), das baurechtliche Rücksichtnahmegebot und die Maßgaben der Umweltverträglichkeitsprüfung (vgl. § 2 Abs. 1 S. 2 Nr. 3 UVPG) hinaus.

c. Das Umweltrecht: Nach § 34 BNatSchG sind Vorhaben unzulässig, wenn sie zu erheblichen Beeinträchtigungen für Erhaltungsziele oder Schutzzwecke eines FFH-Gebietes führen können. Die Möglichkeit der Gefährdung reicht bereits aus. Eine Abwägungsentscheidung kann bei einem „Natura 2000"-Gebiet also nur dann positiv ausfallen, wenn an der Umweltverträglichkeit aus wissenschaftlicher Sicht keine begründeten Zweifel mehr bestehen.

11. Rechtspolitische Konsequenzen: Es bedarf künftig einer besseren und frühzeitigeren Kommunikation aller Akteure auf staatlicher wie staatenübergreifender Ebene. Es bedarf ferner einer präziseren Konkretisierung der völkerrechtlichen Bindungen aus der Welterbekonvention im innerstaatlichen Recht.

Referat

Einleitung: „im Hinblick darauf, dass das Kulturerbe und das Naturerbe zunehmend von Zerstörung bedroht sind (...)"

Über die Dresdner Waldschlösschenbrücke – ihr Bau hat längst begonnen, bleibt mit immer neuen Schwierigkeiten verbunden, mit der Fertigstellung wird frühestens im Sommer 2011 gerechnet – ist viel gesagt, publiziert, vor allem aber gestritten worden.[1] Das Für und Wider bewegt, auch wenn bald schon vollendete Tatsachen drohen, weit über den Kreis der Fachjuristen hinaus noch immer die Gemüter. Auf Seiten der Brückenbefürworter wie der -gegner erweist sich nicht zuletzt die *aktive Bürgergesellschaft*[2] als kreativ, initiativ und wirkungsmächtig. Insgesamt aber nutzen alle beteiligten Akteure die ihnen zur Verfügung stehenden politischen und rechtlichen Optionen. Sie haben den Brückenstreit längst vor das Sächsische OVG, den Sächsischen Verfassungsgerichtshof und das BVerfG getragen. Die dort in einstweiligen Rechtschutzverfahren angestellten Erwägungen zeugen von der Komplexität der aufgeworfenen Rechtsfragen, die das Völker- und Verfassungsrecht ebenso umspannen wie das Kommunal-, Bau-, Planungs- und Umweltrecht; sie zeugen aber nicht minder von der Sensibilität eines Themas, dem es – durchaus öffentlichkeitswirksam – neben vielen anderen betroffenen Rechtsgütern um zwei von besonders hohem Rang geht: das Weltkulturerbe einerseits, der authentische Ausdruck unmittelbarer Demokratie auf kommunaler Ebene andererseits.[3]

Das verlockt gewiss zu vereinfachenden Antagonismen, verlangt indes nach differenzierender Zuordnung. Wird der Schutz der Demokratie dabei zur selbstbestimmten Wahrnehmung demokratischer Rechte der Bürger *gegen* die vermeintlich fremdbestimmten Bindungen internationalen Rechts verkehrt – häufig verbunden mit dem pauschalen Hinweis auf die fehlende demokratische Legitimation internationaler Akteure,[4] ist nicht nur der Funktionswandel moderner Staatlichkeit im Licht von Europäisierung, Internationalisierung und Globalisierung verkannt, sondern auch eine Konfliktlage *inszeniert*, die den Weg zu einer *kohärenztauglichen Zusammenschau* der betroffenen Rechtsgüter, vor allem aber zu einem „kommunikativen" statt strikt hierarchischen Verhältnis von Völkerrecht und nationalem Recht verbaut.[5]

Gewiss wird in der neueren völkerrechtlichen Literatur mitunter ein „verfassungsrechtliches Widerstandsrecht" gegen solche internationalen Normen postuliert, die Kernprinzipien der nationalen Verfassungen wie die Grundrechte oder das Demokratieprinzip verletzen.[6] Als ultima ratio mag es konstruktiv auf die Fortentwicklung des Völkerrechts wirken, aber nur, wenn das übergeordnete Ziel internationaler Kooperation sein Leitgesichtspunkt bleibt – wo das gemeinsame Menschheitserbe in Rede steht allemal.[7]

I. Die Chronologie des Brückenstreits

Die Chronologie des Brückenstreits zeugt von der Komplexität des Falles. Vor weit mehr als 10 Jahren, am 15. 8. 1996, beschloss der Dresdner Stadtrat den Bau einer neuen Elbbrücke am Waldschlösschen; von Anfang an verzögern Planungsschwierigkeiten den Baustart. Indes bemühte sich noch während der Planungsphase die Stadt Dresden, unterstützt von Land und Bund, um die Aufnahme des Dresdner Elbtals in die durch das UNESCO-Welterbe-Übereinkommen[8] installierte „Welterbeliste". Dieses vielleicht bekannteste völkerrechtliche Abkommen schafft eine breite Weltöffentlichkeit[9] und ist gerade deshalb für die Welterbestätten auch von wirtschaftlichem Interesse – Stichwort Tourismus. Ganz unabhängig von einer möglichen ökonomischen Motivation hat die frühe und konsequente Unterstützung von Seiten des Freistaates Sachsen aber noch aus einem anderen Grunde für die spätere rechtliche Bewertung Relevanz. Hier zeigt sich ein *gewisser Selbstbindungswille* an die von der UNESCO-Konvention gesetzten Standards, und das unabhängig von der Frage deren völkerrechtlicher Bindungswirkung. Im Einzelnen:

Im Februar 2004 ergeht nach § 39 SächsStrG ein vollziehbarer Planfeststellungsbeschluss durch das Regierungspräsidium Dresden.[10] Am 2. 7. desselben Jahres erklärt die UNESCO das Dresdner Elbtal zum Weltkulturerbe, am 7. 11. hält der Dresdner Stadtrat ein Bürgerbegehren in Sachen Brückenbau mit breiter Mehrheit für zulässig. Am 27. 2. 2005 ist schließlich ein Bürgerentscheid zugunsten des Brückenbaus erfolgreich. Und damit beginnt der Streit in aller Schärfe. Da die geplante Brückenkonstruktion mit dem Welterbe-Status unvereinbar sei, setzt das Welterbekomitee das Elbtal am 11. 7. 2006 auf die „Rote Liste" der gefährdeten Weltkulturstätten.[11] Der Dresdner Stadtrat reagiert prompt. Mit Beschluss vom 20. 7. 2006, wiederholt am 10. 8. 2006 stimmt er gegen den Bau der Brücke. Das Land aber beharrt auf dem Vorhaben und auch der Vertreter des Oberbürgermeisters widerspricht den Stadtratsbeschlüssen. Er begründet dies mit einem Verstoß gegen die Sperrwirkung des Bürgerentscheids nach § 24 Abs. 4 SächsGO und ersucht gem. Art. 52 Abs. 2 SächsGO das Regierungspräsidium als Rechtsaufsichtsbehörde um Entscheidung.

Bereits am 14. 8. 2006 stellt das Regierungspräsidium die Rechtswidrigkeit des Stadtratsbeschlusses fest; insbesondere die dringend anstehenden Vergabeentscheidungen seien zu treffen. Für den Fall, dass die Stadt dem nicht nachkomme, wird Ersatzvornahme angedroht. Und so kommt es denn auch. Am 25. 8. 2006 hebt das Regierungspräsidium unter Anordnung des Sofortvollzugs die beanstandeten Ratbeschlüsse auf und trifft die Vergabeentscheidungen selbst. Dagegen wehrt sich die Stadt Dresden mit Widerspruch und einstweiligem Rechtsschutz. Das VG Dresden gibt dem Antrag auf Wiederherstellung der aufschiebenden Wirkung zunächst statt,[12] das OVG aber korrigiert die erstinstanzliche Entscheidung und lehnt am 9. 3. 2007 den Antrag auf Wiederherstellung der aufschiebenden Wirkung ab.[13] Am 6. 6. 2007 scheitert die Stadt Dresden vor dem BVerfG mit einer Klage gegen den vom Freistaat angeordneten Bau. Das BVerfG nimmt die Verfassungsbeschwerde nicht zur Entscheidung an.[14] Auch ein Verfahren vor dem Sächsischen Verfassungsgerichtshof bleibt ohne Erfolg.

Zunächst deutet sich jedoch noch einmal Entspannung an. Auf seiner Tagung in Neuseeland (25. 6. 2007) entzieht das Welterbekomitee den Titel vorerst nicht. Alle politisch Verantwortlichen rechnen letztlich mit einem Kompromiss. Freilich spitzt sich die Lage zu, als im November 2007 die Bauarbeiten beginnen. Nach Ablauf der Sperrwirkung des ersten Bürgerbescheids scheint es Gestaltungsräume zu geben. Aber im Mai 2008 bleibt eine Bürgerinitiative mit dem Versuch, durch neuerlichen Bürgerentscheid eine Tunnellösung als Brückenalternative durchzusetzen, ohne Erfolg. Am 7. 7. 2008 fordert das Welterbekomitee (Quebec) nachdrücklich einen sofortigen Baustopp und droht andernfalls mit einer Streichung von der Liste. Schon wenig später tut sich in Dresden ein weiteres Streitszenario auf. Das VG Dresden hatte im vorläufigen Rechtsschutzverfahren eine Klage von Naturschutzverbänden gegen den Brückenbau zurückgewiesen. Auch eine Berufung zum OVG führt zu keinem wesentlich anderen Ergebnis, aber zu Korrekturen im Detail. Ganz „en passant" wird die „Kleine Hufeisennase", deren Lebensraum es zu schützen gilt, zum Hoffnungsschimmer für die Brückengegner. Der vorläufig letzte Akt dann im Jahre 2009: Am 15. 5. 2009 empfiehlt das Welterbezentrum der UNESCO in Paris die Streichung Dresdens von der Welterbeliste; diese erfolgt am 25. 8. 2009 durch das Welterbekomitee in Sevilla. Derzeit verzögern umwelt- und planfeststellungsrechtliche Probleme mit dem Brückenanschluss den Weiterbau.

II. Die Matrix einer kohärenztauglichen Konfliktlösung: das Mehrebenensystem

Der Dresdner Brückenstreit wirft die Frage nach der *Kohärenz* des ihn steuernden Rechts in doppelter Hinsicht auf. Es geht einmal um das systemgerechte Ineinandergreifen der betroffenen Referenzgebiete des innerstaatlichen besonderen Verwaltungsrechts, namentlich des Kommunalrechts, des Bau- und Planungsrechts sowie des Umweltrechts.[15] Diese sind ihrerseits abhängig vom grundgesetzlichen Ordnungsrahmen und heute in vielfacher Hinsicht auch europarechtlich determiniert. *Fritz Werner* hat ersteres in seiner berühmten Wendung, Verwaltungsrecht sei „konkretisiertes Verfassungsrecht", ebenso einprägsam wie treffend auf den Punkt gebracht.[16] *Peter Häberle* hat letzteres nicht minder plastisch verbildlicht, wenn er unionale und mitgliedstaatliche Verfassungsstrukturen als „komplementäre" Teilverfassungen aufeinander bezieht.[17] Diese „überstaatliche Bedingtheit des Staates"[18] respektive seiner Verfassungs- und Rechtsordnung – um noch *Werner v. Simson* zu zitieren – gilt aber nicht nur im Hinblick auf den europäischen Integrationsprozess, sondern auch auf völkerrechtliche bzw. völkergemeinschaftliche (Ein-)Bindungen – und das umso mehr, je völkerrechtsoffener und völkerrechtsfreundlicher eine Verfassung sich gestaltet.[19]

Matrix solcher konstitutionellen Verflechtungen, die wiederum Verflechtungen des sie konkretisierenden einfachen Rechts bedingen, ist der Mehrebenen-Konstitutionalismus.[20] Das den Politikwissenschaften entlehnte Modell beschreibt komplex gewordene Hoheitsgewalten, aufgrund derer das vormals natürliche Band zwischen „staatlich" und „hoheitlich" längst zerschnitten ist.[21] Es hat sich – vor allem aufgrund seiner deskriptiven Qualitäten, aber auch seines normativen Anspruchs – für den europäischen Verfassungsraum weithin durchgesetzt und findet auch bezüglich völkerrechtlicher Konstitutionalisierungsprozesse vorsichtigen Anklang und wurde jüngst überdies um die aus den Verwaltungswissenschaften geläufige „Netzwerkmetapher" angereichert.[22] Eine Hierarchisierung der Entscheidungsebenen darf indes nicht impliziert werden.[23] Treffende Umschreibungen leisten daher ebenfalls (Leit-)Bilder wie „Politikverflechtung"[24], „Mehrebenenverflechtung"[25], „Mehrebenen-Demokratie"[26], „Sympolitie"[27] oder „Synarchie"[28]. Freilich kann deren harmonisierender Duktus auch trügerisch sein. Er sollte nicht darüber hinwegtäuschen, dass zwischen den verflochtenen Normierungsebenen einerseits Normkonflikte nicht ausbleiben, dass andererseits die notwendig „ebenendifferenzierten" Abwägungsprozesse mitunter an ihrer Überkomplexität zu scheitern drohen.

Ein strikter Vorrang entweder staatlichen oder überstaatlichen Rechts würde gewiss Rechtsklarheit schaffen. Ersterer scheitert aber an seiner „überstaatlichen Bedingtheit", letzterer am staatlichen Souveränitätsanspruch. Für eine pragmatische wechselseitige Zuordnung nationaler und transnationaler Rechtsräume sei daher das von *K. Hesse* für die Grundrechtsdogmatik entfaltete Prinzip der „praktischen Konkordanz"[29] vorgeschlagen. Ihm zufolge soll die verhältnismäßige Zuordnung von Rechtsgütern so erfolgen, dass beide auch im Kollisionsfall zu optimaler Wirksamkeit gelangen.[30] Solch ein Ausgleich erweist sich schon beschränkt auf das innerstaatliche

Recht als schwierig; auf den Ausgleich zwischen potentiell divergierenden Normsystemen lässt sich das Modell erst recht nicht passgenau übertragen. Es taugt aber als Analogon und reflektiert jene bereits zitierten Stimmen aus der Literatur, die ein „kommunikatives" statt eines strikt hierarchischen Verhältnisses von Völkerrecht und nationalem Recht anmahnen[31] und im Kontext der „Global Governance"-Debatte – losgelöst von allen Umsetzungs- und Implementierungsfragen – einen Gleichlauf von Völkerrecht als öffentlichem Recht sehen.[32]

III. Die verschränkten Ebenen rechtlicher Bindung und deren Relevanz für (direkt-)demokratische Entscheidungsprozesse

1. *Die Ebene des Völkerrechts und seine innerstaatlichen Bindungswirkungen*

Der Kulturgüterschutz hat im neueren Völkerrecht insgesamt einen immer höheren Stellenwert erlangt.[33] Davon gibt das „Übereinkommen zum Schutz des Kultur- und Naturerbes der Welt" (kurz: Welterbekonvention), 1972 beschlossen, 1977 von der Bundesrepublik Deutschland ratifiziert, nachhaltigen Ausdruck. Es handelt sich dabei um einen klassischen, multilateralen völkerrechtlichen Vertrag. Er wurde von der UNESCO, ihrerseits eine Sonderorganisation der Vereinten Nationen,[34] ins Leben gerufen. Herzstück der Konvention ist die Welterbeliste, die eine Fülle von Natur- und Kulturdenkmälern aus allen Erdteilen zum ideellem gemeinsamen Menschheitserbe rechnet und sich zugleich der Sicherung der mit diesem Erbe verbundenen kulturellen Vielfalt verpflichtet weiß.[35] Wenngleich maßgeblicher völkervertraglicher Baustein einer „Weltkulturordnung"[36], unterfallen die Pflichten aus der Welterbekonvention (vgl. Art. 4 und 5) indes weder den allgemeinen Regeln des Völkergewohnheitsrechts noch den allgemeinen Prinzipien des Völkerrechts oder gar dem ius cogens. Art. 25 GG greift daher nicht. Innerstaatlich hätte es daher einer Umsetzung durch Vertragsgesetz bedurft, um Gesetzeskraft sicherzustellen. Diese ist aber im Jahre 1977 unterblieben.[37] Die Welterbekonvention kann im deutschen Recht daher nur als *Verwaltungsabkommen* (Art. 59 Abs. 2 S. 2 GG), d. h. als ein Vertrag wirken, der nicht den völkerrechtlichen Status der Bundesrepublik Deutschland betrifft, nicht hochpolitischer Natur ist und letztlich durch Rechtsakte der Exekutive vollzogen wird.[38]

Auch wenn die Welterbekonvention formal diesen Kriterien entspricht, hätte aufgrund ihrer maßgeblichen Bedeutung für das Kulturvölkerrecht und auch vom kulturstaatlichen Selbstverständnis der Bundesrepublik Deutschland eine Umsetzung in Gesetzesform nahegelegen. Über die Gründe für deren Fehlen und eine sich widerspiegelnde „Sorglosigkeit"[39] kann aus heutiger Sicht nur spekuliert werden. Die komplizierte föderale Architektur der Bundesrepublik mag eine Antwort, jedenfalls eine Teilantwort geben. Die völkerrechtlichen Verpflichtungen treffen innerbundesstaatlich auf ein Geflecht von ordnungs- und planungsrechtlichen, bau-, umwelt-, naturschutz- und denkmalschutzrechtlichen Normen, deren Erlass teils in alleiniger Zuständigkeit der Länder liegt. Die Verwaltungsbefugnisse stehen ohnehin nahezu ausschließlich den Ländern und Kommunen zu. Nicht zuletzt aufgrund der umfassenden Kulturkompetenzen der Länder wäre deren Beteiligung nach dem Lindauer Abkommen geboten gewesen, auch um Rechtsunsicherheiten in der Folgezeit zu vermeiden.[40]

Nichtsdestoweniger qualifizieren *alle* von der Bundesrepublik eingegangenen völkerrechtlichen Bindungen als *Recht* im Sinne von Art. 20 Abs. 3 GG, das seinerseits alle Träger deutscher öffentlicher Gewalt in ihrem jeweiligen Zuständigkeitsbereich zu befolgen haben. Dies folgt aus dem Grundsatz der *offenen Staatlichkeit* und der *Funktionslogik des Mehrebenensystems*.[41] Innerbundesstaatlich tritt noch das Gebot der *Bundestreue* hinzu. Die Länder haben stets zu berücksichtigen, ob durch ihr Handeln und Entscheiden dem Bund eine völkerrechtliche Vertragsverletzung droht.[42]

Weiterhin ändert die fehlende völkerrechtliche Bindungswirkung der Entscheidungen des Welterbekomitees nichts an der Beachtlichkeit des Vertragswerkes als solchen.[43] Auch die Bundesstaatsklausel nach Art. 34 Welterbekonvention (WEK), die Länder von der Pflicht befreit, gesetzliche Maßnahmen zur Unsetzung der Konvention zu ergreifen, führt zu keinem anderen Ergebnis.[44] Die Verpflichtungen aus der Welterbekonvention müssen daher bei der Auslegung und Anwendung nationalen Rechts hinreichende Beachtung finden. Ganz im Sinne des einleitend skizzierten „kommunikativen" Verhältnisses zwischen Völkerrecht und Landesrecht folgen aus ihnen zwar keine abwägungsfesten Schutzpositionen übergeordneten internationalen Rechts – so wie insgesamt das Mehrebenensystem nicht hierarchisch zu denken ist –, wohl aber Pflichten zur hinreichenden Einbeziehung in alle Abwägungsprozesse und Ermessensentscheidungen. Diese Beachtungspflichten beginnen nicht erst mit der Eintragung in die Welterbeliste, die insoweit nicht konstitutiv wirkt. Entscheidend ist vielmehr der Zeitpunkt, da der Welterbestatus erkannt ist, im vorliegenden Falle beginnend mit und dokumentiert durch den Antrag auf Aufnahme in die Welterbeliste durch die Stadt Dresden und den Freistaat Sachsen; alles andere wäre ein „venire contra factum proporium", völkerrechtlich gesprochen „estoppel", da der Aufnahmeantrag einen korrespondierenden Bindungswillen explizit macht. Nur ergänzend sei angemerkt, dass nach Art. 11 Abs. 3 S. 1 WEK die Aufnahme auf die Liste der Zustimmung des Staates bedarf, der Welterbestatus also nicht von außen aufgedrängt werden darf. Daher musste die Welterbefähigkeit bereits im Rahmen der Planfeststellung als abwägungserheblicher Belang berücksichtigt werden. Sie war ebenso bei der rechtsaufsichtlichen Ermessenentscheidung einzustellen. Unterbleibt dies, liegt ein Abwägungsdefizit bzw. Ermessensausfall vor.

2. Die Ebene des Europarechts – europarechtliche Implikationen bei der Auslegung nationalen Rechts

Das Unionsrecht bedingt die Auslegung nationalen Rechts. Das wird gerade im Kontext des Umweltrechts sehr deutlich. Spätestens mit den Vorgaben der Richtlinie 85/337/EWG hatte sich der Bundesgesetzgeber mit dem Begriff des „kulturellen Erbes"[45] bei der Umweltverträglichkeitsprüfung zu befassen und ihn in nationales Recht zu integrieren.[46] Das ist mit Art. 2 UVP und dem dort verwendeten Begriff des „Kulturgutes" geschehen.[47] Im Sinne einer europarechtskonformen, an *effet utile*-*Kriterien* orientierten Auslegung ist der Terminus weit zu verstehen und nicht etwa auf „naturnahe Kulturgüter" beschränkt[48]- was ein europäischer Rechtsvergleich bestätigt.[49] Er umfasst das gesamte „Kulturerbe" einschließlich des Weltkulturerbes. Zu Denken ist an Denkmäler, Natur- und Kulturensembles – die ganz eigen Kulturlandschaften ausprägen –, insgesamt an Stätten, die Zeugnisse von Natur- und Kulturgeschichte abgeben.

3. Die Ebene des nationalen Verfassungsrechts mit seinen föderalen Spezifika

Für den Gesamtstaat wurde auf seine „Völkerrechtsoffenheit" und die entsprechenden Normenensembles aus dem Grundgesetz bereits hingewiesen. Für die Länder folgt eine Beachtungspflicht der vom Gesamtstaat eingegangenen völkerrechtlichen Bindungen schon aus dem Grundsatz der *Bundestreue*. Die Bundesstaatsklausel aus Art. 34 lit. b WEK führt, wie schon gesagt, zu keinem anderen Ergebnis. Für vorliegenden Fall ist indes auch das sächsische Landesverfassungsrecht ergiebig. Als *Kulturstaat* (Art. 1 S. 2, Art. 11 Abs. 3 SächsVerf.) ist der Freistaat Sachsen in besonderer Weise dem Kulturgüterschutz verpflichtet.[50] Diese *landesverfassungsrechtliche Kulturstaatsklausel* muss bei der Auslegung und Anwendung des einfachen Rechts, insbesondere bei Abwägungsentscheidungen mitberücksichtigt werden. Die deutschen Länder haben nach 1945 variantenreiche Kulturstaatsklauseln erprobt, die neuen Länder haben sie nach 1992 nicht minder variantenreich rezipiert und fortgeschrieben.[51] Dieses normativ verankerte kulturverfassungsstaatliche Selbstverständnis erschöpft sich nicht in symbolischer „Verfassungslyrik", sondern verlangt, normativ ernst genommen zu werden.

4. Die Ebene des einfachen nationalen Rechts

a) Das Kommunalrecht

Dass der Schutz des Weltkulturerbes ein wesentliches kulturpolitisches Anliegen ist, steht ebenso wenig außer Frage wie die Tatsache, dass die politische Gemeinschaft vor Ort zum Schutz „ihrer" kulturellen Ensembles in besonderer Weise berufen bleibt.[52] Hier sind aus *Alltagsbewusstsein* und *Alltagserleben* der Bürgerinnen und Bürger maßgebliche Beiträge für die politische Gemeinschaftsbildung und für das Werden kultureller Identität(en) möglich – gerade im Wege direktdemokratischer Partizipation.[53] Was *K. Eichenberger* für die Schweizer Kommunalstrukturen formuliert hat, kann auf die Situation in der Bundesrepublik analoge Anwendung finden: Die Gemeinde „ist von außergewöhnlicher Vielfalt. Sie hält die Grundwerte unserer Staatsauffassung hoch: aktivierte und verantwortliche Teilnahme und Teilhabe des Bürgers an den öffentlichen Angelegenheiten, freiheitlich gerichtete Verwaltung durch menschliche Bezüge zwischen Bürger und Obrigkeit (...)."[54] Bürgerbegehren und Bürgerentscheid ermöglichen auf ihre Weise ebendiese „aktivierte und verantwortliche Teilnahme". So kennt die Sächsische Gemeindeordnung (SächsGO), dem Vorbild vieler anderer

Gemeindeordnungen folgend, sehr bewusst den Bürgerentscheid und sieht für dessen Zustandekommen zwei Varianten vor, entweder durch ein erfolgreiches Bürgerbegehren oder auf Initiative des Gemeinderates mit Zweidrittelmehrheit (§ 24 Abs. 1 SächsGO).[55] Gem. § 24 Abs. 4 S. 1 SächsGO steht der Bürgerentscheid dem Gemeinderatsbeschluss gleich; er kann deshalb (§ 24 Abs. 2 S. 1 SächsGO) über alle Fragen durchgeführt werden, für die auch der Gemeinderat Zuständigkeit besitzt.[56] Es muss sich also um Angelegenheiten der örtlichen Gemeinschaft handeln, d. h. solche, die nach der berühmten *Rastede*-Formel des BVerfG „in der örtlichen Gemeinschaft wurzeln oder auf sie einen spezifischen Bezug haben, die (...) den Gemeindebürgern gerade als solchen gemeinsam sind, indem sie das Zusammenleben und -wohnen der Menschen in der (politischen) Gemeinde betreffen."[57] Der Bau der Brücke bleibt in diesem Sinne lokal radiziert, auch wenn seine Auswirkungen das Örtliche ohne Zweifel transzendieren und die Welterbeeigenschaft nicht nur die politische Gemeinschaft vor Ort etwas angeht.

Die Parallele von Gemeinderatsbeschluss und Bürgerentscheid ist aus anderem Grunde für den Brückenstreit von hoher Relevanz. Sie belegt, dass der Bürgerentscheid zwar authentische Ausdrucksform aktivbürgerlicher demokratischer Partizipation, nicht aber der Akt eines rechtlich ungebundenen Souveräns ist. Bei aller „zusätzlichen", unmittelbaren demokratischen Legitimation bleibt er Ausübung *gebundener* öffentlicher Gewalt.[58] Insoweit greift die Stellungnahme des BVerfG mindestens zu kurz, wenn es heißt: „In Anbetracht dieses völkerrechtlichen Rahmens ist es verfassungsrechtlich möglich, dass sich der in einem förmlichen Verfahren festgestellte Bürgerwille, als authentische Ausdrucksform unmittelbarer Demokratie, in einem Konflikt über die planerische Fortentwicklung einer Kulturlandschaft durchsetzt. Dies gilt jedenfalls dann, wenn zuvor in einem Verhandlungsprozess erfolglos nach einer Kompromisslösung gesucht wurde".[59] Die von Karlruhe nachdrücklich betonte Möglichkeit, dass sich der Bürgerwille auch gegen völkerrechtlich implizierte Maßgaben durchsetzen kann, bleibt auch nach hier vorgeschlagener Matrix eröffnet. Entscheidend für die Durchsetzungsmacht sind indes nicht Verhandlung und Kompromissbereitschaft, sondern die *rechtlichen Bindungen*, denen er unterliegt. So wenig der Bürgerentscheid sich über entgegenstehendes nationales Recht hinwegsetzen dürfte, so wenig darf er mögliche völkerrechtliche Bindungen ignorieren.[60] Hier drängt sich eine Parallele zur eidgenössischen Volksinitiative „Gegen den Bau von Minaretten" auf, die nicht nur in der Schweiz für heftige integrationspolitische Debatten gesorgt und die Frage nach den rechtlichen Grenzen direktdemokratischen Entscheidens aufgeworfen hat. Gewichtige Stimmen in der Literatur halten das Plebiszit schlichtweg für unzulässig, weil sein angestrebtes Ziel eines verfassungsrechtlichen Minarettverbots gegen völkervertraglich gewährleistete Menschenrechte verstoße.[61] Auch der Demos ist nicht „legibus solutus".

§ 24 Abs. 2 Nr. 8 SächsGemO spricht diesbezüglich eine eindeutige Sprache. Die Norm verbietet Bürgerentscheide, die gesetzwidrige Ziele verfolgen. Dies ist bei einer planerischen Entscheidung für oder gegen einen Brückenbau gewiss nicht gegeben Allerdings unterliegt die Planungsentscheidung ihrerseits rechtlichen Bindungen. Sie muss alle abwägungsrelevanten öffentlichen Belange einstellen. Zu diesen abwägungsrelevanten Belangen gehören auch die Maßgaben der Welterbekonvention, die zwar nicht in innerstaatlich verbindliches Recht umgesetzt wurden, aber die Bundesrepublik völkerrechtlich binden. Damit wäre der Bürgerentscheid also jedenfalls dann unzulässig, wenn das grundsätzliche Votum für einen Brückenbau die bei den planungsrechtlichen Abwägungsentscheidungen gebotene Einbeziehung des Welterbestatus als öffentlichen Belang ausschlösse. Der Bürgerentscheid kann also von vornherein nur auf eine *unter Abwägungsgesichtspunkten kohärenztaugliche* Brückenlösung abzielen. Diese Dynamik entspricht auch dem Charakter der WEK. Sie will keinen absolutern Schutz gegen jede Veränderung, keine „Versteinerung" von immer lebendig zu begreifender Kultur.

Schließlich sei noch auf die folgenden Aspekte hingewiesen. Der Bürgerentscheid, der gem. Art. 24 Abs. 4 S. 1 SächsGemO dem Gemeinderatsbeschluss gleichsteht, ist wie dieser „ohne schuldhaftes Zögern umzusetzen". Damit ist jedoch ein ausfüllungsbedürftiger Rechtsbegriff vorgegeben, dessen Konkretisierung nur am Einzelfall gelingen kann. Konsensgespräche mit dem Welterbekomitee dürfen angesichts der Komplexität des Falles auch dann geführt werden, wenn sie die Umsetzung verzögern. Der Bürgerentscheid ist solange aussetzen.[62] Eine solche unvermeidbare Verzögerung qualifiziert nicht als „schuldhaft", im Gegenteil: sie entspricht dem gebotenen intensiven Ringen um eine völkerrechtskonforme Lösung. Problematisch bleibt die Sperrwirkung des Bürgerentscheids. Anders als in Thüringen (§ 17 Abs. 9 ThürKO) und Bayern (Art. 18a Abs. 13 BayGO) ist sie nicht auf eine gleichbleibende Sach- und Rechtslage begrenzt. § 24 Abs. 4 S. 2 SächsGemO erschwert die Abänderbarkeit und formuliert (bewusst?) keine Flexibilisierungsklausel. Ob im Sinne einer ergänzenden Auslegung von Art. 24 Abs. 4 S. 2 SächsGemO die Rechtsgedanken aus Bayern und Thüringen auch in Sachsen zu implementieren sind, erscheint von Wortlaut und Systematik her fraglich. Außer Frage steht indes, dass nach hier vorgestellter Konzeption auch bei der rechtsaufsichtlichen Ermessensentscheidung nach § 114 SächsGemO der Welterbestatus Berücksichtigung finden muss.

b) Das Planungsrecht

Der Blick auf das Planungsrecht kann knapp ausfallen. Bereits mit dem Antrag auf Aufnahme in die Welterbeliste entsteht, wie gezeigt, eine *Selbstbindung* der Antragsteller insoweit, dass die Welterbefähigkeit im Rahmen der Planfeststellung als abwägungserheblicher öffentlicher Belang (§ 39 Abs. 1 S. 3 SächsStrG) berücksichtigt werden muss. Diese Bindung greift noch über eine Berücksichtigung landesrechtlicher Denkmalschutzvorschriften (§ 1 Abs. 3, § 2 Abs. 3 Nr. 1 SächsDSchG), das baurechtliche Rücksichtnahmegebot und die Maßgaben der Umweltverträglichkeitsprüfung (vgl. § 2 Abs. 1 S. 2 Nr. 3 UVPG) hinaus. Wird der öffentliche Belang der Welterbefähigkeit bei der planerischen Entscheidung gänzlich außer Acht gelassen, ist diese mit einem Rechtsfehler behaftet.

c) Das Umweltrecht

Wie schon im europarechtlichen Kontext deutlich gemacht, ist das nationale Umweltrecht heute durch internationale, vor allem durch europarechtliche Vorgaben mitgeprägt. Über verbindliche umweltrechtliche Vorgaben kann sich auch der kommunale Bürgerentscheid nicht hinwegsetzen, neuerlich sei auf § 24 Abs. 2 Nr. 8 SächsGemO verwiesen. Die „Kleine Hufeisennase", eine Fledermausart, deren Habitat es zu schützen gilt, wurde deshalb zum willkommenen Helfer der Brückengegner – ganz unabhängig von deren konkreter Motivationslage. Zwischen den umweltrechtlichen Schutzinteressen, die im Umweltrecht ihre Niederschlag gefunden haben, und dem Schutz des „Naturerbes", das die Welterbekonvention komplementär zum Kulturerbe denkt, ist strikt zu unterscheiden. Erstere sind unmittelbar bindendes Recht, letztere, soweit sie in Rede stehen, abwägungserhebliche öffentliche Belange. Nur mit ersteren mussten sich das VG Dresden[63] und das OVG Bautzen[64] beschäftigen; sie werden auch für das anstehende Planergänzungsverfahren eine zentrale Rolle spielen.

In besonderem Maße einschlägig ist § 34 BNatSchG. Ihm zufolge sind Vorhaben unzulässig, wenn sie zu erheblichen Beeinträchtigungen für Erhaltungsziele oder Schutzzwecke eines FFH-Gebietes führen können. Die bloße Möglichkeit der Gefährdung reicht bereits aus. Eine Abwägungsentscheidung kann bei einem „Natura 2000"-Gebiet also nur dann positiv ausfallen, wenn an der Umweltverträglichkeit aus wissenschaftlicher Sicht keine begründeten Zweifel mehr bestehen. Der Begriff des „begründeten Zweifels" bleibt jedoch zunächst offen. Für eine weitgehende Interpretation des Vorsorgeprinzips hat sich der EuGH entschieden. Auch vor der Aufnahme von Gebieten auf die Liste der Gebiete von unionaler Bedeutung dürfen Mitgliedstaaten nach dieser Rechtsprechung keine Maßnahmen zulassen, welche die ökologischen Merkmale eines der nach genannten Kriterien bestimmten Gebietes ernsthaft beeinträchtigen können. Wie der Begriff der ernsthaften Beeinträchtigung zu verstehen ist, steht bislang jedoch – ebenso wie die Reichweite des Vorsorgeprinzips – im Streit. Einen naheliegenden Konkretisierungsmaßstab liefert Art. 6 Abs. 3 FFH-Richtlinie, die insoweit Vorwirkung entfaltet. Geboten ist damit eine komplexe Prüfung, die etwa drohende Schäden für die kleine Hufeisennase durch Licht- oder Lärmeinwirkungen etc. berücksichtigt. Die Prüfungsentscheidung ist letztlich aber immer eine *„Entscheidung auf unsicherer Wissensgrundlage"*, die praxisverträgliche Lösungen verlangt. Eine völlige Entscheidungs- und Handlungsunfähigkeit durch die Überkomplexität möglicher, unsicherer Risiken wäre gewiss kontraproduktiv.

Schlussthesen, Reformperspektiven und Ausblick

Der „offene Verfassungsstaat" respektive seine staatlichen Gewalten müssen sich nicht nur vor dem nationalen Demos, sondern auch vor der weltweiten Rechtsgemeinschaft verantworten.[65] Der Verfassungsstaat ist deshalb gleichermaßen *in der* wie *für die* internationale Gemeinschaft in die Mitverantwortung genommen und gehalten, mit seinen spezifisch verfassungsstaatlichen Mitteln die Interessen der Völkergemeinschaft als solcher durchzusetzen[66], vor allem den „global commons", den „common concerns of all mankind"[67] und dem „common heritage of all mankind"[68] Rechnung zu tragen. Er übernimmt, zugespitzt formuliert, die Rolle eines „Motors völkerrechtlicher Kooperation und Integration". Das zeitigt rechtspolitische Konsequenzen insbesondere auf den Feldern, auf denen sich in spezifischer Weise bloße *Koexistenz-* in *Kooperationsbeziehungen* zu wandeln haben, weil *menschheitsrelevante Rechtsgüter* in Rede stehen. Der internationale Kulturgüterschutz rechnet ohne Zweifel dazu. Wenn sich die Präambel der Welterbekonvention auf „Teile des Kultur- oder Naturerbes von außergewöhnlicher Bedeutung" beruft, die als „Bestandteil des Welterbes der ganzen Menschheit erhalten werden müssen", wirkt sie komplementär zur völkerrechtlichen Öffnung des Grundgesetzes, zu der letzteres sich ebenfalls bereits in seiner Präambel bekennt.

Die unterbliebene innerstaatliche Umsetzung der Welterbekonvention in innerstaatliches Recht ist unter dieser Prämisse ein folgenreiches und ein Stück weit „verantwortungsvergessenes" Defizit. Will der Gesetzgeber eine präzisere Konkretisierung der völkerrechtlichen Bindungen aus der Welterbekonvention nicht leisten, so sind gerade Exekutive und Judikative gehalten, als ausführende und interpretierende Akteure ihren Konkretsierungsbeitrag zu erbringen und dem „öffentlichen Belang", den ungeachtet ihrer innerstaatlichen Transformation die völkerrechtlichen Bindungen aus der Welterbekonvention darstellen, hinreichendes Gewicht beizumessen. Alles andere wäre nicht nur in politischem Sinne provinziell, sondern verfehlte auch die im Mehrebenenmodell angelegte *normative* Dimension. Indes ist die eingeforderte „kommunikative", auf „praktische Konkordanz" hin angelegte Verhältnisbestimmung von nationalem und transnationalem Recht keine Einbahnstraße, die allein die nationalen Akteure in die Pflicht zu völkerrechtsfreundlichem Handeln nähme, ohne die internationalen Akteure zugleich auf verfassungsstaatliche Grundprinzipien hin zu verpflichten. In praxi wird damit eine *bessere* und *frühzeitigere* Kommunikation aller Akteure auf staatlicher wie staatenübergreifender Ebene notwendig. „Völkerrechtsabsolutismus" ist unter dieser Prämisse gewiss nicht zu befürchten, wohl aber wird die Sicherung historischer Kulturlandschaften[69] zu einer „weltbürgerlichen Aufgabe"[70]. Dem Dresdner Elbtal ist diese Perspektive jedoch in doppeltem Wortsinne *„verbaut"*.

---

1 *M. Müller*, Direkte Demokratie und Völkerrecht, Neue Justiz 2006, S. 252 ff.; *D. Hildebrand*, Waldschlösschen ohne Brücke: über Aussetzung und Selbstaussetzung der Demokratie, KJ 2007, S. 184 ff.; *R. Wolf*, Die Waldschlösschenbrücke. Szenen über Politik und Recht vor der Kulisse von Globalität und Provinzialität, ZUR 2007, S. 525 ff.; *M. Kilian*, Die Brücke über die Elbe: völkerrechtliche Wirkungen des Welterbe-Übereinkommens der UNESCO, LKV 2008, S. 248 ff.; *S. v. Schorlemer*, Die Dresdner Brücken-Posse, in: Blätter für deutsche und internationale Politik, 11/2006, S. 1312 ff.; *dies.*, Compliance with the UNESCO World Heritage Convention: Reflections on the Elbe Valley and the Dresden Waldschlösschen Bridge, in: German Yearbook of International Law, 2009, S. 321 ff.
2 *G. Frankenberg*, Die Verfassung der Republik. Autorität und Solidarität in der Zivilgesellschaft, 1997; *D. Gosewinkel/D. Ruch/W. van den Daele/J. Kocka* (Hrsg.), Zivilgesellschaft – national und transnational, 2004; *F. Adloff*, Zivilgesellschaft. Theorie und politische Praxis, 2005.
3 BVerfG LKV 2007, S. 509 ff., 511.

4 H. *Krieger*, Die Herrschaft der Fremden – Zur demokratietheoretischen Kritik des Völkerrechts, AöR 133 (2008), S. 315 ff., 342.
5 Nachweise dazu, auch unter Hinweis auf die Arbeiten von *Th. Cottier, D. Würger* und *A. v. Bogdandy* bei *A. Peters*, Rechtsordnungen und Konstitutionalisierung: Zur Neubestimmung der Verhältnisse, ZÖR 65 (2010), S. 3 ff., 60.
6 *Th. Cottier/D. Würger*, Auswirkungen der Globalisierung auf das Verfassungsrecht: Eine Diskussionsgrundlage, in: Sitter-Liver (Hrsg.), Herausgeforderte Verfassung: Die Schweiz im globalen Konzert, 1999, S. 241 ff., 263 f.; *A. v. Bogdandy*, Pluralism, Direct Effect, and the Ultimate Say: On the Relationship between International and Domestic Constitutional Law, Journal of International Constitutional Law 6 (2008), 397 ff.
7 *Ch. Gloria*, in: K. Ipsen, Völkerrecht, 5. Aufl., 2004, § 54 Rn. 21 m. w. N.; zur theoretischen Einordnung des Völkerrechts als „Menschheitsrecht" *P. Häberle*, Das „Weltbild" des Verfassungsstaates – eine Textstufenanalyse zur Menschheit als verfassungsstaatlichem Grundwert und „letztem" Geltungsgrund des Völkerrechts, in: FS M. Kriele, 1997, S. 1277 ff.
8 Übereinkommen zum Schutze des Kultur- und Naturerbes der Welt v. 16. 11. 1972, BGBl II 1977, 215.
9 *M. Kilian*, Die Brücke über die Elbe: völkerrechtliche Wirkungen des Welterbeübereinkommens der UNESCO, LKV 2008, S. 248 ff.; *M. Haag*, Kulturgüterschutz. Verfassungsrechtliche Aufgabe und Ausprägungen im einfachen Recht, JöR 54 (2006), S. 95 ff., 115 f.; *J. Berndt*, Internationaler Kulturgüterschutz, 1998; allg. zur Idee des Kulturgüterschutzes *A. v. Rohr*, Kulturgut – Erfassen, Erschliessen, Erhalten, 1977; zu „weltöffentlichen" Bezügen von Recht allg. *M. Kotzur*, Weltrechtliche Bezüge in nationalen Verfassungstexten, in: Rechtstheorie 39 (2008), S. 191 ff.
10 Planfeststellungsbeschluss des Regierungspräsidiums Dresden für den „Verkehrszug Waldschlösschenbrücke" vom 25. 2. 2004, Az.: 41-0513.27/10.
11 Dec. 30 COM 7B.77, UNESCO World Heritage Committee, 30th Session, Vilnius, S. 112.
12 VG Dresden, Beschluss vom 30. 8. 2006, 12 K 1768/06.
13 SächsOVG, SächsVBl. 2007, S. 137 ff.
14 BVerfG LKV 2007, S. 509 ff.
15 Grundlegend *E. Schmidt-Aßmann*, Das allgemeine Verwaltungsrecht als Ordnungsidee, 2. Aufl. 2004, S. 6 ff. et passim.
16 *F. Werner*, Verwaltungsrecht als konkretisiertes Verfassungsrecht, DVBl 1959, S. 527 ff.
17 *P. Häberle*, Europäische Verfassungslehre, 6. Aufl. 2009, S. 37 ff.
18 Etwa *W. v. Simson*, Die Bedingtheit der Menschenrechte, in: FS C. Aubin, 1979, S. 217 f.; ausführlich P. Häberle/J. Schwarze/W. Graf Vitzthum (Hrsg.), Die überstaatliche Bedingtheit des Staates: zu Grundpositionen Werner von Simsons auf den Gebieten der Staats- und Verfassungslehre, des Völker- und des Europarechts, 1993.
19 Heute schon klassisch und noch immer wegweisend *K. Vogel*, Die Verfassungsentscheidung des Grundgesetzes für eine internationale Zusammenarbeit, 1964; weiterführend *P. Häberle*, Der kooperative Verfassungsstaat (1978), in: ders., Verfassung als öffentlicher Prozess, 3. Aufl. 1998, S. 407 ff.; jetzt: *U. Di Fabio*, Das Recht offener Staaten, 1998; *S. Hobe*, Der offene Verfassungsstaat zwischen Souveränität und Interdependenz, 1998; *ders.*, Der kooperationsoffene Verfassungsstaat, Der Staat 37 (1998), S. 521 ff.; *J. Kokott* und *Th. Vesting*, Die Staatsrechtslehre und die Veränderung ihres Gegenstandes: Konsequenzen von Europäisierung und Internationalisierung, VVDStRL 63 (2004), S. 7 ff. bzw. 41 ff.; *C. Seiler*, Der souveräne Verfassungsstaat zwischen demokratischer Rückbindung und überstaatlicher Einbindung, 2005, S. 265 ff.
20 *I. Pernice*, Multilevel Constitutionalism and the Treaty of Amsterdam: European Constitution-Making Revisited?, Common Market Law Review 36 (1999), S. 703 ff.; jüngst etwa fortentwickelt bei *M. Knauff*, Der Regelverbund: Recht und Soft Law im Mehrebenensystem, Habilitationsschrift (Manuskriptfassung) 2009, S. 7.
21 Zur Terminologie *A. Peters*, Die Anwendbarkeit der EMRK in Zeiten komplexer Hoheitsgewalt und das Prinzip der Grundrechtstoleranz, AVR 48 (2010), S. 1 ff.
22 Von „Verfassungsnetzwerken" spricht *I. Pernice*, La rete Europea die costituzionalità – Der Europäische Verfassungsverbund und die Netzwerktheorie, ZaöRV 70 (2010), S. 51 ff., 60 ff.
23 Dezidiert *P. Badura*, Verfassung und Verfassungsrecht in Europa, AöR 131 (2006), S. 423 ff., 426; *P. Häberle*, VVDStRL 66 (2007), S. 84; jetzt in *ders.*, Verfassungsvergleichung in europa- und weltbürgerlicher Absicht, 2009, S. 204 f.; allgemein *W. L. Weh*, Vom Stufenbau zur Relativität. Das Europarecht in der nationalen Rechtsordnung, 1997, etwa S. 213 ff.

24 *F. W. Scharpf/B. Reissert/F. Schnabel*, Politikverflechtung. Theorie und Empirie des kooperativen Föderalismus in der Bundesrepublik, 1976; später *F. W. Scharpf*, Die Politikverflechtungs-Falle: Europäische Integration und deutscher Föderalismus im Vergleich, in: Politische Vierteljahresschrift 26 (1985), S. 323 ff.
25 *A. Peters*, Elemente einer Theorie der Verfassung Europas, 2001, S. 188; ihr folgend *J. Schwind*, Zukunftsgestaltende Elemente im deutschen und europäischen Staats- und Verfassungsrecht, 2008, S. 75.
26 *U. di Fabio*, Das Recht offener Staaten. Grundlinien einer Staats- und Rechtstheorie, 1998, S. 139 ff.
27 *D. Th. Tsatsos*, The European Sympolity: New Democratic Discourses, 2008.
28 *D. N. Chryssochoou*, Europe as a Synarchy: A Study in Organized Co-Sovereignty, JöR 57 (2007), S. 407 ff.
29 *K. Hesse*, Grundzüge des Verfassungsrechts der Bundesrepublik Deutschland, 20. Aufl. 1995 (Neudruck 1999), Rn. 317 ff.
30 Ebd., Rn. 318.
31 Nachweise dazu, auch unter Hinweis auf die Arbeiten von *Th. Cottier, D. Würger* und *A. v. Bogdandy* bei *A. Peters*, Rechtsordnungen und Konstitutionalisierung: Zur Neubestimmung der Verhältnisse, ZÖR 65 (2010), S. 3 ff., 60.
32 *A. v. Bogdandy/Ph. Dann/M. Goldmann*, Völkerrecht als öffentliches Recht: Konturen eines rechtlichen Rahmens der Global Governance, Der Staat 49 (2010), S. 23 ff.
33 *W. Fiedler*, Zur Entwicklung des Völkergewohnheitsrechts im Bereich des internationalen Kulturgüterschutzes, in: FS K. Doehring, 1989, S. 199 ff.; *ders.*, Neue völkerrechtliche Ansätze des Kulturgüterschutzes, in: G. Reichelt (Hrsg.): Internationaler Kulturgüterschutz, 1992, S. 69 ff.; F. Fechner/Th. Oppermann/L. V. Prott (Hrsg.), Prinzipien des Kulturgüterschutzes. Ansätze im deutschen, europäischen und internationalen Recht, 1996; G. Gornig/H.-D. Horn/D. Murswiek (Hrsg.), Kulturgüterschutz – Internationale und nationale Aspekte, 2007.
34 K. Hüfner/W. Reuther (Hrsg.), UNESCO-Handbuch, 2009; *K. Odendahl*, Kulturgüterschutz. Entwicklung, Struktur und Dogmatik eines ebenenübergreifenden Normensystems (Habilitationsschrift 2004; *dies.*, Der Schutz der wertvollsten Kulturgüter der Menschheit: aktuelle völkerrechtliche Entwicklungen, in: M. Weller/N. Kemle/P. M. Lynen (Hrsg.), Kulturgüterschutz – Künstlerschutz. Tagungsband des Zweiten Heidelberger Kunstrechtstags am 5. und 6. September 2008 in Heidelberg, 2009, S. 23 ff.; *S. v. Schorlemer*, Internationaler Kulturgüterschutz, Ansätze zur Prävention im Frieden sowie im bewaffneten Konflikt, 1992, *dies.*, Cultural Diversity, in: R. Wolfrum (Hrsg.), Encyclopedia of Public International Law, Max Planck Institute for Public International Law, 2009 (e-publishing).
35 *M. Kilian*, Die Brücke über die Elbe: völkerrechtliche Wirkungen des Welterbe-Übereinkommens der UNESCO, LKV 2008, S. 248 ff., 249; *A. Froehlich*, UNESCO-Konvention zum Schutz kultureller Vielfalt und ihre kontroverse Anerkennung, Kunst und Recht 2010, S. 9 ff.
36 *M. Kilian*, Die Brücke über die Elbe: völkerrechtliche Wirkungen des Welterbe-Übereinkommens der UNESCO, LKV 2008, S. 248 ff., 250.
37 *A. v. Bogdandy/D. Zacharias*, Zum Status der Welterbekonvention im deutschen Rechtsraum, NVwZ 2007, S. 527 ff.; *U. Fastenrath*, Der Schutz des Weltkulturerbes in Deutschland, DÖV 2006, S. 1017 ff., 1024 f. Auch eine spezifische Implementierung der Konvention allein in den neuen Ländern durch Vertragsgesetz der DDR in Verbindung mit dem Einigungsvertrag kommt nicht in Betracht.
38 *I. Pernice*, in: H. Dreier (Hrsg.), GG-Kommentar, Bd. II, 2. Aufl. 2006, Art. 59 Rn. 49.
39 *M. Kilian*, Die Brücke über die Elbe: völkerrechtliche Wirkungen des Welterbe-Übereinkommens der UNESCO, LKV 2008, S. 248 ff., 250.
40 *U. Fastenrath*, Der Schutz des Weltkulturerbes in Deutschland, DÖV 2006, S. 1017 ff., 1025; ausführliche Nachweise (mit Abdruck des Abkommenstextes vom 14.11.1957 und Hinweis auf Beitritt der neuen Länder nach 1990) bei *I. Pernice*, in: H. Dreier (Hrsg.), GG-Kommentar, Bd. II, 2. Aufl. 2006, Art. 32 Rn. 41.
41 BVerfGE 112, 1 (26); zur „offenen Staatlichkeit" sie bereits oben Fn. 19.
42 VG Dresden, Beschluss vom 30. 8. 2006 – 12 K 1768/06, Rn. 57.
43 Siehe auch *Ph. Winkler*, Standard-setting in der UNESCO, NVwZ 2009, S. 753 f.
44 *M. Kilian*, Die Brücke über die Elbe: völkerrechtliche Wirkungen des Welterbe-Übereinkommens der UNESCO, LKV 2008, S. 248 ff., 251.

45 Zum Begriff und seiner Entwicklungsgeschichte im internationalen Recht *E.-R. Hönes*, Das kulturelle Erbe, NuR 2009, S. 19 ff.
46 Zur Auswirkung der europäischen Integration auf nationale Rechts- und Verwaltungsstrukturen, festgemacht am Beispiel der Umweltverträglichkeitsprüfung, *Ch. Knill/D. Winkler*, Konvergenz oder Divergenz nationaler Rechts- und Verwaltungsstrukturen, VerwArch 2007, S. 1 ff.
47 Zur Frage, inwieweit sich die Umweltverträglichkeitsprüfung auf den Denkmalschutz auswirkt *M. Krauzberger*, Umweltprüfung, Denkmalschutz und Sozialplanung, UPR 2009, S. 361 ff.
48 So überzeugend *E.-R. Hönes*, Denkmalschutz und kulturelles Erbe in der Umweltverträglichkeitsprüfung, BayVBl. 2009, S. 741 ff.; allg. *L. Rößnig*, Denkmalschutz und Umweltverträglichkeitsprüfung, 2004. Aus der kaum mehr überschaubaren Literatur zur Umweltverträglichkeitsprüfung *Ch. Hartmann*, Die Umweltverträglichkeitsprüfung im Baugenehmigungsverfahren, ZfBR 2006, S. 537 ff.; *W. Erbguth/M. Schubert*, Strategische Umweltprüfung und Umweltverträglichkeitsprüfung: Neue Herausforderungen für die Kommunen?, DÖV 2005, S. 103 ff.; *A. Schink*, Umweltverträglichkeitsprüfung in der Bauleitplanung, UPR 2004, S. 81 ff.
49 Wiederum *E.-R. Hönes*, Denkmalschutz und kulturelles Erbe in der Umweltverträglichkeitsprüfung, BayVBl. 2009, S. 741 ff.; auch zu Fragen der Theoriebildung *P. Häberle*, National-verfassungsstaatlicher und universeller Kulturgüterschutz – ein Textstufenvergleich, in: F. Fechner/ Th. Oppermann/L. V. Prott (Hrsg.), Prinzipien des Kulturgüterschutzes. Ansätze im deutschen, europäischen und internationalen Recht, 1996, S. 91 ff.
50 *P. Häberle*, Verfassungslehre als Kulturwissenschaft, 2. Aufl. 1998, S. 23 ff.; *ders.*, Die Verfassungsbewegung in den fünf neuen Bundesländern Deutschlands – 1991 bis 1992, JöR 42 (1994), S. 149 ff., 164 f.; *J. Isensee*, Chancen und Grenzen der Landesverfassung im Bundesstaat, SächsVBl. 1994, S. 28 ff., 34 f.; *Ch. Degenhart*, Die Staatszielbestimmungen der sächsischen Verfassung, in: ders./C. Meißner (Hrsg.), Handbuch der Verfassung des Freistaates Sachsen, 1997, § 6, Rn. 32 ff.; insgesamt *H. Dreier*, in: ders. (Hrsg.), GG-Kommentar, Bd. II, 2. Aufl. 2006, Art. 28 Rn. 68.
51 *P. Häberle*, Verfassungslehre als Kulturwissenschaft, 2. Aufl. 1998, S. 23 ff.; *ders.*, Das Problem des Kulturstaates im Prozess der deutschen Einigung, JöR 40 (1991/92), S. 291 ff.
52 Früh *P. Häberle*, Kulturpolitik in der Stadt – ein Verfassungsauftrag, 1979.
53 Siehe *P. Blickle*, Kommunalismus, Bd. I, 2000, und Bd. II, 2000, insbes. Bd. II, S. 359 ff.; *M. Kotzur*, Grenznachbarschaftliche Zusammenarbeit in Europa, 2004, S. 95 ff.
54 *K. Eichenberger*, Stellung und Bedeutung der Gemeinde im modernen Staat, in: ders., Der Staat der Gegenwart. Ausgewählte Schriften, 1980, S. 37 ff., 54 f.
55 *M. Scheffer*, Die Bindungswirkung kommunaler Bürgerentscheide im Freistaat Sachsen, LKV 2007, S, 499 ff., 499; dazu und zum Folgenden aus der kommunalrechtlichen Lit.: *A. Gern*, Sächsisches Kommunalrecht, 2. Aufl. Rn. 661 ff.; *L. Jaeckel/F. Jaeckel*, Kommunalrecht in Sachsen, 2. Aufl. 2003, Rn. 87 ff.; *D. Hegele/K.-P. Ewert*, Kommunalrecht im Freistaat Sachsen, 3. Aufl. 2004, S. 91 ff.; *D. Hegele*, Anhörungs-, Mitwirkungs- und Entscheidungsrechte von Einwohnern und Bürgern in der Gemeinde- und Landkreisordnung für den Freistaat Sachsen, LKV 1994, S. 16 ff.
56 Ausnahmen formuliert im Sinne einer hier nicht einschlägigen Negativliste § 24 Abs. 2 S. 2 Sächs-GemO.
57 BVerfGE 79, 127 (152 f.); umfangreiche Literaturnachweise bei *H. Dreier*, in: ders. (Hrsg.), GG-Kommentar, Bd. II, 2. Aufl. 2006, Art. 28 Rn. 110.
58 *H. Krieger*, Die Herrschaft der Fremden – Zur demokratietheoretischen Kritik des Völkerrechts, AöR 133 (2008), S. 315 ff., 341.
59 BVerfG LKV 2007, S. 509 ff., 511.
60 Zu diesem Spannungsverhältnis auch *M. Müller*, Direkte Demokratie und Völkerrecht, JJ 2007, S. 252 ff.; *R. Wolf*, Die Waldschlösschenbrücke – Szenen über Politik und Recht vor der Kulisse von Globalität und Provinzialität, ZuR 2007, S. 525 ff.
61 Nachweise bei *R. Zimmermann*, Zur Minarettverbotsinitiative in der Schweiz, ZaöRV 69 (2009), S. 829 ff., 835.
62 VG Dresden, Beschluss vom 30. 8. 2006 – 12 K 1768/06, Rn. 52.
63 VG Dresden, NuR 2007, S. 694 ff.
64 OVG Bautzen, LKV 2008, S. 127 ff.
65 Nachweise bei *M. Kotzur*, Weltrecht ohne Weltstaat – die nationale (Verfassungs-)Gerichtsbarkeit als Motor völkerrechtlicher Konstitutionalisierungsprozesse, DÖV 2002, S. 195 ff., 200.
66 Diese Interessen der Völkergemeinschaft als solcher hat der IGH in seiner berühmten *Barcelona Traction*-Entscheidung nachdrücklich betont, ICJ Reports, 1970, S. 3 ff.; ebenfalls in 46 ILR,

S. 178 ff.; *J. Guichard*, Law, Order, and the Concept of „International ordre public", in: J.-Ch. Merle (Hrsg.), Globale Gerechtigkeit. Global Justice, 2005, S. 53 ff., 59 ff.
67 *W. Heintschel v. Heinegg*, in: K. Ipsen, Völkerrecht, 5. Aufl. 2004, § 57, Rn. 85; *W. Graf Vitzthum*, Raum und Umwelt im Völkerrecht, in: ders. (Hrsg.), Völkerrecht, 4. Aufl. 2007, 5. Abschnitt Rn. 111, 175; zur theoretischen Einordnung des Völkerrechts als „Menschheitsrecht" *P. Häberle*, Das „Weltbild" des Verfassungsstaates – eine Textstufenanalyse zur Menschheit als verfassungsstaatlichem Grundwert und „letztem" Geltungsgrund des Völkerrechts, in: FS M. Kriele, 1997, S. 1277 ff.
68 *Ch. Gloria*, in: K. Ipsen, Völkerrecht, 5. Aufl., 2004, § 54 Rn. 21 m. w. N.
69 *E.-R. Hönes*, Zum Rechts historischen Kulturlandschaften, DÖV 2010, S. 11 ff.
70 *P. Häberle*, Verfassungslehre als Kulturwissenschaft, 2. Aufl. 1998, S. 1112.

Bericht über den Arbeitskreis 12

von Richterin am VG *Julia Gellner*, z. Zt. Bundesministerium der Justiz, Berlin

Das Bauvorhaben der Waldschlösschenbrücke in Dresden war Gegenstand einer Vielzahl gerichtlicher Verfahren, die neben planungs- und naturschutzrechtlichen Fragestellungen auch ein Spannungsfeld zwischen den völkerrechtlichen Bindungen der Bundesrepublik Deutschland und der Bindungswirkung eines Bürgerentscheids als Ausdruck direkter demokratischer Willensbildung zum Thema hatten.

Die sich an das Referat von *Prof. Kotzur* anschließende Diskussion drehte sich neben der Klärung rein tatsächlicher Fragen wie beispielsweise zum Standort der Brücke und zum Ablauf der einzelnen gerichtlichen Verfahren in erster Linie um die Bindungswirkung der Welterbekonvention und ihre Berücksichtigung im nationalen Planfeststellungsverfahren.

Durch den Aufnahmeantrag und die anschließende Aufnahme in die sog. Welterbeliste geht der Antragsteller eine dauerhafte Selbstbindung an die Regelungen aus der Welterbekonvention ein. Über eine Selbstbindung hinausgehende und objektiv durchsetzbare Regelungen waren wegen der sich aus der Welterbekonvention ergebenden Verpflichtungen der Mitgliedstaaten politisch nicht gewollt. Die Aufnahmeentscheidung des Komitees hat keine konstitutive Wirkung, sondern kommt lediglich einem „Gütesiegel" gleich. Daraus folgt zum einen, dass Entscheidungen des Komitees gerichtlich nicht überprüfbar sind, und zum anderen, dass die Mitgliedstaaten aufgrund einer Streichung von der Welterbeliste keinerlei Konsequenzen zu befürchten haben.

Die eintretende Selbstbindung wird in ihrem Ausmaß durch den Aufnahmeantrag bestimmt, der für das Dresdener Elbtal einen 20 km langen Abschnitt des Flusslaufs der Elbe umfasste. Für eine Fortentwicklung der Kulturlandschaft stellt sie jedoch kein endgültiges Hindernis dar, da die Welterbekonvention für Kulturlandschaften anders als bei Einzelbauwerken keine Erstarrung der Verhältnisse zum Ziel hat. Nach Ansicht *Kotzurs* sind die Bindung an die Welterbekonvention und die sich aus dem Gebot des bundesfreundlichen Verhaltens ergebenden Verpflichtungen bei Planungsentscheidungen nach nationalem Recht als abwägungsrelevanter Belang einzustellen. Dies sei seiner Ansicht nach im Planfeststellungsverfahren der Dresdner Waldschlösschenbrücke nicht geschehen, was zur Rechtswidrigkeit des Planfeststellungsbeschlusses führe. Auch der demokratische Souverän könne durch einen Bürgerentscheid nicht von eingegangenen rechtlichen (Selbst-)Bindungen an die Welterbekonvention befreien. Nachdem das Dresdner Elbtal von der Welterbeliste gestrichen worden sei, könnten die Ermessenserwägungen nun nicht mehr nachgeholt werden, da zum jetzigen Zeitpunkt die rechtlichen Selbstbindungen als abwägungsrelevanter Belang nicht mehr bestünden.

Um eine präzisere Ausgestaltung der völkerrechtlichen Bindungen der Gliedstaaten zu erreichen, plädiert *Kotzur* rechtspolitisch für ein Transformationsgesetz. Planungsrechtliche Entscheidungen der Gliedstaaten müssten sich dann in dem durch ein Transformationsgesetz vorgegebenen bundesrechtlichen Rahmen bewegen.

In der Diskussion blieb das Verhältnis zwischen den Anforderungen des nationalen Denkmalschutzrechts und der Welterbekonvention ungeklärt. Die Gestaltung der Brücke war als denkmalschutzrechtlicher Belang im Planfeststellungsverfahren berücksichtigt worden. Trotz einer ähnlichen Zielrichtung besteht zwischen dem nationalen Denkmalschutzrecht und den Verpflichtungen der Welterbekonvention keine Synchronisierung. So ging die massive Gestaltung der Waldschlösschenbrücke aufgrund der Massivität der anderen Elbbrücken mit dem nationalen Denkmalschutzrecht konform, während das Welterbekomitee eine möglichst unauffällige Gestaltung zur Erhaltung der Blickbeziehungen forderte.

Als Fazit der Diskussion stellte *Kotzur* fest, dass die sich aus der Welterbekonvention ergebenden völkerrechtlichen Bindungen auf die verwaltungsrechtliche Ebene heruntergebrochen werden müssen. In der nationalen Rechtsordnung haben sie als abwägungsrelevanter Belang ihren Platz gefunden und dort können sie bei vielfältigen Fragestellungen eine Rolle spielen. Die sich aus dem Zusammenwirken der drei Rechtskreise des nationalen Rechts, des Europa- und des Völkerrechts ergebenden komplexen Fragestellungen können letztendlich nur durch einen frühzeitigen kommunikativen Prozess sachgerecht gelöst werden.

ARBEITSKREIS 13

Independence and Remuneration

Speaker: The Honourable Mr. Justice *Bernard McCloskey*,
Supreme Court of Northern Ireland

Theses

1. The remuneration of judges in the modern world is, properly analysed, not a freestanding issue belonging to some unsavoury and unattractive economic vacuum. It is, rather, an aspect of the independence of the judiciary and is also inextricably linked with the separation of powers and the doctrine of the rule of law.
2. The rule of law and the independence of the judiciary are inseparable elements of a modern constitutional democracy. Plainly, the rule of law cannot function properly and effectively unless adjudication upon the legality of governmental acts is carried out by judges who are independent of the executive. Judicial independence is, therefore, a cornerstone of the rule of law. Properly appreciated, it explains and illuminates the doctrine of the separation of powers now familiar to so many states.
3. Few would deny that the independence of the judiciary is a value of supreme importance throughout the developed world. Equally undeniable is the marriage of the rule of law and judicial independence: neither partner can survive without the other.
4. Judicial responsibility, of course, goes hand in hand with judicial independence. No judge has any dispensing power – that is to say the power to set aside or disregard the law. Thus it was observed by Thomas Fuller in the mid 17th century: *"Be ye never so high the law is above you."*
This followed the public trial, and ensuing execution, of a king who had proclaimed that „*Rex is Lex*". This claim was exposed as fallacious because it was plainly inimical to the rule of law. Judges might do well to reflect on this heresy from time to time. The essence – and burden – of judicial responsibility has been described by Lord Judge CJ in these terms:
"Having been entrusted with huge power, judges have an ultimate responsibility to see that when exercising the power vested in them, they use it lawfully in precisely the same way as **they** *ensure that political and other powers vested in other institutions of the State are exercised lawfully."*
[My emphasis].
5. Judicial independence is an internationally recognised value of longstanding. By its resolutions, the General Assembly of the United Nations endorsed the "Basic Principles on the Independence of the Judiciary", adopted by the Seventh United Nations Congress on the Prevention of Crime and the Treatment of Offenders. The United Nations has also recognised the need for *effective implementation* of

the principle of judicial independence. This is recognised in a further resolution, of the UN Economic and Social Council .
6. In similar vein are the well-known "Bangalore Principles of Judicial Conduct". As the recitals in the Preamble emphasize, a competent, independent and impartial judiciary is not only essential to ensure that the courts fulfil their role in *"upholding constitutionalism and the rule of law"* but also on account of the great importance in every modern democratic society of engendering public confidence in the judicial system and in the moral authority and integrity of the judiciary.
7. Thus the independence of the judiciary derives from, and is an integral feature of, two seminal principles or doctrines: the first is the rule of law and the second is the separation of powers. Historically, the payment of judges has also featured: see the "Heads of Grievances", presented to the new king, William III, which contained, amongst other things, proposals about the payment of judges' salaries.
8. In the United Kingdom, Article 6 ECHR is one of the Convention rights implemented by the Human Rights Act 1998. Section 6 of this statute makes it unlawful for a court (and for any public authority) to act in a way which is incompatible with any of the protected Convention rights. There are no wasted or superfluous words in Article 6 ECHR. The stipulation is that courts and tribunals must be both independent *and* impartial. Thus, while the European Court has frequently spelled out the essential characteristics of a *"court"* as required by Articles 5 and 6 ECHR, it has, characteristically, refrained from expressing itself in unduly prescriptive terms. The emphasis on *"the existence of guarantees against outside pressures"* is noteworthy. It is within the contours of such linguistic formulations that reflections on the remuneration of judges can begin.
9. Where does judicial remuneration fit into the jigsaw whose principal pieces are the rule of law, the independence of the judiciary and judicial impartiality? How does the apparently unattractive concept of financial reward coexist with these lofty ideals and exalted values? In truth, the link is not unduly difficult to establish.
10. Perhaps the fullest and clearest exposition of the concept of judicial independence in the Commonwealth, particularly in the context of the financial requirements necessary to be fulfilled to secure their independence, is to be found in a decision of the Canadian Supreme Court, which held that judicial independence has three core characteristics: security of tenure; financial security; and administrative independence. These were to be contrasted with the two dimensions of judicial independence viz. the individual independence of a judge and the institutional, or collective, independence of the court or tribunal to which the judge belongs. The Supreme Court was of the opinion that financial security for the courts as an institution has three components, all of which flow from the constitutional imperative that, to the greatest extent possible, the relationship between the judiciary and the other branches of government is depoliticised. This imperative demands that the courts both be free and appear to be free from political interference through economic manipulation by other branches of government **and** that they are excluded from and insulated against the politics of remuneration from the

public purse. The three components of financial security for the courts as an institution were, in the Court's view, the following:
   (a) Any changes or freezes in judicial remuneration (which in the court's view clearly included pensions and other benefits) require prior recourse to a special process which is independent, effective and objective to avoid the possibility, or the appearance, of political interference through economic manipulation.
   (b) Under no circumstances should it be permissible for the judiciary, either collectively or individually, to engage in negotiations about remuneration with the Executive or representatives of the legislature, as this would be fundamentally in conflict with traditional independence.
   (c) Any reduction in judicial remuneration, including *de facto* reductions through the erosion of judicial salaries, cannot lower salaries below a basic minimum.
11. The Supreme Court was of the opinion that obligations of a mutual nature were imposed on the judiciary and the executive. The Court further observed that judges, although they must legitimately be paid from public monies, are not civil servants. There is a marked distinction. Civil servants are part of the Executive. Judges, in contrast, are independent of the Executive. The three characteristics of judicial independence – security of tenure, financial security and administrative independence – are a reflection of that fundamental distinction because they provide a range of protections to members of the judiciary to which civil servants are not constitutionally entitled. It is suggested that the principles and philosophy contained in this landmark decision, whose importance is acknowledged throughout the common law world, are fully applicable to all aspects of judicial remuneration – salary, pensions and any other financial benefits. Furthermore, it is difficult to conceive how any EU Member State could legitimately fail to subscribe to these values and principles.
12. Probably the strongest constitutional protection of judicial salaries is found in The Constitution of Ireland, which provides, in Article 35 that:
   "... *The remuneration of a judge shall not be reduced during his continuance in office*".
   There appears to be nothing comparable in the constitutions of other EU Member States. But even constitutional protections do not provide rock solid guarantees. Constitutions can be revised from time to time, whether by referendum or otherwise. In the concrete case of Ireland, the guarantee contained in Article 35(5) has been the subject of much political debate and controversy since 2009, in the context of an economic recession, when the judiciary was excluded from a public service pension levy.
13. There is a further consideration of unquestionable importance. The remuneration must be sufficient to attract to the judiciary highly skilled and competent legal practitioners, as this is self-evidently in the public interest. Furthermore, the level of remuneration must be sufficient to insulate judges from inappropriate

pressures and inducements, with a view to preserving their integrity, impartiality and independence.

14. The public relations battle will always, of course, be both difficult and challenging. An obvious difficulty is that of presentation and portrayal, particularly in times of economic hardship. However, the underlying justifications are of such overarching importance that all judges and their representative organizations must be both courageous and undeterred in this matter at all times. **In short, the rule of law and its related core values must prevail in all conditions and under all circumstances.**

Introductory report

The rule of law

[1] The remuneration of judges in the modern world is, properly analysed, not a freestanding issue belonging to some unsavoury and unattractive economic vacuum. It belongs, rather, to the domain of the rule of law and is an aspect of the independence of the judiciary. It is also inextricably linked with the separation of powers and the doctrine of the rule of law.

[2] The primary meaning of the rule of law is that everything must be done according to law. Thus every Government Minister who, or Government agency which, purports to act in any given field must justify the action in question as authorised by law – which will normally (though not invariably) mean authorised by parliamentary legislation. Acts of governmental power routinely affect the legal rights, duties and liberties of the individual. All such acts must be shown to have a strict legal pedigree. The courts are the arbiters of whether the necessary legal pedigree exists. Thus the rule of law is founded on the principle of legality.

[3] The rule of law has an important *secondary* meaning in all well developed systems of administrative law: it is that government should be conducted within a framework of recognised rules and principles which restrict the exercise of discretionary power and are designed to prevent its abuse. Once again, it is the courts which are the arbiters of the legitimate use – and misuse – of governmental power.

[4] Thus the rule of law and the independence of the judiciary are inseparable elements of a modern constitutional democracy. Plainly, the rule of law cannot function properly and effectively unless adjudication upon the legality of governmental acts is carried out by judges who are independent of the executive. Judicial independence is, therefore, a cornerstone of the rule of law. Properly appreciated, it explains and illuminates the doctrine of the separation of powers. In the context of the United Kingdom, it has been observed that "... *the British Constitution, though largely unwritten, is firmly based upon the separation of powers*"[1]. This is also captured in the following statement:

> "*The right to carry a dispute with the Government before the ordinary courts, manned by judges of the highest independence, is an important element in the Anglo-American concept of the rule of law*".[2]

[5] The doctrine of the rule of law is also identifiable in the following profound words:

> "*[The court] has the constitutional role and duty of ensuring that the rights of citizens are not abused by the unlawful exercise of executive power. While the court must properly defer to the expertise of responsible decision makers, it must not shrink from its fundamental duty to do right to all manner of people*".[3]

Furthermore, it is no coincidence that the rule of law occupies a prominent position in the EU Treaty. Article 6/1 provides:

> "*The Union is founded on the principles of liberty, democracy, respect for human rights and fundamental freedoms and **the rule of law**, principles which are common to the Member States.*" *[My emphasis].*

As this cornerstone provision of the Treaty recognizes, the rule of law is one of the values which binds and unifies the diverse and disparate Member States of the European Union.

II. The independence of the judiciary

[6] Few would deny that the independence of the judiciary is a value of supreme importance throughout the developed world. Equally undeniable is the marriage of the rule of law and judicial independence: neither partner can survive without the other. At a recent conference, one of the most senior English judges offered the following formulation of judicial independence:

> "*In a democratic country all power, however exercised in the community, must be founded on the rule of law. Therefore each and every exercise of political power must be accountable not only to the electorate at the ballot box, when elections take place, but also and at all times to the rule of law. Independent professions protect it. Independent press and media protect it. **Ultimately, however, it is the judges who are guardians of the rule of law. That is their prime responsibility. They have a particular responsibility to protect the constitutional rights of each citizen as well as the integrity of the constitution by which those rights exist. The judge therefore cannot be out for popularity. He – or she – cannot please everyone. He should never try to please anyone. That includes the judge himself. He should never use his office to confirm his predilections or to allow his prejudices to gain some kind of spurious judicial respectability*".[4]

[7] Judicial responsibility, of course, goes hand in hand with judicial independence. No judge has any dispensing power – that is to say the power to set aside or disregard the law. Thus it was observed by Thomas Fuller in the mid 17th century:

"*Be ye never so high the law is above you.*"

This followed the public trial, and ensuing execution, of a king who had proclaimed that "*Rex is Lex*". This claim was exposed as fallacious because it was plainly inimical to the rule of law. Judges might do well to reflect on this heresy from time to time. The essence – and burden – of judicial responsibility has been described by Lord Judge CJ in these terms:

"*Having been entrusted with huge power, judges have an ultimate responsibility to see that when exercising the power vested in them, they use it lawfully in precisely the same way as **they** ensure that political and other powers vested in other institutions of the State are exercised lawfully.*" [My emphasis].

[8] It is well recognised that respect for and protection of judicial independence provides a bulwark for the citizens of every civilised society. In June 1998, the judges of the Commonwealth formulated the principle of judicial independence in these words:

"*Judicial independence is a pre-requisite to the rule of law and a fundamental guarantee of a fair trial. A judge shall therefore uphold and exemplify judicial independence in both its individual and institutional aspects*".

In the United Kingdom context, Lord Bingham of Cornhill has stated:

"*Independence of the judges (or, put negatively, the protection of judges from executive pressure or interference) is all but universally recognised as a necessary feature of the rule of law*".[5]

The doctrine of the separation of powers requires appropriate deference by Government and Parliament to the decisions of the court. Per Lord Bingham again:

"*Just as the courts must apply Acts of Parliament whether they approve of them or not, and give effect to lawful official decisions whether they agree with them or not, so Parliament and the executive must respect judicial decisions whether they approve of them or not, unless and until they are set aside*".[6]

[9] Judicial independence is an internationally recognised value of longstanding. By its resolutions, the General Assembly of the United Nations has endorsed the "Basic Principles on the Independence of the Judiciary", adopted by the Seventh United Nations Congress on the Prevention of Crime and the Treatment of Offenders.[7]

The United Nations has also recognised the need for *effective implementation* of the principle of judicial independence. This is reiterated in a further resolution, of the UN Economic and Social Council which states, *inter alia*:

> "*All States shall adopt and implement in their justice systems the Basic Principles on the Independence of the Judiciary in accordance with their constitutional process and domestic practice ...*
>
> *No judge shall be appointed or elected for purposes, or be required to perform services, that are inconsistent with the Basic Principles. No judge shall accept judicial office on the basis of an appointment or election, or perform services, that are inconsistent with the Basic Principles ...*
>
> *The Basic Principles shall apply to all judges, including, as appropriate, lay judges, where they exist*".[8]

[10] In similar vein are the well-known "Bangalore Principles of Judicial Conduct".[9] As the recitals in the Preamble emphasize, a competent, independent and impartial judiciary is not only essential to ensure that the courts fulfil their role in "*upholding constitutionalism and the rule of law*" but also on account of the great importance in every modern democratic society of engendering public confidence in the judicial system and in the moral authority and integrity of the judiciary. "Value One" states:

> "*Judicial independence is a pre-requisite to the rule of law and a fundamental guarantee of a fair trial. A judge shall therefore uphold and exemplify judicial independence in both its individual and institutional aspects*".

"Value Two", which is *impartiality*, is expressed in these terms:

> "*Impartiality is essential to the proper discharge of the judicial office. It applies not only to the decision itself but also to the process by which the decision is made*".

The remaining "values" are integrity; propriety; equality of treatment; and competence and diligence.

[11] Thus the independence of the judiciary derives from, and is an integral feature of, two seminal principles or doctrines: the first is the rule of law and the second is the separation of powers. The French philosopher Montesquieu, writing in the 18th century about the British Constitution, identified as one of its cardinal features the separation of legislative, executive and judicial powers. Previously, certain despotic sovereigns had refused to recognise the independence of the judiciary and the removal of judges from office, without good reason, having been appointed "*during his Majesty's pleasure*", occurred frequently during the successive reigns of Charles II and James II. However, the day following the resolution of the House of Commons that the latter had abdicated, a parliamentary committee drew up "Heads of Grievances", to be pre-

sented to the new king, William III. This document contained, amongst other things, proposals about the payment of judges' salaries [about which more later].

The Constitutional Reform Act 2005

[12] In the United Kingdom, almost remarkably, the recognition of the independence of the judiciary in legislation did not occur until the enactment of the Constitutional Reform Act 2005. This begins with the following provision:

> "(1) **The Rule of Law**
> This Act does not adversely affect –
> (a) the existing constitutional principle of the rule of law, or
> (b) the Lord Chancellor's existing constitutional role in relation to that principle".

In its wake, Section 3 makes provision for a guarantee of continued judicial independence.[10] In the specific context of Northern Ireland, the recognition of the independence of the judiciary also occupies a prominent position in a statute of undeniable importance in the recent history of that country: see Section 1 of the Justice (Northern Ireland) Act 2002.[11] It is also noteworthy that, in both statutes, a broad, inclusive definition of the words *"the judiciary"* is provided.[12]

Article 6 ECHR

[13] Article 6 of the European Convention on Human Rights and Fundamental Freedoms provides:

> *"In the determination of his civil rights and obligations or of any criminal charge against him, everyone is entitled to a fair and public hearing within a reasonable time by **an independent and impartial tribunal** established by law."* [Emphasis added].

In the United Kingdom, Article 6 is one of the Convention rights implemented by the Human Rights Act 1998. Section 6 of this statute makes it unlawful for a court (and for any public authority) to act in a way which is incompatible with any of the protected Convention rights.

[14] There are no wasted or superfluous words in Article 6 ECHR. The stipulation is that courts and tribunals must be both independent *and* impartial. These are separate, cumulative requirements. As regards *independence*, the European Court of Human Rights has stated:

> *"In order to establish whether a body can be considered 'independent', regard must be had, inter alia, to the manner of appointment of its members and to their term of office, to **the existence of guarantees against outside pressures** and to the question whether the body presents an appearance of independence".*[13]

In its earliest jurisprudence, the European Court emphasized that a *"court"* is a body which –

> "... *must possess a judicial character, that is to say be independent both of the executive and of the parties to the case"*.[14]

In another case, the European Court, referring to Articles 5 and 6 of the Convention, stated that where the word *"court"* (or *"tribunal"*, in French) is used, this –

> "*denotes bodies which exhibit not only common fundamental features, of which* **the most important is independence of the executive and of the parties to the case,** *but also the guarantees of judicial procedure"*.[15]

In another landmark Belgian case, the European Court stated:

> *"While the Court of Cassation, notwithstanding the limits on its jurisdiction, obviously has the characteristics of a tribunal, it has to be ascertained whether the same may be said of the Appeals Council. The fact that it exercises judicial functions does not suffice. According to the Court's case law, use of the term 'tribunal' is warranted only from an organ which satisfies a series of further requirements –* **independence of the executive and of the parties to the case, duration of its members' terms of office, guarantees afforded by its procedure** *– several of which appear in the text of Article 6(1) itself"*.[16]

Thus, while the European Court has frequently spelled out the essential characteristics of a *"court"* as required by Articles 5 and 6 ECHR, it has, characteristically, refrained from expressing itself in unduly prescriptive terms. From the perspective of the remuneration of judges, the repeated emphasis on *"the existence of guarantees against outside pressures"* is noteworthy.[17] It is within the contours of such linguistic formulations that reflections on the remuneration of judges can begin.

[15] As regards *impartiality*, the European Court has habitually expressed itself in notably different terms, emphasizing the distinction between this value and that of independence. This is illuminated in the following passage:

> *"Whilst impartiality normally denotes absence of prejudice or bias, its existence or otherwise can, notably under Article 6 (1) of the Convention, be tested in various ways. A distinction can be drawn in this context between a subjective approach, that is endeavouring to ascertain the personal conviction of a given judge in a given case, and an objective approach, that is determining whether he offered guarantees sufficient to exclude any legitimate doubt in this respect"*.[18]

In a more recent case, the European Court has expressed itself in comparable terms.[19] The emphasis throughout the European Court's jurisprudence is on *appearances* and the objective nature of the applicable test. In the United Kingdom, this has given rise to a development of the common law, in a landmark judgment of the House of Lords, where it was stated:

"*The question is whether the fair minded observer, having considered the facts, would conclude that there was a real possibility that the tribunal was biased*".[20]

Where any debate about impartiality arises, it is necessary to identify the circumstances which are said to give rise to bias:

"*The court must first ascertain all the circumstances which have a bearing on the suggestion that the judge was biased ...*

The material circumstances will include any explanation given by the judge under review as to his knowledge or appreciation of those circumstances ...

The court does not have to rule whether the explanation should be accepted or rejected. Rather it has to decide whether or not the fair minded observer would consider that there was a real danger of bias notwithstanding the explanation advanced".[21]

Later, the House of Lords emphasized:

"*The small but important shift approved in* **Porter**'*s case has at its core a need for the confidence which must be inspired by the courts in a democratic society ...*

Public perception of the possibility of unconscious bias is the key ...

The indispensable requirement of public confidence in the administration of justice requires higher standards today than was the case even a decade or two ago".[22]

The emphasis on the interaction between the public and the judiciary is noteworthy. The link between judges and other members of society is an inextricable one. Also to be noted is the influence of the ECHR, a European Treaty, in developing the common law.

III. Judicial remuneration

[16] Where does judicial remuneration fit into the jigsaw whose principal pieces are the rule of law, the independence of the judiciary and judicial impartiality? How does the apparently unattractive concept of financial reward coexist with these lofty ideals and exalted values? In truth, the link is not unduly difficult to establish.

[17] In the Basic Principles of the Independence of the Judiciary adopted by the 7th United Nations Congress on the Prevention of Crime and the Treatment of Offenders and endorsed by General Assembly Resolutions 40/31 of 29 November 1985 and 40/146 of 13 December 1985 paragraph 1 provides:

"*The terms of offices of judges, their independence, security, **adequate remuneration**, conditions of service **pensions** and the age of retirement shall be adequately secured by law.*" [Emphasis added].

Article 31 of The Beijing Statement of Principles of the Independence of the Judiciary in the Lawasia region 1995[23] is even more explicit:

"*The remuneration and conditions of service of judges should not be altered to their disadvantage during their term of office except as a part of a uniform public economic measure to which judges of the relevant court or a majority of them have agreed.*"

In similar vein, Principle 1(2)(a)(ii) of the Council of Europe Recommendation No. R(94)12 of the Committee of Ministers to Member States on independence, efficiency and the role of judges (13 October 1994) provides that:

"*The terms of office of judges and their remuneration should be guaranteed by law.*"

[18] Perhaps the fullest and clearest exposition of the concept of judicial independence in the Commonwealth, particularly in the context of the financial requirements necessary to secure the independence of judges, is to be found in a decision of the Canadian Supreme Court.[24] A series of cases came before the Supreme Court of Canada arising out of a constitutional crisis brought about by the decision of various Provincial Governments to reduce judges' remuneration (together with the pay of other public servants). While the appeals raised a range of issues relating to the independence of Provincial Courts, they were united by a single issue, namely whether and how the guarantee of judicial independence in Section 11(d) of the Canadian Charter of Rights and Freedoms restricted the manner by and the extent to which provincial Governments and legislatures could reduce the salaries of Provincial Court judges.

[19] The content of the collective and institutional dimension of financial security for judges of the Provincial Courts was the main issue. Lamer CJ, delivering the main judgment of the Court, highlighted the unprecedented nature of the appeals. The independence of Provincial Court judges had become a live issue in four of the ten provinces in the Canadian Federation. The appeals had arisen in three different ways. In Alberta, three accused persons challenged the constitutionality of their trials before a judge in the Provincial Court. In Manitoba, the Provincial Judges' Association proceeded by way of civil action. In Prince Edward Island, the Provincial Cabinet brought two references. The task of the Canadian Supreme Court was to define and delimit the proper constitutional relationship between the judges and the Provincial Executives. Central to the deliberations of the court was Section 11(d) of the Canadian Charter which guaranteed to accused persons the right of trial before an independent tribunal.[25]

[20] Although the Appellants relied exclusively on Section 11(d) of the Canadian Constitution Act as the foundation for their arguments about judicial independence, the Supreme Court was concerned with the larger question of where the constitutional home of judicial independence lay. The court concluded that judicial independence was one of the unwritten foundational norms or principles belonging and traceable to the preamble to the Constitution Act 1867[26]. In forming it's view of the requirements of judicial independence, the court was particularly influenced by the consideration that the Constitution Act and its preamble drew on the norms that had been inspired by the guiding principles of the United Kingdom constitution. Thus the express provisions of the Constitution Act 1867 and the Charter were not considered to constitute an exhaustive code for the protection of judicial independence in Canada: rather, these were complemented by vital **unwritten** constitutional rules[27].

[21] The Canadian Supreme Court held that judicial independence has **three core characteristics**: security of tenure; financial security; and administrative independence. These were to be contrasted with **the two dimensions** of judicial independence viz. the individual independence of a judge and the institutional, or collective, independence of the court or tribunal to which the judge belongs.[28] Lamer CJ continues:

> "However, the core characteristics of judicial independence and the dimensions of judicial independence are two very different concepts. The core characteristics of judicial independence are distinct facets of the definition of judicial independence. Security of tenure, **financial security** and administrative independence come together to constitute judicial independence. By contrast, the dimensions of judicial independence indicate which entity – the individual judge or the court or tribunal to which he or she belongs – is protected by a particular core characteristic."[29]

Financial security has therefore two dimensions, individual and institutional. It was the latter dimension that was affected by the provincial economic measures.

[22] The Supreme Court was of the opinion that financial security for the courts as an institution has three components, all of which flow from the constitutional imperative that, to the greatest extent possible, the relationship between the judiciary and the other branches of government is depoliticised. This imperative demands that the courts both be free and appear to be free from political interference through economic manipulation by other branches of government **and** that they are excluded from and insulated against the politics of remuneration from the public purse[30]. The three components of financial security for the courts as an institution were, in the court's view, the following:

(a) Any changes or freezes in judicial remuneration (which in the court's view clearly included pensions and other benefits) require prior recourse to a special process which is independent, effective and objective to avoid the possibility, or the appearance, of political interference through economic manipulation[31];

(b) Under no circumstances should it be permissible for the judiciary, either collectively or individually, to engage in negotiations about remuneration with the Executive or representatives of the legislature, as this would be fundamentally in conflict with traditional independence. Salary negotiations are indelibly political. Negotiations would undermine the appearance of judicial independence because the Crown is almost always a party to criminal proceedings and because salary negotiations engender a set of expectations about the behaviour of parties to those negotiations which are inimical to judicial independence. However, this would not preclude chief justices or chief judges, or organisations representing them, from making representations or expressing concerns about the adequacy of judicial remuneration to the executive.[32]

(c) Any reduction in judicial remuneration, including *de facto* reductions through the erosion of judicial salaries, cannot lower salaries below a basic minimum. *"Public confidence in the independence of the judiciary would be undermined if judges were paid at such a low rate that they could be perceived as susceptible to political pressure through economic manipulation, as is witnessed in many countries".*[33]

The words emphasized above have a particular resonance during times of economic stringency. Moreover, it is possible that they resonate to a greater extent in some countries where the overarching theme of the rule of law and certain of its offshoots are of comparatively recent advent.

[23] Notably, the obligations in play were not considered to be purely unilateral. Rather, the Supreme Court was of the opinion that obligations of a mutual nature were imposed on the judiciary and the executive:

"... the legislature and executive cannot, and cannot appear to, exert political pressure on the judiciary and, conversely ... members of the judiciary should exercise reserve in speaking out publicly on issues of general public policy that are or have the potential to come before the courts, that are the subject of political debate and which do not relate to the proper administration of justice".[34]

The Supreme Court further observed that judges, although they must legitimately be paid from public monies, are not civil servants. There is a marked distinction. Civil servants are part of the Executive. Judges, in contrast, are independent of the Executive. The three characteristics of judicial independence – security of tenure, financial security and administrative independence – are a reflection of that fundamental distinction because they provide a range of protections to members of the judiciary to which civil servants are not constitutionally entitled.[35] Lamer CJ pointed out:

"With respect to the judiciary, the determination of the level of remuneration from the public purse is political in another sense because it raises the spectre of political interference through economic manipulation. An unscrupulous government

could utilise its authorities to set judges salaries as a vehicle to influence the course and outcome of adjudication. Admittedly this would be very different from the kind of political interference with the judiciary by the Stuart Monarchs in England which is the historical source of the constitutional concerns for judicial independence in the Anglo-American tradition. However the threat to judicial independence would be as significant. We were alive to this danger in Beauregard when we held that salary changes that were enacted for an 'improper or colourable purpose' were unconstitutional. Moreover ... changes to judicial remuneration might create the reasonable perception of political interference, a danger which ection 11(d) must prevent ..."[36]

It is suggested that the principles and philosophy contained in this landmark decision, whose importance is acknowledged throughout the common law world, are fully applicable to all aspects of judicial remuneration – salary, pensions and any other financial benefits.[37] Furthermore, it is difficult to conceive how any EU Member State could legitimately fail to subscribe to these values and principles.

[24] The Canadian Supreme Court has made a further significant contribution to this subject, in *Valente -v- The Queen*[38]. Once again, this featured Section 11(d) of the Canadian Charter. One of the main arguments advanced was that the Provincial Court (Criminal Division) was not an independent tribunal by virtue of the nature of the tenure of office of its judges (especially those holding office under a post-retirement reappointment), the manner in which their salaries and pensions were determined and the extent to which they were dependent on the discretion of the executive Government for certain advantages and benefits. In its decision, the Supreme Court highlighted the distinction between independence and impartiality. It considered that independence reflects the traditional constitutional value of judicial independence, connoting not merely a state of mind but also a status or relationship to others – particularly the executive branch of Government – which rests on objective conditions or guarantees. Objective perceptions were considered all important.

[25] The court concluded that the three essential conditions of judicial independence are security of tenure, financial security and institutional independence in matters of administration bearing directly on the exercise of the judicial function (assignment of judges, court sittings, the court lists and so forth). As regards remuneration, Le Dain J, delivering the judgment of the court, stated:

> "The second essential condition of judicial independence ... is, in my opinion, what may be referred to as financial security. That means security of salary or other remuneration and, where appropriate, security of pension. The essence of such security is that **the right to salary and pension should be established by law and not be subject to arbitrary interference by the Executive in a manner that could affect judicial independence**. In the case of pension, the essential distinction is between a right to a pension and a pension that depends on the grace or favour of the Executive".[39]

The court noted further that the two principal objections to the determination of the salaries of Provincial Court judges were that they were not fixed by the legislature and were not made a charge on the Consolidated Revenue Fund.[40] In this respect, while the domestic law distinguished between provincial judges and other members of the judiciary (Superior, District and County Court judges), the important consideration was that the payment of Provincial Court judges was established by law.[41]

Constitutional Protection: Other Countries

[26] Probably the strongest constitutional protection of judicial salaries is found in The Constitution of Ireland, which provides, in Article 35:

"...

2. All judges shall be independent in the exercise of their judicial functions and subject only to this Constitution and the law ...

4. A judge of the Supreme Court or the High Court shall not be removed from office except for stated misbehaviour or incapacity, and then only upon resolutions passed by Dail Eireann and by Seanad Eireann calling for his removal ...

5. The remuneration of a judge shall not be reduced during his continuance in office".[42]

I have studied some of the constitutions of certain other EC Member States. These include The Basic Law for the Federal Republic of Germany (in operation since 23rd May 1949).[43] Chapter IX of the Basic Law is a self-contained code making elaborate provision for the judiciary and the courts. However, while it provides explicitly for judicial independence, in Article 97(1), it says nothing about the necessary guarantees of judicial independence, including remuneration. On 26th November 2009, the Association of German Administrative Judges (Bund Deutscher Verwaltungsrichter – BDVR -) adopted in the general assembly held on 26 November 2009 a resolution in the following terms:

"Revocation of the saving clause going back to a common remuneration. [This includes an amendment of the recently revised Article 74 para 1 No. 27 of the Fundamental Law (Grundgesetz = Constitution).]

New calculation of the salaries of judges according to the constitutional principle of adequate remuneration and in compliance with European standards.

Compensation of the long term underpayment in comparison with other legal professions outside the civil service in compliance with the 'principle of distance' (Abstandsgebot). It must be a difference to the income in other legal professions respecting the distinguished role of the jurisdiction."

While the import of this resolution is tolerably clear, its impact remains to be seen.

[27] In the Constitution of the Netherlands[44], the subject matter of Chapter 6 is the "Administration of Justice". A notable safeguard is that members of the judiciary are appointed for life (Article 117), with a retirement age of seventy years. Judicial remuneration is not mentioned. The Constitution of Portugal[45] addresses, in Title V, the judiciary and the courts, stating in Article 203:

> "*The courts shall be independent and subject only to the law*".

Article 216 states:

> "*Judges shall enjoy security of tenure and shall not be transferred, suspended, retired or removed from office except in the cases laid down by law*".

While provision is made for the establishment of the Supreme Judicial Council (in Article 217/1) whose responsibilities encompass the appointment, assignment, transfer and promotion of judges,[46] the Constitution is silent on the topic of judicial remuneration. Similar provisions are found in the Spanish Constitution[47], in Title VI and Article 117 particularly. Once again, however, there is silence with regard to judicial salaries and it is evident that this topic is regulated by parliamentary laws. Finally, the constitution of Latvia also contains a chapter concerned exclusively with judges and courts: see Chapter 6 (Articles 82–86). However, this too is silent on the topic of judicial remuneration and, as a general observation, the protections of judicial independence and the judiciary which it contains seem weaker than those of many other EU countries.

[28] Even constitutional protections do not provide rock solid guarantees. Constitutions can be revised from time to time, whether by referendum or otherwise. In the concrete case of Ireland, the guarantee contained in Article 35(5) has been the subject of much political debate and controversy since 2009, in the context of an economic recession, when the judiciary was excluded from a public service pension levy. This resulted in some of the State's 148 judges making voluntary contributions. The judicial salary range in the Republic of Ireland is from € 147,000 to € 295,000. One leading newspaper was prompted to state:[48]

> "*Judicial independence is vital in a properly regulated and democratic society. And it must be preserved. Independence should not, however, obviate a related responsibility on members of the judiciary to contribute to the common good and to ensure that – as servants of the public – they do nothing that might bring their privileged positions into disrepute. Unfortunately, at this time of economic crisis, their initial response to an arrangement for voluntary contributions in lieu of a pension levy could have that effect.*"

This is a reminder of the truism that well paid judges, whose salaries derive from public funds (i. e. taxpayers' contributions), do not score highly in the popularity polls. Thus the topic of judicial remuneration is one which must always be approached with considerable sensitivity and appropriate delicacy.

[29] Notwithstanding, judges, particularly operating in a corporate fashion, can exert influence in this sphere. This is exemplified by the resolution adopted by the European Association of Judges[49] concerning the remuneration of judges in Sweden, following the introduction of a system of individualised judges' salaries. By the terms of the resolution, the EAJ –

> "... *urges the Swedish Government to ensure that the system for determining the salaries of Swedish judges is entirely consistent with the well established international standards of judicial independence* ...".

In the event, the new system was modified.[50] I would contend that any informed debate and decisions in the realm of judicial remuneration must always be linked to its true roots, which are the rule of law, the separation of powers and the independence of the judiciary. Judges must be remunerated in a way that is compatible with these core values.

[30] There is a further consideration of unquestionable importance. The remuneration must be sufficient to attract to the judiciary highly skilled and competent legal practitioners, as this is self-evidently in the public interest. Furthermore, the level of remuneration must be sufficient to insulate judges from inappropriate pressures and inducements, with a view to preserving their integrity, impartiality and independence. The fragility of the rule of law even in mature democracies is exemplified in the recent "Fortisgate" affair in Belgium, where the Prime Minister admitted in public that an official of the Minister of Justice had contacted the husband of a Court of Appeal Judge on several occasions during the course of litigation relating to the legality of state intervention to protect the bankruptcy threatened largest financial service company in the country. This demonstrates that constant vigilance is required.

Conclusion

[31] The public relations battle will always, of course, be both difficult and challenging. An obvious difficulty is that of presentation and portrayal, particularly in times of economic hardship. However, the underlying justifications are of such overarching importance that all judges and their representative organizations must be both courageous and undeterred in this matter at all times. **In short, the rule of law and its related core values must prevail in all conditions and under all circumstances.**

Appendix

In *Re a Reference regarding the remuneration of Judges in the Provincial Court of Prince Edward Island* [1998] 1 SCR 3, at the conclusion of his judgment, Lamer CJ provided the following helpful summary:

"287 Given the length and complexity of these reasons, I summarize the major principles governing the collective or institutional dimension of financial security:

1. It is obvious to us that governments are free to reduce, increase, or freeze the salaries of provincial court judges, either as part of an overall economic measure which affects the salaries of all or some persons who are remunerated from public funds, or as part of a measure which is directed at provincial court judges as a class.

2. Provinces are under a constitutional obligation to establish bodies which are independent, effective, and objective, according to the criteria that I have laid down in these reasons. Any changes to or freezes in judicial remuneration require prior recourse to the independent body, which will review the proposed reduction or increase to, or freeze in, judicial remuneration. Any changes to or freezes in judicial remuneration made without prior recourse to the independent body are unconstitutional.

3. As well, in order to guard against the possibility that government inaction could be used as a means of economic manipulation, by allowing judges' real wages to fall because of inflation, and in order to protect against the possibility that judicial salaries will fall below the adequate minimum guaranteed by judicial independence, the commission must convene if a fixed period of time (e. g. three to five years) has elapsed since its last report, in order to consider the adequacy of judges' salaries in light of the cost of living and other relevant factors.

4. The recommendations of the independent body are non-binding. However, if the executive or legislature chooses to depart from those recommendations, it has to justify its decision according to a standard of simple rationality – if need be, in a court of law.

5. Under no circumstances is it permissible for the judiciary to engage in negotiations over remuneration with the executive or representatives of the legislature. However, that does not preclude chief justices or judges, or bodies representing judges, from expressing concerns or making representations to governments regarding judicial remuneration."

Also noteworthy is the following passage in the dissenting judgment of La Forest J:

"342 The threat to judicial independence that arises from the government's power to set salaries consists in the prospect that judges will be influenced by the possibility that the government will punish or reward them financially for their decisions. Protection against this potentiality is the raison d'être of the financial security component of judicial independence. There is virtually no possibility that such economic manipulation will arise where the government makes equivalent changes

Arbeitskreis 13 (Referat)

to the remuneration of all persons paid from public funds. The fact that such a procedure might leave **some** members of the public with the impression that provincial court judges are public servants is thus irrelevant. A reasonable, **informed** person would not perceive any infringement of the judges' financial security."

---

1 Duport Steel -v- SIRS [1990] 1 WLR 142, p. 157 (per Lord Diplock). And see Lord Hoffmann's lecture "Separation of Powers" [2002] JR 137.
2 "Administrative Law" (Wade and Forsyth, 10th Edition, p. 19).
3 The Queen -v- Ministry of Defence, ex parte Smith [1996] QB 517, p. 556 (per Sir Thomas Bingham MR).
4 The words of the Rt. Hon. Lord Judge, Lord Chief Justice of England and Wales: 16th Commonwealth Law Conference, Hong Kong, 9th April 2009.
5 Independent Jamaica Council for Human Rights -v- Marshall-Burnett [2005] UKPC 3 and [2005] 2 AC 356, paragraph [12].
6 In Re McFarland [2004] UKHL 17 and [2004] 1 WLR 1289, paragraph [7].
7 Resolutions 40/32 of 29th November 1985 and 40/146 of 13th December 1985.
8 Resolution 1989/60, 15th Plenary Meeting, 24th May 1989 – "Procedures for the Effective Implementation of the Basic Principles on the Independence of the judiciary".
9 Adopted by the Judicial Group on Strengthening Judicial Integrity, as revised at the Round Table Meeting of Chief Justices held at the Peace Palace, The Hague, 25/26 November 2002.
10 "*Guarantee of Continued Judicial Independence*
 (1) The Chancellor, other Ministers of the Crown and all with responsibility for matters relating to the judiciary or otherwise to the administration of justice must uphold the continued independence of the judiciary...
 (4) The following particular duties are imposed for the purpose of upholding that independence.
 (5) The Lord Chancellor and other Ministers of the Crown must not seek to influence particular judicial decisions through any special access to the judiciary.
 (6) The Lord Chancellor must have regard to –
 (a) the need to defend that independence;
 (b) the need for the judiciary to have the support necessary to enable them to exercise their functions;
 (c) the need for the public interest in regard to matters relating to the judiciary or otherwise to the administration of justice to be properly represented in decisions affecting those matters".
11 "*1. Guarantee of Continued Judicial Independence*
 (1) The following persons must uphold the continued independence of the judiciary –
 (a) the First Minister,
 (b) the Deputy First Minister,
 (c) Northern Ireland Ministers, and
 (d) all with responsibility for matters relating to the judiciary or otherwise to the administration of justice, where that responsibility's to be discharged only in or as regards Northern Ireland.
 (2) The following particular duty is imposed for the purpose of upholding that independence.
 (3) The First Minister, the Deputy First Minister and Northern Ireland Ministers must not seek to influence particular judicial decisions through any special access to the judiciary".
12 Other notable aspects of the Constitutional Reform Act 2005 are the abolition of the Judicial Committee of the House of Lords as the highest court in the United Kingdom; the creation of the Supreme Court of the United Kingdom; the abolition of the office of Lord High Chancellor of Great Britain; exclusion of the Lord Chancellor from judicial office and confinement to the role of Government Minister; and establishing the Lord Chief Justice as head of the judiciary. The influence of the doctrine of the separation of powers in these profound reforms is obvious.
13 *Bryan -v- United Kingdom* [1996] 21 EHRR 342, paragraph [37], emphasis added.
14 *Neumeister -v- Austria (No. 1)* [1968] 1 EHRR 91, paragraph [24].
15 *De Wilde and Others -v- Belgium* (No. 1) [1978] 1 EHRR 373, paragraph [78], emphasis added – concerning the character of the police courts of Charleroi, Namur and Brussels, in the context of Article 5(4).

16 [1982] 4 EHRR 1, paragraph [55], emphasis added. See also *Ringeisen -v- Austria* (No. 1) [1979] 1 EHRR 455, paragraph [95].
17 See further, for example, *Piersack -v- Belgium* [1983] 5 EHRR 169, paragraph [7] and *Campbell and Fell -v- United Kingdom* [1985] 7 EHRR 165, paragraph [78] (concerning prison boards of visitors).
18 *Piersack -v- Belgium* [1983] 5 EHRR 169, paragraph [30], where the applicant was convicted of murder by a court whose president had been in charge of the agency, as senior deputy Procureur, which decided to bring the relevant prosecution: the court held unanimously that, in breach of Article 6(1), the trial court lacked the necessary appearance of impartiality.
19 "*The court recalls that, when the impartiality of a tribunal for the purposes of Article 6(1) is being determined, regard must be had not only to the personal conviction and behaviour of a particular judge in a given case – the subjective approach – but also to whether it afforded sufficient guarantees to exclude any legitimate doubts in this respect*"
20 *Porter -v- Magill* [2002] 2 AC 357, per Lord Hope.
21 *In Re Medicaments* [2001] 1 WLR 700, paragraph [85]–[86]. And see *Lawal -v- Northern Spirit* [2003] UKHL 35, paragraphs [20]–[21].
22 *Lawal -v- Northern Spirit* [2003] UKHL 35, paragraphs [14] and [22], per Lord Steyn. See also *Davidson -v- Scottish Ministers* [2004] UKLH 34, paragraphs [7] and [46].
23 Reproduced in 15 Australian Bar Review and cited favourably by the High Court of Australia in *North Australian Aboriginal Legal Services Incorporated -v- Bradley* (2004) HCA 311
24 **Re a Reference Regarding the Remuneration of Judges in the Provincial Court of Prince Edward Island** [1998] 1 SCR 3. Note that La Forest J dissented in part: See paragraphs [296]–[375].
25 "11 Any person charged with an offence has the right ...
(d) to be proven innocent until proven guilty according to law in a fair and public hearing by *an independent and impartial* tribunal" [emphasis added]. Compare Article 6 ECHR.
26 The relevant paragraph recited "*Whereas the provinces of Canada, Nova Scotia and New Brunswick have expressed their desire to be federally united into One Dominion under the Crown of the United Kingdom of Great Britain and Ireland, with a Constitution similar in principle to that of the United Kingdom*": see paragraph [94]. The preamble was considered to have "*important legal effects*": see paragraph [95]. This gave rise to judicial identification of various fundamental rules of Canadian constitutional law not expressly formulated in the statute: see paragraph [96].
27 See paragraph [109]: "*In conclusion, the express provisions of the Constitution Act 1867 and the Charter are not an exhaustive written code for the protection of judicial independence in Canada. **Judicial independence is an unwritten norm, recognized and affirmed by the preamble to the Constitution Act 1867**. In fact, it is in that preamble, which serves as the grand entrance hall to the castle of the Constitution, that the true source of our commitment to this foundational principle is located.*" [My emphasis].
28 See paragraph [118].
29 At paragraph [119], emphasis added.
30 See paragraph [131].
31 See paragraph [133].
32 See paragraph [134].
33 See paragraph [135 – emphasis added].
34 See paragraph [140].
35 See paragraph [143].
36 At paragraph [145].
37 See the omnibus conclusion of the Chief Justice in paragraph [287]: reproduced in the Appendix hereto.
38 [1985] 2 SCR 673.
39 Paragraph [40], emphasis added.
40 "*These two requirements have traditionally been regarded as affording the highest degree of security in respect of judicial salaries*": paragraph [42].
41 "*The essential point ... is that the right to salary of a Provincial Court judge is established by law and there is no way in which the Executive could interfere with that right in a manner to affect the independence of the individual judge.*"
42 Emphasis added.

43 Which has established itself as a stable foundation for the thriving democracy in West Germany that developed following the Second World War and remained in force in the wake of unification with the GDR in 1990.
44 Which is considered to derive from the 1815 Constitution, revised in 1848 to introduce a system of parliamentary democracy and, most recently, largely rewritten in 1983.
45 Which was adopted in 1976, following the revolution.
46 See Articles 217 and 218
47 La Consticucion Espanola (1978), approved by 88 % of those who voted in a referendum held on 6th December 1978, regarded as the culmination of the Spanish transition from dictatorship to democracy, with roots traceable to 1812 (in "La Pepa").
48 The Irish Times, 23rd June 2009.
49 In Trondheim, on 27th September 2007.
50 See the "General Principles" in the Swedish "Local Agreement". The dispute related to individualised judicial salaries and the mechanisms for measurement. The principle was established that remuneration must not be based on the crude yardstick of the number of cases heard by a judge. However, decisions on the appropriate salary are made by the relevant President of the Court. The four governing criteria are general responsibility and skill; specially delegated responsibility; special functions; and administrative responsibility. Clearly, this entails a large measure of subjectivity, is vulnerable to abuse and is unsatisfactory. It appears to distort the true meaning and breadth of judicial independence.

Report on Working Group 13

by *Holger Böhmann*, Judge at the Higher Administrative Court, Greifswald, currently Federal Ministry of Justice, Berlin

[1] The working group, attended by more than 50 participants, had been organised by the Association of European Administrative Judges on invitation of the organizers of the Verwaltungsgerichtstag and was moderated by *Annika Sandström*, Senior Judge and Head of Division at the Administrative Court of Stockholm.

[2] In his introductory report the Honourable Mr. Justice *Bernard McCloskey*, Supreme Court of Northern Ireland, educed dogmatically and comparatatively the connection between the rule of law, judicial independence and remuneration. In further contributions different systems and developments of judge's salaries in various European states had been explained and were discussed. On the background of varying occurrence of judicial self administration the question had been discussed, by whom and on which criteria salaries can be decided on. It was left to national adjudication to determine the substantial minimum of salaries which in any case requires a minimum of democratic legitimation.

[3] In his **introductory report** the Honourable Mr. Justice *Bernard McCloskey*, Supreme Court of Northern Ireland, emphasised that remuneration of judges in modern constitutional democracy is inseparably linked with the principles of separation of powers and the rule of law. Judicial independence is an internationally recognised and in the EU-Treaty anchored cornerstone of the rule of law. The relevance and coverage of judicial independence had been explained along the example of the UK's Constitutional Reform Act 2005 and the adjudication of the European Court of

Human Rights with regard to Art. 6 ECHR. More detailed the criteria in the Commonwealth for the protection of judicial independence were elaborated from the adjudication of the Canadian Supreme Court, whereby financial security as part of judicial independence has an individual and an institutional dimension. Financial security for courts as institutions would require a relationship between the judiciary and the other branches of government that is depoliticised. Salaries should be stated by law and not suggestible by the executive branch in negotiations.

[4] Finally a comparison had been drawn between constitutional requirements concerning judicial independence and salaries in some European states, of which the provisions of the Constitution of Ireland where no reduction of remuneration of a judge during his continuance of office is allowed is seen as the most far reaching.

[5] The current development of the system for remuneration of judges in **Slovenia** was presented along the adjudication of the Slovenian Constitutional Court of the years 2006 and 2008 by *Jasna Segan*, president of the Slovenian Administrative Court in Ljubljana. The situation in Slovenia became problematic in the year 2005 when provisions of the Judicial Service Act and the Salary System in the Public Sector Act had been changed. The new provisions were challenged in the Constitutional Court by judges, state prosecutors and state attorneys, where a decision had been issued on 7th December 2006 (case no. U-I-214/06 and U-I-228/06). According to the constitution based principle of judicial independence judges salaries may only be determined by law, so the changes which allow an implementation by an ordinance of the National Assembly, a collective agreement for the public sector, a Government decree or an executive regulation would be against the constitution. Disparities between the official's salaries in the individual branches of state power would also be against the principle of separation of powers. It would be inconsistent with constitutional principle of the independence of judges if the legislature ensures only protection against a reduction in their basic salary and if it allows that additional instances of reduction of judges' salaries be determined by an ordinance of the National Assembly. Furthermore a statutory regulation regarding the judges' payment for (additional) work performances and regarding the placement of judges into salary brackets in the transitional period would be vague and as such inconsistent with the principle of the clarity of legal norms. After this decision the legislator amended the Act on Salary System in the Public Sector without respecting all opinions of the decision. This drove to around 300 law suits against acts determining the salaries at the Administrative Court of the Republic of Slovenia, who stayed the procedures and requested the review of the constitutionality of the challenged provisions of the Act at the Constitutional Court.

[6] In a second decision issued on 11th of December 2008 (case no. U-I-159/08) the Constitutional Court decided that the constitutional equality of the judiciary in comparison with the legislative and executive branches of power, inter alia, would require that the independence of judges as well as the integrity and dignity of the judiciary are ensured. The regulation of the placement of judicial offices into salaries brackets, which establishes a significant disproportion between the salary brackets of judicial

offices in comparison with offices of deputies and ministers, would be inconsistent with the principle of the separation of powers. Also a statutory regulation which does not ensure judges such regulation of the adjustment of their salaries which would protect them against significant factual reduction in their salaries would be against the principle of judicial independence. If the legislature does not implement a decision of the Constitutional Court, it would violate the principles of a state governed by the rule of law and the separation of powers. The decision of the Constitutional Court was a platform for the decisions made by the Administrative Court in which the illegality of the challenged acts had been declared.

[7] Meanwhile the new government already decided to amend the challenged act in order to follow the opinion of the Constitutional Court. Finally the amendments were accepted in the parliament with which judges, maybe not in the whole, were satisfied. The new law in force since 1st of January 2010 now respects the basic principles of independence of judges and the separation of powers. Nonetheless judges – same like members of parliament and members of the government – face a cut in their salaries of 4 % since April 2009 due to the financial crises. Judges did not challenge this Act in front of the Constitutional Court since they felt this unethical due to the economic situation which has an impact to the whole country.

[8] From **Estonia** *Tiina Pappel*, Judge at the Administrative Court in Tallinn, reported on the impact of the economic crises on salaries of Estonian judges. From 2002 to 2009 a law determined linkage between the salaries of judges in Estonia and other higher state public servants and the average salary of the inhabitants of Estonia multiplied by a factor determined by law, provided an annual slight increase in salaries during the years of economic growth. When the economic crisis started in 2008, the public opinion turned against the existing salary regulation of higher state public servants. This lead to law amendments of which the first became effective on 1st January 2009 and which froze the salaries of all higher state public servants until 28th February 2010.

[9] Members of parliament were excepted because due to the Constitution of Estonia they are not allowed to pass laws that affect their own salaries. Hereby the link between the salaries of members of Parliament and other higher state public servants was broken for the first time. While the remuneration of members of parliament still increased, the salaries of higher state public servants remained on the same level. A second amendment enacted on 1st March 2009 provided the reduction of judges' salaries by 7 % until 31st December 2010 and abolished a law based prohibition of reductions in judges' salaries. The reasons given were that the reduction would not affect the judges' level of subsistence. An opinion on the second law amendment rendered by the Estonian Association of Judges on demand of the Chancellor of Justice stated on the one hand that neither international law nor the Constitution of Estonia would explicitly prohibit the reduction of judges' salaries, but such could only go along with an equal remuneration of all higher state public servants. On the other hand it would not be wise to draw parallels between the adequacy of a judge's income and the judge's level of subsistence. Moreover the legislator neglected the necessary consultation with the

Council for the Administration of Courts. In his decision issued January 2010 the Chancellor of Justice did not see a violation of the Constitution but a violation of the fair tradition of legislative procedure including a participation of the courts and the judge's association and the obligatory grounds.

[10] On 1st July 2009 a third amendment of the law entered into force introducing a reduction of judges' salaries by 1 % and of all other servants by 8 % (therefore an equal reduction of 8 %) until 31st December 2010. On 1st April 2011 a new law will enter into force stipulating a new basis for the calculation of salaries for all higher state public servants. The salary for all higher state public servants (including members of parliament) will no longer be related to the increase in the average salary but to the annual changes in the consumer price index and the annual shift in the accrual of social tax. For county and administrative court judges it equals to that of common members of parliament and for circuit court judges it equals to the remuneration of chairmen of standing committees of parliament.

[11] The **remuneration systems in some other European states** and possible dangers for an adequate remuneration resulting from them were addressed in further contributions. In that concern the participants alluded to the efforts of the Council of Europe to extend the recommendation of the standing committee of Ministers no. R(94)12 by not only stating the requirement of a law for the determination of judges' salaries but also the criteria of sufficient remuneration and pensions.

[12] The **Swedish** bonus system, in practice since 3 years was criticized as it entails a large measure of subjectivity, is vulnerable to abuse and is unsatisfactory. Even though the bonus is not only related to the number of solved cases the decision on the appropriate salary is vested with the president of the relevant court alone. The governing criteria are general responsibility and skill, specially delegated responsibility, special functions and administrative responsibility. The system will be under review this year.

[13] Because of the link between the salaries of public servants and the remuneration of members of parliament in **Greece** there were no concerns reported. As a first state in Europe **France** has implemented a bonus system for judges about 6 years ago which led to an overall increase of the salaries. The Council of State (Conseil d'Etat) is responsible for the determination of the bonus; incidentally it is not determined by law but by an ordinance of the government. Criteria for the disbursement of the bonus are the number of cases heard by a judge and the quality of the decisions. Against the objection that it should not be discussed about judges' salaries in public it was reported that the bonus system is very popular in the public as it urges the judiciary to work.

[14] From the **German** perspective it was reported on the remuneration debate started in 2008 by the Association of German Administrative Judges and the German Judges Association as well as on the difference in remuneration between the German Länder due to the transfer of responsibility for determination of remuneration from the federal to the Länder level. Here the danger for a quality gap occurs when some Länder with lower salaries due to a lack of financial attractiveness are not able to attract the

best qualified lawyers. Attempts to implement a bonus system for judges in some of the Länder have failed.

[15] In the **Netherlands** judges' salaries are determined by law on the same level like such of comparable public servants or office holders of the other state powers. The courts administer their own budgets. They apply for the budget at the Justice Council, where the budget is distributed along with a quota for solved cases. If the court does not meet the agreed quota, it has to pay back a part of the budget to the Justice Council, what leads to a reduction of the budget for clerks and court staff.

[16] The **Italian** remuneration system is based on a law from the year 1981 and contains a fixed part linked with the average increase of the salaries of public servants and a bonus. The latter results from negotiations with the government, where the danger of "do ut des" agreements exists. Also excessive ancillary activities of some judges have been reported which lead to a considerable increase of salaries and should be limited.

[17] The **Latvian** system with its link between salaries and average income is comparable to the Estonian. Remuneration is determined by law and on the basis of constitutional adjudication a right of continuance for judges' salaries exists – other than for other public servants – so it cannot be reduced. Nevertheless it came to a factual reduction of judges' salaries by 25 % and a complaint against this has been forwarded to the Constitutional Court.

In summary the reports and contributions established that a danger for an adequate remuneration of judges impends from two directions: on the one hand by a reduction of salaries in systems where a link to the average income or where a disconnection from salaries of other members of the state powers exist. On the other hand the circumstances by whom (which body) in which way (determination by law or negotiation) and in which procedure it is decided on judges' remuneration has a considerable influence on the appropriateness of salaries. Bonus systems should be rejected due to their vulnerability to subjectiveness and inconsistence; these factors would promote injustice. Deficiencies and shortcomings of that kind would finally be self destructive as they would frighten well qualified candidates off offices in the judiciary and therefore would undermine judical independence.

»Monumentalwerk«

Prof. Dr. Friedhelm Hufen, NJW 41/04, zur Vorauflage

Verwaltungsgerichtsordnung
Großkommentar
Herausgegeben von Prof. Dr. Helge Sodan
und Prof. Dr. Jan Ziekow
3. Auflage 2010, 3.308 S., geb., 188,– €,
ISBN 978-3-8329-3112-4

- Argumentationsstark und interpretationssicher
- Aktualisiert und umfassend überarbeitet
- Zahlreiche Anregungen und weiterführende Hinweise

Nomos

Nähere Informationen unter ▶ www.nomos-shop.de/go/vwgo

ARBEITSKREIS 13

Unabhängigkeit und Gehälter

Referent: *Bernard McCloskey*,
Ehrenwerter Richter am Obersten Gericht von Nordirland
(aus dem Englischen übersetzt von Richter am OVG *Holger Böhmann*)

Thesen des Referats

1. Die Richterbesoldung in der modernen Welt ist bei sorgfältiger Analyse keine Angelegenheit, welche dem freien Spiel unerfreulicher und unattraktiver ökonomischer Kräfte ausgeliefert wäre. Sie ist vielmehr ein Aspekt der richterlichen Unabhängigkeit und darf daher unter keinen Umständen losgelöst von den Erfordernissen der Gewaltentrennung und des Rechtsstaates diskutiert werden.
2. Das rechtstaatliche Prinzip und die Unabhängigkeit der Gerichtsbarkeit sind unabdingbare Elemente einer modernen konstitutionellen Demokratie. Es ist offenkundig, dass der Rechtsstaat nicht ordnungsgemäß funktionieren kann, wenn die Entscheidung über die Gesetzmäßigkeit des Verwaltungshandelns nicht von Richtern getroffen wird, die von der Exekutive unabhängig sind. Die Unabhängigkeit der Gerichtsbarkeit ist daher ein Eckpfeiler des Rechtsstaates. Richtig betrachtet, erklärt und erhellt sie das Prinzip der Rechtsstaatlichkeit, auf welchem heute die Verfassungsordnungen so vieler Staaten beruhen.
3. Kaum jemand würde leugnen, dass die Unabhängigkeit der Gerichtsbarkeit einen Wert von äußerster Wichtigkeit für die gesamte entwickelte Welt darstellt. Gleichfalls unleugbar ist die Verknüpfung zwischen dem rechtsstaatlichen Prinzip und der Unabhängigkeit der Gerichtsbarkeit: Keiner dieser Werte kann ohne den jeweils anderen auskommen.
4. Selbstverständlich geht richterliche Verantwortung Hand in Hand mit richterlicher Unabhängigkeit. Kein Richter verfügt über die Kompetenz, das Gesetz auszusetzen oder unangewendet zu lassen. Dies brachte Thomas Fuller Mitte des 17. Jahrhunderts mit folgenden Worten zum Ausdruck:
„So hoch Du auch seist, das Gesetz ist über Dir."
Diese Äußerung fiel im Anschluss an einen öffentlichen Prozess mit unmittelbar anschließender Exekution eines Königs, der proklamiert hatte „Rex ist Lex". Diese Anmaßung wurde als trügerisch entlarvt, weil sie in offenem Gegensatz zum Prinzip des Rechtsstaates steht. Auch Richtern stünde es wohl an, hin und wieder über die eben erwähnte Häresie nachzudenken. Der Kern – und die Last – richterlicher Verantwortung wurde von Lordrichter CJ mit folgenden Worten beschrieben:
„Ausgestattet mit großer Macht, trifft die Richter aber auch die Verantwortung zu allererst bei sich selbst darauf zu achten, die ihnen übertragene Macht den Gesetzen gemäß auszuüben, und zwar genau in der Weise, in der sie garantieren, dass

die aus politischen oder sonstigen Befugnissen resultierende Macht, welche anderen Institutionen des Staates übertragen ist, gesetzmäßig ausgeübt wird."

5. Der Wert der richterlichen Unabhängigkeit als Garant der Stabilität ist international anerkannt. Die Generalversammlung der Vereinten Nationen unterstützte in Resolutionen die „Grundprinzipien der Unabhängigkeit der Gerichtsbarkeit", wie sie durch den 7. UN-Kongress über die Kriminalitätsbekämpfung und die Behandlung von Tätern verabschiedet wurde. Die Vereinten Nationen haben auch die Notwendigkeit einer effektiven Umsetzung des Prinzips der Unabhängigkeit der Gerichtsbarkeit anerkannt. Dies wurde auch in einer weiteren Resolution des UN-Rates für Ökonomie und Soziales anerkannt.
6. Ähnlich klingen die „Bangalore Prinzipien". Wie in der Präambel betont wird, ist eine kompetent, unabhängig und unparteiisch eingerichtete Gerichtsbarkeit nicht nur erforderlich, damit die Gerichte ihre Rolle erfüllen können, indem sie „Verfassungskonformität und Rechtsstaatlichkeit aufrechterhalten", sondern auch, um das für jede moderne demokratische Gesellschaft besonders wichtige Vertrauen der Öffentlichkeit in das System, die moralische Autorität und die Integrität der Gerichtsbarkeit zu schaffen.
7. Solcherart leitet sich die Unabhängigkeit der Gerichtsbarkeit von zwei Prinzipien oder Doktrinen her, deren wesentliches Kennzeichen sie auch ist, nämlich zum einen vom Rechtsstaatsprinzip und zum anderen von der Gewaltentrennung. In der Vergangenheit stellte auch die Richterbesoldung ein solches Kennzeichen dar: siehe die „Heads of Grievances", welche dem neuen König, William III, vorgelegt wurden und unter anderem Vorschläge über die Zahlung von Richtergehältern enthielten.
8. Im Vereinigten Königreich zählt Art. 6 EMRK zu den Grundrechten, die durch den Human Rights Act 1998 umgesetzt wurden. Der Sechste Abschnitt dieses Gesetzes erklärt jedes Handeln eines Gerichtes (oder einer sonstigen Behörde) für rechtswidrig, das gegen ein geschütztes Konventionsrecht verstößt. Es gibt keine verschwendeten oder überflüssigen Worte in Art. 6 EMRK. Die Anordnung verlangt, dass Gerichte sowohl unabhängig als auch unparteiisch sein müssen. So hat sich der EGMR, wenn er häufig die wesentlichen Charakteristika eines „Gerichtes" im Verständnis der Art. 5 und 6 EMRK angeführt hat, signifikanterweise enthalten, dabei unangemessene deskriptive Ausdrücke zu gebrauchen. Die Betonung „der Existenz von Garantien gegen äußeren Druck" ist bemerkenswert. Überlegungen zur Richterbesoldung sollten bei dem solcherart umschriebenen Erfordernis ansetzen.
9. Wie fügt sich die Richterbesoldung in das Gesamtbild, dessen wesentliche Teile die Rechtsstaatlichkeit, die Unabhängigkeit der Gerichtsbarkeit und die Unparteilichkeit sind, ein? Wie harmoniert die prosaische Frage der Richterbesoldung mit vornehmen Idealen und hohen Wertvorstellungen? In Wahrheit ist es nicht unangemessen schwierig, diesen Zusammenhang zu beschreiben.
10. Die vielleicht vollständigste und klarste Darstellung des Konzepts der richterlichen Unabhängigkeit im Commonwealth, insbesondere im Kontext der finanziel-

len Notwendigkeiten, die erfüllt sein müssen, um die Unabhängigkeit zu sichern, findet sich in der Entscheidung des Kanadischen Supreme Court, welcher ausführte, dass die richterliche Unabhängigkeit drei wesentliche Charakteristika aufweist: Sicherheit der Stellung als Richter, finanzielle Sicherheit und verwaltungsmäßige Unabhängigkeit. Diese müssen unter Berücksichtigung beider Dimensionen der richterlichen Unabhängigkeit betrachtet werden, das heißt sowohl der individuellen Unabhängigkeit eines Richters als auch der institutionellen oder kollektiven Unabhängigkeit des Gerichts/Tribunals, dem der Richter angehört. Der Supreme Court war der Meinung, dass finanzielle Sicherheit für die Gerichte als Institution drei Komponenten aufweist, welche allesamt ein Ausfluss des verfassungsmäßigen Gebotes darstellen, wonach das Verhältnis zwischen der Justiz und anderen Staatsgewalten bis zum höchstmöglichen Ausmaß entpolitisiert zu sein hat. Dieses Gebot fordert, dass die Gerichte frei sind und auch den Anschein von Freiheit von politischer Beeinflussung durch wirtschaftliche Manipulation durch andere Staatsgewalten haben und dass sie ausgeschlossen und abgeschirmt sind von der Entlohnungspolitik aus öffentlichen Mitteln. Nach der Meinung des Gerichts waren die drei Komponenten der finanziellen Sicherheit der Gerichte als Institution die folgenden:

(a) Jede Änderung oder Einfrierung von richterlicher Entlohnung (die nach Ansicht des Gerichtes auch eindeutig Renten und andere Zuschüsse mitumfasst) bedarf zunächst eines Rückgriffes auf einen unabhängigen, effektiven und objektiven Rechtsgang, um die Möglichkeit oder den Anschein von politischer Beeinflussung zu vermeiden;

(b) unter keinen Umständen soll es für die Justiz, entweder kollektiv oder individuell, erlaubt sein, sich in Gehaltsverhandlungen mit der Exekutive oder Vertretern der Legislative zu beteiligen, da dies in fundamentalem Konflikt mit der traditionellen Unabhängigkeit stünde;

(c) eine Reduktion der richterlichen Entlohnung, inklusive de facto Reduktionen durch Aushöhlung der richterlichen Entlohnungen, kann nicht die Gehälter unter ein Mindestmaß senken.

11. Der Supreme Court war der Meinung, dass der Justiz und der Exekutive Verpflichtungen gegenseitiger Natur auferlegt wurden. Das Gericht erwog weiter, dass Richter, auch wenn sie von öffentlichen Geldern bezahlt werden, keine Beamten sind. Hier gibt es eine merkliche Unterscheidung. Beamte sind Teil der Exekutive. Richter dagegen sind unabhängig von der Exekutive. Die drei Charakteristika der richterlichen Unabhängigkeit – Sicherheit der Stellung als Richter, finanzielle Sicherheit und verwaltungsmäßige Unabhängigkeit – sind ein Spiegelbild dieser fundamentalen Unterscheidung, weil diese eine Reihe von Schutzmaßnahmen für die Mitglieder der Justiz vorsehen, welche Beamten verfassungsmäßig nicht zustehen. Es wird vorgeschlagen, die Prinzipien und Philosophie dieser Grundsatzentscheidung, deren Wichtigkeit in der gesamten Welt des Common Law anerkannt wird, auf alle Aspekte der richterlichen Entlohnung anzuwenden – Gehalt, Ren-

ten und andere Zuschüsse. Es ist kaum denkbar, dass ein EU-Mitgliedstaat legitimer Weise diese Werte und Prinzipien nicht unterschreiben könnte.

12. Der wohl stärkste verfassungsmäßige Schutz der richterlichen Gehälter findet sich in der irischen Verfassung, welche im Artikel 35 vorsieht,

   „... *die Dauer der Entlohnung eines Richters soll nicht auf den Verbleib im Amt reduziert werden*".

   Es scheint keine vergleichbaren Regelungen in anderen EU-Mitgliedstaaten zu geben. Aber sogar verfassungsrechtlicher Schutz kann keine felsenfeste Garantie vorsehen. Verfassungen können von Zeit zu Zeit novelliert werden, entweder durch Referendum oder auf anderem Wege. Im konkreten Fall Irlands wurde die Garantie des Artikels 35 (5) seit 2009 im Kontext der wirtschaftlichen Rezession, als die Justiz von der Pensionsabgabe für Beamte befreit wurde, oft politisch debattiert und diskutiert.

13. Eine weitere Erwägung von Wichtigkeit ist Folgende: Die Entlohnung muss hoch genug sein, um für höchstqualifizierte und kompetente Rechtspraktiker ansprechend zu sein, da dies naturgemäß im öffentlichen Interesse liegt. Darüber hinaus muss die Höhe der Entlohnung ausreichend sein, um Richter vor unangemessenem Druck und Verführungen abzuschirmen, um ihre Integrität, Unparteilichkeit und Unabhängigkeit zu bewahren.

14. Die Öffentlichkeitsarbeit wird natürlich immer sowohl schwierig als auch herausfordernd sein. Eine klare Schwierigkeit liegt in der Gestaltung und Darstellung besonders in Zeiten von wirtschaftlichen Schwierigkeiten. Die zugrunde liegenden Rechtfertigungen sind aber von solch überragender Bedeutung, dass alle Richter und ihre Vertreterorganisationen in dieser Angelegenheit jederzeit mutig und unerschrocken auftreten müssen. **Kurz, die Rechtsstaatlichkeit und ihre damit verbundenen Grundwerte müssen sich unter allen Umständen und Bedingungen durchsetzen.**

Referat

I. Rechtsstaatlichkeit [1]

[1] Die Besoldung von Richtern in der modernen Welt ist, genauer analysiert, kein alleinstehendes Thema in einem unanständigen und unattraktiven wirtschaftlichen Vakuum. Es gehört vielmehr zur Domäne des Rechtsstaats und ist ein Aspekt der Unabhängigkeit der Justiz. Untrennbar verbunden ist es mit dem Gewaltenteilungsprinzip und der Doktrin des Rechtsstaats.

[2] Die tragende Bedeutung des Rechtsstaats ist, dass alles im Einklang mit dem geltenden Recht geschehen muss. Damit muss jeder Minister einer Regierung oder jede Regierungsinstitution, die in ihrem Zuständigkeitsbereich handelt, die fragliche Maßnahme als gesetzlich – normalerweise (wenn auch nicht zwingend) durch Parlamentsgesetz – autorisiert rechtfertigen. Akte der Regierungsgewalt berühren regelmäßig Rechte, Pflichten und Freiheiten des Einzelnen. Alle diese Akte müssen eine

nachweisbare rechtliche Herkunft haben. Die Gerichte sind Schiedsrichter darüber, ob die erforderliche rechtliche Herleitung besteht. Damit ist der Rechtsstaat auf dem Gesetzmäßigkeitsprinzip gegründet.

[3] Der Rechtsstaat hat in allen hochentwickelten Verwaltungsrechtssystemen eine zweite wichtige Bedeutung: Die Regierung soll innerhalb eines Rahmens anerkannter Regeln und Prinzipien ausgeübt werden, die die Ermessensausübung beschränken und vor Missbrauch schützen. Und wieder sind die Gerichte die Schiedsrichter über den rechtmäßigen Gebrauch – und Missbrauch – von Regierungsgewalt.

[4] Damit sind das Rechtsstaatsprinzip und die Unabhängigkeit der Justiz untrennbare Elemente einer modernen konstitutionellen Demokratie. Der Rechtsstaat kann schlechthin so lange nicht richtig und effektiv funktionieren, wie die Überprüfung der Rechtmäßigkeit nicht von Richtern ausgeübt wird, die unabhängig von der Exekutive sind. Gerichtliche Unabhängigkeit ist deshalb ein Grundstein des Rechtsstaats. Richtig eingeschätzt, erklärt und beleuchtet sie die Doktrin der Gewaltenteilung. Im Zusammenhang mit dem Vereinigten Königreich ist festzustellen, „dass die britische Verfassung, wenn auch weitgehend ungeschrieben, fest auf der Gewaltenteilung basiert".[1] Dies ist auch in dem folgenden Satz festgehalten:

> *„Das Recht, eine Streitigkeit mit der Regierung vor den Gerichten auszutragen, die mit einem Höchstmaß an Unabhängigkeit ausgestatteten Richtern besetzt sind, ist ein wichtiges Element im anglo-amerikanischen Konzept des* rule of law".[2]

[5] Die Doktrin des Rechtsstaats ist auch in den folgenden tiefgründigen Worten zu finden:

> *„[Das Gericht] hat die verfassungsmäßige Rolle und Pflicht zu sichern, dass die Rechte der Bürger nicht durch eine rechtswidrige Ausübung der Regierungsgewalt missbraucht werden. Während sich das Gericht angemessen der Fachkompetenz verantwortungsvoller Entscheidungsträger aussetzen muss, darf es seine grundlegende Pflicht zur Gewährung von Recht für jede Art von Personen nicht schwinden lassen."*[3]

Darüber hinaus ist es kein Zufall, dass Rechtsstaatlichkeit eine hervorgehobene Stellung im EU-Vertrag hat. Artikel 6 Absatz 1 sieht vor:

> *„Die Union beruht auf den Grundsätzen der Freiheit, der Demokratie, der Achtung der Menschenrechte und Grundfreiheiten sowie der* **Rechtsstaatlichkeit***; diese Grundsätze sind allen Mitgliedstaaten gemeinsam." (Hervorhebung durch den Verfasser).*

Wie dieser Grundpfeiler des Vertrages anerkennt, ist die Rechtsstaatlichkeit einer der Werte, der die unterschiedlichen und ungleichen Mitgliedstaaten der Europäischen Union verbindet und vereint.

II. Die Unabhängigkeit der Justiz

[6] Nur wenige würden leugnen, dass die Unabhängigkeit der Justiz einen Wert von höchster Bedeutung in der ganzen entwickelten Welt darstellt. Gleichermaßen nicht zu bestreiten ist die Verbindung zwischen Rechtsstaatlichkeit und richterlicher Unabhängigkeit: kein Partner kann ohne den anderen überleben. Auf einer kürzlich stattgefundenen Konferenz hat einer der höchsten englischen Richter die folgende Formulierung für richterliche Unabhängigkeit angeboten:

> *„In einem demokratischen Land muss alle Gewalt, wie auch immer sie in der Gemeinschaft ausgeübt wird, auf Rechtsstaatlichkeit gegründet sein. Dafür ist jede und alle Ausübung politischer Gewalt rechenschaftspflichtig nicht nur gegenüber dem Wahlvolk an der Wahlurne, wenn die Wahlen stattfinden, sondern auch jederzeit gegenüber der Rechtsstaatlichkeit. Unabhängige Berufsstände schützen dies. Unabhängige Presse und Medien schützen dies. Letztlich sind aber die Richter die Wächter über die Rechtsstaatlichkeit. Dies ist ihre oberste Verantwortung. Sie haben eine spezielle Verantwortung, die verfassungsmäßigen Rechte eines jeden Bürgers wie auch die Unverletzlichkeit der Verfassung zu wahren, durch die diese Rechte existieren. Der Richter kann deshalb nicht nach Popularität trachten. Er – oder sie – kann nicht jedem gefallen. Er sollte auch nicht versuchen, jedem zu gefallen. Er sollte sein Amt nicht zur Bestätigung von Vorlieben gebrauchen oder seinen Vorurteilen erlauben, dass sie eine Art falscher gerichtlicher Achtung erlangen."*[4]

[7] Richterliche Verantwortung geht natürlich Hand in Hand mit richterlicher Unabhängigkeit. Kein Richter hat die Befugnis, Gesetze außer Acht zu lassen – sozusagen die Macht, sich in Widerspruch zum Gesetz zu setzen oder dies zu missachten. So wurde von *Thomas Fuller* in der Mitte des 17. Jahrhunderts festgestellt:

> *„Du kannst noch so hoch stehen, das Recht ist über dir."*

Dies folgte einem öffentlichen Gerichtsverfahren und in der Folge einem König, der verkündet hatte: „Rex est Lex". Dieser Anspruch erwies sich als irrig, weil er eindeutig schädlich für die Rechtsstaatlichkeit war. Richter täten gut daran, über diese Häresie von Zeit zu Zeit nachzudenken. Das Wesen – und die Last – der richterlichen Verantwortung ist von *Lord Judge CJ* mit diesen Worten beschrieben worden:

> *„Mit großer Macht ausgestattet haben die Richter eine ultimative Verantwortung, bei Ausübung der ihnen verliehenen Macht zu erkennen, dass sie sie rechtmäßig und in genau der gleichen Weise ausüben wie* **sie** *sicherstellen, dass politische und andere Macht, die anderen staatlichen Institutionen verliehen ist, rechtmäßig ausgeübt wird."* (Hervorhebung durch den Verfasser)

[8] Es ist anerkannt, dass der Respekt vor und der Schutz der richterlichen Unabhängigkeit ein Bollwerk für die Bürger jeder zivilisierten Gesellschaft bildet. Im Juni 1998

formulierten die Richter des Commonwealth das Prinzip der richterlichen Unabhängigkeit mit diesen Worten:

> *„Richterliche Unabhängigkeit ist eine Grundvoraussetzung für Rechtsstaatlichkeit und eine grundlegende Garantie für ein faires Verfahren. Ein Richter sollte deshalb die richterliche Unabhängigkeit sowohl in ihren individuellen als auch in ihren institutionellen Aspekten hochhalten und beispielhaft zeigen."*

Im Kontext des Vereinigten Königreichs hat Lord Bingham of Cornhill festgestellt:

> *„Die Unabhängigkeit der Richter (oder negativ ausgedrückt der Schutz der Richter vor Druck oder Einflussnahme durch die Exekutive) ist allgemein als notwendiges Charakteristikum des Rechtsstaats anerkannt."*[5]

Die Doktrin der Gewaltenteilung verlangt eine angemessene Beachtung gerichtlicher Entscheidungen durch Regierung und Parlament. Wieder nach Lord Bingham:

> *„So wie die Gerichte Rechtsakte des Parlaments, ob sie sie bestätigen oder nicht, anwenden müssen und rechtmäßige Weisungen, ob sie ihnen zustimmen oder nicht, ausführen müssen, so müssen Parlament und Exekutive gerichtliche Entscheidungen, ob sie sie gutheißen oder nicht, respektieren, falls sie nicht und bis sie aufgehoben werden."*[6]

[9] Richterliche Unabhängigkeit ist ein international anerkannter dauerhafter Wert. Durch eine anlässlich des Siebten Kongresses der Vereinten Nationen zur Verbrechensverhütung und zur Behandlung von Straftätern verabschiedete Resolution hat die Generalversammlung der Vereinten Nationen den „Grundprinzipien der Unabhängigkeit der Justiz" zugestimmt.[7] Die Vereinten Nationen haben auch die Notwendigkeit einer effektiven Umsetzung des Prinzips der richterlichen Unabhängigkeit anerkannt. Dies wird in einer weiteren Resolution wiederholt, in der der Wirtschafts- und Sozialrat der Vereinten Nationen unter anderem feststellt:

> *„Alle Staaten sollen im Einklang mit ihren verfassungsmäßigen Verfahren und nationaler Praxis die Grundprinzipien der Unabhängigkeit der Justiz in ihre Justizsysteme übernehmen und einführen ...*
>
> *Kein Richter darf zu einem Zweck ernannt, gewählt oder zur Ausübung seines Amtes angehalten werden, der mit den Grundprinzipien unvereinbar ist. Kein Richter darf ein richterliches Amt durch Ernennung oder Wahl akzeptieren oder einen Dienst versehen, das oder der mit den Grundprinzipien unvereinbar ist ...*
>
> *Die Grundprinzipien sollen gelten für alle Richter einschließlich der Schöffenrichter, wo diese vorgesehen sind."*[8]

[10] Ähnlicher Art sind die bekannten „Bangalore-Prinzipien über richterliche Ethik".[9] Wie die Präambel hervorhebt, ist eine kompetente, unabhängige und unvor-

eingenommene Justiz nicht nur unerlässlich, damit die Gerichte ihre Aufgabe zur „Aufrechterhaltung der Verfassungsmäßigkeit und der Rechtsstaatlichkeit" erfüllen, sondern auch um der großen Bedeutung in jeder modernen demokratischen Gesellschaft für die Schaffung öffentlichen Vertrauens in das Justizsystem und in die moralische Autorität und Integrität der Justiz gerecht zu werden. „Wert eins" besagt:

> *„Richterliche Unabhängigkeit ist eine Grundvoraussetzung für Rechtsstaatlichkeit und eine grundlegende Garantie für ein faires Verfahren. Ein Richter sollte deshalb die richterliche Unabhängigkeit sowohl in ihren individuellen als auch in ihren institutionellen Aspekten hochhalten und veranschaulichen."*

„Wert zwei", die Unvoreingenommenheit, wird mit diesen Worten ausgedrückt:

> *„Unvoreingenommenheit ist entscheidend für die ordnungsgemäße Ausübung eines justiziellen Amtes. Dies gilt nicht nur für die Entscheidung selbst, sondern auch für den Prozess, in dem die Entscheidung getroffen wird."*

Die weiteren „Werte" sind Integrität, Angemessenheit, Gleichbehandlung sowie Befähigung und Sorgfalt.

[11] Damit leitet sich die Unabhängigkeit der Justiz von zwei grundlegenden Prinzipien oder Doktrinen ab, deren besonderes Merkmal sie ist: Das erste ist die Rechtsstaatlichkeit und das zweite ist die Gewaltenteilung. Der französische Philosoph Montesquieu, der im 18. Jahrhundert über die britische Verfassung schrieb, erkannte als eines ihrer Hauptmerkmale die Trennung der legislativen, exekutiven und Recht sprechenden Gewalt. Früher hatten es einige despotische Souveräne abgelehnt, die Unabhängigkeit der Justiz anzuerkennen, und die unbegründete Entlassung von Richtern, die „von Majestäts Gnaden" ernannt worden waren, erfolgte häufig während der aufeinanderfolgenden Herrschaft von *Charles II.* und *James II.* Am Tage nach der Resolution des House of Commons, nach der der Letztgenannte abgedankt hatte, setzte ein parlamentarischer Ausschuss „Heads of Grievances"[(2)] ein, die dem neuen König *William III.* vorgestellt wurden. Das Dokument hierzu enthielt unter anderem Vorschläge für die Zahlung von Richtergehältern (hierzu später mehr).

Das Verfassungsreformgesetz von 2005

[12] Im Vereinigten Königreich ist die Anerkennung der Unabhängigkeit der Justiz in der Gesetzgebung bemerkenswerter Weise nicht vor dem Verfassungsreformgesetz von 2005 erfolgt. Diese beginnt mit der folgenden Vorschrift:

> *„(1) Rechtsstaat*
> *Dieses Gesetz berührt nicht nachteilig –*
> *(a) das existierende Verfassungsprinzip der Rechtsstaatlichkeit oder*
> *(b) die existierende verfassungsmäßige Rolle des Lord Chancellor in Bezug auf dieses Prinzip."*

In der Folge enthält Abschnitt 3 Vorschriften über die Bestandsgarantie der richterlichen Unabhängigkeit.[10] Im speziellen Kontext von Nordirland hat die Anerkennung der Unabhängigkeit der Justiz eine bedeutende Stellung in einem Statut von unbestreitbarer Bedeutung in der jüngeren Geschichte des Landes: Siehe auch Abschnitt 1 des Justizgesetzes (Nordirland) von 2002.[11] Erwähnenswert ist ebenso, dass in beiden Statuten eine breite, umfassende Definition von „Justiz" enthalten ist[12].

Artikel 6 EMRK

[13] Artikel 6 der Europäischen Konvention zum Schutze der Menschenrechte und Grundfreiheiten sieht vor:

*„Jede Person hat ein Recht darauf, dass über Streitigkeiten in Bezug auf ihre zivilrechtlichen Ansprüche und Verpflichtungen oder über eine gegen sie erhobene strafrechtliche Anklage von **einem unabhängigen und unparteiischen, auf Gesetz beruhenden Gericht** in einem fairen Verfahren, öffentlich und innerhalb angemessener Frist verhandelt wird."* (Hervorhebung hinzugefügt)

Im Vereinigten Königreich ist Artikel 6 eines der Konventionsrechte, das im Menschenrechtsgesetz von 1998 aufgenommen wurde. Abschnitt 6 dieses Statuts erklärt jedes Handeln von Gerichten (und jeder anderen Staatsgewalt) für rechtswidrig, wenn es mit den geschützten Konventionsrechten unvereinbar ist.

[14] Es gibt keine unnützen oder überflüssigen Worte in Artikel 6 EMRK. Maßgabe ist, dass Gerichte und Tribunale sowohl unabhängig als auch unparteiisch sein müssen. Dies sind getrennte, kumulative Anforderungen. Im Hinblick auf Unabhängigkeit hat der Europäische Gerichtshof für Menschenrechte erklärt:

*„Um festzustellen, ob ein Gremium als unabhängig anerkannt werden kann, muss unter anderem auf die Art und Weise der Ernennung der Mitglieder und die Dauer der Amtszeit, **die Existenz von Garantien gegen Druck von außen** und auf die Frage geachtet werden, ob das Gremium unabhängig erscheint."*[13]

In seiner jüngsten Rechtsprechung hat der Europäische Gerichtshof hervorgehoben, dass ein „Gericht" ein Gremium ist –

„..., das einen justiziellen Charakter besitzt, das sozusagen unabhängig sowohl von der Exekutive als auch von den Verfahrensbeteiligten ist."[14]

In einem anderen Fall hat der Europäische Gerichtshof unter Berufung auf Artikel 5 und 6 der Konvention festgestellt, dass die Verwendung des Wortes „Gericht" (oder „tribunal" im Französischen)

„... ein Gremium bedeutet, das nicht nur allgemeine fundamentale Grundzüge hat, von denen der wichtigste die Unabhängigkeit von der Exekutive und den Verfahrensbeteiligten ist, sondern auch Verfahrensgarantien."[15]

In einem anderen grundlegenden belgischen Fall hat der Europäische Gerichtshof festgestellt:

> „Während das Berufungsgericht, ungeachtet der Grenzen seiner Entscheidungskompetenz, offensichtlich Charakteristiken eines Tribunals aufweist, muss ermittelt werden, ob dies in gleicher Weise auch für den Appeals Council[3] gilt. Der Umstand, dass er Justizfunktionen ausübt, reicht nicht. Nach der Rechtsprechung des Gerichtshofs ist der Gebrauch des Ausdrucks 'tribunal' nur für ein Organ gerechtfertigt, das weitere Anforderungen erfüllt – **Unabhängigkeit von der Exekutive und den Verfahrensbeteiligten, Dauer der Amtszeit der Mitglieder, Garantien gewährleistet durch das Verfahren** – einige, die sich direkt aus Artikel 6 Absatz 1 ergeben."[16]

Auch wenn der Europäische Gerichtshof wiederholt die wesentlichen Merkmale eines „Gerichts" nach den Anforderungen der Artikel 5 und 6 EGMR genau erklärt hat, hat er bezeichnender Weise davon abgesehen, sich in einer übermäßig vorschreibenden Form auszudrücken. Aus dem Blickwinkel der Besoldung von Richtern ist die wiederholte Hervorhebung der „Existenz von Garantien gegen Druck von außen" erwähnenswert.[17] Mit diesem Umriss sprachlicher Formulierungen können Reflexionen über die Besoldung von Richtern beginnen.

[15] Soweit es die Unparteilichkeit betrifft, hat sich der Europäische Gerichtshof in gewohnt bemerkenswert unterschiedlicher Begrifflichkeit ausgedrückt, wobei er die Unterscheidung zwischen diesem Wert und dem der Unabhängigkeit herausstellt. Dies wird durch die folgende Passage beleuchtet:

> „Während Unparteilichkeit normalerweise die Abwesenheit von Vorurteilen oder Voreingenommenheit kennzeichnet, kann ihre Existenz andererseits, namentlich nach Artikel 6 Absatz 1 der Konvention, auf verschiedenen Wegen überprüft werden. Es kann in diesem Kontext zwischen einem subjektiven Anspruch, also dem Bemühen, die persönliche Überzeugung eines bestimmten Richters in einem bestimmten Fall herauszufinden, und einem objektiven Anspruch unterschieden werden, also der Feststellung, ob ihm ausreichende Garantien zur Seite stehen, um einen begründeten Zweifel in dieser Hinsicht auszuschließen."[18]

In einem neueren Fall hat sich der Europäische Gerichtshof in vergleichbarer Weise ausgedrückt.[19] Die Betonung in der durchgängigen Rechtsprechung des Europäischen Gerichtshofs liegt auf der äußeren Erscheinung und der objektiven Natur des anzuwendenden Tests. Im Vereinigten Königreich gab dies Anlass zu einer Weiterentwicklung des Common Law[4] in einer Grundsatzentscheidung des House of Lords, in der festgestellt wurde:

> „Die Frage ist, ob der unbefangene Betrachter unter Berücksichtigung der Tatsachen darauf schließen kann, dass eine wirkliche Möglichkeit der Befangenheit des Gerichts bestand."[20]

Wann immer eine Debatte über die Unparteilichkeit entsteht, ist es erforderlich, die Umstände zu identifizieren, die für eine Befangenheit vorgebracht werden:

> *„Das Gericht muss sich aller Umstände versichern, die Einfluss auf den Vorhalt der Befangenheit des Richters haben...*
>
> *Die zu berücksichtigenden Umstände umfassen alle Erklärungen des betroffenen Richters, soweit er Kenntnis von diesen Umständen hat oder sie beurteilen kann ...*
>
> *Das Gericht hat nicht darüber zu entscheiden, ob die Erklärung akzeptiert oder zurückgewiesen wird. Vielmehr muss es darüber entscheiden, ob der unbefangene Betrachter davon ausgehen würde, dass trotz einer abgegebenen Erklärung eine begründete Gefahr der Befangenheit bestand."*[21]

Später hebt das House of Lords hervor:

> *„Die kleine, aber wichtige Richtungsänderung, die im Porter-Fall angenommen wurde, hat ihren Kern im Bedürfnis nach Vertrauen, das von den Gerichten in einer demokratischen Gesellschaft geweckt werden muss ...*
>
> *Die öffentliche Annahme der Möglichkeit einer unbewussten Voreingenommenheit ist der Schlüssel ...*
>
> *Die unabdingbare Voraussetzung eines öffentlichen Vertrauens in die Justizverwaltung erfordert heute höhere Standards, als es vor ein oder zwei Jahrzehnten der Fall war."*[22]

Die Betonung auf das Zusammenspiel zwischen Öffentlichkeit und Justiz ist erwähnenswert. Die Verbindung zwischen Richtern und anderen Mitgliedern der Gesellschaft ist eine untrennbare. Ebenso erwähnt werden muss der Einfluss des EGMR, eines Europäischen Vertrags, der das Common Law weiterentwickelt hat.

III. Richterliche Besoldung

[16] Wo passt die richterliche Besoldung in das Puzzle, dessen Hauptteile die Rechtsstaatlichkeit, die Unabhängigkeit der Justiz und die richterliche Unparteilichkeit sind? Wie können das scheinbar unattraktive Konzept finanzieller Entlohnung und diese erhabenen Ideale und hohen Werte nebeneinander bestehen? In der Wirklichkeit ist diese Verbindung nicht übermäßig schwer herzustellen.

[17] Die auf dem 7. Kongress der Vereinten Nationen über die Verhütung von Verbrechen und die Behandlung von Straftätern angenommenen und durch Resolution der Generalversammlung 40/31 vom 29.11.1985 und 40/146 vom 13.12.1985 bekräftigten Grundprinzipien der Unabhängigkeit der Justiz sehen in Absatz 1 vor:

„*Die Dauer der Amtszeit von Richtern, ihre Unabhängigkeit, Sicherheit, **angemessene Besoldung**, die Bedingungen der **Ruhestandsgehälter** und das Ruhestandsalter müssen angemessen durch Gesetz gesichert sein.*" (Hervorhebung durch den Verfasser)

Artikel 31 der Erklärung von Peking zu den Prinzipien der Unabhängigkeit der Justiz in der Lawasia-Region von 1995[23] ist noch deutlicher:

„*Die Besoldung und die Bedingungen für das Amt von Richtern dürfen während der Amtszeit nicht zu ihrem Nachteil geändert werden, ausgenommen als Teil einer einheitlichen öffentlichen Wirtschaftsmaßnahme, der die Richter des betroffenen Gerichts oder die Mehrheit von ihnen zugestimmt haben.*"

In gleicher Richtung sieht Prinzip 1(2)(a)(ii) der Empfehlung des Europarates Nr. R(94)12 des Ministerkomitees an die Mitgliedstaaten über Unabhängigkeit, Effektivität und die Rolle von Richtern (13. Oktober 1994) vor:

„*Die Dauer der Amtszeit von Richtern und ihre Besoldung müssen durch Gesetz garantiert sein.*"

[18] Die vielleicht vollständigste und klarste Darstellung des Konzepts der richterlichen Unabhängigkeit im Commonwealth, insbesondere im Kontext der erforderlichen finanziellen Anforderungen für die Sicherung der richterlichen Unabhängigkeit, kann man in einer Entscheidung des kanadischen Obersten Gerichts finden.[24] Eine Reihe von Fällen wurde an das Oberste Gericht von Kanada herangetragen, die aus einer Verfassungskrise bedingt durch die Entscheidung einiger Provinzregierungen über die Kürzung der Richterbesoldung (zusammen mit den Gehältern anderer öffentlicher Bediensteter) entstanden waren. Während die Beschwerden eine Bandbreite von Gesichtspunkten zur Unabhängigkeit der Provinzgerichte aufwarfen, waren sie sich in einem Punkt einig, nämlich ob und wie die Garantie der richterlichen Unabhängigkeit in Abschnitt 11(d) der Kanadischen Charta der Menschenrechte und Grundfreiheiten die Entscheidungspraxis der Provinzregierungen und die Gesetzgebung in der Art und Weise und der Höhe der Reduzierung der Gehälter der Richter der Provinzgerichte einschränkt.

[19] Der Inhalt der kollektiven und institutionellen Dimension der finanziellen Sicherheit für Richter der Provinzgerichte war der Hauptpunkt. *Lamer CJ*, der die Leitentscheidung des Gerichts abgefasst hat, hob die beispiellose Natur der Beschwerden hervor. Die Unabhängigkeit der Provinzgerichte war zu einem Dauerthema in vier der zehn Provinzen des kanadischen Bundesstaates geworden. Die Beschwerden waren auf drei unterschiedliche Arten entstanden. In Alberta hatten drei angeklagte Personen die Verfassungsmäßigkeit ihrer Verfahren vor einem Richter des Provinzgerichts angezweifelt. In Manitoba hatte die Richtervereinigung der Provinz ein Zivilverfahren eingeleitet. In Prince Edwards Island hatte die Provinzregierung zwei Fälle anhängig gemacht. Die Aufgabe des kanadischen Obersten Gerichts bestand nun darin, das

genaue verfassungsmäßige Verhältnis zwischen den Richtern und der Exekutive der Provinzen zu definieren und einzugrenzen. Im Mittelpunkt der Beratungen des Gerichts stand Abschnitt 11 (d) der kanadischen Charta, der dem Angeklagten ein Recht auf ein faires Verfahren vor einem unabhängigen Gericht garantiert.[25]

[20] Obwohl sich die Beschwerdeführer zur Begründung ihrer Argumente zur richterlichen Unabhängigkeit ausschließlich auf Abschnitt 11 (d) des kanadischen Verfassungsgesetzes berufen hatten, befasste sich das Gericht mit der weitergehenden Frage, wo die richterliche Unabhängigkeit ihre verfassungsmäßige Heimat hat. Das Gericht kam zu dem Schluss, dass die richterliche Unabhängigkeit eine der ungeschriebenen Grundnormen beziehungsweise Prinzipien sei, die sich zurückverfolgen ließen bis zur Präambel der Verfassung von 1867, zu der sie gehöre.[26] In der Ausbildung seiner Sichtweise zu den Anforderungen an die richterliche Unabhängigkeit war das Gericht insbesondere beeinflusst von den Erwägungsgründen, dass sich die Verfassung und ihre Präambel auf die Normen beziehen, die von den leitenden Prinzipien der Verfassung des Vereinigten Königreichs inspiriert sind. Damit wurden die genannten Vorschriften der Verfassung von 1867 und der Charta nicht als ein abschließendes Regelungswerk zum Schutz der richterlichen Unabhängigkeit in Kanada angesehen: sie werden vielmehr durch grundlegende ungeschriebene Verfassungsregeln ergänzt.[27]

[21] Das kanadische Oberste Gericht ging davon aus, dass richterliche Unabhängigkeit drei Hauptcharakteristiken hat: Sicherheit der Amtszeit, finanzielle Sicherheit und unabhängige Verwaltung. Diese seien den beiden Dimensionen der richterlichen Unabhängigkeit gegenüberzustellen, nämlich der individuellen Unabhängigkeit eines Richters und der institutionellen oder kollektiven Unabhängigkeit des Gerichts oder Tribunals, dem der Richter angehört.[28] *Lamers CJ* fährt fort:

„*Die Hauptcharakteristiken der richterlichen Unabhängigkeit haben aber zwei sehr unterschiedliche Konzepte. Die Hauptcharakteristiken der richterlichen Unabhängigkeit stellen unterschiedliche Facetten der Definition der richterlichen Unabhängigkeit dar. Sicherheit der Amtszeit, finanzielle Sicherheit und unabhängige Verwaltung.*"[29] In der Gegenüberstellung zeigen diese Dimensionen der richterlichen Unabhängigkeit, welche Institution – der einzelne Richter oder das Gericht oder Tribunal, dem er angehört – durch die übergeordneten Charakteristika geschützt wird.

Finanzielle Sicherheit hat damit zwei Dimensionen, die individuelle und die institutionelle. Es war die Letztere, die von den Finanzmaßnahmen der Provinzen betroffen war.

[22] Das Oberste Gericht war der Auffassung, dass finanzielle Sicherheit drei Aspekte hat, die alle aus dem Verfassungsgebot resultieren, wonach das Verhältnis zwischen Justiz und den anderen Zweigen der Staatsmacht so weit als möglich entpolitisiert sein soll. Dieses Gebot verlangt einerseits, dass die Gerichte frei von politischem Einfluss durch ökonomische Maßnahmen anderer Zweige der Staatsmacht sind und auch kein Anschein einer solchen Abhängigkeit besteht **und** andererseits, dass sie von der allgemeinen Lohnpolitik der öffentlichen Hand ausgenommen und von ihren Einflüs-

sen abgeschirmt wird.[30] Die drei Komponenten der finanziellen Sicherheit für die Gerichtsbarkeit waren aus der Sicht des Gerichts folgende:

(a) Jede Änderung oder Einfrieren der Richterbesoldung (welche nach Auffassung des Gerichts auch eindeutig Pensionen und andere Vergünstigungen erfasste) verlangt ein vorangehendes besonderes Verfahren, das unabhängig und effektiv sowie darüber hinaus objektiv geeignet ist, die Möglichkeit oder den Anschein einer politischen Einflussnahme durch ökonomische Maßnahmen auszuschließen.[31]

(b) Unter keinen Umständen sollte es der Justiz erlaubt sein, sei es kollektiv oder individuell, sich in Verhandlungen über die Besoldung mit der Exekutive oder Vertretern der Legislative einzulassen, zumal dies in fundamentalem Gegensatz zur traditionellen Unabhängigkeit stünde. Gehaltsverhandlungen haben unleugbar politischen Charakter. Solche Verhandlungen würden den Anschein richterlicher Unabhängigkeit untergraben, zumal der Krone fast immer Parteistellung in Strafprozessen zukommt und Gehaltsverhandlungen Erwartungshaltungen betreffend das Verhalten der beteiligten Parteien wecken, die mit der richterlichen Unabhängigkeit unvereinbar sind. Freilich sollte dieses Prinzip chief justices oder sie vertretende Organisationen nicht daran hindern, sich gegenüber der Verwaltung zur Angemessenheit richterlicher Besoldung zu äußern und ihr diesbezügliche Bedenken auch vorzutragen.[32]

(c) Reduzierungen richterlicher Gehälter, einschließlich *De-facto*-Reduzierungen durch Inflation, dürfen dieselben nicht unter ein bestimmtes Minimum drücken. *„Das öffentliche Vertrauen in die richterliche Unabhängigkeit würde untergraben, wenn Richter so schlecht besoldet würden, dass der Anschein ihrer Anfälligkeit für politischen Druck durch ökonomische Maßnahmen entstehen könnte, wie dies in vielen Ländern bezeugt ist"*.[33]

Die oben hervorgehobenen Aussagen sind in Zeiten ökonomischen Sparzwanges von besonderer Bedeutung. Darüber hinaus erscheint es möglich, dass sie für Länder, in denen die Bedeutung des Rechtsstaatsprinzips und die daraus abzuleitenden Folgerungen noch keine lange Tradition haben, von besonderer Wichtigkeit sind.

[23] Hervorzuheben ist freilich auch, dass die Verpflichtungen nicht einseitig sind. Vielmehr vertrat das Oberste Gericht die Auffassung, dass der Judikative und der Exekutive wechselseitige Verpflichtungen auferlegt sind:

„... Legislative und Exekutive dürfen niemals politischen Druck auf die Gerichtsbarkeit ausüben oder auch nur den Anschein dessen erwecken, und umgekehrt..., Vertreter der Gerichtsbarkeit sollten in Ansehung von öffentlichen Äußerungen über politische Fragen, welche an Gerichte herangetragen wurden oder werden könnten, die Gegenstand politischer Debatten sind und die in keinem Zusammenhang mit der korrekten Verwaltung der Justiz stehen, Zurückhaltung üben"[34].

Das Oberste Gericht stellte darüber hinaus fest, dass Richter, auch wenn sie aus öffentlichen Mitteln besoldet werden, keine Beamten sind. Hier besteht eine klare Trennlinie. Beamte sind Teile der Exekutive. Demgegenüber sind Richter unabhängig von der Verwaltung. Diese drei Kennzeichen der richterlichen Unabhängigkeit – Unabsetzbarkeit, finanzielle Sicherheit und Unabhängigkeit von der Verwaltung – spiegeln den fundamentalen Unterschied wider, weil sie für Richter Schutzmechanismen zur Verfügung stellen, welche Beamten nach der Verfassung nicht zugute kommen.[35] Lamer CJ hob hervor:

> *„Soweit die Gerichtsbarkeit betroffen ist, stellt die Festlegung des Ausmaßes der Besoldung aus dem öffentlichen Haushalt eine politische Frage in einem anderen Sinne dar, weil sich die Frage der politischen Einflussnahme durch ökonomische Maßnahmen stellt. Eine skrupellose Regierung könnte ihre Autorität dazu nutzen, um Richtergehälter als Vehikel zur Einflussnahme auf den Ablauf und den Ausgang von Gerichtsverfahren zu nutzen Dies wäre zugegebenermaßen eine ganz andere Art der politischen Einflussnahme auf die Gerichtsbarkeit als jene durch die Stuart Monarchen in England, welche die historische Quelle der konstitutionellen Absicherung der Judikative in der angloamerikanischen Tradition war. Nichtsdestotrotz wäre die Bedrohung der richterlichen Unabhängigkeit diesenfalls nicht geringer. Wir haben diese Gefahr in Beauregard wahrgenommen, als wir erkannten, dass Gehaltsänderungen zur Verfolgung eines ‚unsauberen oder zweifelhaften Zweckes' verfassungswidrig sind. Darüber hinaus ... könnten Gehaltsänderungen den nachvollziehbaren Eindruck politischer Einflussnahme erzeugen, eine Gefahr, welche Abschnitt 11 (d) verhindern muss ..."*[36]

Es ist vorzuschlagen, dass die Prinzipien und der Geist dieser Grundsatzentscheidung, deren Wichtigkeit in der gesamten Welt des common law anerkannt ist, auf alle Aspekte der richterlichen Besoldung angewendet werden – Gehälter, Pensionen und andere finanzielle Zuwendungen.[37] Es ist schließlich schwer vorstellbar, wie ein Mitgliedstaat der EU legitimerweise die Unterstützung und Einhaltung dieser Werte und Prinzipien verweigern könnte.

[24] Das Kanadische Oberste Gericht hat einen weiteren signifikanten Beitrag zu diesem Thema in **Valente -v- The Queen**[38] geleistet. Abermals war Abschnitt 11 (d) der kanadischen Verfassung betroffen. Eines der wesentlichen Argumente war, dass der Provincial Court (Strafkammer) auf Grund der Ausgestaltung der Laufbahn seiner Richter (insbesondere jener, die ihr Amt auf Grund einer Wiederernennung nach Ruhestandsversetzung ausübten), auf Grund der Art der Festlegung ihrer Gehälter und Pensionen und der Abhängigkeit vom Ermessen der Exekutive in Ansehung bestimmter Vorteile und Vergünstigungen, nicht als unabhängiges Tribunal anzusehen sei. In seiner Entscheidung betonte das Oberste Gericht den Unterschied zwischen Unabhängigkeit und Unparteilichkeit. Er erwog, dass die Unabhängigkeit das traditionelle Verfassungsprinzip der richterlichen Unabhängigkeit widerspiegelt, und damit nicht ausschließlich eine Geisteshaltung meint, sondern auch eine Stellung oder Bezie-

hung zu anderen, insbesondere zum exekutiven Zweig der Staatsgewalt – der auf objektiven Verhältnissen und Garantien beruhen muss. Die objektive Wahrnehmung wurde als insgesamt bedeutsam qualifiziert.

[25] Das Gericht gelangte zum Schluss, dass die drei wesentlichen Voraussetzungen der richterlichen Unabhängigkeit die Unabsetzbarkeit, die finanzielle Sicherheit und die institutionelle Unabhängigkeit in Angelegenheiten der Justizverwaltung sind, welche von Tragweite für die Ausübung der richterlichen Funktion sind (Zuweisung von Richtern, Sitzungen, Gerichtsliste usw.). Was die Gehälter betrifft, führte *Le Dain J*, in der Urteilsverkündung aus:

> *„Die zweite essentielle Voraussetzung für die richterliche Unabhängigkeit ... ist, meiner Auffassung nach das, was als finanzielle Sicherheit bezeichnet werden kann. Darunter ist die Sicherheit der Gehälter oder anderer finanzieller Zuwendungen und gegebenenfalls auch die Sicherheit der Pensionen zu verstehen. Der Kern dieser Sicherheit ist,* **dass das Recht auf Bezüge und Pensionen gesetzlich eingeräumt wird und nicht Gegenstand willkürlicher Einflussnahme durch die Exekutive in einer Weise sein darf, die die richterliche Unabhängigkeit zu gefährden geeignet ist.** *Im Falle der Pensionen liegt der essentielle Unterschied zwischen dem Recht auf eine Pension und einer Pension, die von der Gnade der Exekutive abhängt."*[39]

Das Gericht hielt fest, dass die beiden wesentlichen Einwände gegen die Festlegung der Gehälter der Richter des Provincial Courts darin bestanden, dass sie nicht gesetzlich festgelegt waren und auch kein Anspruch gegen den Consolidated Revenue Fund bestand.[40] In dieser Hinsicht war die wichtige Schlussfolgerung, dass auch die Bezahlung der Richter der Provincial Courts durch Gesetz zu regeln ist, während das nationale Recht zwischen ihnen und anderen Mitgliedern der Gerichtsbarkeit (Superior, District and County Court Richtern) unterschieden hatte.[41]

Verfassungsrechtliche Absicherung: Andere Länder

[26] Die wohl weitestgehende verfassungsrechtliche Absicherung von Richtergehältern findet sich in der Verfassung Irlands, welche in ihrem Artikel 35 Folgendes vorsieht:

> *"...*
>
> *2. Alle Richter sind in Ausübung der Gerichtsbarkeit unabhängig und nur an diese Verfassung und das Gesetz gebunden ...*
>
> *4. Ein Richter des Obersten Gerichtshofes oder eines High Court darf seines Amtes nur bei festgestelltem Fehlverhalten oder Unfähigkeit und dann nur auf Grund von Resolutionen des Dail Eireann und des Seanad Eireann, die dies verlangen, enthoben werden ...*

5. Die Besoldung eines Richters darf während seiner Amtstätigkeit nicht verschlechtert werden".[42]

Ich habe auch die Verfassungen anderer EU-Staaten betrachtet. Darunter das Grundgesetz der Bundesrepublik Deutschland (in Kraft seit 23. 5. 1949).[43] Kapitel IX des Grundgesetzes enthält Vorschriften über die Gerichtsbarkeit und die Gerichte. Wenngleich es ausdrücklich die richterliche Unabhängigkeit in Art. 97(1) garantiert, schweigt es doch über die notwendigen Garantien derselben, einschließlich der Richterbesoldung. Am 26. 11. 2009 hat der Bund Deutscher Verwaltungsrichter – BDVR – in seiner Generalversammlung folgende Resolution gefasst:

„Widerruf der Öffnungsklausel, um wiederum zu einer bundesweiten Richterbesoldung zu gelangen. [Dies beinhaltet eine Änderung des kürzlich novellierten Art. 74 Abs. 1 Nr. 27 des Grundgesetzes.]

Neuberechnung der Richtergehälter entsprechend dem Verfassungsprinzip einer adäquaten Alimentierung und im Einklang mit europäischen Standards.

Kompensation der lange währenden Unteralimentierung im Vergleich zu anderen juristischen Berufen außerhalb des öffentlichen Dienstes in Übereinstimmung mit dem Abstandsgebot. Es muss unter Berücksichtigung der besonderen Rolle der Gerichtsbarkeit ein Unterschied zu anderen juristischen Berufen gemacht werden."

Während die Herkunft dieser Resolution ziemlich klar ist, bleiben ihre Auswirkungen abzuwarten.

[27] In der Verfassung der Niederlande[44] ist Gegenstand des Kapitels 6 die „Justizverwaltung". Eine beachtliche Garantie ist die Erennennung von Richtern auf Lebenszeit (Artikel 117) mit einem Pensionsalter von 70 Jahren. Die richterliche Besoldung bleibt unerwähnt. Die portugiesische Verfassung[45] regelt die Justiz und die Gerichte in Titel V und ordnet in Artikel 203 an:

„Gerichte sind unabhängig und ausschließlich an das Gesetz gebunden."

Artikel 216 ordnet an:

„Richter genießen Unabsetzbarkeit und dürfen nur in den gesetzlich geregelten Fällen versetzt, suspendiert, pensioniert oder ihres Amtes enthoben werden."

Die Einrichtung eines Obersten Rates der Gerichtsbarkeit ist (in Artikel 217 Absatz 1) vorgesehen. Seine Zuständigkeit umfasst Ernennung, Zuteilung, Versetzung und Beförderung von Richtern.[46] Die Verfassung schweigt allerdings zum Thema der richterlichen Besoldung. Ähnliche Bestimmungen finden sich in der spanischen Verfassung,[47] insbesondere in Titel VI und Artikel 117. Auch hier wird über die Richterbesoldung geschwiegen und es ist evident, dass diese Angelegenheit durch parlamentarische Gesetze geregelt wird. Schließlich enthält die Verfassung Lettlands gleichfalls ein ausschließlich den Richtern und Gerichten gewidmetes Kapitel: siehe Kapitel 6 (Artikel 82–86). Wie auch immer, auch diese Verfassung schweigt zum Thema der Richterbesoldung und bietet generell betrachtet schwächere Garantien der Unabhängigkeit der Richter und der Gerichtsbarkeit als die Verfassung vieler anderer EU-Staaten.

[28] Auch verfassungsrechtliche Garantien bieten kein unabänderliches Fundament für die richterliche Unabhängigkeit. Auch Verfassungen können von Zeit zu Zeit geändert werden, sei es durch Volksabstimmung oder in anderer Weise. Im Falle Irlands war die Garantie des Artikels 35 Absatz 5 seit 2009 Gegenstand zahlreicher politischer Debatten und Kontroversen, als die Justiz im Zusammenhang mit der ökonomischen Krise von einer im Bereich der Angehörigen des öffentlichen Dienstes erhobenen Rentenabgabe ausgenommen wurde. Einige der 148 Richter leisteten daraufhin freiwillige Beiträge. Die Richtereinkommen in der Republik Irland bewegen sich zwischen € 147.000 und € 295.000. Eine führende Zeitung sah sich zu folgender Äußerung veranlasst:[48]

> *„Die Unabhängigkeit der Gerichtsbarkeit gedeiht in einer ordnungsgemäß geführten demokratischen Gesellschaft. Und sie muss bewahrt werden. Unabhängigkeit sollte jedoch nicht dazu führen, Richter davon auszunehmen, einen angemessenen Beitrag zum Gemeinwohl zu leisten und sicherzustellen, dass sie – als Staatsdiener – nichts tun, was ihre privilegierten Positionen in Misskredit bringen könnte. In diesen Zeiten der ökonomischen Krise könnte ihre ursprüngliche Antwort auf das Ansinnen einer Einigung über freiwillige Beiträge anstelle einer Pensionsabgabe unglücklicherweise diesen Effekt haben."*

Dies ist eine Erinnerung an die Tatsache, dass gut bezahlte Richter, deren Gehälter aus dem öffentlichen Haushalt bestritten werden (also durch die Beiträge der Steuerzahler), über keine hohen Popularitätswerte verfügen. Deshalb muss das Thema der Richterbesoldung stets mit einer gewissen Sensibilität und der angemessenen Behutsamkeit angegangen werden.

[29] Nichtsdestotrotz können Richter, insbesondere wenn sie an einem Strang ziehen, einen gewissen Einfluss auf diesem Gebiet ausüben. Dies wird in einer Resolution der Europäischen Richtervereinigung[49] deutlich, welche die Richterbesoldung in Schweden, und zwar im Anschluss an die Einführung eines Systems individueller Richtergehälter, betrifft. In den Worten dieser Resolution fordert die Europäische Richtervereinigung

> *„... die schwedische Regierung auf, sicherzustellen, dass das System der Festlegung der Gehälter der schwedischen Richter vollständig den etablierten internationalen Standards der Unabhängigkeit der Gerichtsbarkeit entspricht ...".*

In diesem Falle wurde das neue System geändert.[50] Ich würde behaupten, dass jede fundierte Debatte und Entscheidung im Bereich der Richterbesoldung stets ihre wesentlichen Grundlagen einbeziehen muss, nämlich das Rechtsstaatsprinzip, die

Gewaltenteilung und die Unabhängigkeit der Gerichtsbarkeit. Die Besoldung der Richter hat im Einklang mit diesen Grundwerten zu erfolgen.

[30] Es gibt noch eine weitere Überlegung von unbestreitbarer Wichtigkeit. Die Besoldung muss hinreichend sein, um die Gerichtsbarkeit für hochbegabte und kompetente Rechtspraktiker attraktiv zu machen, was selbstverständlich im öffentlichen Interesse gelegen ist. Weiter muss das Ausmaß der Besoldung ausreichen, um Richter vor unangemessenem Druck und Interventionsversuchen zu bewahren, um ihre Integrität, Unparteilichkeit und Unabhängigkeit zu schützen. Wie fragil das Rechtsstaatsprinzip selbst in gefestigten Demokratien ist, zeigte sich am Beispiel der neulichen „Fortisgate"-Affäre in Belgien, wo der Premierminister öffentlich zugestand, dass ein Beamter des Justizministeriums den Ehegatten einer Berufungsrichterin – während der Anhängigkeit eines Verfahrens betreffend die Rechtmäßigkeit einer staatlichen Intervention zur Rettung der vom Bankrott bedrohten größten Finanzdienstleistungsgesellschaft des Landes – mehrfach kontaktierte. Dies zeigt, dass ständige Wachsamkeit erforderlich ist.

Schlussfolgerung

[31] Der Kampf um die Gunst der öffentlichen Meinung wird natürlich immer schwierig und herausfordernd sein. Die Schwierigkeit liegt offenkundig in der Präsentation und Darstellung, besonders in ökonomisch harten Zeiten. Nichtsdestotrotz sind die auszuführenden Rechtfertigungsgründe von solch überragender Wichtigkeit, dass alle Richter und ihre Vertretungsorganisationen in dieser Angelegenheit stets mutig und unerschrocken agieren müssen. **Kurz gesagt, das Rechtsstaatsprinzip und die damit verbundenen Grundwerte müssen unter allen Umständen und in allen Situationen Vorrang genießen.**

Anhang

In einer Rückbezugnahme betreffend die Besoldung der Richter des Provinzgerichtes von *Prince Edward Island* [1998] 1 SCR 3, hat *Lamer CJ* am Ende seines Urteiles folgende hilfreiche Zusammenfassung erstellt:

„287 Im Hinblick auf die Länge und Komplexität dieser Entscheidungsbegründung fasse ich die wesentlichen Prinzipien, welche den kollektiven oder institutionellen Aspekt der finanziellen Sicherheit bestimmen, wie folgt zusammen:

1. Es ist für uns offensichtlich, dass es den Regierungen frei steht, die Gehälter der Richter der Provincial Courts herabzusetzen, anzuheben oder einzufrieren, sei es als Teil einer generellen ökonomischen Maßnahme, welche die Einkommen aller oder auch nur einiger Personen, die aus Haushaltsmitteln bezahlt werden, betrifft, sei es als Teil einer Maßnahme, die nur an die Gesamtheit der Richter der Provincial Courts gerichtet ist.

2. Die Provinzen sind verfassungsrechtlich verpflichtet, unabhängige, effektive und objektive Spruchkörper in Entsprechung der in dieser Entscheidungsbegründung dargelegten Kriterien einzurichten. Jede Änderung oder Einfrieren der Richterbesoldung bedarf eines vorangehenden Verfahrens vor einer unabhängigen Einrichtung, welche die vorgeschlagene Absenkung oder Anhebung oder das Einfrieren der Richterbesoldung überprüft. Jede Änderung oder jedes Einfrieren der Richterbesoldung ohne ein solches vorangegangenes Verfahren vor einer unabhängigen Stelle ist verfassungswidrig.

3. Ebenso muss die Kommission eine bestimmte Zeit nach Erstattung ihres letzten Berichtes (etwa drei bis fünf Jahre) neuerlich zusammentreten, um die Angemessenheit der Richtergehälter im Lichte der Lebenshaltungskosten und anderer relevanter Faktoren neuerlich zu prüfen, um zu verhindern, dass die Untätigkeit der Regierung als Mittel der ökonomischen Manipulation missbraucht werden kann, indem man Richtergehälter als Folge der Inflation real an Wert verlieren lässt und sie solcherart sogar unter das durch die gerichtliche Unabhängigkeit garantierte Mindestmaß fallen könnten.

4. Die Empfehlungen der unabhängigen Stelle sind nicht bindend. Wenn allerdings die Exekutive oder Legislative beschließt, von diesen Empfehlungen abzugehen, so hat sie ihre Entscheidung am Standard einer schlichten Rationalität zu rechtfertigen, notfalls auch vor einem Gerichtshof.

5. Unter keinen Umständen ist es der Gerichtsbarkeit gestattet, sich mit der Exekutive oder Vertretern der Legislative in Verhandlungen über die Besoldung einzulassen. Dies schließt jedoch nicht aus, dass chief justices, Richter oder Organisationen, die Richter vertreten, ihre Bedenken betreffend die Richterbesoldung zum Ausdruck und ihre diesbezüglichen Überlegungen auch den Regierungen zur Kenntnis bringen."

Bemerkenswert ist auch die folgende Passage in der abweichenden Meinung des Richters *La Forest*:

„342 Die Gefahr für die richterliche Unabhängigkeit, welche aus der Macht der Regierung zur Festlegung der Gehälter droht, besteht darin, dass Richter durch die Möglichkeit beeinflusst sein könnten, dass die Regierung sie für ihre Entscheidungen finanziell bestrafen oder belohnen könnte. Die Absicherung gegen diese potentielle Bedrohung stellt die Existenzgrundlage für die finanzielle Sicherheit als Komponente der richterlichen Unabhängigkeit dar. Es besteht eigentlich keine Möglichkeit, dass eine solche ökonomische Manipulation eintreten könnte, wenn die Regierung die Gehälter aller Personen, welche aus Haushaltsmitteln besoldet werden, nach den gleichen Kriterien abändert. Die Tatsache, dass eine solche Vorgehensweise **in Teilen** der Öffentlichkeit den Eindruck erwecken könnte, dass Richter *der Provincial Courts Beamte wären, ist solcherart irrelevant. Eine vernünftige, **informierte** Person würde keine Verletzung der finanziellen Sicherheit der Richter erkennen."*

(1) Anm. d. Übersetzers: Der englische Begriff „rule of law" wird von mir hier und im Folgenden mit „Rechtsstaat", „Rechtsstaatsprinzip" oder „Rechtsstaatlichkeit" ins Deutsche übersetzt. Soweit er bewusst den anglo-amerikanischen Begriff meint, bleibt der englische Begriff stehen. Dabei ist zu berücksichtigen, dass den beiden Begriffen unterschiedliche Bedeutungen und Inhalte beigemessen werden.
(2) Mitglieder eines Beschwerdeausschusses (Anm. d. Übers.).
(3) Beschwerderat (Anm. d. Übers.)
(4) i. S. v. Richter- oder Fallrecht, engl. case law (Anm. d. Übers.)

1 Duport *Steel* -v- *SIRS* (1990) 1 WLR 142, S. 157 (nach *Lord Diplock*); siehe auch *Lord Hoffmanns* Vorlesung „Separation of Powers" (2002) JR 137.
2 „Administrative Law" (*Wade and Forsyth*, 10. Aufl., S. 19).
3 The *Queen* -v- *Ministry of Defence*, ex parte Smith [1996] QB 517, S. 556 (nach *Sir Thomas Bingham MR*).
4 Die Worte von *Rt. Hon. Lord Judge*, Lord Chief Justice of England and Wales: 16. Commonwealth Law Conference, Hong Kong, 9. 4. 2009.
5 *Independent Jamaica Council for Human Rights* -v- *Marshall-Burnett* [2005] UKPC 3 und [2005] 2 AC 356, Rn. (12).
6 In Re *McFarland* [2004] UKHL 17 und [2004] 1 WLR 1289, Rn. (7)
7 Resolution Nr. 40/32 vom 29. 11. 1985 und Nr. 40/146 vom 13. Dezember 1985.
8 Resolution 1989/60, 15. Generalversammlung vom 24. 5. 1989 – „Verfahren zur effektiven Einführung der Grundprinzipien der Unabhängigkeit der Justiz".
9 Angenommen von der Justizgruppe zur Stärkung der Integrität der Justiz, überarbeitet auf dem Treffen des Runden Tischs der Obersten Richter, abgehalten im Friedenspalast, Den Haag, 25./26. 11. 2002
10 „**Bestandsgarantie für die Unabhängigkeit der Justiz**
(1) Der Kanzler, andere Minister der Krone und alle mit Zuständigkeiten für Justizangelegenheiten oder für die Justizverwaltung müssen die Unabhängigkeit der Justiz aufrechterhalten ...
(4) Die folgenden speziellen Pflichten sind zum Zweck der der Aufrechterhaltung der Unabhängigkeit der Justiz eingeführt.
(5) Der Lord Chancellor und andere Minister der Krone dürfen nicht versuchen, Einfluss auf bestimmte gerichtliche Entscheidungen durch einen speziellen Zugang zur Justiz zu nehmen.
(6) Der Lord Chancellor hat zu achten auf –
(a) die Notwendigkeit zur Verteidigung dieser Unabhängigkeit;
(b) die Notwendigkeit zur erforderlichen Unterstützung der Justiz, um ihr die Ausübung ihrer Funktionen zu ermöglichen;
(c) die Notwendigkeit, das öffentliche Interesse in Bezug auf Angelegenheiten der Justiz oder der Justizverwaltung in gerichtlichen Entscheidungen, die diese Angelegenheiten betreffen, angemessen zu vertreten".
11 „**1. Bestandsgarantie für die Unabhängigkeit der Justiz**
(1) Die folgenden Personen müssen die Unabhängigkeit der Justiz wahren
(a) der Erste Minister
(b) der stellvertretende Erste Minister
(c) die nordirischen Minister und
(d) alle mit Zuständigkeiten für Angelegenheiten in Bezug auf die Justiz oder die Justizverwaltung, soweit diese Zuständigkeiten sich innerhalb oder betreffend Nordirland ableiten.
(2) Die folgende spezielle Pflicht ist zum Zweck der der Aufrechterhaltung dieser Unabhängigkeit eingeführt.

(3) Der Erste Minister, der stellvertretende Erste Minister und die nordirischen Minister dürfen nicht versuchen, Einfluss auf bestimmte gerichtliche Entscheidungen durch einen speziellen Zugang zur Justiz zu nehmen."

12 Andere erwähnenswerte Aspekte des Verfassungsreformgesetzes von 2005 sind die Abschaffung des Justizkomitees des House of Lords als dem höchsten Gericht im Vereinigten Königreich, die Einsetzung eines Obersten Gerichts des Vereinigten Königreichs, die Abschaffung des Amtes des Lord High Chancellor of Great Britain, der Ausschluss des Lord Chancellor vom Richteramt und die Beschränkung auf die Rolle eines Regierungsministers sowie die Einführung des Lord Chief Justice als Oberhaupt der Justiz. Der Einfluss der Doktrin der Gewaltenteilung in diesen grundlegenden Reformen ist offensichtlich.

13 *Bryan -v- Vereinigtes Königreich* [1996] 21 EHRR 342, Rn. (37), Hervorhebung hinzugefügt.
14 *Neumeister -v- Österreich* (Nr. 1) [1968] 1 EHRR 91, Rn. (24).
15 *De Wilde und andere -v- Belgien* (Nr. 1) [1978] 1 EHRR 373, Rn. (78), Hervorhebung hinzugefügt – betreffend die Polizeigerichte von Charleroi, Namur und Brüssel, im Zusammenhang mit Artikel 5 Absatz 4.
16 [1982] 4 EHRR 1, Rn. 55, Hervorhebung hinzugefügt. Siehe auch *Ringeisen -v- Österreich* (No. 1) [1979]
17 Siehe weiter z. B. *Piersach -v- Belgien* [1983] 5 EHRR 169, Rn. (7) und *Champbell and Fell -v- Vereinigtes Königreich* [1985] 7 EHRR 165, Rn. (78) betreffend den Gefängnisbesucherausschuss.
18 *Piersack -v- Belgien* [1983] 5 EHRR 169, Rn. (30), in dem der Beschwerdeführer durch ein Gericht wegen Mordes verurteilt worden war, dessen Präsident als oberster stellvertretender Staatsanwalt für eine Behörde zuständig war, die über die Erhebung der Anklage entschieden hat: Das Gericht entschied einstimmig, dass das entscheidende Gericht die nötige Erscheinung der Unparteilichkeit vermissen ließ und eine Verletzung von Artikel 6 Absatz 1 begründet war.
19 „Der Gerichtshof wiederholt, dass für die Feststellung der Unvoreingenommenheit eines Gerichts im Hinblick auf Artikel 6 Absatz 1 nicht nur die persönliche Überzeugung und das Verhalten des streitentscheidenden Richters – die subjektive Seite – sondern auch das Bestehen hinreichender Anhaltspunkte erforderlich ist, um jeden begründeten Zweifel in diese Richtung auszuschließen.
20 *Porter -v- Magill* [2002] 2 AC 357, nach *Lord Hope.*
21 In Re Medicaments [2001] 1 WLR 700, Rn. (85)–(86). Siehe auch *Lawal -v- Northern Spirit* [2003] UKHL 35, Rn. [20]–[21].
22 *Lawal -v- Northern Spirit* [2003] UKHL 35, Rn. (14) und (22) nach *Lord Steyn.* Siehe auch *Davidson -v- Scottish Ministers* [2004] UKHL 34, Rn. (7) und (46).
23 Abgedruckt in: 15 Australien Bar Review und bevorzugt zitiert vom Obersten Gericht von Australien in *North Australian Aboriginal Legal Services Incorporated -v- Bradley* [2004] HCA 311.
24 Re a Reference Regarding the Remuneration of Judges in the Provincial Court of Prince Edward Island [1998] 1 SCR 3. Es ist zu beachten, dass Richter *La Forest* teilweise eine abweichende Meinung hatte: siehe Rn. (296)–(375).
25 „11 Jede Person, die eines Vergehens angeklagt ist, hat das Recht ...
    (d) für unschuldig gehalten zu werden, bis sie nach dem Gesetz in einem fairen und öffentlichen Verfahren durch **ein unabhängiges und unparteiisches Gericht** schuldig gesprochen wird." (Hervorhebung hinzugefügt). Vgl. Art. 6 EMRK.
26 Die einschlägige Fundstelle zitierend: „Die kanadischen Provinzen Nova Scotia und New Brunswick haben dahingegen ihren Wunsch geäußert, bundesstaatlich unter der Oberherrschaft der Krone des Vereinigten Königreichs von Großbritannien und Nordirland vereint zu sein, mit einer im Prinzip der dem Vereinigten Königreich vergleichbaren Verfassung": siehe Rn. (94). Der Präambel wurde eine „wichtige rechtliche Bedeutung" beigemessen: siehe Rn. (95). Dies gab Anlass für die rechtliche Identifizierung von verschiedenen Grundsätzen des kanadischen Verfassungsgesetzes, die nicht ausdrücklich in dem Statut formuliert waren: siehe Rn. (96).
27 Siehe Rn. (109): „Schlussfolgernd sind die genannten Regelungen des kanadischen Verfassungsgesetzes von 1867 und die Charta kein abschließendes geschriebenes Regelungswerk für den Schutz der richterlichen Unabhängigkeit in Kanada. **Richterliche Unabhängigkeit ist ein ungeschriebenes Gesetz, anerkannt und bestätigt durch die Präambel des Verfassungsgesetzes von 1867.** Es ist letztlich die Präambel, die als Eingangshalle in das Schloss der Verfassung dient, in der die wahre Quelle für unser Bekenntnis zu diesem fundamentalen Prinzip liegt (Hervorhebung durch den Verfasser).
28 Siehe Paragraf [118].

29 Siehe Paragraf [119] (Hervorhebung durch den Verfasser).
30 Siehe Paragraf [131].
31 Siehe Paragraf [133].
32 Siehe Paragraf [134].
33 Siehe Paragraf [135] (Hervorhebung durch den Verfasser).
34 Siehe Paragraf [140].
35 Siehe Paragraf [143].
36 Siehe Paragraf [145].
37 Siehe die Zusammenfassung des Chief Justice in Paragraf [287]: wiedergegeben im Annex.
38 [1985] 2 SCR 673.
39 Siehe Paragraf [40] (Hervorhebung durch den Verfasser).
40 *„Diese beiden Voraussetzungen wurden traditionell als jene angesehen, welche im Zusammenhang mit der Sicherheit von Richtergehältern am stärksten beachtet werden müssen."* Paragraf [42].
41 *„Der wesentliche Punkt... ist, dass das Recht auf Gehalt des Richters des Provincial Court gesetzlich festgelegt ist und dass keine Möglichkeiten einer Einflussnahme der Exekutive in dieses Recht besteht, welche die Unabhängigkeit des individuellen Richters beeinträchtigen könnte."*
42 Hervorhebungen durch den Verfasser.
43 Welches sich als stabiles Fundament für die sich entfaltende Demokratie in Westdeutschland im Anschluss an den Zweiten Weltkrieg erwiesen hat und auch nach der Wiedervereinigung mit der DDR im Jahr 1990 in Kraft blieb.
44 Die aus der Verfassung von 1815, überarbeitet im Jahre 1848, hergeleitet wird, durch welche ein System der parlamentarischen Demokratie eingeführt werden sollte und die zuletzt, im Jahr 1983, weitgehend neu gefasst wurde.
45 Die 1976, im Anschluss an die Revolution, erlassen wurde.
46 Siehe Artikel 217 und 218.
47 La Constitución Española (1978), angenommen von 88 % derer, die an einem Referendum am 6. 12. 1978 teilgenommen haben; sie wird als Höhepunkt des Überganges Spaniens von der Diktatur zur Demokratie angesehen, deren Wurzeln bis 1812 zurückreichen (in „La Pepa").
48 The Irish Times, 23. 6. 2009.
49 In Trondheim, am 27. 9. 2007.
50 Siehe die „Allgemeinen Grundsätze" im schwedischen „Local Agreement". Der Streit betraf die individuellen Richtergehälter und die Methoden ihrer Festlegung. Es wurde das Prinzip festgelegt, dass die Besoldung nicht vom starren Maßstab der Anzahl der in einem Richter entschiedenen Fälle abhängig gemacht werden darf. Jedenfalls wird die Entscheidung über das angemessene Gehalt aber vom zuständigen Gerichtspräsidenten getroffen. Die vier entscheidenden Kriterien sind: allgemeine Verantwortung und Fähigkeiten, besondere delegierte Verantwortlichkeiten, besondere Funktionen und Aufgaben in der Verwaltung. Es liegt auf der Hand, dass dieses System ein beträchtliches Ausmaß an subjektiver Beurteilung mit sich bringt, anfällig für Missbrauch und wenig zufriedenstellend ist. Es erscheint mit einer wohlverstandenen Unabhängigkeit der Gerichtsbarkeit unvereinbar.

Bericht über den Arbeitskreis 13

von Richter am OVG *Holger Böhmann*
z. Zt. Bundesministerium der Justiz, Berlin

Einführung

[1] Der von über 50 Teilnehmern besuchte englischsprachige Arbeitskreis war auf Einladung der Veranstalter des Verwaltungsgerichtstages durch die Vereinigung der Europäischen Verwaltungsrichter organisiert worden und wurde von *Annika Sandström*, Vorsitzende Richterin (Chefraadsfrau) am Verwaltungsgericht Stockholm moderiert.

[2] Das Einführungsreferat des Ehrenwerten Richters am Obersten Gericht von Nordirland *Bernard McCloskey* leitete dogmatisch und rechtsvergleichend den Zusammenhang zwischen Rechtsstaatsprinzip, richterlicher Unabhängigkeit und Besoldung her. In den weiteren Beiträgen wurden die Systeme und Entwicklungen der Richtergehälter in verschiedenen europäischen Staaten dargestellt und diskutiert. Vor dem Hintergrund unterschiedlicher Ausprägungen von justizieller Selbstverwaltung ging es um die Frage, durch wen und nach welchen Kriterien die Gehälter festsetzt werden dürfen. Im Allgemeinen legen nationale Gesetze das Minimum für Richtergehälter fest, für die es jedenfalls eines gewissen Maßes an demokratischer Legitimation bedürfe.

Hauptreferat

[3] In seinem Einführungsreferat betonte der Ehrenwerte Richter *Bernard McCloskey*, dass die Besoldung von Richterinnen und Richtern in modernen konstitutionellen Demokratien untrennbar mit den Prinzipien der Gewaltenteilung und des Rechtsstaats verbunden ist. Die Unabhängigkeit der Justiz ist ein auch im EU-Vertrag verankerter und international anerkannter Eckstein des Rechtsstaatsprinzips. Bedeutung und Umfang der richterlichen Unabhängigkeit wurden am Beispiel des englischen Verfassungsreformgesetzes aus dem Jahre 2005 und der Rechtsprechung des Europäischen Gerichtshofs für Menschenrechte zu Artikel 6 EMRK erläutert. Die Bedeutung der Richtergehälter wurde anhand von international anerkannten Prinzipien dargestellt. Eingehender wurden im Commonwealth geltende Kriterien für die Sicherung der richterlichen Unabhängigkeit aus der Rechtsprechung des kanadischen Obersten Gerichts herausgearbeitet, wonach finanzielle Sicherheit als Teil der richterlichen Unabhängigkeit eine individuelle und eine institutionelle Dimension habe. Finanzielle Sicherheit für die Gerichte als Institutionen verlange, dass die Beziehung zwischen der Justiz und der Exekutive so weit wie möglich entpolitisiert werde. Gehälter müssten gesetzlich geschützt sein. Richter dürften nicht in eine Situation gebracht werden, in der sie mit der Exekutive über ihre Gehälter verhandeln müssten.

[4] Schließlich wurde ein Vergleich zwischen verfassungsrechtlichen Anforderungen an die richterliche Unabhängigkeit und die Besoldung in einigen europäischen Verfassungen gezogen, bei dem die Vorschriften der Verfassung von Island, die keine Reduzierung der Besoldung während der Dauer des Amtes zulässt, als am weitreichendsten erachtet.

Slowenien

[5] Die gegenwärtige Entwicklung des Systems der Richterbesoldung in Slowenien wurde von *Jasna Segan*, Präsidentin des slowenischen Verwaltungsgerichts in Ljubljana, anhand der Rechtsprechung des slowenischen Verfassungsgerichts aus den Jahren 2006 und 2008 dargestellt. Hier wurde die Situation problematisch, als im Jahre 2005

das Justizdienstgesetz und das Gesetz über das Besoldungssystem im öffentlichen Sektor geändert wurden. Diese Änderungen führten zu Verfassungsklagen von Richtern, Staats- und Amtsanwälten, auf die das Verfassungsgericht am 7. 12. 2006 ein Urteil (Az.: U-I-60/06, U-I-214/06 und U-I-228/06) verkündete. Nach dem in der Verfassung verankerten Prinzip der richterlichen Unabhängigkeit dürften Richtergehälter nur durch Gesetz festgesetzt werden, so dass die nach den Änderungen vorgesehene Festsetzung von Richtergehältern durch Anordnung der Nationalversammlung, durch allgemeinen Tarifvertrag für den öffentlichen Dienst und einen Regierungserlass verfassungswidrig sei. Die Ungleichheit zwischen der Besoldung der Ämter in den unterschiedlichen Bereichen der Staatsgewalt verstoße gegen das Gewaltenteilungsprinzip. Es sei unvereinbar mit dem verfassungsmäßigen Prinzip der richterlichen Unabhängigkeit, wenn die Rechtslage nur Schutz gegen die Kürzung des Grundgehalts vorsehe und es erlaubt sei, zusätzliche Kürzungen der Richtergehälter durch Anordnungen der Nationalversammlung zu bestimmen. Zudem sei eine gesetzliche Regelung, die die Bezahlung von Richtern für (zusätzliche) Arbeit und die Einstufung von Richtern in Gehaltsstufen in einer Übergangsphase vorsehe, zu vage und verstoße gegen den Bestimmtheitsgrundsatz. Nach dieser Entscheidung ergänzte der Gesetzgeber das Gesetz über das Besoldungssystem im öffentlichen Sektor, ohne alle Vorgaben der Entscheidung umzusetzen. Dies führte zu ca. 300 Klagen gegen Besoldungsbescheide vor dem Verwaltungsgericht der Republik Slowenien, das die Verfahren aussetzte und die angefochtenen Vorschriften des Gesetzes dem Verfassungsgericht zur Überprüfung vorlegte.

[6] In einem zweiten Urteil vom 11. 12. 2008 (Az.: U-I-159/08) entschied das Verfassungsgericht, dass von Verfassungs wegen eine Gleichbehandlung der drei Staatsgewalten geboten sei, bei der die Unabhängigkeit der Richter wie auch die Integrität und Würde der Justiz gesichert seien. Die Regelung zur Einteilung der Richterämter in Gehaltsgruppen, die zu einem signifikanten Missverhältnis gegenüber Gehältern von Ministern und Stellvertretern führe, sei mit dem Gewaltenteilungsprinzip unvereinbar. Auch sei eine gesetzliche Regelung, die zu einer signifikanten faktischen Einkommensreduzierung für Richter führe, mit dem Prinzip der richterlichen Unabhängigkeit unvereinbar. Die mangelhafte Umsetzung einer Verfassungsgerichtsentscheidung durch den Gesetzgeber verstoße gegen das Rechtsstaats- und das Gewaltenteilungsprinzip. Die Entscheidung des Verfassungsgerichts bildete die Grundlage für Entscheidungen des Verwaltungsgerichts, mit denen die angefochtenen Bescheide für rechtswidrig erklärt wurden.

[7] Zwischenzeitlich hatte die neue Regierung einen Gesetzentwurf zur Ergänzung des angefochtenen Gesetzes beschlossen, um den Vorgaben des Verfassungsgerichts Rechnung zu tragen. Der Entwurf fand die Zustimmung des Parlaments, womit die Richterschaft – wenn auch nicht in Gänze – zufrieden war. Mit dem seit 1. 1. 2010 in Kraft getretenen Gesetz werden nunmehr die Grundprinzipien der richterlichen Unabhängigkeit und der Gewaltenteilung gewahrt. Ungeachtet dessen haben Richter – wie auch Parlaments- und Regierungsmitglieder – eine Kürzung ihrer Gehälter seit

April 2009 um 4 % aufgrund der Finanzkrise hinnehmen müssen. Dies wurde von den Richtern nicht angefochten, da sie dies aufgrund der wirtschaftlichen Situation, die das gesamte Land beeinflusst hat, als unethisch empfanden.

Estland

[8] Aus Estland berichtete *Tiina Pappel*, Richterin am Verwaltungsgericht Tallin, über den Einfluss der Wirtschaftskrise auf die dortigen Richtergehälter. Die von 2002 bis 2009 gesetzlich festgeschriebene Koppelung der Gehälter von höheren Beamten, Richtern und Parlamentsmitgliedern an das Durchschnittseinkommen der Bevölkerung, multipliziert mit einem gesetzlich festgelegten Faktor, ließen einen leichten Anstieg der Gehälter pro Jahr während der Jahre des Wirtschaftswachstums zu. Mit Beginn der Wirtschaftskrise in 2008 wandte sich die öffentliche Meinung gegen die bestehende Rechtslage zur Besoldung höherer Beamter. Dies führte zu einer Reihe von Gesetzesänderungen, von denen die erste zum 1. 1. 2009 in Kraft trat und die die Gehälter für alle höheren Beamten bis zum 28. 2. 2010 einfror.

[9] Ausgenommen waren Parlamentsmitglieder, da diese aufgrund verfassungsrechtlicher Vorgaben nicht per Gesetz über ihre eigenen Diäten entscheiden dürfen. Damit wurde die Verbindung zwischen Beamtenbesoldung und Abgeordnetendiäten erstmals gebrochen. Während die Abgeordnetendiäten stiegen, blieb die Beamtenbesoldung auf gleichem Niveau. Eine zweite, zum 1. 3. 2009 in Kraft getretene Gesetzesänderung sah eine Kürzung ausschließlich der Richterbesoldung um 7 % bis zum 31. 12. 2010 vor und hob ein bis dahin bestehendes gesetzliches Verbot der Gehaltsabsenkung für Richter auf. Zur Begründung wurde angeführt, dass durch die Kürzung das Existenzminimum für Richter nicht unterschritten werde. In einem im Auftrag des Kanzlers des Justizrates von der estnischen Richtervereinigung erstellten Gutachten zum Änderungsgesetz wurde zum einen festgestellt, dass weder internationales Recht noch estnisches Verfassungsrecht eine Kürzung von Richtergehältern verbiete, dies aber nur mit einer gleichmäßigen Besoldung von Bediensteten aller Staatsgewalten einhergehen könne. Zum anderen könne keine Parallele zwischen dem Richtergehalt und dem Existenzminimum gezogen werden. Zudem habe der Gesetzgeber die erforderliche Beteiligung des Gerichtsverwaltungsrates unterlassen. Der Kanzler des Justizrates sah in seiner Entscheidung vom Januar 2010 zwar keine Verletzung der Verfassung, wohl aber eine Verletzung der hergebrachten Tradition des Gesetzgebungsverfahrens unter Beteiligung der Gerichte und der Richtervereinigung sowie der Begründungspflicht.

[10] Zum 1. 7. 2009 trat eine dritte Gesetzesänderung in Kraft, die eine gleichmäßige Gehaltskürzung für Richter um ein weiteres Prozent und für alle anderen Staatsbediensteten um 8 % (mithin eine gleichmäßige Kürzung um 8 %) bis zum 31. 12. 2010 einführte. Zum 1. 4. 2011 wird ein neues Gesetz in Kraft treten, das eine neue Grundlage für die Bestimmung der Gehälter für höhere Staatsbedienstete einführt. Das Gehalt für alle höheren Staatsbediensteten (einschließlich der Abgeordnetendiäten) orientiert sich danach nicht mehr am Durchschnittseinkommen, sondern an den jähr-

lichen Änderungen des Verbraucherpreisindex und der jährlichen Änderung der Sozialversicherungsrückstellungen. Für Land- und Verwaltungsrichter entspricht es den Diäten eines (einfachen) Parlamentsabgeordneten, für Richter am Berufungsgericht den Diäten eines Vorsitzenden eines parlamentarischen Ausschusses.

Allgemeine Diskussion

[11] In weiteren Redebeiträgen wurde auf die Besoldungssysteme in einer Reihe von europäischen Staaten und daraus möglicherweise entstehende Gefahren für eine angemessene Besoldung eingegangen. Hingewiesen wurde in diesem Zusammenhang auf die Bestrebungen im Rahmen des Europarates, die Empfehlung des Ministerkomitees des Europarates Nr. R(94)12 zu erweitern und nicht nur das Parlamentsgesetzerfordernis für die Festlegung von Richtergehältern, sondern auch die Kriterien der ausreichenden Besoldung und Ruhestandsbezüge festzuschreiben.

[12] Das seit drei Jahren praktizierte **schwedische** System der leistungsbezogenen Besoldung wurde kritisiert, weil ihm eine hohe Subjektivität und Anfälligkeit für Missbrauch und Unzufriedenheit immanent sei. Auch wenn der Leistungszuschlag nicht allein aufgrund von Erledigungszahlen bemessen und zugesprochen wurde, obliegt die Entscheidung allein den Gerichtspräsidenten. Kriterien sind die Bereitschaft zur Übernahme von Aufgaben der Gerichtsverwaltung sowie speziell zugewiesener Sonderaufgaben. Das System soll in diesem Jahr einer Überprüfung unterzogen werden.

[13] Wegen der in **Griechenland** durch Richterrecht begründeten Koppelung der Gehälter von öffentlichen Bediensteten an die Abgeordnetendiäten bestanden aus dortiger Sicht keine Bedenken. Als erstes Land in Europa hatte **Frankreich** vor 6 Jahren eine leistungsbezogene Besoldung für Richter eingeführt, die insgesamt zu einem Anstieg der Besoldung geführt hat. Zuständig für die Festsetzung des leistungsbezogenen Teils ist der Staatsrat (Conseil d'Etat), im Übrigen wird die Besoldung nicht durch Parlamentsgesetz, sondern durch Regierungserlass bestimmt. Kriterien für die Bewilligung des leistungsbezogenen Anteils sind die Erledigungszahlen und die Qualität der Entscheidungen. Gegen den Einwand, dass über Richtergehälter nicht in der Öffentlichkeit diskutiert werden solle, wurde berichtet, dass das System der leistungsbezogenen Besoldung in der Öffentlichkeit sehr beliebt sei, weil es die Justiz zum Arbeiten anhalte.

[14] Aus **deutscher** Sicht wurde von der im Jahre 2008 durch BDVR und DRB angestoßenen Besoldungsdebatte sowie dem infolge des durch die Übertragung der Besoldungszuständigkeit auf die Länder entstandenen Besoldungsgefälle zwischen einzelnen Bundesländern berichtet. Hierbei bestehe auch die Gefahr eines Leistungsgefälles, wenn Bundesländer mit geringerer Besoldung mangels finanzieller Attraktivität nicht die bestqualifiziertesten Juristen werben könnten. Versuche einiger Bundesländer zur Einführung einer leistungsbezogenen Besoldung auch für Richter sind gescheitert.

[15] In den **Niederlanden** werden die Richtergehälter, die mit denen vergleichbarer Bediensteter bzw. Amtsträger der beiden anderen Staatsgewalten auf einem Niveau

liegen, durch Parlamentsgesetz festgesetzt. Die Gerichte verwalten ihre Budgets selbst. Diese werden bei dem Justizrat angemeldet und durch diesen zusammen mit einer Erledigungsquote verteilt. Wird diese Quote nicht erfüllt, muss das Budget anteilig an den Justizrat zurückgezahlt werden, was zu einer Kürzung des Personalbudgets im nichtrichterlichen Dienst führt.

[16] Das auf einem Gesetz von 1981 basierende italienische Besoldungssystem besteht aus einem feststehenden, an den durchschnittlichen Einkommensanstieg der öffentlichen Bediensteten gekoppelten und einem leistungsbezogenen Teil. Letzterer wird in Verhandlungen mit der Regierung festgelegt, durch die die Gefahr von „do ut des"-Geschäften bestehe. Berichtet wurde auch über teilweise excessive Nebentätigkeiten von Richtern, die zu einer erheblichen Erhöhung der Gehälter führen würden und die begrenzt werden müssten.

[17] Das **lettische** System ist durch die Koppelung der Gehälter an das Durchschnittseinkommen mit dem estnischen vergleichbar. Die Gehälter werden durch Parlamentsgesetz festgesetzt und aufgrund der verfassungsgerichtlichen Rechtsprechung besteht – anders als bei anderen öffentlichen Bediensteten – Bestandsschutz für Richtergehälter, so dass diese nicht gekürzt werden dürfen. Gleichwohl sei es in den vergangenen Jahren zu einer faktischen Kürzung der Richtergehälter von insgesamt 25 % gekommen, weswegen eine Verfassungsklage anhängig gemacht wurde.

Zusammenfassung

Die Berichte und Beiträge haben festgestellt, dass Gefahr für eine angemessene Richterbesoldung aus zwei Richtungen drohe: zum einen durch die Reduzierung von Gehältern etwa in Systemen mit einer Koppelung an das Durchschnittseinkommen oder durch Entkoppelung von der Besoldung von Beamten und Angehörigen der anderen Staatsgewalten. Zum anderen hätten die Umstände, durch wen (welches Gremium) in welcher Form (Festlegung durch Parlamentsgesetz oder Tarifverhandlungen) und in welchem Verfahren über die Richterbesoldung entschieden wird, einen erheblichen Einfluss auf die Angemessenheit von Richtergehältern. Systeme leistungsbezogener Besoldung seien wegen ihrer Anfälligkeit für Subjektivität und Unbeständigkeit abzulehnen; diese Faktoren würden Ungerechtigkeit fördern. Unzulänglichkeiten und Schwächen dieser Art seien letztlich selbst zerstörend, weil sie dazu geeignet seien, gut qualifizierte Kandidaten vor Ämtern in der Justiz abzuschrecken und dadurch die richterliche Unabhängigkeit zu untergraben.

OPTIMAL INFORMIERT.

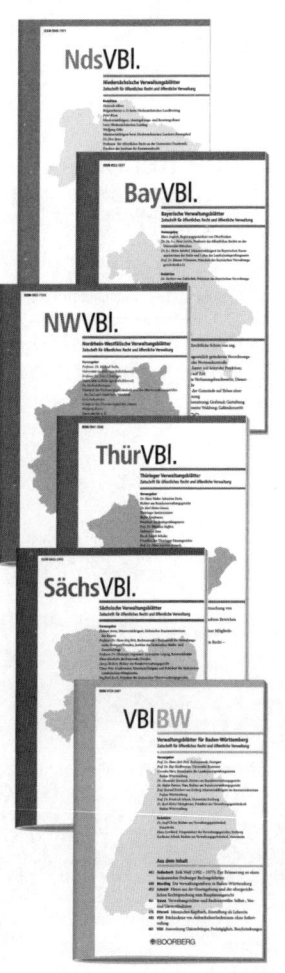

▶▶ Der Richard Boorberg Verlag bietet mit den »Verwaltungsblättern« in sechs Landesausgaben ein umfassendes Programm an Zeitschriften für öffentliches Recht und öffentliche Verwaltung.

Die Zeitschrift erscheint in Baden-Württemberg, Bayern, Niedersachsen, Nordrhein-Westfalen, Sachsen und Thüringen.

Das zeichnet die »Verwaltungsblätter« aus:

Abhandlungen
wissenschaftliche Beiträge namhafter Autoren zu aktuellen Problemen des öffentlichen Rechts unter besonderer Berücksichtigung des jeweiligen Landesrechts

Rechtsprechung
stets aktuelle verwaltungsgerichtliche Entscheidungen, insbesondere der jeweiligen Landesgerichtsbarkeit

Ausbildung und Prüfung
Klausuren und Lösungsskizzen für die optimale Examensvorbereitung

Die »Verwaltungsblätter« sind die Pflichtlektüre für jeden, der sich mit öffentlichem Recht, insbesondere Verwaltungsrecht, befasst. Die Zeitschriften sind die zuverlässige Informationsquelle, wenn es um aktuelle Entscheidungen, praxisorientierte Beiträge und wertvolle Auskünfte zu Bundes- und Landesrecht geht.

Bitte fordern Sie Ihr kostenloses Probeheft an!

Zu beziehen bei Ihrer Buchhandlung oder beim
RICHARD BOORBERG VERLAG GmbH & Co KG
70551 Stuttgart bzw. Postfach 80 03 40, 81603 München
oder Fax an: 07 11/73 85-100 bzw. 089/43 61 564
Internet: www.boorberg.de
E-Mail: bestellung@boorberg.de

⑭|BOORBERG

S908

PUBLICUS

Der Online-Spiegel für das Öffentliche Recht

Jetzt registrieren und PUBLICUS kostenfrei per E-Mail erhalten:
www.publicus-boorberg.de

PUBLICUS verbindet interessante Lektüre mit unmittelbarem beruflichem Nutzen. Auf etwa 40 Seiten lesen Sie monatlich Beiträge zu allen praxisrelevanten Fragen des Öffentlichen Rechts: sachlich fundierte und schnell zu erfassende Informationen über die aktuelle Rechtsprechung, Gesetzgebung und Rechtspolitik.

Darüber hinaus vermittelt der Online-Spiegel berufsrelevante Neuigkeiten, Hintergrundinfos und Fälle aus der Verwaltungspraxis, u.a. in den Rubriken Interview, Pro und Contra, Aus der Rechtsprechung sowie Beruf und Karriere.

Bekannte und ausgewiesene Autoren aus Wirtschaft, Verwaltung und Wissenschaft stellen ihr umfassendes fachliches Know-how zur Verfügung. PUBLICUS wendet sich an Entscheidungs- und Funktionsträger, Juristen und Praktiker in den öffentlichen Verwaltungen, Rechtsanwälte, die Justiz sowie an Studierende und Referendare.

BOORBERG